D1734870

Harold James

Der Krieg der Worte

16 Schlüsselbegriffe im Kampf
um die Weltordnung

Harold James

DER KRIEG
DER WORTE

16 Schlüsselbegriffe im Kampf um die Weltordnung

Aus dem Englischen von Carla Hegerl,
Franka Reinhart und Caroline Weißbach

Sonderausgabe für die Zentralen für politische Bildung.

Die englische Originalausgabe ist 2021 unter dem Titel *War of the Words*
bei der Yale University Press in New Haven & London erschienen.
Published with assistance from the Mary Cady Tew Memorial Fund.
Copyright © 2021 by Harold James.

© Verlag Herder GmbH, Freiburg im Breisgau 2024
Alle Rechte vorbehalten
www.herder.de

Satz: Grafikstudio Daniel Förster, Belgern
Herstellung: GGP Media GmbH, Pößneck
Printed in Germany

*Für Maximilian, Marie-Louise, Montagu und
die nächste Generation auf dieser Welt*

INHALT

Vorwort 9

Einleitung: Wie aus Wörtern Auseinandersetzungen werden   11
Über Niedergang, Verfall, Entkopplung und deren Rhetorik
Vorwort zur deutschen Ausgabe 29

1 Kapitalismus 43

2 Sozialismus 77

3 Demokratie, Nationalstaat und Nationalismus 99

4 Hegemonie 123

5 Multilateralismus 147

6 Die furchterregenden deutschen Politikbegriffe 173

7 Schulden 203

8 Technokratie 231

9 Populismus 259

10 Globalismus 275

11 Globalisierung und ihre Neologismen 289

12 Neoliberalismus 333

13 Gerechtigkeit und Globale Gerechtigkeit 367

14 Krise 393

15 Neuprägung der Wörter in unserem Wortschatz 407

Anmerkungen 437

Über den Autor 480

Über das Buch 480

VORWORT

Die Idee für dieses Buch ist dem starken Eindruck geschuldet, dass die heutige Globalisierungsdebatte nicht auf einem klaren Verständnis der grundlegenden Konzepte und Begrifflichkeiten fußt. Ich beschäftige mich seit mehr als dreißig Jahren mit der Globalisierung und der Kritik an ihr, und ich bin zu der Überzeugung gelangt, dass die meisten Missverständnisse in der Debatte auf unpräzises Vokabular zurückzuführen sind. Bestimmte Begriffe – wie neuerdings *Neoliberalismus*, *Globalismus* und *Geopolitik* – werden auf einmal überall benutzt, ohne dass sie adäquat definiert wären. Um diesen Missstand zu beheben, spanne ich in diesem Buch einen weiten Bogen und betrachte historische Fakten ebenso wie aktuelle Ereignisse. Es soll allen, die diese wichtigen konzeptuellen politischen Debatten voranbringen wollen, endlich eine gemeinsame Sprache an die Hand geben.

Manche Kapitel bauen teilweise auf bereits anderweitig veröffentlichten Artikeln auf. Ich danke den Herausgeberinnen und Herausgebern der Fachzeitschrift *Capitalism* für die Erlaubnis, eine abgewandelte Version des 12. Kapitels verwenden zu dürfen, das teilweise auf meinem Aufsatz »Neoliberalism and its Interlocutors« basiert (*Capitalism: A Journal of History and Economics* 1, Nr. 2, Frühling 2020, © University of Pennsylvania Press). Teile des 1. Kapitels erschienen in meinem Beitrag »Finance Capitalism« in dem von Jürgen Kocka und Marcel van der Linden herausgegebenen Sammelband *Capitalism: The Reemergence of a Historical Concept,* London: Bloomsbury Academic, 2016; Teile des 4. Kapitel erschienen in meinem Aufsatz »International Order after the Financial Crisis« in *International Affairs* 87, Nr. 3 (Mai 2011), S. 525–537, © 2014 The Royal Institute of International Affairs mit Erlaubnis der Oxford University Press; und Teile des 11. Kapitels erschienen als »Deglobalization: The Rise of Disembedded Unilateralism« im *Annual Review of Financial Economics* 10 (2018), S. 219–237, © Annual Reviews.

Mein Dank gilt den Organisatorinnen und Organisatoren zahlreicher Seminare und Konferenzen, auf denen ich Teile der in diesem Buch vorgebrachten Argumentationen vorgestellt habe, u. a. David Bell vom Davis Center for Historical Studies und Markus Brunnermeier vom Bendheim Center for Finance in Princeton; Wolfgang Quaisser von der Akademie für Politische Bildung; Piotr Pysz von der Konrad-Adenauer-Stiftung Warschau; Liz Mohn, Wolfgang Schüssel und Jörg Habich vom Trilog der Bertelsmann Stiftung; Daniel Gros vom Brüsseler Centre for European Policy Studies; Andrew Los und Robert Mertons Konferenz des Annual Review of Financial Economics an der Stern School, New York University; Anne Deighton und der Cyril-Foster-Lesungsreihe der Oxford University; Jeffrey Edward Green von der University of Pennsylvania; Adam Posen vom Peterson Institute; und Mary Lewis von der Harvard University. Ich danke auch Michael Bordo, Luís António Vinhas Catão, Marc Flandreau, Jürgen Kocka, Jurgen Reinhoudt und Daniel Rodgers für ihre wertvollen Kommentare zu einigen Buchabschnitten. Joshua Derman hat den gesamten Text einer scharfsinnigen Lektüre unterzogen.

Seth Ditchik von der Yale University Press stand mir mit hilfreichem Rat zur Seite. Anna Vinitsky hat als Forschungsassistenz ausgezeichnete Arbeit geleistet und mir einige russischsprachige Quellen zugänglich gemacht. Julie Carlson hat das Manuskript sehr gründlich und aufmerksam redigiert. Kapitel 5 und 6 habe ich gemeinsam mit Marzenna James vom Politics Department der Princeton University geschrieben. Ihr gilt mein ewiger Dank. Unsere Kinder Maximilian, Marie-Louise und Montagu James haben ebenfalls unendlich wertvollen Input gegeben.

EINLEITUNG: WIE AUS WÖRTERN AUSEINANDERSETZUNGEN WERDEN

Wir erleben aktuell, wie das Aufeinandertreffen zweier Prinzipien oder Philosophien die Wirtschaft, Gesellschaft und Politik radikal verändert. *Globalismus, Kosmopolitismus, Internationalismus, Multilateralismus*: Es gibt viele Wörter für das Prinzip der Weltoffenheit. Auf der anderen Seite stehen *Partikularismus, Lokalismus* und *Nationalismus*. Ein Virus, das 2020 zum Gesicht – zur Verwirklichung – der Globalisierung wurde, hat diese Polarisierung weiter verschärft. Die Coronapandemie hat viele Entwicklungen beschleunigt, die bereits weit fortgeschritten waren. Sie führte dazu, dass Technologien in neue, häufig privatere Anwendungsbereiche vordrangen, und gab (zwischenzeitlich) dem Anti-Globalisierungs-Backlash neuen Aufwind. Sie hat zu ökonomischen und sozialen Spannungen sowie zu neuen und eigenartigen Formen psychischer Belastungen geführt.

In Krisenzeiten muss man umdenken und sich umorientieren: Man kann auf die Grundlagen zurückgreifen. Verrät uns die Geschichte irgendetwas darüber, was uns bevorsteht und wie wir darüber denken sollen? Dieses Buch geht davon aus, dass Zeiten des tiefgreifenden sozialen Wandels neue Fragen aufwerfen und neue Vokabeln hervorbringen. Unser Wortschatz ist ein Spiegel unserer Ideen, und diese bündeln unsere kollektiven Ansichten der Realität. Sie übersetzen individuelle Erfahrungen in ein allgemeineres oder sogar universelles Verständnis. Ein Kernsatz von Ludwig Wittgensteins Philosophie lautet bekanntermaßen: »Die Grenzen meiner Sprache bedeuten die Grenzen meiner Welt.«[1] Es war schon immer die Sprache, die Menschen voneinander trennte: In der Geschichte vom Turmbau zu Babel, einer unserer mächtigsten Mythen, zerstört Gott ein Gebäude, das eine universelle Sprache erschaffen hätte, weil diese den Menschen quasi-göttliche Kräfte verliehen hätte (»Wohlauf, lasst uns eine Stadt und einen Turm bauen, dessen Spitze bis an den Himmel reiche, dass wir uns einen Namen machen; denn wir werden sonst zerstreut über die ganze Erde.«)[2]. Es hat seitdem zahlreiche Versuche gegeben, Universalsprachen zu erschaffen – zwei Beispiele sind Esperanto und Volapük –, doch diese sind schnell wieder in Vergessenheit geraten. Stattdessen haben wir uns weitgehend an den Gedanken gewöhnt, dass Übersetzungen möglich sind, auch wenn dabei vielerlei Nuancen verloren gehen. Insbesondere wenn wir verstehen wollen, mit welchen Begriffen Menschen über Staaten und Regierungen nachdenken – und inwiefern die internationale Gesellschaft von internationalen Beziehungen und ideologischen Kämpfen geprägt ist –, werden bestimmte Sprachen immer wieder übersetzt, und zwar häufig schlecht oder unzureichend. Dabei bleibt oft unbemerkt, wie groß die Verluste in Übersetzungen sind.

Häufig wird so getan, als sei das Übersetzen ein simpler Tauschhandel, ähnlich dem Bezahlen mit Geld, bei dem Äquivalenzen zwischen Waren, Dienstleistungen oder sogar Versprechungen hergestellt werden. Doch die Wörter, mit denen in den heutigen kulturellen, politischen und ökonomischen Kampfdebatten wie mit Munition ständig um sich geworfen wird – *Kapitalismus, Sozialismus, Demokratie, Imperialismus* und *Hegemonie, Multilateralismus, Geopolitik, Populismus, Technokratie, Schuldenpolitik, Globalismus, Globalisierung* und *Neoliberalismus*, um nur einige zu nennen –, sind so unklar definiert, dass sie gar nicht mehr für einen Tauschhandel genutzt werden, sondern für das Verwischen von Argumenten und das Diskreditieren von Menschen mit anderen Meinungen. Alle Begriffe, denen in diesem Buch auf den Grund gegangen wird, wurden im Laufe ihrer langen Geschichte von Befürwortern und Gegnern ausgiebig hin- und hergeschmissen. Nachdem sich mit diesen Begriffen anfangs eine bestimmte Problemlage eines historischen Moments präzise einfangen ließ, beschleunigte sich die Vielfalt ihrer Bedeutungen und sie verleibten sich lawinenartig im Laufe der Zeit immer mehr Konnotationen ein, bis sie schließlich vereisten – oder schmolzen. Präzise Analysen sind mit ihnen nunmehr unmöglich.

Ein bemerkenswerter und bis heute aktueller Aufsatz des großen russischen Schriftstellers Alexander Solschenizyn behandelt diese Art von Wortverwirrung. Für ihn war eine Lüge nicht einfach eine Unwahrheit, sondern die Folge verzerrter und verdrehter Bezeichnungen: »Nicht die toten Knöchelchen und Schuppen der Ideologie zusammenkleben, nicht den vermoderten Lappen flicken – und wir werden erstaunt sein, wie schnell und hilflos die Lüge abfällt, und was nackt und bloß dastehen soll, wird dann nackt und bloß vor der Welt stehen.«[3]

Der Philosoph William James sorgte vor über einem Jahrhundert mit seiner These für großen Aufruhr, dass sich eine Theorie an dem, so James, »Barwert der Wahrheit in Bezug auf die tatsächliche Erfahrung«[4] messen lassen müsse. Laut James hätten Theorien keine eigene Qualität für einzelne Individuen, sondern bezögen ihren Wert aus ihrer Akzeptanz innerhalb eines breiteren Umfelds bzw. durch ihre Zirkulation in einem Markt. Diese Ansicht wurde von John Grier Hibben, einem Philosophen und späteren Präsidenten der Princeton University, scharf angegriffen. Er sagte – kurz nach dem verheerenden Finanzcrash von 1907 –, James' Forderung würde »in der Welt unseres Denkens eine ebenso große Panik auslösen wie ein ähnlicher Gedanke in der Finanzwelt.«[5] Die Diskussion hat nicht an Aktualität verloren, denn tatsächlich greift Panik unter vielen Menschen um sich.

Genau wie Währungen findet man den Ursprung der Begriffe, um die es in diesem Buch geht, in den Machtzentren. In der Geschichte des

Geldes waren Großbritannien im 19. Jahrhundert und die Vereinigten Staaten im späten 20. Jahrhundert vorherrschend. Auch Theorien haben ihren Ursprung in Produktions- und Handelszentren – Orte, an denen Ideen entstehen, aufeinandertreffen, weiterentwickelt und verzerrt werden. In der ersten Hälfte des 19. Jahrhunderts, in der Zeit nach der Französischen Revolution, brachte Frankreich, insbesondere Paris, formbare Begriffe wie *Nation, Sozialismus* und *Demokratie* hervor. Im späten 19. Jahrhundert nahm Deutschland nicht nur eine neue politische Rolle ein, sondern wurde auch zu einem intellektuellen Machtzentrum. Hatten deutsche Denker das französische Vokabular zuvor noch begeistert in ihre eigene Sprache übernommen, so entwickelten sie nun selbst neue Begrifflichkeiten wie *Machtpolitik* und *Geopolitik*.

In der Mitte des 20. Jahrhunderts überquerte viel deutsches Vokabular den Atlantik und landete in einem neuen Schmelztiegel. Die Menschen, die diese Begriffe mit sich brachten, waren oft vor dem Nationalsozialismus geflohen – einem System, das teilweise aus jenen Begriffen hervorgegangen war, die sie selbst internalisiert hatten. In den Vereinigten Staaten wurden diese Begriffe Teil einer neuen Sprache, mit der die aufsteigende Supermacht über ihre Vision einer Weltordnung nachdachte.

Die Vergangenheit (und ihre Denkerinnen und Denker) vererben uns die Sprache, mit der wir Meinungen ausdrücken und anfechten. Besonders zwei Epochen haben einen Großteil unserer heutigen politischen Begriffe und damit auch unsere Reaktionen auf die zahlreichen Krisen, die wir der Globalisierung zu verdanken haben, geprägt. Die erste sprachliche Innovationsepoche fand vor rund 200 Jahren statt, nach dem Ende der Französischen Revolution und der Napoleonischen Kriege. In der Zeit nach der doppelten Umwälzung durch die Französische und Industrielle Revolution entstand eine neue politische Sprache, in deren Zentrum Nation und Demokratie, später dann Kapitalismus und Sozialismus standen. Der große deutsche Geisteshistoriker Reinhart Koselleck hat diese Phase als *Sattelzeit* bezeichnet (abgeleitet von einem Bergsattel, von dem Reisende die gegensätzlichen Landschaften zweier unterschiedlicher Täler überblicken können). Es geht hier also um eine Bewegung durch Zeit und Raum. Im frühen 19. Jahrhundert erblickten die Schlüsselbegriffe der politischen Moderne das Licht der Welt: Neben *Nation* und *Nationalismus* auch *Konservatismus, Liberalismus, Sozialismus, Kapitalismus* und *Demokratie*. Der letzte Begriff, *Demokratie*, ist natürlich viel älter, doch der Begriff wurde damals auf neue Weise im Kontext einer anderen Organisationsform – großangelegte Wahlen anstelle von Losverfahren für die Vergabe politischer Ämter – wiederentdeckt. Daher hatten die demokratischen Debatten kaum noch etwas mit dem antiken Athen oder den spätmittelalterlichen Stadtstaaten Italiens zu tun. Wir denken auch heute noch in *Ismen* und aufgrund ihrer Entstehungsgeschichte sind diese Begriffe auf ebenso seltsame wie komplexe Weise miteinander verflochten und voneinander abhängig. Sie atmen dieselbe intellektuelle Luft.

Sozialismus und *Kapitalismus* sind ein Beispiel für diese Form der begrifflichen Symbiose – sie sind Antonyme wie Yin und Yang. Der Begriff des Sozialismus entwickelte sich aus einer Kritik am Kapitalismus, während dieser wiederum die negativen Merkmale einer sich verändernden Welt zusammenfassen sollte. Traditionelle Handwerker, neue Industriearbeiter, aber auch eine Aristokratie, deren Reichtum dahinzuschmelzen drohte, und Intellektuelle, deren soziales Kapital untergraben sein könnte: Sie alle fühlten sich von der Übermacht der neuen, kapitalistischen Maschinerie bedroht. Sie waren nicht unbedingt für den Sozialismus, aber verurteilten den Kapitalismus; und all jene, die von Kollektiven sprachen, erhielten viel Zulauf. Die zwei Antonyme blieben eng miteinander verwoben und im späten 20. Jahrhundert verteidigten die Apologeten des Kapitalismus ihre Position ganz einfach dadurch, dass sie von einem Scheitern des Sozialismus sprachen. Ein alter sowjetischer Witz bringt die gegenseitige Abhängigkeit dieser beiden Begriffe perfekt zum Ausdruck: Was ist der Unterschied zwischen Kapitalismus und Kommunismus? Der Kapitalismus ist die Ausbeutung des Menschen durch den Menschen. Beim Kommunismus ist es andersrum. Wie wir noch sehen werden, beschleunigte sich die Konvergenz oder Vermischung dieser beiden Begriffe durch billigere und leichter zugängliche Informationen.

Die Bedeutungen der Begriffe *Kapitalismus* und *Sozialismus* waren im 19. Jahrhundert, als sie zum ersten Mal auftauchten, vielschichtig, und sie wurden in verschiedenen Kontexten und zu unterschiedlichen Zwecken verwendet. Sie beschrieben ein sich ständig veränderndes Verständnis dessen, wie die Welt organisiert war und sein sollte. Sehr früh wurde erkannt, dass der Kapitalismus keine Staatsgrenzen kannte und so zu einer globalen Realität wurde. Der Sozialismus, sein Spiegelbild, war ein ebenso internationales Phänomen. Doch der Ort der Verwirklichung der sozialistischen Ordnung wurde vom Staat vorgegeben, der mehr und mehr die Form des Nationalstaats annahm. Die Nationalpolitik und die internationalen, grenzüberschreitenden Phänomene des Kapitalismus und Sozialismus befanden sich also in einem ständigen Spannungsverhältnis. Um die Beziehung zwischen diesen unterschiedlichen Gesellschaftsentwürfen zu verstehen, müssen wir uns den Debatten zum Zeitpunkt der Entstehung dieser Begriffe zuwenden.

Mit *Kapitalismus* sollte zunächst ein System beschrieben werden, das den Austausch von Eigentum und Arbeitskraft ermöglichte und die Subjekte dieser Tauschhandlungen auf eine Weise wiederum zu kaufbaren Produkten machte, was mit den alten Traditionen brach. Je weiter die Tauschlogik um sich griff, desto diffuser wurde der Kapitalismus als ein Prinzip und durchdrang immer mehr Aspekte des individuellen Verhaltens. Marktprinzipien wurden auf die Suche und Wahl der (Ehe-)Partner, das Sportmanagement, die Kulturproduktion und vieles mehr angewendet. Alles schien finanzielle Äquivalente zu haben. Geld diente als Übersetzungsmechanismus und Erinnerungsspeicher – und ähnlich einer Sprache wurde und wird es immer wieder neu erfunden. Es gab ein weiteres Paradox: Der Kapitalismus beruht auf dezentralisierten Entscheidungsprozessen. Doch je stärker sich das Kapital konzentriert, desto eher scheinen Entscheidungen an nur wenigen Knotenpunkten getroffen zu werden: Geht das schon in Richtung Planwirtschaft?

Der *Sozialismus* war eine Reaktion auf die organisatorischen Herausforderungen einer Humanisierung des Kapitalismus. Er entwickelte sich in zwei verschiedene Richtungen: Die erste setzte auf Planwirtschaft, die zweite auf die Umverteilung der Profite im Sinne einer gerechteren Gesellschaft. Trotz der internationalistischen Ansprüche des Sozialismus wurden beide Denkrichtungen am ehesten noch im Kontext existierender Staaten realisiert. Das Verhältnis zwischen Sozialismus und Internationalismus blieb daher immer angespannt.

Der *Nationalstaat*, ob nun populistisch oder demokratisch regiert, war eine Reaktion auf den delokalisierten Kapitalismus. Mit der Zeit brachte man ihn zunehmend mit Wirtschaftsfragen und der Förderung von Wachstum und Entwicklung in Verbindung – eine Fixierung, die in Zeiten von Wirtschaftskrisen oder Unruhen gefährlich werden konnte. Dieselbe Denkweise, die die Existenz des Nationalstaates mit dessen wirtschaftlichen Vorteilen begründete, wurde auch auf transnationale Organisationen übertragen – insbesondere im Falle Europas. Die Europäische Gemeinschaft und die Europäische Union machten sich angreifbar, weil es so wirkte, als seien sie primär für einen rein wirtschaftlichen Zweck erschaffen worden.

Gegen Ende des 19. Jahrhunderts wurde die Frage der Dominanz eines Staates über einen anderen – gefasst als *Hegemonie* oder als *Imperialismus* – zur organisatorischen Schlüsselfrage internationaler Beziehungen. Hegemonie war ein komplexes Phänomen, denn sie beruhte zwar auf Macht, ließ sich aber nicht durch schiere Stärke durchsetzen. Vielmehr musste der Hegemon etwas investieren, eine Bürde schultern oder einen Preis zahlen. Und die Ausübung von Hegemonie produzierte keine steigenden Kosten, sondern eine Gegenreaktion, den Anstoß zum Prozess der Dehegemonisierung.

Vor hundert Jahren, nach einer weiteren Epoche revolutionärer Umwälzungen wie dem Ersten Weltkrieg und der Oktoberrevolution, erlebten die Menschen eine weitere *Sattelzeit* – eine neue Herausforderung für die globale Verbundenheit. Die Gewissheiten der Welt vor 1914 schienen dahin zu sein. Gleichzeitig blickten viele nostalgisch auf die Vorkriegszeit zurück und wünschten sich einige ihrer besseren Eigenschaften zurück. John Maynard Keynes hat in seinem berühmten Buch *Die wirtschaftlichen Folgen des Friedensvertrags* auf brillante Weise die Ära der globalen wirtschaftlichen Vernetzung vor 1914 beschrieben, um dann aufzuzeigen, wie die politische Kurzsichtigkeit diese Chance für nachfolgende Generationen wieder zerstörte. Der Nationalismus, Sozialismus, Kapitalismus und sogar die Demokratie schienen weitaus mehr von Gewalt und weitaus weniger von Sachlichkeit bestimmt zu sein. Die damals entwickelten Ideen – wie *Technokratie, Geopolitik, Multilateralismus, Globalismus, Neoliberalismus* – sollten die obsolet gewordenen Konzepte des vergangenen Jahrhunderts ablösen. Sie prägten den Rest des Jahrhunderts, auch wenn nach 1945 und dem Sieg über den europäischen Faschismus wieder Normalität und Ordnung einzukehren schienen. Gegen Ende des 20. Jahrhunderts war ein weiteres Buzzword aus der Taufe gehoben: *Globalisierung.* Es schien eine andere Beschreibung des erdrückenden Molochs zu sein, der die individuellen Entscheidungen veränderte und nationalpolitische Programme sowohl schwieriger als auch komplexer werden ließ.

Könnte es ein neues Instrument geben, mit dem man eine große Anzahl von Staaten dazu bringen könnte, zum Wohle aller zusammenzuarbeiten? Für Frieden und Gesundheit, gegen den Hunger und zur Begrenzung von Umweltschäden und Klimawandel? Das Konzept des *Multilateralismus* war ein Gegenentwurf zur *Hegemonie* und dem zunehmend populären Begriff der *Geopolitik*, der globale Politik auf Interaktionen basierend auf physischer Geografie reduzierte.

Die Verflechtungen des frühen 20. Jahrhunderts wurden durch Finanzbeziehungen weiter verkompliziert. Die Dominanzfrage ging mit der Schuldenfrage Hand in Hand. Der Kapitalismus hatte im Laufe des 19. Jahrhunderts zu einer noch nie dagewesenen Vermarktlichung internationaler Schulden geführt, so wurden sie zu einem Machtinstrument. Manchmal war der Einfluss unvorhergesehen: Schuldner hoher Beträge beispielsweise konnten beträchtlichen Druck auf Gläubiger ausüben, indem sie damit drohten, ihre Schulden nicht zurückzuzahlen. Schulden und Schuldenpolitik wurden zu einem entscheidenden Einflussfaktor moderner Politik.

Zu Beginn des 20. Jahrhundert tauchte ein weiterer Begriff auf: die *Technokraten* Sie haben bestimmte Fähigkeiten oder verfügen über ein Expertenwissen, das sie von den eher generalistischen Politikern unterscheidet. Wer von *Technokraten* und *Technokratie* spricht, impliziert dabei häufig, Technokraten könnten die Langzeitfolgen ihrer Entscheidungen besser abschätzen als Politiker, die unpopuläre Entscheidungen eher zu vermeiden versuchen. Technokraten könnten daher eher erkennen, welche – oft schmerzhaften – Entscheidungen oder Opfer gerade notwendig seien. Dem technokratischen Gedanken wird vor allem dann gern gefolgt, wenn noch nie dagewesene (ein Lieblingsbegriff der Technokraten) Herausforderungen (noch so einer) mithilfe einer womöglich neuen Herangehensweise bewältigt werden müssen.

So wie der Kapitalismus und der Sozialismus zwei Seiten einer Medaille sind, stehen den Technokraten die Populisten gegenüber, die Erstere oder politische Eliten abschütteln und das Volk wieder an die Macht bringen wollen.

Eine extreme Form der Hegemonie war der *Globalismus,* laut dem jede Debatte über zwischenstaatliche Beziehungen darauf hinauslief, dass ein Staat einen anderen durch militärische, wirtschaftliche, politische oder kulturelle Einflussnahme zu dominieren versuchte. Der Globalismus war vor allem im späten 20. Jahrhundert en vogue. Damals brach eine neue Ära der Globalisierung an, die einige Gemeinsamkeiten mit der des 19. Jahrhunderts hatte. Somit wurde auch wieder über Fragen der Dominanz und des Machtmissbrauchs diskutiert.

Vom *Neoliberalismus* begann man in der Zwischenkriegszeit zu sprechen und wollte damit der zunehmenden Machtkonzentration etwas entgegensetzen – sei es auf nationaler Ebene im Hinblick auf die Etablierung von Zentren mit starker Wirtschaftsmacht oder auf internationaler im Hinblick auf das Hegemoniestreben. Doch die Analyse hegemonischer Praktiken war so erfolgreich – oder zersetzend –, dass auch der Neoliberalismus ihr anheimfiel und selbst als eine neue und noch wirksamere Form hegemonialer Machtausübung kritisiert wurde.

Nach der globalen Finanzkrise von 2007 und der Coronapandemie wurden die Begriffe des vergangenen Jahrhunderts – Technokratie, Globalismus, Globalisierung und Neoliberalismus – auf einmal zu einem Problem. Man hatte fast überall den Eindruck, dass sich viele verschiedene Bereiche der Gesellschaft im Krisenzustand befanden – ohne Lösungen in Sicht. All jene Begriffe wurden gern eloquent angeprangert, was dann Teil der politischen Rhetorik und als selbstverständlich hingenommen wurde. Die Welt wandte sich gegen diese Begriffe, obwohl die grundlegenden Probleme jener Zeit (Gesundheit, Umwelt, Wirtschaft und Wohlbefinden) eindeutig globaler Natur waren; und heute fehlen uns die Wörter, um die Organisation unserer Gesellschaft, Politik und Wirtschaft auf begrifflicher Ebene zu fassen. Manche Kommentatoren lassen verlauten, sie seien auf der Suche nach einer »Nachfolgeideologie« für die heutigen, unzeitgemäßen Begriffe. Diese solle der Tatsache, dass »Begriffe, die zu kritischer Selbstreflexion anregen sollten, zu einer Echokammer werden, die sich zunehmend von der Realität abkapselt«[6], etwas entgegensetzen. Ich beschäftigte mich 2001 in einem Buch über »das Ende der Globalisierung« mit einer ähnlichen Problematik und kam zu dem Schluss, dass die Alternativen zum gängigen analytischen Vokabular zu inkohärent, metaphorisch oder postmodern waren.[7] Heute stehen wir einer regelrechten Flut von widersprüchlichen Theorien und missverständlichen Wörtern gegenüber.

Eine liberale, offene Gesellschaft lässt sich am besten als Marktplatz der Ideen begreifen. Demnach sollten alle Menschen eigene Ideen frei entwickeln, ausdrücken, erforschen, korrigieren, bestreiten, anfechten und widerlegen dürfen. So wird die Debatte zu einem Testfeld, auf dem Zuspruch den Preis oder Werthaftigkeit der Ideen erhöht, sie somit attraktiver und überzeugender macht, während Unklarheiten und Widersprüche ihre Akzeptanz oder ihren Wert verringern.

Wenn dem so wäre, dann müssten die besseren Ideen immer triumphieren und die Welt wäre ein besser regierter – und vielleicht generell ein besserer – Ort. Geltende Glaubensgerüste müssten mit den sich verändernden Umständen nur hie und da leicht angepasst werden. Sehr selten gäbe es radikale epistemische Brüche, die eine neue Weltanschauung hervorbrächten, die scheinbar besser mit der Realität im Einklang wäre. So sah es auch John Stuart Mill: »Wenn die Menschheit fortschreitet, wird die Zahl der Lehren, über die kein Zweifel mehr besteht, beständig zunehmen, und das Gedeihen der Menschheit kann beinahe bemessen werden nach der Wichtigkeit und Zahl der Wahrheiten, die nicht mehr bezweifelt werden können.«[8] Man braucht kein großes Geschichtsverständnis, um die Realitätsferne hier zu bemerken, denn viele schlechte und destruktive Ideen haben sich durchgesetzt, zumindest eine gewisse Zeit lang. Nicht immer setzen sich im Kampf der Ideen die besseren durch. Das 20. Jahrhundert war ein großes Versuchsfeld, bei dem der Marktplatz der Ideen der Menschheit nicht allzu gut gedient hat.

Die Lebenswelt des 21. Jahrhunderts ist ähnlich verstörend. Es wird immer offensichtlicher, dass Debatten – ein zentrales Element der Theorie vom Marktplatz der Ideen – heute unmöglich geworden sind. In vielen Ländern werden polarisierte Diskussionen geführt – sei es über Trump, den Brexit, die europäische Austeritätspolitik oder das Anti-Drogen-Programm auf den Philippinen – ohne Raum für einen nuancierten Gedankenaustausch. Antagonismen bestimmen die Debatten. Die Welt wird auf eine Weise in Freunde und Feinde aufgeteilt, die der antiliberale deutsche Philosoph Carl Schmitt im 20. Jahrhundert für charakteristisch für die Politik und den politischen Prozess hielt. Schmitt wird auf den folgenden Seiten immer wieder auftauchen, jedoch weniger als Inspiration, denn als das beste Beispiel für einen rhetorisch bestechenden Denker, dessen politische Philosophie auf einer dichotomen Weltaufteilung beruht.[9]

Diese neue Polarisierung könnte auch technologisch bedingt sein. Anstelle nationaler oder universeller Medien wird die Realität im Hinblick auf rivalisierende Erklärungs- und Lösungsansätze für Krisen zunehmend selektiv gefiltert. Man bewegt sich in Informations- und ideologischen Blasen. Menschen beziehen ihre Informationen und ihre Ansichten aus Quellen, die sie ausgewählt haben, weil sie mit ihren eigenen Ansichten und Vorurteilen übereinstimmen; und immer häufiger auf Plattformen, die die Wünsche und Konsummuster der Verbraucher algorithmisch vorhersagen. Auf diese Weise erhalten die Menschen genau die Nachrichten und Meinungen, die ihre eigenen Neigungen und Identitäten bestärken. Politische Einordnungen sind wenig mehr als ein Ausbau smarter Werbung. Dass Menschen sich derart in selbstreferenziellen Blasen bewegen, ist nichts Neues, doch das Phänomen ist offensichtlicher geworden und wird breiter diskutiert.

Liberale Politik beruht auf einer Debatten- und Streitkultur; antiliberale Politik beruht auf einer gegenseitigen Dämonisierung, die das Ergebnis einer solchen Streitkultur sein kann. Das stellt Liberale vor ein riesiges Dilemma: Bestätigen sie nicht die dualistische Weltsicht und alle Grundannahmen ihrer politischen Gegner, wenn sie sich dazu verleiten lassen, diese zu dämonisieren? Heute wissen wir, dass der militante Antitrumpismus zu einer Mobilisierung eines bedeutenden Teils der Bevölkerung geführt hat, der dem Angriff des Präsidenten auf die liberale politische und kulturelle Elite etwas abgewinnen konnte. Das größte Argument für einen Brexit hatte nichts mit übermäßigen EU-Regulationen zu tun, sondern basierte auf dem Argwohn und der Feindseligkeit gegenüber jenen Expertinnen und Experten, die Argumente über diese Regulationen hervorbrachten.

Und dann ist da noch der »Ausnahmezustand«, ein politisches Konstrukt, das in Krisenzeiten zwar sinnvoll sein kann, aber auch das Tor öffnet für außergewöhnliche Missstände, Chaos und Schäden. Er soll nicht nur bestehende Regeln und Prozesse aushebeln, sondern auch die Sprache unterwandern. Historisch gesehen reagierten Demokratien mit Ausnahmezuständen auf die Weltwirtschaftskrise der 1930er-Jahre und den Zweiten Weltkrieg. In der Gegenwart war der Ausnahmezustand nach der Finanzkrise, als »große Bazookas«, »Shock and Awe« und »alles Notwendige« beschworen wurden, wieder in aller Munde – und vielleicht sogar noch stärker während der Coronapandemie 2020. Es wäre töricht, zu bestreiten, dass Notsituationen Ausnahmereaktionen erforderten, oder zu behaupten, Gesellschaften könnten nach Katastrophen einfach wie gewohnt weitermachen. Es stimmt aber auch, dass das Aussetzen bewährter institutioneller Schutzmechanismen zu einem Heer an Unregelmäßigkeiten, Korruption und Unternehmenswohlfahrt führen, und somit die etablierte organisatorische Legitimität und Funktionsfähigkeit untergraben kann. Im Europa der Zwischenkriegszeit etablierte sich Carl Schmitt zum Vordenker des Ausnahmezustandes: Er sah darin den Vorläufer einer neuen Politik. Seine *Politische*

Theologie, die 1922 mitten in der (Hyper-)Inflationskrise der Weimarer Republik erschien, beginnt mit einer erstaunlichen Neudefinition der Souveränität: »Souverän ist, wer über den Ausnahmezustand entscheidet. Diese Definition kann den Begriff der Souveränität als einen Grenzbegriff allein gerecht werden.«[10]

Diese historischen Beobachtungen lassen mehrere Schlussfolgerungen zu: einerseits, dass die Konzepte der freiheitlichen Gesellschaft und des Markplatzes der Ideen grundlegend falsch und dass der Markt die Ursache für die absurden Berg- und Talfahrten der Wirtschaft seien, die von Ökonominnen und Ökonomen erforscht werden. Der Markt muss reguliert werden. Doch wer sollte diesen Markt der Ideen regulieren? Und auf welcher Grundlage? Ist dieser Gedanke selbst nicht ein Einfallstor für Tyrannei und Unrecht?

Die andere mögliche Schlussfolgerung ist die Prämisse dieses Buches. Der Marktplatz funktioniert nicht, weil die Ideen nicht korrekt bewertet werden können. Sie verändern sich zu schnell, sind zu unklar definiert. Der Marktplatz funktioniert nicht, weil es keine Preise gibt, an denen der Tauschhandel sich orientieren könnte. Der Preis ist die Bedeutung, aber die Bedeutungen jedes Begriffs sind unklar. Daher kann der Preis nicht festgelegt werden.

Die politischen Begriffe wurden von verschiedenen Ländern immer wieder ausgiebig diskutiert, wurden vor dem Hintergrund der spezifischen nationalen Traditionen zu Deutungen und Verständnis so sehr verändert, dass man ihre Nutzung woanders formen und pervertieren konnte. Sie werden aber alle von dem Gedanken der Spillovers zwischen verschiedenen politischen Systemen geprägt. Teilweise mag dieser Spillover-Effekt auch erklären, warum die reaktionäre Gegenbewegung ausgerechnet in jenen Ländern am stärksten ist, die wiederum die Idee der globalen Ordnung im 20. Jahrhundert entscheidend geprägt hatten. Mit dem Brexit-Referendum und der Wahl Donald Trumps ist ein neuer Politikstil entstanden, der die liberale internationale Ordnung gefährdet, die nach dem Sieg über den Nationalsozialismus im Jahr 1945 aufgebaut und nach dem Zusammenbruch der Sowjetunion zwischen 1989 und 1991 noch einmal gestärkt worden war. Das Vereinigte Königreich und die Vereinigten Staaten waren die wichtigsten Architekten der politischen Ordnung nach 1945 mit der Erschaffung der Vereinten Nationen, aber scheinen heute an der Spitze einer entgegengesetzten politischen Bewegung zu stehen, die sich auf wechselhafte, inkonsistente (und vor allem innenpolitisch stark umkämpfte) Weise vom Multilateralismus abwendet.

Die Vereinigten Staaten gaben die internationale Sprache der Ideen im 20. Jahrhundert vor. Sie übernahmen den Staffelstab von Frankreich und Deutschland, die das vorherige Jahrhundert dominiert hatten. Walter Lippmann, der als Vater des modernen politischen Journalismus gilt und großen Einfluss auf Woodrow Wilson hatte, als dieser die USA auf die politische Weltbühne führte, ist für viele Begriffsbildungen bekannt. Im Gegensatz zu Carl Schmitt mussten Begriffe seiner Ansicht nach nicht immer polarisieren. Er erkannte, dass jede Analyse auf klar definierten Konzepten beruhte, und lieferte diese häufig gleich selbst mit. Er erfand die Idee des *Stereotyps,* für den diese Begriffe häufig gehalten werden, sowie den Begriff des *Kalten Kriegs*, vor dessen Hintergrund die politische Sprache erstmals polarisierte und mobilisierte. Seine eigene Sicht der Dinge wandelte sich mehrmals recht schnell: vom jugendhaften Sozialismus, zu einem uneingeschränkten Glauben an die Wissenschaft, zum Wilsonianismus, zum Skeptizismus gegenüber Mehrheitsentscheidungen und Demokratie, zur Ablehnung des Wilsonianismus und schließlich zu dem Versuch, Realpolitik mit einer umfassenden Religion zu verbinden, obwohl er der organisierten Religion sein Leben lang skeptisch gegenüberstand. Nach dem Börsencrash von 1929 schlussfolgerte er:

Das eigentliche Problem der heutigen Welt ist, dass die Demokratie, die nun endlich an der Macht ist, eine Kreatur des unmittelbaren Augenblicks ist. Ohne eine übergreifende Autorität, ohne religiöse, politische oder moralische Überzeugungen, die ihre Meinungen steuern, fehlen ihr Zweck und Zusammenhalt. Eine solche Demokratie ist zum Scheitern verurteilt.[11]

Lippmann wird auch mit dem Wort *Neoliberalismus* in Verbindung gebracht, das auf einem Pariser Kolloquium im Jahr 1938, also kurz vor Ausbruch des Zweiten Weltkrieges, als Schlagwort für Lippmanns Ideen geprägt wurde. Auch kritisierte er oft den *Globalismus*. Dieser schien wie eine Erklärung für die Verbindungen, die nun die Welt zusammenbrachten. Um heutige Stereotype aufzulösen, müssen wir zu den Grundlagen für Lippmanns Definitionen zurückkehren und diese neu denken.

Die Begriffe, die in diesem Buch untersucht werden, waren einst klar definiert. Doch je modischer und beliebter sie wurden, desto größer wurde auch der Drang, ihre Verwendung auszuweiten und ihnen quasimetaphorische Bedeutungen zuzuschreiben. In diesem neuen Begriffsuniversum kann das Original kaum noch von der Metapher unterschieden werden, zudem werden Wortbedeutungen überdehnt und aufgebläht. Moral und Moralismus haben Einzug in das Vokabular gehalten und machen aus Wörtern simple Labels, meist zur Verurteilung anderer. Aus vielen Begriffen, die ursprünglich konkrete politische oder soziale Phänomene benannten, werden so ganz einfach Beschreibungen geistiger Zustände. Paradoxe und politische Verwirrung sind die Folge: Die Begriffe infizieren die politische Debatte und verwandeln sich in dämonisierende Wörter.

Die verbale Verwirrung unserer politischen Debatten lädt zu einer Analogie mit der Inflation, der Erweiterung von Krediten und der Vergrößerung der Geldmenge ein. Daher werden sich meine nächsten Betrachtungen mit den Zusammenhängen zwischen Geld und Informationen sowie Ideen beschäftigen, und dann mit den Veränderungen in der Geldpolitik, die, ausgelöst von starken ökonomischen Schocks, neue Gesellschaftsformen hervorbringen können. In meiner Untersuchung des Multilateralismus werde ich ein Kernproblem des finanziellen und geldpolitischen Multilateralismus herausarbeiten: seine Fixierung auf eine nationale Währung, den US-Dollar. Wie sähe eine Welt mit echter Währungsdiversität aus, mit klaren Äquivalenzen, die zu einem nahtloseren Handel und Umtausch führen würden? Würde das in einer globalisierten Welt, die nun von Geld und Informationen getrieben ist, zu mehr Flexibilität in sozialen und politischen Kategorisierungen führen?

Ein gutes Beispiel für einen valenzverschiebenden Terminologiewandel ist der Begriff der Gerechtigkeit, der Mitte des 19. Jahrhunderts als soziale Gerechtigkeit und ab dem 20. Jahrhundert als globale Gerechtigkeit neu definiert, erweitert und schließlich sabotiert wurde. Die Hinwendung zum Thema der sozialen Gerechtigkeit begann als reaktionärer Angriff auf die aus der Französischen Revolution hervorgegangene Idee universeller Rechte und Freiheiten. 150 Jahre später hatten sich die politischen Vorzeichen umgekehrt. So kam es Ende des 20. Jahrhunderts zu Kritik seitens der Linken an konventionellen beziehungsweise klassisch liberalen Anliegen in Bezug auf Rechte und politische Gleichberechtigung, was eine destruktive Spirale sich stetig ausweitender Forderungen auslöste. Infolgedessen wurde die klassische Funktion der Gerechtigkeit als Kern staatlicher Legitimität untergraben. Auseinandersetzungen um die Umverteilung, gerechtfertigt durch das Bestreben nach immer lockereren Gerechtigkeitsgrundsätzen, erodieren ebenfalls das Potenzial zur Schaffung von Wohlstand und Prosperität als Grundlage für ein umfassenderes Maß an menschlicher Wirkmacht.

In den aktuellen Debatten über die Globalisierung und ihre Probleme schwirren zahlreiche Begriffe umher und manche Leser und Leserinnen werden sich vielleicht darüber wundern, dass ihr Lieblingsglobalisierungswort kein eigenes Kapitel bekommen hat. Manche Begriffe sind zwar wichtig, ihre Verwendung jedoch nicht umstritten. Das Thema der Ungleichheit streife ich in einigen Kapiteln über andere Begriffe, ohne ihm ein eigenes zu widmen. Thomas Piketty, Tony Atkinson und Branko Milanović haben in den letzten Jahren einflussreiche Bücher zu diesem Thema veröffentlicht.[12] Der Handel sowie Warenoder Finanzflüsse gehören zur Standardanalyse der Globalisierung und werden daher auch im zugehörigen Kapitel behandelt.

Das andere Extrem sind Wörter, die inzwischen so fluide genutzt werden, dass sie konzeptuell kaum noch zu fassen sind. Manche Begriffe, die in der politischen Debatte hoch im Kurs stehen und inflationär gebraucht werden, werden hier nur an solchen Stellen behandelt, wo sie die anderen Begriffe betreffen: Insbesondere der Begriff des *Faschismus* ist ein allgegenwärtiges Schimpfwort geworden. So wird Trump häufig als Faschist bezeichnet, der wiederum seine politischen Gegner regelmäßig als Linksfaschisten beschimpft.

Ein anderer, sehr weitverbreiteter Begriff ist für dieses Buch von zentraler Bedeutung: *Liberalismus*. Eine Diskussion dieses Begriffs – vages Ehrenabzeichen für die einen, hasserfüllter Kampfbegriff für die anderen – erfordert eine nuancierte und kontextualisierte Definition. Helena Rosenblatt hat die komplexe Geschichte dieses Begriffs kürzlich sehr detailliert nachgezeichnet: wie die Atlantischen Revolutionen des späten 18. Jahrhunderts sich ein römisches Ideal aneigneten und es »christianisierten, demokratisierten, sozialisierten und politisierten«, bis es ihren revolutionären Zielen entsprochen habe.[13] Seither war der Begriff des Liberalismus in aller Munde, sodass die US-amerikanische Historikerin Jill Lepore ihn schlicht als »den Glauben« beschreiben konnte, »dass die Menschen gut sind und frei sein sollten, und dass die Menschen Regierungen einsetzen, um diese Freiheit zu garantieren.«[14]

Einige weitverbreitete Begriffe überlappen mit oder haben ein enges Verhältnis zu anderen. Daher werde ich *Imperialismus*, der die Geschichte der Globalisierung entscheidend geprägt hat und heute sehr flexibel verwendet wird (weil die Untersuchung der Ausweitung der formalen Herrschaft um ein informelles Verständnis von Imperien erweitert wurde), im Kontext der Hegemonie behandeln.

Es ist tatsächlich der Kern unserer aktuellen Dilemmata, wie jeder der Begriffe definiert werden soll. Ihre unklaren Bedeutungen stellen ein Hindernis für eine produktive Debatte und die Anwendung einer rigorosen Logik dar. Damit Lösungen für drängende Probleme gefunden werden können, muss jeder dieser Begriffe in einem Akt intellektueller Entrümpelung neu gedacht werden. Die Lifestyle-Influencerin Marie Kondō hat eine sehr erfolgreiche Aufräummethode entwickelt, bei der Menschen ihr Zuhause im Sinne einer minimalistischen Ästhetik in Ordnung bringen können. Gegenstände, die »nicht mehr glücklich machen«, werden aussortiert. Das Kondō-Prinzip sieht vor, dass

Familien gemeinsam die Gegenstände früherer Generationen durchgehen. Eine Übertragung dieser Methode auf die intellektuelle Hygiene würde bedeuten, dass aus der familiären Aufräumaktion eine nationale und internationale Debatte wird: eine Entrümpelung, die Platz für jene Ideen schafft, die »die kreativ machen«. Um noch einmal Mill zu zitieren: »Aber wenn wir uns zu Gegenständen wenden, die unendlich viel komplizierter sind, etwa zu Fragen der Moral, der Religion, der Politik, oder zu soziologischen Beziehungen und den Geschäften des täglichen Lebens, so bestehen Dreiviertel der Argumente in der Bekämpfung der Gründe, die für die entgegengesetzte Meinung sprechen.«[15]

Zuerst müssen wir verstehen, woher die Ideen kommen und warum sie so dermaßen generalisiert und globalisiert wurden, dann aber sollten wir mit der Frage enden, wie ihre Bedeutungen und Verwendungen, die ihre ursprüngliche Konzeptualisierung vorangetrieben hatten, wiederhergestellt werden können. Wenn wir verstehen, wie sich die Bedeutungen der Begriffe in verschiedenen nationalen Kontexten, mit der Beschleunigung der Lebenswelt und dem technologischen Wandel verändert haben, können wir uns wieder auf das Wesentliche besinnen. Dafür müssen wir uns nicht nur über die Ursprünge des gesellschaftlichen Zusammenhalts und der politischen Organisation Gedanken machen, sondern auch über die Begriffe (die politische Sprache) und die Instrumente (das Geld), die wir nutzen, um unsere eigenen Erfahrungen in unsere Ideen über die Erfahrungen anderer zu übersetzen. Damit wir uns wieder auf das wirklich Wichtige konzentrieren können, müssen wir einen Blick in die Vergangenheit werfen, um zu verstehen, was jene Begriffe bedeuteten, bevor unser Wortschatz durcheinandergeriet.

ÜBER NIEDERGANG, VERFALL, ENTKOPPLUNG UND DEREN RHETORIK

Vorwort zur deutschen Ausgabe

Globalisierung bringt die Welt näher zusammen: Menschen, Dinge, Ideen, Geld – alle befinden sich in ständiger Bewegung. Doch die derzeitigen Gespräche über Globalisierung polarisieren stark. Worte haben ihre Bedeutung verloren und die Streitkultur verfällt, was zur Polarisierung der Gesellschaft beiträgt. In diesen entmutigenden Zeiten werfen sich politische Gegner gegenseitig voller Inbrunst individuelle Begriffe und Ausdrücke an den Kopf. Sie beteiligen sich an einem unerbittlichen Schlagabtausch, der einem übereifrigen Tennismatch gleicht. Leider löst sich das linguistische Gewebe unserer Sprache durch solche unermüdlichen Wortgefechte immer weiter auf, wie auch ein Tennisball durch exzessives Spiel irgendwann sein vorzeitiges Ende findet. Das zeigt sich gut an folgendem Schlagwort, das unser Bewusstsein in den letzten zehn Jahren in Atem gehalten hat: »Fake News«. An der eher kurzen Beliebtheit, derer sich die »Fake News« erfreuten, erkennt man die flüchtige Natur einer solchen linguistischen Konstruktion.

Das Konzept »Fake News« läutete eine Demokratiekrise ein. Wahlsiege wurden Falschinformationen oder Fake News zugeschrieben und das Verbreiten falscher Informationen wurde schnell zum Erfolgsmodell. Washington Post und Buzzfeed schrieben Donald Trumps Wahlsieg 2016 Facebook-Manipulationen zu; anschließend verwendete Trump das Label »Fake News«, um seinerseits den »Mainstream« anzugreifen. Trump erklärte auf der Conservative Political Action Conference: »Ich sage Ihnen, wir bekämpfen Fake News. Sie sind falsch, erfunden und falsch. Vor ein paar Tagen habe ich Fake News als ›den Feind des Volks‹ bezeichnet und das sind sie auch. Sie sind der Feind des Volks. Denn sie haben keine Quellen. Wenn es keine gibt, erfinden sie einfach welche.«[1] Die Bezeichnung gelangte schnell auch in den deutschen Sprachgebrauch, als die AfD kurzzeitig erfolglos versuchte, ein »Aussteiger-Programm für Mainstream-Journalisten«[2] zu starten. Margaret Sullivan, die für die Washington Post aus dem Weißen Haus berichtete, zog den Schluss: »Es ist an der Zeit, dass wir uns von dem vergifteten Terminus ›Fake News‹ verabschieden.«[3]

Der Analyst Henri Gendreau interpretierte den rasanten Aufstieg und das ebenso schnelle Ausbrennen des Konzepts als eine Besonderheit unserer Gegenwart, beziehungsweise dessen »was mit Faktizität passiert, wenn Menschen durch Algorithmen ersetzt werden.«[4] Die Idee, Worte als politische Waffe zu nutzen, ist wesentlich älter. So auch die Tatsache, dass Worte im Zuge dieser Instrumentalisierung ihre Bedeutung verlieren. Der großartige Politikwissenschaftler und Historiker Karl Dietrich Bracher diagnostizierte in den 1970er-Jahren der studentischen Linken, sie marschiere nicht durch die Institutionen, stattdessen veranstalte sie einen »Marsch durch die Wörter«. Er fragte:

> Sind historische Wörter, die sich in demselben Maße von ihrem ursprünglichen Kontext entfernen, in dem sie als Kampfbegriffe manipulierbar werden und in der gegenwärtigen Flut neuer Schlagwörter untertauchen, überhaupt noch als aussagefähig ernst zu nehmen, können sie noch etwas zum Verständnis der Geschichte leisten oder fällt ihr Gebrauch letzterdings unter das Verdikt einer Sprachkritik, die auf Enthistorisierung hinausliefe?[5]

Die neue Rechte nahm die Idee in den 2010er-Jahren ebenfalls auf, und kämpfte mithilfe linguistischer Manipulation.

Die Idee, sich Worte zunutze zu machen, ist älter. Goethe, der ein entscheidendes Globalisierungskonzept erfand (Weltliteratur), legt Mephistopheles die diabolische Verwendung von Worten in den Mund, als dieser einem jungen Studenten rät:

Im Ganzen — haltet euch an Worte!
Dann geht ihr durch die sichre Pforte
Zum Tempel der Gewißheit ein.
[…]
Denn eben wo Begriffe fehlen,
Da stellt ein Wort zur rechten Zeit sich ein.
Mit Worten läßt sich trefflich streiten,
Mit Worten ein System bereiten,
An Worte läßt sich trefflich glauben […].[6]

Der romantische Dichter Joseph von Eichendorff erklärte seinerseits, wie ein »Ratskollegium« funktionierte: »Doch werden die Zeiten so ungeschliffen, / wild umzuspringen mit den Begriffen.«[7]

Die alten Echokammern wurden durch die Computer-Algorithmen noch stärker gefestigt, außerdem gilt es als gesichert, dass die rapiden Fortschritte im Bereich der KI diesen Prozess noch beschleunigen und damit destruktiver gestalten werden. ChatGPT, ein generatives KI-Programm, sorgte bereits für Aufsehen mit seinen »Halluzinationen«, in denen es völlig falsche Geschichten, Bibliografien und Biografien entwarf. Alles scheint unwirklich. Bedeutungsleere Unterhaltung liefert eine neue Schablone für politische Sprache. Zu Beginn der Trump-Ära konstatierte ein Artikel in der New York Times, alles sei jetzt wie Wrestling. World Wrestling Entertainment ist »eine inszenierte ›Realität‹, in der geskriptete Geschichten sich ungehindert mit realen Ereignissen vermischen, wobei die verschwommene Grenze zwischen wahr und falsch die Abhängigkeit des Publikums vom Melodrama nur noch verstärkt.«[8] Rick Rubin, US-amerikanischer Musikproduzent und Mitbegründer von Def Jam, meinte, die gestellte Wrestling-Show »WWE ist real, es sind die politischen Nachrichten der Mainstream-Medien, die fake sind.«[9]

Dementsprechend unterläuft oder untergräbt Sprache den Prozess der Verbundenheit, den man mit der Globalisierung assoziiert. Für eine gemeinsame Welt müssen wir uns über Sprache und deren Verwendung einig werden. Es kann keine eine Welt geben, da es nicht das eine Wort gibt.

Rhetorische Konflikte können zu weiterer Spaltung führen, nicht nur zwischen einzelnen Nationen, sondern auch innerhalb einer Nation. Vor allem funktioniert die moderne Politisierung von Worten und Begriffen wie Fake News über das Kultivieren eines Gefühls von Verlust und einer Opferrolle. Sprache wird genutzt, um einen Opferstatus zu definieren und auszustellen. Immer mehr Gruppen sehen sich als Opfer: Schwarze Amerikanerinnen und Amerikaner sind Opfer des langanhaltenden Vermächtnisses der Sklaverei, weiße Amerikanerinnen und Amerikaner sind Opfer von Immigration und Wokeness. Die zunehmende Polarisierung in den Vereinigten Staaten findet sich auch in anderen Gesellschaften wieder: Debatten über Migration rühren in Europa an tiefsitzenden historischen Empfindlichkeiten, wo islamische Migration zusätzliche Ängste freisetzt und wo das historische Vermächtnis des Ethnonationalismus traumatisch ist.

Zwei Prozesse machten Worte zum Ursprung eines neuen Unbehagens: rhetorische Inflation und rhetorischer Imperialismus. Beide Prozesse – die sich sogar in der kurzen Zeit, die seit der Veröffentlichung der englischen Ausgabe von »Der Krieg der Worte« vergangen ist, noch beschleunigt haben – werden in diesem Buch analysiert; außerdem enthält es ein neues Kapitel, das sich mit einem entscheidenden Teil dieser Debatte über eine zeitgenössische globale Ordnung auseinandersetzt: der Forderung nach globaler Gerechtigkeit.

Es fällt auf, dass die destruktiven Auswirkungen linguistischer Zerrissenheit besonders in reichen Ländern auftreten, die von der Idee eines drohenden Niedergangs besessen sind. In dieser Hinsicht ist der Diskurs in Deutschland dem in den Vereinigten Staaten auffallend ähnlich. Vollkommen verschiedene Einschätzungen des Globalisierungsprozesses und seiner zukünftigen Entwicklung spalten die globalisierte Welt. Länder mit mittlerem Einkommen – Schwellenmärkte – schießen sich auf die Chancen einer neuen Dynamik ein. Selbst in vielen Ländern mit niedrigem Einkommen hofft man, mithilfe von Technologie einige Entwicklungsstadien überspringen zu können. Derweil bleibt der reiche Teil der Welt unzufrieden und gespalten.

In ausgewachsenen Industriegesellschaften, vor allem in den Vereinigten Staaten, löst Globalisierung Skeptizismus und Überdruss aus. Larry Fink von Black Rock traf letztes Jahr einen Nerv, als er das Ende der Globalisierung erklärte. Politiker und Politikerinnen sprechen von Friend-shoring und Entkopplung. Vielleicht hatten sie sich von Gwyneth Paltrows linguistische Neuschöpfung des »bewussten Entkoppelns« (*conscious uncoupling*, als Umschreibung für Scheidung) inspirieren lassen. Worte verwandeln sich dann in Mechanismen, die Menschen für ihre eigene Entkopplung nutzen. Weitere Metaphern wären Fragmentierung und Blockbildung. Kristalina Georgieva, geschäftsführende Direktorin des IWF, meint: »Obwohl wir an verschiedenen Fronten mehr internationale Zusammenarbeit benötigen, sehen wir uns dem Schreckgespenst eines neuen Kalten Kriegs gegenüber, der die Welt in rivalisierende Wirtschaftsblöcke aufteilen könnte.«[10] Die neuen Beschreibungen sind Varianten eines altbekannten Mantras – Haltet die Welt an, ich will aussteigen.

Die Vereinigten Staaten sind seit Langem vom nationalen Niedergang besessen. Donald Trumps zentrale Strategie verließ sich auf das Heraufbeschwören eines Gefühls der Hoffnungslosigkeit, indem er die Trostlosigkeit der Gegenwart beschwor. Seine Amtsantrittsrede stand unter dem Thema »American Carnage« (dem Gemetzel Amerikas):

Viele Jahrzehnte lang haben wir ausländische Industrien auf Kosten der amerikanischen Industrie reicher gemacht; die Armeen anderer Länder finanziell unterstützt, während wir unsere eigene Armee ausgehungert haben. Wir haben die Grenzen anderer Länder verteidigt, aber uns geweigert, unsere eigene zu verteidigen. Wir haben Billionen und Aberbillionen von Dollar im Ausland ausgegeben, während die amerikanische Infrastruktur zerfallen ist. Wir haben andere Länder bereichert, während sich der Reichtum, die Stärke und das Selbstbewusstsein unseres eigenen Landes sich über dem Horizont aufgelöst hat. Eine Fabrik nach der anderen schloss und verließ das Land, ohne auch nur einen Gedanken an die Millionen und Abermillionen amerikanischer Arbeiter zu verschwenden, die zurückgelassen wurden. Der Reichtum unsere Mittelklasse ist von ihr gerissen und in der ganzen Welt verteilt worden.[11]

Das Wahlversprechen lautete »Make America Great Again«, doch hauptsächlich sorgte man nur für ein noch tiefgreifenderes Gefühl nationaler Verzweiflung.

Europa hatte seine ganz eigene Version eines von Zerfall geprägten Selbstbilds. Jedes Mal, wenn die deutsche Wirtschaft einen kleinen Schock erleidet – wie zum Beispiel nach dem russischen Angriff auf die Ukraine –, beginnt eine nationale Nabelschau. Die großen europäischen Länder lebten mit der Geschichte vom Verlust eines Imperiums und einer Historie relativen Niedergangs. Als aus der Globalisierung im 20. Jahrhundert die Hyperglobalisierung wurde, behaupteten führende Politiker und Politikerinnen in Europa zunehmend, dass eine europäische Integration notwendig sei, damit Europa wieder zu einer bestimmenden Kraft in der Welt werden könnte. Somit wurde Europäischsein zur Antwort auf den drohenden Niedergang.

Die Währungsunion und die Einführung einer gemeinsamen Währung in Form des Euros stellten im 20. Jahrhundert die institutionell komplexesten Aspekte der europäischen Integration dar. In den 1960er-Jahren kritisierten europäische Staatsmänner – und besonders französische Politikschaffende – die politischen Vorteile, die sich für die Vereinigten Staaten mutmaßlich aus dem festen Wechselkurssystem der Bretton-Woods-Ordnung ergaben. Der französische Finanzminister Valéry Giscard d'Estaing sprach 1965 von einem »exorbitanten Privileg«; Staatspräsident Charles de Gaulle erklärte Alain Peyrefitte: »Kein

Bereich entkommt dem amerikanischen Imperialismus. Er nimmt alle möglichen Formen an. Die tückischste ist die des Dollars.«[12] De Gaulles Nachfolger Georges Pompidou sah in der Währungsunion eine »Karte«, die Europäer im internationalen Machtspiel ausspielen konnten. Und später sahen Giscard (mittlerweile französischer Staatspräsident) und der deutsche Bundeskanzler Helmut Schmidt in der Politik den Hauptgrund, weswegen Europa auf Währungsebene handeln musste. Ganz wie Schmidt zu Giscard meinte: »Die Amerikaner dürfen nicht länger glauben, dass wir nach ihrer Pfeife tanzen.«[13]

In der Praxis griffen Populisten den Euro immer wieder an und stellten seine Daseinsberechtigung infrage. Die Erklärung, ein scheinbarer Verlust der Souveränität sei die notwendige Antwort auf die Herausforderungen der Globalisierung, führte zwangsläufig zu folgender Frage: Weshalb ist diese Globalisierung überhaupt notwendig? Dementsprechend hingen antieuropäische und antiglobale soziale Bewegungen eng miteinander zusammen. Die AfD begann als Anti-Euro-Partei, anschließend richtete sie sich gegen Einwanderung, dann gegen Klimaschutz und schließlich verwandelte sie sich in eine prorussische Bewegung.

Je mehr sich Politiker und Politikerinnen in reichen Ländern mit der Sprache der antiglobalistischen Herausforderung auseinandersetzen mussten, desto mehr schienen sie einen Antiglobalisierungskurs einzuschlagen. Die Frustration über Lieferengpässe nach der Coronapandemie verwandelt sich oft in Sorge über die Abhängigkeit von ausländischen Ressourcen. Es herrschen verschiedene Ängste: russisches Gas, die Alternativen aus dem Persischen Golf, aus US-amerikanischem Fracking, aus Gasfeldern in den Niederlanden oder in Norwegen; Halbleiterchips aus Taiwan; Elektronik aus China; Antibiotika aus China und Indien. Ein naives Vertrauen in die globale Vernetzung scheint nicht länger möglich. Angela Merkel wurde als »Merkantilistin« dämonisiert, weil sie auf Globalisierung setzte. An ihre Stelle trat eine noch trügerischere Logik: Wäre es nicht besser, all diese internationalen Verbindungen abzubauen und sich stattdessen auf nationaler Ebene mit nationalen Bedürfnissen auseinanderzusetzen? Während der Nachwehen der Finanzkrise von 2008 verlor die Globalisierung an Fahrt. Die Pandemie und der Krieg Russlands führten zu einer neuen Auseinandersetzung mit nationaler Autarkie.

Die momentan herrschende linguistische Verwirrung hat eine lange Vorgeschichte. Die Belastungen der Globalisierung treiben führende Politiker und Politikerinnen dazu, die Realität mithilfe linguistischer Verwirrspiele falsch darzustellen und neue Machtdynamiken zu erschaffen. Als er sich mit der Pariser Friedenskonferenz von 1919 auseinandersetzte, schimpfte der britische Ökonom John Maynard Keynes über »Sophisterei und jesuitische Exegese«.[14] Mitte der 1970er-Jahre bedrohten die stark angestiegenen Ölpreise die industrialisierte Welt, woraufhin sich Henry Kissinger auf eine kühne rhetorische Strategie verlegte, um die Macht der Vereinigten Staaten zu sichern. Er war der Meinung, die Vereinigten Staaten sollten die neue internationale Wirtschaftsordnung, wie sie die Entwicklungsländer vorschlugen, nicht akzeptieren, gleichzeitig sollten sie aber ebenso wenig militärisch gegen die Ölproduzenten vorgehen (er sprach davon, nicht auf die Barrikaden zu gehen). Stattdessen wollte er »die Sache aufmischen« (eine Formulierung, die Richard Nixon Kissinger aufgedrängt hatte). Kissinger drückte es wie folgt aus:

> Meine Aufgabe besteht darin, ein Bild der Vereinigten Staaten nach außen zu tragen, das sie fortschrittlich zeigt. [Alan] Greenspan [ein Wirtschaftsberater, der später Vorsitzender der US-Notenbank wurde,] ist Theoretiker. Er will an einem System festhalten, das niemand unterstützen wird. [Helmut Schmidt] meinte zu mir, wenn wir uns in Bezug auf Rohstoffe nicht zusammenreißen, wird er allein weitermachen. Ich möchte die Sache aufmischen.

Er erkannte, dass man sich ins eigene Fleisch schneiden würde, wenn man das existierende System verteidigte, und dass die politischen Anführer wie ihre österreichischen Kollegen im 19. Jahrhundert (besonders wie Metternich) enden würden, wenn sie sich gegen den Meinungsumschwung stellten, nämlich verschmäht und zurückgewiesen.[15] Man brauchte also eine neue Sprache, um die alte Ordnung verteidigen zu können.

Neue Ängste bringen auch einen Skeptizismus gegenüber Wachstum mit sich. Vielleicht werden Ressourcen im Zuge von Deglobalisierung weniger gut oder zu weniger günstigen Preisen verfügbar sein. Doch sind all diese Waren, die von weither kommen, wirklich notwendig? Wäre es für die Welt nicht besser, wenn sie nicht in erster Linie über Wachstum nachdenken würde und sich stattdessen mehr auf Nachhaltigkeit und Klimaneutralität konzentrierte, welche sich durch eine einfachere Lebensweise vielleicht eher erreichen ließen?

In Japan und Deutschland entwerfen Bestseller über politische Ökonomie eine Logik des Nicht-Wachstums. In Japan berief sich der Philosoph Kohei Saito auf die frühen Schriften von Karl Marx, um zu erklären, wie der Kapitalismus in Bezug auf die Umwelt an seine Grenzen gekommen sei und durch einen wachstumskritischen Kommunismus ersetzt werden sollte;[16] in Deutschland folgte Ulrike Herrmann derselben Logik, um das »Ende des Kapitalismus« vorherzusagen.[17] Die wachstumskritischen Botschaften von Saito und Herrmann bauten auf Anti-Preis- und Anti-Globalisierungslogiken auf.

Die Beliebtheit solcher Annahmen geht weniger auf die ihnen zugrundeliegende Logik zurück als auf die demografische Schicht, in der sie Anklang finden. Japan und Deutschland sind extreme Fallbeispiele für ein Phänomen, das in der industrialisierten Welt und mittlerweile auch in China stark um sich greift: eine schrumpfende und alternde Bevölkerung. Die Alten sorgen sich zwangsläufig um ökonomische Tragfähigkeit, und die Jungen fürchten, die Alten könnten das politische System zu ihrem eigenen Vorteil manipulieren. Charles Goodhart und Manoj Pradhan weisen in einem wichtigen Buch sogar darauf hin, dass das Ende eines niedrigen Inflationsregimes die Folge eines demografischen Übergangs sein könnte.[18]

Das wirkmächtige Heraufbeschwören einer Welt, mit der es bergab geht, entspricht nicht der Realität. Man kann Deglobalisierung in der Sprache finden, jedoch nicht in den Zahlen. Der Welthandel wächst.

Sogar der Handel zwischen China und den Vereinigten Staaten, der im Mittelpunkt des Entkopplungsnarrativs steht, wächst. Internetkommunikation und Datentransfer wachsen weiterhin exponenziell. Nachdem man sich zunehmend von der Pandemie und den Lockdowns erholt hat, bewegen sich Menschen nun wieder häufiger über Ländergrenzen hinweg. Führt man die Analogie von Gwyneth Paltrow weiter, hat das in Scheidung lebende Paar mehr und mehr Sex miteinander, während gleichzeitig beide Partner allerorts ihren Hass aufeinander bekunden. Dieses Paradox lässt Analysten und Analystinnen perplex zurück: Entweder sie schauen auf die Rhetorik und sagen, dass sich die Wirtschaft wie Wile E. Coyote verhält, der in der Luft weiterrennt, obwohl er schon über den Klippenrand hinaus ist. Oder sie schauen sich den Handel an und sagen, dass die politische Gemeinschaft und viele Analystinnen und Analysten Fake News zum Opfer gefallen sind.

Die Unzufriedenheit der reichen Länder verschärft die Debatte. Während die Reize der Globalisierung zu schwinden scheinen, ist es verführerisch, die Welt als Nullsummenspiel anzusehen. Wenn Sie gewinnen, muss ich verlieren. Wenn ich verliere, werden Sie gewinnen. Dementsprechend besteht das US-Narrativ zum großen Teil darin, einen technologischen Vorteil gegenüber China zu bewahren, besonders indem man die fortschrittlichsten Halbleiter beschränkt. Sogar global ausgerichtete Intellektuelle, die Wettbewerb gegenüber positiv eingestellt sind, müssen darauf bestehen, dass die Vereinigten Staaten im Wettrennen mithalten können.

Die Rhetorik der reichen Länder, die darauf bestehen, Nr. 1 zu sein, löst automatisch eine konfrontative Gegenreaktion aus. Das ist besonders in den großen Ökonomien der Fall, die gerade dabei sind, aufzuholen und deren Ziel es ist, die Vereinigten Staaten mithilfe ihrer Technologien und der fortschreitenden Modernisierung ihrer Ausbildungssysteme abzulösen. Die Überzeugung, die Vereinigten Staaten würden alles tun, ja, wirklich alles, um China an der Übernahme der weltweiten Führungsposition zu hindern, bildet die Grundlage für eine ganz eigene wirkmächtige und konfrontative Rhetorik. Diplomatinnen und Diplomaten sind nicht länger diplomatisch, stattdessen werden aus ihnen wettstreitende »Wolfskrieger«. Das Gefühl der Bedrohung treibt China, ein Land, das bisher keine Allianzen einging, außerdem dazu, eine Beziehung zu Russland zu pflegen. Ein solches Land erscheint mit seinen Nuklearwaffen und seiner starken antiwestlichen Einstellung, die sich nicht nur auf Worte beschränkt, als eine vielversprechende Möglichkeit, die eigene Macht auszuweiten und die Realität der Herausforderung Chinas zu verstärken.

Das Reden über Entkopplung setzt ein fortwährendes Hin und Her in Gang, bei dem sich erst zurückgezogen wird, um sich dann darüber klarzuwerden, dass man von der Weltwirtschaft abhängig ist und dass diese ganz klar sowohl die Vereinigten Staaten als auch China mit einschließt. 2022 sprach die US-Finanzministerin Janet Yellen von Friend-shoring; bereits Mitte 2023 ruderten sie und der Nationale Sicherheitsberater Jake Sullivan wieder zurück, indem sie gegenseitige Verbundenheit betonten und versuchten, den kaputten Prozess gegenseitigen Engagements wieder zu kitten. Sullivan erklärte: »Unsere Kooperation mit Partnern beschränkt sich nicht nur auf fortgeschrittene industrielle Demokratien.« Besonders fiel auf, wie er die Zeit des amerikanischen Optimismus der 1960er-Jahre heraufbeschwören wollte, wofür er Präsident Kennedy zitierte: »›Wenn ein Teil unseres Landes stillsteht, wird die Ebbe früher oder später alle Boote nach unten ziehen.‹ Das trifft auf unser Land zu. Das trifft auf unsere Welt zu. Und wirtschaftlich werden wir mit der Zeit gemeinsam aufsteigen – oder fallen.«[19]

Indien erlebt eine sanftere Version des gleichen Phänomens. Es möchte sich nicht zurückhalten, obwohl es eine tiefe Wertschätzung für die Stärke der wirtschaftlichen und persönlichen Beziehungen zu den Vereinigten Staaten verspürt, die die Grundlage für eine wirksame Entwicklung bilden. Für die wichtigen aufstrebenden Märkte – wie auch für China – bietet die Sprache des Anti-Kolonialismus eine gute Möglichkeit, die neue politische Bewegung zu erklären. Dabei wird Globalisierung zur Rache, die der Rest der Welt für den Kolonialismus übt. Und wenn die Reichen – die alten Kolonialmächte – versuchen, die Welt zu entkoppeln und die Globalisierung zu stoppen, dann üben sie eigentlich nur eine neue Form alter kolonialer Unterdrückung aus. Der Kampf um die Zukunft der Globalisierung wird so auf einen Streit um eine vorangegangene historische Epoche übertragen.

Die sprachliche Zerrissenheit erschwert den Umgang mit Globalisierung wesentlich, und der Prozess ist folglich deutlich unvorhersehbarer – und scheint potenziell ebenso unfair zu sein. Die Fahrt auf dem Konnektivitäts-Express wird wohl wilder werden. Viele der alten Institutionen, die eigentlich die Politik koordinieren sollten, stehen zunehmend unter Druck. Die Welthandelsorganisation wurde bereits vor einem Jahrzehnt stark in Mitleidenschaft gezogen, als die Doha-Runde scheiterte. Es bedurfte nicht wirklich Donald Trumps aggressiver Haltung in Bezug auf Handelspolitik, um ihr den Todesstoß zu versetzen. Die Bretton-Woods-Institutionen – die geschaffen wurden, um mit einer Welt fertigzuwerden, in der Deglobalisierung zu Krieg geführt hatte, und die eine kooperative internationale Ordnung voranbringen sollten – sind nach wie vor unverzichtbar, doch sie müssen mittlerweile mit einer Vielzahl neuer, kleinerer und speziellerer kooperativer Institutionen zusammenarbeiten. Diese Aufgabe verlangt nach einer funktionierenden Kommunikation, doch ein solcher Dialog wird oft durch die stark umkämpfte Sprache der Globalisierung behindert und vereitelt.

Gibt es einen Weg aus dieser Pattsituation, aus den Missverständnissen und der Fehlkommunikation heraus? Können wir uns von unseren »Suspicious Minds« lösen, die für Elvis Presley bedeuteten: »We can't go on together«? Eine Voraussetzung dafür ist, dass wir zwei Tatsachen anerkennen, die die Kombination von Technologie und zunehmendem kommunikativem Austausch mit sich bringt: Wir können nicht wissen, was kommt und es auch nicht lenken. Wir wissen nicht, welches Land letztendlich Nr. 1 werden wird und wir können es auch nicht mit Sicherheit vorhersagen.

Außerdem sollten sich die Menschen jedes Landes zu einem gewissen Grad sicher sein können, dass sie unterstützt werden, falls sie von einer technischen Neuerung oder vielleicht von einer unerwarteten wirtschaftlichen Entwicklung betroffen sind. Das Prinzip der Absicherung führt zu größerer Selbstsicherheit. Psychologen, insbesondere

Eldar Shafir und Sendhil Mullainathan, haben empirisch bewiesen, wie Zukunftsunsicherheit die Intelligenz und die kognitive Entscheidungsfähigkeit mindert, also die Fähigkeit, rationale Entscheidungen zu treffen.[20]

Im Herzen des miteinander verbundenen Prozesses von Globalisierung und technischer Entwicklung herrscht also ein grundlegendes Dilemma. Die Resultate sind ungewiss, doch Ungewissheit ist (wenn sie groß ist) lähmend. Die Aufgabe einer funktionierenden Regierung ist es daher, der Bevölkerung eine gewisse Sicherheit zu vermitteln. Je besser diese Rückversicherung wirkt, desto weniger wird die Welt von unterschiedlichen Ansichten über Gewinnen und Verlieren gespalten werden. Und die Suspicious Minds, die Misstrauischen, werden beruhigt sein. Wir müssen genau darüber nachdenken, was die Begriffe der Globalisierung wirklich bedeuten – und dabei dem Impetus rhetorischer Inflation, rhetorischer Verwechslung und rhetorischen Imperialismus widerstehen. Das ist die notwendige Voraussetzung für Neubewertung, Rückversicherung und die Wiedergeburt von Selbstsicherheit und Vertrauen.

1 KAPITALISMUS

Der Kapitalismus bestimmt das moderne Leben, und die letzten dreißig Jahre waren hyperkapitalistisch. Man glaubte 1989 weithin, der Kapitalismus habe triumphiert. Aber was genau hatte sich da nach dem Ende des Sowjetkommunismus durchgesetzt? Ein Großteil der Debatte über den Kapitalismus dreht sich häufig um die Frage seiner Definition. Sehen wir in ihm mit Adam Smith einfach eine Folge der »Neigung zum Handeln und Tauschen«, dann ist er ein universelles Merkmal des menschlichen Lebens. (Tatsächlich zeigt auch eine beträchtliche Anzahl von nicht-menschlichen Tieren kapitalistisches Verhalten. Zum Beispiel sammeln antarktische Pinguine runde Kieselsteine – eine Art Kapitalakkumulation –, die sie dann gegen Sex eintauschen.) In Chroniken kann man nachlesen, dass in fast jeder menschlichen Gesellschaft gehortet und gehandelt wurde, selbst unter extremen Umständen wie in Gefängnissen oder Konzentrationslagern. Kapitalakkumulation findet statt, wenn Menschen etwas horten. Im *Kapitalismus* kann man diese gehorteten Waren oder Produkte tauschen. Er ist von Natur aus dezentralisiert, kommt also ohne zentrale Kontrolle aus.

Dementsprechend ist das Kapital ein dehnbarer Begriff, der recht weit gefasst werden kann. Manchen Forschern war die Ausweitung dieses Begriffs sogar ein wichtiges intellektuelles Anliegen. Der französische Soziologe Pierre Bourdieu wollte zwischen vier Arten von Kapital unterscheiden und sprach, neben dem bekannten ökonomischen Kapital, auch von symbolischem, sozialem und kulturellem Kapital. Ihm war der ökonomische Fokus künstlich zu eng gefasst worden:

Die Wirtschaftstheorie hat sich nämlich ihren Kapitalbegriff von einer ökonomischen Praxis aufzwingen lassen, die eine historische Erfindung des Kapitalismus ist. Dieser wirtschaftswissenschaftliche Kapitalbegriff reduziert die Gesamtheit der gesellschaftlichen Austauschverhältnisse auf den bloßen Warenaustausch, der objektiv und subjektiv auf Profitmaximierung ausgerichtet und vom (ökonomischen) *Eigennutz* geleitet ist. Damit erklärt die Wirtschaftstheorie implizit alle anderen Formen sozialen Austausches zu nicht-ökonomischen, *uneigennützigen* Beziehungen. Sie definiert besonders jene Austauschverhältnisse als uneigennützig, die die *Transsubstantiation* sicherstellen, durch die die meisten materiellen Kapitalsorten ... sich in immaterielles kulturelles oder soziales Kapital umwandeln, oder vice versa.[1]

Das symbolische Kapital ist oft von den Bräuchen und Traditionen einer bestimmten Gesellschaft abhängig und kann nicht so einfach auf einem Markt gehandelt werden.

Sowohl das symbolische als auch das kulturelle Kapital haben im Kapitalismus immer mehr an Bedeutung gewonnen, besonders seit dessen Triumph über andere politische Systeme. Diese Kapitalsorten können bei dem Verständnis darüber helfen, wie ein innovativer, kreativer und destruktiver Prozess dennoch irgendwann existierende Ungleichheiten fortschreiben kann. Sie werfen auch ein anderes Licht auf die Entwicklungsgeschichte des Kapitalismus, weil dieser auf keine anfängliche, großangelegte Kapitalbeschaffung mehr angewiesen sein muss, wie in Marx' Vision der »ursprünglichen Akkumulation«. Die Historikerin Joyce Appleby beispielsweise beschreibt, dass »die Akkumulation kulturellen Kapitals, insbesondere von Know-how und produktivem Innovationsdrang, in der Geschichte des Kapitalismus eine wichtigere Rolle gespielt hat« als die Akkumulation physischen Kapitals. Mittelalterliche Kathedralen erforderten diesbezüglich enorme Investitionen, lösten aber keine kapitalistische Revolution aus.[2] Auch der Historiker Joel Mokyr ist der Meinung, dass »der Anbeginn des langsam zunehmenden Glaubens an die transformative Kraft, das soziale Prestige und die Tugendhaftigkeit des nützlichen Wissens als Geschichte der Wirtschaft angesehen wurde.«[3]

Zwei Paradoxe kennzeichnen die Geschichte des Kapitalismus und sind seit 1989 deutlich sichtbar in Erscheinung getreten: Erstens beruht der Kapitalismus auf dezentralen Entscheidungsprozessen aus einer Ansammlung Millionen voneinander unabhängiger Einzelentscheidungen, doch mit dem Kapital konzentrieren sich auch dessen Entscheidungsprozesse. Zweitens braucht ein funktionierender Kapitalismus eine externe Ordnung, die normalerweise von Regierungen in Kraft gesetzt wird, doch mit zunehmender Kapitalkonzentration versuchen Großkapitalisten, die Regierung für sich einzunehmen (eine Art *kapitalistischer Vetternwirtschaft*).

Die Institutionalisierung des Tauschaktes

Der Kapitalismus beruht auf zahlreichen Tauschhandlungen und der Mechanismus dieser Tauschhandlungen wird institutionell komplexer, jedoch wird immer Geld benötigt. Ein zweifelhafter oder unsicherer Geldstandard behindert den Tauschprozess und kann den Tausch illegitim erscheinen lassen – eher als Raubüberfall denn als freiwilligen Handel.

Kapitalismusdefinitionen sind nicht nur teils empirisch, sondern haben manchmal auch ein normatives Element, wenn auch oft ambiger Natur. Als Kritik konzipierte Konzepte können plötzlich eine neutrale oder sogar affirmative Bedeutung gewinnen, nur um dann manchmal wieder zur kritischen Ursprungsbedeutung zurückzukehren. In der Mitte des 19. Jahrhunderts wurde der Begriff des *Kapitalismus* von Revolutionären und Gesellschaftskritikern geprägt, um zu beschreiben, dass die Menschheit auf unmenschliche Weise abstrakten Kräften unterworfen wird. In Max Webers Untersuchungen gegen Ende des Jahrhunderts jedoch stand der Begriff schlicht für eine neue, rationalisierte Lebensweise, die Institutionalisierung des Tausches und die Loslösung des Tauschhandels von traditionellen Werten (und symbolischem Kapital).

Normative Standpunkte – zumindest jene kritischer Natur – betonen, dass dieses Modell der menschlichen Natur widerspräche, denn für sie sei der Tauschhandel ein Prozess der »Entfremdung«, der menschliche Beziehungen zerstöre, indem er sie einer eindimensionalen, unmenschlichen Maxime unterwerfe. Diese Art der Kapitalismuskritik geht auf Marx zurück, findet sich aber auch in anderen Denktraditionen, wie etwa in der Lehre der Katholischen Kirche, die es in der Enzyklika *Centesimus annus* aus dem Jahr 1991 wie folgt formulierte:

Die geschichtliche Erfahrung des Westens ihrerseits zeigt, dass, selbst wenn die marxistische Analyse und Begründung der Entfremdung falsch sein sollte, die Entfremdung mit dem Verlust des wahren Lebenssinnes auch in den westlichen Gesellschaften dennoch Realität ist. Denn sie ereignet sich im Konsum, wenn der Mensch in ein Netz falscher und oberflächlicher Befriedigungen hineingezogen wird, statt dass ihm geholfen wird, echte und konkrete Erfahrungen mit sich als Person zu machen. Die Entfremdung ereignet sich auch bei der Arbeit, wenn diese auf möglichst hohe Erträge ausgerichtet ist, ohne zu beachten, dass der Arbeiter an seiner geleisteten Arbeit wächst oder davon kleingehalten wird ...«[4] Der neo-aristotelische Philosoph Alasdair MacIntyre spricht von der »moralischen Verarmung des fortgeschrittenen Kapitalismus.[5]

Normative Standpunkte, die ein positives Bild vom Kapitalismus zeichnen, gehen dagegen von einer natürlichen Neigung des Menschen zum Handel und Tausch aus. Von Smith inspirierte Ansätze behaupten, dass es immer irgendeine Art Markt geben werde und dass die Unterdrückung natürlicher Marktsignale nicht nur ineffizient sei, sondern auch auf einen Verlust der Menschlichkeit hinauslaufe, weil Individuen ohne die Möglichkeit des einvernehmlichen Handels Gewalt und Zwang anwendeten.

Eine Gesellschaft kann mehr oder weniger kapitalistisch sein. Ob ein abstrakter Begriff nützlich ist, hängt davon ab, ob wir mit ihm die Größe oder das Ausmaß eines Phänomens beurteilen können. Geschwindigkeit: Wie schnell ist etwas? Güte: Ist etwas mehr oder weniger gut? Auch Kapitalismus und verwandte Begriffe wie Globalisierung können auf diese Weise verwendet werden: Wie globalisiert ist eine Wirtschaft? Wie kapitalistisch ist eine Gesellschaft? Kann der Kapitalismus mit anderen Gesellschafts- oder Organisationsformen vermischt werden? Und wie beeinflussen die Werte dieser anderen Organisationsformen die kapitalistischen Handelsprozesse?

Der industrielle Kapitalismus in einer modernen Ausformung, mit einer großen Zahl von Arbeitern, die an feste Tarifverträge gebunden sind, ist nicht die einzige Gesellschaftsform, bei der Arbeitskraft auf einem Markt gehandelt wird. Häufig wird er der Knechtschaft oder Sklaverei mit ihrem unfreiwilligen Arbeitszwang gegenübergestellt. Doch auch diese Form des vertraglichen Zwanges hatte einen Preis: Sklaven und Leibeigene wurden ge- und verkauft. Es gab keinen Lohn im Sinne eines Preises für geleistete Arbeit, doch auch der Betrieb eines Sklavenhalters erforderte eine Gewinn- und Verlustrechnung. Viele historische Abhandlungen der letzten fünfzig Jahre haben gezeigt, dass der Sklaverei Markt- oder kapitalistischen Prinzipien zugrunde lagen. Elizabeth und Eugene Genovese machten deutlich, dass der sich ausbreitende Kapitalismus »das System der Sklaverei überall auf der Welt eroberte, absorbierte und verstärkte.«[6] »Streng genommen hätten die Sklavenplantagen vielleicht gar nicht kapitalistischer geführt werden können.«[7] Diese Praktiken der Vergangenheit haben in späteren Marktprozessen ihre Spuren hinterlassen. Arbeiterinnen und Arbeiter werden in einer Fabrik oder modernen Dienstleistungswirtschaft häufig nach Alter, Gender und ethnischer Zugehörigkeit in verschiedene Gruppen aufgeteilt, für die dann unterschiedliche Marktsysteme gelten. Die Unterscheidung zwischen den verschiedenen Systemen ist also viel weniger eindeutig, als häufig angenommen wird.

Die ersten Marktkapitalisten entwickelten Produktionssysteme, die auf unfreiwilliger Arbeit beruhten. In der Zeit des Ersten Kreuzzu-

ges beteiligten sich die Italiener an der kolonialen und exportorientierten Zuckerproduktion mit muslimischen Sklaven in der Levante. Kreta
und Zypern, damals unter der Kontrolle Venedigs, wurden zu wichtigen Handelszentren. Später bauten die Genueser die Stadt Madeira
mithilfe der aus Westafrika importierten Sklaven aus. Die portugiesischen Plantagen in Brasilien erweiterten ein System, das anderswo erfunden worden war.[8] Dieses wiederum diente den US-amerikanischen
Südstaaten als Modell.

Umgekehrt war auch freiwillige Arbeit häufig viel weniger freiwillig, als es vor dem Gesetz den Anschein hatte. Im Großbritannien des
späten 19. Jahrhunderts, dem ersten modernen, industrialisierten Staat
mit sehr geringer landwirtschaftlicher Beschäftigung, gab es Arbeits-
verträge, doch bis 1875 galt ein Vertragsbruch vonseiten des Arbeiters
als Verbrechen (nicht jedoch vonseiten des Arbeitgebers).[9] Und in vielen Gesellschaften wurde besonders in ländlichen Regionen viel Arbeit
– landwirtschaftliche Tätigkeiten, aber auch häusliche Handarbeit im
Heimarbeitssystem – von unbezahlten Familienmitgliedern erbracht.

Ein Großteil der Welt des 20. Jahrhunderts war von konkurrierenden Wirtschaftssystemen geprägt (von der Marktwirtschaft bis hin zur
zentralen Planwirtschaft sowie zahlreicher Abstufungen). In der Nachkriegszeit waren einige einflussreiche Ökonomen wie James Burnham und John Kenneth Galbraith der Meinung, die Systeme würden
zu einer Art Mischsystem mit starkem planwirtschaftlichem Einschlag
konvergieren. Aktiengesellschaften würden ihrer Meinung nach die hohen Kosten und Ineffizienzen der Marktprozesse abfedern. Gleichzeitig forderten sozialistische Reformer wie Ota Šik in der Tschechoslowa-
kei und Yevsey Lieberman in der UdSSR für eine effizientere Planung
die Einführung von Preisen. Zu dieser Zeit war sowohl die Plan- als
auch die Marktwirtschaft aufs Wirtschaftswachstum ausgelegt und die
Analyse von Wachstumsmustern rückte ins Zentrum der Forschung. In
den 1970er-Jahren beschäftigte man sich mit der Ressourcenknappheit,
Umweltproblemen und der Frage, wie diese innerhalb der verschiedenen Systeme überwunden werden könnten. Die einen waren der Ansicht, dass nur eine zentralisierte und globalisierte Planung effektiv mit

knappen Ressourcen umgehen könnte; die anderen argumentierten, nur Märkte, wenn sie geeignete Anreizsysteme hätten, würden rationale Antworten auf ökologische Fragen liefern. In den 1980er-Jahren stand ein neues Thema auf der internationalen Agenda: die Dynamik von Schulden und wirtschaftlicher Entwicklung in ärmeren Ländern, die aufholen wollten. Tiefe ideologische Gräben prägten die Überlegungen darüber, wie die Entwicklungsfrage am besten angegangen und »verlorene Jahrzehnte« vermieden werden könnten, während derer die Kosten der Schuldentilgung die Chance auf eine bessere Zukunft zerstören würden.

Nach dem Ende des Kommunismus zwischen 1989 und 1991 entspannten sich die ideologischen Konflikte. Doch der intellektuelle Ballast der politischen Debatten jener Zeit beeinflusst bis heute die Art und Weise, wie wir über wirtschaftliche Institutionen und Märkte nachdenken. Der Gedanke unterschiedlicher Kapitalismussorten beispielsweise besteht in Ansätzen fort, die zwischen unterschiedlichen Ausprägungen des Kapitalismus, etwa zwischen dem asiatischen, dem »Rheinischen« und dem »Angelsächsischen« Kapitalismus unterscheiden (und manchmal Aussagen über deren relative Effizienz machen).[10] Am kontroversesten wurde diskutiert, inwiefern verschiedene Modelle der legalen Organisation, der Betriebsstruktur, der Regulation und Überwachung sowie der Wettbewerbspolitik von einem System auf ein anderes übertragen werden können: Können diese Merkmale globalisiert werden und wenn ja, was wären dann die Kosten und Vorteile? Manche Aspekte bestimmter Unternehmens- oder Managementstile werden laufend über Ländergrenzen hinweg weitergegeben und nachgeahmt: In den 1990er-Jahren übernahmen die Europäer schnell den US-amerikanischen Shareholder-Value-Ansatz; heute haben die US-Amerikaner ein Auge auf das europäische Berufsausbildungsmodell geworfen; und vertrauensbasierte asiatische Modelle scheinen sich schneller an die Bedürfnisse ihrer Kunden anpassen und diese besser an sich binden zu können. Können bestimmte kulturelle Praktiken wirklich woanders übernommen werden oder funktionieren sie nur innerhalb des spezifischen Umfelds, das sie hervorbrachte? Bekanntermaßen wurde das symbolische und traditionelle Kapital im Laufe der Globalisierung aufgrund seiner fehlenden Handelbarkeit entwertet.

Ursprünge und Bedeutungen des Wortes

In der Kapitalismusforschung zeichnen sich zwei entgegengesetzte Strömungen ab. Die eine hält den Kapitalismus für ein spezifisch modernes Phänomen und behauptet, die Wirtschaften der Antike, des europäischen Mittelalters und des präkolonialen Afrikas könnten nicht als kapitalistisch bezeichnet werden. Karl Polanyi, dessen *Great Transformation* bis heute als Standardwerk zur Entstehung der modernen Wirtschaft angesehen wird, beginnt seine Darstellung der prämodernen Welt mit folgender Aussage:

> Die Gesellschaft des 18. Jahrhunderts wehrte sich unbewusst gegen jeglichen Versuch, sie zu einem bloßen Anhängsel des Marktes zu machen. Eine Marktwirtschaft ohne Arbeitsmarkt war unvorstellbar, aber die Errichtung eines solchen Marktes, vor allem in Englands ländlicher Zivilisation, hätte nicht weniger bedeutet als die völlige Zerstörung der traditionellen Gesellschaftsstruktur.[11]

Das ist purer Unsinn und eine groteske Idealisierung des »guten alten Englands«, in dem Wein und Honig geflossen sein sollen, denn es gab schon lange vor dem 18. Jahrhundert einen Arbeitsmarkt, bei dem Löhne und Arbeitsbedingungen einer Marktlogik unterworfen waren.[12]

Die zweite Strömung erscheint mir viel stimmiger: Sie geht davon aus, dass der kapitalistische Instinkt tief in der menschlichen Psyche verankert ist und als ein beinahe universelles Phänomen gelten muss. Der christlich-sozialistische Wirtschaftshistoriker R. H. Tawney hat korrekt beobachtet, dass »der ›kapitalistische Geist‹ so alt ist wie die Geschichte selbst und nicht, wie manchmal behauptet wird, eine Folge des Puritanismus.« Er hatte dabei die von Max Weber angestoßene Debatte der »protestantischen Ethik« und dem frühmodernen Kapitalismus im Kopf. Tawney war der Meinung, dass die religiöse Gesinnung, der Puritanismus des 17. Jahrhunderts, nur das »Tonikum« gewesen sei, das eine neue Ausprägung der kapitalistischen Marktlogik vorangebracht habe.[13]

Um diese Debatte zu verstehen, müssen wir uns die Umstände ansehen, unter denen der Kapitalismusbegriff an sich entstand. Die Behauptung, es habe vor dem 19. Jahrhundert keinen Kapitalismus gegeben, ist absurd, denn der Begriff selbst mag seinen Ursprung in dieser Zeit haben und mit ihm auch eine neue Art und Weise, die ökonomische Wirklichkeit konzeptuell zu erfassen, aber der Markt an sich bestand schon länger.

Die frühen klassischen Ökonomen Adam Smith und David Ricardo verwendeten diesen Begriff nicht. Im Westeuropa des 19. Jahrhunderts wurde eine Debatte über eine neue Gesellschaftsform geführt, die kapitalistischer zu sein schien als alles bisher Dagewesene. Laut *Oxford English Dictionary* wurde das Wort *Kapitalismus* 1833 zum ersten Mal verwendet, und zwar in der britischen Zeitung *The Standard*: »Was auch immer die britische Industrie gelähmt hat, musste auch Frankreich lahmlegen; sobald die gleiche Tyrannei des Kapitalismus, die die Krankreit zuerst hervorrief, um sich griff, um die Symptome mit ihren Kreditversprechen etc. zu entzünden.« Nach den europaweiten Revolutionen von 1848 stand das Wort Kapitalismus für eine neue Gesellschaftsform. Der *Caledonian Mercury* klagte im Jahr der Revolutionen über »diese alles mit sich reißende Flut des Kapitalismus und der Geldliebe, die unser Land mit dem Schrecken der Plutokratie bedroht« und stellte dabei eine eindeutige Verbindung zwischen dem Kapitalismus und einem spezifisch finanziellen Phänomen her.

Eine der frühesten Erwähnungen des Kapitalismus in französischen Quellen stammt aus dem Jahr 1839. Der reaktionäre Denker Marquis de Villeneuve hob in seiner Kritik der Bedingungen der zeitgenössischen Gesellschaft den Journalismus und den Kapitalismus als die größten Laster seiner Zeit hervor: »Der eine löst die Vermögen auf, die er zu vergrößern verspricht; der andere die Nachrichten, die er zu verbreiten versucht: beide sind wichtig, wenn sie richtig gebraucht, doch furchtbar, wenn sie missbraucht werden.«[14] Der französische sozialistische Vordenker Louis Blanc definierte 1850 den »Kapitalismus« als die »Aneignung von Kapital durch wenige und unter Ausschluss anderer.« Der deutsche Ökonom Johann Karl Rodbertus schrieb 1869, dass »der Kapitalismus ein Gesellschaftssystem geworden ist«. Ein anderer deutscher Ökonom, Albert Schäffle, veröffentlichte 1870 ein Buch mit dem Titel *Kapitalismus und Sozialismus mit besonderer Rücksicht auf Geschäfts- und Vermögensformen*, in dem er den Kapitalismus als einen »nationalen und internationalen Productionsorganismus«[15] beschreibt, der »unter Oberleitung ›unternehmender‹, um den höchsten Unternehmungsgewinn concurrienden Kapitalisten« angeführt werde.[16] In Schäffles Werk sind der Sozialismus und der Kapitalismus untrennbar miteinander verbunden.

Als Personenbeschreibung gab es das Wort *Kapitalist* schon früher. Der 1845 erschienene Roman *Sybil* des romantischen Tory-Politikers Benjamin Disraeli war ein starkes Plädoyer für eine »geeinte Nation« und prangerte soziale Spaltungen und Klassenunterschiede an. Disraeli schrieb: »Der Kapitalist blüht auf und sammelt riesige Reichtümer; wir sinken, tiefer und tiefer, tiefer als die Lasttiere.« Der klassische Ökonom Nassau Senior beschreibt, dass der Begriff des »Kapitalistenanteils« des Produktionsertrags unter Ökonomen »geläufig« gewesen sei.[17]

Im 19. Jahrhundert wurden die Wörter *Kapital, Kapitalist* und *Kapitalismus* meist mit finanzieller Akkumulation statt der Produktion oder Industrie in Verbindung gebracht. Daher knüpfte die Kapitalismuskritik anfangs auch an die viel älteren Anfeindungen gegen den Wucher an. In einem 1845 in England erschienenen Buch über unterschiedliche Persönlichkeitstypen gibt es einen Eintrag über den »Kapitalisten«:

Seine Politik ist den Einfachen und Ungebildeten ein Wunder und Sphinxrätsel. Ein Kapitalist und der Gegner der Regierung? Durch Reichtum und Beziehungen mit der Aristokratie verbunden, aber doch ein Gegner der Getreidegesetze? Ein Befürworter des Reformgesetzes; und, ach, auch für die Abstimmung? Reich und teuer: Einen feinen Geschmack hat er und ist wählerisch in seinen Beziehungen; und doch verteidigt er die Massen und unterstützt aufrührerische Bittschriften? Er versetzt alle Landedelmänner in Erstaunen; er täuscht dennoch die Massen; er ist ein Mysterium. Selbst die Zeitungsweisen sind verwirrt; sie wissen nicht, was sie über ihn behaupten sollen; heute stimmt er für Gleichheit und billiges Brot; und morgen für hohe Preise und Despotismus. [...] Einem Prinzip aber bleibt er treu: seinem eigenen Kapital.[18]

Finanzen zeichneten sich dadurch aus, dass sie einfach übertragbar und allgegenwärtig waren. Lord Brougham, britischer Peer und wichtige Schlüsselfigur des Reformgesetzes zur Ausweitung des Wahlrechts, erklärte im House of Lords: »Ein Kapitalist möchte sein Kapital nicht in ein Land senden, in dem ein Gesetz wie dieses, basierend auf einem sehr ähnlichen und andernorts bereits existierenden Gesetz, verabschiedet werden könnte.«[19] Ein österreichischer Chemiker schrieb zur gleichen Zeit in einer wissenschaftlichen Enzyklopädie, dass »der Kapitalist nur seinen Zins will, wobei es ihm ganz gleich ist, wozu sein Kapital verwendet wird, solange ihm Kapital und Zins nur gesichert sind. Der Anstieg der Produktion bringt nur Verluste, keinen Profit.«[20]

Die Finanzwelt und der Finanzkapitalismus spielen in dieser Geschichte also eine besondere Rolle. Die Besonderheit entsteht, weil der Grad der Organisationskomplexität der Finanzinstitutionen häufig dazu führt, dass Marktprozesse verdeckt oder verschleiert werden. Das Ausmaß der Finanzialisierung kann gemessen werden; doch die Skalierung von Finanzinstitutionen führt meist zu einer Abdeckung oder gar Unterdrückung grundlegender Marktsignale. Banken, ein zentrales Element des Finanzkapitalismus, werfen daher viele Fragen auf. Sie sind eine konzeptuelle Black Box, bei der der Außenstehende – der Einzahlende – nicht wirklich weiß, was mit seinem Geld geschieht; daher sind Banken anfällig für Paniken und Bank-Runs, wenn einige Einleger befürchten, ihre Einlagen könnten nicht mehr sicher sein, und dann andere Kontoinhaber einen anstehenden Run bemerken, bei dem die Bank nicht mehr allen finanziellen Verpflichtungen nachkommen könnte, wollen alle in der Schlange vor dem Bankautomaten auf einmal ganz vorn stehen.[21] Moderne Banken sind komplexer und somit auch undurchsichtiger geworden. Während der letzten Finanzkrise war man erstaunt, dass die Preissignale aufgrund der Panik nicht mehr funktionierten und es unmöglich geworden war, den Wert komplexer Derivate zu bestimmen.

Dieses Problem der Undurchsichtigkeit plagt auch die andere Institution des modernen Kapitalismus: die Körperschaft mit ihrer ganz eigenen Persönlichkeit (wobei das Wort *Körperschaft* seinen Ursprung in der mittelalterlichen, sehr unkapitalistischen Theorie der Genossenschaft hat).[22] Körperschaften kollektivieren Eigentumsrechte und beruhen nicht mehr auf hierarchischer Autorität, sondern auf freiwilligen Transaktionen. Diese Innovation sollte, laut ihrer Verteidiger, die Transaktionskosten senken: Muss ein Produzent Teile von vielen einzelnen Zulieferern kaufen, dann kostet ihn die Qualitätskontrolle mehr Zeit und Geld.[23] Wer Arbeiter anstellte, die er dann der Fabrikdisziplin unterwarf, sparte sich also diese Unsicherheit.

In dieser Hinsicht ist der Finanzkapitalismus ein wenig paradox. (Marxisten sprechen im Kontext des Kapitalismus gern von »Widerspruch«). Finanztransaktionen ermöglichen den Handel mit Derivaten auf kapitalistische Innovationen (Wetten auf die Zukunft), gleichzeitig sind sie aber nur deshalb so effektiv, weil sie die Signalwirkung der Preise, die für einen funktionierenden Kapitalismus so wichtig sind, teilweise unterdrücken.

Kapitalismusarten

Der Finanzkapitalismus spielt in Teilen der Geschichte des Kapitalismus eine zunehmend wichtige Rolle. Fast jede Kapitalismusanalyse von Smith bis Marx unterscheidet zwischen verschiedenen Stadien. Fernand Braudel identifizierte vier Zyklen im Umfeld vier geografisch-hegemonischer Zentren (Genua, Amsterdam, London, New York), wobei die Transformation vom realen zum finanziellen Vermögen mit jedem Zyklus weiter voranschritt.[24] Auffällig ist, dass nur die letzten beiden Zentren mit der Geschichte vom »Aufstieg und Fall der Supermächte« zusammenfallen, wie sie der Historiker Paul Kennedy beschrieben hat. In dieser nimmt die spanische erst die britische und dann die US-amerikanische Hegemonie vorweg.[25] Die italienischen Stadtstaaten und die niederländische Republik verwalteten ein komplexes, universelles und stark geregeltes Finanzsystem, ohne je an der Spitze einer globalen Sicherheitsordnung zu stehen.

Eine ebenso bemerkenswerte – und unabdingbare – Rolle spielten Regierungen. Das Wesen von Markttransaktionen hängt von der Möglichkeit ab, Äquivalenzen, d. h. Preise, anhand eines sicheren Zahlungsmittels zu messen. Seit Aristoteles wird darüber gestritten, ob dieses sichere Zahlungsmittel seinen Ursprung in einer Gesellschafts- oder in einer Marktlogik hat – ob es also den Interaktionen zwischen Händlern entsprang oder von Regierungen festgelegt wurde, weil aus ihren finanzpolitischen Bedürfnissen heraus Geld entstand. Zweifellos gab es funktionierende Handelssysteme, die nicht von einer einzigen rechtlichen Autorität kontrolliert wurden. Doch es waren fast immer Regierungen, die bestimmten, welche Münzen genutzt und wie gehandelt werden durften. Diese sicheren, regierungsgestützten Zahlungsmittel vereinfachten kapitalistische Transaktionen.

Ich möchte hier eine etwas andere Aufgliederung der Kapitalismusarten vorschlagen, die auf unterschiedlichen Stadien oder Epochen mit eher weit gefassten Datierungen beruht:

- Merkantiler oder kommerzieller Kapitalismus, 1300–1690
- Merkantiler Kapitalismus mit sicheren (auf stabilen Regierungsobligationen beruhenden) Vermögenswerten, 1690–1800
- Industrieller Kapitalismus, 1800–1890
- Finanzkapitalismus 1890–1914
- Management- oder organisierter Kapitalismus, wobei zwei Arten unterschieden werden können: liberale vs. koordinierte Marktwirtschaften, manchmal auch gedacht als der Gegensatz zwischen marktdominierten »Angelsächsischen« Ökonomien und dem »Rheinischen« Modell der sozialen Marktwirtschaft, 1914–1990
- Hyper- oder globalisierter Finanzkapitalismus (1990–2008)

Und dann? Die Jahre nach 2008 waren turbulent – und das lag nicht nur an den Nachwirkungen der Finanzkrise, die die Finanzialisierung, die Rolle der Banken innerhalb der Wirtschaft und die Fähigkeit der

Regierungen zur Regulation und Überwachung finanzieller Institutionen grundlegend infrage gestellt hat. Denn zu dieser Zeit entstanden auch radikal neue Technologien: Im Jahr 2007, als es in der Finanzwelt bereits zu rumoren begann, kam das erste iPhone auf den Markt und das Zahlungssystem MPesa wurde in Ostafrika eingeführt. In der Folge wurde die Finanzwelt gleichzeitig demokratisiert und infrage gestellt oder sogar dämonisiert. Anstatt kapitalistische Hierarchien durch Protestbewegungen wie Occupy Wall Street anzugreifen, erkannten die Millennials, dass sie mithilfe billiger und leicht zugänglicher Plattformen wie Robinhood Hedgefonds und das finanzielle Establishment herausfordern konnten.

Heute gibt es unzählige private Zahlungsanbieter, von denen viele, aber nicht alle, mit traditionellen Währungen operieren. Beispielsweise befinden sich heute geschätzte 1,6 Milliarden Dollar auf Starbucks-Kundenkarten und 20 Milliarden auf PayPal-Konten. Zum Vergleich: Der physische Bestand an US-Dollar, der sich größtenteils außerhalb der USA befinden dürfte, beträgt aktuell 1,7 Billionen Dollar und ist damit natürlich deutlich größer. Dieser Trend weg vom traditionellen Bargeld und von althergebrachten Bankschaltern wird sich wahrscheinlich fortsetzen und beschleunigen – und irgendwann einen Kipppunkt erreichen –, weil die Kosten elektronischer Transaktionen rapide fallen, während der Service vieler Banken zunehmend teurer wird. Eine analoge Entwicklung gab es in der Welt der Investments, wo gemanagte Fonds weitgehend durch viel günstigere, börsengehandelte Indexfonds (exchange-traded funds, ETFs) verdrängt wurden.

Die Entstehung neuer Geldsorten und Investmentpraktiken stellt eindeutig eine regulatorische Herausforderung dar. Der Gebrauch privater Zahlungsplattformen wirft Fragen nach der finanziellen Stabilität auf (kann es so etwas wie einen Bank-Run auf PayPal geben?) und ob AliPay oder PayPal eine eigene Geldpolitik im Blick haben könnten. Solche Fragen der Geld- und finanziellen Sicherheit werden von existierenden Institutionen befeuert und aufgebläht, die sich zurecht durch die radikal andersgearteten Technologien bedroht sehen. Zwei aktuelle Beispiele zeigen die Dringlichkeit dieser Fragen: auf der einen

Seite Facebooks Vorhaben einer eigenen, an einen Währungskorb gekoppelten, digitalen Währung namens Libra (später: Diem); auf der anderen Seite Chinas Entwicklung einer eigenen digitalen Währung, die dem US-Dollar Konkurrenz machen soll. Dieser neuartige Kapitalismus lässt sich am besten als *Informationskapitalismus* beschreiben.

Institutionelle Entwicklungen

Zwei Entwicklungen waren entscheidend: Banken als Kreditinstitutionen und die haftungsbeschränkte Aktiengesellschaft als Mechanismus zur Strukturierung der Bankaktivitäten. Die Kreditschöpfung ist die treibende Kraft der modernen Geldwirtschaft, während die Aktiengesellschaft das Wirtschaften auf einer Größenordnung erlaubt, die in der eingeschränkten Welt der Familienbanken und Personengesellschaften, die die Finanzwelt bis zur Mitte des 19. Jahrhunderts bestimmten, unmöglich gewesen wäre.

Betrachten wir zunächst die Entstehung von Banken, deren Hauptgeschäft Kredite und Darlehen waren. Festzinskredite galten aufgrund religiöser Zinsverbote lange Zeit als problematisch. Das internationale Bankenwesen war zunächst eine Folge der Transaktionen mit Tausch- und Handelspapieren, die eng an den Warenfluss gekoppelt waren. Die Grundlagen dessen waren im merkantilen Kapitalismus im 14. Jahrhundert gelegt worden, als italienische Stadtstaaten ihre kommerziellen Netzwerke erst über das Mittelmeer und dann den europäischen Kontinent ausweiteten. Der Ursprung des Standard-Wechsel, einer Zahlungsverpflichtung mit einer neunzigtägigen Frist, liegt in der Zeit des Wolle- und Textilhandels im Mittelalter, als Wolle innerhalb von ca. 90 Tagen von England nach Florenz transportiert wurde und florentinische Stoffe ebenso lang für ihren Weg nach England oder Flandern brauchten. Die meisten der frühen Banken in Florenz arbeiteten mit Wechseln und vermieden es aus moralischen Gründen, Darlehen an Individuen auszustellen. Wenn überhaupt war das Geschäft mit Darlehen zweitrangig: Große Banken verlieren zwecks einer Handelsausweitung

Geld an Regierungen – wobei die Bardi und die Peruzzi vor allem dem König von England Geld liehen, der sich damit das Recht erkaufte, englische Wolle zu ex- und florentinische Stoffe zu importieren; während die Medici ihr Geld dem Papst liehen, um den Handel mit Alaun auszuweiten und die Politik auf der italienischen Halbinsel zu beeinflussen.

Das nächste wichtige Zentrum des europäischen Kapitalismus, die Niederlande, hatte mächtige Handelshäuser und beheimatete im 18. Jahrhundert viele Banken, die sich im großen Stil an der Finanzierung ausländischer Regierungen beteiligten. Kreditschöpfende Banken wie im frühneuzeitlichen England gab es jedoch noch nicht. Die wichtigste Amsterdamer Bank, der Wijsell Bank, war stattdessen der venezianischen Rialto Bank nachempfunden, einer Giro- oder Zahlungsbank, deren Hauptfunktion darin bestand, ihren Kunden Geldtransfers zwischen Konten zu ermöglichen; Kredite wurden dabei nicht geschöpft. Im späten 17. Jahrhundert hingegen widmeten sich einige Londoner Goldschmiede dem Kreditgeschäft – und legten damit den Grundstein für das moderne Bankwesen. Doch solange diese Aktivitäten an die juristische Form der Personengesellschaft gebunden waren, blieb ihr Spielraum zwangsläufig begrenzt. John Law, der Sohn eines schottischen Goldschmieds, wurde zu einem der wichtigsten modernen Theoretiker des Bankwesens – und dachte sich eines der destruktivsten Experimente in der Geschichte des Währungsmanagements aus.[26]

Auswertungen der Zeit betonen, welche Vorteile derlei Finanzaktivitäten mit sich bringen konnten. John Houghton, ein Fellow der English Royal Society, drückte es 1692, zu Beginn der englischen finanziellen Revolution, wie folgt aus: »Wären diese Handelsgeschäfte bekannter, wäre dies für das Königreich zweifellos von großem Vorteil; doch Anfänger muss ich zur Vorsicht warnen, da sich hier viele listige Künstler tummeln.«[27]

Die zweite große Neuerung, die den Grundstein für die Entstehung des Finanzkapitalismus legte, war das Prinzip der Haftungsbeschränkung, angewendet auf die Körperschaft. Dieser neue Ansatz wurde in den Niederlanden im Kontext der Debatte über die relativen Verantwortlichkeiten von Aktionären und Managern in der Niederländischen Ostindien-Kompanie (Vereenigde Oostindische Compagnie, VOC) entwickelt.[28] Im frühen 18. Jahrhundert führten diese beiden Maßnahmen in England zu der Neugründung von unzähligen Aktiengesellschaften, meist im Zusammenhang mit dem Management von Staatsschulden.

Die Haftungsbeschränkung stand zudem im Kontext einer breiteren finanziellen Revolution, die das Bankwesen und das Management von Staatsschulden grundlegend veränderte und das Vertrauen in die finanzielle Stabilität stärkte. Staatsschulden, die seit 1694 von der Bank of England – einer weiteren Aktiengesellschaft – verwaltet wurden, waren eine sichere Geldanlage und bildeten als solche die Grundlage für ein Finanzsystem, in dem glaubwürdige Versprechen eine reale Möglichkeit waren. Diese Finanzstruktur senkte in Großbritannien rapide die Kreditkosten und verschaffte dem Land sowohl einen strategischen als auch wirtschaftlichen Vorteil, der auf der anderen Seite des Ärmelkanals neidisch beäugt, aber erst nach der Französischen Revolution nachgeahmt werden konnte.[29]

Diese Veränderungen innerhalb der Staatsfinanzen legten den Grundstein für die Entwicklungen im privaten Finanzsektor. Die zwei lange Zeit dominierenden britischen Versicherungsunternehmen, die Royal Exchange Assurance und die London Assurance, wurden 1720 gegründet, als in England und Frankreich wie wild spekuliert wurde und zeitgleich die Aktien der South Sea Company sowie John Laws Vorhaben einer revolutionären Umgestaltung der französischen Finanzwirtschaft beworben wurden, bei der die Mississippi-Kompanie die Schulden des französischen Staates übernommen hatte. Die Royal Exchange Assurance hatte ihren Ursprung im Jahr 1717, als mithilfe der Ausgabe neuer Aktien Kapital für eine Seetransportversicherung beschafft werden musste. Die aufzubringende Summe war so groß, dass eine Aktiengesellschaft gegründet werden musste, dafür jedoch musste die neue Kompanie auch ein Programm zur Übernahme englischer Staatsschulden vorlegen, so wie es die Bank of England im Jahr 1694 getan hatte und es auch die South Sea Company zu tun versprach. Dieses Jahr der Spekulation, das so viele Aktiengesellschaften hervorbrachte, schlug sich auch auf die Niederlande nieder, wo die Rotterdamsche Maatschappij van Assurantie gegründet wurde. Gigantische Kapitalflüsse wurden in die neuen Unternehmen gepumpt. Doch mit dem Platzen der Spekulationsblase brachen auch die Preise schnell ein. Aktiengesellschaften gerieten nach den finanziellen Turbulenzen von 1720 eine Zeit lang in Verruf und die Neugründung von Unternehmen wurde entweder komplett verboten (in England) oder komplizierten Prüfverfahren unterzogen (in Frankreich). Den Banken erging es ähnlich: Der Ökonom Charles Kindleberger hält es – etwas übertrieben – für einen »klassischen Fall des kollektiven finanziellen Gedächtnisses«, dass in Frankreich »150 Jahre lang niemand mehr das Wort ›Bank‹ in den Mund nehmen wollte.«[30] Als die Idee der Aktiengesellschaft in Europa wieder Fuß fasste, weil die technischen Neuerungen der Industriellen Revolution mehr finanzielle Sicherheit erforderten, waren Länder mit liberalem Gesellschaftsrecht – insbesondere das neue Königreich Belgien – beträchtlich im Vorteil. Vor allem in Belgien explodierte in dieser Zeit die Zahl der Firmengründungen, von denen die meisten deutschen und französischen Unternehmen ihre Dienste anboten.

Das Jahr überbordender Finanzinnovation – 1720 – ist eine Art Lackmustest für Haltungen gegenüber dem Kapitalismus. Aufschlussreich ist ein Vergleich zweier entgegengesetzter Perspektiven auf das Verhältnis zwischen 1720 und der Moderne. Betrachten wir zunächst die Ansichten des österreichischen Physikers und Ökonomen Rudolf Hilferding, der in blumiger Sprache die »verminderte Rolle der Spekulation« in zunehmend organisierten Unternehmen diskutierte:

Jene Massenpsychosen, wie sie die Spekulation zu Beginn der kapitalistischen Ära erzeugt, jene seligen Zeiten, wo sich jeder Spekulant als Gott fühlte, der aus nichts eine Welt schafft, scheinen unwiederbringlich dahin. Der Tulpenschwindel mit seinem idyllischen Untergrund poetischer Blumenliebhaberei, der Südseeschwindel mit seiner abenteuerlich-anregenden Phantastik unerhörter Entdeckungen, die Lawschen Projekte mit ihren Welteroberungsabsichten, sie weichen der unverhüllten Jagd nach dem Differenzgewinn, die mit dem Krach von 1873 ihr Ende findet. Seitdem ist der Glaube an die Wundermacht des Kredits und der Börse geschwunden, der schöne katholische Kultus ist trotz Bontoux der nüchternen Aufklärung erlegen, die nicht an die unbefleckte Empfängnis durch den Geist der Spekulation mehr glauben will, sondern das Natürliche natürlich nimmt und den Glauben den Dummen lässt, die noch immer nicht alle werden. Die Börse hat ihre Gläubigen verloren und nur ihre Priester behalten, die aus dem Glauben der anderen ihr Geschäft machen. Da der Glaube zum Geschäft geworden, wird das Geschäft des Glaubens immer geringer. Der holde und einträgliche Wahnsinn ist verflogen, die Tulpen längst verblüht, und die Kaffeestaude liefert noch Handelsprofit, aber keinen rechten Spekulationsgewinn mehr. Die Prosa hat die Poesie des Gewinns erschlagen.[31]

Hilferding hatte, wie sein Zeitgenosse Max Weber, eine Welt der zunehmenden Rationalisierung vor Augen, in der der wilde, ungeregelte Kapitalismus keinen Zweck mehr ergab und einer routinierten Disziplin unterworfen werden musste. Welch ein Kontrast zu den heute teils zu findenden Meinungen in Texen! Die wichtigsten Experten der niederländischen Geschichte, Jan de Vries und Ad van der Woude, kommen zu dem genau entgegengesetzten Schluss. Ihrer Ansicht nach »ist es unbestreitbar, dass die finanziellen Institutionen und Praktiken der ersten modernen Ökonomie einiges zu Wünschen übrigließen.« Weiters schreiben sie jedoch, dass »der ›irrationale‹ Spekulationswahnsinn – Tulpen, Hyazinthen, VOC-Aktien und englischen Staatsanleihen betreffend – keinesfalls angeprangert werden muss. Ganz im Gegenteil: Er unterstreicht den modernen Wirtschaftscharakter.«[32] Das Finanzkapital kann also eine sowohl kreative und expansive als auch destabilisierende und potenziell destruktive Wirkung entfalten.

Das Geschäftsmodell der modernen Aktienbank tauchte erstmals im frisch unabhängig gewordenen Belgien auf. Dieser kleine Staat beherbergte mit Flandern und Brabant zwei Provinzen, die neben den italienischen Stadtstaaten einst zu den dynamischsten Regionen Europas gezählt hatten, nach 1572 jedoch – anders als der nun dynamischere Norden der Niederlande (die Vereinigten Provinzen) – in eine 250 Jahre währende Stagnation rutschten. Belgien wollte nach seiner Unabhängigkeit im Jahr 1830 die eigene wirtschaftliche Entwicklung voranbringen und erfand zu diesem Zweck die (bezeichnenderweise so genannte) Société Générale oder Allgemeingesellschaft. Der unternehmerische Leiter, Ferdinand de Meeûs, propagierte die Idee einer *société anonyme* als Alternative für jene Familienunternehmen, die nicht genug Kapital aufbringen könnten und daher im neuen industriellen Umfeld nicht das nötige Innovationspotenzial aufbrächten.[33] Das belgische Modell der Firmengründung stellte sich als äußerst erfolgreich heraus, daher gründeten schon bald französische und deutsche Geschäftsmänner ihre Unternehmen in Brüssel. Andere Staaten ahmten das Modell schließlich nach. In Großbritannien kam der Durchbruch 1855 mit der Einführung der Haftungsbeschränkung. In Frankreich wurde 1867 ein neues Gesetz erlassen, das die Gründung von Aktiengesellschaften erlaubte. In Preußen war das Gesetz geändert und die Gründung von Aktiengesellschaften 1843 erlaubt worden, solange diese »dem Allgemeinwohl zum Vorteil« dienten und das Unternehmensziel nicht anderweitig realisiert werden konnte: Das Gesetz war vor allem auf den Ausbau des Schienennetzes zugeschnitten. Erst 1870 wurde ein liberaleres Gesetz erlassen, das eine Flut an Neugründungen nach sich zog.

Viele Unternehmer des 19. Jahrhunderts sahen Banken und Aktiengesellschaften als den größten Feind an und beschimpften sie als »Kapitalisten«. Der deutsche Kohle- und Maschinenbaupionier Franz Haniel beispielsweise war über den Vorschlag seines Partners entrüstet, die Personengesellschaft in eine Aktiengesellschaft umzuwandeln, denn das roch ihm nach jenen Finanzgeschäften, die er schon immer verabscheut hatte, und er drohte damit, die Firma dreizuteilen. In seinen Worten: »Folglich wurde der Aktienschwindel verhindert und Werke und Firma bestehen weiter. Wie viel Unannehmlichkeiten habe ich doch im Laufe meiner fast 60 Jahre langen, selbstlosesten und unermüdlichen Tätigkeit für die Firma erleben müssen, doch Undankbarkeit ist Lohn der

Welt.«[34] Der Stahlproduzent Alfred Krupp schrieb, dass »vorzugsweise auf Vermeidung von Bankiershilfe über mäßige Grenzen Bedacht genommen werden [soll]; – immerhin systematisch.«[35] Krupp sah in Banken unabhängig von deren Ursprung eine Gefahr nicht nur für die unternehmerische Dynamik, sondern auch für den Patriotismus. Im Juli 1873, als seine Firma und die gesamte deutsche Wirtschaft eine tiefe Krise durchliefen, fasste Krupp seine Lebensphilosophie in folgenden Worten zusammen:

Nicht Spekulation, nicht Spiel – sondern in wohlgewogener Nichtachtung der Grundsätze des kaufmännischen Unternehmers, der die höchste Dividende aus seinem Kapital zu ziehen vorzugsweise bestrebt ist – die Schöpfung eines Werkes, welches in gewissem Maße unzertrennlich ist von dem Begriff der Entwicklung und Bedeutung des Staates.[36]

Die Feindseligkeit der Unternehmer und Geschäftsmänner gegenüber Banken hatte (eine ziemlich intellektuelle) Tradition. Adam Smith legte in *Der Wohlstand der Nationen* viel Wert darauf, zu beweisen, dass Aktiengesellschaften perverse Anreize schafften. Damit hatte er es insbesondere auf die East India Company mit ihren grotesk überbezahlten Managern und Direktoren abgesehen. In einer Passage, die die moderne Kapitalismuskritik vorwegnimmt, schreibt er: »Die große Zunahme ihres Vermögens hatte, wie es scheint, nur dazu gedient, ihren Dienern einen Vorwand zu größerer Verschwendung und einen Deckmantel für größere Veruntreuungen zu geben.« Doch Smith sah auch, dass Aktiengesellschaften nützlich sein konnten, wenn es um die nicht-unternehmerische Bereitstellung grundlegender und standardisierter Dienstleistungen ging, also um den Versorgungssektor und insbesondere das Bankwesen:

Die einzigen Handelszweige, welche eine Aktiengesellschaft auch ohne ein ausschließliches Privileg doch mit Glück betreiben kann, sind diejenigen, deren Operationen sich auf die sogenannte Routine oder auf ein so einförmiges Verfahren zurückbringen lassen, dass dabei wenig oder gar keine Veränderung vorkommt. Von dieser Art sind erstens die Bankgeschäfte, zweitens das Geschäft der Versicherung gegen Feuer- und Seegefahr und gegen die Kapereien im Krieg, drittens das Geschäft, einen schiffbaren Kanal oder Durchstich zu machen und zu unterhalten, viertens endlich das ähnliche Geschäft, eine große Stadt mit Wasser zu versorgen.[37]

Der Ökonom Joseph Schumpeter unterschied wie Smith zwischen dem Unternehmer – idealisiert als Quelle der Innovation und Dynamik – und dem Kapitalisten. Der Banker war für Schumpeter nicht mehr als ein »Ephor«, ein Kontrolleur.[38]

Weitere Kritik an der Zunahme finanzieller Organisationsformen kam auch von Konservativen, die eine Untergrabung oder Zerstörung traditioneller sozialer Werte fürchteten. Marx und Engels übernahmen diese rechte Kritik bereitwillig und klagten über die Zerstörung der Familie durch den Kapitalismus. Von konservativer Seite aus bezog sich die Kritik auf Aktiengesellschaften, bei denen Management und Bürokratie die finanziellen und kommerziellen Zwänge außer Kraft setzten, die die Familienunternehmen im frühen 19. Jahrhundert zusammengehalten hatten. Der Historiker Otto von Gierke klagte, »so würde doch ihre Alleinherrschaft zur Kapitalsdespotie führen«.[39]

Warum hing die alte Ordnung so sehr an der Familie? Seit jeher hatten Unternehmen versucht, qualifizierte Arbeiter von ihren Rivalen wegzulocken, und Industriespionage war im Ancien Régime gang und gäbe. Um Geheimnisverrat durch abtrünnige Facharbeiter zu verhindern, wurden die wichtigsten Industriegeheimnisse nur mit Söhnen und Töchtern geteilt: Die Söhne würden später die Geschäfte übernehmen und die Töchter konnten in dem Strategiespiel dynastischer Eheschließungen hoch gehandelt werden. Die zunehmende Bedeutung der Aktiengesellschaft veränderte also nicht nur die Art und Weise, wie die Europäer Geschäfte machten, sondern revolutionierte auch ihr Privatleben. Die moderne Aktiengesellschaft bedrohte Familienunternehmen, weil sie durch Massenproduktion effizienter und wirtschaftlicher arbeiten konnte. Doch auch Familien konnten von den Vorteilen der Aktiengesellschaft profitieren. Denn einerseits ermöglichte sie eine breitere Verteilung der Eigentümerschaft und schaffte Anreize für Unternehmer, da diese aus den Geschäften aussteigen konnten, indem sie ihre Aktien auf dem sekundären Wertpapiermarkt verkauften und sofort für ihr eingegangenes Risiko belohnt wurden.[40] Der Vorteil dieser Neuerung war so immens, dass der Eindruck entstand, die bürokratisierte, marktbeherrschende Aktiengesellschaft habe den individualisierten Einzelunternehmer für immer verdrängt.

Andererseits konnten sich aber auch Familienunternehmen als Aktiengesellschaft institutionalisieren. Dieser Schritt lag besonders bei Familien nahe, die mit dem Fortschreiten der Generationen immer größer geworden waren, deren Mitglieder sich aber immer weiter voneinander entfremdet hatten, sodass die Erinnerung an die Generation der Gründungsväter langsam verblasste. Der Aufstieg der Manager bedeutete die Trennung von Eigentum und Kontrolle – eine Entwicklung, die die progressiven Ökonomen Adolf Berle und Gardiner Means später als »Spaltung des Eigentumsatoms«[41] bezeichneten. Familien sahen darin eine Möglichkeit, Vertrauen (das vor allem in größer werdenden Familien zu schwinden drohte) durch Verträge zu ersetzen. Diese Verträge machten strategische Hochzeiten obsolet.

Der französische Sozialreformer (und soziale Konservative) Frédéric Le Play sah einen Zusammenhang zwischen der Beliebtheit der Aktiengesellschaft und der Frage der erbrechtlichen Realteilung (der fast gleichen Aufteilung eines Erbes unter den Erben), die mit dem *Code Napoléon* eingeführt worden war. Für ihn führte diese Entwicklung nicht nur zum Ende der Familie, sondern auch zum nationalen Niedergang: »In Frankreich übersteigt die Zahl der Aktiengesellschaften heute den tatsächlichen Bedarf; anstatt diese Entwicklung als normal hinzunehmen, sollte erkannt werden, dass es sich dabei in Wirklichkeit um eine Reaktion auf die Folgen der Realteilung handelt.«[42]

Man war der Meinung, die Finanzialisierung der Vermögenswerte – wobei Aktien das wichtigste Beispiel darstellte – unterwandere individuelle, menschliche Interaktionen (zum Beispiel innerhalb einer Familie) zugunsten anonymer Handelsgeschäfte an der Börse und anderer Machenschaften außerhalb des Marktes. Diese Entfremdung oder Reifizierung von Transaktionen führte dazu, dass der Kapitalismus häufig mit einer fremden, dunklen Macht gleichgesetzt wurde. Die Feindsuche führte häufig zu einer bestimmten Identifikation des Kapitalismus, insbesondere mit Juden. Werner Sombart, der deutsche Intellektuelle, der das Wort *Kapitalismus* in den Mainstream ökonomischer Debatten einführte, verfasste 1911 das Werk *Die Juden und das Wirtschaftsleben*. Es war als Antwort auf Max Webers einflussreiche Gleichsetzung des protestantischen Geistes mit der Ethik des Kapitalismus gedacht und enthielt folgende Passage: »Sein Mangel an Sinn für das Organische, Natürliche, Gewachsene [sind dem Juden] keine Hindernisse, da es in der kapitalistischen Welt nichts Organisches, Natürliches, Gewordenes, sondern nur Mechanisches, Künstliches, Gemachtes gibt.«[43] Sombarts Publikation verpasste der weitverbreiteten Vermengung von Antikapitalismus und Antisemitismus – einer mächtigen Ideologie, die nun ihren Propheten gefunden hatte – einen akademischen Anstrich.[44] Ein uralter Topos. Manche Forscher sind der Meinung, Karl Marx habe in seinem berüchtigten Frühwerk *Zur Judenfrage* das Wort *Judentum* als Euphemismus für den Kapitalismus benutzt, weil er fürchtete, andernfalls zensiert zu werden.[45]

Auswirkungen des modernen Finanzsystems

Der Finanzsektor trug maßgeblich zum Wirtschaftswachstum des 19. Jahrhunderts bei. Manche Experten halten ihn sogar für einen der wichtigsten Entwicklungsfaktoren. Der Ökonom Raymond Goldsmith war einer der Ersten, die den Zusammenhang zwischen dem wachsenden Finanzsektor und dem Wirtschaftswachstum erforschten. Er zeigte, dass die Zunahme des Realeinkommens und der Vermögen eng mit der von ihm sogenannten »finanziellen Superstruktur« zusammenhing. Obwohl er bewusst nicht deutlich von einem ursächlichen Zusammenhang sprach, behauptete er doch, dass die finanzielle Superstruktur »das Wirtschaftswachstum beschleunigt, weil sie dafür sorgt, dass das Kapital dorthin fließt, wo es am besten genutzt werden kann, es also die höchste soziale Rendite abwirft.«[46] Goldsmith berechnete den Grad der finanziellen Vermittlung als das Verhältnis zwischen Finanzvermögen und gesammeltem Volksvermögen. Er erwartete, dass Letzteres in der Frühphase des Wirtschaftswachstums zunächst stark anwachsen und sich dann stabilisieren würde, sobald die gesellschaftlichen oder ökonomischen Vorteile der Finanzialisierung abklängen.

Der Wirtschaftshistoriker Alexander Gerschenkron verfolgte einen ähnlichen Ansatz. Er versuchte zu erklären, inwiefern Banken in ärmeren (»rückständigeren«) Ländern zur Mobilisierung von Ersparnissen beitragen könnten, und inwiefern das von ihm sogenannte deutsche Modell der Universalbank nicht nur Ersparnisse sammelte, sondern sich auch an der Förderung der Industrie und der Umstrukturierung des Geschäftslebens beteiligte.[47] Seit der Gerschenkron-Hypothese ist viel über die Beteiligung von Banken am Geschäftsleben, und insbesondere über die Strategien, mit denen die damaligen Banken Koordinationsprobleme zu überwinden versuchten, geforscht worden. Banken brachten mithilfe personeller Überlappungen in den Vorständen Unternehmen zusammen und waren direkt an Firmenfusionen beteiligt.[48] Alles in allem wurden Banken also als stabilisierender und vorteilhafter Faktor dargestellt, wobei die Kreditschöpfung unter den Innovationen des Bankgeschäfts eine Nebenrolle spielte. In zeitgenössischen Debatten wurde das kontinentaleuropäische System als Modell für andere Staaten hochgehalten: Italien beispielsweise führte das deutsche Modell der Universalbank in den 1890er-Jahren nach einer Reihe von Finanzkrisen und Bankenpleiten ein. In den Vereinigten Staaten wurde es nach dem Krisenjahr 1907 eingeführt, als die National Monetary Commission bei deutschen Universalbanken und dem Zentralbankensystem nach potenziellen Inspirationen für eine Finanzreform suchte.[49] Manche deutsche Autoren sahen darin einen Vorteil für ihr Land: Adolf Wagner und Franz Oppenheimer beispielsweise behaupteten mitten im Ersten Weltkrieg, Großbritannien habe wegen der

»Schwerfälligkeit und Rückständigkeit des britischen Bankwesens und wegen der Organisationsform der Londoner Börse« gegen die »übermächtige deutsche Konkurrenz« verloren.[50] Die neuere Forschung hat zudem hervorgehoben, dass das Bankwesen und die mit ihm einhergehende Internationalisierung den Frieden begünstigten und dem atavistischen Nationalismus der alten europäischen Aristokratien und Militäreliten entgegenwirkten.[51]

In der Zwischenkriegszeit wurde die Rolle der Banken eher negativ wahrgenommen. Die europäischen Zentralbanken waren von den Nachwirkungen der Kriegsfinanzen und der Hyperinflation geschwächt. Als sich die europäischen Wirtschaften stabilisierten, wurden die großen Banken mit einer kleinen – und (wie sich zeigen sollte) ungenügenden – Kapitalbasis wieder aufgebaut. Sie lockten viel geliehenes Geld an, mit dem sie ihre Bilanzen ausweiten konnten. Einige der abenteuerlichsten Eskapaden fanden in Österreich statt, wo die alten Banken der Vorkriegsmonarchie ihre Aktivitäten innerhalb der Grenzen der neuen Republik fortsetzten. Camillo Castiglioni, kurzzeitig der reichste Mann Zentraleuropas, nutzte eine Bank für den Aufbau eines gigantischen Industriekomplexes.[52] Jakob Goldschmidt, Direktor der Darmstädter Bank, vertrat lautstark und wortgewandt die Meinung, der bankengetriebene Kapitalismus verändere die Welt zum Besseren: »Dieses private Ertragsstreben ist die Triebfeder unseres wirtschaftlichen Handelns, die den Arbeitnehmer nicht weniger als den Arbeitgeber beherrscht, und die durchaus geeignet ist, mit dem Aufstieg des Individuums auch eine höhere Entwicklungsform der Zusammenarbeit zu zeitigen.« Individuen könnten in einer größeren Organisation zusammengefasst werden. Die Geschichte, die er erzählte, befasste sich hauptsächlich damit, Geld per Kredit leihen zu können. Deutschland müsste das Vertrauen in die Privatwirtschaft wiederherstellen, um sich von ausländischen Kreditgebern mehr Geld leihen zu können. Seiner Ansicht nach war die internationale Wirtschaft ein Werkzeug, dass die Deutschen zu ihrer eigenen Bereicherung nutzen könnten, da »wir auf den Kredit der Welt [angewiesen sind].«[53]

Castiglionis und Goldschmidts Kartenhaus der Bankenwelt kollabierte und die Krise des Bankwesens war der entscheidende Faktor, der eine zyklische Wirtschaftsflaute zur Weltwirtschaftskrise ausufern ließ. Die Krise von 1931 war eine Katastrophe mit Ansage. Sie hatte ihren Ursprung in der Anfälligkeit der Bankinstitutionen, insbesondere angesichts einer Deflationsspirale. Ihre unmittelbaren Folgen waren viel weitreichender als der Börsencrash von 1929, denn eine Reihe ansteckender Bank- und Währungskrisen zwang ein europäisches Land nach dem anderen in die Knie. Am Anfang steht der scheinbar einzigartige Fall der österreichischen Creditanstalt, die am 11. Mai 1931 zusammenbrach. Daraufhin schwappte die Panik nach Ungarn und, noch folgenreicher, nach Deutschland über. Die Pleite der Darmstädter Bank am 13. Juli 1931 wiederum löste eine Krise in Großbritannien aus und zwang das Land am 21. September 1931 zur Suspendierung des Goldstandards. Die Spekulationen wandten sich gegen die Vereinigten Staaten und hatten verheerende Auswirkungen auf deren Bankwesen, was erst im April 1933 nachließ, als auch sie sich unter Franklin Roosevelt vom Goldstandard verabschiedeten. In dem traurigen und langwierigen Nachspiel der Weltwirtschaftskrise wurden die Länder, die am Goldstandard festhielten – insbesondere Belgien, die Niederlande und die Schweiz – von einer Finanzkrise und Bankpleite nach der anderen gebeutelt, bis sich im September 1936 auch der sogenannte Goldblock endlich vom Goldstandard löste.

Erst in der Zwischenkriegszeit, nachdem der Erste Weltkrieg das Finanzwesen erschüttert hatte, stellte man die Kreditschöpfung nicht nur als eine Triebfeder des Systems, sondern auch als eine Hauptursache für die Turbulenzen dar, die die Märkte verzerrt und zerstört hatten. Es dürfte nicht überraschen, dass die einflussreichsten Kritiker einer Welt am Tropf der Kreditschöpfung aus Österreich stammten. Friedrich Hayek predigte in den frühen 1930er-Jahren über die Gefahren der Kreditschöpfung:

> So ist wohl die einzige praktische Regel für die Währungspolitik, die sich aus unseren Überlegungen ableiten lässt, dass die einfache Tatsache einer Zunahme der Produktion oder der Handelsumsätze noch keine Rechtfertigung für eine Kreditexpansion darstellt und dass die Zentralbanken daher außer während einer

akuten Krise niemals, auch nicht zu Zeiten einer allgemeinen Depression, fürchten müssen, die Produktion durch übermäßige Vorsicht zu schädigen.[54]

Mit dieser Ansicht stand Hayek nicht allein da. Auch andere versuchten damals zu beschreiben, welche Probleme entstehen würden, wenn irgendein institutioneller Mechanismus die Zinsrate auf dem Finanzmarkt unter die natürliche Zinsrate drückte (den Begriff der natürlichen Zinsrate, bei dem das Ersparte und der Kapitalbedarf einer Volkswirtschaft im Gleichgewicht sind, nahmen Hayek und Keynes von dem schwedischen Ökonomen Knut Wicksell). Eine solche künstlich niedrig gehaltene Zinsrate soll eine Überinvestition in den Schlüssel- und Investitionsgüterindustrien begünstigen, was zu einer chronischen Überkapazität führt und eine Deflation auslöst. Marxistische Ökonomen erforschten zu jener Zeit, inwiefern Investitionsgüterkapazitäten ökonomische Zyklen beeinflussten, und kamen zu ganz ähnlichen Schlüssen. Eine ähnliche Frage stellte sich auch John Maynard Keynes in seinem 1930 erschienenen Werk *Vom Gelde,* das sich mit dem Zusammenhang zwischen Kreditzyklen und starken Preis- sowie Produktionsfluktuationen beschäftigt. Laut Keynes hatten diese Entwicklungen etwas Irrationales und Spekulatives an sich:

Das Tempo, in dem ein Kreis von Finanzleuten, Spekulanten und Kapitalanlegern bestimmte Vermögensstücke oder Rechtsansprüche auf solche, die er weder produziert noch konsumiert, sondern nur austauscht, zirkulieren lässt, steht zu der Gestaltung der Produktion in keiner bestimmten Beziehung. Der Umfang solcher Transaktionen unterliegt großen und unübersehbaren Schwankungen. Er ist bald doppelt so groß wie zu einer anderen Zeit und hängt von Faktoren wie der Stimmung der spekulativen Welt ab; und wenn diese möglicherweise auch durch lebhafte Produktion angeregt und durch stockende Produktion herabgemindert wird, so sind ihre Schwankungen doch gradmäßig von denen der Produktion ganz verschieden.[55]

Booms würden aufgrund einer zu laxen Geldpolitik außer Kontrolle geraten: »Booms sind, so vermute ich, fast immer eine Folge verspäteten oder unangebrachten Handelns.«[56] Folglich war der Banker für Keynes nicht nur eine Quelle der Unsicherheit, sondern auch – in den treffenden Worten seines Biografen Robert Sidelsky – ein »ökonomischer Therapeut.«[57]

Weder Keynes' *Vom Gelde* noch Hayeks *Preise und Produktion* fanden bei Ökonomen großen Anklang. Beide beschäftigten sich mit scheinbaren Marktmechanismen, die im Prozess der Kreditschöpfung schließlich die effektive und effiziente Funktion von Märkten zerstören. Beide Werke galten als wirr und konfus. Keynes selbst schrieb im Vorwort, er fühle sich wie »jemand, der sich durch einen undurchdringlichen Dschungel kämpft«. In seinem späteren und einflussreicheren Werk, der *Allgemeinen Theorie der Beschäftigung, des Zinses und des Geldes*, waren es nicht mehr die Banker oder Zentralbanker mit ihrer Kreditschöpfung, denen heilende Wirkung zugesprochen wurde, sondern der Staat, der durch seine Einflussnahme auf die gesamtwirtschaftliche Nachfrage der Wirtschaft unter die Arme griff.

Die 1930er-Jahre zeichneten sich durch Schuldenabbau, Deglobalisierung und eine zunehmende Renationalisierung der Finanzwelt aus. Staaten griffen stärker in die Wirtschaft ein, während sich Finanzinstitutionen zunehmend auf das simple Geschäft der Weiterverwertung von Einlegergeldern in Staatsanleihen konzentrierten. Diese Rückschläge für die Finanzialisierung und die Globalisierung wurden später nur sehr langsam wieder rückgängig gemacht.

Gegen Ende des 20. Jahrhunderts nahm die Zahl der Finanztransaktionen explosionsartig zu. In einer Neuauflage von Goldsmiths Ansatz zeigten die Ökonomen Òscar Jordà, Moritz Schularick und Alan Taylor, dass die Bankvermögen relativ zum BIP viel schneller anstiegen als Bankkredite relativ zum BIP (siehe Abbildung 1). Das deutete darauf hin, dass der gesellschaftliche Nutzen von Banken (die Kreditvergabe) weniger schnell anstieg als deren Bilanzen.

Die vergleichsweise große Anzahl an Finanztransaktionen, neue Finanzinstrumente sowie die Fähigkeit großer Banken, Finanzmittel in einem Land anzuzapfen und sie an Kapitalnutzer anderswo weiterzureichen, trug zu dem bei, was man in den 2000er-Jahren für ein »reibungsloses« globales Finanzsystem hielt. Grenzüberschreitende Kapitalflüsse stiegen sprunghaft an, von 4 Prozent des weltweiten BIP in den 1980er-Jahren auf 5 Prozent in den 1990ern, auf 13 Prozent in den 2000ern und schließlich 2007 auf 20 Prozent (danach sackten sie mit der Finanzkrise abrupt ab und lagen 2012 trotz Erholung bei nur 6 Prozent des weltweiten BIP).[58] Große Finanzinstitutionen wurden zu zentralen Vermittlern für internationale Kapitalbewegungen, weil nur sie ihren Kunden – Managern von Renten- und Treuhänderfonds – »Märkte« für den Handel mit komplexen Finanzprodukten zur Verfügung stellen konnten, für die es keinen offensichtlichen oder natürlichen Markt gab. Regulierung führte dazu, dass die Finanzaktivitäten großer Institutionen nicht mehr in den Bilanzen auftauchten, sondern auf Zweckgesellschaften oder Anlageinstrumente außerhalb der Bilanzaufstellung ausgelagert wurden. Praktisch nahm so eine recht kleine Anzahl von Institutionen eine marktbeherrschende Stellung ein (diese wurde nach 2008 als SIFIs gelabelt: *systemically important financial intermediaries*, systemrelevante Finanzinstitute).

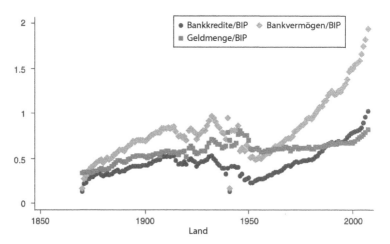

Abbildung 1. Globale Finanzaktivitäten im Verhältnis zum weltweiten Bruttoinlandsprodukt (BIP). Quelle: Moritz Schularick und Alan M. Taylor, »Credit Booms Gone Bust: Monetary Policy, Leverage Cycles, and Financial Crises, 1870–2008«, in: American Economic Review 102, Nr. 2 (2012), S. 1035, abgedruckt mit Erlaubnis der American Economic Review.

Später kam heraus, dass wichtige Marktsignale – insbesondere der weitverbreitete Referenzzinssatz LIBOR (London inter-bank offered rate) –
nicht durch normale Marktprozesse entstanden, sondern von einer Hand-
voll Akteure hinter verschlossenen Türen ausgeklüngelt worden war.

Die Popkultur feierte die Dominanz der Banken: Tom Wolfes Ro-
man *Fegefeuer der Eitelkeiten* von 1987 beispielsweise prägte den Aus-
druck der »Meister des Universums«. Im gleichen Jahr lief in den Kinos
Oliver Stones Film *Wall Street,* dessen Antiheld, der Finanzier Gordon
Gekko, zu einer kulturellen Ikone wurde. Gekko, gespielt von Michael
Douglas, blieb vor allem mit folgender Aussage in Erinnerung:

> Der entscheidende Punkt ist doch, dass die Gier – leider gibt es
> dafür kein besseres Wort – gut ist. Die Gier ist richtig. Die Gier
> funktioniert. Die Gier klärt die Dinge, durchdringt sie und ist
> der Kern jedes fortschrittlichen Geistes. Die Gier in all ihren
> Formen, die Gier nach Leben, nach Geld, nach Liebe, Wissen
> hat die Entwicklung der Menschheit geprägt.[59]

Mit der Ausweitung des Finanzsektors stieg auch das akademische Interesse an dem Phänomen des Kredits. Anfangs war Hyman Minsky
mit seiner historisch fundierten, aber eher unter-mathematisierten
Untersuchung von Finanzpaniken allein auf weiter Flur. James Tobin
bezeichnete ihn 1989 als »feinsinnigsten, analytischsten und überzeugendsten unter den Ökonomen der Gegenwart, die in der Fremdkapi-
talaufnahme die Achillesverse des Kapitalismus sehen.«[60] Zu dieser Zeit
nahm die Kreditforschung an Fahrt auf, insbesondere durch die Arbeit
von Ben Bernanke und einer Reihe von Co-Autoren wie Alan Blinder
und Mark Gertler. Sie entwickelten die Idee von Finanzinstitutionen,
die die Geldpolitik durch den »Kreditkanal« schleusten, wo sie einen
»Finanzbeschleuniger« durchlief.[61] Unter Bernankes Kritikern war seine
Theorie manchmal als »Kreditismus« verrufen.[62] Sie hatte nicht nur in
der Forschung, sondern auch in der Politik großen Einfluss, besonders
weil Blinder von 1994 bis 1995 als Vizepräsident des Federal Reserve
Board tätig war, und Bernanke, ab 2002 Gouverneur im Federal Re-

serve Board, 2006 unter Präsident George W. Bush zum Notenbankchef ernannt wurde und dieses Amt auch unter Barack Obama wei-
terführte. Laut dieser Theorie konnten und sollten Zentralbanken in
ihrer Geldpolitik den Kreditkanal nutzen, um den Unsicherheiten des
Banksystems und den prozyklischen Auswirkungen der Collateral-Poli-
tik entgegenzuwirken.

Nur wenige Expertinnen und Experten vertraten damals die Ansicht, Kreditblasen und Preisinflation bei Vermögenswerten könnten
das System destabilisieren. Manche bemerkten, dass großen Finanzkrisen häufig eine Phase des ungewöhnlich schnellen Kreditwachstums vo-
rausgehe. Die Bank für Internationalen Zahlungsausgleich (BIZ), die
Zentralbank der Zentralbanken, warnte vor den Auswirkungen des
Kreditbooms. Claudio Borio und andere griffen in ihrer Kreditzyklus-
analyse Hayeks Gedanken wieder auf.[63]

Einige sahen in der Aktiengesellschaft eine Ursache moralischen
Fehlverhaltens. Der deutsche Ökonom Hans-Werner Sinn identifizierte
das Prinzip der Haftungsbeschränkung 2009 als eine zentrale Ursache
für verzerrte Anreize in Finanzinstitutionen und dachte über die Auswirkungen des Börsengangs vormals privater Banken nach; der Finanzriese
Goldman Sachs war diesen Schritt 1999 gegangen.[64] In den 2000er-Jah-
ren, insbesondere nach dem Ausbruch der Finanzkrise 2007 und 2008,
kehrte sich der Trend um. Einige einflussreiche Unternehmen (wie Dell
und Heinz) zogen sich von der Börse wieder zurück. Die Finanzialisierung hatte falsche oder irreführende Signale gesendet und stand der Res-
sourcenverteilung im Sinne des zukünftigen gesellschaftlichen Nutzens
und Wachstums im Weg. Nach der Krise machte sich ein generalisierter
Antikapitalismus breit.

Langfristig wird die Welt als Folge der Finanzkrise wahrscheinlich
von mehr normalen Bankgeschäften, weniger finanzieller Innovation,
geringeren Profiten für Finanzinstitutionen und viel mehr Unsicherheit
geprägt sein. Wir erleben heute die Entstehung einer neuen Kapitalis-
musart: Nach dem frühmodernen kommerziellen oder merkantilen Kapitalismus, dem industriellen Kapitalismus des 19. Jahrhunderts, dem
Finanzkapitalismus der Jahrhundertwende, dem Managementkapitalis-

mus Mitte des 20. Jahrhunderts und dem Hyperfinanzkapitalismus der Jahrtausendwende steht uns, so glaube ich, der Übergang zum Informationskapitalismus bevor. Physische Güter werden weniger häufig und in geringeren Mengen bewegt werden, stattdessen werden Ideen, Prozesse und Dienstleistungen – also immaterielle Güter – gehandelt und die Produktion lokaler gestaltet werden (ein Thema, auf das ich später noch einmal zurückkommen werde). In dieser Chronologie der verschiedenen Arten des Kapitalismus spielt der Finanzkapitalismus, der zyklisch auftaucht, explodiert und dann wieder verschwindet, eine Schlüsselrolle. Diese Chronologie und Vorhersagen beruhen auf einer positivistischen Typologie des Kapitalismus (dessen, was ist), aber wir können diese Entwicklungen auch unter normativen Gesichtspunkten betrachten (dessen, was sein könnte oder sollte). Könnte die Informationswirtschaft den menschlichen Hoffnungen und Bestrebungen dienlicher sein, als es der Finanzkapitalismus war?

2 SOZIALISMUS

So wie der Antikapitalismus ein mächtiger Treiber der heutigen politischen Debatten ist, der zudem im Kapitalismus die Ursache von Ungleichheit und vielen Konflikten sieht sowie daher dessen Regulierung fordert, spielt der Antisozialismus eine große Rolle im politischen Kampf. Donald Trump beschimpfte bei der Republican National Convention im Jahr 2020 in seiner Rede zur erneuten Nominierung als Wahlkampfkandidat seinen Rivalen als »Trojanisches Pferd für den Sozialismus«, das nicht »den Mumm hat, sich den wild dreinblickenden Marxisten entgegenzustellen.«[1] Was aber der Sozialismus genau sein sollte, blieb völlig ungeklärt.

Schon immer haben Utopien die menschliche Vorstellungskraft beflügelt. Platon, Franz von Assisi, Thomas Morus und Tommaso Campanella malten sich Utopien aus, die die Menschheit auf einen besseren Weg führen sollten. Der moderne Sozialismus aber ist eindeutig ein Produkt des modernen Kapitalismus. Frühere kollektivistische Visionen beriefen sich häufig auf eine spirituelle oder gar mystische Verbundenheit zwischen den Menschen. Der Sozialismus hingegen war das Ergebnis zweier Umstände: der Entwicklung der Massenproduktion (einem wirtschaftlichen Fortschritt also) und der zunehmenden Vernetzung der Welt (einer kulturellen Entwicklung). Es war Karl Marx' kurioser Geniestreich, diese beiden Tendenzen in einem eleganten, aber komplexen Knoten zusammenzubringen, indem er recht

plausibel behauptete, der ökonomische Wandel (wie in Produktions-
methoden oder Kommunikationstechnologien) beeinflusse wohl die
kulturelle Entwicklung. Dem mischte er noch den politischen Zünd-
stoff der revolutionären Tradition Frankreichs unter.

Die neue sozialistische Doktrin hatte grundsätzlich einen universalistischen Charakter: Alles, was zum Sozialismus führte, überschritt
nationalpolitische Grenzen. Es ging hier um eine Welt der Mobilität,
in der die Ideen immer in Bewegung waren. Der Kapitalismus erschuf
eine internationale Wirtschaft mit internationaler Arbeitsteilung. In
dieser Kultur ging es ums Leihen und Lernen. Und die Tradition der
Französischen Revolution war offensiv international. Gleichzeitig jedoch stand man zunehmend vor dem Problem, dass der Sozialismus
scheinbar nur innerhalb der territorialen Grenzen einer politischen
Gesellschaft umgesetzt werden konnte – denn für die Aneignung der
Produktionsmittel brauchte es einen geeigneten politischen Rahmen.
Später entstand eine andere Tradition, die *Sozialdemokratie,* bei der es
weniger um die praktische Kontrolle der Industrie, sondern vielmehr
um das Prinzip der Umverteilung durch Steuern und Sozialsysteme
ging. Und diese Umverteilung war fast immer eine nationale statt
einer internationalen Angelegenheit. Die Geschichte der Umsetzung
der sozialistischen Idee stand also immer in einem Spannungsverhältnis mit dessen universalistischen oder kosmopolitischen Ansprüchen.

Der praktische Sozialismus hängt von klaren und konkreten Vorgaben darüber ab, wie eine große Anzahl von Menschen – fast schon
religiös inspiriert – kollektiv organisiert werden kann. Zu Beginn des
19. Jahrhunderts waren die einzigen Modelle großer, kollektiver Organisationen Armeen oder – noch abscheulicher – Sklavenplantagen.
Keines von beiden taugte für utopische Ideen. Doch im Laufe des
19. Jahrhunderts, als Werkstätten größer und schließlich durch Fabriken ersetzt wurden, begann man unterschiedliche Betriebsformen
von Fabriken in Betracht zu ziehen. Die alten Organisationsmodelle
funktionierten nicht mehr, etwas Neues musste sie ersetzen. Joseph
Livesey, Sohn eines Fabrikbesitzers, schrieb über die Arbeiter der frühen Industriellen Revolution: »Sie wurden für ein System ausgebildet,

das nur mit der westindischen Sklaverei vergleichbar ist.«[2] Es musste doch wohl einen Weg hin zu einer besseren und menschlicheren Zukunft geben.

Die Organisation der Arbeit

Die prominentesten Frühsozialisten waren daher eng mit der Industrieorganisation verwoben und es ist nur oberflächlich betrachtet ein Paradox, dass sie gleichzeitig Unternehmer waren. Robert Owen, ein erfolgreicher Textilunternehmer aus dem schottischen New Lanark, ist ein besonders interessantes Beispiel. Er versuchte die Lebensbedingungen der Fabrikarbeiter zu verbessern, um die Effizienz und Produktivität durch Kooperation zu steigern. Er war der Meinung, dass das, was er im Mikrokosmos seiner Fabrik mit Rationalität, Aufklärung, Sparsamkeit und Altersvorsorge erreicht hatte, ebenso auf nationaler Ebene möglich wäre und die Wirtschaft sowie Politik stärken würde.

> Die Effizienz und Stärke eines Staates, dessen Gesetze auf einem exakten Wissen über das Wesen des Menschen fußen, und in dem das gesamte Volk gut ausgebildet ist, wird diejenige eines Staates mit einer gleich großen Anzahl an Menschen weit übertreffen, in dem die Mehrheit des Volkes schlecht ausgebildet ist und Ignoranz vorherrscht.[3]

Henri de Saint-Simon, ein französischer Aristokrat und Aufklärer, der an der Französischen Revolution teilgenommen und den man später in der Irrenanstalt von Charenton inhaftiert hatte, war eine ungewöhnliche Figur in der Geschichte des Frühsozialismus. Er war eine Quelle der Inspiration für Marx und Engels, für politische Strategen des 20. Jahrhunderts, für Anhänger des französischen Bonapartismus im 19. und solche des Gaullismus im 20. Jahrhundert. Anfangs verfocht er die Doktrin des *Industrialismus*, bei dem nicht die Regierung von Menschen, sondern die Administration von Objekten im Zentrum stand. Er verwendete als einer der Ersten das Wort *Proletarier*. Und ihm schwebte eine Zukunft vor, in der Banker, Intellektuelle und Künstler das überholte theologische und feudale System stürzten. Er wollte, dass Banken die Industrie unterstützten, und schrieb: »Der produktivste und aktivste Ansporn lässt die Pariser Bankdirektoren die Industrieflagge hissen.«[4] Einige seiner Anhänger gründeten tatsächlich Banken, um die Industrialisierung im großen Stil voranzubringen.[5] Er war ebenso Kapitalist wie Theoretiker des Sozialismus.

Die Entwicklung des Sozialismus war auch stark von der präindustriellen, aber internationalen politischen Revolution von 1848–1849 geprägt. Daran waren auch Fabrikarbeiter beteiligt, wenn auch nur als kleine Minderheit.

Die Revolutionen von 1848 schienen zunächst Teil einer internationalen Bewegung zu sein, die sich gegen den Despotismus, nicht aber gegen den Kapitalismus wendete. In den Jahren nach dem Ende der Napoleonischen Kriege und dem Wiener Kongress gab es in vielen Ländern »Junge« Bewegungen, die die Autokratien herausforderten: Junges Italien, Junges England und Junges Deutschland verstanden einander als Geschwisterorganisationen, die sich solidarisch vereint hinter stark unterdrückte Nationen stellten – Griechenland in den 1820er-Jahren oder Polen nach der 1830er-Revolution. Goethe entwickelte in sehr hohem Alter die Anfänge einer Theorie der *Weltliteratur*. Die kulturelle Globalisierung lag gerade auch im Trend. Mit dem Scheitern von 1848–1849 fand jedoch der Traum der internationalen Solidarität ein jähes Ende. Die Revolutionen scheiterten auch wegen der fehlenden Unterstützung durch andere nationale Gruppierungen: So hatten die Tschechen und Polen kein Interesse daran, die Deutschen mit ihrer neu gegründeten und kurzlebigen Frankfurter Nationalversammlung zu unterstützen. Vor allem die Kroaten kamen der Habsburger Dynastie bei der Unterdrückung der tschechischen, deutschen, italienischen und ungarischen Nationalbewegungen militärisch zur Hilfe. Der junge Friedrich Engels, noch ein Unternehmer, schrieb über die Südslawen: »Dass dieser ebenfalls höchst verworrene Völkerabfall sein Heil nur in der Umkehr der ganzen europäischen Bewegung sieht, die für ihn nicht von Westen nach Osten, sondern von Osten nach Westen gehen sollte, dass die befreiende Waffe, das Band der Einheit für ihn die russische Knute ist – das ist das Natürlichste von der Welt.« Und er ließ sich zu folgender haarsträubender Prophezeiung hinreißen: »Der nächste Weltkrieg wird nicht nur reaktionäre Klassen und Dynastien, er wird auch ganze reaktionäre Völker vom Erdboden verschwinden machen. Und das ist auch ein Fortschritt.«[6]

Nach 1848 waren die Sozialisten gespalten zwischen dem Gedanken der internationalen Solidarität und den praktischen Aspekten der Umsetzung politischer Lösungen, wo der Kontext des Nationalstaates wichtig war. Eine schwierige Gratwanderung. Sozialisten, die dem Nationalismus und Nationalstaat zu nahestanden, kompromittierten sich durch die Assoziation mit dem Klassenfeind. Ferdinand Lassalle, Mitbegründer einer Bewegung, die über Umwege in der Sozialdemokratischen Partei Deutschlands aufgehen sollte, betonte im Gegensatz zu dem international orientierten Karl Marx immer die Bedeutung des Nationalstaats. Lassalle, ein hoffnungsloser Romantiker, kam verfrüht bei einem denkbar unproletarischen Ritual zu Tode: einem Duell. Er hatte den Verlobten einer jungen Frau herausgefordert, mit der er hatte ausreißen wollen. Doch er verfolgte bis zu seinem Tod eine romantische Staatsvision und glaubte fest daran, dass der preußische Ministerpräsident Otto von Bismarck sich auf mutige Experimente in der gesellschaftlichen und politischen Organisation einlassen würde. Lassalle war der Meinung, der existierende Staat könne Reformen durchführen – insbesondere dann, wenn dieser das Projekt der nationalen Einheit unterstützte. Er sprach mit Bismarck und es könnte gut er gewesen sein, der diesen zur Einführung des allgemeinen Wahlrecht für Männer überredete, um so aus der Bevölkerung Unterstützung für die Einigungskriege zu erhalten.[7] Doch es schien immer unrealistischer, dass die transnationale Arbeiterklasse Regierungen zu Fall bringen und kapitalistisch-imperialistische Kriege stoppen könnte, denn die Staaten konsolidierten zunehmend, entwickelten ihre fantastischen Bürokratieapparate, Polizeisysteme und Armeen, und sie brachten vermehrt ein neues Nationalbewusstsein mithilfe von Bildung in der Bevölkerung hervor.

Sozialistischer Internationalismus

Karl Marx erkannte früh in seiner intellektuellen Laufbahn, dass Kapitalismus und Sozialismus internationale Entwicklungen waren. Seine Vision der Wirtschaft steht in starkem Gegensatz zu der seines Zeitgenossen Friedrich List, der im Kapitalismus eine vornehmlich nationale Entwicklung sah. Die beiden Denker stehen für zwei Pole einer Debatte, die bis heute aktuell ist.[8] In *Die Deutsche Ideologie*, geschrieben zwischen 1845 und 1846, behauptet Marx, dass »die Nationalität schon vernichtet ist.«[9] Er griff 1846 den französischen sozialistischen Anarchisten Pierre-Joseph Proudhon mit einer rhetorischen Frage an: »Ist die gesamte innere Organisation der Nationen mit all ihren internationalen Beziehungen etwas anderes als der Ausdruck einer bestimmten Arbeitsteilung? Und müssen sich diese nicht verändern, wenn es die Arbeitsteilung tut?«[10]

Dem Kapitalismus schien die Welt ein allgemeines System zu sein. In *Zur Kritik der Politischen Ökonomie* (1859) schreibt Marx: »Wie sich das Geld zum Weltgeld entwickelt, so entwickelt sich der Warenbesitzer zum Kosmopoliten. Die kosmopolitische Beziehung der Menschen zueinander ist ursprünglich nur ihr Verhältnis als Warenbesitzer.«[11] Im *Kommunistischen Manifest* schreibt er:

> Die große Industrie hat den Weltmarkt hergestellt. […] Das Bedürfnis nach einem stets ausgedehnteren Absatz für ihre Produkte jagt die Bourgeoisie über die ganze Erdkugel. Überall muss sie sich einnisten, überall anbauen, überall Verbindungen herstellen. Die Bourgeoisie hat durch ihre Exploitation des Weltmarkts die Produktion und Konsumption aller Länder kosmopolitisch gestaltet. Sie hat zum großen Bedauern der Reaktionäre (sic!) den nationalen Boden der Industrie unter den Füßen weggezogen.[12]

Die Debatten des späten 19. und frühen 20. Jahrhunderts drehten sich vor allem um die Frage, wie der Sozialismus sich in konkreten politischen Situationen verhalten sollte: Sollte er mit anderen Parteien Kompromisse eingehen, um die Politik zu verändern und Einfluss zu nehmen, oder auf die Revolution warten? Die größte sozialistische Bewegung Europas, die deutsche SPD, verabschiedete 1891 offiziell ein marxistisches Parteiprogramm. Doch mit dem Wachstum und zunehmendem Einfluss der Partei bröckelte deren Basis. Sie stellte sich recht mystisch als revolutionäre, aber nicht revolutionstreibende Partei dar. Aus praktischer Sicht waren ihre Mitglieder und Unterstützer ganz normale Leute, denn eine Mehrheit ihrer Mitglieder waren nicht einmal klassische Industriearbeiter.[13]

Marx erklärte in seiner berühmten Kritik des Gründungsprogramms der SPD, der *Kritik des Gothaer Programms* (1875), die Existenz einer nationalen Arbeiterklasse sei nur ein vorübergehendes Symptom des Übergangs vom Kapitalismus zum Sozialismus. Er war der Meinung, die Partei hätte sich energischer vom Nationalismus Lassalles distanzieren müssen, dessen Partei gerade in der neuen SPD aufgegangen war. »Lassalle hatte, im Gegensatz zum ›Kommunistischen Manifest‹ und zu allem früheren Sozialismus, die Arbeiterbewegung vom engsten nationalen Standpunkt gefasst«, so Marx. Eine Absurdität:

Es versteht sich ganz von selbst, dass, um überhaupt kämpfen zu können, die Arbeiterklasse sich bei sich zu Haus organisieren muss als Klasse, und dass das Inland der unmittelbare Schauplatz ihres Kampfs ist. Insofern ist ihr Klassenkampf, nicht dem Inhalt, sondern, wie das ›Kommunistische Manifest‹ sagt, ›der Form nach‹ national. Aber der ›Rahmen des heutigen nationalen Staats‹, z. B. des Deutschen Reichs, steht selbst wieder ökonomisch ›im Rahmen des Weltmarkts‹, politisch ›im Rahmen des Staatensystems‹.

Die neue Bewegung sollte sich den Vorwurf der Konservativen, »vaterlandslose Gesellen« zu sein, stolz auf die eigenen Fahnen schreiben: »Bismarcks *Norddeutsche* [Zeitung] war vollständig im Recht, wenn sie zur Zufriedenheit ihres Meisters verkündete, die deutsche Arbeiterpartei habe in dem neuen Programm dem Internationalismus abgeschworen.«[14]

Die *Kritik* ist eine der wenigen Schriften, in der Marx die Frage des Übergangs zum Sozialismus behandelt:

> In einer höheren Phase der kommunistischen Gesellschaft, nachdem die knechtende Unterordnung der Individuen unter die Teilung der Arbeit, damit auch der Gegensatz geistiger und körperlicher Arbeit verschwunden ist; nachdem die Arbeit nicht nur Mittel zum Leben, sondern selbst das erste Lebensbedürfnis geworden; nachdem mit der allseitigen Entwicklung der Individuen auch ihre Produktivkräfte gewachsen und alle Springquellen des genossenschaftlichen Reichtums voller fließen – erst dann kann der enge bürgerliche Rechtshorizont ganz überschritten werden und die Gesellschaft auf ihre Fahne schreiben: Jeder nach seinen Fähigkeiten, jedem nach seinen Bedürfnissen![15]

Doch der Plan bleibt bekannterweise vage: Wie genau soll der gemeinschaftliche Wohlstand organisiert werden?

Einigen deutschen Sozialisten schwebte zur Lösung des Übergangsproblems zunehmend organisierte Geschäftsstrukturen vor – Großunternehmen, die dank großer Kartelle und Konzerne miteinander in Verbindung stehen und häufig von Banken kontrolliert werden. Der interessanteste Vertreter dieser Ansicht ist Rudolf Hilferding, der in *Das Finanzkapital* eine Theorie der zunehmenden Organisation entwickelte. Der Kapitalismus konzentrierte sich nicht nur, er stabilisierte sich auch. Das bedeutete, dass er nur durch einen politischen Zusammenbruch, nicht aber durch eine oder mehrere Wirtschaftskrisen (von denen Hilferding glaubte, sie würden immer milder) endgültig überwunden werden konnte. Der sozialistische Kampf musste also in der politischen Arena ausgefochten werden. In den 1920er-Jahren, als er bereits zu einem der wichtigsten ökonomischen Denker der SPD (und zum zweimaligen Finanzminister) avanciert war, kam er zu dem Schluss, der »organisierte Kapitalismus« könne leicht durch einen politischen Prozess kontrolliert werden.[16] Er war einer der wichtigsten – wenn nicht gar *der* wichtigste – Vermittler zwischen der marxistischen

Theorie des Übergangs vom Kapitalismus zum Sozialismus und dem sozialdemokratischen Umverteilungsstaat.

Sozialisten hatten sich mit nationalen politischen Gemeinschaften schon immer schwergetan. Das sollte nicht überraschen, liegen die theoretischen Wurzeln des Sozialismus doch in einer Zeit vor der Entstehung des modernen Nationalstaats Mitte des 19. Jahrhunderts (als Deutschland, Italien und Japan als Vorbilder für eine neue Nationalpolitik galten). Diese neuen Nationalstaaten verfolgten zudem eine grundsätzlich aggressive und revisionistische Politik: Sie nutzten Außenpolitik und militärische Bestrebungen, um interne Spannungen zu kanalisieren und potenziellen sozialen Protesten den Wind aus den Segeln zu nehmen.

Im frühen 20. Jahrhundert spaltete dann die Frage des Pazifismus – Widerstand gegen Krieg und Militarismus – die sozialistische Bewegung tief. Die größte sozialistische Bewegung Europas, die deutsche SPD, teilte sich hoffnungslos in zwei Lager auf. Im Jahr 1907 nutzte August Bebel, beliebter Parteiführer und Journalist, bei einer parlamentarischen Debatte über das Militärbudget die Gelegenheit für die Erklärung, dass die Partei für ein Milizsystem zur nationalen Verteidigung einträte. Auch der junge sozialistische Abgeordnete Gustav Noske sagte, dass die Partei von »unserer Akzeptanz des Nationalitätenprinzips« abhängig war und dass es »unsere verdammte Pflicht und Schuldigkeit ist, dafür zu sorgen, dass das deutsche Volk nicht etwa von irgendeinem anderen Volk an die Wand gedrückt wird.«[17] Diese Rede wurde vom linken Parteiflügel scharf kritisiert. Bei Kriegsausbruch im Jahr 1914 unterstützten die meisten SPD-Abgeordneten, ebenso wie (wahrscheinlich) Parteimitglieder und Wähler, den deutschen Kriegsbeitritt, nicht zuletzt, weil die Regierung ihn als progressive Mobilisierung gegen die Knute einer rückwärtsgewandten Zarenautokratie darstellen konnte. Die Sozialisten gerieten schnell in die Maschinerie der Kriegsverwaltung und fügten sich nahtlos in die Nationalgemeinschaft ein.

Die Sozialisten mussten sich also im nationalen Setting neu erfinden und entsagten der berauschenden Vision einer internationalen Transformation. Ihnen blieben zwei Strategien: Die eine betraf die Produktionsverwaltung, die zweite die Ressourcenumverteilung. Sobald diese Strategien im 20. Jahrhundert umgesetzt wurden, mussten sie zwangsläufig als nationale Lösungen analysiert und verglichen werden.

Eine Planalternative

Der Erste Weltkrieg hatte deutlich bewiesen, wie eine sozialistische Ordnung tatsächlich aussehen und praktisch funktionieren konnte. In dieser Zeit wurden viele Sozialisten in die Regierung geholt. Die Beschaffung von Rohmaterialien, Maßnahmen zur Förderung der Industrieproduktion und der Beschluss der Rationierung können allesamt als »Kriegssozialismus« bezeichnet werden. Dieses Experiment, bei dem eine schnelle Steigerung der Waffenproduktion gelang, überzeugte Lenin davon, dass der Sozialismus wirklich möglich war. Doch die Produktion für den militärischen Bedarf ließ sich recht einfach planen, denn es musste nur entschieden werden, welche Waffe oder welches Produkt am wahrscheinlichsten zum Erfolg führen würde, um dann die für deren oder dessen Produktion notwendigen Ressourcen auf Kosten weniger vielversprechender Produktionszweige umzuverteilen.

Nach dem Ende des Ersten Weltkriegs, dem Zusammenbruch des Deutschen Reiches, den revolutionären Unruhen und dem prekären Übergang zur Demokratie begann Walther Rathenau (Erbe eines großen Industrieimperiums und Chefplaner der Kriegswirtschaft) gemeinsam mit seinem wichtigsten Mitarbeiter Wichard von Moellendorff mit dem Aufbau einer neuen Gesellschaft. Moellendorff erklärte: »Bis heute herrschte in Deutschland ein Prinzip: frei in allen wirtschaftlichen Angelegenheiten, gefesselt im Denken; Ziel einer Gemeinwirtschaft ist es, dies umzukehren.«[18] Seine Weltanschauung beruhte auf nationaler Selbstständigkeit und »autarker Selbstbestimmung«.[19] In Deutschland hatte sich diese Idee schnell erledigt, nicht zuletzt, weil Gegner weitgehender Nationalisierungen argumentierten, dieser Ansatz könnte es den westlichen Alliierten erleichtern, deutsches Staatseigentum als Reparationen zu beschlagnahmen. Manche glaubten weiterhin, Deutschland könne von einer neuen Wirtschaftsordnung profitieren und selbst »intellektuelle Führung« beweisen.[20] Doch die Idee der Planwirtschaft lebte in der Sowjetunion fort.

Anfangs schien die Planwirtschaft der Verwaltung der komplexen Bedarfe in Friedenszeiten nicht gewachsen zu sein. Selbst in der Sowjetunion wurde die Produktion im Rahmen der Neuen Ökonomischen Politik (NÖP) der 1920er-Jahre wieder in die Hände von Handwerkern und Kleinunternehmern gegeben. Aufgrund der instabilen politischen Lage gab es wenige Neuinvestitionen, und Theoretiker forderten nun staatliche Investitionen. Auf praktischer Ebene simulierten das Ende der NÖP sowie die Kollektivierungs- und Industrialisierungspolitik der späten 1920er- und frühen 1930er-Jahre die Sozialpsychologie des Krieges, der diesmal gegen die Gestalt des reichen Bauern oder ländlichen Unternehmers, den Kulaken, geführt wurde.

Als ideologische Konflikte die Politik zu bestimmen begannen, verabschiedete sich der Plan von jeder Rationalität. Konsumenten klagten, sie hätten zwar Geld, aber nichts zu kaufen. In seinem Roman *Die Schlange* schildert Wladimir Sorokin niederschmetternd, wie viel Zeit den Menschen im Sozialismus durchs Schlangestehen geraubt worden sei.[21] Eugène Zaleski, der wichtigste Experte der stalinistischen Planwirtschaft, kam zu folgendem Schluss: »Die Existenz eines solchen zentralen, nationalen, kohärenten und perfekten Plans, der aufgeteilt und auf allen Ebenen umgesetzt werden kann, ist ein *Mythos*.«[22] Ähnlich klingt das bei dem polnischen, sozialistischen Ökonom Oskar Lange: »Die Planung wird zur Fiktion. Das, was tatsächlich beobachtet werden kann, ist eine natürliche Entwicklung.«[23] Der Meinung war auch Stalin. Er hatte Lenin 1921 in einem Brief geschrieben, es mangele den ausführenden Mitarbeitern an »gesundem Praktizismus«, und riet ihm, die Planung »Männern der lebendigen Praxis beizugeben, die nach dem Prinzip arbeiten ›die Durchführung melden‹.«[24] Doch in all diesen Kämpfen, und auch wenn er immer wieder die Vorzüge des »Sozialismus in einem Land« beschwor, während die proletarischen Revolutionen im Rest der Welt ausblieben, erkannte Stalin, dass das sowjetische Experiment eine weltweite Bewegung anstoßen könnte. Noch war der Sozialismus eine internatio-

nalistische Bewegung. Stalin behauptete sogar: »Die Erfolge des Fünf-
jahrplans mobilisieren die revolutionären Kräfte der Arbeiterklasse aller
Länder gegen den Kapitalismus – *das ist eine unbestreitbare Tatsache.*«[25]

In den 1930er-Jahren gab es eine theoretische Debatte zwischen Oskar Lange, dem polnischen Ökonomen und Diplomaten, und Friedrich Hayek, dem österreichischen Ökonomen und politischen Philosophen. Lange schwebte eine Welt vor, in der ein mathematisches Modell
Marktdynamiken vorhersagen könne. Dabei rehabilitierte er auf überraschende Weise die marxistische Wirtschaftslehre. Er begann mit der
Beobachtung, dass »die Überlegenheit von Marx' Wirtschaftslehre angesichts der Tatsache, dass sie mit lange überholten Konzepten operiert
und die gesamte Entwicklung der Wirtschaftstheorie seit Ricardo ignoriert, tatsächlich überrascht.«[26] Lange stellte Hilferdings Argumentation
auf den Kopf: Seiner Ansicht nach war der kartellisierte und konzer-
nisierte, oligopolistische Kapitalismus schlecht darin, die Koordinie-
rungssignale zu übertragen, die eine Wirtschaft zum Funktionieren benötige. Daher

> würde, oder könnte immerhin, die Trial-and-Error-Methode in
> einer sozialistischen Wirtschaft viel besser funktionieren als in
> einem kompetitiven Markt. Denn die Zentrale Planung hat einen
> viel besseren Überblick darüber, was im gesamten Wirtschaftssys-
> tem vor sich geht, als es jeder private Unternehmer je haben kann,
> und bräuchte folglich deutlich weniger Versuche als der Markt für
> die Ermittlung der richtigen Gleichgewichtspreise.[27]

Hayek verwies in seiner Antwort auf die schiere Menge und Komplexität der Informationen, die fortlaufend verarbeitet und berechnet werden müssten, um ein geplantes, mathematisches System die Aufgaben
analoger Marktoperationen übernehmen zu lassen:

> Jede einzelne Preisänderung würde bei Hunderten von anderen
> Preisen Veränderungen nach sich ziehen und die meisten dieser
> Änderungen wären keinesfalls proportional, sondern abhängig

vom unterschiedlichen Grad der Nachfrageelastizität, von Substitutionsmöglichkeiten und anderen Änderungen in der Produktionsmethode.[28]

Langes Schilderungen der Probleme des praktischen Sozialismus waren aufschlussreich. Die Probleme waren offensichtlich und in seinen Augen rein technischer Natur, das Ergebnis einer fehlerhaften oder improvisierten bürokratischen Struktur. Es mangelte an ausreichender Expertise oder *Technokratie*. Er beklagte, dass »die wahre Gefahr für den Sozialismus die der Bürokratisierung des Wirtschaftslebens [ist], und nicht die Unmöglichkeit, das Problem der Ressourcenallokation zu bewältigen.«[29] Im Zweiten Weltkrieg jedoch schien die Möglichkeit der Planwirtschaft gesellschaftliche und politische Realität geworden zu sein.

Mit der nötigen Expertise konnten die Probleme jedoch überwunden werden. Der indische Nationalpolitiker und Ministerpräsident Jawaharlal Nehru erkannte eine Konvergenz in den Versprechen wissenschaftlicher Expertise:

Planung und Entwicklung sind zu einer Art mathematischem Problem geworden, das wissenschaftlich gelöst werden kann. [...] Sowjetische und amerikanische Experten sind sich darin erstaunlich einig. Wenn ein russischer Planer hierherkommt, unsere Projekte begutachtet und uns berät, dann stimmen seine Schlussfolgerungen erstaunlicherweise mit denen eines, sagen wir, amerikanischen Experten überein. [...] Sobald der wissenschaftliche oder technologische Experte, egal ob russischer oder amerikanischer Herkunft, die Bühne betritt, kommt er zu denselben Schlüssen, ganz einfach weil Planung und Entwicklung heute eine fast mathematische Angelegenheit sind.[30]

Jede Weiterentwicklung der Rechenleistungen von Computern löste eine weitere sozialistische Berechenbarkeitsdebatte aus.[31] Lange machte in den 1960er-Jahren die folgende Beobachtung:

Würde ich meinen Essay [›On the Economic Theory of Socialism‹] heute noch einmal schreiben, dann hätte ich es viel einfacher. Ich würde Hayek und [Hayeks frühem Mentor Lionel] Robbins schlicht antworten: Was ist denn das Problem? Lasst uns die simultanen Gleichungen in einen elektronischen Computer einspeisen und dann hätten wir in weniger als einer Sekunde die Lösung. Der Marktprozess mit seinen mühseligen [Trial-and-Error-]Methoden ist überholt. Tatsächlich ist er so etwas wie eine Rechenmaschine des analogen Zeitalters.[32]

Gordon Moores Gesetz, dass sich die Rechenleistung alle zwei Jahre verdopple, das 1965 erstmals formuliert worden war, schien einen neuen Weg zur Realisierung des Sozialismus aufzuzeigen.

Die Diskussion verstummte 1989, wenn auch nur zeitweise. Fortschritte in der Informationstechnologie bedeuteten, dass gigantische Mengen dezentralisierter Daten zentral ausgewertet und einem übergreifenden Planungskriterium unterworfen werden konnten. Das war das Ziel des chinesischen Sozialkreditsystems, das 2014 angekündigt wurde und eine »Gesellschaft mit Vertrauenskultur« etablieren sollte, in der Individuen und Organisationen das Gesetz aufgrund eines komplexen Systems von Belohnungen und Strafen befolgten. Ein solches System würde nicht mehr auf der von Lange so verachteten Bürokratie und Willkür basieren, sondern wäre in sich vollkommen konsistent.

Der sozialdemokratische Weg

Die Sozialdemokratie arbeitete auch innerhalb des nationalen Settings daran, auf demokratische Weise die Kontrolle über die Produktionsmittel zu etablieren. Der Fokus lag dabei nicht auf der Produktionskontrolle oder -planung, sondern auf der Ressourcenumverteilung mithilfe von Steuern. Der Mechanismus, der einst den Kern des Militärstaates ausgemacht hatte – zur Finanzierung der Armeen –, sollte nun dem Erhalt der innergesellschaftlichen Stabilität dienen. Manchmal wurden militärische Analogien auch explizit genutzt, wie bei Lyndon B. Johnsons Krieg gegen die Armut. Staaten, die einst vor allem einen militärischen Zweck gehabt hatten, gaben nun mehr Geld für Transferleistungen aus: So gab Schweden Mitte der 1980er-Jahre ein Drittel des Bruttonationaleinkommens für Sozialausgaben aus.[33]

In der Zwischenkriegszeit wurde Schweden zu einem Musterstaat der Sozialdemokratie. Ab 1945 hielt sich die Sozialdemokratische Arbeiterpartei Schwedens jahrzehntelang an der Macht. Sie war eine Bewegung, die Bauern und Büroangestellte ebenso ansprach wie die traditionelle Arbeiterklasse, die allein nicht groß genug für eine Basis mit politischer Mehrheit war. Die Partei erschuf eine Vision der Nation als erweitertes Heim, oder Volksheim (*folkhemmet*). Hjalmar Branting, Journalist, »Vater des schwedischen Sozialismus« und schwedischer Ministerpräsident von 1920 bis 1925, erklärte in seiner Rede zum Friedensnobelpreis 1921: »Jener Internationalismus, der die Souveränität einer Nation innerhalb ihrer eigenen Grenzen ablehnt und letztendlich auf deren vollständiger Zerstörung zugunsten kosmopolitischer Einheit abzielt, war nie mehr als eine Karikatur des wahren internationalen Geistes.«[34] Er zitierte den großen französischen Sozialisten Jean Jaurès: »Wenn die Arbeiter ihr Heimatland verfluchen, dann verfluchen sie in Wirklichkeit die sozialen Missstände, die sie plagen. Diese scheinbare Verdammung ist nur ein Ausdruck ihrer Sehnsucht nach einer neuen Nation.« Branting schloss: »Es ist genau dieses tiefe Gefühl der Bedeutung der Nation, das später den wahren Internationalismus hervorbringen wird; für eine Menschheit, bestehend nicht aus staatenlosen Atomen, sondern aus der freien Einheit souveräner Nationen.«

Doch ein Nationalgefühl war nicht genug. Die Bewegung versprach, die Gesellschaft mithilfe einer präventiven Sozialpolitik zu verändern, die die Ursachen der sozialen Probleme an der Wurzel packte. Die großen Vordenker dieser Philosophie der transformativen Sozialpolitik waren das Ehepaar Gunnar und Alva Myrdal, insbesondere in ihrem Buch *Kris i befolkningsfrågan* (Krise in der Bevölkerungsfrage) aus dem Jahr 1934. (Vielleicht bezeichnenderweise bekam er – aber nicht sie –

1974 den Wirtschaftsnobelpreis verliehen; im selben Jahr wie Friedrich Hayek, dessen Theorien er missbilligte.) Das Ziel war »eine reale quantitative Verbesserung der Lebens- und Entwicklungsperspektiven der kommenden Generation« und »eine gleichzeitige Umlagerung der Kosten und Verantwortlichkeiten vom individuellen Familienversorger auf die gesamte Nation.«[35]

Das schwedische Modell sah kein großes Staatseigentum vor. Für Gustav Möller, den schwedischen Politiker, der als Vater des Wohlfahrtsstaates angesehen wird, war der Sozialismus eine Gesellschaft, in der »überall Demokratie herrscht und es keine wirtschaftliche Ausbeutung gibt.« Staatliche Eigentümerschaft und Unternehmenskontrolle stand er jedoch sehr skeptisch gegenüber: »Es liegt viel Wahrheit in der Beobachtung unserer Gegner, dass das staatliche Management wirtschaftlich weniger vorteilhaft sei als das private. Das liegt vor allem an der starken Bürokratisierung von Staatsunternehmen.«[36] Die Sozialdemokratie wollte keine Revolution, sondern Reformen. Anthony Crosland, der Intellektuelle, der der britischen Labour-Partei in der zweiten Hälfte des 20. Jahrhunderts dabei half, sich als Sozialdemokratie neu zu erfinden, war der Meinung, Großbritannien sei nicht mehr kapitalistisch. Er schrieb, dass »niemand ernsthaft behaupten kann, dass im heutigen Wohlfahrtsstaat Eigennutz und aggressiver Individualismus vorherrschen.« Der Kampfgeist der Arbeiter und die Klassenkonflikte nahmen ab. Crosland zitierte Engels, den großen Propheten des 19. Jahrhunderts, mit den Worten: »Die Massen sind dank der langen Prosperität verdammt lethargisch geworden.« Um dann selbst hinzuzufügen: »Aber im Gegensatz zu ihm hält das nicht jeder für etwas Schlechtes.«[37]

Der Reformwille führte zu einem Dilemma, das während der politischen Konflikte der Weimarer Republik am deutlichsten hervortrat. Fritz Tarnow, ein Parlamentarier und Gewerkschafter (beim Holzarbeiterverband), war in den 1920er-Jahren einer der größten Befürworter der Idee einer Wirtschaftsdemokratie; außerdem prägte er den Begriff der Kaufkrafttheorie, laut der Lohnerhöhungen zur Stabilisierung der Wirtschaft beitragen würden. Seine Rede zum SPD-Parteitag im Juni

1931, »Kapitalistische Wirtschaftsanarchie und die Arbeiterklasse«, hielt er am Tiefpunkt der Weltwirtschaftskrise. Er nutzte eine bemerkenswerte Metapher:

Nun stehen wir ja allerdings am Krankenlager des Kapitalismus nur als Diagnostiker, sondern auch – ja, was soll ich sagen? – als Arzt, der heilen will?, oder als fröhlicher Erbe, der das Ende nicht erwarten kann und am Liebsten mit Gift noch etwas nachhelfen möchte? [...] Diese Doppelrolle, Arzt und Erbe, ist eine verflucht schwierige Aufgabe.[38]

Der kommunistische Künstler und Propagandist John Heartfield reagierte darauf mit der brillanten Fotomontage eines Tigers: »Natürlich werden wir die Zähne des Kapitalismustigers brechen, aber erst wenn wir ihn wieder aufgepäppelt haben.«[39]

Konnte dieses Konzept auch jenseits nationaler Grenzen bestehen? Die Notwendigkeit, den internationalen Frieden zu erhalten, legte diesen Gedanken jedenfalls nahe. Der Theoretiker Rudolf Breitscheid platzierte 1925 im Heidelberger Programm der SPD folgenden Satz: »[Die SPD] tritt ein für die aus wirtschaftlichen Ursachen zwingend gewordene Schaffung der europäischen Wirtschaftseinheit, für die Bildung der Vereinigten Staaten von Europa, um damit zur Interessensolidarität der Völker aller Kontinente zu gelangen.«[40] Doch die emotionale Identifikation mit einem bestimmten Territorium tendierte stets in eine andere Richtung.

Nach dem Zweiten Weltkrieg wurde die SPD von der heroischen Figur Kurt Schumachers nach dem Vorbild Lassalles wieder aufgebaut. Schumacher war von den Nazis in Konzentrationslagern interniert worden, sein Körper trug die Spuren barbarischer Folter. Er hatte den beeindruckenden Anspruch, das wirkliche oder wahre Deutschland zu repräsentieren: »Für die SPD gibt es kein fiktives Vaterland der Arbeit. Für uns Sozialdemokraten gibt es das deutsche Heimatland, das wir als staatliches, nationales und wirtschaftliches Ganzes erhalten wollen.«[41] Andere sozialistische Parteien entwickelten sich ähnlich. Der britische

Philosoph Alasdair MacIntyre schrieb vernichtend: »Die britische Linke hat u. a. deswegen ein Problem mit dem Ausland, weil sie theorisiert.«[42]

Einige Aspekte des sozialdemokratischen Modells wurden im späten 20. Jahrhundert von der Globalisierung untergraben. Weil hohe Körperschaftssteuern Unternehmen ins Ausland treiben können, senkten insbesondere kleine Sozialdemokratien ihre Körperschaftssteuern bei gleichbleibend hoher Einkommenssteuer. Wenn sie besonders klein waren, wie Irland, konnten sie sogar auf ein noch radikaleres Modell setzen, bei dem allgemein niedrige Steuersätze die wirtschaftliche Aktivität ankurbeln und große multinationale Konzerne anlocken.

Doch der scheinbare Legitimitätsverlust der Sozialdemokratie hatte eine weitere Ursache: Auf ihrem Höhepunkt orientierte sich die Sozialdemokratie an den Erkenntnissen der Sozialwissenschaften. In gewisser Weise war diese Entwicklung eine logische Folge von Marx' Behauptung, der Sozialismus habe wissenschaftlichen Charakter; es war eine richtige Doktrin, weil sie auf den besten wissenschaftlichen Daten und Theorien beruhte. Francis Sejersted, der wichtigste Experte des nordeuropäischen Modells, kam nach seiner Analyse des skandinavischen Modells zu folgendem Schluss: »Die Sozialwissenschaftler, unter ihnen insbesondere die Ökonomen, kolonisierten die Politik und der rationale führte die Diskurse an. Doch nichts hält ewig.«[43] Anderen Ländern erging es ähnlich. Im Vereinigten Königreich beispielsweise näherten sich die zwei größten Parteien in den Jahrzehnten nach dem Zweiten Weltkrieg in sozialen und ökonomischen Fragen einer Art Konsens: einem Reformismus, basierend auf keynesianischen wirtschaftspolitischen Prinzipien. Man nannte ihn *Butskellismus,* nach dem Labour-Politiker Hugh Gaitskell und dem führenden konservativen Gesellschaftstheoretiker R. A. (»Rab«) Butler. Crosland argumentierte, es gehe beim Sozialismus weniger um Planung als um die Anhebung des allgemeinen Lebensstandards. Er war der Meinung, dass die Planung »weniger wichtig [ist] als noch vor einem Jahrzehnt« und dass »die Steigerung des Individualkonsums auf fundamental egalitärer Grundlage immer zu den Zielen des Sozialismus zählen muss.« Die Geisteshaltung dieses Ansatzes fasst der Ökonom Roy Harrod in seiner recht blumigen Keynes-Biografie wie folgt zusammen: »Glücklich das Land, in dem ein Weiser einfach deshalb mächtig ist, weil er auch ohne Unterstützung einer politischen Gruppierung, Finanzinstitution oder Gewerkschaft weise ist.«[44]

Die Dilemmata des Sozialismus

Sozialismus und Kapitalismus sind siamesische Zwillinge, die in entgegengesetzte Richtungen drängen, aber gleichzeitig vollkommen abhängig voneinander sind. Der Sozialismus musste an die Überwindung des Kapitalismus glauben; sollte ihm dies jedoch jemals gelingen, verlöre der Sozialismus seine Daseinsberechtigung und verkäme zu einer Art technokratischer Verwaltung. Würden Sozialistinnen und Sozialisten den revolutionären Weg einschlagen eine Umwälzung der Eigentumsverhältnisse verlangen, verlöre der Sozialismus seine Grundlage, sobald der Kapitalismus verschwände oder sich als zu resilient oder anpassungsfähig herausstellte. Wählten sie den Weg der Sozialdemokratie, drohten sie sich mit ihrer steuerlichen Umverteilungspolitik und ihrem Vertrauen in Marktprozesse dem Kapitalismus anzunähern.

Es überrascht nicht, dass das Leben der wichtigsten sozialistischen Wirtschaftstheoretiker des 20. Jahrhunderts tragisch verlief. Sie wurden nicht nur von Ereignissen, sondern auch von Ideen gebeutelt. Hilferding verbrachte die letzten Jahre seines Lebens mit der Fluch vor den Nazis. Am Ende schrieb er in der öffentlichen Bibliothek von Arles in Provence seinen langen Aufsatz »Das Historische Problem«, in dem er für die Wiederbelebung eines religiösen und ethischen Denkens plädierte. Er begann mit einer expliziten Absage an den marxistischen ökonomischen Determinismus, den er selbst zuvor befürwortet hatte: »Die Gewalt ist entscheidend. Und das Verhältnis ist keineswegs so, dass die Ökonomie Inhalt, Ziel und Ergebnis der Gewalt bestimme, sondern der Ausgang der Gewaltentscheidung bestimmt seinerseits die Ökonomie.«[45] Nach seiner Verhaftung durch das Vichy-Regime im Februar 1941 wurde er an die Deutschen ausgeliefert und starb in einem Pariser Gestapo-Gefängnis.

Eugen Varga war Wirtschaftsberater Stalins und verfasste zwischen 1921 und 1935 Wirtschaftsberichte für die Kongresse der Komintern. Er war einer der wichtigsten Theoretiker der Beziehungen zwischen sozialistischen (oder Sowjet-) und kapitalistischen (oder westlichen) Wirtschaften. Im Jahr 1946 veröffentlichte er das Buch *Die ökonomische Transformation des Kapitalismus und das Ende des Zweiten Weltkriegs*, in dem er argumentierte, das kapitalistische System sei stabiler als bisher angenommen. Daraufhin wurde sein Institut geschlossen. Am 27. April 1949, nach einer fast drei Jahre anhaltenden Polemik, widerrief Varga seine These. Er gestand seine Fehler ein und schrieb, dass sie »einer ganzen Reihe von Fehlern einer reformistischen Tendenz angehören, die natürlich auch eine kosmopolitische Tendenz ist, weil sie den Kapitalismus beschönigt.« Er stellte eine Verbindung zwischen den Fehlern, die er vor mehr als drei Jahren begangen hatte, und der neuesten Kontroverse um »heimatlose Kosmopoliten« her. Und mit einem phrasenhaften »besser spät als nie« versprach er, ein neues Buch zur Korrektur dieser »Unwahrheit« zu schreiben. Dieser Widerruf erfolgte nur etwas mehr als einen Monat nach seinem Brief an die Herausgeber der *Prawda* am 14. März 1949, in dem er die »Organe der schwarzen Reaktion« angriff, weil diese ihn beschuldigt hätten, »ein Mann westlicher Orientierung« zu sein und »die Möglichkeit einer Überproduktionskrise zu leugnen«.[46] Später unterstützte er das stalinistische Regime des Hardliners Mátyás Rákosi in Ungarn. Nach der Revolution von 1956 und Rákosis Sturz fiel Varga einmal mehr in Ungnade, weil seine Vorhersagen über das immanente Ende des Kapitalismus nicht mit János Kádárs Vorstellung eines reformistischen Sozialismus zusammenpassten.

Hilferding und Varga waren Opfer des tragischen und in verschiedenen nationalen Kontexten unterschiedlich ausgefochtenen Konfliktes zwischen sozialistischen Plantheorien und der Politik eines radikalisierten Nationalismus und einer nationalen Bestimmtheit: Selbst in Zentraleuropa war der Nationalismus auch nach 1945 tief in den Gefügen des Sozialismus verwurzelt. Auch die führenden Persönlichkeiten, die im späten 20. Jahrhundert einen neuen Sozialismus umzusetzen versuchten, sind tragische Figuren, wenn auch auf andere Weise. In den vier größten Ländern Westeuropas war das Schicksal des Sozialismus eng mit dem Leben einer fehlbaren Führungsfigur verwoben.

Im Vereinigten Königreich war es Tony Blair, der eine »Neue Labour-Partei« aufzubauen versuchte, die sich stärker am Markt orientierte (seine Gegner nannten ihn einen »Neoliberalen«, aber dazu später mehr). Ein brillanter und äußerst erfolgreicher politischer Schachzug. Bevor er zum Premierminister avancierte, kommentierten Journalisten, Blair sei »der erste Labour-Anführer, der kaum noch so tut, als sei er Sozialist.«[47] Doch nach seiner bedingungslosen Unterstützung für George W. Bushs Irakkrieg im Jahr 2003, der mit falschen Behauptungen gerechtfertigt worden war, kam seine Führungsposition ins Wanken. Der Schriftsteller Colin MacCabe prangerte Blairs »Liebesaffäre mit dem Geld« an und sprach damit vielen Labour-Anhängern aus dem Herzen.[48] Nach seiner Amtszeit als Premierminister begann Blair eine gutbezahlte Karriere als Redner und Lobbyist.

Gerhard Schröder gelang es als deutscher Kanzler, sich nicht in die US-Außenpolitik hineinziehen zu lassen. Auch er wurde aufgrund seiner Arbeitsmarktreformen (bekannt als Hartz-Reformen oder Agenda 2010), die Deutschland wettbewerbsfähiger machen sollten und im Nachhinein als äußerst erfolgreich interpretiert wurden, als Neoliberaler beschimpft. Doch seine Reformpolitik ging auf Kosten seiner Beliebtheit. Nach einer knappen Wahlniederlage bewegte er sich in den Sphären der deutschen Produktionswirtschaft (vor allem der Automobilbranche) und suchte die Nähe des russischen Präsidenten Wladimir Putin. Er wurde für seine Brioni-Anzüge ebenso bekannt wie für seine politischen Visionen. In Russland wurde der Begriff *Schröderisierung* zu einem Fachbegriff für Korruption innerhalb der politischen Elite.

Im Fall Bettino Craxis, des letzten Anführers der sozialistischen Partei Italiens (PSI), war die Korruption viel offensichtlicher. Er hatte in den 1980er-Jahren vergleichsweise lange als Premierminister gedient, verlor sein Amt dann aber im Zuge eines umfassenden Korruptionsskandals, der auch die Kommunistische Partei und die Christdemokraten zerstörte. Er floh 1994 aus Italien ins tunesische Exil, wo er 2000 verstarb.

Der französische Sozialist François Mitterand hatte seine Partei 1983, nach einem zweijährigen Experiment mit einer viel radikaleren Wirtschaftspolitik, in die politische Mitte geführt. Nicht aktuelle politische Debatten, sondern Enthüllungen seiner Vergangenheit brachten ihn in Verruf, die nach dem Ende seiner zwei Amtsperioden währenden Präsidentschaft an die Öffentlichkeit kamen. Der Journalist Pierre Péan veröffentlichte ein Buch der Offenbarungen über Mitterands Kollaboration mit dem Vichy-Regime zu Kriegszeiten und seine fortwährende Freundschaft mit dem Vichy-Polizeichef René Bousquet.[49]

Die Sozialdemokratie, die kollektiv alles auf den Nationalstaat gesetzt hatte, stürzte in die Krise. Doch das sowjetische Planungsmodell, das in den 1980er-Jahren gescheitert zu sein schien, bekam mit den neuen Informationstechnologien paradoxerweise anscheinend wieder Aufwind. In den 1980ern schrieb ich: Ohne Chips hat der Kommunismus keinen Biss [*byte*]. Jetzt sieht es so aus, als rettete eine internationale Welle kapitalistischer Innovation den Sozialismus »chinesischer Prägung« (*Zhongguo tese shehuizhuyi*). Der Sozialismus hat wieder *bytes*, also Biss.

3 DEMOKRATIE, NATIONALSTAAT UND NATIONALISMUS

Die Welt besteht hauptsächlich aus Nationalstaaten und die meisten reichen, modernen Staaten sind Demokratien, sie werden also von regelmäßig neugewählten Regierungen angeführt. Überraschenderweise sind immer weniger Menschen – Politiker und Politikerinnen, Forscher und Forscherinnen, Bürger und Bürgerinnen – mit dieser Situation zufrieden.[1] Auch Herausforderungen wie die Coronapandemie lassen schnell (und oft fälschlich) den Eindruck entstehen, resolute Autokraten könnten mit Krisensituationen besser umgehen als gespaltene, streitsüchtige und lästige Demokratien.

Der moderne Begriff des Nationalstaates entstand im 19. Jahrhundert, also zur gleichen Zeit wie die Begriffe des Kapitalismus und Sozialismus. Aufgrund dieses gemeinsamen Ursprungs stehen diese Konzepte miteinander in Verbindung. Der große Ökonom Joseph Schumpeter schrieb: »Historisch entstand die moderne Demokratie gleichzeitig und im ursächlichen Zusammenhang mit dem Kapitalismus.«[2] Der Zweck des Nationalstaates war es entweder, den Kapitalismus zu verwalten oder den Übergang zum Sozialismus vorzubereiten. Die enge Verbindung zwischen Wirtschaftstheorie und Staatenbildung zeigt sich besonders in dem deutschen Wort *Nationalökonomie* oder, in einer Germanisierung dieser lateinischen und griechischen Wurzeln, *Volkswirtschaft*. Die *Volkswirtschaft* wurde anfangs als Gegensatz zur *Weltwirtschaft* definiert (wobei einige englischsprachige Kommentatoren das Wort *Weltwirtschaft* recht anachronistisch als »globalization« übersetzen).[3]

Schon vor der Finanzkrise von 2007–2008 und lange vor der Coronapandemie sorgte man sich um den Zustand der Demokratie, weil antidemokratische Populisten die politische Ordnung destabilisierten, und man sprach von einer »demokratischen Rezession«. Der einflussreiche Ökonom Dani Rodik hält in seinem eindringlichen Buch die Schwäche der Demokratie für eine Folge der Globalisierung. Diese unterwandere die Fähigkeit demokratischer Regierungen, wichtige politische Entscheidungen zu treffen und das Leben ihrer Bürgerinnen und Bürger zu verbessern.[4] Auch der Kapitalismus schadet der Demokratie, weil er Verteilungskonflikte befeuert. Es ist lange bekannt, dass Wirtschaftskonflikte Demokratien spalten. Die Globalisierung hat den Konflikt zwischen den Gewinnern der Globalisierung – einer kosmopolitischen oder mobilen Elite – und ihren – weniger gebildeten und mobilen – Verlierern nur um eine Ebene erweitert. Schumpeter erkannte das und versuchte eine Erklärung für einen Sonderfall zu finden: den einzigartigen Erfolg der schweizerischen Demokratie: »Es gibt so wenig Anlass zum Streit in einer Welt von Bauern, die, mit Ausnahme von Hotels und Banken, keine große kapitalistische Industrie enthält [...].«[5]

Aus heutiger Sicht erscheint die Jahrtausendwende als Wende- und gar als Höhepunkt der demokratischen Welle. In Warschau, der Hauptstadt jenes Landes, das maßgeblich zum Fall des Kommunismus beigetragen hatte, präsentierte sich eine Versammlung von über hundert Ländern im Juni 2000 stolz als Community of Democracies. Die Teilnehmer unterzeichneten die Warschauer Erklärung, die ihre Regierungen zur Aufrechterhaltung demokratischer Prinzipien und Praktiken verpflichtete. Das Treffen sollte die Zusammenarbeit zwischen den teilnehmenden Regierungen auf verschiedenen Ebenen stärken, so auch durch einen informellen Zusammenschluss bei der UN-Generalversammlung, innerhalb dessen Informationen geteilt und demokratiebezogene Anliegen unterstützt werden sollten. Das US-amerikanische

Außenministerium berichtete, dass »die globale Verbreitung der Demokratie auf internationaler Ebene in Regierungs- und Nichtregierungskreisen bestätigt wurde.«[6] Der Thinktank Freedom House klassifizierte im Jahr 2000 120 Länder als Demokratien, konstatierte 2019 aber einen bereits 13 Jahre währenden globalen antidemokratischen Trend.[7] Die Demokratie schien die politische Stabilität im nationalen Setting nicht mehr gewährleisten zu können. Ihr Verhältnis zum Nationalsaat war zerrüttet, wenn nicht gar zerbrochen.

Definitionen

Die Definition der *Demokratie* hat einen starken normativen Aspekt. Dieser tritt in einer Rede Abraham Lincolns, die er mitten im Bürgerkrieg hielt und in der es auch um die Bedeutung der Demokratie ging, besonders deutlich hervor. Demnach ist die Demokratie die »Regierung des Volkes, durch das Volk und für das Volk« und bedeute, so Lincoln in der Gettysburg Address, die »Wiedergeburt der Freiheit«. In dramatischen Zeiten politischer – und demokratischer – Umbrüche kommen solche Gedanken häufig zum Ausdruck. Sie tauchten nach dem Ersten Weltkrieg wieder auf, als die alten Imperien zusammenbrachen und durch Nationalstaaten ersetzt wurden. Präsident Woodrow Wilson kam in seinen programmatischen Reden immer wieder auf sie zu sprechen. Sie waren auch nach 1989 in aller Munde, als erst das Sowjetimperium in Osteuropa und dann die Sowjetunion scheiterten. Doch diese Gedanken sind sehr alt und kamen in Perikles' berühmter Gefallenenrede vielleicht am deutlichsten zum Ausdruck:

> Die Verfassung, nach der wir leben, vergleicht sich mit keiner der fremden; viel eher sind wir für sonst jemand ein Vorbild als Nachahmer anderer. Mit Namen heißt sie, weil der Staat nicht auf wenige Bürger, sondern auf eine größere Zahl gestellt ist, Volksherrschaft. Nach dem Gesetz haben in den Streitigkeiten der Bürger alle ihr gleiches Teil, der Geltung nach aber hat im öffentlichen

Wesen den Vorzug, wer sich irgendwie Ansehen erworben hat, nicht nach irgendeiner Zugehörigkeit, sondern nach seinem Verdienst; und ebenso wird keiner aus Armut, wenn er für die Stadt etwas leisten könnte, durch die Unscheinbarkeit seines Namens verhindert. Sondern frei leben wir miteinander im Staat und im gegenseitigen Verdächtigen des alltäglichen Treibens, ohne dem lieben Nachbarn zu grollen, wenn er einmal seiner Laune lebt. [...] Unsere Stadt verwehren wir keinem, und durch keine Fremdenvertreibungen missgönnen wir jemandem eine Kenntnis oder einen Anblick, dessen unversteckte Schau einem Feind vielleicht nützen könnte; denn wir trauen weniger auf die Zurüstungen und Täuschungen als auf unsern eigenen, tatenfrohen Mut.[8]

Das athenische Modell beruhte, ebenso wie das der frühen schweizerischen Kantone, auf großen Volksversammlungen. Diese Art der offenen Diskussion, wie sie Thukydides pries, mag schon immer illusorisch gewesen sein. Nach der Amerikanischen und Französischen Revolution wurden die Ideale des antiken Griechenlands wiederentdeckt. Sie beruhten allerdings nicht mehr auf tatsächlichen Bürgerversammlungen, sondern auf vorgestellten Gemeinschaften ohne eine – mit Ausnahme der radikalsten Phasen der Französischen Revolution – direkte Demokratie. Die Nation war der Entwurf einer, so Benedict Anderson, »vorgestellten Gemeinschaft«. Der bekannteste Vertreter dieser neuen Theorie war Ernest Renan, der 1882 bei einer Rede an der Sorbonne seinen Begriff der Nation vom deutschen Modell unterschied, das auf Sprache und Abstammung beruhe:

Eine Nation ist eine Seele, ein geistiges Prinzip. Zwei Dinge, die in Wahrheit nur eins sind, machen diese Seele, dieses geistige Prinzip aus. Eine gehört davon der Vergangenheit an, das andere der Gegenwart. Das eine ist der gemeinsame Besitz eines reichen Erbes an Erinnerungen, das andere ist das gegenwärtige Einvernehmen, der Wunsch zusammenzuleben, der Wille, das Erbe hochzuhalten, welches man ungeteilt empfangen hat.[9]

So kam er zu dem bekannten Schluss, die Demokratie sei ein tägliches Plebiszit. Tatsächlich haben Sozialwissenschaftler und Historiker beim Versuch, die positive Besetzung dieses Begriffs herauszufinden, auch die große institutionelle Basis aufzeigen können: Transportsysteme, die das Land zusammenrücken ließen, allgemeine Bildung und eine gemeinsame Armee machten – wie es eine der Deutungen formulierte –»aus Bauern Franzosen«. Die Demokratie beruhte weiterhin auf einer idealisierten Gemeinschaft.[10]

Zu Beginn des 19. Jahrhunderts war man der Meinung, dass Individuen nur durch Bildung zu Bürgerinnen und Bürgern erzogen und an ein Kollektiv gebunden werden konnten. Linguistisch besonders interessant war die Debatte im deutschsprachigen Raum, wo viel über diese Probleme nachgedacht wurde, weil das Wort *Bürger* auch das Äquivalent des französischen *bourgeois* ist. Insbesondere die Humboldt-Brüder entwickelten in Preußen eine Theorie der Erschaffung »einer moralischen Person und eines guten Bürgers«, dessen moralische Empfindungen durch Bildung »verfeinert« werden sollten.[11] *Bildung* ist eben etymologisch auch eine Art Formung oder Gestaltung.

Das operationale Verständnis der Demokratie setzte den Fokus (im Gegensatz zu dem, was Politikwissenschaftler als naiv-normatives Verständnis bezeichneten) auf den Prozess der demokratischen Wahl politischer Eliten. »Demokratie [bedeutet] unter unserem Gesichtspunkt nicht – und kann es auch nicht bedeuten –, dass das Volk tatsächlich herrscht, jedenfalls nicht im üblichen Sinn der Begriffe ›Volk‹ und ›herrschen‹«.[12] Bestenfalls könnte die Demokratie eine Kontrollfunktion haben und Verantwortlichkeiten transparent machen.

Die scharfsinnigsten Teilnehmer der demokratischen Revolutionen hoben dies klar hervor. Nach 1918, in der chaotischen Zeit nach der militärischen Niederlage des Deutschen Reiches, als alle möglichen radikalen politischen Optionen in Straßenschlachten um die Macht rangen, stellte der Soziologe Max Weber Überlegungen darüber an, wie die Demokratie funktionieren würde. Er arbeitete und lehrte in München, wo eine Monarchie von einer kurzlebigen sozialistischen Räterepublik und diese wiederum von einem rechtsnationalistischen Regime abgelöst worden war. Weber wirkte auch am Entwurf der Weimarer Verfassung mit und erkannte, dass Verwaltungsstrukturen, Bürokratien und professionellen Experten große Entscheidungsmacht zukommen würde:

> Sowohl die genuine unmittelbare Demokratie wie die genuine Honoratiorenverwaltung versagen technisch, wenn es sich um Verbände über ein gewisse (elastische) Quantität hinaus (einige Tausend vollberechtigte Genossen) oder um Verwaltungsaufgaben handelt, welche Fachschulung einerseits, Stetigkeit der Leitung andererseits erfordern. Wird hier nur mit dauernd angestellten Fachbeamten neben wechselnden Leitern gearbeitet, so liegt die Verwaltung tatsächlich normalerweise in den Händen der ersteren, die die Arbeit tun, während das Hineinreden der letzteren wesentlich dilettantischen Charakters bleibt.[13]

Der tschechische Dissident Václav Havel war ein viel größerer Idealist als Weber. Havel war der Meinung, es sei nicht wichtig, welche Parteien das Regierungspersonal stellten; viel wichtiger sei die Qualität der gewählten Politikerpersönlichkeiten: »Menschen in posttotalitären System wissen nur zu gut, dass die Frage, ob eine oder mehrere politische Parteien an der Macht sind und wie diese Parteien sich definieren und labeln, von viel geringerer Bedeutung ist, als die Frage, ob es möglich ist, wie ein Mensch zu leben.«[14]

Beide Definitionen, die normative und die operationale, werfen die Frage nach dem Ursprung der sozialen Bindungen einer Nation auf. Die frühe Vision der Demokratie als Schritt in Richtung Freiheit und Selbstverwirklichung wich im 19. Jahrhundert schnell einem ganz anderen Bild. Die Grundlage von Nation und Demokratie war demnach nicht mehr ein Bewusstseinswandel, der Bürger hervorbrachte, sondern wirtschaftliche Bande und wirtschaftliches Wachstum.

»Eine reine Geschäftssache«

Die Entstehung des Nationalstaates war im 19. Jahrhundert eng mit dem Versprechen wirtschaftlichen Wachstums verwoben.[15] Woher kam dieser Sinneswandel in der Mitte des 19. Jahrhunderts, und was zerstörte die frühere, idealistische Vision des Nationalstaats? In der Praxis (im Gegensatz zur Theorie oder Philosophie) war die Nationenbildung eine Frage roher Machtpolitik. Das gilt insbesondere für Deutschland und Italien, jene Länder, deren Vereinigungen in den 1860ern und 1870ern den Charakter des Nationalstaats nachhaltig prägen sollten. Dieses neue politische Paradigma war keine Alternative zum traditionellen zwischenstaatlichen Machtgleichgewicht, sondern manipulierte dieses durch komplizierte diplomatische Manöver, Heuchelei und Täuschung. Zudem waren die neu entstandenen Staaten das Ergebnis politischen Kalküls ehemaliger Staaten, die definitiv keine Nationen gewesen waren – den Königreichen Sardinien(-Piemont) und Preußen. Die Existenz der neuen Staaten verdankte sie keinen liberalen Mehrheiten, sondern dem Erfolg piemontesischer und preußischer Verhandler – und Armeen. Demokratie wäre da nur ein Hindernis. Der piemontesische Politiker Camillo Graf von Cavour betonte immer wieder, dass »die Konkurrenz einer demokratischen Partei die italienische Unabhängigkeit gefährden würde.« Doch Staatsform und Staatswesen konnten ihrerseits das Wesen der populistischen oder demokratischen Politik prägen. Der preußische Ministerpräsident Otto von Bismarck führte in Deutschland das universelle Wahlrecht für erwachsene Männer ein, obwohl das Wahlrecht in Preußen selbst noch nach Besitzverhältnissen gewichtet war.

Der große Theoretiker der Realpolitik und Erfinder dieses Begriffes war August Ludwig von Rochau, ein deutscher Journalist und Veteran der paneuropäischen Revolutionswelle von 1848. Freiheit, so Rochau, könnte nicht durch politischen Wandel erreicht werden, sondern einzig und allein durch den Erwerb von Eigentum. Jeder Fortschritt in Richtung nationaler Einheit war eine Folge menschlichen Eigennutzes. Das Vaterland hatte nichts mehr mit patriotischen Träumereien zu tun; »für die Deutschen ist die Einheit eine reine Geschäftssache«[16].

Daraus leitete man einen ökonomischen Determinismus ab, der für alle deutschen Denker ab Mitte des Jahrhunderts zu einem Allgemeinplatz werden sollte. Der folgenreichste Ausdruck dieses Determinismus war natürlich Karl Marx' *Das Kapital*, dessen erster Band 1867 erschien. Dieses Werk war vielleicht weniger originell, als häufig angenommen wird, weil es viele Ansichten, die in Deutschland zirkulierten, sammelte und destillierte. Es war ein Versuch, zu beweisen, dass dieser Gang der Ereignisse notwendig gewesen war. Marx wandte sich mit *Das Kapital* von einer Hegelianischen Tradition ab, die er in den 1840er-Jahren maßgeblich geprägt hatte und die mehr Raum für individuelle Handlungen und Initiativen zuließ. Das Buch setzt den natürlichen oder unausweichlichen oder ehernen Gesetzen gesellschaftlichen Agierens ein Denkmal: »An und für sich handelt es sich nicht um den höheren oder niedrigeren Entwicklungsgrad der gesellschaftlichen Antagonismen, welche aus den Naturgesetzen der kapitalistischen Produktion entspringen. Es handelt sich um diese Gesetze selbst, um diese mit eherner Notwendigkeit wirkenden und sich durchsetzenden Tendenzen.«[17]

Deutsche und italienische Geschäftsmänner, Denker und Politiker wollten mit der Vorherrschaft und Macht Großbritanniens mithalten. Doch Großbritannien hatte einige einzigartige Vorteile, insbesondere seinen Inselstatus, durch den es vergleichsweise wenig für seine Verteidigung ausgeben musste. Für die kleinen und dynamischeren Staaten des Ancien Régime an den alten, historischen Handelsrouten von der Nordsee zum Mittelmeer, über das Rheinland und die Alpen, etwa die Niederlande, die Toskana, Venedig oder Baden, war Sicherheit keine auch nur ansatzweise so leichte Angelegenheit. Die Verteidigung war teuer und territoriale Erweiterungen bedeuteten immer zusätzliche Kosten, die nicht von zusätzlichen Profiten ausgeglichen werden konnten. Ungewöhnlich geformte Staaten hatten ein größeres Interesse daran, den Status quo zu verändern. Preußen etwa, dieses seltsame Amalgam aus minderwertigem Ackerland und einigen reichen Produktionsregionen am westdeutschen Rheinkorridor, oder Piemont, ein wohlhabender und stark von Frankreich beeinflusster Territorialstaat, zu dem auch eine große und arme Mittelmeerinsel gehörte. Diese beiden Staaten hatten bereits mit großen Widersprüchen zu tun: zwischen arm und reich, zwischen Bauern und Fabrikanten, zwischen Protestanten und Katholiken. Eine Expansion könnte ein Weg sein, diese Unterschiede in einen größeren Kontext zu setzen und somit zu verringern oder zu relativieren.

An Bismarcks Geschichte kann man ablesen, wie sehr der weit verbreitete ökonomische Determinismus das Denken im Deutschland des 19. Jahrhunderts prägte. Natürlich war Bismarck weder daran gelegen, Marx' politische oder ökonomische Philosophie anzuwenden, noch Elemente von Rochaus *Realpolitik* umzusetzen. Dennoch teilte er viele ihrer Annahmen. So hielt er das 19. Jahrhundert für das Zeitalter »materieller Interessen«, in dem die alten Theorien des Ancien Régime redundant geworden waren – sei es nun der Legitimismus oder Konservatismus als Verteidigungsstrategie des Ancien Régime, oder der Liberalismus, als Angriff auf die alte Ordnung. In dieser Welt waren Individuen die Gefangenen größerer Bewegungen, denn sie konnten dem unerbittlichen Marsch des historischen Determinismus nichts entgegensetzen. Im Jahr 1869 schrieb der mächtigste Mann Deutschlands ganz bescheiden: »Ich wenigstens bin nicht so anmaßend zu glauben, dass unser einer Geschichte machen könnte. Meine Aufgabe ist es, die Strömungen der letzteren zu beobachten und in ihnen mein Schiff zu steuern, wie ich kann. Die Strömungen selbst vermag ich nicht zu leiten, noch weniger hervorzubringen.«[18]

Die Nationen waren dem Strom des Schicksals ebenso ausgesetzt wie die einzelnen Menschen – das Schicksal der Nationen war sogar noch unausweichlicher als das der Individuen. Externe Ereignisse – etwa ökonomische Veränderungen oder außenpolitische Entwicklungen – waren viel wichtiger als alle Sehnsüchte des romantischen Nationalismus. Denn diese waren nur eine Fantasie: Die territorialen und nationalen Identitäten hatten nichts Besonderes an sich. Bismarck sprach daher vom »Schwindel der Nationalitäten«. Alles Menschliche war ständig im Fluss. Als Beispiel dafür nannte Bismarck das Verhältnis zwischen preußischen und deutschen Identitäten. Ginge es nicht bei beiden nur darum, das Unausweichliche abzuwarten? Sich dem unerbittlichen Gott der Geschichte und des Schicksals zu beugen? Im Jahr 1869 schrieb Bismarck einen Brief an Albrecht von Roon, den preußischen Kriegsminister, einen strengen Mann, der weiterhin mit dem alten, spezifisch preußischen Konservatismus sympathisierte. Nur zwei Jahre zuvor waren beide Männer aufgrund rascher politischer Veränderungen und Bismarcks eigenem strategischen Handeln Teil des Norddeutschen Bundes geworden und ein Jahr später gehörten sie beide dem neuen Deutschen Reich an. »Sie werden doch zugeben, dass wir beide und unser allergnädigster Herr geborene Norddeutsche sind, während vor 170 Jahren unsere Vorfahren sich im höheren Interesse ruhig gefallen ließen, den glorreichen Namen der Brandenburger gegen den damals ziemlich verschollenen der Preußen zu vertauschen, ohne Preußen zu sein.«[19]

Identitäten veränderten sich aufgrund der Konflikte und Kriege. Die Ereignisse der 1860er-Jahre waren zweitens auch eine Folge gewaltiger und bitterer Bürgerkriege. Wir sollten die Vereinigungen von Deutschland und Italien in eine Reihe stellen mit dem Drama des viel blutigeren, aber ebenso polarisierenden amerikanischen Bürgerkriegs. In jedem dieser Kriege besiegte ein stärker industrialisierter Norden einen ländlicheren – und möglicherweise romantischeren – Süden. Deutschland ist vielleicht der einzige Fall, bei dem diese Teilung im 21. Jahrhundert erfolgreich überwunden wurde. Zu Beginn dieser kriegerischen Konflikte spielten Zufall und militärisches Geschick eine wichtige Rolle. Doch je länger die Konflikte andauerten, desto besser standen die Chancen der Seite mit dem größeren Industriekapital und den größeren steuerlichen Ressourcen. Tatsächlich war es das finanzielle Nachspiel des Norditalienischen Krieges von 1859, das die Habsburgermonarchie beinahe in den Bankrott trieb und es Preußen erlaubte, sich in der deutschen Politik zu behaupten.

Drittens führten Krieg und Geschäftsbeziehungen in den 1860er-Jahren dazu, dass das romantische Einheitsstreben in den Hintergrund trat und man sich stattdessen auf die praktischen Vorteile der Einheit berief. Deutschlands berühmtester Geschäftsmann, Alfred Krupp, sah in dieser Zeit eine eindeutige Parallele zwischen der Entwicklung seines Unternehmens und der Entstehung des deutschen Staates. Er stellte nach der deutschen Vereinigung folgenden Vergleich an: »Das Erreichen hängt bloß vom Willen ab. Wenn ein Staat in einem Jahre eine Menge Staaten einverleibt und sie regiert, dann werden wir doch auch wohl ein Dutzend neuer industrieller Schöpfungen einführen und sicher administrieren können.«[20] Und zu Kaiser Wilhelm sagte er 1871 bei einer Audienz voller Überzeugung, dass »mein Etablissement mit Preußens Größe und militärischer Übermacht stehen und fallen wird.«[21] Krupp wurde auch diesem Jahr, in dem der König von Preußen zum deutschen Kaiser ausgerufen wurde, zu einem Symbol eines neuen Deutschlands, das durch technische Errungenschaften und militärischen Erfolg glänzte. Seine Interpretation des vernichtenden Sieges Preußens bei der Schlacht von Sedan war eindeutig:

> Wir leben jetzt in der Stahlzeit. Das Eisenbahnwesen, Deutschlands Größe, Frankreichs Sturz, fällt in die Stahlzeit, die Bronzezeit ist dahin; sie hat aufgehört das Material des Krieges zu sein, sie hat fortan eine mildere Bestimmung, sie möge dienen vom ersten Siegesdenkmal an, zu Monumenten großer Ereignisse, großer Taten und Männer, sie möge Ausdruck geben dem äußeren und inneren Frieden, sie möge in Glocken zur Kirche laden, zu Ornamenten dienen und zu gewerblichen Zwecken.[22]

Diese Einstellung war auch in Italien verbreitet. Der Patriotismus war gut für die Geschäfte. Der große florentinische Liberale Bettino Ricasoli war der Meinung, die Toskana wäre auf sich gestellt finanziell nicht überlebensfähig. In den Vereinigten Staaten war der Bürgerkrieg, in den Worten Charles und Mary Beards, eine »zweite amerikanische Revolution«, die »die Klassenverhältnisse, die Anhäufung und Verteilung von Reichtum, die industrielle Entwicklung und die Verfassung, die wir von unseren Vätern geerbt haben, maßgeblich veränderte.«[23] Abraham Lincoln hatte anfangs eine Art geschäftliche Transaktion angestrebt, bei der die Sklavenhalter der Südstaaten aus dem Bundeshaushalt für den mit der Emanzipation einhergehenden Verlust an Eigentumsrechten kompensiert würden; später sah er im Krieg den Willen Gottes. Gott »hat sowohl dem Norden als auch dem Süden diesen schrecklichen Krieg auferlegt [...], bis all der Reichtum, den Sklaven in 250 Jahre währender, unbelohnter Plackerei angehäuft haben, versunken ist, und bis jeder Tropfen Blut an der Peitsche durch einen Tropfen am Schwert bezahlt ist.«[24]

Nach dem Triumph des unkonventionellen italienischen und deutschen Staates, mit Cavour und Bismarck an der Spitze, suchte man nach einem Umgang mit dem deutlichen, aber auch problematischen Erbe dessen, wie diese Einheit erdacht und erkämpft worden war. Der Politiker, Künstler und Autor Massimo d'Azeglio drückte es wie folgt aus: Italien ist gemacht, nun ist es an der Zeit, Italiener zu machen (»L'Italia è fatta, ora restano da fare gli italiani«). Es bedurfte einer entwicklungspolitischen Strategie, um den neuen Staat zu stabilisieren. Doch das Sicherheitsdilemma, das zur Einheit geführt hatte, schwelte nach: Aufgrund der Verschiebungen in der uralten Machtbalance zwischen Österreich und Frankreich, deren Ursprung in der Rivalität zwischen Habsburg und Valois lag, tendierte man in der entwicklungspolitischen Strategie zu einem ausgeprägten Militarismus. Das Hause Krupp avancierte zu einem ikonischen Unternehmen des Deutschen Reiches und der scheinbare Erfolg des deutschen Modells bewegte das Königreich Italien dazu, seine wirtschaftliche Entwicklung in den 1880er-Jahren auf den Ausbau der Stahlproduktion auszurichten, mit einem neuen Werk, der Società Alti Forni, Fonderie e Acciaierie di Terni, in der umbrischen Stadt Terni. Das Werk sollte das zentralitalienische Äquivalent der deutschen Kruppwerke werden und Terni zu einem zweiten Essen. Später, gegen Ende des 20. Jahrhunderts, sollte ThyssenKrupp die Stahlwerke in Terni aufkaufen.

Der starke Fokus auf wirtschaftliche Erfolge machte jene Länder angreifbar, deren nationale Identität auf dem Versprechen wirtschaftlichen Aufschwungs aufbaute. Sobald das Wachstum ausblieb – insbesondere nach einem problematischen oder erfolglosen Krieg –, drohte ein dramatischer Gegenschlag.

Lehren aus der Weimarer Republik

Das Europa der Zwischenkriegszeit gilt als Lehrstück über das Scheitern der Demokratie. Der Zusammenbruch der ersten italienischen Demokratie in den frühen 1920er-Jahren mit dem Aufstieg Mussolinis und des Faschismus sowie der Ermächtigung der Nazis unter Adolf Hitler ein Jahrzehnt später werden oft als Warnungen für Demokratien überall auf der Welt angesehen. Der große Erfolg der kürzlich erschienenen, spektakulären deutschen TV-Serie *Babylon Berlin* ist nur ein zeitgenössisches Beispiel dafür, wie die Geschichte dieser Periode heutige Theorien über die Gefährdung der Demokratie beeinflusst hat. Die Serie spielt in der Zeit der Weimarer Republik und zeigt offensichtliche Parallelen zu der Welt des 21. Jahrhunderts auf: Gewalt, Fake News und Einflussnahme durch andere Staaten.

Wirtschaftliche Schocks – zum Beispiel Inflationsspiralen, Wirtschaftsflauten oder Bankenkrisen – stellen für Regierungen immer und überall eine Herausforderung dar. Die Weimarer Republik hatte gleich zu Beginn mit einer Inflation zu kämpfen, die sich zu einer Hyperinflation auswuchs. Diese Inflation war nicht nur eine Folge der Kosten des verlorenen Krieges und der hohen Reparationszahlungen an die Alliierten, sondern auch der politischen Entscheidungen deutscher Eliten. Diese waren der Meinung, ein ausgeglichener Haushalt führe zu Arbeitslosigkeit und sozialer Radikalisierung, er gefährde somit die politische Ordnung. Nach dem Ende dieser Hyperinflationserfahrung stand Deutschland vor dem politischen Zusammenbruch, mit einer kommunistischen Regierung in Sachsen, einem Naziputsch in Bayern und einer separatistischen Bewegung im Rheinland. Die Republik erholte sich, zu großen Teilen, weil das Stabilitätsversprechen viel ausländisches Kapital anlockte. Als dieser Zufluss während der Weltwirtschaftskrise versiegte, war Deutschland ein weiteres Mal angreifbar und eine neue, noch destruktivere Welle politischer Radikalisierung setzte ein.

In Zeiten wirtschaftlicher Unsicherheit und Not glauben die Menschen, jede Regierung müsse besser sein als die jetzige. Das ist eine offensichtliche Lehre nicht nur der Weimarer Jahre, sondern auch eine Erkenntnis der Forschung zur Wirtschaftslogik der Demokratie. Eine zweite Lehre betrifft die Art der Demokratie. Das Weimarer System sollte möglichst repräsentativ sein, es galt das Verhältniswahlrecht. Parteien erhielten je 60 000 Stimmen einen Sitz im Parlament. Heute wissen wir, dass Verhältniswahlen sich unter extremen ökonomischen Bedingungen destabilisierend auswirken können. Während der ersten Debatten der verfassungsgebenden Versammlung hatte Friedrich Naumann, der Anführer der Liberalen, gewarnt, dass »Verhältniswahl und Demokratie einander ausschließen.«[25] Doch die anderen Teilnehmer der Versammlung wiesen diesen Einwand zurück. Wenn die politische Landschaft eines Landes fragmentiert ist, kann ein Verhältniswahlrecht eine zusammenhanglose politische Mehrheit hervorbringen, mit häufig extrem rechten und linken Gruppierungen auf beiden Seiten des Spektrums, die sich auf nichts außer ihre Ablehnung gegenüber »dem System« einigen können.

Diese beiden Lehren haben Politikwissenschaftlerinnen und Politikwissenschaftler seither aus der Weimarer Zeit gezogen. Doch jede von ihnen wird meist isoliert betrachtet, was schnell zu einer gefährlichen Selbstgefälligkeit führen kann. Die erste Lehre erweckt den Eindruck, nur extreme Wirtschaftskrisen könnten ein politisches System destabilisieren; die zweite führt zu der – falschen – Annahme, Systeme mit Mehrheitswahlrecht seien automatisch stabiler.

Um eine solche Selbstgefälligkeit zu vermeiden, sollten wir acht weitere Lehren aus der Weimarer Zeit ziehen.

1. *Volksentscheide sind gefährlich, besonders wenn sie selten eingesetzt werden und die Wählerschaft wenig Erfahrung mit ihnen hat.* In der Weimarer Republik waren die Nationalsozialisten 1929 beinahe von der Bildfläche verschwunden. Doch im selben Jahr gelang es der Partei, sich durch eine aggressive Propagandakampagne im Rahmen eines heiß umkämpfen Volksentscheids über die Reparationszahlungen nach dem Ersten Weltkrieg wieder zu etablieren. Referenden oder Volksentscheide sind problematisch,

weil sie scheinbar einfache Lösungen anbieten, ohne die möglichen Folgen klar zu benennen. Der Volksentscheid von 1929 ist ein gutes Beispiel: Er sah eine Anpassung des Reparationsplans vor, der die jährlichen Kosten reduziert, die Zahlungen jedoch bis 1988 verlängert hätte. Die Menschen schienen die Wahl zu haben zwischen einer scheinbar untragbaren Last für die Enkel der wählenden Generation, und dem Zugang zu ausländischem Kapital, das es Deutschland auf lange Sicht erlauben würde, zu wachsen und die Reparationen zurückzuzahlen. Auch in heutigen Referenden werden die Wählerinnen und Wähler häufig vor eine zu einfache Wahl gestellt: In Griechenland beispielsweise wurde 2015 ein Referendum über die Ablehnung oder Annahme eines strengen Reformprogramms abgehalten, das die Mehrheit der Griechen ablehnte. Dabei wurde jedoch nicht diskutiert, dass eine Annahme des Reformprogramms für den Verbleib Griechenlands in der Währungsunion notwendig war, was eine große Mehrheit der Griechen wiederum befürwortete. Ein anderes Beispiel ist das Brexit-Referendum im Vereinigten Königreich von 2016, bei dem Wählerinnen und Wähler nur schwer nachvollziehen konnten, was ein »Nein« zur EU-Mitgliedschaft nach sich ziehen würde. Unter Umständen können diese Probleme jedoch umgangen werden: Wenn Volksentscheide regelmäßig stattfinden und zur Routine werden, wie in der Schweiz, entsteht ein größeres Verständnis für die Trade-Offs einer Wahl. Doch wenn sie nur selten und dann nur zu emotional aufgeladenen Themen stattfinden, können die Folgen verheerend sein.

2. *Es ist riskant, Parlamente aufzulösen, wenn dies im Rahmen des Gesetzes nicht notwendig ist.* Selbst wenn sofort Neuwahlen angesetzt werden, kann eine Parlamentsauflösung als Scheitern der Demokratie interpretiert werden. Im September 1930 fanden nach der Hälfte der Wahlperiode Neuwahlen statt, weil das Parlament sich nicht hatte auf einen Haushalt einigen können. Diese Wahl verschaffte den Nazis ihren ersten großen

Wahlerfolg. Im Juli 1932, bei einer weiteren vorgezogenen und verfassungsmäßig nicht vorgegebenen Wahl, wurde die NSDAP dann zur stärksten Partei (37 Prozent).

3. *Nicht immer schützen Verfassungen das System.* Die Weimarer Verfassung, entworfen von einigen der intelligentesten und anständigsten Experten der Zeit (u. a. Max Weber), war nahezu perfekt. Doch wenn unerwartete Ereignisse – etwa außenpolitische Spannungen oder innere Unruhen – als Notsituationen interpretiert werden, die eine Aussetzung des normalen gesetzlichen Rahmens erfordern, können konstitutionelle Schutzmechanismen schnell erodieren. Und die Feinde der Demokratie können solche Ereignisse für sich nutzen. Nach der Hyperinflation der Weimarer Zeit und während der Weltwirtschaftskrise wurden Steuer- und andere Finanzpakete nicht von parlamentarischen Mehrheiten beschlossen, sondern mithilfe der in der Verfassung festgeschriebenen Notverordnungen durchgesetzt. Ähnliches gibt es auch in anderen Ländern: Frankreich reagierte in den 1930er-Jahren auf die Weltwirtschaftskrise mit Notfalldekreten und rief 2015 den état d'urgence in Reaktion auf den Terrorangriff und 2020 in Reaktion auf die Coronakrise aus. Auch der ungarische Ministerpräsident Viktor Orbán nutzte die Ausnahmesituation der Coronapandemie für die Machtergreifung, indem er u. a. Gefängnisstrafen für Journalisten und Journalistinnen einführte.

4. *Wirtschaftslobbyisten können ein Interesse daran haben, Vereinbarungen zwischen parlamentarischen Fraktionen hinter den Kulissen zu untergraben.* In den 1920er-Jahren wurde die Politik Deutschlands zunehmend von geheimen Deals zwischen Lobbyorganisationen und Gewerkschaften bestimmt – u. a. darüber, welche Unternehmen in der Weltwirtschaftskrise gerettet werden sollten. Folglich entstand der Eindruck, große Banken oder Industrieunternehmen wie die Vereinigten Stahlwerke würden am Leben erhalten, während kleine und mittelgroße Unternehmen

untergingen. Die Geschichte der mächtigen Lobbyorganisationen tauchte auch in modernen Notsituationen wie der Finanzkrise und der Coronapandemie wieder auf.

5. *Eine politische Kultur, in der Politiker ihre Gegner dämonisieren, schadet der Demokratie.* In der Weimarer Republik war dies schon der Fall, bevor die Nazis eine signifikante Rolle spielten. Im Jahr 1922 wurde der Außenminister Walther Rathenau nach einer intensiven, häufig antisemitischen Hasskampagne der nationalistischen Rechten ermordet. Kurz darauf wandte sich Kanzler Joseph Wirth, ein Katholik der gemäßigten Linken, mit folgenden Worten an die rechten Parteien im Parlament: »In jeder Stunde, meine Damen und Herren, Demokratie! Aber nicht Demokratie, die auf den Tisch schlägt und sagt: Wir sind an der Macht!« Er schloss mit einer Mahnung: »der Feind steht rechts!« – ein Satz, der die parlamentarische Polarisierung noch weiter vertiefen sollte.[26] Diese Art der tribalistischen Rhetorik ist auch für die Politik der Post-Trump- und Post-Brexit-Ära charakteristisch. Angriffe auf die Presse als »Fake News«, die »falsche *New York Times*« und beleidigende Spitznamen für politische Gegner (»Shifty Adam Schiff«, Biden als »sleepy Joe« oder »low IQ«, »Crazy Bernie Sanders«) sollen teilweise die andere Seite zu ähnlichen Äußerungen provozieren. Mit Erfolg. Sanders schlug mit folgenden Worten zurück: »Tatsächlich verrückt ist, dass unser Präsident ein Rassist, Sexist, Fremdenfeind und Betrüger ist.« Alexandria Ocasio-Cortez profiliert sich damit, Trump immer wieder einen »Rassisten« zu nennen. Das vertieft die Polarisierung und schafft ein Klima, in dem Einigungen zu anderen Themen immer schwieriger oder gar unmöglich werden. Wählerinnen und Wähler verlieren so das Vertrauen in die Demokratie und neigen eher dazu, sich neuen Autokraten zuzuwenden.

6. *Die Familie des Präsidenten kann aufgrund ihrer Nähe zur Macht eine Gefahr sein.* In Weimar wurde der alternde Feldmarschall

Paul von Hindenburg 1925 zum Präsidenten gewählt und 1932 wiedergewählt. Seit den frühen 1930er-Jahren litt er jedoch nach mehreren kleineren Schlaganfällen an Demenz; sein Umfeld und er wurden sodann von seinem schwachen und inkompetenten Sohn Oskar kontrolliert. Das führte dazu, dass der alte Hindenburg seine Unterschrift unter alles setzte, was ihm vorgelegt wurde. Die Hindenburg-Regierung versuchte auch, die Opposition zum Schweigen zu bringen: Alte Dokumente aus dem Ersten Weltkrieg, als Kanzler Heinrich Brüning, der Anführer der halbdemokratischen Vorgängerregierung, als junger Offizier Oskar von Hindenburg kritisiert hatte, wurden hervorgekramt, um den Kanzler zu diskreditieren. Ähnlich ergeht es heute »Präsident Javanka« (Präsident Trumps Tocher Ivanka und Schwiegersohn Jared Kushner), die von linken sowie rechten Kritikerinnen und Kritikern beschimpft werden, wie Ann Coulter und Steve Bannon auf der einen oder Marueen Dowd und Jonathan Swan auf der anderen Seite. Da wird Ivanka »dumm wie Brot« genannt und Jared als »ein weiterer verzogener Sprössling« beschrieben, »der sein halbes Leben lang von Papi durchgefüttert wurde, sich gerade so durchgewurschtelt hat und jetzt im Oval Office herumstolziert.«[27]

7. *Eine aufständische Gruppe braucht selbst in einem System mit Verhältniswahlrecht keine absolute Mehrheit, um die Politik zu kontrollieren.* Das beste Wahlergebnis der Nazis waren 37 Prozent im Juli 1932, bei einer weiteren Wahl im darauffolgenden November war ihre Zustimmung auf 33 Prozent gesunken. Leider führte dieser Zustimmungsrückgang dazu, dass andere Parteien sie unterschätzten und als mögliche Koalitionspartner in Betracht zogen. Im Jahr 2015 kam die polnische PiS (Recht und Gerechtigkeit) Partei mit nur 37,6 Prozent der Stimmen an die Macht; 2019 lag die Unterstützung für sie bei 42,9 Prozent.

8. *Machthaber können eine unzufriedene Wählerschaft für einige Zeit mit politischen Geschenken ruhigstellen, aber diese Strategie funk-*

tioniert nicht ewig. In der Weimarer Republik hatte der deutsche Staat einen großen öffentlichen Dienst, stellte im großen Stil Sozialwohnungen zur Verfügung und subventionierte sowohl die Landwirtschaft als auch die Industrie; doch diese Ausgaben wurden durch Schulden finanziert. Der Beginn der Weimarer Republik war noch vom Wirtschaftswunder geprägt. Die politische Situation verschlechterte sich erst später, als die Regierung ausländische Hilfe erbat. Andere Länder schenkten der Warnung der deutschen Regierung vor einer drohenden politischen Katastrophe keinen Glauben. Und sie hätten ihre eigene Wählerschaft zudem wohl kaum davon überzeugen können, Deutschland aus der Misere zu helfen.

Es wird häufig angenommen, Länder mit Mehrheitswahlrecht wie die USA oder das Vereinigte Königreich seien resilienter als Länder mit Verhältniswahlrecht. Schließlich sind die amerikanische und britische Demokratie älter und tiefer verwurzelt in einer Kultur des politischen Anstands. Doch es ist wichtig zu erkennen, dass sich diese Traditionen seit Langem im Verfall befinden, dass sie sowohl nach dem Brexit als auch nach nach Trumps Abwahl endgültig zerstört wurden. Die Tumulte während des Regierungswechsels, die Infragestellung des Wahlergebnisses und der Sturm auf das Capitol waren letztlich beeindruckende Beweise dafür, wie widerstandsfähig die amerikanische Verfassung doch ist, aber sie haben auch ihre Spuren hinterlassen.

Es gibt auch ökonomische Schwachstellen. Es kann beispielsweise lange Zeit politisch irrelevant sein, wie stark die Wirtschaft eines Landes von ausländischen Devisen (»anderer Leute Geld«) abhängt – bis eine Krise ausbricht. Dass große Länder mit ehemals populistischen Regierungen, die Vereinigten Staaten und das Vereinigte Königreich, ein großes Leistungsbilanzdefizit vorweisen, sollte uns zu denken geben, besonders weil der isolationistische Nationalismus unter amerikanischen und britischen Wählern und Wählerinnen ausländische Gläubiger vergraulen könnte.

Die Wiederherstellung der Demokratie nach dem Zweiten Weltkrieg

Während des Wiederaufbaus der europäischen Demokratie nach dem Zweiten Weltkrieg wiederholten sich viele der Diskussionen aus der Zeit der Nationenbildung des 19. Jahrhunderts. Wie sollten die politischen Anführer einer entstehenden politischen Ordnung eine Identität geben? Gab es ein kulturelles Erbe oder konnte eine bestimmte Art ökonomischer Dynamik ein politisches System hervorbringen, das in der Welt der Supermächte bestehen könnte?

Althergebrachter Nationalismus schien nach 1945 überholt zu sein. Er war eine der wichtigsten Ursachen jener Dynamik gewesen, die Europa in Krieg und Zerstörung gestürzt hatte. Demokratie wurde im Kontext des Nationalstaates wiedererfunden, aber mit Restriktionen. Dazu gehörten nicht nur interne prozedurale Kontrollmechanismen, wie die Schaffung von Verfassungsgerichten und die Delegation von Regierungsverantwortlichkeiten an spezialisierte Institutionen wie Zentralbanken, zuständig für eine stabile Geldpolitik, sondern auch die Schaffung eines internationalen, institutionellen Rahmens. Die Institutionen der europäischen Integration – allen voran die Europäische Wirtschaftsgemeinschaft, die sich später zur Europäischen Union entwickeln würde – kann als eine Art Stützrahmen verstanden werden, der einem erschöpften, alten Europa dabei helfen sollte, wieder demokratisch laufen zu lernen. Oder als Stützräder an den Fahrrädern junger Nationalstaaten, mit deren Hilfe diese langsam, aber sicher wieder demokratisch fahren lernen sollten.

Ein ganzer Zweig der Forschung hat sich dem Ziel verschrieben, die Entwicklung der Europäischen Union nicht als die Errungenschaft der, um einen Begriff des Historikers Alan Milward zu benutzen, »Europäischen Heiligen« Monnet, Schuman, Spaak, Adenauer und De Gasperi zu zeigen: »Männer, die am Glauben an die Europäische Einheit festhielten und mit der Rechtschaffenheit ihres Glauben und der Zielgerichtetheit ihrer Handlungen den zweifelnden Unglauben der Welt um sie herum ausräumten.« Milward und der Politikwissenschaftler Andrew Moravcsik haben gezeigt, dass die Europäische Union ihre Entstehung vielmehr nationalen Strategien zur Bewältigung konkreter politischer Probleme zu verdanken habe, insbesondere die soziale Absicherung des landwirtschaftlichen Sektors, der anfangs besonderes politisches Gewicht hatte.[28] Zur Geschichte des modernen Europas mögen auch Sterne und Heilige gehören; doch die Institutionen, die wir heute kennen, schöpften ihre Legitimität aus Ausgleichszahlungen für Landwirte, die zu jener Zeit am meisten unter der Globalisierung zu leiden schienen.

Die Heiligen waren sich durchaus der Prozesse und Berechnungen bewusst, die tatsächlich die Politik antreiben. Von Jean Monnet stammt die oft zitierte Erkenntnis, die Geschichte Europas sei krisengetrieben. In seinen *Erinnerungen* erzählt er eloquent von den aufgeheizten, nächtelangen Diskussionen zur Etablierung der Europäischen Gemeinschaft für Kohle und Stahl, dem Vorgänger der Europäischen Wirtschaftsgemeinschaft und damit auch der Europäischen Union. Nachdem er das französische Außenministerium am Quai d'Orsay nach einer langen Verhandlungsnacht bei Sonnenaufgang verlassen hatte, sprach Monnet mit einem französischen Beamten:

> »Wir haben jetzt ein paar Stunden, um uns auszuruhen, und dann ein paar Monate, um zu einem Erfolg zu kommen. Dann …«
> »Dann«, fuhr Fontaine fort und lächelte, »dann stoßen wir auf große Schwierigkeiten und bedienen uns ihrer, um weiterzukommen. So ist es doch, nicht wahr?«
> »Genau das ist es. Sie haben alles über Europa begriffen.«[29]

Das Problem ist, dass diese Methode kaum Leute außerhalb des engen Zirkels derer anspricht, die der Logik nächtlicher Diskussionen bei kalten belgischen Sandwiches etwas abgewinnen können – der *Demos* mag diesen Prozess nicht, noch versteht er ihn. Havel beklagte, die politische Elite Europas handele in dem »Irrglauben, dass die große europäische Aufgabe vor uns rein technischer, administrativer oder rein systemischer Natur sei, und dass es ausreiche, wenn wir uns ausgefeilte Strukturen,

neue Institutionen und neue legalen Normen und Regulierungen aus-
dächten.«[30] Stattdessen müsse jede ernstzunehmende politische Figur
eine andere Sprache sprechen – die Sprache der Heiligen –, während sie
gleichzeitig mit stumpfsinnigen Gleichungen operiere. Diese Aufgabe
führt zu einer politischen Schizophrenie, die in dem folgenreichsten
Projekt der europäischen Integration seit den 1950er-Jahren am deutlichsten hervortritt: der Erarbeitung der europäischen Währungsunion
in den 1990er-Jahren.

Die Politiker der 1990er-Jahre nutzten die Sprache Monnets und
Adenauers – sowie Hugos und Churchills – und sprachen von der Vermeidung eines weiteren europäischen Krieges. Monnet erinnerte sich
an einen Dialog zweier Urlauber, den er in den frühen 1950er-Jahren
an einem französischen Strand aufgeschnappt hatte. Einer der beiden
sagte: »Mit dem Schumanplan ist eines sicher: [Die] Soldaten werden
keinen Krieg mehr führen.«[31] Helmut Kohl war dieser Sprache mehr als
mächtig. Seine größten Momente waren die der deutsch-französischen
Aussöhnung, besonders als er bei einem Besuch in Verdun, dem Ort
einer grauenvollen und blutigen Schlacht während des Ersten Weltkrieges, die Hand des französischen Präsidenten François Mitterrand hielt.
Er war in diesem Moment einem tiefliegenden, psychologischen Impuls gefolgt: Kohl hatte seinen älteren Bruder im Zweiten Weltkrieg
verloren, der Bruder seiner Mutter war im Ersten Weltkrieg zu Tode
gekommen. Kohls Biograf, Hans-Peter Schwarz, hebt zurecht hervor,
wie wichtig das Versprechen gewesen sei, das er seiner Mutter gegeben
hatte: nie wieder Krieg in Europa.[32]

Die Sprache der Heiligen erreichte in den frühen 1990er-Jahren, als
Havel die Probleme der politischen Visionen der Zentraleuropäer nach
dem Kollaps des Kommunismus analysierte, ihren Höhepunkt. Das
Problem war jedoch, dass die technischen und administrativen Voraussetzungen zur Sicherstellung des europäischen Friedens nicht gegeben
waren: Kein europäisches Verteidigungsministerium zog eine gemeinsame europäische Armee in Betracht; niemand in den Außenministe-
rien dachte auch nur über eine gemeinsame Außenpolitik nach und somit war die offizielle europäische Reaktion auf das Auseinanderfallen

Jugoslawiens – wie Havel beklagte – hoffnungslos konfus, mit zerstörerischen Folgen. Es gab jedoch einen gut funktionierenden Mechanismus für die Verhandlung internationaler Geld- und Währungsfragen.

Doch die Kopplung des europäischen Ideals an Geldfragen führt zu einer Reihe von toxischen Annahmen: Bei Europa gehe es nur ums Geld und materielle Vorteile; und Geld könne eine alternative Sprache der Gemeinschaft sein, mit der praktischerweise einige die Verantwortlichkeiten der Vergangenheit abschütteln können. Doch sobald die Finanzwelt aus den Fugen gerät und der Wert des Geldes infrage gestellt wird, ist Europa in Gefahr. Der angesehene Ökonom und Journalist Martin Wolf drückte es wie folgt aus: »Mit der Erschaffung des Euro haben die Europäer ihr Projekt über das Praktische hinaus auf einen Lebensbereich ausgeweitet, der den Menschen wirklich wichtig ist: das Schicksal ihres Geldes.«[33]

In Frankreich und Deutschland, den Ländern, die den Prozess der europäischen Integration historisch am stärksten vorangebracht haben, war die Währungspolitik ein zentraler Aspekt der eigenen Identität. De Gaulle wurde, als er das Chaos der politischen Bühne der Vierten Republik betrat, von einem Beamten in einer internationalen Institution gewarnt: »Kein Land kann ohne eine starke eigene Währung internationale Anerkennung gewinnen. Der schwache Franc hat dem französischen Prestige in den letzten Jahren stark geschadet. Die Franzosen sind hart arbeitende und sparsame Leute. Sie können einiges an politischer Instabilität aushalten, solange ihre Währung stabil bleibt.«[34] In der historischen Erinnerung Deutschlands steht die Zerstörung der Währungsstabilität nach dem Ersten Weltkrieg am Anfang des Niedergangs der Moral, der Demokratie und der liberalen politischen Ordnung.

Das europäische Drama der vergangenen 30 Jahre ist eine Wiederholung der Erfahrungen mit der Nationenbildung im Europa des 19. Jahrhunderts. Das sollte nicht überraschen. In beiden Perioden herrschte eine politische Sprache vor, die ihren Ursprung in den gescheiterten Revolutionen von 1848 hatte, die sich danach einer interessengeleiteten und immer auch nationalen Politik zuwandten, die nicht ohne Weiteres mit universellen Werten und Menschenrechten vereinbar war.

4 HEGEMONIE

Im Gegensatz zu vielen anderen Begriffen, die ich in diesem Buch behandle, scheint der *Hegemon* klar und unmissverständlich definiert zu sein. Doch auch in diesem Fall gilt: Der Schein trügt. Abertausende Jahre lang war Alexander der Große der Inbegriff der Macht. Das griechische Wort *hegemon* bedeutet Anführer oder Befehlshaber. Doch man bezeichnete mit ihm auch die Position des dominanten Staates in dem von Philipp II. von Makedonien organisierten Korinthischen Bund oder Bund der Hellenen. Dieser wurde lose von einem Delegiertenrat geleitet, dem *synhedrion,* manchmal verglichen mit dem Völkerbund oder den Vereinten Nationen; zusätzlich gab es einen kleineren Rat oder Vorstand, den *proëdroi,* dessen fünf Mitglieder per Losverfahren festgelegt wurden.

Der Anführer (oder Hegemon) des Bundes war eindeutig Makedonien und sein Herrscher, Philipp II., sowie später dessen Sohn Alexander der Große. Alexander griff im Jahr 335 v. Chr. Theben an, weil es die Regeln des Bundes gebrochen hatte, erteilte dem Synhedrion die Vollmacht, die Stadt zu verurteilen, und führte dieses Urteil dann selbst aus. Doch mit zunehmender Macht brach auch Alexander häufig die Regeln des Bundes.[1] (Alexander war so berühmt für seine Macht, dass psychisch Kranke in europäischen Irrenanstalten sich häufig für Alexander, oder manchmal auch Julius Cäsar, hielten. Erst nach 1800 begannen diese, sich eher mit Napoleon zu identifizieren. Bezeichnenderweise gibt es heute nur wenig psychisch Kranke, die sich für Donald Trump halten.)

Die Forschung im Bereich der internationalen Beziehungen fasst den Begriff der Hegemonie anders. Anstatt von Alexanders Zeit auszugehen, arbeitet man sich von den Vereinigten Staaten des 20. Jahrhunderts zurück. Das Wort *hegemon* gehört standardmäßig zum Repertoire der Politikwissenschaften und es wird ausnahmslos auf die Vereinigten Staaten angewandt, deren Industrie und Finanzwelt ebenso wie ihre militärische und politische Macht nach 1945 einen beispiellosen Aufstieg hinlegten. Es wird schon lange und ausgiebig (seit den 1970er-Jahren) immer wieder über den relativen Niedergang dieser Vormachtstellung und die sich verändernde Weltordnung diskutiert. Die wahrscheinlich beste funktionelle Definition des Hegemonen stammt vom bedeutenden Politikwissenschaftler Robert Keohane: Ein Hegemon ist das Land, das die Kosten der Aufrechterhaltung des Systems selbst bei Treuebruch tragen will und kann.[2] Der Hegemon muss nicht nur stark sein, er muss die finanziellen Lasten anderer tragen können und wollen. »Um in der globalen politischen Ökonomie als Hegemon zu gelten, […] muss ein Land Zugang zu wichtigen Rohmaterialien haben, wichtige Kapitalquellen kontrollieren, einen großen Importmarkt aufrechterhalten und sich Vorteile bei Gütern mit hohem Mehrwert für vergleichsweise hohe Löhne und Profite sichern.«[3] Diese Beschreibung passt ziemlich gut zu den Erfahrungen der Vereinigten Staaten seit der Mitte des 20. Jahrhunderts, aber möglicherweise weniger auf den Hegemon des frühen 19. Jahrhunderts: Großbritannien. Dieses verfügte zwar über reiche Kohlevorkommen, musste andere Rohmaterialien aber importieren und war somit recht abhängig vom Außenhandel, den es durch finanzielle Mittel zu kontrollieren versuchte. Manche Historiker ziehen Parallelen zwischen dieser Art von Dominanz, die durch die Kolonialherrschaft auch rassifiziert war, und der zunehmenden Polizeigewalt in den USA.[4] Auch im Ausland werden in Diskussionen über die US-amerikanische Politik immer häufiger solche Verbindungen hergestellt. Koreanische Demonstrantinnen und Demonstranten beispielsweise, die der Meinung waren, ihr Land gebe zu viel für die amerikanische Verteidigung aus, adaptierten den Slogan der amerikanischen *Black Lives Matter*-Kampagne in dem Slogan »US-amerikanischer Imperialismus heißt: ›I can't breathe.‹«[5]

Diese Analyse lässt sich sicherlich nicht auf Länder übertragen, die in der Vergangenheit einmal als politischer Hegemon galten. Das Spanien der Habsburger im 16. und 17. Jahrhundert beispielsweise kontrollierte einen Großteil der Welt, konnte das System aber nicht aufrechterhalten, indem es das, was seine Herrscher und klerikalen Berater für Häresie in den Niederlanden und Deutschland hielten, niederschlug. Unter Ludwig XIV. und Napoleon war Frankreich jeweils eine Großmacht, aber ohne ökonomische oder finanzielle Hegemonie. Natürlich war die Welt des frühmodernen Spaniens und Frankreichs keineswegs stabil, während es im 19. und späten 20. Jahrhundert aussah, als habe sich ein »System« etabliert. China war jahrtausendelang das reichste Land der Welt und anderen wirtschaftlich massiv überlegen, doch es leitete aus diesem Vorteil keinen Anspruch auf eine territoriale Ausweitung seiner Herrschaft ab. Die Lehre der Geschichte Chinas ist ausdrücklich anti-hegemonisch.

Doch das Wort *Hegemonie* spielt nicht nur in politikwissenschaftlichen Debatten eine Rolle. In seinen *Gefängnisheften* schreibt der italienische Marxist Antonio Gramsci Folgendes: »Insofern die Verwirklichung eines hegemonischen Apparats ein neues ideologisches Terrain schafft, bewirkt sie eine Reform der Bewusstseine und der Erkenntnismethoden, ist sie eine Erkenntnistatsache, eine philosophische Tatsache.«[6] Die Hegemonie kann also genau wie das Kapital unterschiedliche Formen annehmen und auf subtile und indirekte Weise ausgeübt werden. Und die Kultur ist die naheliegendste Arena eines solchen Herrschaftsstrebens. Auch in diesem Fall wird die Bedeutung eines Wortes bis an die Grenze der Verständlichkeit ausgedehnt. Der Begriff droht dem zu verfallen, was der führende Historiker Perry Anderson als einen »diskursiven Idealismus« bezeichnet, »in dem jede feste Verbindung von Signifikanten und Referenten aufgehoben wird.«[7]

Wie Staaten einander dominieren

Die Beziehungen zwischen den Staaten wurden als systematisch ange-sehen. Scharfsinnige Beobachter begannen im 16. Jahrhundert, die Be-ziehungen zwischen den zahlreichen italienischen Kleinstaaten – dem Herzogtum Mailand, dem Kirchenstaat, dem Königreich Neapel, der Republik Florenz (später, unter autokratischer Herrschaft, das Großher-zogtum Toskana) und vielen weiteren kleineren Einheiten, die sich häu-fig an stärkere ausländische Mächte wie den König Frankreichs, den Rö-misch-Deutschen Kaiser (in den deutschsprachigen Gebieten) oder den Spanischen König wandten – als Machtgleichgewicht zu begreifen. Der humanistische Politiker und Diplomat Francesco Barbaro gilt als einer der Ersten, doch die ausführlichste Beschreibung dieser Theorie findet sich bei dem (mit Machiavelli befreundeten) Historiker Francesco Gu-icciardini in einer Schrift über die Auswirkungen der französischen In-vasion in Italien im Jahr 1494.[8] Auch im 19. Jahrhundert sprach man häufig vom Gleichgewicht der Mächte: Großbritannien versuchte ein Machtgleichgewicht herzustellen, indem es erst Allianzen gegen Napo-leons Frankreich schmiedete, dann aber, nach 1815, indem es die Staa-ten um Frankreich herum stärkte, um dieses in Schach zu halten. Nach dem tiefgreifenden Geisteswandel durch die Revolutionen von 1848 be-gannen deutsche Beobachter, das Wort *Hegemonie* auf die Beziehungen zwischen den einzelnen deutschen Kleinstaaten anzuwenden. Beson-ders Liberale entwickelten die Idee, dass »nur die preußische Hegemo-nie Deutschland retten« könne, weil Preußen für »Fortschritt« stehe.[9]

Dieses Beziehungsgeflecht wurde im 19. Jahrhundert um einen an-deren, recht neuen Aspekt erweitert. Staaten nutzten nun die neue inter-nationale Logik des Kapitalismus für die Konstruktion einer internatio-nalen Hegemonie, die nicht mehr nur auf militärischer Überlegenheit beruhte. Großbritannien stand aufgrund der dynamischen Kraft und des nachfolgenden Wohlstands dank seiner führenden Rolle in der ers-ten Industrialisierungswelle lange Zeit im Zentrum der Betrachtung dieser Dynamik. Der Kapitalismus schien Englisch zu sprechen (tat-sächlich nannte man diesen neuen Kapitalismus in Kontinentaleuropa häufig *Manchesterismus*). Durch den Kapitalismus konnte Großbritannien seine Dominanz bzw. Hegemonie ausbauen. Im 20. Jahrhundert versuchte die Sowjetunion das Gleiche: Hegemonie durch Sozialismus.

Der Wendepunkt kam 1870/1871, als der Deutsch-Französische Krieg das Machtgleichgewicht in Europa durcheinanderbrachte, da aus ihm ein starkes, geeintes Deutschland und ein schwächeres Frankreich hervorgingen. Paris und London waren vor 1870 die Zentren der globalen Finanzwelt gewesen. Walter Bagehots klassische und bis heute einflussreiche Studie über die Finanzwelt von 1873, *Lombard Street*, beschrieb die Neuartigkeit dieser Zeit anhand der City of London, »der größten Kombination ökonomischer Macht und ökonomischer Zerbrechlichkeit, die die Welt je gesehen hat.« Er stellte diese Entwicklung als etwas ganz Neues dar und sah sie als Folge des Deutsch-Französischen Krieges an.

> Die Konzentration von Geld in Banken ist zwar nicht die einzige, aber doch die Hauptursache des überaus großen Reichtums des englischen Geldmarktes, der den aller anderen Länder übertrifft. […] Diese unbewusste ›Organisation des Kapitals‹, um einen kontinentalen Ausdruck zu gebrauchen, lässt die Engländer nicht nur besonders schnell im Vergleich zu ihren kontinentalen Nachbarn neue Handelsgelegenheiten zu ergreifen, sondern sie macht es auch wahrscheinlich, dass sie jeden einmal ausgemachten Handel behalten werden.[10]

Die Macht war eine Folge der Komplexität des Systems, das Risiken weltweit auslotete und die Finanzflüsse entsprechend anpasste. Mächtig war, wer andere innerhalb des Netzes gegenseitiger Abhängigkeiten beeinflussen konnte. Andere Regierungen waren auf den Zugang zu Londoner Märkten angewiesen, um ihre Schulden zu finanzieren (und somit ihre militärische Macht ausbauen zu können). Doch diese Macht sei, so Bagehot, auch angreifbar gewesen, weil sie anfällig für Paniken und Vertrauenskrisen war. Innovationen im Finanzsystem waren damals notwendig, um diese Macht zu stabilisieren.

Zunächst lieferte eine physische Infrastruktur die Grundlagen für finanzielle Transaktionen, die zu einer substanziellen Ausweitung des Handels führten. Anfangs erfolgte die Kontaktaufnahme zwischen Käufern und Verkäufern durch die Transmission bzw. den Transport von Wechselbriefen über transatlantische Kabel (das erste wurde 1866 verlegt) oder auch vermehrt über Dampfschiffe.[11] Durch eine weitere Innovation zu Beginn des 20. Jahrhunderts, die kabellose Telegrafie, konnte eine Fracht noch während der Überfahrt auf See umgeleitet werden.[12] Zudem liefen die meisten Seetransportversicherungen weltweit über Lloyd's of London, selbst wenn die Fracht nicht für britische Schiffe oder Häfen vorgesehen war. Das führte wie auch im Finanzgeschäft zu gigantischen Netzwerkeffekten: Nur ein Finanzmarkt mit ausreichend Tiefgang konnte die möglicherweise enormen Verluste verkraften. Doch das Netzwerk hatte nur einen einzigen Knotenpunkt, sodass die Handelsinteraktionen der ganzen Welt in der City of London zusammenliefen.

Diese Hegemonie, die auf einem Modell der globalen Gesellschaftsorganisation basierte, führte sofort zu einigen Spannungen. Erstens schien das System des 19. Jahrhunderts Großbritannien in die Hände zu spielen: Britische Kaufleute und Banker profitierten vom Handel, und die Royal Navy konnte sich Informationen über die strategischen Ressourcenschwächen ihrer Gegner beschaffen.[13] Zweitens fragte man sich, was passieren würde, wenn der Kapitalismus angegriffen werden würde. Er wirkte, vor allem nach dem britischen Vorbild, sehr angreifbar. Ignacy Daszyński, der spätere Ministerpräsident der ersten Regierung der Zweiten Polnischen Republik, sagte bei seiner Rede im österreichischen Parlament im Jahr 1897: »Wir stehen nicht mehr im Zeichen des Manchesterismus. [...] Selbsthilfe ist in einem Polizeistaat wie eine Karikatur.«[14]

Großrivalen – die Vereinigten Staaten oder Deutschland – würden eventuell alternative Wirtschaftsmodelle und neue Formen der gesellschaftlichen Organisation entwickeln müssen. In Deutschland lief das auf einen stärker geplanten und etatistischen Kapitalismus hinaus; in den Vereinigten Staaten dominierten Großunternehmen, die schnell zu Ikonen der US-amerikanischen Macht avancierten.

Alfred Mahan, einer der führenden US-amerikanischen Theoretiker der internationalen Beziehungen im frühen 20. Jahrhundert, brachte es deutlich auf den Punkt. Die britische Vormachtstellung war irgendwie seltsam:

> Streng genommen war die Macht Großbritanniens keine Vorherrschaft. Es hatte nie die Stärke eines Philipps II., Ludwigs XIV. oder Napoleons, um einen Kontinent, der erbitterten Widerstand leistete, erfolgreich anzugreifen. Seine Dominanz war die eines bestimmenden Faktors, ähnlich einer Drittpartei in der Politik; ein Gewicht in der Waagschale, das das Gleichgewicht von der einen auf die andere Seite überschwenken lässt.

Englands »Ausdehnung und Aggression«, so Mahan, »richtete sich nicht gegen Europa, sondern gegen den Rest der Welt.«[15] Deutschlands Fortschritt dagegen beruhte auf einem organisatorischen Wandel: »Heute findet sich in Deutschland eine große Übermacht, nicht nur militärischer, sondern organisatorischer Natur.«[16]

Nach dem Ersten Weltkrieg traten die Dilemmata der Vorkriegswelt in aller Schärfe zutage. Das Vereinigten Königreich nutzte, geschwächt von enormen Kriegskosten, eine internationale Institution, den Völkerbund, um seine Hegemonie aufrechtzuerhalten. Daher misstrauten andere Länder – auch die Vereinigten Staaten und Frankreich – dem Bund. Nach Woodrow Wilsons anfänglichem Enthusiasmus für das Projekt wandten sich die Vereinigten Staaten später vom Völkerbund ab, als der Kongress sich weigerte, den Pakt, der dessen Einrichtung vorsah, zu ratifizieren.

Der Backlash gegen den Internationalismus gab Anlass zur Formulierung einer neuen Doktrin innerhalb der internationalen Beziehungen: oft als *Realismus* bezeichnet. Dieser wurde vom britischen Diplomaten E. H. Carr, Teil der britischen Delegation bei der Pariser Friedenskonferenz von 1919 und späterer Mitarbeiter in der britischen Botschaft in Riga, am deutlichsten formuliert. Zwei Entwicklungen dieser Zeit hatten bei Carr einen besonders starken Eindruck hinterlassen: Der Zusammenbruch der Laissez-faire-Wirtschaftspolitik nach der Weltwirtschaftskrise und das Scheitern des institutionalisierten liberalen Internationalismus aufgrund des Nichtbeitritts der Vereinigten Staaten zu Woodrow Wilsons Völkerbund. Carr war der Meinung, dass diese beiden Entwicklungen eng zusammenhingen. Denn die ökonomische Katastrophe der Weltwirtschaftskrise hatte die Politik auf eine Weise verändert, die den Bankrott des traditionellen Liberalismus in der ökonomischen Sphäre (Laissez-faire) und in der Politik hatte offensichtlich werden lassen. Er hielt eine Abkehr von den überholten Theorien vor 1914 für unerlässlich und kam zu dem Schluss, dass »die Annahmen des Liberalismus des 19. Jahrhunderts in Wirklichkeit unhaltbar sind.«[17]

Die moderne Industrie tendierte zur Konzentration der Produktion und des Eigentums, weil Fabriken enorme Mengen Kapital erforderten, wodurch Großeigentümer und Großindustrielle automatisch durch die erhöhte Wirtschaftlichkeit der Massenproduktion im Vorteil waren. In den meisten Ländern bauten Großunternehmen ihre Macht durch Kartelle aus, die normalerweise auf protektionistische Maßnahmen angewiesen waren (weil sie ohne diese von der ausländischen Konkurrenz unterboten und verdrängt worden wären). Kartelle und Konzerne nahmen Einfluss auf Staaten, sodass die politische Macht zu einem Werkzeug der ökonomischen Interessen wurde. Das Gesetz von der wirtschaftlichen Konzentration, oder der zunehmenden Polarisierung, roch nach Marx' Vorhersagen im 19. Jahrhundert: einer zunehmenden Verelendung, bei der ein verarmtes Proletariat dem hochkonzentrierten Industrieeigentum gegenübersteht.

Carrs Geniestreich lag darin, die bereits bekannte Idee des eisernen Gesetzes der ökonomischen Konzentration auf die Theorie der internationalen Beziehungen zu übertragen. Er war der Meinung, sowohl der kapitalistische Produktionsprozess als auch die internationalen Beziehungen befolgten keine moralischen Gesetze, sondern das Gesetz des Stärkeren. Diese Interpretation passte zum Kontext der Zwischenkriegswelt. In den 1920er-Jahren war das liberale Handelssystem des 19. Jahrhunderts für kurze Zeit wiederhergestellt worden, brach jedoch mit der Weltwirtschaftskrise scheinbar für immer zusammen. Staaten strebten nach nationaler Autarkie, was dazu führte, dass Macht in der internationalen Wirtschaft ein immer wichtigerer Faktor wurde. »Heutzutage ist die künstliche Förderung eines gewissen Grades an Autarkie eine unabdingbare Voraussetzung für ein geregeltes Sozialwesen. Doch die Autarkie ist nicht nur eine soziale Notwendigkeit, sondern ein Instrument politischer Macht.« Handelskriege und Wirtschaftskämpfe wurden zu einem Schauplatz der Machtpolitik. Tatsächlich beobachtete Carr in den 1930er-Jahren, dass militärische zunehmend durch ökonomische Waffen ersetzt wurden.[18]

Da es Carrs Ansicht nach bei zwischenstaatlichen Beziehungen immer um Macht ging, galt das Gesetz der Konzentration auch hier mit der gleichen Kompromisslosigkeit wie in der Wirtschaft. Große Einheiten wären gegenüber kleineren Staaten demnach zwangsläufig im Vorteil. In dieser Welt, so Carr, »gibt es einen eindeutigen Trend zur Integration und Bildung von immer größeren politischen und wirtschaftlichen Einheiten.«[19] Somit teilte er John Maynard Keynes' Ablehnung gegenüber den angeblich künstlichen neuen Kleinstaaten, die mit den Pariser Friedensverträgen von 1919 geschaffen worden waren, auch um das Recht auf nationale Selbstbestimmung zu gewährleisten. Er sagte voraus, dass die Macht sich notwendigerweise auf die großen Staaten konzentrieren würde – insbesondere bei jenen, die beim Versailler und den anderen Pariser Verträgen außen vor gelassen worden waren, also Deutschland und Sowjetrussland.

Praktisch führt uns die Theorie einer Welt, die sich immer stärker in großstaatliche Machtblöcke aufteilt, direkt zu den umstrittensten Passagen in der ersten Ausgabe von Carrs interessantester Publikation, *The Twenty Years' Crisis*. Darin verteidigt er das Grundprinzip des Münchner Abkommens, bei dem die vier Großmächte Großbritannien, Frankreich, Deutschland und Italien 1938 eine Lösung für die tschechoslowakische »Frage« fanden (unter Ausschluss der Tschechen selbst). Carr schrieb, München bedeute »einen Wandel der europäischen Gleichgewichtskräfte und des international anerkannten Moralkanons.«[20]

Carr war der Meinung, die revisionistischen Mächte der 1930er-Jahre hätten, ebenso wie die Anführer der westlichen Mächte mit ihren Meinungsanstößen zur Demokratie, eine eigene, legitime Geschichte zu erzählen, die nicht weniger berechtigt (oder unberechtigt) sei als die eines jeden anderen Staates. Die Sprache der Menschenrechte war für ihn nicht mehr als eine rhetorische Waffe, die von den neuen Staaten eingesetzt werden konnte und auch wurde, um die Befreiung des Proletariats als universelles, oder die Verteidigung der Rechte deutschsprachiger ethnischer Minderheiten in zentraleuropäischen Staaten als ebenso allgemeines Anliegen darzustellen. Es gab keine validen externen Kriterien, anhand derer die Legitimität oder Illegitimität einer Handlung festgemacht werden könnte. Denn solche Rhetorik war nie mehr als ein Feigenblatt für die Ausübung von Macht. Die neuen Machthaber, Hitler, Mussolini und Stalin, die ganz offen von Macht sprachen, waren in Carrs Augen tatsächlich einfach ehrlicher.

Politiker, die die Notwendigkeit dieser neuen Dynamik nicht erkannten, oder nicht zu erkennen vorgaben, waren laut Carr entweder dumm oder unehrlich. Genau wie Keynes hielt er Woodrow Wilsons Idealismus für gefährlich. Carr geht in seinem Buch sogar noch weiter als Keynes' berühmte Polemik von 1919 und versucht auf perverse Weise, eine Parallele zwischen den kämpferischen Idealismen Wilsons und Adolf Hitlers aufzuzeigen.[21] Konflikte wären inhärenter Bestandteil der internationalen Beziehungen, und Experimente wie der Völkerbund (oder später die Vereinten Nationen) zum Scheitern verurteilt. In Carrs Worten: »Es scheint nicht mehr möglich zu sein, den schönen Schein der Interessensharmonie auf Kosten anderer aufrechtzuerhalten. Der Konflikt kann nicht mehr mit schönen Worten unter den Teppich gekehrt werden.«[22]

Diese Gedanken Carrs waren selbst für seine Zeitgenossen inakzeptabel, auch wenn sie bei all jenen, die sich über das sogenannte moralische Gehabe echauffierten, sicher viel Zustimmung fanden und zur neuen Wirklichkeit in der Ära Stalins und Hitlers zu passen schienen.

Harmlose Hegemonie

Die Hegemoniedebatte bekam mit der Arbeit des amerikanischen Ökonomen Charles Kindleberger einen harmlosen Twist. Er kommt in seiner berühmten Untersuchung zu dem Schluss, die Weltwirtschaftskrise sei das Ergebnis gescheiterter Weltführerschaft gewesen. Großbritannien sei die hegemonische Macht des 19. Jahrhunderts gewesen, doch sein Gläubigerstatus hätte unter den Kosten des Ersten Weltkrieges gelitten. Die Vereinigten Staaten seien zum weltweit größten Gläubiger avanciert, jedoch doppelt angreifbar. Ihr Finanzsystem sei instabil und anfällig für Paniken gewesen, ihr politisches System unreif und es neige zu Populismus und Nativismus.

Während der Weltwirtschaftskrise, so Kindleberger, hätten die Vereinigten Staaten ihren Markt für ausländische Güter öffnen müssen. Stattdessen seien die amerikanische Märkte aber vom Smoot-Hawley-Zollgesetz abgeschottet worden, was eine weltweite Negativspirale protektionistischer Maßnahmen nach sich gezogen habe. US-amerikanische Finanzinstitutionen hätten ihren in Not geratenen Kreditnehmern weiterhin Geld leihen müssen, um einen Preisrückgang durch mangelnde Liquidität und eine damit einhergehende Verschärfung der weltweiten Deflation zu verhindern. Stattdessen ließen sich US-Banken, die wegen ihrer internationalen Kreditvergabe während des dem Crash vorausgehenden Booms stark in der heftigen politischen Kritik standen, so sehr einschüchtern, dass sie geschwächt wurden und der Strom amerikanischer Kredite abbrach.

Nach dem Zweiten Weltkrieg machte sich Kindleberger als eine führende Figur in der Entwicklung des Marshallplans daran, die Lehren aus jener Zeit anzuwenden. Er plädierte dafür, dass die Vereinigten Staaten ihre Märkte und Finanzflüsse offenhalten sollten, um andere Länder zu unterstützen. Damit war der Grundstein für die amerikanische Hegemonie des späten 20. Jahrhunderts gelegt, wie sie die Theorie der internationalen Beziehungen darstellt.

Doch Kindlebergers Argumentation hat eine Schwachstelle, die er als der gutmütige und wohlgesinnte Mann, der er ist, nicht sehen konnte. Er mochte das Wort *Hegemonie* nicht und erklärte: »Ich spreche lieber von Verantwortung. Es Hegemonie zu nennen, wäre zwar wohl realistischer, aber auch zynischer.«[23] Das Problem ist, dass die Welt dem Land, das sie gerettet hat, nie wirklich dankbar ist. Ein Held, Retter oder Hegemon zu sein, ist eine recht undankbare Aufgabe, und der globale Anführer ist noch nie vom Rest der Welt geliebt worden, auch wenn er viel investiert. Am größten ist das Misstrauen häufig bei den nächsten Nachbarn – man denke an Kanada, Mexiko oder Kuba. In Europa machte sich mit dem Schwinden der Erinnerung an den Zweiten Weltkrieg ein tiefgreifender Antiamerikanismus breit. Auch amerikanische Politiker hatten es schon während des Kalten Krieges satt, Geld für die Verteidigung Europas auszugeben. Nach dem Kalten Krieg war dann kein Halten mehr bei den kritischen Stimmen.

Trotz dieser Hindernisse gelang es den Vereinigten Staaten mithilfe multilateraler Institutionen Schritt für Schritt wieder Vertrauen aufzubauen. Die Einbindung Europas in eine Verteidigungsallianz und die Hilfestellung durch Institutionen wie die Organisation für europäische wirtschaftliche Zusammenarbeit (OEEC), später die Organisation für wirtschaftliche Zusammenarbeit und Entwicklung (OECD) und den Internationalen Währungsfonds (IMF), spielten dabei eine besondere Rolle. Doch auch den Europäern gelang es erstaunlich gut, sich nach dem Zweiten Weltkrieg mit ihren Nachbarn auszusöhnen. Das lag auch daran, dass man nach dem Schrecken der Naziherrschaft mehr in moralischen als in machtpolitischen Kategorien über die Vergangenheit sprechen musste.

Kann es andere harmlose Hegemonien geben?

Welche Alternative gibt es zur US-Hegemonie? Diese Frage tauchte zum ersten Mal nach dem Irakkrieg im Jahr 2003 auf, gewann mit der weltweiten Finanzkrise von 2007–2008, die ein Rückschlag für den amerikanischen Kapitalismus zu bedeuten schien, an Schärfe und erreichte mit der Wahl Donald Trumps zum Präsidenten und dessen erratischem, konfliktreichen Unilateralismus einen Fieberwahn. Die alten multilateralen Mechanismen zur Koordination der internationalen Politik, die für eine grundlegend amerikanische Weltsicht standen, stehen vor dem Ende. Doch bei aller Sorge um das Amerika des 21. Jahrhunderts blieb immer die Frage offen, wie eine alternative Weltordnung aussehen könnte.

Wer in der Vergangenheit nach Antworten suchte, war der Meinung, Europa müsse eine neue Rolle ein- und Verantwortung übernehmen. Doch Europas Bevölkerung alterte und seine Wirtschaft wuchs langsamer als die der Vereinigten Staaten, es konnte daher mit neuen, dynamischen Märkten nicht mithalten. Und Europa war mit sich selbst und Debatten über die mögliche deutsche Hegemonie beschäftigt.

Nach der deutschen Wiedervereinigung im Jahr 1990 erreichte die Debatte über die Rolle Deutschlands in Europa neue Dimensionen. Vor diesem Jahr hatten vier große Länder – Frankreich, die Bundesrepublik, Italien und das Vereinigte Königreich – annähernd gleich große Bevölkerungszahlen und Wirtschaftsleistungen. Dass 1990 nun beinahe 17 Millionen Ostdeutsche Teil der Bundesrepublik wurden, störte das demografische Gleichgewicht Europas und schürte bei einigen Kommentatoren die Sorge vor einem »Vierten Reich«. Jürgen Habermas, Deutschlands führender Philosoph, sprach von einem neuen DM[Deutsche Mark]-Nationalismus. Der Hegemonieanspruch trat mit der Währungsunion (geprägt von deutschen Intellektuellen und Interessen) und der Euroeinführung noch deutlicher hervor. Allerdings wurde man sich während der europäischen Schuldenkrise und nach der Coronapandemie bewusst, dass der Hegemon auch einen hohen Preis zu zahlen hatte.

Die meisten Deutschen reagierten darauf mit der Behauptung: »Wir sind nicht Europas Hegemon, so wie das die Vereinigten Staaten lange in der NATO waren.«[24] Die Politikwissenschaftler Simon Bulmer und William Paterson attestieren Deutschland einen »Führerschaftsvermeidungskomplex«.[25] Deutschlands Zurückhaltung in Sachen Führerschaft hat sowohl historische als auch praktische Gründe. Das heutige Deutschland steht unter dem Einfluss des Erbes der Nazidiktatur und des industriellen Massenmordes an den Juden. Auschwitz ist der Referenzpunkt der modernen politischen Debatte. Die Offenheit der Deutschen im Umgang mit ihrer Vergangenheit hat Zusammenarbeit und Integration ermöglicht – und steht in starkem Kontrast zu der unapologetischen Haltung Japans bzw. Shinzō Abes gegenüber China und Korea, deren Bevölkerungen in der Mitte des 20. Jahrhunderts unter der japanischen Aggressivität zu leiden hatten. Doch genau diese Offenheit Deutschlands scheint ein geradliniges Machtstreben auszuschließen, zumindest in Bezug auf das konventionelle Verständnis von Macht.

Doch es gibt auch praktische Gründe dafür, warum Deutschland allein keine weltweite Führungsrolle einnehmen kann: Es ist im Vergleich zu den Vereinigten Staaten oder China zu klein. Seine alternde Bevölkerung macht es angreifbar, genauso wie die starke Abhängigkeit der deutschen Wirtschaft von der Automobilindustrie in einer Zeit des rapiden technologischen Wandels und des von Kohlendioxidemissionen befeuerten Klimawandels. Daher ist Deutschland auf die Zusammenarbeit mit anderen angewiesen – mit Frankreich auf europäischer und mit China auf globaler Ebene. Die Debatten über die Kooperation sind oftmals von der Frage geprägt, wie Deutschland bzw. Europa den ökonomischen Globalisierungsprozess beeinflussen könne.

Auch die Wahl Trumps hat die Debatte verschoben. Mitunter hieß es in deutschen Medien, Deutschland müsse die Vereinigten Staaten ersetzen und die Lücke füllen, die nach Trumps Amtseinführung im Januar 2017 entstanden war.[26] Die *New York Times* titelte nach der Wahl: »Mit Obamas Abtritt ist Angela Merkel die vielleicht letzte Verteidigerin des liberalen Westens.«[27] Im Jahr 2017 erklärte Angela Merkel: »Uns muss bewusst sein, dass wir im Kampf für unsere Zukunft und für unser Schicksal als Europäer auf uns allein gestellt sind.«[28] Obama selbst scheint so gedacht zu haben und besuchte Merkel Ende 2016, um sie von ihrer zentralen Rolle bei der Rettung des Multilateralismus während der Trump-Administration zu überzeugen. Doch es war eindeutig, dass Deutschland das allein nicht schaffen konnte. Am deutlichsten formulierte es die deutsche Kanzlerin bei einer Haushaltsrede am 23. November 2016, bei der sie die Notwendigkeit kollektiven Handelns angesichts der zunehmenden Globalisierung betonte: »Wir können weder den gesamten Hunger der Welt bekämpfen, noch können wir für 65 Millionen Flüchtlinge die Probleme lösen, noch können wir überall die politischen Ordnungen so verändern, wie wir uns das wünschen.« Doch sie fügte hinzu, Deutschland mit seiner Erfahrungsgeschichte in der sozialen Marktwirtschaft solle versuchen, die Globalisierung in einem multilateralen Umfeld mitzugestalten statt sich »zurückzuziehen«. Insbesondere »die G20 sind auch der Versuch, mit den größten und wichtigsten Wirtschaftsländern dieser Erde Globalisierung menschlich zu gestalten und gleichzeitig für eine vernünftige Finanz- und Wirtschaftsordnung zu sorgen.«[29] Nun sprachen auch deutsche Politiker und Politikerinnen davon, dass Deutschland die Globalisierung angesichts des Rückzugs der Vereinigten Staaten voranbringen müsse (wegen ihrer schieren Größe ist – und war – die US-amerikanische Wirtschaft notwendigerweise weniger offen für die Welt).[30]

Gelegentlich schienen führende Deutsche neue Allianzen mit China schmieden zu wollen, um den Multilateralismus zu retten. China und Deutschland sind sich in Fragen des Klimawandels zunehmend einig, während Trump weiter auf Kohle beharrt. Es herrscht auch in ihrer Ablehnung gegenüber dem Handelsprotektionismus Einigkeit zwischen Deutschland und China. Der chinesische Präsident Xi Jinping formuliert dies besonders deutlich:

Aus historischer Sicht ist die ökonomische Globalisierung eine Folge der steigenden gesellschaftlichen Produktivität und ein natürliches Ergebnis des wissenschaftlichen und technologischen Fortschritts statt bestimmter Individuen oder Länder. Die ökonomische Globalisierung hat das globale Wachstum vorangebracht und die Bewegung von Gütern und Kapital, Fortschritte in Wirtschaft, Technologie und Gesellschaft sowie zwischenmenschliche Interaktionen gefördert.[31]

Ein weiterer Kandidat für die globale Führerschaft wären die BRICs-Staaten. Das Akronym für die neuen, sehr großen und schnell wachsenden Märkte Brasiliens, Russlands, Indiens und Chinas wurde 2001 von dem Goldman Sachs-Ökonomen Jim O'Neill geprägt (2010 wurde die Gruppe um Südafrika erweitert und hieß von nun an BRICS). Russland berief im Juni 2009 in Reaktion auf die Finanzkrise einen BRICs-Gipfel ein. Daraus wurde ein jährliches Treffen, an dem zwei Jahre später erstmals Südafrika teilnahm. Doch es gab nicht nur Ähnlichkeiten, sondern es herrschte auch große Uneinigkeit zwischen den Ländern in Sachen Demokratie und Wirtschaftsmacht.

Es sah immer mehr danach aus, als wolle China die weltweiten Machtstrukturen auf andere Weise beeinflussen. Machtpolitik gehört, im Gegensatz zum amerikanischen Engagement für den Multilateralismus oder die europäische Versöhnung dank einer Reihe gemeinsamer Institutionen, zum asiatischen Erbe des 20. Jahrhunderts. Ein wichtiger Wendepunkt stellten die 2010er-Jahre dar. Mao Zedong hatte immer wieder betont, China würde »nie nach Hegemonie streben«, und Deng Xiaoping stellte sein Land den Vereinigten Staaten und der Sowjetunion gegenüber, die aber sehr wohl nach Hegemonie strebten: »Eine Supermacht ist ein imperialistisches Land, das andere Länder überall seiner Aggression, Einflussnahme, Kontrolle, Subversion oder Plünderung unterwirft und nach globaler Hegemonie strebt.«[32]

Hu Jintao (Staatspräsident von 2003 bis 2013) setzte einen Ansatz fort, den Deng in den 1980er-Jahren wie folgt zusammengefasst hatte: »Versteckt eure Fähigkeiten und übt Zurückhaltung im Umgang« (*Tao guang yang hui*). Doch diese Strategie beruhte schon immer auf einer Einschätzung des internationalen Machtgleichgewichts. Xi Jinping dagegen setzte nach seiner Wahl zum Generalsekretär der Partei im Jahr 2012 den Fokus auf die »nationale Verjüngung«. Er brachte ab 2013 das »Jahrhundertprojekt« mit dem chinesischen Namen »Ein Gürtel, eine Straße« auf den Weg, das manchmal »Neue Seidenstraße« genannt wird (so bezeichnete man im Deutschland des 19. Jahrhunderts eine der wichtigsten Handelsrouten im vormodernen Eurasien). Ziel ist es, beinahe 70 Länder und drei Kontinente durch Schienen, Pipelines, Autobahnen, Häfen und andere Infrastrukturprojekte miteinander zu verbinden. Zusammengenommen sollen diese Projekte ganz

Eurasien durchziehen und China mit Europa und Afrika über »Gürtel« und »Straßen« verbinden.

Einerseits schien das Projekt asiatischen und afrikanischen Ländern eine Möglichkeit zu bieten, Ressourcen für die eigene Entwicklung aufzubringen, ohne sich mit den Kontrollen und Umweltauflagen der multilateralen Entwicklungsinstitutionen Washingtons herumschlagen zu müssen. Und auch die Länder der europäischen Peripherie witterten eine Chance, ihre Autonomie gegenüber der verhassten deutschen Dominanz zu bekräftigen. Andererseits wurde kritisiert, dass das Projekt Schulden- und Abhängigkeitsfallen schaffte und sich gar nicht so sehr von dem früheren britischen und amerikanischen Hegemoniestreben unterschied. Nun stehen chinesische Anführer vor der eigentlichen Herausforderung, eine kohärente Weltsicht zu entwickeln, die ihre Nachbarn – und andere – nicht verschreckt. China ist dreifach angreifbar. Sein eher unterentwickelter und nur teilweise abgesicherter Finanzsektor ist krisenanfällig. Das große Neue-Seidenstraße-Projekt bringt ein neues Problem mit sich: Abhängigkeiten in den Bereichen, die der neue chinesische Kommunikationsvorstoß vorantreibt. Nicht zuletzt bleibt auch noch die Sorge um die demokratische Kontrolle; es ist der Mangel an Demokratie, der in reichen Ländern schon immer der Kern der Kritik der Globalisierungsgegner gegenüber dem Multilateralismus war.

China steht heute vor einem ähnlichen Dilemma wie die Vereinigten Staaten Mitte des 20. Jahrhunderts. Wie kann eine neue Supermacht ihre Macht in einer vom Handel bestimmten Welt erhalten und ausweiten? Ihre Wirksamkeit als Supermacht, ihr Bestehen als Staat, ihre Fähigkeit, inländischen Ansprüchen gerecht zu werden: All dies ist abhängig von einer offenen Weltwirtschaft. Wenn einige Staaten sich abschotten, kommt das andere teuer zu stehen. Doch Offenheit kann nicht einfach mit Gewalt erzwungen werden.

Die Vereinigten Staaten versuchten mithilfe mächtiger Stiftungen, den Rest der Welt von den Prinzipien des Fortschritts und Wohlstands zu überzeugen. Generationen an Menschen in Europas Politik und Wissenschaft wurden von der Carnegie, Ford oder Rockefeller Foundation geprägt. Die amerikanische Popkultur schaffte Raum für einen Protest, dessen Auswirkungen eingedämmt und in den Mainstream überführt werden konnten. Bob Dylan ließ selbst jene den amerikanischen Way of Life akzeptieren, die sich sonst vom nackten Militarismus und schierer Wirtschaftsmacht abgestoßen fühlten. China hat daraus allerdings seine Lehren gezogen. *China Radio International* hat den täglichen Output in Kenia zu einer Zeit vervielfacht, in der *Radio Free Europe/Radio Liberty* (ganz abgesehen vom *BBC World Service*) mit Budgetkürzungen zu kämpfen hatte. Doch es ist schwer vorstellbar, dass China unter den Augen der Welt eine Lenovo-Stiftung gründen und weltweit ansiedeln wird, oder dass man Zhou Bichangs Musik nutzt, um die Menschen mit dieser neuen Art von Globalisierung zu versöhnen. China muss einen anderen Weg gehen. Die Globalisierung der Vergangenheit galt als eine Art Amerikanisierung, als Zumutung eines hirnlosen Konsumismus; vielleicht werden wir in der heutigen Globalisierung in Zukunft eine Chinafizierung sehen, mit ihrer Ausweitung der Niedriglohnproduktion.

Antihegemonische Tendenzen

Die Hegemonie nach herkömmlichem Verständnis wird nicht nur durch geografische Verschiebungen von Wirtschaftsmacht herausgefordert, sondern auch durch neue Informationstechnologien, die die Diskussionen und Ansichten über Macht verändern. Die neuen Technologien haben in den letzten Jahren erstaunlicherweise eine sehr alte Denktradition wiederbelebt: die Vorliebe für Geschichten, die schon unsere Vorfahren am Ofen oder am Lagerfeuer zusammenrücken ließ.

Natürlich wenden wir uns der Vergangenheit zu, wenn wir uns Sorgen um die Zukunft machen. Je ungewisser diese ist, desto eher halten wir uns an dem fest, was war. Und je weniger wir über die Zukunft wissen, desto überzeugter sind wir davon, unsere Vergangenheit zu kennen und zu verstehen. Immense Kräfte – insbesondere in der Welt der Informationstechnologie und der künstlichen Intelligenz – revolutionieren fast jeden Aspekt des menschlichen Lebens. Das führt zu einer tiefen Verunsicherung.

Die Tyrannei der Vergangenheit über das heutige Leben beruht auf zwei Säulen, die beide stark in der menschlichen Psychologie verankert sind. Diese geistigen Säulen fußen auf elementaren, menschlichen Erfahrungen und stehen so fest, dass sie nicht einfach eliminiert werden können. Erstens werden wir alle es nie mehr so gemütlich haben wie im Bauch unserer Mutter. Alles danach ist entblößt, ungewiss, unsicher. Kein Wunder also, dass wir zur Nostalgie neigen und uns nach einer umfassenden Sicherheit sehnen, die wir nie wieder erreichen werden. Passend dazu schreien wir, wenn wir auf die Welt kommen. In Therapiesitzungen wird der erste Schrei manchmal nachgespielt, um aus einem geistigen Gefängnis auszubrechen. Wir können aber auch deutlich zurückhaltender bei unserer Nostalgie sein: In Japan konnte man nach dem Schock der Abdankung Kaiser Akihitos eine Dose Luft »einer vergangenen Ära« kaufen.

Ein zweiter grundlegender und fast genauso starker Trieb ist die Empfänglichkeit des menschlichen Geistes für Geschichten. Ein alter chassidischer Spruch, den auch Kafka einst zitierte, besagt: »Gott hat den Menschen geschaffen, damit er Geschichten erzählt.« Die Forschung der letzten Jahre beschäftigt sich vermehrt mit der menschlichen Sucht nach Narrativen – deren Ursache wahrscheinlich in den Dynamiken der menschlichen Evolution liegt. Laut dem neuesten Stand der Neurowissenschaften haben Menschen einen Hang zur Narration, weil wir im Laufe unserer Evolution gelernt haben, die Gedanken und Motive anderer einzuschätzen, um in Gruppensituationen überzeugender handeln zu können, beispielsweise für eine besser koordinierte Jagd. Daher lassen wir uns psychologisch von narrativen Erklärungen schneller zufriedenstellen. Der Nachteil dabei ist aber, dass uns Narrative in unserer heutigen, komplexeren Gesellschaft komplett fehlleiten können, weil sie zu schnell scheinbar ursächliche Zusammenhänge erklären. Weil oberflächliche, aber falsche narrative Erklärungen uns so intuitiv ansprechen, verhindern sie ein tieferes Verständnis der möglichen Ursachen sozialer und politischer Phänomene. Somit behindert unsere Sucht nach Narrativen jeden Versuch, vernünftige Lösungen für die Dilemmata unseres heutigen Gruppenverhaltens zu finden.

Der Ruf nach neuen Narrativen ist zu einem Klischee des Wirtschafts- und Politikjargons geworden. Ökonomen und Ökonominnen widmen sich heute der Analyse von »Wirtschaftsnarrativen«.[33] Andere sprechen vom »subjektivistischen Turn«. Dass Wunschdenken ansteckend ist und Ideen über die Welt diese wiederum verändern können, ist bewiesen.[34] Mit den Narrativen nehmen jedoch auch Lügenmärchen zu, wie bei der »fake it till you make it«-Strategie von Elizabeth Holmes (vom Theranos-Betrug) oder der angeblichen deutschen Erbin Anna Sorokin (aka Anna Delvey), der Tochter eines russischen Lkw-Fahrers, die sich durch die New Yorker High Society schwindelte.[35]

Tatsächlich stehen Narrative konkreten und wirksamen Lösungen häufig im Weg. Die fesselndsten und umfassendsten von ihnen sind wie ein geistiges Gefängnis. Dieser Effekt zeigt sich heute beispielsweise in Russland, wo viele neue, mächtige Narrative erfunden wurden. Weil in der russischen Gesellschaft so offensichtlich damit experimentiert wird, soziale Bedeutungen im Sinne einer neuen Gesellschaftsordnung zu verändern, scheint Russland zum Influencer der Welt geworden zu sein. Oder, in europäischen Worten: Die Ideen wandern heute von Ost nach West. Alles ist formbar. Die Ökonomin und Regimekritikerin Irina Chakamada hat für diese Entwicklung folgende, treffende Beschreibung gefunden: »Im Westen ist ein Politiker kein Gott, sondern wird von der Gesellschaft für den Staatsdienst angestellt. Hier ist es umgekehrt. Politiker stellen die Gesellschaft an, um ihre eigenen ständig wachsenden Forderungen zu befriedigen.«[36]

Russland ist ein Pionier der *hybriden Kriegsführung,* bei der die sonst so scharfe Trennung zwischen Krieg und Frieden verschwimmt. Ihr Hauptziel ist die Beeinflussung von Narrativen. Ein Mantra des einflussreichen TV-Senders *RT* lautet: »Es gibt keine objektive Berichterstattung«.[37] Worte wie *Freiheit* und *Demokratie* werden zu lächerlichen, bedeutungslosen Begriffshülsen gemacht. *RT* gilt unter seinen Fans als »antihegemonisch« und berichtete erfolgreich von der *Occupy Wall Street*-Bewegung. Russland verwendet eine Strategie, die der Historiker Timothy Snyder als »relative Macht« oder »strategischen Relativismus« bezeichnet hat, und die die andere Seite schwächen oder

lächerlich aussehen lassen soll.[38] Manche dieser Angriffe erinnern an
alte Geheimdienst- und Subversionsstrategien: Im Zweiten Weltkrieg
beispielsweise kommentierten deutsche Propagandisten wie William
Joyce, wegen seines markanten spöttischen und schallenden Gelächters
als »Lord Haw-Haw« [engl. für »haha«, Anm. d. Übers.] bekannt, *BBC*-
Sendungen, um sie der Lüge zu bezichtigen. Die Technik lässt sich ganz
einfach auf die heutige Zeit übertragen. Beispielsweise strahlte der französische TV-Sender *TV5Monde* im April 2015 plötzlich IS-Slogans aus
und postete auf seiner Facebook-Seite Warnungen: »Soldaten Frankreichs, haltet euch vom Islamischen Staat fern! Ihr habt die Chance,
eure Familien zu retten, also ergreift sie.« Und eine andere Nachricht
besagte: »Das CyberKalifat setzt seinen Cyberdschihad gegen die Feinde
des Islamischen Staates fort.«[39]

Wladimir Putin hat dem Ausland seine Vision für Russland in einer
Reihe programmatischer Reden dargelegt. Die beiden wichtigsten hielt
er bei der Münchner Sicherheitskonferenz im Februar 2007, kurz vor
Beginn der Finanzkrise, und 2014 in Sotschi am Schwarzen Meer, nach
der Annexion der Krim. In München erklärte Putin, die russische Strategie sei auf die Verteidigung der Prinzipien von Demokratie, Freiheit,
Offenheit sowie des internationalen Rechts ausgelegt und richte sich
gegen eine unipolare, US-dominierte Weltordnung, in der diese Prinzipien systematisch gebrochen würden. Er fuhr fort damit, dass die US-
amerikanische Ordnung »sicherlich nichts mit Demokratie zu tun hat.
Denn die Demokratie ist, wie Sie wissen, die Macht der Mehrheit im
Lichte der Interessen und Meinungen der Minderheit. Im Übrigen wird
Russland – werden wir – ständig über die Demokratie belehrt. Doch
aus irgendeinem Grund wollen jene, die uns belehren wollen, selbst
nichts lernen. Ich bin der Meinung, dass das unipolare Modell in der
heutigen Welt nicht nur inakzeptabel, sondern unmöglich geworden
ist.« In der Fragerunde wendete er sich dann gegen Nichtregierungs-
organisationen (non-governmental organisations, NGOs), die seiner
Meinung nach die Demokratie unterwanderten: »Geheime Finanzierung. Versteckt vor der Gesellschaft. Was soll daran demokratisch sein?
Können Sie es mir sagen? Nein! Das können Sie nicht und das werden

Sie auch nie können. Denn es geht hier nicht um Demokratie, sondern nur um einen Staat, der einen anderen beeinflussen will.«[40]

In Sotschi fokussierte der die Diskussion über Massenmedien auf deren narrative Bedeutungen:

> Wir befinden uns nun in einer Zeit der unterschiedlichen Interpretationen und des bewussten Schweigens in der Weltpolitik. Das internationale Recht ist gezwungenermaßen nach dem Vormarsch des legalen Nihilismus immer mehr auf dem Rückzug. Objektivität und Gerechtigkeit wurden auf dem Altar politischer Ziele geopfert. Willkürliche Interpretationen und voreingenommene Einschätzungen haben legale Normen ersetzt. Gleichzeitig kann durch die totale Kontrolle der globalen Massenmedien nach Gutdünken behauptet werden, Weiß sei Schwarz und Schwarz sei Weiß. In einer Welt, die von einem Land und ihren Verbündeten, oder eher dessen Satelliten, dominiert wird, läuft die Suche nach globalen Lösungen häufig auf den Versuch hinaus, die eigenen, universellen Pläne durchzusetzen. Die »wackelige Konstruktion« der amerikanischen Macht »hat überhöhtem Nationalstolz Tür und Tor geöffnet, die öffentliche Meinung manipuliert und es zugelassen, dass die Starken die Schwachen schikanieren«.[41]

Eine zweite Strategie ist das Erzählen offensichtlicher Lügen. Dabei wurde schon von anderen dargelegt, dass die Offensichtlichkeit der Lüge Teil der Message sei: Sie zeigt, dass der Sprecher aktiv, mächtig und in der Lage ist, die Wirklichkeit durch sein Narrativ zu verändern oder zu verbiegen. Der Meister dieser Strategie ist, neben dem großspurigen Donald Trump, Wladimir Putin. Nach der Besetzung der Krim behauptete er, die »grünen Männchen« dort hätten nichts mit Russland zu tun. Am 17. April 2014 erklärte er zudem: »Es gab keine russischen Einheiten in der Ostukraine – keine Spezialeinheiten, keine strategischen Berater. Die Bewohner vor Ort machen das alles.« Edward Snowden, der Mitarbeiter des amerikanischen Geheimdienstes, der tausende von Geheimdokumente, u. a. mit Details über amerikanische Überwachungspraktiken, an WikiLeaks weitergab, fragte über eine Videoschalte, ob Russland seine Bürger genauso ausspioniere, wie es die Vereinigten Staaten täten. Darauf konnte Putin antworten: »Unsere Geheimdienste werden Gott sei Dank von Staat und Gesellschaft kontrolliert und ihre Aktivitäten sind gesetzlich geregelt.«[42]

Die WikiLeaks-Enthüllungen und die Debatte über russische Einflussnahme auf die US-Wahl und das Brexit-Referendum wurden als normale Prozesse der Meinungsbildung abgetan. Putin sagte:

Russland hat hier keine Interessen; die Hysterie wurde künstlich aufgeblasen, um die Amerikaner von den tatsächlichen Enthüllungen der Hacker abzulenken. Deren wichtigste Erkenntnis ist, dass die öffentliche Meinung manipuliert wurde. Aber darüber spricht niemand. Ist es wirklich wichtig, wer das gemacht hat? Was da enthüllt wurde – das ist das, was wirklich zählt.[43]

Wenn jede Art von Manipulation erlaubt ist, dann ist nichts mehr wahr. Und auf dieser Grundlage kann es keine festgesetzten Regeln und keine soziale Ordnung geben. All dies ist ein Rezept für Chaos und Zerstörung, und gereicht immer nur jenen zum Vorteil, die nicht im Zentrum der Macht stehen: Es ist ein Werkzeug der Schwachen und es ist antihegemonisch. Doch eine seiner mächtigsten Waffen ist die Behauptung, dass jede Ordnung hegemonisch sei.

Die Finanzkrise legte die Zerbrechlichkeit der US-amerikanischen Macht offen, sodass sich der antihegemonische Diskurs gegen die Vereinigten Staaten wandte. Die europäische Schuldenkrise, die fast sofort auf dem Fuß folgte, zeigte, dass auch Europa kein besseres Modell zu bieten hatte, woraufhin die deutsche Hegemonie heftig kritisiert wurde. Die Coronakrise nur knapp zehn Jahr später hatte ähnliche Folgen für die Annahme, die neue Weltordnung stünde unter dem Zeichen Chinas. Denn das Virus hatte dort seinen Ursprung, und die Kommunistische Partei hatte anfangs versucht, die Beweise für den Ausbruch zu vertuschen, Whistleblower zum Schweigen zu bringen und eine aggressive Desinformationskampagne (nach russischer Art) geführt. Das alles führte nicht nur in den Vereinigten Staaten und Europa, sondern überall auf der Welt zu einem Backlash gegen China.

Der Prozess der Dehegemonisierung kann Gefühle des nationalen Niedergangs und der Erniedrigung hervorrufen und somit einen noch militanteren Nationalismus zur Folge haben, der den Hegemonieverlust erklären und kompensieren soll. So auch bei den Anhängerinnen und Anhängern von Trumps *America First*-Kampagne und dem rechten Populismus der Alternative für Deutschland. Xi Jinpings zunehmend nationalistisches China folgt einer ähnlichen Dynanik. Manche chinesische Kommentatoren sehen Parallelen zwischen der chinesischen Reaktion auf die Coronakrise und der nationalistischen Bewegung, sowie dem Jahrhundert der Demütigung, das dem Boxeraufstand vorausgegangen war. Eine neue, aggressive Diplomatie betont ausländische Fehler. »Wolfskrieger«-Diplomaten behaupten, Frankreich habe seine Senioren und Seniorinnen absichtliche einem einsamen Coronatod überlassen. Es gibt Sorgen, die Seidenstraße sei nur ein Vorläufer der militärischen und politischen Dominanz Chinas: So tauchten beispielsweise im chinesischen Internet im April 2020 Gerüchte auf, Kasachstan habe die Vereinigung mit China beantragt. Die 89-jährige Historikerin und langjährige Sinologin an der Chinese Academy of Social Sciences, Zi Zhongyun, warnte: »Die Machthaber mögen den Schaden einstweilen minimiert haben, doch dem Einfluss dieser Art von ›Patriotismus‹, der sich direkt gegen nationale Interessen wendet, ist auf lange Sicht schwer entgegenzuwirken. Er ist tatsächlich wie ein Geschwür, das weiter metastasieren wird.« Dann kam sie zu folgendem bemerkenswertem Schluss: Die Welt »tendiert heute nicht zur Deglobalisierung, sondern zur globalen Desinisierung.«[44] Die Antihegemonie hat die Hegemonie überwunden. Und in den Irrenanstalten hält sich kaum noch jemand für Alexander oder Napoleon.

5 MULTILATERALISMUS

Zusammen mit Marzenna James

Sowohl der Multilateralismus als auch die Hinwendung zur Geopolitik sind typische, bis heute aktuelle Phänomene des 20. Jahrhunderts. Von Beginn an kaschierte der Multilateralismus Eigenheiten und Schwächen, die später zu größeren Unsicherheiten führten. Dieses Kapitel untersucht die Ursprünge des Multilateralismus, das nächste zeigt auf, weshalb man ihn aufgab und wie er langsam verschwand.

Multilateralismus kam als moderner Begriff erstmals während des Zweiten Weltkriegs auf, als man diskutierte, wie die Handelsbeziehungen in einer Welt nach dem Krieg aussehen könnten. Er schien das offensichtliche Gegenmittel für die Beggar-thy-neighbor-Politik darzustellen, die zur Weltwirtschaftskrise beigetragen und diese anschließend verschärft hatte. Damals ging man davon aus, dass die Weltwirtschaftskrise einer der Hauptgründe für die Verschlechterung der internationalen Beziehungen war und den Nährboden für Aggression und Krieg gebildet hatte. Der kommerzielle Aspekt des Multilateralismus stand in direktem Zusammenhang mit der größeren Frage, wie sich internationaler Frieden sichern ließe. Zeitgenossen erschien diese Verbindung offensichtlich. Der Ökonom Jacob Viner erklärte 1945 unverblümt: »Mit Blick auf die Erfahrungen der Zwischenkriegszeit sollte es nicht notwendig sein, an dieser Stelle die Argumente auszuführen, weshalb der

Multilateralismus die wahre Grundlage der Handelspolitik darstellt.«[1] Der Multilateralismus der heutigen Globalisierung hat seine Ursprünge also in der Handelspolitik – und diese Assoziation war schon immer seine größte Schwachstelle. Tatsächlich wurde der Multilateralismus erstmals durch Handelsfragen ins Wanken gebracht.

Staaten sind Mitglieder internationaler Organisationen und verteidigen nicht nur ihre Rechte, sondern auch ihre Interessen. Multilateralismus ähnelt strukturell dem Ablauf von Handelsgesprächen, im Zuge derer ein Land für einen insgesamt vorteilhaften Deal bei einigen Forderungen Abstriche macht. In der Tat beschreibt das französische Wort *globaliser* die Bündelung von Verhandlungsgegenständen und schließt implizit auch Kompromissbereitschaft mit ein. Das Ergebnis ähnelt den Folgen der Demokratie im nationalen Kontext: Nicht alle sind zufrieden und die Verlierer wettern ähnlich gegen den schädlichen Multilateralismus, wie die Demokratieverdrossenen auf das System schimpfen.

Der Multilateralismus zieht alle Mitglieder einer internationalen Ordnung in einen komplexen Verhandlungsprozess hinein. Alle gehen Kompromisse ein, machen in einem Bereich Zugeständnisse, um in einem anderen Vorteile zu erlangen. Die Vereinigten Staaten einigten sich in den 1980er-Jahren mit Japan, unter selbstauferlegten Einschränkungen (»freiwillige Exportbeschränkungen«) darauf, weiterhin japanische Autos ins Land zu lassen, im Gegenzug sollte Japan sein Finanzsystem so weit öffnen, dass US-amerikanische Finanzinstitute von Tokyo aus operieren konnten. Bei dieser Art der Zusammenarbeit tut ein Staat also aus einem unmittelbaren Eigeninteresse heraus etwas, was er sonst nicht tun würde. Das passiert jedoch nur dann, wenn es eine Aussicht auf zukünftige Vorteile gibt. Dementsprechend ist es unverzichtbar, dass alle Länder an dieses System gebunden sind, und dass sie bereit sind, nicht sofort auszusteigen, wenn sie kurz das Gefühl bekommen, dass ihre Interessen hintanstehen müssen. Sobald es eine realistische Ausstiegsoption gibt, lösen sich viele Versprechen – die mit der Hoffnung auf spätere Vorteile abgegeben wurden – in Luft auf. Diese Eigenschaft erklärt, weshalb viele Beobachter der Meinung sind, dass jedes multilaterale System eine starke Kontrollinstanz (einen Hegemon) benötige.[2] Eine funktionierende internationale Ordnung darf nicht schon morgen zu zerfallen drohen.

Während der Vorbereitungen auf eine Nachkriegszeit übertrug man das Konzept des Multilateralismus schnell vom Handel auf Sicherheitsfragen. Die grundlegenden Prinzipien dieses neuen Ansatzes für internationale Beziehungen finden sich in der Charta der Vereinten Nationen. Unterschrieben wurde das neue Gründungsdokument 1945 und löste damit die Völkerbundsatzung von 1919 ab, über die es weit hinaus ging. Diese hatte sich lediglich auf internationales Recht berufen, ohne genauer auszuführen, wie neue Vereinbarungen getroffen werden könnten, und mit der Darlegung eines neuen Grundprinzips begonnen:

In der Erwägung, daß es zur Förderung der Zusammenarbeit der Nationen und zur Gewährleistung von Frieden und Sicherheit zwischen ihnen darauf ankommt, gewisse Verpflichtungen einzugehen, nicht zum Kriege zu schreiten, in aller Öffentlichkeit auf Gerechtigkeit und Ehre beruhende Beziehungen zwischen den Völkern zu pflegen, die von nun an als Regeln für das tatsächliche Verhalten der Regierungen anerkannten Vorschriften des Völkerrechts genau zu beobachten, die Gerechtigkeit herrschen zu lassen und alle vertragsmäßigen Verpflichtungen in den gegenseitigen Beziehungen der organisierten Völker gewissenhaft zu beobachten, nehmen die hohen vertragsschließenden Teile die folgende Satzung an, die den Völkerbund stiftet.[3]

Im Gegensatz dazu erklärten die Vereinten Nationen ihre Grundlage für die internationale Ordnung wie folgt: »[F]reundschaftliche, auf der Achtung vor dem Grundsatz der Gleichberechtigung und Selbstbestimmung der Völker beruhende Beziehungen zwischen den Nationen zu entwickeln und andere geeignete Maßnahmen zur Festigung des Weltfriedens zu treffen«.[4]

Das System der Vereinten Nationen, das die Bretton-Woods-Institutionen, darunter Weltbank und Internationaler Währungsfonds, mit einschließt, war nicht vollkommen neu, große Teile der Vision finden sich bereits in der Völkerbundsatzung, deren »wirtschaftliche und finanzielle Organisation« den Internationalen Währungsfonds vorwegnahm.[5] Allerdings bezog der Völkerbund nie die gesamte Welt mit ein, während die Vereinten Nationen und die Bretton-Woods-Institutionen ursprünglich global gedacht waren.

Das 20. Jahrhundert wurde von den Unterschieden zwischen zwei Friedensabkommen geprägt: dem Versailler Vertrag von 1919, der während der Pariser Friedenskonferenz ausgehandelt wurde, und dem System der Vereinten Nationen, das aus einer Reihe von Treffen zur Etablierung internationaler Organisationen hervorging und schließlich 1945 in der Konferenz von San Francisco gipfelte, wo sich 46 Nationen von April bis Juni miteinander berieten. Die Konferenz begann vor dem Ende des europäischen Krieges und endete noch, bevor der Pazifikkrieg vorbei war. Sie beinhaltete keine Friedensverhandlungen faktisch gesehen trat das Abkommen zur Beendigung des Zweiten Weltkriegs rechtlich erst 1990 mit dem Zwei-Plus-Vier-Vertrag in Kraft, der die deutsche Einheit etablierte (bei den Zwei handelt es sich um BRD und DDR als Nachfolgerinnen des Deutschen Reichs, das 1939 den Krieg begonnen hatte, und die Vier waren Frankreich, die Sowjetunion, Großbritannien und die Vereinigten Staaten von Amerika). Im Gegensatz dazu stand die Pariser Friedenskonferenz von 1919 mit ihren Pariser Vorortverträgen (Versailles für Deutschland, Saint-Germain für Österreich, Neuilly für Bulgarien, Trianon für Ungarn und Sèvres für das Osmanische Reich) für eine Demütigung. Sie riefen in den neu geordneten Ländern anhaltenden Groll hervor, mit Ausnahme des Vertrags von Sèvres, der den türkischen Unabhängigkeitskrieg auslöste und so zur Gründung eines neuen türkischen Staats mit selbst festgelegten Grenzen führte. Das Abkommen von 1945 drehte sich mehr um Institutionen als um territoriale Vereinbarungen, die auf andere Weise geklärt wurden – über eher traditionelle Treffen der Hauptakteure, vor allem der großen Drei: Sowjetunion, Vereinigtes Königreich und Vereinigte Staaten (das Treffen in

Potsdam war eine Neuauflage der großen Drei von 1919 in veränderter Gestalt: Frankreich, Großbritannien und die Vereinigten Staaten).

Ein System, in dem Großmächte über etwas entscheiden – seit dem Wiener Kongress von 1815 mitunter auch als *Konzert* bezeichnet –, ist jedoch nicht mit Multilateralismus gleichzusetzen. Manchmal ist die Annahme verführerisch, die großen Drei (oder eine beliebige Anzahl »Großer«) könnten eine Lösung für die Probleme aller anderen finden – doch so etwas unterscheidet sich stark von einem generellen Mechanismus, der die Teilhabe jedes Landes an der Bewahrung von Frieden und Wohlstand regelt. Ein Verbund von Großmächten wirkt Multilateralismus eher entgegen, als dass er die Vervollständigung eines Prinzips darstellt, das die Gleichheit aller staatlichen Anliegen anerkennt. Die Abkehr vom echten institutionalisierten Multilateralismus begann in den 1970er-Jahren, als die Ölkrise den politischen Status quo infrage stellte und die internationale Wirtschaft erschütterte. Fünf große Industriestaaten begannen in dieser Zeit mit regelmäßigen informellen Treffen der Finanzminister der »Gruppe der Fünf« (Frankreich, Deutschland, Japan, Großbritannien und die Vereinigten Staaten). Es fand schließlich 1975 das erste offizielle Gipfeltreffen der G6 in Frankreich im Schloss Rambouillet statt – Italien war als neues Mitglied hinzugekommen. Später trat Kanada bei, woraus die G7 wurden.

Dieser westliche Klub wirkte allerdings besonders nach dem Ende des Kalten Krieges nicht länger wie eine angemessene Form internationaler Führungspolitik. Später versuchte man die Treffen inklusiver zu gestalten: Ab 1997 nahm auch Russland an den politischen Treffen teil, womit aus den G7 die G8 wurden; nach der Annexion der Krim schloss man Russland 2014 wieder aus. Ab 2008 traf sich eine größere, repräsentativere Gruppe (G20), zu der nun auch große aufstrebende Staaten gehörten: Brasilien, China, Indien, Südafrika und die Türkei. Es sah ganz danach aus, als sei die Zeit der Schwellenmärkte gekommen, die nun ins Konzert einstimmten, statt in einen neu auflebenden Multilateralismus hineingezogen zu werden. Während des ersten Gipfeltreffens der G20 belehrte Brasiliens Präsident Luiz Inácio Lula da Silva die großen Staaten über ihren dürftigen Führungsstil:

Wir bitten nicht um Unterstützung; wir bitten nicht um finanzielle Mittel. Wir verlangen von Ihnen, dass Sie Ihre eigenen wirtschaftlichen Probleme beheben. Das Beste, was Sie für uns tun können, ist die Rückkehr zum Wachstum [...]. Wir sprechen von G20, weil G8 seine Daseinsberechtigung verloren hat. Anders ausgedrückt, müssen in unserer heutigen globalisierten Welt die Schwellenmärkte in die Überlegungen mit einbezogen werden.[6]

Chinas Präsident Hu Jintao forderte eine »neue internationale Finanzordnung, die fair, gerecht, inklusiv und geregelt ist.« Frankreichs Präsident Nicolas Sarkozy verlangte vor dem Gipfel eine »Neubegründung des Kapitalismus.«[7]

Anfangs sah es ganz danach aus, als ob dieses neue, konzertierte System bessere Ergebnisse hervorbrächte als ein komplexer und dysfunktionaler Multilateralismus. Bei den ersten Treffen dieser Gruppen fand man für bestimmte Probleme Lösungen, die innovativ und wichtig zugleich waren. So koordinierte der Rambouillet-Gipfel von 1975 eine friedliche Reaktion auf die Ölkrise, und das zu einer Zeit, in der sich viele politische Anführer in den westlichen Ländern für einen Militäreinsatz aussprachen. Und der Londoner G20-Gipfel im April 2009 markierte einen Höhepunkt internationaler Zusammenarbeit. Allerdings verkamen die Treffen schon bald zu einer Bühne für unproduktive Selbstdarstellung und demonstratives Gezanke.

Auch im Multilateralismus spiegeln die getroffenen Vereinbarungen nicht einfach ein Amalgam oder ein arithmetisches Mittel der Interessen der Mitgliedsstaaten wider. Lange Zeit traten die Vereinten Nationen auf der Stelle, da die Sowjetunion mit ihrem Vetorecht die Abstimmungen des Sicherheitsrats blockierte. Die Gruppe blieb außerdem bis 1971 unvollständig. In jenem Jahr brachte eine von Albanien angeleitete Gruppe von 23 Ländern während der Hauptversammlung einen Antrag ein, wonach die Volksrepublik China (das kommunistische China) als einzige legitime Vertretung der chinesischen Bevölkerung anerkannt werden sollte, mit dem Argument, die »Wirklichkeit« sollte »nicht verändert werden, um dem Mythos einer sogenannten Republik Chinas zu entsprechen, die aus einem chinesischen Teilterritorium besteht.«[8] Der US-amerikanische Vorschlag einer dualen Repräsentation, die auch Chiang Kai-sheks Republik China (Taiwan) einbezöge, wurde abgelehnt. Nach diesem Vorfall sprach die US-Delegation immer wieder von der Notwendigkeit, bei Mitgliedschaften in internationalen Organisationen »Realismus« und Gerechtigkeit walten zu lassen. Die Bretton-Woods-Institutionen (Weltbank und Internationaler Währungsfonds) spielten während des Kalten Krieges gerade deswegen eine wichtige Rolle, weil (entgegen den Absichten der Bretton-Woods-Konferenz von 1944) die Sowjetunion ihnen nie beitrat. China war Mitglied, allerdings hielt bis 1980 Taiwan den Sitz, nicht die Volksrepublik. Die Russische Föderation trat dem Internationalen Währungsfonds erst nach dem Zusammenbruch der Sowjetunion 1992 bei.

Idealismus vs. Realismus

Bei der Eröffnungssitzung der Bretton-Woods-Konferenz 1944, an der 44 Länder (Mitglieder der Kriegskoalition, der Vereinten Nationen) teilnahmen, umriss US-Finanzminister Henry Morgenthau die Philosophie internationaler Zusammenarbeit klar und deutlich:

Ich hoffe, dass diese Konferenz ihre Aufmerksamkeit auf zwei elementare wirtschaftliche Axiome richten wird. Das erste ist Folgendes: dass Wohlstand keine festen Grenzen kennt. Er ist keine endliche Substanz, die kleiner wird, wenn man sie teilt. Im Gegenteil, je mehr Wohlstand andere Nationen genießen, desto mehr wird jede Nation für sich selbst haben [...]. Das zweite Axiom folgt logisch aus dem ersten. Wohlstand ist, wie Frieden, unteilbar. Wir können es uns nicht leisten, ihn hie und da unter den vom Glück Begünstigten zu säen oder ihn auf Kosten anderer zu genießen. Armut, wo auch immer sie existiert, stellt für uns alle eine Gefahr dar und sie untergräbt unser aller Wohl. Sie lässt sich genauso wenig auf ein bestimmtes Gebiet begrenzen wie der Krieg, stattdessen breitet sie sich aus und schwächt die Wirtschaftskraft aller begünstigteren Regionen der Erde.[9]

Hinter diesen hehren Idealen standen jedoch ebenfalls – sehr offensichtlich – die Sicherheits- und Wirtschaftsinteressen eines dominanten Landes, das in Bezug auf seine Vision nicht sonderlich kompromissbereit war. Es handelte sich um eine sehr amerikanische Abmachung. Nur eines der anderen 43 Länder nahm während der Verhandlungen eine tragende Rolle ein: das Vereinigte Königreich. Dementsprechend war das Ergebnis eher bi- als multilateral. Die Unternehmung funktionierte zu einem Großteil deswegen, weil die US-Regierung ein internationales Abkommen vor allem als Festigung ihrer inländischen Agenda sah, es sollte das Vermächtnis des New Deals bewahren. Im März 1941 war das Prinzip einer obligatorischen Währungskonvertibilität, der Begrenzung protektionistischer Handelspraktiken und der beidseitigen Marktöffnung mit Artikel 7 des Leih- und Pachtgesetzes Teil der angloamerikanischen Beziehungen geworden, die Vereinbarung war im englischsprachigen Raum allgemein als »the Consideration« bekannt. Im ursprünglichen Entwurf des State Departments verpflichteten sich die beiden Länder dazu

> für beide Seiten vorteilhafte wirtschaftliche Beziehungen zu pflegen sowie die Verbesserung der weltweiten wirtschaftlichen Beziehungen voranzutreiben; sie sorgen dafür, dass weder in den Vereinigten Staaten von Amerika noch im Vereinigten Königreich Maßnahmen gegen den Import irgendeines Produktes aus dem jeweils anderen Land getroffen werden.

In Washington stellte man die Maßnahme als vernichtenden Schlag gegen den Schutzpanzer der britisch-imperialen Präferenzpolitik dar, von der die Zoll- und Handelsbeziehungen innerhalb des Britischen Empires geprägt waren. (Die gleichen Formulierungen hatte man in Klausel 4 der Atlantik-Charta verwendet, die während Winston Churchills erstem Treffen mit Präsident Roosevelt an Bord eines britischen

Schlachtschiffs entworfen wurde.) Die Regierungen würden »für einen freien Zutritt aller Staaten, der großen wie der kleinen, der Sieger wie der Besiegten, zum Welthandel und zu jenen Rohstoffen eintreten, die für deren wirtschaftliche Wohlfahrt vonnöten sind.« Die Strategie des Außenministers Cordell Hull, einem überzeugten Verfechter des Freihandels, zur Einhegung protektionistischer Impulse ruhte auf zwei Säulen. An erster Stelle stand die Notwendigkeit, den Umfang der parlamentarischen Arbeit im Kongress zu begrenzen.

Dieser erste Grundsatz ging auf das Smoot-Hawley-Zollgesetz und die katastrophale Handelspolitik während der Weltwirtschaftskrise zurück. Wie der Politikwissenschaftler Elmer Schattenschneider zeigen konnte, änderte sich das Smoot-Hawley-Zollgesetz während der politischen Debatten im Kongress grundlegend, da einzelne Parlamentarier Richtlinien hinzufügten, um ihre lokalen Interessen zu schützen. Dieses Argument funktioniert analog zur Logik des kollektiven Handels, wie sie der Politikwissenschaftler Mancur Olson darlegte: Eine Anhäufung kleiner Interessen wird zu einem suboptimalen Ergebnis führen, da jedes kleine Interesse einen großen Vorteil in einer protektionistischen Maßnahme sieht, und die Gemeinschaft akzeptiert eine solche Ergänzung gern, da es sie verhältnismäßig wenig kostet, einzelne Maßnahmen hinzuzufügen. Olson geht davon aus, dass nur eine übergreifende Formulierung eines allgemeinen Interesses das Problem des kollektiven Handelns lösen könne: In Bezug auf konkrete Politik bedeutete dies die Stärkung der Exekutive und des Präsidentschaftsamts auf Kosten der Legislative. Genau diesen Kurs schlug Cordell Hull 1934 mit dem sogenannten »Reciprocal Trade Agreements Act« ein, der dem Präsidenten Abschlüsse bilateraler Handelsabkommen erlaubte.[10]

Der zweite logische Grundsatz hinter Hulls Strategie bestand in der Annahme, es sei sicherer, liberale Abmachungen in einer juristischen oder verfassungsrechtlichen Form zu verankern, um sie so ebenfalls von parteilicher und parlamentarischer Politik fernzuhalten. Die offene Volkswirtschaft über internationale Abkommen abzusichern, wäre eine Möglichkeit, der Politik die Hände zu binden, beziehungsweise – in den Worten der aktuellen Politikwissenschaft – eine regelbasierte internationale Ordnung.[11] Auf diese Weise würde eine internationale Ordnung vielleicht dauerhafte verfassungsmäßige Garantien für die Präferenzen der Vereinigten Staaten als Ganzes schaffen (jedoch nicht zwangsläufig für einzelne Amerikaner oder jeweilige Parlamentarier).

Die kompromisslose Einstellung der Vereinigten Staaten brachte sogar Gegner und Skeptiker (wie den britischen Ökonomen und maßgeblichen Entwickler der Bretton-Woods-Ordnung, John Maynard Keynes) zu dem Schluss, dass eine Liberalisierung des Handels unverhandelbar war – dass es das Ziel der Vereinigten Staaten war, anderen Ländern freien Handel aufzuerlegen, um sich so Märkte für die eigens hergestellten Waren zu sichern, während sie selbst einige protektionistische Maßnahmen beibehalten würden. Dementsprechend forcierte Keynes die Erschaffung einer internationalen Handelsorganisation, die ihrerseits die Vereinigten Staaten im Zaum halten würde. Doch nach dem Ende des Kriegs, als die Länder anfingen, um Ausnahmen zu feilschen, die sie sich von einer solchen internationalen Handelsorganisation wünschten, ging der US-Kongress tatsächlich auf die Barrikaden und die vorgeschlagene Institution kam nie zustande. Somit konkretisierte die ursprüngliche Zusammenkunft in Bretton Woods lediglich, was die vorangegangene Diplomatie bereits etabliert hatte: Wegen des herrschenden Konsenses, dass man nicht über Handel debattieren sollte, beschäftigte sich die Konferenz stattdessen mit der Stabilisierung des Währungssystems.

Die US-amerikanischen Verhandlungsführer waren sich ihres Vorteils durchaus bewusst und wussten, dass sie ihn nutzen sollten. Morgenthau sagte Harry Dexter White, dem wichtigsten US-Verhandlungsführer des Bretton-Woods-Abkommens: »Wir sind hier im Vorteil und persönlich denke ich, wir sollten ihn nutzen.« Worauf White erwiderte: »Läge der Vorteil bei ihnen, würden sie ebenfalls davon Gebrauch machen.«[12] Am offensichtlichsten zeigte sich dieser Vorteil in der zentralen Stellung der US-Währung im internationalen Währungssystem, eine Position, die der Dollar auch nach dem Zusammenbruch des festen Wechselkurssystems 1971 beibehielt. Die Verhandlungsführer der Vereinigten Staaten hatten immer auf der Vorrangstellung des Dollars bestanden und nun drängten sie inmitten der Bretton-Woods-Verhandlungen, im Kontext einer oberflächlich trivial erscheinenden Diskussion darüber, wann die einzelnen Länder ihre ersten Einzahlungen in den Internationalen Währungsfonds tätigen sollten, auf eine Vorgehensweise, die den Dollar ins Zentrum rückte: Wechselkursparitäten konnten entweder in Gold oder in US-Dollar ausgedrückt werden (und da wenige Länder über erhebliche Goldreserven verfügten, würde sich kaum jemand dafür entscheiden). Das Festlegen auf den Dollar war ein fundamentaler Fehler, der nicht nur innerhalb des Bretton-Woods-Systems existierte, sondern auch in der darauf aufbauenden Finanzwelt fortbestehen blieb: ein Fehler, der in den frühen 1970er-Jahren zutage treten sollte, als das feste Wechselkurssystem zusammenbrach.

Könnte eine multilaterale und friedliche Ordnung sich selbst tragen und eigenständig korrigieren? Keynes glaubte nicht an etwas, das man vielleicht als *Globalisierungsparadigma* bezeichnen könnte: Diese Theorie stammte von Montesquieu und wurde von Richard Cobden und John Bright sowie von Norman Angell verfochten. Ihr zufolge würden allein der Handel und die über einen solchen entstehende Vernetzung zu internationalem Frieden und Ordnung führen. Aus diesem Grund war eine tiefgreifende Umordnung des internationalen Währungssystems notwendig. Keynes, angeekelt von den nach dem Ersten Weltkrieg getroffenen Abmachungen, schrieb 1919:

Die Bankwelt ist dieses System gewohnt und hält es für einen notwendigen Bestandteil der dauernden Gesellschaftsordnung. Sie neigt daher dementsprechend zu dem Glauben, das sein ähnliches System zwischen Staaten in viel breiterem und ausgesprochen unterdrückendem Umfange, das keine zu Sachgütern gewordenen Werte verkörpert und das weit loser mit der Eigentumsordnung zusammenhängt, natürlich, vernünftig und der menschlichen Natur gemäß ist. Ich bezweifle diese Auffassung von der Welt. Selbst der inländische Kapitalismus, der viel örtliche Sympathien genießt, der in dem täglichen Produktionsprozess eine große Rolle spielt und von dessen Sicherheit die gegenwärtige Gesellschaftsverfassung großenteils abhängt, ist nicht ganz ungefährdet.[13]

Das Bretton-Woods-System setzte eine weltweite Einigung über die Kontrolle des Kapitalverkehrs voraus, der als »permanenter Bestandteil« des Nachkriegssystems präsentiert wurde.[14] Die Gemeinschaft würde eng mit einer Agentur zusammenarbeiten, die für Preisstabilisierung verantwortlich war (um den »Konjunkturzyklus zu kontrollieren«), sowie mit einer supranationalen Friedensagentur (»betraut mit der Aufgabe, den Frieden und die internationale Ordnung zu bewahren«). Der britische Entwurf folgerte, »der Vorschlag kann Enthusiasmus hervorrufen, da er den ersten Schritt in Richtung einer zukünftigen Weltwirtschaftsordnung zwischen Nationen macht und in Richtung des ›Friedensgewinns‹, und hilft vielleicht dabei, die Bedingungen und eine Atmosphäre zu schaffen, in der vieles einfacher werden kann.«[15]

Keynes war von der britischen Regierung beauftragt worden, einen Gegenentwurf zu dem erstaunlichen (aber zutiefst unaufrichtigen) Plan des Reichswirtschaftsministers Walther Funk zur wirtschaftlichen Neuordnung Europas zu erarbeiten, den dieser 1940 vorgelegt hatte. Keynes lehnte eine Rückkehr zum Internationalismus der 1920er-Jahre als Konzept für die Beziehungen nach dem Krieg entschieden ab. In seinen Ausarbeitungen sprach Keynes von »dem Bedürfnis nach sozialer und persönlicher Sicherheit«, das nach dem Krieg herrsche.[16] Doch bisher standen nur wenige Details darüber zur Verfügung, wie eine internationale Wirtschaft geführt werden könnte, um eine solche Sicherheit zu schaffen. In diese gemeinsame Vision mussten sehr verschiedene Wirtschaftsarten integriert werden: darunter Wirtschaftssysteme, die sich, wie das Vereinigte Königreich und die Vereinigten Staaten, auf einen nachfrageorientierten Keynesianismus stützten, und solche, die dem sowjetischen Modell folgten, dessen Planwirtschaft auch den Außenhandel betraf. Die sowjetische Delegation nahm ebenfalls in Bretton Woods teil und einige der eher seltsamen Formulierungen der Abmachung gehen auf die Notwendigkeit zurück, Rücksicht auf sowjetische Besonderheiten zu nehmen.

Jedes Land benötigte bei der Gestaltung seiner inländischen Agenda im Hinblick auf innenpolitische Prioritäten freie Hand, während es gleichzeitig mit der Weltwirtschaft auf eine Weise in Verbindung bleiben musste, die sich mit Frieden und allgemeinen internationalen Absichten vereinbaren ließ. Es gab drei Möglichkeiten, diese Ziele zu erreichen:

1. Die Staaten könnten schlicht entscheiden, dass internationale Harmonie in ihrem Interesse sei. Die Erfahrungen der 1930er-Jahre mahnten in diesem Zusammenhang jedoch zur Vorsicht.

2. Ein internationaler rechtlicher Rahmen könnte eingerichtet werden, mit dem sich Konflikte zwischen nationalen und internationalen Wirtschaftsinteressen schlichten ließen.

3. Ein vollkommen automatischer Mechanismus könnte die Staaten ohne einen langwierigen bürokratischen oder juristischen Prozess in Richtung Frieden und Wohlstand lenken.

Diskussionen über eine Nachkriegsordnung schwankten zwischen der zweiten und dritten Möglichkeit, schlussendlich beinhaltete das Ergebnis Elemente von beiden. Automatismus schien reizvoll, weil er apolitisch war, gleichzeitig fürchtete man jedoch, dass er womöglich nicht immer mit breiter gefassten Bedürfnissen in Einklang zu bringen war. Man einigte sich, dass eine Entscheidungsinstanz notwendig war, am besten eine Institution mit juristischen Befugnissen, die über einen Vertrag abgesichert war. Der daraus resultierende Kompromiss ist die Grundlage der Errungenschaften von Bretton Woods. Keynes' Plan schlug eine internationale Bank vor, die er als Clearing Union bezeichnete. Sie sollte mit einer neuen Recheneinheit arbeiten, die die Basis für die Einführung einer neuen internationalen Währung bilden sollte.

Eine neue Währung, die keine nationale Währung darstellte, war das Kernelement von Keynes' Vision: Sie würde die internationale Währungsordnung von der komplexen internationalen Diplomatie befreien, welche die auf den Goldstandard fixierten, nationalen Zentralbanken untereinander tätigten und die während der Kriegsjahre so viele Schäden angerichtet hatte. Die neue Währung sollte Bancor heißen — ein Name, der ihre zukünftige Funktion widerspiegelte. Das neue Geld war als künstlicher Goldersatz angelegt, der das Gold schrittweise aus der Weltwirtschaft verdrängen sollte. Gold könnte dann von den Zentralbanken an die neue internationale Bank gegen Bancor verkauft, jedoch nicht mehr eingekauft werden. Man machte sich frei von den »barbarischen Überbleibseln« der Vergangenheit, ebenso von den alten und schmerzhaften Anpassungsmechanismen, die Länder durchliefen, die zu viel im Ausland ausgaben (Leistungsbilanzdefizite erwirtschafteten) oder die zu wenig ausgaben (Leistungsbilanzüberschüsse erzielten). Keynes kritisierte, dass jene Länder mit Handelsüberschüssen während der 1920er-Jahre nicht schnell genug expandiert hatten, um die Gefahr von schwächelnder Nachfrage und einer damit einhergehenden wirtschaftlichen Flaute abzuwenden.

Ziel der Tätigkeit der Clearing Union sollte es sein, unausgeglichene Zahlungsbilanzen zu vermeiden. Ein Regelwerk sollte Überziehungen durch Schuldner und positive Guthaben von Gläubigern regulieren. Für jedes Land in der Union wurden Kontingente festgelegt: die Hälfte des durchschnittlichen Imports und Exports der letzten fünf Jahre. Diese Kontingente legten fest, wie viel sich Schuldner leihen konnten (zu Zinsraten, die mit der Schuldenmenge anstiegen). Gläubiger mussten der Clearing Union dagegen die Überschüsse übertragen, die über ihr Kontingent hinausgingen, und Gebühren zahlen, wenn ihre Bilanz ein Viertel ihres Kontingents überstieg. Der Keynes-Plan entwarf eine beinahe perfekte Symmetrie: Überschüsse sollten genauso unvorteilhaft und kostspielig sein wie Schulden. So ließen sich Maßnahmen vermeiden, wie sie die Vereinigten Staaten und Frankreich in den späteren 1920er-Jahren ergriffen hatten. Stattdessen würden die Leiter der Clearing Union die Staaten mit Handelsüberschüssen zum Wachstum drängen.[17] In späteren Entwürfen seines Vorschlags kämpfte Keynes »mit der schwierigsten aller Fragen«: »Zu entscheiden, [...] wie viel über Regeln festgelegt werden und wie viel Ermessensspielraum gelassen werden sollte.«[18]

Ein abstrakter und unpersönlicher Ablauf würde den Märkten den größten Spielraum lassen und die staatliche Souveränität am ehesten bewahren. Die extreme Version eines regelbasierten Systems, der Goldstandard, hatte dagegen zu Deflation und Wirtschaftskrisen geführt. Immer neue britische Fassungen der Vereinbarung gingen zwischen Keynes, dem Finanz- und Wirtschaftsministerium Großbritanniens und der Bank of England hin und her, was zu einem sukzessiven Ausbau des Ermessensspielraums innerhalb des ursprünglich klaren und einfachen Automatismus führte. Währungsbehörden bevorzugten es, »nach vagen Anforderungen zu operieren, die durch vage Sanktionen abgesichert waren, statt klare Regeln zu veröffentlichen« (und das ist bis heute so).[19] Im vierten Entwurf der Abmachung hatte sich der Schwerpunkt auf das Ermessen verlagert. Der Verwaltungsrat der internationalen Bank konnte die Bedingungen festlegen, unter denen es Ländern erlaubt war, ihre Überschüsse zu vergrößern, indem sie etwa ihre Goldreserven aufgaben, die Kontrolle über Kapitaltransaktionen abgaben oder ihre Währung abwerteten. Doch sogar, nachdem Verhaltensregeln durch politische Absprachen ersetzt wurden, herrschte nach wie vor eine Symmetrie zwischen den Beschränkungen für Schuldner und denen für Gläubiger. Überstieg ein Guthaben die Hälfte des Kontingents, musste das entsprechende Land sich nach wie vor über das weitere Vorgehen »mit dem Verwaltungsrat besprechen (jedoch lag die endgültige Entscheidung nach wie vor bei ihm [dem Land]).« Die Möglichkeiten umfassten eine Ausweitung inländischer Kredite und Nachfrage, eine Anpassung des Wechselkurses, höhere Lohnzahlungen, Zollsenkungen oder internationale Darlehen für Entwicklungsländer. Die Vereinigten Staaten mischten sich zunehmend in die Verhandlungen ein, weil sie verhindern wollten, dass ihre Schuldnerposition sie in eine Expansionspolitik drängen könnte. Das war deswegen möglich, da internationale Kapitalströme größtenteils kontrolliert werden würden.

Die weithin herrschende Einigkeit der Mitglieder über die ursprünglichen Verhandlungspositionen begünstigte einen erfolgreichen Abschluss. Keynes schrieb über seine Vorschläge, dass sie »nicht den Anspruch auf Originalität [erheben]. Sie sind ein Versuch, gewisse allgemeine Ideen, die zum gegenwärtigen Stand der wirtschaftlichen Meinungsbildung gehören und die in den vergangenen Monaten von Autoren der verschiedensten Nationalitäten bekannt gemacht worden sind, in eine praktikable Form zu bringen. Es ist kaum vorstellbar, wie irgendein Plan, der diese aus dem Zeitgeist geborenen Grundideen nicht berücksichtigt, erfolgreich sein könnte.«[20] Dies war eine größtenteils korrekte Einschätzung von Bretton Woods. Einige spürten Unbehagen in Bezug auf die Rolle des Dollars – darunter auch Keynes –, doch es war mehr als offensichtlich, dass die Weltwirtschaft, nun da Deutschland und Japan zerbombt und ruiniert waren, in der absehbaren Zukunft auf den Dollar angewiesen sein würde.

Handelsabkommen, Wachstum und Fertigung

Das Bretton-Woods-Abkommen schien einen Übergang zu einem offenen internationalen Handelssystems unter Aufsicht einer Internationalen Handelsorganisation vorauszusetzen. Allerdings kam diese Institution nie zustande: Im Dezember 1945 luden die Vereinigten Staaten die Alliierten dazu ein, ein multilaterales Abkommen über die gegenseitige Senkung von Zöllen im Bereich des Warenverkehrs auf den Weg zu bringen, und 1948 einigte man sich auf ein Gründungsdokument (die Havanna-Charta), das von 56 Ländern unterzeichnet wurde. Alles sah sehr vielversprechend aus, doch es kam nie zum Tragen. Der US-Kongress wies das Dokument wiederholt ab und es wurde nie dem Senat vorgelegt. Stattdessen wurde eine provisorische Institution, das Allgemeine Zoll- und Handelsabkommen (General Agreement on Tariffs and Trade, GATT), zum Forum für Verhandlungsrunden über Handelskontingente und Zollsenkungen.

Dieses Verhandlungssystem schuf eine Art optische Täuschung. In der Regel gleicht sich der Handel zwischen zwei Staaten nicht aus. Beispielsweise exportierten europäische Produzenten während des wirtschaftlichen Aufschwungs nach dem Krieg einfache Maschinerie und technische Geräte nach Südamerika, welches seinerseits Kautschuk und Kaffee nach Nordamerika exportierte, Nordamerika verkaufte wiederum höherentwickelte Maschinen an die Europäer. Auch der Verkauf von Dienstleistungen konnte in eine Handelsbilanz hineinspielen: Mit einer zunehmenden Entwicklung Europas sank der Bedarf für hochentwickelte US-Maschinerie, gleichzeitig kauften die Vereinigten Staaten für die in Europa stationierten US-amerikanischen Streitkräfte Dienstleistungen ein. Oder ein Ausgleich erfolgte über Kapitalflüsse: International aufgestellte Unternehmen mit Sitz in den Vereinigten Staaten begannen Unternehmen oder Besitz in anderen Ländern aufzukaufen. Doch die Handelsgespräche des GATT-Systems wurden bilateral geführt, die getroffenen Vereinbarungen wurden anschließend durch Anwendung der Meistbegünstigungsklausel (Most Favored Nation, MFN) auf andere Länder ausgeweitet. Die Unterzeichner eines MFN-Abkommens erhielten die gleichen Handelsbegünstigungen, die bilateral vereinbart wurden. Daher ging es bei Handelskonflikten immer um bestimmte Waren: So geschehen im sogenannten »Hühnerkrieg« (*chicken war*) der 1960er-Jahre, als Europa den Import von US-Hühnchen einschränkte, woraufhin die Vereinigten Staaten Kleintransporter aus Europa vom US-Markt ausschlossen, indem sie deren Import mit höheren Zöllen belegten.

Handel wurde allgemein zur treibenden Kraft hinter dem Wirtschaftswachstum: Er führte zu einer schnellen Genesung Westeuropas, die in deutlichem Kontrast zu der miserablen wirtschaftlichen Leistung der Zwischenkriegsjahre stand, was auf eine globale Entwicklungsstrategie hoffen ließ. Artikel 18 der ursprünglichen GATT-Charta erlaubte Entwicklungsländern, die Zugeständnisse bei Importzöllen zu begrenzen und ihre Wirtschaft zu subventionieren, wenn solche Maßnahmen die Einführung neuer Industrien ermöglichen würden, die den Lebensstandard in den jeweiligen Ländern anheben könnten. Gleichzeitig verpflichtete Artikel 37 Industrieländer dazu, Handelsbarrieren für die Einfuhr von Waren aus weniger entwickelten Ländern zu senken oder ganz abzuschaffen. Doch die europäischen Staaten konnten sich nicht auf gemeinsame Schritte einigen, die diese Versprechen umsetzten, daher wurde 1965 das Abkommen überarbeitet, damit es Ausnahmen in Landwirtschaft, Stahl und Textilindustrie zuließ – also für solche Produkte, die am ehesten von ärmeren Ländern exportiert wurden. Man schränkte außerdem den Import von Textilien im Rahmen verschiedener Abkommen ein, die schließlich unter dem Multifaserabkommen von 1974 gebündelt wurden, das bis 2005 in Kraft war.

Die letzte multilaterale Verhandlungsrunde, die Doha-Runde, begann 2001 (nachdem das GATT 1994 von der Welthandelsorganisation abgelöst worden war). In Doha versprach man, das Prinzip des Multilateralismus so auszuweiten, dass es einen Schwerpunkt auf Entwicklung zuließ: Entwicklungsländer sollten sich laut der ursprünglichen Erklärung, »einen Anteil am Wachstum des Welthandels sichern, der ihren Bedürfnissen für wirtschaftliche Entwicklung angemessen ist. In diesem Kontext werden ein verbesserter Marktzugang, faire Regeln und gezielte, nachhaltig finanzierte technologische Unterstützung und Entwicklungsprogramme, eine wichtige Rolle spielen müssen.«[21] Die Verhandlungen gestalteten sich deutlich komplexer, was zum Teil der Tatsache geschuldet war, dass so viele Länder daran teilnahmen. Ursprünglich waren 23 Gründungsmitglieder am GATT beteiligt. Die Welthandelsorganisation (World Trade Organisation, WTO) dagegen wurde von 123 Ländern gegründet und umfasste 2001, als China als 143. Mitglied hinzukam, praktisch den ganzen Planeten (Russland kam 2012 als 156. Mitglied hinzu). Rückblickend stellte der Beitritt Chinas einen Wendepunkt in der Geschichte der WTO dar. Die neuen Mitglieder entschieden, dass der Handelsmultilateralismus nicht länger für sie funktionierte, und die älteren Mitglieder fürchteten, von den neuen Mitgliedern übervorteilt zu werden. Die Doha-Runde wurde vor allem von einem Streit über die Einführung von Umweltmaßnahmen aufgehalten, der zwischen den großen Schwellenmärkten und der industrialisierten Welt ausgetragen wurde: Die kürzlich beigetretenen Länder befürchteten, dass die reichen, bereits etablierten Mitglieder umwelttechnische Bedenken als Vorwand für zusätzliche Kosten nutzten, um potenzielle neue Konkurrenten auszubremsen.

Die zunehmende Komplexität von Handelsgesprächen hatte auch innenpolitische Gründe. Mit der Einführung eines Handelsregimes nahm auch der Einfluss von Lobbyarbeit zu und immer neue Interessengruppen traten auf den Plan.

Handel wuchs fortwährend und schneller als die industrielle Produktion. Das durchschnittliche weltweite Zollniveau (berechnet mit einem gewichteten Mittelwert) war in den frühen 1990er-Jahren gestiegen und lag 1994 bei 9,7 Prozent; 2010 betrug der Wert mit 4,3 Prozent nur noch die Hälfte (die Vereinigten Staaten lagen bei 2,81 Prozent und die Europäische Union bei 2,84 Prozent).[22] In letzter Zeit wurde das Handelswachstum eher durch bilaterale Vereinbarungen als durch allgemeine Rahmenbedingungen vorangetrieben. Im Jahr 2002 verabschiedete der US-Kongress den Trade Act, der dem Präsidenten Befugnisse für die Förderung des Handels einräumte, und 2004 schlossen die Vereinigten Staaten Verträge mit Australien und Marokko sowie später mit einer Reihe weiterer Staaten in Zentralamerika ab. Danach begann der US-Kongress allerdings damit, Vereinbarungen zu blockieren, wodurch die Vereinigten Staaten erst 2011 Handelsabkommen mit Südkorea, Kolumbien und Panama abschlossen. Die Europäische Union entwarf 2006 eine neue Handelsstrategie, die sich auf bilaterale Verhandlungen stützte, um so »eine schnellere und weitergehende Marktöffnung und Integration fördern« zu können.[23]

Anfang 2018 verschrieb sich die Trump-Regierung einem vollkommen neuen Ansatz, der in einem Bericht des Handelsbeauftragten der Vereinigten Staaten aus demselben Jahr wie folgt beschrieben wurde: »Im Allgemeinen sind wir davon überzeugt, dass diese Ziele am besten erreicht werden können, wenn wir uns auf bilaterale statt multilaterale Verhandlungen konzentrieren – und indem wir Handelsabkommen neu verhandeln und revidieren, wenn sie unseren Ziele nicht gerecht werden.«[24] Der Vorsitzende des Council of Economic Advisers, Kevin Hassett, behauptete, China habe sich als Mitglied der WTO »schlecht benommen« und dass die Organisation die Vereinigten Staaten »im Stich gelassen« habe.[25] Das Büro des Handelsbeauftragten der Vereinigten Staaten hielt fest: »In den 16 Jahren, bevor China der WTO beitrat – von 1984 bis 2000 – stieg die US-Industrieproduktion um beinahe 71 Prozent an. In der Zeit von 2000 bis 2016 wuchs die US-Industrieproduktion weniger als 9 Prozent.«[26] Sogar die bilateralen Abmachungen gerieten in die Kritik: »Von 2011 (dem letzten vollständigen Kalenderjahr, bevor das US-Korea Freihandelsabkommen in Kraft trat) bis 2016, fiel der Gesamtwert der nach Südkorea exportierten US-Waren um 1,2 Milliarden US-Dollar. Gleichzeitig stiegen die US-Importe von Waren aus Südkorea um mehr als 13 Milliarden US-Dollar.«[27]

Mit dem politischen Umschwung von 2016 wurde *Multilateralismus* zu einem Schimpfwort – und das in dem Land, das einst auf ebendiesen bestanden hatte. Wobei die Vertretungsorgane – darunter der US-Kongress – der Idee von Anfang an eher skeptisch gegenübergestanden hatten. Und anschließend forderten Handelskriege – von Donald Trump als »gut und einfach zu gewinnen« angepriesen – einen erheblichen wirtschaftlichen Preis (zusammen mit weitreichenderen politischen Folgen). In der Zeit bis 2019 litt die Landwirtschaft unter mehreren Vergeltungsmaßnahmen, im verarbeitenden Gewerbe wurden um die 300 000 Stellen gestrichen und das Bruttoinlandsprodukt sank um 0,3 Prozent – noch vor den verheerenden Auswirkungen der Pandemie.[28]

Die Vorherrschaft des Dollars

Bretton Woods orientierte sich ausdrücklich am US-Dollar. Dies sorgte für Unmut. Andere Länder beklagten, die Orientierung am Dollar würde es den Vereinigten Staaten ermöglichen, Defizite – aus Importen, Militärausgaben im Ausland und dem Ankauf ausländischer Unternehmen – zu finanzieren und die Welt so in die Inflation treiben. Der französische Finanzminister Valéry Giscard d'Estaing sprach von einem »exorbitanten Privileg«. Anschließend war es an den Vereinigten Staaten, sich über die Einschränkungen des Systems zu beschweren, da sie sich in einer außergewöhnlichen Zwickmühle befanden: Sie konnten als einziges Land den Wert ihrer Währung nicht dem Standard (dem Dollar) anpassen und nicht mithilfe einer Abwertung den eigenen Export ankurbeln. Am Ende waren es die Vereinigten Staaten, die 1971 den auf dem Dollar basierenden festen Wechselkurs abschafften. Das darauffolgende sogenannte »Non-System« beruhte auf großen Finanzströmen und orientierte sich sogar noch stärker am Dollar als das vorherige, welches von den 1940er-Jahren bis in die frühen 1970er-Jahre hinein existiert hatte. In der frühen Nachkriegszeit waren die internationalen Kapitalflüsse stark begrenzt gewesen.

Der Ökonom Robert Mundell stellte in den späten 1960er-Jahren angesichts des bröckelnden Bretton-Woods-Systems drei Prognosen auf: dass die Sowjetunion zusammenbrechen, dass Europa eine gemeinsame Währung haben und dass der Dollar die führende internationale Währung bleiben und weiterhin das Zentrum des internationalen Währungssystems bilden werde.[29] Da auf diese Vorhersagen recht schnell der August 1971 und der Zusammenbruch des Paritätensystems folgten, wirkten diese Vorhersagen sehr gewagt. Bisher sind sie jedoch eingetroffen.

Es gab mehrere Versuche, eine multilaterale Alternative zur Abhängigkeit vom US-Dollar zu finden. In den 1960er-Jahren führte eine ausgiebige Debatte über die Angemessenheit der in Dollar angegebenen Währungsreserven zu einer Initiative zur Erschaffung einer neuen internationalen Währung, der der IWF den merkwürdigen Namen Sonderziehungsrecht (SZR) verlieh. Da die Vereinigten Staaten jedoch derart viele Beschränkungen durchsetzten (das SZR konnte nur vom offiziellen Sektor, Regierungen und Zentralbanken verwendet werden), konnte die Währung nie wirklich mit dem Dollar konkurrieren. In den späten 1970er-Jahren, als der Dollar über längere Zeit hinweg schwächelte und die Stellung der Vereinigten Staaten in die Kritik geriet, versuchte der IWF »Sonderkonten« einzurichten, die es anderen Ländern erlauben würden, ihre Dollarreserven in ein neues Reserveguthaben (SZR) umzuwandeln, das so an Einfluss gewinnen würde. Der Plan setzte sich nicht durch, da nicht klar war, wer die »Konten« im Falle eines sinkenden Dollars ausgleichen würde. Der Dollar beherrschte die Internationale Währungsordnung nicht nur weiterhin, er sollte auch in Zukunft ihr zentrales Problem bleiben.

Man fühlte sich weiterhin gefangen. Im Zuge dessen, was heute oft als »Bretton Woods II« bezeichnet wird, banden, besonders in Asien, viele Schwellenmärkte ihre Währungen an den US-Dollar.[30] In dieser

Neuauflage des alten Regimes sorgte besonders die Teilnahme Chinas für Aufsehen, das seine Währung bis 2005 fest an den Dollar band. Der Versuch das aufrechtzuerhalten, was aus US-amerikanischer Sicht wie ein unterbewerteter Wechselkurs aussah, erforderte den Aufbau umfassender Dollarreserven. Kritiker in den Vereinigten Staaten waren überzeugt, dass China und andere Länder, die über große Überschüsse verfügten, den Wechselkurs zugunsten der eigenen Exporte manipulierten. Zusätzlich dazu förderten ein wachsendes Dollarvermögen und eine Abhängigkeit von der Stabilität des US-Dollars unproduktive Investitionen in den Vereinigten Staaten auf eine Weise, von der viele annehmen, dass sie die Immobilien- und Hypothekenblase (besonders im Bereich des Subprime-Markts) weiter aufblähte, bis sie 2007 schließlich platzte. In ihrem Buch *Trade Wars Are Class Wars* legen Matthew Klein und Michael Pettis dar, wie in dieser Zeit das exorbitante Privileg zum exorbitanten Opfer wurde. Während Amerikanerinnen und Amerikaner mehr und mehr Schulden aufnahmen, kauften sie zunehmend im Ausland ein, was in den Vereinigten Staaten zu Deindustrialisierung und wachsender Ungleichheit führte. US-amerikanische Verbraucher und Verbraucherinnen kauften lieber im Ausland hergestellte Waren ein, was auf Kosten US-amerikanischer Hersteller ging und wiederum Arbeitsplätze im verarbeitenden Gewerbe kostete.[31]

Auch nach der Weltfinanzkrise 2008 blieb der Dollar die zentrale internationale Währung, die Krise erhöhte lediglich die Nachfrage nach sicheren Anlagemöglichkeiten. In der Tat führte das Einfrieren des Interbankenmarkts während der Krise überall auf der Welt bei Banken, die sich über kurzfristige Kredite am US-Geldmarkt finanzierten, zu einem hohen Bedarf an Dollar-Liquidität. Zentralbanken in den großen Industrienationen, die über direkte Swap Lines zur Federal Reserve verfügten, stellten umgehend notfallmäßige Dollarleihen bereit. Nur wenige von Washington als wichtig befundene Schwellenmarktländer konnten ebenfalls Swap Lines aushandeln: Brasilien, Mexiko, Südkorea und Singapur. Dass Indien nicht Teil dieser Liste war, sorgte für großen Unmut. In den nächsten zehn Jahren nutzte man den Dollar etwas seltener als Reservewährung – obwohl er 2019 mit zwei Dritteln nach wie

vor die meisten Währungsreserven stellte. Doch der Anteil an Schuldverschreibungen, die in Dollar gehalten wurden, stieg von 48 Prozent
im Jahr 2008 auf 64 Prozent Ende 2018 an.[32] Staatliche und institutionelle Flüsse von Währungsreserven trieben den Wert des Dollars in den
Jahren nach der Finanzkrise in die Höhe: Ohne diese großen staatlichen
und institutionellen Einkäufe hätten die Finanzbewegungen im privaten Sektor für einen Nettoabfluss gesorgt.

Handels- und Währungsbeziehungen stehen in einer engen Verbindung zueinander, selbst wenn man sie mitunter als unterschiedliche
Sachverhalte behandelt, die von sehr verschiedenen Verhandlungspar-
teien verantwortet werden – in den Vereinigten Staaten vom Handels-
und vom Finanzministerium, in der Europäischen Union von der Kommission und der Europäischen Zentralbank. Im Laufe der Geschichte
waren Währungsabwertungen ein Weg, protektionistische Abwärtsspira-
len in den Handelsbeziehungen zu verhindern. Beispielsweise stand der
US-Kongress 1970 kurz vor der Verabschiedung eines Gesetzesentwurfs,
der Einfuhrkontingente für Schuhe und Textilien vorsah. US-Präsident
Richard Nixon schlug daraufhin im August 1971 eine Neubewertung
der Währung vor: Das Ende des alten Goldwechselkurses von 35 Dollar pro Feinunze (begleitet von einer vorübergehenden Einfuhrabgabe,
solange die Währungsabwertung das Konsumverhalten beeinflusste).
Eine ähnliche Dynamik zeigte sich Mitte der 1980er-Jahre. Als der Wert
des Dollars stark anstieg und sich die Amerikaner und Amerikanerinnen zunehmend über unfaire Handelspraktiken beschwerten, besonders
in Japan, schlug US-Finanzminister James Baker beim Plaza-Treffen in
New York währungspolitische Eingriffe statt vom Kongress verhängte
Importeinschränkungen vor. Außerdem standen in den 2000er-Jahren
wachsende Sorgen über chinesische Importe in direktem Zusammenhang mit Bedenken zur Unterbewertung der chinesischen Währung und
einer Überbewertung des Dollars, insbesondere als der Wert des Dollars
zu Beginn der Finanzkrise in die Höhe schnellte.

Es bestand immer das Risiko, dass die Instrumentalisierung des
Dollars für die eigenen politischen Ziele nach hinten losgehen könnte.
Finanzielle Sanktionen waren in ihrer ursprünglichen Form äußerst

wirksam, wenn sie sich gegen ein kleines, isoliertes Land wie Nordkorea richteten. Doch je häufiger man sie gegen Iran oder Russland einsetzt oder chinesischen Unternehmen mit ihnen droht, desto kontraproduktiver sind sie. Sie drängen Russland und China, aber auch Europa, dazu, schnell alternative Zahlungs- und Ausgleichsmechanismen zu entwickeln. Juan Zarate, der in den 2000er-Jahren im Finanzministerium für den Kampf gegen Finanzkriminalität und Terrorfinanzierung verantwortlich war, schrieb 2013 ein Buch, in dem er vor einem Ausbau des Sanktionsregimes und vor den langfristigen Gefahren warnte, die es für den Einfluss und die Macht der Vereinigten Staaten darstellen würde.[33]

Die langanhaltende zentrale Stellung des Dollars geht auf das Bedürfnis nach einer sicheren und liquiden Anlage zurück und sie wird erst dann verschwinden, wenn alternative sichere Anlagemöglichkeiten aufkommen, von denen manche ihren Rückhalt nichtstaatlichen Anbietern verdanken. Die angepriesenen Alternativen – der Euro oder der Renminbi – wirkten nie wie überzeugende Nachfolger für die Dollar-Hegemonie. Doch die langanhaltende Herrschaft des Dollars über das internationale Finanzwesen steht im grundlegenden Widerspruch zum Prinzip des Multilateralismus. Eine solche Vorherrschaft setzt voraus, dass die Vereinigten Staaten wirtschaftlich stabil sowie kulturell und finanziell offen bleiben. Noch dazu verlangt man innerhalb der Vereinigten Staaten mittlerweile nach dem Ende eines Systems, das sich für Amerikaner und Amerikanerinnen wie eine Falle anfühlt. In diesem Zusammenhang sind Nixons Vorgehen 1971 und Trumps *America-First*-Politik Reaktionen auf eine Weltordnung, die die amerikanische Bevölkerung anscheinend ärmer macht und generell schlechter dastehen lässt. Auf diese Weise trägt sie zu dem bei, was Trump so eindrücklich als »American carnage« (Gemetzel Amerikas) bezeichnet hat.

Der Auflösungs- und Desintegrationsprozess betrifft noch weitere Aspekte des Multilateralismus der Nachkriegszeit. Schon vor 2016 geriet die Welthandelsorganisation ins Wanken und die Doha-Runde wurde nie abgeschlossen, doch die Trump-Regierung versetzte dem Ganzen den Gnadenstoß, indem sie sich weigerte, neue Schiedsrichter für den Appellate Body zu ernennen, der Rechtsmittelinstanz im Streitbeilegungsverfahren der WTO. Die Austritte der Trump-Regierung aus dem Pariser Klimaabkommen trotz der zunehmend dringlicheren Gefahren des Klimawandels und aus der Weltgesundheitsorganisation auf dem Höhepunkt der Coronapandemie machten einmal mehr deutlich, dass der alte Multilateralismus tot war.

Gibt es irgendeine Hoffnung, aus dieser Falle herauszukommen? Mit ihrem Versuch, den Multilateralismus zu zerschlagen, schneiden sich die Vereinigten Staaten ins eigene Fleisch. Innere Konflikte werden absichtlich verschärft. Und während die Dysfunktionalitäten der Vereinigten Staaten aufgedeckt werden und deren Kompetenz und staatliche Funktion zunehmend auf dem Prüfstand stehen, wird die Suche nach alternativen Leitwährungen immer dringlicher. Keynes' Bedenken von 1945 sind heute relevanter denn je. Bedarf diese neue Ordnung einer neuen Art von globaler Organisation, eines aufrichtigen Multilateralismus?

So wie der Vertrag von Versailles einen negativen Mythos nach sich zog, der alle schlechten und instabilen Elemente der darauffolgenden Politik dem Friedensvertrag statt den Kriegszerstörungen zuschrieb, schuf Bretton Woods einen positiven Mythos. In dieser Version beseitigte ein Akt des aufgeklärten, kreativen Internationalismus die Hindernisse, die dem gemeinsamen Interesse mehrerer Nationalstaaten und Wirtschaftsakteure im Weg standen, und schuf so eine neue Synthese von Staat und Markt. Bretton Woods war der intellektuelle Zuckermantel, der den bitteren Geschmack der Pille überdecken sollte, die da hieß, realpolitische Dollar-Hegemonie. Es sollte der US-amerikanischen Innenpolitik den unangenehmen Nachgeschmack des Internationalismus versüßen. Die bis heute anhaltende Debatte, die nach den 1970er-Jahren aufkam, vermischte zwei Punkte miteinander: die Frage, weshalb es kein weiteres Bretton Woods gab, mit dem Eindruck, dass die Weltwirtschaft in Schwierigkeiten steckt und dass eine internationale Marktordnung (oder der Kapitalismus) nicht ordentlich wiederhergestellt wurde. Diese Vermengung führt zu einem stetigen Ruf nach einem weiteren Bretton Woods, einem weiteren Keynes oder einem Wiederaufleben der Vereinigten Staaten von 1944, die damals als Großmacht für internationale Prinzipien einstanden. Anders gesagt wird der Mythos von Bretton Woods oder davon, wie guter Multilateralismus einst die Welt rettete, fortlaufend neu aufgerufen. Diese Forderung wird so lange bestehen bleiben wie das Problem, das Keynes in Bretton Woods nicht lösen konnte: Wie man einen sicheren Vermögenswert schaffen kann, der die Grundlage für eine Währungsordnung bildet, aber selbst keine Nationalwährung ist.

6 DIE FURCHTERREGENDEN DEUTSCHEN POLITIKBEGRIFFE

Zusammen mit Marzenna James

Geopolitik und *Multilateralismus* verhalten sich ähnlich zueinander wie *Sozialismus* und *Kapitalismus*: Menschen, denen der eine Begriff zusagt und die ihn nutzen, um die Welt um sich herum zu analysieren, halten den anderen in der Regel für bedeutungslos, korrumpiert oder gefährlich. Ihren Anhängern liefert Geopolitik die Erklärung dafür, weshalb Multilateralismus niemals funktionieren kann. Spricht man dagegen in irgendeiner großen internationalen oder multilateralen Institution von Geopolitik, erntet man in der Regel Stirnrunzeln und Naserümpfen. Geopolitiker behandeln ihrerseits die Multilateralisten wiederum oft als eigennützige oder eingeschränkte Menschen, die nicht in der Lage sind, die Realität des großen Ganzen zu erfassen. Besonders Geopolitiker sind stolz darauf, dass sie in großen Zusammenhängen denken und sich von dem frei machen, was sie als billiges Moralisieren betrachten. Ihrer Ansicht nach werden durch das schiere Ausmaß ihrer Vision kleinliche Zurückhaltung und Zögern überflüssig. Die Visionäre betonen außerdem gern ihre Hartnäckigkeit und verwenden in der Regel häufig das Wort *Realität*, wie zum Beispiel im Begriff der *geopolitischen Realitäten*.

Weltpolitik

Der Blick auf größere Zusammenhänge begann auf sehr angenehme und verträgliche Weise. Während der *Sattelzeit* der Französischen Revolution und der Napoleonischen Kriege kam ein neues Politikverständnis auf, das sich besonders in Deutschland aggressiv und nachdrücklich Bahn brach. Nachdem Napoleons Truppen mit den veralteten und ineffizienten deutschen Staaten auf dem Schlachtfeld kurzen Prozess gemacht hatten, gab es keinen funktionierenden deutschen Staat mehr. Nachdem die alte Ordnung aufgehoben war, standen den Deutschen nun endlose politische Möglichkeiten offen, über die sie nachsinnen konnten. Und sie ließen ihrer Fantasie freien Lauf. Ein bemerkenswerter Essay in der *Allgemeinen Literatur Zeitung* von 1814 erklärte gleich zu Beginn: »Die Politik ist in der neueren Zeit die freyeste Kunst und Wissenschaft geworden.« Anschließend entwickelt der Autor ein Konzept von *Weltpolitik*, ein Begriff, der die deutsche Geschichte und deutsche Politikschaffende noch lang verfolgen sollte.

> So wie aus dem Gemeinschaftlichen der Vorstellungen der Gedanke, und aus dem Gemeinschaftlichen in diesen der allgemeine Gedanke hervorgeht: so muss man in der Politik von den einzelnen Gegenständen und ihren Verhältnissen zu dem was dem Staate und von diesem zu dem was der Welt gemeinschaftlich ist, übergehen, wenn man sich vor Träumereyen und Schwärmereyen bewahren, und allgemeine Gedanken aus lebendigem Quell schöpfen will. So verfuhr Aristoteles und nach ihm jeder dem es um die Wissenschaft zu thun war.[1]

Bei der *Weltpolitik* ging es um universale Verbundenheit. Das Konzept erreichte seinen ersten Höhepunkt in Hegels Idee von einem *Weltgeist*. Es packte den älteren Goethe, der sich mit Eckermann über asiatische Einflüsse und *Weltliteratur* austauschte. Es verfolgte den Komponisten Wagner, in dessen innovativster und einfallsreichster Oper *Tristan und Isolde* es darum ging, asiatische Tonalität und Spiritualität in Einklang mit dem Vermächtnis einer zerbrochenen christlichen Tradition zu bringen.[2]

Realpolitik

Irgendwo ging etwas in diesem Prozess, bei dem man die Welt gedanklich zu einen versuchte, tüchtig schief. Die neue konfliktgeladene Wende war die Folge eines Globalisierungsschocks, von europaweitem Hunger und Unzufriedenheit und dann der sozialen Revolutionen von 1848. Der hervorragende Theoretiker hinter der neuen Philosophie war August Ludwig von Rochau; mittlerweile ist er beinahe vollkommen in Vergessenheit geraten, der Titel seines Hauptwerks *Realpolitik* klingt jedoch nach wie vor vertraut. Rochau war ein liberaler Journalist, der sich an den Revolutionsbewegungen von 1848 beteiligt hatte und nach deren Niederlage verstand, dass die Revolutionen scheiterten, weil sie zu stark moralisierten und sich zu sehr von Ideen leiten ließen. Ideen polarisieren. Würden Menschen und Staaten stattdessen über Interessen nachdenken, wären sie in der Lage, friedliche und nützliche Ergebnisse auszuhandeln. Rochau zufolge waren die Revolution 1848 und der philosophische Idealismus gescheitert, weil der Frankfurter Nationalversammlung eine Armee und ein realistisches Konzept für die Außenpolitik fehlten. Ein vereintes Deutschland könnte nur auf Basis der Möglichkeiten geformt werden, die das europäische Staatssystem bereithielt. Vor allem aber hing die richtige Politik davon ab, dass sie mit dem Zeitgeist übereinstimmte. Rochau war von der Theorie des Zeitgeists besessen: »[A]ls System und auf die Dauer ist eine dem Zeitgeiste widersprechende Politik nicht bloß unausführbar, sondern wie gesagt auch undenkbar.« Für Rochau konnten politische Institutionen und Versammlungen nur funktionieren, wenn sie auch wirklich repräsentativ waren – oder, wie er es ausdrückte, »der richtige Ausdruck der gesellschaftlichen Kräfte«.[3]

Rochau veröffentlichte 1869 einen zweiten Band der *Realpolitik,* da der preußische Sieg über Österreich bei Königgrätz und die Gründung eines Norddeutschen Bunds unter Führung von Bismarcks Preußen 1867 Rochaus ursprüngliche Argumente von 1853 zu bestätigen schienen. Das Prinzip der *Realpolitik* passte eindeutig zu Bismarcks Missachtung von beinahe allen traditionell konservativen Prinzipien – besonders der Vorstellung von Legitimität – wie auch zu seinem zügigen

Aufbau politischer Allianzen, die er ebenso schnell wieder zerschlug. In der Ausgabe von 1869 tritt Rochaus Bewunderung für Machtpolitik ganz ohne moralisches Feigenblatt zutage: »Die Probe der politischen Macht ist der Kampf. [...] Die oberste Instanz in allen Prozessen von Macht gegen Macht ist indessen der Krieg.«[4]

Die neue Version der *Realpolitik* legte außerdem mit neuem, brutalem Freimut die Basis für Preußens Macht offen. Freiheit, schrieb Rochau, werde nicht durch politischen Umbruch erreicht, sondern nur durch die Aneignung von Eigentum. Welche Fortschritte auch immer in Richtung nationaler Einheit gemacht worden waren, sie gingen auf menschliches Eigeninteresse zurück. Die Erstausgabe von *Realpolitik* beginnt mit der Feststellung:

Der politische Organismus der menschlichen Gesellschaft, der Staat, entsteht und besteht vermöge eines Naturgesetzes, welches der Mensch mit oder ohne Bewusstsein freiwillig oder unwillkürlich erfüllt. In diesem Sinne ist jenes alte Wort gesprochen: der Mensch ist ein politisches Thier; in diesem Sinne darf eine bekannte Lehre der Neuzeit sagen: der Staat ist von Gott – beide Sätze sind, richtig verstanden, durchaus gleichbedeutend.

Nationale Einheit – die für Rochau das übergeordnete politische Ziel darstellte – würde »weder ein Princip noch eine Idee noch ein Vertrag [...], sondern nur eine überlegene Kraft, welche die übrigen verschlingt«[5] hervorbringen. Diese Formulierung nahm die berühmte Äußerung Bismarcks vorweg, der etwas weniger als ein Jahrzehnt später erklärte, »nicht durch Reden und Majoritätsbeschlüsse werden die großen Fragen der Zeit entschieden [...,] sondern durch Eisen und Blut.«[6]

Der neue Realismus, der nach 1848 aufkam, nahm eine ältere Tradition wieder auf, die vor allem mit dem florentinischen Staatssekretär, Historiker und Denker Niccolò Machiavelli in Verbindung gebracht wird. In der Tat gibt es starke Argumente dafür, dass Rochauismus oder *Realpolitik* schlicht und einfach eine Fortführung des Machiavellismus war, den man auf die Bedingungen des 19. Jahrhunderts anwandte.

Dass man sich in Zeiten des Aufruhrs auf den Machiavellismus besinnt, ist nach wie vor eine beliebte Diagnose; wesentlich seltener zieht man ihn als explizite Strategie in Erwägung. Der französische Präsident Emmanuel Macron schrieb seine Masterarbeit über Machiavelli und holte sich bei dem Florentiner Tipps, wie er die angeschlagene Wirtschaft seines Landes modernisieren könne. Zentralbanker und Journalisten besannen sich mitten in der Eurokrise der 2010er-Jahre auf Machiavelli, um sich das Vorgehen Mario Draghis, des Präsidenten der Europäischen Zentralbank, besser erklären zu können. Außerdem gab ein einflussreicher Moskauer Thinktank namens Niccolo M. dem Konzept eine radikale Richtung, als er den Kreml in Bezug auf unkonventionelle Strategien, offensive militärische Kommunikationstechnologien und hybride Kriegsführung beriet.

In der Regel wird Machiavelli falsch verstanden und *Machiavellismus* zumeist pauschal abwertend verwendet (wie *Faschismus* oder *Neoliberalismus*). Eine solche Verwendung etablierte sich recht schnell. Shakespeares Richard von Glocester (der zukünftige Richard III. und der am konsequentesten angelegte Bösewicht des Dichters) verspricht, er »nehme, den mörd'rischen Machiavell in Lehr'«.[7] Die Referenz an sich ist zwar anachronistisch – Shakespeares Szene spielt 1464, fünf Jahre vor der Geburt Niccolò di Bernardo dei Machiavellis –, der Gedanke dahinter bleibt jedoch einfach. Machiavelli verfasste einen Ratgeber für Herrschende, der ihnen erklärte, auf welche Weise sie sich doppelzüngig, listig und intransparent verhalten sollten.

Das berüchtigte Kapitel 18 von Machiavellis Buch *Der* Fürst (*Il Principe*) erklärt die Umstände, unter denen es für einen Herrscher angebracht – sogar wünschenswert – sei, sein Wort zu brechen. Darin scheint er zu argumentieren, dass die Herrscher »welche sich aus Treu und Glauben wenig gemacht haben, und mit List die Gemüther der Menschen zu bethören verstanden«,[8] am erfolgreichsten waren. Viele interpretierten das Kapitel dahingehend, dass Anführer so oft wie möglich lügen sollten. Allerdings war Machiavellis Anliegen deutlich komplexer. Mithilfe einer fähigen Analyse der weitreichenderen Folgen, die Täuschung und das Verdrehen der Wahrheit nach sich ziehen, zeigt er anhand von mehreren Beispielen, dass Manipulation nur dann funktioniere, wenn der Fürst überzeugend so tun *könne*, als ob er sich *nicht* ihrer bediene. Dementsprechend müssten die Täuschung und ihre Vertuschung umso komplexer und vielschichtiger sein. Machiavelli erklärt sehr deutlich, dass Anführer sich einen Ruf aufbauen müssten, der sie als verlässlich und aufrichtig zeige. Der Fürst musste beständig wirken und Tugenden nach außen tragen, die einen solchen Eindruck unterstützten: Dies sei die Grundlage für eine funktionierende Politik. »Alles, was von ihm herkommt, muß Mitleid, Treue, Menschlichkeit, Redlichkeit, Frömmigkeit athmen. Nichts aber ist nothwendiger, als der Schein der letztgenannten Tugend.«[9] Anders formuliert, sollten Politiker und Politikerinnen nie den Anschein erwecken – und schon gar nicht offen zugeben –, dass sie an nichts glaubten.

Diese Lehre lässt sich auch auf moderne Situationen anwenden. Viele Denker, von Rochau bis zum italienischen Marxisten Antonio Gramsci, hielten nach einem modernen Fürsten Ausschau. Demokratie und moderne Politik bauen auf Versprechen auf. Politische Parteien und Kandidaten nutzen Versprechen, um Wählende für sich und damit auch deren Unterstützung für die eigenen politischen Vorhaben zu gewinnen. Menschen reagieren nicht gut auf unrealistische Zusicherungen, besonders wenn sie sich nicht auf die Politikschaffenden verlassen können, von denen sie kommen. Es herrscht ein tiefes Sehnen nach Beständigkeit. Wie lässt sich diese erreichen? Moderne Machiavellianer finden ihre Antwort in den, wie es scheint, offensichtlichen Fakten der Geografie und des Standorts.

Machtpolitik

Realpolitik wurde immer wieder neu definiert. *Machtpolitik* dachte darüber nach, wie sich Realpolitik auf die komplizierten politischen Auseinandersetzungen auf dem europäischen Kontinent anwenden ließe, wo es mittlerweile wesentlich komplexer zuging, als das im 15. Jahrhundert auf der italienischen Halbinsel mit ihren sich stetig im Wandel befindlichen Konstellationen und Allianzen noch der Fall gewesen war.

Otto von Bismarck, der 1862 inmitten einer politisch angespannten Lage zum Ministerpräsident Preußens ernannt wurde, setzte den Maßstab für diese neue Politik. In seiner berühmten Korrespondenz mit den konservativen Gebrüdern Gerlach meinte Bismarck, die einzige Pflicht eines preußischen Staatsdieners und Diplomaten sei es, die Interessen seines Königs voranzubringen, gleichgültig, welche Regierungsform in anderen Ländern existierte; Frankreich bliebe Frankreich, sei es nun eine Republik, eine Monarchie oder ein Kaiserreich.

Solche Prinzipien kamen nicht nur bei heiklen Experimenten in Sachen Mächtegleichgewicht zum Tragen. Sie wurden ebenfalls relevant, als Staaten zunehmend in die wirtschaftlichen Abläufe eingriffen und Handelsvereinbarungen trafen, die nicht ausschließlich einer bestimmten Interessengruppe dienten, sondern auch Auswirkungen auf die nationale Stärke hatten, und die der eigenen Machtdemonstration dienen könnten. Mitte des 19. Jahrhunderts war den Deutschen und ihren Nachfolgern bereits die Verbindung zwischen beidem bewusst. *Machtpolitik* war für Handelspolitik unerlässlich. Nur sozialdemokratische Schwärmer, so der Ökonom Gustav von Schmoller, würden behaupten, eine Handelspolitik sei frei von den Machtmitteln der Staaten zu führen. Solange es einen Staat gäbe, würde dieser versuchen, die Handelsbeziehungen zu formen.[10]

Im Deutschen Kaiserreich wurde *Weltpolitik* zu einem politischen Slogan, als Kaiser Wilhelm II. sich bemühte, die Bismarcksche Politik zu reformieren. Für diesen neuen Kurs stand vor allem Bismarcks Nachfolger Bernhard von Bülow, Reichskanzler von 1900 bis 1909. Dahinter stand die Überlegung, dass Bismarck sich zu sehr auf die europäische Geografie beschränkt hatte und dass Deutschland den eigenen Blickwinkel erweitern musste, wenn es seine Ziele erreichen wollte: Frankreich in Schach halten, Russland an den Rand drängen und mit Britannien konkurrieren. Bülow hatte eine neue Zeit eingeläutet, als er – damals noch Staatssekretär des Äußeren – dem Reichstag erklärte: »Mit einem Worte: wir wollen niemand in den Schatten stellen, aber wir verlangen auch unseren Platz an der Sonne.«[11] Bülow wurde von Friedrich Holstein, der grauen Eminenz der Bismarckschen Außenpolitik, mit großem Argwohn betrachtet, der anmerkte: »Bei Bülow, der sonst ein sehr liebenswürdiger und leichtlebiger Vorgesetzter ist, wirkt unausgesetzt ein kritikloses Mißtrauen gegen jederman. Er hat sich in jüngeren Jahren den Magen mit Machiavelli verdorben; die Lehren dieses Ordinarius der Intrige führen ihn öfters irre und vermindern seine Zuverlässigkeit im Verkehr.«[12]

Geopolitik

Während der Nachwehen des Ersten Weltkriegs und dem Scheitern der *Weltpolitik* benötigte die deutsche Tradition einen neuen Terminus. Diesen lieferte Karl Haushofer, Offizier und Stratege an der Bayerischen Kriegsakademie in München, den ein relativ kurzer Einsatz als Militärattaché in Tokyo (1908–1910) nachhaltig geprägt hatte. Das Wort *Geopolitik*, an dem Haushofer so großen Gefallen fand, stammte von dem schwedischen Politiker Johan Rudolf Kjellén, der es vor allem in seinem 1900 erschienen Buch *Inledning till Sveriges geografi* (Einführung in die schwedische Geografie) verwendete. Später entwickelte Kjellén die Theorie, die europäische Geschichte werde vom Wettkampf um die drei Flussgebiete von Rhein, Donau und Weichsel angetrieben. *Geopolitik* ist klassischerweise ein mehrdeutiger, verschwommener Begriff, der sowohl in unschuldigen als auch gefährlichen Kontexten verwendet wird. Für die einen vermittelt er den vagen Eindruck von Kontinenten und weitläufigen geografischen Räumen; für andere geht es bei der *Geopolitik* um die Behauptung, dass die Wirklichkeit aus endlosen Konflikten und Kämpfen besteht, in denen Gebiete wichtiger sind als Ideen, Karten mehr gelten als Menschen. Haushofer legte den Grundstein für die Verquickung von Geografie und Konflikt, und für die Ansicht, Geopolitik sei die Geschichte eines erbitterten Kampfs zwischen Arm und Reich, ein Nullsummenspiel. Er wollte eine neue Politikwissenschaft gründen, »die Wissenschaft von der politischen Lebensform im natürlichen Lebensraum.« Geopolitik sei die Lehre der »erdbestimmten und bodengewachsenen Züge des politischen Lebens«. Als solche »will und muß [sie] zum geographischen Gewissen des Staates werden.«[13] Der Ansicht, dass Geografie von Bedeutung sei, könnte man eine naive Version des Globalismus gegenüberstellen, in der die Welt flach war und Entfernungen durch die Globalisierung verschwanden, ein »Ende der Geografie« ähnlich dem »Ende der Geschichte«.

Haushofers Arbeit wurde besonders von zwei Wissenschaftlern beeinflusst, dem deutschen Geografen Friedrich Ratzel, dessen Arbeit sich hauptsächlich mit *Raum* auseinandersetzte und der das Konzept des *Lebensraums* einführte, und dem englischen Geografen (und Direktor der London School of Economics) Halford Mackinder. Letzteren faszinierte die Tatsache, dass die Eisenbahn weitreichende kontinentale Gebiete öffnete, womit sie eine neue Art der Integration und der Machtpolitik ermöglichte. Zuvor funktionierte Globalisierung über den Seeweg, vorangebracht von arabischen, venezianischen, portugiesischen, spanischen und dänischen Seeleuten. In Zukunft, so Mackinder, würde Globalisierung von riesigen Armeen im Kernland des Kontinents abhängen. Wie viele Anhänger des imperialistischen Tory-Politikers Joseph Chamberlain war auch Mackinder besessen vom Niedergang der Briten.[14] Er hielt 1904 vor der British Geographical Society einen Vortrag mit dem Titel »The Geographical Pivot of History« (Der geografische Drehpunkt der Geschichte), in dem er seine Theorie vom »Herzland« vorstellte. Mackinder sprach von der Notwendigkeit, nach einer Formel zu suchen, »die wenigstens gewisse Aspekte geografischer Ursächlichkeit in der Universalgeschichte zum Ausdruck zu bringen vermag.« Er beschrieb eine in seinen Augen völlig neue Ära der Globalisierung:

Jede Explosion gesellschaftlicher Kräfte wird künftig, anstatt in einem umliegenden Ring unerforschten Raums und barbarischer Ordnungslosigkeit zu verpuffen, unvermindert selbst noch von der anderen Seite der Welt widerhallen, und schwache Elemente im politischen und ökonomischen Organismus der Welt werden als Folge davon zermalmt.

Außerdem führte er eine Unterscheidung ein, die sowohl in Deutschland als auch in Russland großen Einfluss gewinnen sollte. Er unterschied zwischen verschiedenen Ideologien und Strukturen von Land- und Seemächten, wobei er – im Gegensatz zu seinen deutschen und russischen Nachfolgern – Rom als See- und Griechenland als slawische Landmacht ansah. Er erklärte: »Es ist wahrscheinlich eines der markantesten Zusammentreffen der Weltgeschichte, daß die see- und landwärtige Expansion Europas in gewissem Sinne die Opposition zwischen Rom und Griechenland des Altertums fortsetzen sollte.«[15] Der ausschlaggebende Impuls kam aus dem Zentrum der eurasischen Landmasse, die Mackinder als »Drehpunktraum« bezeichnete (siehe Abbildung 2).

Abbildung 2. Halford Mackkinders Vision der Weltmacht: »Die natürlichen Sitze der Macht« Kartenquelle: H. J. Mackinder, »The Geographical Pivot of History«, in: Geographical Journal 23, Nr. 4 (1904), S. 435.

Haushofer faszinierte die asiatische Politik und verarbeitete seine Zeit in Tokio in seiner Doktorarbeit: »Dai Nihon, Betrachtungen über Groß-Japans Wehrkraft, Weltstellung und Zukunft«. Seltsamerweise sah es so aus, als ob die Länder im »äußeren Halbmond« von Mackinder besser wussten, wie man Macht nutzte oder einsetzte, als die Länder auf dem Kontinent, die erst noch lernen mussten, was Geopolitik war. Laut Haushofer sollte Deutschland es Japan gleichtun, das den Konflikt mit seinen Nachbarn China und Russland suchte. Haushofers Ziel war es, »die Augen von Mitteleuropa auf die Kräftigung und Erneuerung zu lenken, die Japan dem Stahlbad seiner Kriege verdankt.«[16]

Haushofer lebte auf dem wunderschön gelegenen Hartschimmel-Hof in der Nähe des Ammersees. Georg Ludwig Mayer-Doss, Besitzer einer Zigarrenmanufaktur in Mannheim, der seinerseits vom Judentum zum Katholizismus konvertiert war, hatte den Hof anlässlich Haushofers Heirat mit seiner talentierten Tochter Martha Mechthild Mayer-Doss gekauft und dem jungen Hochzeitspaar geschenkt. (Der Doppelname Mayer-Doss ergab sich aus Mayers Heirat mit Christine von Doß, der glamourösen Tochter des bayrischen Adligen Adam Ludwig von Doß, seinerseits führender Anhänger des Philosophen des Pessimismus Arthur Schopenhauer.) Die Heirat brachte Haushofer dementsprechend einen Bauernhof, Geld und einen adligen Stammbaum ein. Martha wurde zur führenden Persönlichkeit in mehreren feministischen Organisationen und nutzte ihr fremdsprachliches Können, unter anderem ihr Japanisch, um die Arbeit ihres Ehemannes voranzubringen – zwar war Haushofer von Japan fasziniert, konnte die Landessprache jedoch weder fließend sprechen noch lesen. Haushofer blieb Martha sein Leben lang treu ergeben, obwohl er sie immer wieder mit antisemitischen Ausbrüchen und ungehobelten Aussagen über männliche Überlegenheit piesackte.

Nach Ende des Ersten Weltkriegs ging Haushofer davon aus, dass es einer umfassenden öffentlichen Umerziehung bedürfe, um »den immer noch schlafenden geopolitischen Instinkt bei uns zu wecken«, den die britische und japanische Bevölkerung bereits besaß. Er war überzeugt, dass dieser fehlende Instinkt für den »Zersetzungsprozeß« in Oberschlesien verantwortlich war, bei dem die Auflösung der Rheinfront auf die der Weichsel- und Donaufront folgen würde.[17] Einer von Haushofers Studenten, Rudolf Heß, legte Adolf Hitler dessen Ansichten zur *Geopolitik* nahe, dem das Konzept nützlich erschien, da es zu seinem amoralischen Blick auf internationale Beziehungen zu passen schien. Hitler nutzte den entscheidenden Begriff *Lebensraum* als zentralen Gegenstand seines neuen politischen Programms. Haushofers engster Kontakt mit Hitler fand wahrscheinlich nach dem 1923 fehlgeschlagenen Hitlerputsch statt, während Hitlers recht laxer Inhaftierung in der Festung Landsberg. Haushofer besuchte dort regelmäßig Rudolf Heß, dem Hitler sein autobiografisches Manifest *Mein Kampf* diktierte.

Besonders in Großbritannien und den Vereinigten Staaten ging man davon aus, dass Haushofer einen wichtigen Einfluss auf Hitler hatte. Direkt nach dem deutsch-sowjetischen Nichtangriffspakt von 1939 erklärte der britische *New Statesman and Nation* das russisch-deutsche Abkommen habe »wenig mit der offiziellen ›Ideologie‹ des Naziprogramms, den Schimpftiraden gegen ›bolschewikisches Untermenschentum‹ oder der romantischen Vision eines Trecks deutscher Kolonisten auf Basis eines mittelalterlichen Modells zum Gewinnen neuen ›Lebensraums‹ in der Ukraine zu tun. Sie [die Verhandlungen] sind hart und realistisch, und in einem erheblichen Ausmaß wurden sie aus dem intellektuellen Arsenal des britischen Imperialismus gestohlen«, also von Mackinder.[18] Auf der anderen Seite des Atlantiks kamen ähnliche Interpretationen dessen auf, was man als das »Superhirn des Nazismus« ansah:

> Generalmajor Professor Dr. Karl Haushofer und sein geopolitisches Institut in München mit seinen 1000 Wissenschaftlern, Technikern und Spionen sind der Öffentlichkeit, selbst innerhalb des Reichs, kaum bekannt. Doch ihre Ideen, ihre Tabellen, Karten, Statistiken, Informationen und Pläne haben von Anfang an Hitlers Vorgehen diktiert. [...] Es war Haushofer, der dem hysterischen, planlosen Hetzer in einem Münchner Gefängnis beibrachte, in Kontinenten und Imperien zu denken. Haushofer diktierte quasi das berühmte Kapitel XVI in *Mein Kampf*, das die Außenpolitik umreißt, der Hitler bisher sehr genau gefolgt ist.[19]

In Nürnberg schrieb der beigeordnete Ankläger für die Vereinigten Staaten Sidney S. Alderman in einem Memorandum für den amerikanischen Staatsanwalt und Richter am Obersten Gerichtshof Robert H. Jackson:

> Haushofer war Hitlers intellektueller Pate. Es war eher Haushofer als Heß, der *Mein Kampf* schrieb und der das Grundgerüst der Nazibibel entwarf und für das, was wir als gemeinsamen verbrecherischen Plan bezeichnen. Geopolitik war nicht einfach nur eine akademische Theorie. Sie war ein treibender, dynami-

scher Plan für die Eroberung des Herzlands Eurasiens und für die Weltherrschaft durch die Eroberung eben jenes Herzlands.[20]

Jackson scheint dieser Bericht jedoch nicht überzeugt zu haben, wenige Wochen später entließ er Haushofer aus der Haft. Grund für Jacksons überraschende Entscheidung war die Intervention von Edmund Walsh, jesuitischer Wissenschaftler für Internationale Beziehungen, Geopolitiker und Gründer der Georgetown University School of Foreign Service. Haushofer sah in Colonel Walsh schnell einen gütigen und mächtigen »Mentor« und überzeugte diesen erfolgreich davon, dass *Mein Kampf* nur eine von »vielen ephemeren Agitationserscheinungen« sei, die nichts mit Geopolitik zu tun hätte.[21] Haushofers Timing war günstig: Die Geopolitik faszinierte mittlerweile viele US-amerikanische Denker.

Walsh war kein typischer Geopolitiker: Als Jesuit hatte er immer energisch auf der Notwendigkeit von Moral in Auslandsbeziehungen bestanden. Doch nach Ende des Zweiten Weltkriegs war er überzeugt davon, dass »mit der Vernichtung der deutschen *Geopolitik* eine neue Form der Geopolitik in Ost- und Zentraleuropa aufkommt«, und dass die Sowjets »mit Bravour die Vorherrschaft über Mackinders Herzland erlangen.« Die Geopolitik wurde zu einer neuen Begründung für Überlegenheit: »Solange man seine Ideale und Hoffnungen nicht mit mehr als nur bloßen Worten untermauern kann, wird die Dampfwalze immer weiter vorrücken.«[22]

Haushofer erfreute sich außerdem auch in der Sowjetunion einer soliden Anhängerschaft. Der bekannteste Anhänger war Karl Radek, Sekretär im Exekutivkomitee der Komintern. In den 1930er-Jahren unterhielt der spätere Kritiker Stalins Beziehungen zu deutschen Diplomaten, was seine Freunde als Vorgriff auf den geopolitisch notwendigen Stalin-Hitler-Pakt vom August 1939 zu rechtfertigen versuchten.[23] Radek war zudem an einer Initiative beteiligt, die Haushofers Arbeit ins Russische übersetzen wollte. Es herrschte reges Interesse: In den 1920er-Jahren florierte ein russisches geopolitisches Journal. Die Ausgabe der *Großen Sowjetischen Enzyklopädie* von 1929 enthielt einen interessanten Eintrag des ungarischen Kartografen und sowjetischen Nachrichtendienstmitarbeiters Sándor Radó über »Geopolitik«, der diese als größtenteils deutsches Phänomen erklärte, das durch die deutsche Niederlage und die Novemberrevolution 1918–1919 noch verstärkt wurde:

> Im letzten Jahrzehnt ist die ›geopolitische Richtung‹ rapide gewachsen, womit sie die Grenzen der Geographie als Naturwissenschaft überschritten und zunehmend einen speziell politischen Charakter angenommen hat; sie steht in enger Verbindung mit der Wende des deutschen politischen Schicksals, das auf den kaiserlichen Krieg zurückgeht. [...] Allein dank der ideologischen Umwälzungen, die der kaiserliche Krieg und die Revolution in Deutschland mit sich brachten, schärfte sich die Ideologie der Geopolitik, sie sorgten dafür, dass sie sich als eigenes akademisches System herausbildete.[24]

Geopolitik und politischer Aufruhr

Geopolitik wurde in der Tat zu einem reizvollen Analysewerkzeug, um mit politischen Unruhen umgehen zu können. Der Politikwissenschaftler Nicolas Spykman aus Yale, einer der Gründer der amerikanischen Schule der Geopolitik, schrieb 1938 (noch vor dem Münchner Abkommen) in der *American Political Science Review*:

> Größe, Form, Lage, Topografie und Klima stellen Umstände dar, denen man nicht entkommen kann, unabhängig davon, wie fähig das auswärtige Amt ist und wie findig der Generalstab. [...] [D]ie derzeitige Konfiguration der Tschechoslowakei lädt zum Verlust ihrer westlichen Gebiete ein; Syrien und Irak werden weiterhin die Grenzbereiche zwischen Ost und West darstellen. [...] Außenpolitik muss diese Tatsachen anerkennen. Sie kann mit ihnen mehr oder weniger geschickt umgehen; sie kann sie modifizieren; doch sie darf sie keinesfalls ignorieren. Denn Geografie lässt nicht mit sich streiten. Sie existiert einfach.[25]

Diese Sicht teilte ebenfalls der isolationistische »America First«-Pilot Charles Lindbergh, der direkt nach Kriegsausbruch in Europa 1939 einem großen Radiopublikum erklärte: »Man muss nur auf eine Karte schauen, um zu sehen, wo unsere wahren Grenzen liegen.«[26]

Für einige deutsche Denker, die sich mit Außenpolitik beschäftigten, war es in der Zeit nach dem Ersten Weltkrieg üblich, auf diese Weise über internationale Beziehungen zu sprechen. Sie misstrauten allen Ideen, auch dem liberalen Internationalismus, da sie in ihren Augen lediglich eine zynische Tarnung für das Streben nach amerikanischer und britischer Hegemonie darstellten. Viele dieser Persönlichkeiten flohen aus Hitlerdeutschland. Nach 1945 fürchteten viele Amerikanerinnen und Amerikaner einen »ungewollten Import des dunklen Herzens Mitteleuropas, das gegen die nobleren anglo-amerikanischen Traditionen ging«, wie es der Historiker John Bew so elegant formulierte.[27] Die Kritiker der Realisten führten die Einflüsse schnell auf die finstere Politik Kriegsdeutschlands zurück. Dementsprechend bezichtigte der ebenfalls emigrierte Politikwissenschaftler Carl Friedrich aus Harvard den Diplomaten und Strategen George Kennan, eine »amerikanische Version der deutschen Realpolitik«[28] weiterzuführen. Geopolitik gefiel vielen Amerikanerinnen und Amerikanern, da diese Weltsicht es ihnen erlaubte, ihr Land als unschuldig anzusehen. Da sie auf Mackinders »insularem Halbmond« lagen und relativ wenige direkte Nachbarn aufwiesen, schienen die Vereinigten Staaten besser geeignet, auf unbedrohliche Weise Macht auf Eurasien, den Mittleren Osten und Afrika auszuüben.[29]

Die geopolitische Weltsicht enthielt schon immer eine grundlegende Ambivalenz. Einige sahen sie als stark destruktiv an, so erklärte Mackinders Biograf Brian Blouet, »die Geschichte der Geopolitik ist eine Geschichte der schlechten – manchmal verrückten – Ideen, die Länder in Kriege und Rezessionen gestürzt haben.«[30] Andere sind vom »geringen praktischen Wert«[31] geopolitischer Essays überzeugt. Die wahnsinnige, schlechte Wissenschaft konnte entweder als Begründung für den Sturz einer politischen Ordnung herhalten, die man als sinnlos erachtete, oder für die Bewahrung einer solchen Ordnung herangezogen werden. In den letzten Tagen des europäischen Kriegs formulierte George

Kennan 1945 in der US-amerikanischen Botschaft in Moskau ein Memorandum, das die zentralen Grundgedanken der späteren Containment-Politik darlegte und welches sehr deutlich auf die Theorien des Herzlands und den permanenten Widerstreit der Völker zurückgriff:

Hinter Russlands sturer Expansion steckt allein ein uraltes Gefühl der Unsicherheit sesshafter Menschen, die auf offener Ebene umgeben von kampflustigen nomadischen Völkern siedelten. Wird dieser Drang nun einen festen Platz in der russischen Psychologie einnehmen und die Grundlage für eine erfolgreiche Expansion Russlands nach Ost und West bilden? Und wenn es zunächst erfolgreich ist, wird es wissen, wann es genug ist? Wird nicht seine ihm eigene Natur es unerbittlich vorantreiben, in einem Kampf um das Ganze – um die vollkommene Herrschaft über die Atlantik- und Pazifikküste zu erlangen? Es gibt Grund zur Annahme, dass die Russen in den neuen Gebieten weiterhin die Politik über die Wirtschaft stellen werden, koste es, was es wolle. Sie werden nicht davor zurückschrecken, die Produktivität ganzer Wirtschaftszweige zu ruinieren, wenn es ihnen so gelingt, Elemente in die Hilflosigkeit und die Abhängigkeiten zu treiben, die sich sonst ihrer Macht widersetzen könnten. Der daraus resultierende niedrigere Lebensstandard wird ihnen in vielen Fällen als wohlverdientes Korrektiv des selbstgefälligen Spießbürgertums der Beteiligten erscheinen; und sie werden voller Staunen und Abscheu auf den Unwillen dieser Menschen reagieren, einen derart niedrigen Lebensstandard zu akzeptieren wie die sowjetische Bevölkerung. Doch in Moskau glaubt keiner, dass die westliche Welt standhalten könnte, sobald der lebensgroße Wolf sowjetischen Missvergnügens vor der Tür stünde und damit drohte, das Haus umzupusten. Und auf genau diesem Unglauben baut die sowjetische globale Politik auf.[32]

Die Sorge, Russland sei die dynamische Kraft im Zentrum des Herzlands, war tief im Fundament der Geopolitik verankert. Einen Monat nach Ausbruch des Zweiten Weltkriegs meinte Winston Churchill, einer der neuen »wichtigen Punkte« des Kriegs sei, »wie Russland seine Macht durchsetzt. Russland hat eine kalte Politik des Eigeninteresses verfolgt. […] Ich kann Ihnen nicht vorhersagen, was Russland tun wird. Es ist ein Rätsel, umgeben von einem Mysterium, das in einem Geheimnis steckt; doch vielleicht gibt es eine Lösung. Diese Lösung liegt in Russlands nationalem Interesse. Es ist nicht mit dem russischen Interesse oder seiner Sicherheit vereinbar, wenn Deutschland sich an den Küsten des Schwarzen Meeres aufstellt, oder die Balkanstaaten überrennt und die slawische Bevölkerung Südosteuropas unterwirft. Dies stünde im Gegensatz zu den historischen Lebensinteressen Russlands.«[33]

Das Problem, mit dem Kennan später zu kämpfen hatte, und das nie endgültig gelöst werden konnte, war die Beziehung zwischen Analyse und politischer Zuschreibung: Stellte der Schluss, dass ein Land mental von einer geopolitischen Vision ergriffen war, einen ausreichenden Grund für den Versuch dar, dieses zu blockieren beziehungsweise einzuschränken, oder sollte eine solche Feststellung eher als Anreiz dienen, dieses Land besser zu verstehen und die Handlungen seiner Anführer zu dulden? Kennan veranschaulichte mit intellektueller Brillanz beide Seiten des Dilemmas: Während der 1940er- und 1950er-Jahre war er der härteste und strikteste Vertreter der Containment-Politik und gehörte in den 1990er-Jahren zu den stärksten Kritikern der NATO-Osterweiterung um die vormals von der Sowjetunion regierten zentraleuropäischen Staaten. In den späten 1990er-Jahren wurde er zur Kassandra:

Meiner Meinung nach werden die Russen mit der Zeit zunehmend feindlich reagieren und es wird ihre Politik beeinflussen. Für mich handelt es sich hier um einen tragischen Fehler. Hierfür gab es keinen Grund. Niemand drohte irgendwem. Die Gründerväter dieses Landes würden sich im Grabe umdrehen, wenn sie von dieser Erweiterung wüssten. Wir haben uns verpflichtet, eine ganze Reihe von Ländern zu schützen, obwohl wir weder über die notwendigen Ressourcen verfügen noch wirklich vorhaben, dieser Verpflichtung ernsthaft nachzukommen. [Die Osterweiterung der NATO] war schlicht die leichtherzige Entscheidung eines Senats, der kein echtes Interesse an Außenpolitik hat.[34]

Hans Morgenthau war der einflussreichste unter den deutschen emigrierten Denkern, die sich mit der *Realpolitik* auseinandersetzten. Aus offensichtlichen Gründen hielt er sich immer zurück, wenn es um die deutsche Herkunft seiner Form des Realismus ging. Er rechtfertigte sich, er habe ebenfalls die »negativen Konnotationen« von Nationalstaat und Macht betont; dennoch verglich er Washingtons damaligen »Mangel an Männern, die in politischen Begriffen denken können« mit dem »brillanten und erfolgreichen Vorgehen« Cavours und Bismarcks, die Mitte des 19. Jahrhunderts neue politische Gesellschaften aufbauten.[35] Morgenthau wurde zum Kritiker des weltweiten Engagements der Vereinigten Staaten, besonders ihrer Einflussnahme in Südostasien. Seiner Ansicht nach war es ein moralischer Fehler, Politik an eine Moral zu knüpfen, anstatt über die »realen« Eigenschaften von Machtpolitik nachzudenken.

Viele Vertreter der realistischen Geopolitik zweifelten mit der Zeit an der offiziellen Mentalität des Kalten Kriegs, die typischerweise eine leicht reformistische inländische Agenda mit einer harten antikommunistischen und antisowjetischen Außenpolitik paarte. Stattdessen sahen sie in der Sowjetunion lediglich eine Version des Russlands des 19. Jahrhunderts, das seine eigenen nachvollziehbaren und grundsätzlich legitimen Interessen verfolgte. Der Kommunismus war schlicht die zynische Maske, hinter der man sich versteckte. So wie die Briten in der Zwischenkriegszeit den liberalen Internationalismus genutzt hatten, oder der eloquente Einsatz einer erneuerten Version desselben durch die Vereinigten Staaten nach dem Zweiten Weltkrieg.

Wer an die realistische Geopolitik glaubte, brüstete sich, schlauer und realistischer zu sein als seine wirrköpfigen Gegner. Außerdem beschwerten sich Realisten ohne Unterlass, das politische, akademische und journalistische Establishment würde sie marginalisieren. Morgenthau zufolge hatte eine »veraltete Philosophie der Außenpolitik« die Vereinigten Staaten fest im Griff. Diese Außenpolitik hinge von einer legalistisch-moralisierenden Einstellung ab, die in der echten Welt entweder revidiert oder abgelegt werden müsste.[36] Sein intellektueller Erbe John Mearsheimer aus Chicago, war überzeugt davon, Liberalismus sei zum Scheitern verurteilt, was schwere Folgen nach sich ziehen werde. Liberale, so die Realisten, erkannten zwar, dass es verschiedene Ansichten gebe und dass ein Staat den Frieden bewahren musste.

> Doch es gibt keinen Weltstaat, der die Länder im Fall von tiefgreifenden Auseinandersetzungen in Schach hält. Das internationale System ist anarchisch strukturiert, nicht hierarchisch, was bedeutet, dass Liberalismus nicht funktionieren kann, wenn man ihn auf internationale Politik anwendet. Um zu überleben, haben Länder dementsprechend keine andere Wahl, sie müssen nach der Logik der Balance of Power handeln.[37]

Es existiert keine allgemeingültige Kultur.[38] Demzufolge ist das Denken, das die Deutschen im frühen 19. Jahrhundert dazu brachte, über *Weltpolitik* nachzudenken, realitätsfern. Ignoriert man Geopolitik, wird das katastrophale Folgen haben: Für Mearsheimer bestand das beste Beispiel darin, wie die Vereinigten Staaten sich Russland zum Feind gemacht hatten, indem sie versuchten, dessen Nachbarn (besonders die Ukraine) in eine angeblich allgemeingültige Strategie einzubinden.[39] Mackinders Herzland war zurück: Ukraine und Russland wurden zum Schauplatz für den geopolitischen Umgang mit den Herausforderungen, die das 21. Jahrhundert definieren.

Die Geopolitiker beklagten sich üblicherweise darüber, wie sie von einem außenpolitischen Establishment, zu dem beide US-amerikanischen Parteien gehörten, an den Rand gedrängt wurden. Vor 2016 schien von allen amerikanischen Präsidenten allein Richard Nixon der geopolitischen Einstellung auch nur entfernt etwas abgewinnen zu können: Nixons meisterlicher Schachzug bestand darin, dass er China umwarb, womit er die Sowjetunion in die Entspannungspolitik und eine friedliche Koexistenz zwang. Die anderen – die Bushs, Carter, Clinton, Ford, Kennedy, Johnson, Obama, sogar Reagan – schienen von der Idee überzeugt, die Welt sei ein gefährlicher Ort, an dem die Vereinigten Staaten als Vorbild und Wächter agierten, eine Idee die zwangsläufig zu Zerstörung, Tod, Demoralisierung (und Dollarabfluss) führen würde. Donald Trump erschien den Geopolitikern reizvoll, da ihm Ideen offensichtlich egal waren und er, wie kein Präsident vor ihm, derart simpel oder krude den Slogan »America First« propagierte.

Die Schwäche dieser Gruppe bestand in einer Besonderheit, die einer Denkstruktur entstammte, die sich aus der brutalen deutschen Terminologie von 1848 entwickelt hatte. Für sie zählten allein die Staaten. Geopolitiker waren besessen vom Staat, von seiner Stärke oder Schwäche. Doch in der Praxis wird von allen möglichen Seiten her Druck auf Staaten ausgeübt. An manche Umstände können sie sich gut anpassen, mitunter scheitern sie aber auch kläglich.

Konflikt und Krieg waren zwar im geopolitischen Denken fest verankert, doch im nuklearen Zeitalter war es ebenso klar, dass Krieg zwischen wichtigen Ländern immer unwahrscheinlicher, einige meinten sogar unmöglich, wurde. Folglich münzte man den Nullsummenaspekt der Geopolitik auf die *Geoökonomie* um. Länder konkurrierten nach wie vor miteinander, nur nicht länger durch Krieg, sondern mit anderen Mitteln. Edward Luttwak, ein Politikwissenschaftler, der sich als Schöpfer großer Strategie darstellte, lieferte eine besonders anschauliche Definition dieses neuen Ansatzes: »Die Geo-Ökonomie dagegen ist ein Wettstreit, in den nur solche Länder treten können, die den Krieg untereinander ausgeschlossen haben.« Ebenso wollte er erklären, dass diese Weltsicht von Bürokraten und Technokraten vorangebracht wurde: »Nur wenn sie sich auf geo-ökonomische Prinzipien berufen können, dürfen sie weitreichendere Befugnisse für sich in Anspruch nehmen als Geschäftsleute und gewöhnliche Bürger.«[40] Der französische Analyst Pascal Loriot brachte die Überlegung an, Geoökonomie könnte weniger stark an Geografie gebunden sein als Geopolitik, da sie gleichzeitig in einem »virtuellen« Raum agiere.[41] Schließlich zog Mike Pompeo, der am längsten amtierende Außenminister unter Trump, das Konzept wie folgt ins Triviale: »mit den eigenen Kumpels auf einer coolen Cocktailparty rumhängen.«[42]

In Russland, dem Land, das 1904 im Zentrum von Mackinders Drehpunktraum lag, fand Geopolitik starken Zuspruch. Wie im Deutschland der 1920er-Jahre florierte die Lehre auch in Russland angesichts des Zerfalls eines mächtigen alten Imperiums und wurde vom Eindruck beflügelt, dass dieser Zerfall eine politische Demütigung durch die Außenwelt nach sich ziehen würde. Nach dem Zusammenbruch der Sowjetunion, den Wladimir Putin 2005 in seiner Rede zur Lage der Nation bekanntermaßen als »größte geopolitische Katastrophe des Jahrhunderts« bezeichnete, erfuhr Geopolitik in den 1990er-Jahren in Russland eine Renaissance. Putin argumentierte, der Zusammenbruch der Sowjetunion habe eine Abwärtsspirale ausgelöst: »Die Epidemie des Zerfalls hat auf Russland selbst übergegriffen.«[43] Der Mann, der diese Sicht wieder aufleben ließ, war der russische politische Analyst Alexander Dugin; später führte er die Ursprünge seiner Interpretation näher aus: »In den 1980er- und 1990er-Jahren begegnete mir die Geopolitik als Disziplin in der internationalen Expertengemeinschaft. Ich entdeckte die Geopolitik über Karl Haushofer und die Arbeiten der Konservativen Revolution und dachte, dass Geopolitik eine Art politisch inkorrekte Lehre sei, die viel erklärte, und für uns, für Russland, sehr nützlich war. Persönlich sah ich, dass die Geopolitik den Status von etwas Vergangenem angenommen hat, von etwas Verbotenem, etwas politisch Inkorrektem – und das gefiel mir.«[44]

Dugin ähnelt seinem Mentor Karl Haushofer mehr als nur flüchtig. Auf die gleiche Weise wie Kommentatoren außerhalb Deutschlands dazu neigten, in Haushofer den strategischen Drahtzieher des Hitlerismus zu sehen, ist es im Westen wesentlich üblicher als in Russland, Wladimir Putins Verfechtungen seines offensichtlich geopolitischen, eurasischen Projekts Dugin zuzurechnen.[45] Dugin spricht über die Gründung eines eurasischen Imperiums und von einer neuen faschistischen Internationale (eine Spiegelung der alten russisch-zentrierten Idee einer Kommunistischen Internationale), die Europa umfassen soll. Putin scheint oft eher am Wiederaufbau eines russischen Imperiums, einer Ausweitung des russischen Einflussbereichs und der Schwächung der Europäischen Union und der Vereinigten Staaten interessiert zu sein. Als die Vereinigten Staaten 2015 Sanktionen gegen zentrale russische Persönlichkeiten verhängten, stand Dugin mit auf der Liste. Putin spielt die Verbindung Dugins zur russischen Regierung immer wieder herunter. Doch für Putin mag es durchaus nützlich sein, sich mit noch radikaleren Persönlichkeiten zu umgeben, neben denen sein Vorgehen und sein außenpolitischer Ansatz vernünftiger, überlegter und staatsmännischer wirken können.[46]

Nach der Weltfinanzkrise 2007–2008 nahm Geopolitik in internationalen Gesprächen eine zentrale Rolle ein, außerdem schien sie zwei grundlegende Themen in sich zu vereinen, die noch aus dem Kalten Krieg stammten: die Rolle der Vereinigten Staaten und Russlands sowjetisches Vermächtnis. Geopolitik stellte scheinbar, wie auch in Deutschland nach 1919, eine ansprechende Möglichkeit dar, wie man den Verwirrten das neue Chaos in der Welt erklären könnte. Die offenkundige Sturheit der Philosophie schien ihren Reiz nur noch zu erhöhen.

Putin war schon immer daran interessiert, randständige Konflikte für die Erweiterung seiner Macht zu nutzen – seinen anfänglichen Aufstieg verdankte er dem Tschetschenienkrieg. Dennoch schien Putin 2005 an der Globalisierung festzuhalten, als er behauptete: »Russland ist extrem an einem großen Zustrom privater, darunter auch ausländischer, Investitionen interessiert. Dies sind unsere strategische Entscheidung und strategische Herangehensweise.« Im Oktober 2011 kündigte er den Beginn eines neuen »vielschichtigen, verschieden schnell voranschreitenden Integrationsprozesses in den postsowjetischen Raum« an.[4748]

Die Ukraine wurde zum Zentrum eines Machtkampfs. Hier ging es um entgegengesetzte Ansichten darüber, wie die Welt geordnet werden könnte und sollte – mit anderen Worten um den Kampf des inneren Halbmonds um das Herzland. Die Entwicklungen der 2010er-Jahre folgten den Skripten Mackinders und Haushofers. Seit 2009 war die Ukraine Teil einer größtenteils unbemerkt gebliebenen und unbedeutenden Östlichen Partnerschaft der Europäischen Union und hatte am Assoziierungsabkommen mit der Europäischen Union gearbeitet, welches unter anderem ein Abkommen über eine vertiefte und umfassende Freihandelszone (Deep and Comprehensive Free Trade Area,

DCFTA) beinhaltete. Diese Art der Sicherheitsbeziehung zur Europäischen Union war für Russland nicht annähernd so bedrohlich wie zum Beispiel die amerikanische Diskussion über einen möglichen NATO-Beitritt Georgiens. Doch nach einer Welle revolutionärer Bewegungen während des Arabischen Frühlings (ab Dezember 2010) und anschließenden Unruhen in Russland (von 2011 bis 2013), versuchte sich Russland an einer eigenen Containment-Politik. Es entschied sich, seine Grenze bei der Ukraine zu ziehen und übte massiven Druck auf diese aus, ihre Annäherung an den Westen zu stoppen. Der ukrainische Präsident Viktor Janukowitsch sollte das DCFTA-Abkommen eigentlich während eines EU-Gipfels in Vilnius unterzeichnen, der vom 28. bis 29. November 2013 stattfand.[49] Als er einen Rückzieher machte, rügten ihn die damalige Bundeskanzlerin Angela Merkel und andere führende europäische Politikerinnen und Politiker. Janukowitsch erklärte die Situation in einem geopolitischen Kontext, indem er ein Bild von der Ukraine zeichnete, die sich, wie es schien, im Mittelpunkt eines Kräftemessens zwischen der EU und Russland befand.

Nach der DCFTA-Entscheidung protestierten Hunderttausende in der Ukraine für eine engere Beziehung zur EU (was den *Euromaidan,* beziehungsweise die Revolution der Würde, einläutete, wie die landesweiten Proteste von 2013 bis 2014 in der Ukraine bezeichnet wurden). Man setzte die brutale Sondereinsatztruppe *Berkut* gegen die Protestierenden ein, um so die Proteste niederzuschlagen.[50] Scharfschützen der Polizei töteten mehr als 100 Demonstrierende, dennoch konnten sie die Maidan-Revolution in der Hauptstadt Kiew nicht auflösen. Janukowitsch, der bei seiner Entscheidung gegen das Handelsabkommen zwischen EU und Ukraine blieb, floh im späten Februar 2014 zusammen mit seinem Innenminister überstürzt nach Russland.[51] Aus russischer Sicht wirkte es so, als habe ein illegaler Staatsstreich stattgefunden, und russische Truppen rückten auf die Krim und in die Grenzregionen der Ostukraine vor. Präsident Putin unterzeichnete einen offiziellen Vertrag, der die Krim zum Gebiet der Russischen Föderation erklärte, und das russische Parlament, die Duma, ratifizierte die Annexion der Krim innerhalb von drei Tagen, ohne sich mit den Ukrainern zu beraten.

Dieser Schritt zerstörte die Aussichten der Ukraine auf einen EU-Beitritt, da er ein unlösbares Grenzproblem schuf.

Wie fühlt es sich an, wenn man ein kleines Land ist, das beinahe in der Mitte des Herzlands liegt? Die ukrainische Regierung warf Russland vor, es entsende heimlich Truppen und Waffen über die Grenze und rekrutiere, finanziere, trainiere und mobilisiere Teile der ukrainischen Bevölkerung für einen Kampf, der die Regierung stürzen sollte. Die ukrainischen Medien zeigen die russische Regierung, wie sie Söldner zur Verfügung stellt, die sie unter russischen Nationalisten und Sympathisanten auf der ganzen Welt anwerben. Ukrainische Politiker sehen ein Russland, welches eine globale Strategie der politischen Kontrolle umsetzt, die weit bis zu den Zaren und dem sowjetischen Imperialismus zurückreicht. In seiner Stellungnahme zum 75. Jahrestag der Gründung der Vereinten Nationen beschrieb Serhij Kyslyzja, UN-Botschafter der Ukraine, die russische Strategie in Form eines klaren Kontrasts: Russischer »Zwang« auf der einen Seite, »Diversität und freier Wille« in westlichen Institutionen auf der anderen. Kyslyzja erörterte Russlands »neoimperialistische Ambitionen« im Kontext einer Machtstrategie, die »totalitäre Ideologie mit den Zielen und Prinzipien der UN-Charta kombiniert [...]. Eine solche Einstellung gegenüber dieser Organisation wurde während der letzten 75 Jahre nur von einigen Staaten trotzig und zynisch verbessert, indem sie sich zu den Grundsätzen der Charta bekannten.«[52] Aus dieser Sicht ging es bei dem Kampf um regionale Auseinandersetzungen und lokale Interessen und Organisationen.

Nach Lesart der russischen Regierung war Geopolitik der Grund für die politischen Entwicklungen. Putin zufolge hatte sich die transatlantische Gemeinschaft seit Langem in die ukrainischen Wahlen eingemischt, »eine Verhöhnung der Verfassung. Und jetzt haben sie eine bereits im Vorhinein ausgebildete, gut ausgerüstete Armee von Kämpfern ins Feld geführt.«[53] Russlands UN-Botschafter Wassili Nebensja behauptete, die Europäische Union habe »die sogenannte ›Maidan-Revolution‹ in Kiew losgetreten, was zu immer noch anhaltenden, verheerenden zivilen Auseinandersetzungen in der Ukraine geführt hat.«[54] Hier war es die Ukraine, die internationales Recht gebrochen hatte: Sie hatte illegalerweise

Präsident Janukowitsch abgesetzt, Minderheiten diskriminiert und die russischsprechende Bevölkerung in der Ostukraine dazu provoziert, zu den Waffen zu greifen. Putin erklärte: »Zu den Hauptakteuren des Umsturzes wurden Nationalisten, Neonazis, Russophobe und Antisemiten. Sie sind es, die in vielem auch heute, bis jetzt noch, das Leben in der Ukraine bestimmen.«[55] In Bezug auf institutionelle Zusammenarbeit kommentierte er: »Um der Aggression den Anschein der Rechtmäßigkeit zu verleihen, nötigen sie internationalen Organisationen die erforderlichen Resolutionen ab […].« Und weiter: »Wir wurden ein ums andere Mal getäuscht, es wurden Entscheidungen hinter unserem Rücken getroffen, wir wurden vor vollendete Tatsachen gestellt.« Als Beispiele führte er die Jugoslawienkriege an; des Weiteren »griffen sie Afghanistan, Irak an, und verletzten offen gesagt die Resolution des UN-Sicherheitsrats zu Libyen, […]. Es gab zudem eine ganze Reihe gelenkter ›Farb‹-Revolutionen […]. Wir haben jeden Grund zu der Annahme, dass die berüchtigte Politik der Eindämmung Russlands, die sowohl im 18. als auch im 19. und 20. Jahrhundert betrieben wurde, auch heute weitergeführt wird. Es wird ständig versucht, uns deshalb in eine Ecke zu drängen […].«[56]

Die russische Sicht auf die Ukrainekrise beruht auf zwei Annahmen: Die Welt ist auf brutale Weise unipolar, wobei die Vereinigten Staaten hauptverantwortlich für internationale Entwicklungen sind, und diese Unipolarität hat vernichtende Auswirkungen auf schwächere Staaten. In dieser Weltsicht wirkt es daher legitim, wenn Russland kleinere Staaten politisch dominiert. Die Rede, mit der sich Putin 2020 im Kontext der Coronakrise an die Nation wandte, enthielt einen kurzen Verweis auf die zwei grundlegenden Annahmen für Russlands Sicht auf internationale Beziehungen. Er umfasste lediglich zwei Sätze:

Die Globalisierungs- und Integrationsprozesse werden auf eine harte Probe gestellt, und führende Länder entscheiden sich für technologische und industrielle Unabhängigkeit. Denn sie verstehen, dass sie sich in dieser Situation einzig auf sich selbst verlassen können – auf das menschliche, arbeitstechnische und wissenschaftliche Potenzial ihres Landes.[57]

Diese beiden Sätze zeigten den Kern der russischen Vorstellung von internationalen Beziehungen: Internationale Politik ist ein stetiger, brutaler Machtkampf zwischen Großmächten. Dieser Kampf kann verschiedene Formen annehmen, aber im Grunde bleibt alles immer gleich. Angesichts der Pandemie zeigten große (oder »reale«) Länder keine Solidarität, sondern verlegten sich eher auf Selbstversorgung und Autarkie. Das Wort »einzig« weist auf den radikalsten Zweig des geopolitischen Nachdenkens über die Welt hin.

Das Kennan-Paradox über die Beziehung zwischen Analyse und politischer Reaktion bestand weiter fort. Benötigte die Analyse striktes Containment oder eine weichere, verständnisvollere Herangehensweise? Der altgediente außenpolitische Stratege Henry Kissinger, Nationaler Sicherheitsberater in den Vereinigten Staaten und US-Außenminister von 1969 bis 1977, verkörperte eben dieses Dilemma. In seinem Buch *Weltordnung* forderte er 2014 einen Dialog zwischen Nationalstaaten, da er davon ausging, dass es in der internationalen Politik keine allgemein anerkannten Regeln gäbe, nur verschiedene Ansichten. Kissinger schrieb:

> In der geopolitischen Welt steht die Ordnung, die von den westlichen Ländern geschaffen und als universal proklamiert wurde, an einem Wendepunkt. Obwohl ihre Prinzipien als universal gelten, gibt es über deren Anwendung keinen Konsens. Tatsächlich werden Begriffe wie Demokratie, Menschenrechte und internationales Recht so unterschiedlich gedeutet, dass sie von Kriegsparteien regelmäßig als Schlachtrufe gegeneinander verwendet werden.[58]

Er erkannte an, dass Russland über ein gesondertes russisches Konzept von internationaler Politik verfügte, das die Annexion der Krim erklären oder sogar rechtfertigen könnte. Europa und die Vereinigten Staaten hatten nicht eingesehen, dass für Russland »die Ukraine nie nur ein fremdes Land sein kann.« Besonders strenge Kritik übte Kissinger an den politischen Anführern der Ukraine. »Die Ukraine ist erst seit

23 Jahren unabhängig; davor stand sie seit dem 14. Jahrhundert dauerhaft unter irgendeiner Form von Fremdherrschaft. Da überrascht es wenig, dass ihre Anführer nichts über die Kunst des Kompromisses gelernt haben, sogar noch weniger über historische Perspektiven.«[59] Was die wirtschaftliche Integration der Ukraine in die Europäische Union angeht, sieht Kissinger diesen Prozess nicht im Kontext der Möglichkeit, dass die Ukraine den erfolgreichen Frieden und Wohlstand nachahmen könnte, wie er unter den langjährigen Mitgliedern der EU herrscht, sondern im Kontext der Verhandlungen, die »in den Demonstrationen in Kiew kulminierten. Dies hätte ein Gegenstand des Dialogs mit Russland sein müssen.«[60]

In der geopolitischen Vision ist kein Platz für eine Zivilgesellschaft. Die Geopolitik behandelt Bevölkerungsmassen als irrationale Triebkräfte, nicht als vernünftige Personen. Sie schert sich nicht sonderlich um Abläufe oder Entscheidungsfindungsprozesse. Legalismus, im Sinne eines strikten Festhalten an Vorschriften und Gesetzen, begegnet man mit Verachtung. Dementsprechend fällt es geopolitischen Denkern und Schaffenden schwer, Entitäten zu verstehen, die nicht auf eine solche, eher brutale Weise funktionieren. Auf sie wirkt ein Konstitutionalismus, wie ihn die Vereinigten Staaten oder die Europäische Ordnung nach 1945 verkörpern, befremdlich.

Die Europäische Union stellte den konzeptionellen Gegenentwurf zur *Geopolitik* (und all den anderen schrecklichen deutschen Begriffen) dar: Sie entstand als Gegenentwurf zu Hypermacht und deren Ideologien. Vor der weltweiten Krise galt Europa als Verkörperung weicher Macht, während die Vereinigten Staaten für harte Macht standen. Die beiden Seiten des Atlantiks wirkten wie Venus und Mars.[61] Das Projekt der Europäischen Integration zielte zum Teil darauf ab, die Handlungsmacht einzelner Länder einzuschränken; es hielt sie im Zaum. Der Historiker Alan Milward beschrieb die Bewegung der 1950er-Jahre gerne als »die Rettung des europäischen Nationalstaats«, jedoch funktioniert eine solche Bezeichnung nur dann, wenn wir an eine einschränkende Form der Integration denken, die die Mitgliedsstaaten von zu großen Träumen abhält, also vom Traum der *Machtpolitik*.[62]

Als Geopolitik die Welt in ihren Bann zu ziehen schien, musste zwangsläufig eine irgendwie geartete Form derselben auch das europäische Denken beeinflussen. Die Europäische Union wirkt multilateral, doch nur zwei große Länder könnten sich im althergebrachten Sinne als mächtige Staaten bezeichnen. Frankreich verfügt über nukleare Kapazitäten und hat sein Vorrecht auf einen Sitz als ständiges Mitglied des UN-Sicherheitsrats stets eifersüchtig gehütet. Deutschland besitzt eine gewisse finanzielle und wirtschaftliche Macht, und gelegentlich verglichen Kommentatoren Deutschlands Währung mit Frankreichs Atomstreitmacht (*force de frappe*). Doch der Fokus auf die großen Zwei schwächte nach und nach die europäischen Prinzipien, weswegen es wenig überrascht, dass die geopolitische Denkweise auch für die EU verlockend war. Besonders das dritte große Mitglied der EU, Italien, verärgerten die deutschen und französischen Direktiven in Sachen Wirtschaft, Immigration oder Mobilität zunehmend. Jede Anzahl von Großen – in diesem Fall zwei – unterläuft immer die Prinzipien des Multilateralismus. Dementsprechend war es nur logisch, dass man über Möglichkeiten nachdachte, wie die Europäische Union selbst zu einer bedeutenden Akteurin werden könne, um so den potenziellen Sprengstoff zu entschärfen, den die Führungsambitionen von Frankreich oder Deutschland mit sich brachten.

Ursula von der Leyen nahm die Idee der Geopolitik bereits auf, bevor sie 2019 ihre Amtszeit als Präsidentin der EU-Kommission antrat. Sie wollte zwischen einer »geopolitischen Kommission« und einer »politischen Kommission« unterscheiden, die in der Vergangenheit beschuldigt worden war, sie mische sich übermäßig in die inneren Angelegenheiten der EU-Mitgliedsstaaten ein. Europäer sollten die Welt managen, nicht einander. An dieser Stelle schien das Argument nützlich, große Mitgliedsstaaten wie Frankreich, Deutschland oder Italien könnten allein keinen Einfluss auf die globale Politik ausüben. In einer globalisierten Welt waren viele Europäer und Europäerinnen der Ansicht, dass Europa eine gemeinsame Stimme brauche. Josep Borrell, Hoher Vertreter der EU für Außen- und Sicherheitspolitik und damit de facto ihr Außenminister, lieferte programmatische Stellungnahmen über die

Probleme von Multilateralismus und Offenheit sowie darüber, wie »wir die Sprache der Macht neu erlernen und uns selbst als geostrategischen Akteur der obersten Kategorie begreifen« müssen.[63]

Doch war die Geopolitik für Europa der beste Weg, sich Gehör zu verschaffen? Die *Weltpolitik* begann als Suche nach gemeinsamen Sichtweisen, zu einer Zeit, als die alten imperialen Systeme auseinanderbrachen und politische wie soziale Realitäten sich rasant verschoben; sie endete mit einer Vorstellung von Geopolitik, die suggerierte, dass eine solche Gemeinschaft nicht wirklich erreichbar sei. Die erste Version könnte eine solide Grundlage für eine neue und universale Vision schaffen; die zweite fördert Spaltung. Zu geopolitisieren bedeutet immer auch, dass man sich fortwährend mit dem Psychodrama des Herzlands auseinandersetzen muss.

7 SCHULDEN

Schulden nehmen einen besonderen Platz unter den in diesem Buch untersuchten Begriffen ein, denn das Konzept von Schulden hat weder einen bestimmten Erfinder noch einen klaren Anfang. Dennoch ist der Begriff für die Sprache der Globalisierung zunehmend zentral geworden. Es ist kein Ende der Schulden in Sicht – wie oft Analysten sich auch über die Konsequenzen der Schuldenberge von Regierungen, Unternehmensbranchen und Privatpersonen überall auf der Welt beschweren mögen, und obwohl Aktivisten sogar einen biblischen Erlass der Schulden, also ein Jubeljahr fordern. Jubeljahre oder Erlassjahre gelten gleichzeitig als karnevaleske Umkehrung der Ordnung oder eine Rückkehr zu einem unbescholtenen Naturzustand. Shakespeares Rebell Jack Cade meint: »Ist es nicht ein erbarmenswürdig Ding, daß aus der Haut eines unschuldigen Lammes Pergament gemacht wird? daß Pergament, wenn es bekritzelt ist, einen Menschen zu Grunde richten kann?«[1]

Schulden schaffen Verpflichtungen, und es sind diese Verpflichtungen, die die globale Wirtschaft zusammenhalten. Forschende – Archäologen, Historiker – sind sich einig, dass Schulden wesentlich älter sind als Geld oder Münzen.[2] Auf mesopotamischen Tontafeln wurden beispielsweise vor über 5000 Jahren (circa zwischen 7500 und 3350 v. Chr.) sumerische Schuldverträge in Keilschrift festgehalten, die in Getreideeinheiten oder Tieren (Schafen) gemessen wurden.

Schulden existieren seit Langem und genauso lang versucht man schon zu verstehen, auf welche Weise sie die Beziehungen zwischen Menschen prägen. Schulden spielten eine zentrale Rolle beim Aufbau von Zivilgesellschaft und dem Konzept der Verantwortung. Sie bilden das Herzstück der moralischen Ökonomie.

Die Entwicklung von Schulden war zentral für eine Theorie der Moral. Alle Tugenden Platons – Besonnenheit, Weisheit, Tapferkeit und Gerechtigkeit – können entweder innerlich entwickelt werden oder basieren auf externen Einflüssen; oft entstammen sie einer Kombination aus angeborener Neigung zur Lehre und Übung, außerdem reifen die Tugenden ein ganzes Leben lang weiter im Individuum aus.[3] Tapferkeit, die später häufig mit der Tugend der Standhaftigkeit in Verbindung gebracht wurde, beinhaltete, Verpflichtungen einzuhalten, statt vor ihnen davonzulaufen. Schulden helfen uns bei unserer Sozialisation. Sie sind Teil des Schlüssels zu unserer Menschlichkeit, sie zeigen an, dass wir an unsere vergangenen Handlungen gebunden sind und folglich als Personen über eine beständige Identität verfügen. Auf dieser Basis entstehen Versprechen zwischen Menschen: Du kennst mich und kannst dich auf mich verlassen, selbst wenn sich die Umstände ändern. Ohne solches Vertrauen herrscht stetiger Argwohn.

Schulden können natürlich auch stark unterdrückend wirken, indem sie Abhängigkeitsverhältnisse schaffen, die in vielen vormodernen Gesellschaften zu Schuldknechtschaft und Leibeigenschaft führten. Sie beraubten die Menschen daher der Menschlichkeit. Denn selbstverständlich ändern sich Umstände: Unfälle, Klimakatastrophen, Krankheiten und andere Ereignisse können ein Begleichen der Schuld unmöglich machen. Viele Religionen, darunter Judentum, Christentum und Islam, entwickelten folglich Verbote gegen das Verleihen von Geld auf Basis von Zinsen oder Wucher. Der Islam hält nach wie vor an der Beschränkung von Spekulation fest, und die Anwendung islamischen Rechts führt zu Finanzinstrumenten, bei denen sich die Gemeinschaft Risiko oder Kapital teilt. Einige Analysten gehen deswegen davon aus, dass das islamische Recht die adäquatere Grundlage für eine moderne Wirtschaft biete, da es Schuldinstrumente ausschließe. Dennoch gibt es wenige Belege dafür, dass das islamische Recht einen sonderlich großen Einfluss auf das finanzielle Verhalten von Musliminnen und Muslimen hat.[4] Im Judentum wie im Christentum sind die zentralen Textstellen zum Verbot des verzinsten Geldverleihs: 5. Buch Mose 23:20 – »Du sollst von deinem Bruder nicht Zinsen nehmen, weder für Geld noch für Speise noch für alles, wofür man Zinsen nehmen kann.« – und 3. Buch Mose 25:35–37 – »Wenn dein Bruder neben dir verarmt und nicht mehr bestehen kann, so sollst du dich seiner annehmen wie eines Fremdlings oder Beisassen, daß er neben dir leben könne; und du sollst nicht Zinsen von ihm nehmen noch Aufschlag, sondern sollst dich vor deinem Gott fürchten, daß dein Bruder neben dir leben könne. Denn du sollst ihm dein Geld nicht auf Zinsen leihen noch Speise geben gegen Aufschlag.«

Es schien eine einfache Möglichkeit zu geben, wie man Schulden als etwas, das Verantwortung, Anstand und Ordnung fördert, und Schulden als Quelle persönlicher Not und Unordnung in Einklang bringen konnte: Man erklärte sie zur Regierungssache. Dieser Ansicht war man in der Antike, und ihr ähnelt die moderne Auffassung, wonach Regierungen besonders sichere und stabile Vermögenswerte bilden.

Staatsschulden

In griechischen Stadtstaaten enthielten Tempel Schatzhäuser, welche im Grunde Leihgaben von Bürgern verwahrten, die man im Notfall verwenden konnte. Für diese wurden keine Zinsen gezahlt. Falls die Bürger das Geld verloren, weil das Geliehene nicht zurückgezahlt werden konnte, hatten sie schlichtweg ein Opfer für das Allgemeinwohl erbracht. Auf diese Weise repräsentierten die Kredite eine Form von Zivilgesellschaft. Der Zusammenhang zwischen Staatsschulden und Religion zeigte sich sehr deutlich in der Architektur solcher Schatzhäuser, die wesentlich später (besonders im 18. und frühen 19. Jahrhundert) Bankgebäuden Modell standen.

Monarchen und absolutistische Herrschende versuchten sich die gleiche Art von Krediten zu sichern – der Unterschied zur Besteuerung war dabei nicht immer deutlich erkennbar. Die Aussichten auf Rückzahlung standen allerdings schlecht und die Geldgeber verbargen ihren Reichtum immer geschickter vor den königlichen Agenten (quasi den Steuereintreibern). Monarchen liehen sich also von Handelstreibenden anderer Territorien Geld, wofür sie Zinsen zahlten, und kamen dann häufig in Zahlungsverzug oder stellten die Rückzahlungen ganz ein. Im Voraus konnte man nie genau wissen, welchen – für gewöhnlich militärischen – Herausforderungen sich ein Monarch stellen würde. Und natürlich konnte man sich nie ganz sicher sein, dass ein König den vertraglich vereinbarten Zahlungen auch nachkommen würde. Solche Zahlungsausfälle durften nie zu hoch werden, da sonst der Ruf des Königs litt und somit auch seine Möglichkeiten schwanden, neue Schulden aufzunehmen. Dennoch wohnte diesem Prozess eine gewisse Willkür inne, die zu Unsicherheiten führte, was sich in höheren Zinssätzen niederschlug. Das Ziel, bessere Bedingungen für das Aufnehmen von Schulden zu schaffen, bildete einen wichtigen Ansporn für die Bildung politischer Verantwortlichkeit und sogar für den Demokratisierungsprozess.

In Genua entwickelte sich ein Kreditsystem, das vielerorts als Vorbild für die Förderung kollektiver Verantwortung bewundert wurde. Dort liehen Bürger der Stadt über ein Unternehmen Geld. Das Casa di San Giorgio (oder die Bank des Heiligen Georg) war 1408 gegründet worden, um die verschiedenen Schulden der Republik Genua zu konsolidieren. In seiner *Istorie fiorentine* (Geschichte von Florenz) schrieb Machiavelli, das Casa stehe für Freiheit, bürgerliches Leben und Gerechtigkeit.[5] Dem schottischen Abenteurer William Paterson diente das Casa als Vorbild für sein Vorhaben, die englischen Finanzen neu zu ordnen. Später sollte aus seinen Überlegungen die Bank of England entstehen:

Und da in der Christenwelt kein Land existiert, in dem Besitz seit einiger Zeit heiliger und sicherer war als in England, trotz all unserer Revolutionen, muss daraus folgen, dass nichts weniger als eine Eroberung, im Zuge derer Besitz, Gerechtigkeit und Recht verloren gehen müssen, in irgendeiner Weise diesem Fundament etwas anhaben kann: Und in diesem Fall würde es ihm [dem Fundament] genauso wie allem anderen ergehen.[6]

Patersons Bank war ähnlich wie die in Genua aufgebaut: Die Anteilseigner der Bank liehen der englischen Regierung Geld und ihre Investition schien sicher, da sie politisch über genug Einfluss verfügten, um das Parlament zu dominieren. So konnten sie sicherstellen, dass man genug Steuern erhob, um die Schulden bedienen zu können. Die Gründung der Bank of England bildete das Herzstück der »englischen Finanzrevolution«; durch die dramatisch reduzierten Kosten für die englische Kreditaufnahme, konnte die Regierung mehr in militärische, vor allem die Marine betreffende, Infrastrukturen und Dienstleistungen investieren. Sie war dementsprechend von zentraler Bedeutung für Englands Machtausübung und den Aufbau des britischen Weltreichs.[7]

Es gab noch weitere Nachahmer. Der erste amerikanische Finanzminister Alexander Hamilton wurde stark vom britischen Vorbild beeinflusst und setzte sich sehr ausführlich mit der Bank of England auseinander. Als er 1709 vorschlug, der Bund solle die Schulden einzelner Staaten übernehmen (Schulden, die sie während des Amerikanischen Unabhängigkeitskriegs aufgenommen hatten), sah er in diesem Kompromiss, der für die Übernahme dieser sehr außergewöhnlichen Schuldenlast nötig war, die Gründung eines neuen Gemeinwesens. Schulden würden, wie er schrieb, den »Kitt unserer Union« bilden.[8]

Napoleon gründete die Banque de France ebenfalls auf den gleichen Prinzipien der Bank of England. Die Unantastbarkeit der Staatsschulden blieb für Frankreich (noch lange) von besonderer Bedeutung: In der fehlenden Bereitschaft König Ludwigs XVI., die Art von Zahlungsausfall oder Umstrukturierung der Schulden vorzunehmen, wie sie das Ancien Régime in Frankreich (und im Allgemeinen die Monarchien im Europa der frühen Neuzeit) immer wieder geprägt hatten, sah man vielerorts den Auslöser der Französischen Revolution. Die hohe Schuldenlast, die erst der Siebenjährige Krieg und später der Amerikanische Unabhängigkeitskrieg nach sich zogen, hätte ohne Weiteres erlassen werden können, doch stattdessen orderte Ludwig seinen Generalkontrolleur der Finanzen an, er solle Möglichkeiten finden, wie man zusätzliche Einnahmen generieren könnte. Anschließend nutzten die Parlamentarier das Vermögen von Krone und Kirche (*biens nationaux*) als Sicherheit für Staatsschulden und für ihre eigenen Militärkampagnen gegen die Feinde der Revolution im Aus- und Inland.

Vor nicht allzu langer Zeit, nach dem Beginn der Eurokrise 2010, kamen Hamiltons Ansichten in Bezug auf Schulden wieder neu auf. Sollten Schulden zu einem gewissen Grad vergemeinschaftet werden? Die Vereinigten Staaten drängten Europa sehr stark in diese Richtung, um es so finanziell zu stabilisieren. Finanzminister Tim Geithner schenkte Finanzminister Wolfgang Schäuble, der entschieden gegen gemeinsame europäische Schulden war, eine Ausgabe von Ron Chernows Hamilton-Biografie. Nach Ausbruch von Corona sprach Schäubles Nachfolger Olaf Scholz vom »Hamilton-Moment.«

Schulden aufseiten des Staats hängen von einem komplexen Netzwerk aus Versprechen und Vereinbarungen ab. Sie liefern dem Staat die notwendigen Ressourcen, um seine zentralen Funktionen auszuüben – Verteidigung, Durchsetzung von Recht und Gesetz –, und sorgen unter denjenigen für Loyalität, die von der vom Staat zur Verfügung gestellten Sicherheit profitieren. Deswegen fällt es so schwer, sich für Hamiltons Ansatz zu entscheiden: Er mag neue Verbundenheit schaffen, doch er setzt auch ein grundsätzliches Gemeinschaftsgefühl voraus. In der Vergangenheit waren Menschen bereit, für ihr Vaterland zu sterben, doch es ist mental und emotional zu viel verlangt, wenn man ähnliche Opfer für die Vergemeinschaftung von Schulden bringen soll.

Und dann gab es da noch das Problem, dass Staaten zu viel versprachen. Was wäre, wenn ein Staat zahlungsunfähig würde und all die Papiere nichts mehr wert wären? Dann geriete die öffentliche Ordnung in Gefahr. So etwas erlebte Frankreich während des 18. Jahrhunderts zweimal: Zuerst als der Schotte John Law versuchte, ein eindeutig auf dem Modell der Bank of England basierendes Projekt aufzubauen, mit dem er nach Ende des äußerst kostspieligen (und für Frankreich katastrophalen) Spanischen Erbfolgekriegs die königlichen Schulden konsolidieren wollte; und das zweite Mal im Zuge der finanziellen Experimente der Französischen Revolution, als man zu viele durch die *biens nationaux* abgesicherte Assignate ausstellte. Laws Projekt inspirierte 1720 zahlreiche Flugblätter und Karikaturen, in denen der Teufel das Geld erschafft, das alle hinters Licht führt. In vielen beliebten Versionen scheißt der Teufel Geld: Der Trug, den das nicht ausreichend gedeckte Geld schafft, ist das Exkrement des Teufels.

Einige, die aus dem revolutionären Frankreich flüchteten, fanden in der kleinen Residenzstadt Weimar Zuflucht. Die Geschichten, die man sich dort von den französischen Assignaten erzählte, fanden ihren Weg in die alte deutsche Erzählung des Doktor Faustus. Im zweiten Teil von Goethes Version begleitet der Teufel Mephistopheles Johannes Faust an den Hof eines mittelalterlichen Kaisers, wo sich die Wirtschaft im Reich auf dem absteigenden Ast befindet. Die Felder liegen brach, die Industrie ruht. Mephisto schlägt die Einführung von Papiergeld vor, das durch wertvolle Metalle im Boden gedeckt werden solle, wobei es nicht einmal nötig sei, diese auszugraben. Allein das Vertrauen zähle. Das Papiergeld schürt umgehend die Zuversicht im Land und alle gehen wieder an die Arbeit. Der Schatzmeister berichtet hocherfreut: »Der Kanzler sprach mit uns zu dir heran: / ›Gewähre dir das hohe Festvergnügen, / Des Volkes Heil, mit wenig Federzügen.‹« Faust erwidert etwas später: »Doch fassen Geister, würdig tief zu schauen, / Zum Gränzenlosen gränzenlos Vertrauen.«[9]

Diese Stelle in Goethes Text ist auch noch im 21. Jahrhundert relevant, wo sich kein Lebender mehr richtig an die deutsche Hyperinflation der frühen 1920er-Jahre erinnern kann. Inmitten der Auseinandersetzungen über die Europäische Schuldenkrise nahm sich der Präsident der Deutschen Bundesbank im September 2012 Zeit für einen literarischen Exkurs:

> Zwar kann sich der Staat im *Faust II* in einem ersten Schritt seiner Schulden entledigen, während die private Konsumnachfrage stark steigt und einen Aufschwung befeuert. Im weiteren Verlauf artet das Treiben jedoch in Inflation aus und das Geldwesen wird infolge der rapiden Geldentwertung zerstört. [...] Denn wenn Notenbanken potenziell unbegrenzt Geld quasi aus dem

Nichts schaffen können, wie kann dann sichergestellt werden, dass Geld ausreichend knapp und somit werthaltig bleibt? [...] Ja, diese Versuchung besteht sehr wohl, und viele sind ihr in der Geschichte des Geldwesens bereits erlegen.[10]

Die Botschaft richtet sich nicht nur an Kapitalisten. Eine der einprägsamsten Neufassungen der Faustszene findet sich in Michail Bulgakows eindrucksvoller Satire über den Stalinismus *Der Meister und Margarita*. Im 12. Kapitel erscheint der Teufel in einem Moskauer Varietétheater und gibt eine Vorstellung in Schwarzer Magie: Bei einem seiner Tricks lässt er Banknoten auf das Publikum herabregnen. Außerhalb des Theaters verwandeln sich diese jedoch in wertlose Papierzettel. In Bulgakows Roman besteht der Teufel darauf, dass die Scheine »echtes Geld« – *chervonets* – seien, ein Wort, das sich auf die neue sowjetische Währung bezieht, die in den 1920er-Jahren in Umlauf gebracht wurde, und von der man behauptete, sie entspreche den zaristischen Goldmünzen (*chervonets* bedeutet »rot«, für rotes Gold).

Es existieren zwei Möglichkeiten, wie man mit der Sorge vor einem Missbrauch solcher Währungsmagie umgehen kann: Einerseits könnte man in permanenter Angst vor Inflation leben, die nicht nur den Wert von Schulden wegwischt, sondern auch die Basis jedes Vertrags. Andererseits kann man auf einen mildtätigen Außenseiter hoffen – jemanden, der nicht der Teufel ist –, der die Schulden entweder übernimmt oder begleicht. Wird ein Staat von bösen oder eigennützigen Persönlichkeiten übernommen, wird dieser zerstört; springt der Staat dagegen als wohltätiger Außenseiter ein, erscheint er als Retter oder gar Erlöser.

Individuelle Schulden

Das Ausschauhalten nach einem Retter ist recht verführerisch, da es zu dem historischen Verlauf passt, den die Verschuldung im 19. und 20. Jahrhundert genommen hat. In der weitgehend stabilen Währungswelt im Europa des 19. Jahrhunderts stand die absolute Sicherheit der

Staatsschulden in starkem Kontrast zu den Unsicherheiten und Unbeständigkeiten, denen sich die Einzelnen gegenübersahen. Auf individueller Ebene ist eine Überschuldung immer möglich, nicht nur aufgrund von verschwenderischem Verhalten, sondern auch wegen der Launen, die das Leben mit sich bringen kann, wie beispielsweise Krankheit, Verlust der Anstellung oder Tod. Im 19. Jahrhundert waren Schriftsteller vom Gedanken der Verschuldung geradezu besessen. Honoré de Balzac erörtert die Macht seiner fesselnden und rätselhaften Figur Vautrin, der in der Pension Madame Vauquers als Kreditgeber großen Einfluss übt: »Er hatte Frau Vauquer und einigen anderen Pensionären mehrmals Geld geliehen; aber seine Schuldner wären lieber gestorben, als daß sie diese Schuld nicht so schnell wie möglich wieder abgetragen hätten, so sehr flößte sein durchdringender und entschlossener Blick den Leuten Angst ein.« Der Roman *Le Père Goriot* (*Vater Goriot*) dreht sich um die Dynamiken der Schulden. Die Maxime des alten Mannes lautet: »Geld ist Leben, Geld ist alles!« Seine Tochter Delphine de Nucingen, die einen bekannten Banker heiratet, erklärt:

[I]ch verbrauchte meine Ersparnisse und die Unterstützungen, die mein armer Vater mir zuwandte; dann machte ich Schulden. [...] Als es galt, ihm meine Schulden zu beichten, die ich in der ersten Zeit unserer Ehe gemacht hatte, für Juwelen und Putz [...], litt ich ein Martyrium; [...] Das Geld spielt erst dann eine Rolle, wenn die Liebe verflogen ist.[11]

Charles Dickens' Vater sperrte man 1824 für eine verhältnismäßig geringe Summe, die er einem Bäcker schuldete, im Schuldgefängnis Marshalsea in Southwark ein. Später berichtete Charles Dickens in mehreren seiner Romane, am ausführlichsten in *Little Dorrit*, bemerkenswert lebendig über das Leben in solchen Schuldgefängnissen. Er sah die Schuldner als Opfer eines überkomplexen und undurchschaubaren Lebens:

Die Vermögensangelegenheiten dieses Schuldners waren durch die Beteiligung an einem Geschäft, von dem er nicht mehr wußte, als daß er Geld hineingeschossen, durch legale Wechselübertragungen und Saldierungen, Übergabe hier und Übergabe dort, Verdacht ungesetzlicher Bevorzugung von Gläubigern in dieser Richtung und geheimnisvollen Wegschaffens des Eigentums in jener in Verwirrung geraten. Da aber niemand auf diesem Erdenrund weniger imstande war, irgendein Belastungsargument in dieser wirren Masse zu erklären als der Schuldner selbst, so war die Sache auch auf keine Weise zu entwirren. Ihn im Detail zu fragen und seine Antworten unter sich in Einklang zu bringen suchen, ihn mit Rechnern und geübten Praktikern, die in Insolvenz- und Bankrotttränken erfahren waren, einschließen, hätte bedeutet, die Unentwirrbarkeit nur auf Zinseszinsen anzulegen. Die unschlüssigen Finger bewegten sich bei jeder solchen Gelegenheit immer unwirksamer um die zitternden Lippen, und die gewandtesten Praktiker gaben ihn als hoffnungslos auf.[12]

Die Literatur des 19. Jahrhunderts ist voller ähnlicher Vorfälle, in denen Einzelne scheitern, weil sie unfähig sind, ihre eigenen Finanzen zu führen. Solche finanziellen Tragödien tauchen zweifelsohne auch noch im 20. Jahrhundert auf, doch sie nehmen als literarisches Thema weniger Raum ein. Die Lösung für die Unsicherheit des Einzelnen lieferten Versicherungen, besonders die vom Staat zur Verfügung gestellte Sozial- und Krankenversicherung. Bismarcks Deutschland und das skandinavische Europa waren im späten 19. Jahrhundert Vorreiter, und bereits Anfang des 20. Jahrhunderts wollten Sozialreformer und politische Entscheidungsträger der ganzen Welt sich an ihnen ein Beispiel nehmen. Durch solche Gesetze war man nicht länger gezwungen, auf einen Kredithai zurückzugreifen. Im 20. Jahrhundert führten Probleme mit den schrecklichen Konsequenzen, die eine private Überschuldung – die Individuen praktisch aus der Gesellschaft ausschließt – mit sich brachte, zu stärkeren Verbraucherschutzgesetzen (gegen eine skrupellose Kreditvergabe). Des Weiteren wurden Forderungen nach gesamtwirtschaftlicher Stabilisierung laut, um so die Konjunkturschwankungen zu beseitigen, welche die Dynamik der Überschuldung befeuerten.

Jedoch setzte die gesteigerte Sicherheit, die eine solche wohlmeinende Politik schuf, einen weiteren Prozess in Gang. Finanzhaie konnten nun die neue Sicherheit nutzen, um Konsumenten zu Neuanschaf-
fungen und größeren Schulden zu verführen. Besonders in solchen
Gesellschaften, die sich als äußerst fortschrittlich oder finanzialisiert
empfanden, allen voran in den Vereinigten Staaten und dem Vereinigten Königreich, explodierten die privaten Schulden. Manchmal sah man
darin eine Kompensation für die Stagnation der niedrigeren Löhne am
Ende des 20. Jahrhunderts oder einen Mechanismus, der Unzufriedenheit fernhalten sollte. Um aushaltbar zu bleiben, darf die Schuldenlast
nicht zu schwer wiegen: Doch die Finanzmärkte haben nicht sonderlich viel für Mäßigung übrig und schwanken stattdessen zwischen Euphorie und Abscheu. Kommt es zu Letzterem, werden weniger Kredite
vergeben. Das Gefühl von Abscheu im Bereich privater Verträge befällt
ebenfalls die Politik, und Schulden werden moralisiert.

»Kreditnehmern unterstellt man eine beinahe religiöse Form der
Schuld,« erklärte Benjamin Friedman aus Harvard einer Gruppe von
internationalen Ökonomen in der Bank für Internationalen Zahlungsausgleich.[13] In seiner Rede zitierte er den Historiker Henry Roseveare:

Eine Ethik transmutierte zum Kult, dieses Ideal einer wirtschaftlichen und damit tugendhaften Regierung wurde von Muster-
knaben wie Pitt in die Hände von Hohepriestern wie Gladstone
weitergegeben. Aus ihr wurde eine Religion der finanziellen Orthodoxie, deren heilige Dreifaltigkeit aus Freiem Handel, einem
Ausgeglichenen Haushalt und dem Goldstandard bestand, deren Erbsünde die Staatsverschuldung darstellte. Es scheint kein
Zufall, dass ›Conversion‹ [Bekehrung/Umschuldung] und ›Re-
demption‹ [Erlösung/Tilgung] die beiden Tätigkeiten sind, die
man besonders eng mit einer Schuldenreduzierung assoziiert.[14]

Der britische Politiker und Ökonom Stuart Holland schrieb über eine
Besonderheit der deutschen Sprache, die das gleiche Wort für moralische
wie finanzielle Schuld verwendet: »Nietzsche betonte das in seiner *Genea-*

logie der Moral, er stellte in diesem Zusammenhang in Deutschland eine Neigung unter starken Gläubigern fest, von schwachen Schuldnern Buße für ihre finanzielle Schuld zu verlangen und sie zu bestrafen, wenn sie sich nicht für die Tilgung der Schuld oder eine Wiedergutmachung einsetzten.« Der spätere griechische Finanzminister Yanis Varoufakis schloss sich dieser Interpretation an und ergänzte: »Damals in der trostlosen Zeit des Schwarzen Todes waren die meisten Europäer überzeugt, die Pest werde durch lasterhaftes Leben ausgelöst und könne durch Selbstgeißelung ausgetrieben werden.«[15] Tatsächlich ist jedoch in vielen europäischen Sprachen das Wort für Schulden mit Sünde verknüpft, nicht nur im Deutschen. Die Formulierung »und vergib uns unsre Schuld, wie auch wir vergeben unseren Schuldigern« taucht in all ihrer Ambivalenz auf Latein im Vaterunser auf und dementsprechend auch in anderen Sprachen mit lateinischen Wurzeln: *et dimitte nobis debita nostra, sicut et nos dimittimus debitoribus nostris.* Und im Gleichnis vom unbarmherzigen Gläubiger erzählt Jesus die Geschichte eines Mannes, der rücksichtslos Geld von seinen eigenen Schuldnern einfordert, um dann noch harscher von seinem eigenen, mächtigeren Gläubiger behandelt zu werden:

> Da forderte ihn sein Herr vor sich und sprach zu ihm: Du böser Knecht, alle diese Schuld habe ich dir erlassen, weil du mich batest; hättest du da dich nicht auch erbarmen sollen über deinen Mitknecht, wie ich mich über dich erbarmt habe? Und sein Herr ward zornig und überantwortete ihn den Peinigern, bis daß er bezahlt hätte alles, was er ihm schuldig war.[16]

In der globalisierten Welt machten Schulden auch vor Landesgrenzen nicht halt. Probleme wurden durch Schocks deutlich: beispielsweise während der Weltfinanzkrise 2007–2008, als der Interbankenmarkt einfror und Schuldner überall auf der Welt keinen Zugriff mehr auf Gelder hatten, oder als in Folge der Coronapandemie die Nachfrage plötzlich stark zurückging. Vor 2020 erstreckte sich das globale Lieferkettennetz für alle möglichen Produkte über die ganze Welt: von komplexen Ingenieurarbeiten bis hin zu Kleidung und Textilien. Als nach Beginn der

Pandemie die Kundinnen und Kunden plötzlich zu Hause blieben, bezahlten die großen Händler, die die Fast-Fashion-Industrie dominierten, schlicht ihre Rechnungen nicht mehr – darunter für Waren, die sich bereits auf dem Weg befanden, in den Häfen warteten und sogar schon ausgeliefert worden waren. Sie konnten sich das aufgrund ihrer Machtposition erlauben.[17] Generell sieht es ganz danach aus, als ob Unternehmensschulden durch besondere Besteuerung auf eine Weise privilegiert sind, die sich nur schwer logisch oder rational rechtfertigen lässt.[18]

Unternehmensschulden

Eine Eigenheit der Zeit der Hyper-Finanzialisierung und Globalisierung der letzten 30 Jahre ist der explosionsartige Anstieg der Unternehmensschulden. Während der vorherigen Ära der Globalisierung vor dem Ersten Weltkrieg fand ein ähnlicher Anstieg statt, besonders in den Vereinigten Staaten: Dort befeuerte die Zunahme an Unternehmensverschuldung einen Boom an Fusionen und Übernahmen, der, genau wie ein Jahrhundert später, zur Bildung von riesigen Konzernen führte. Zu großen Teilen wurde der Verlauf der US-Wirtschaft während des 20. Jahrhunderts von Unternehmenszusammenschlüssen bestimmt, die während der 1910er-Jahre stattfanden und aus denen Giganten wie US Steel und Standard Oil hervorgingen.

Der Fusions-Boom war eine Folge ungewollter Konsequenzen: In diesem Fall einer Maßnahme der 1890er-Jahre, die ihren Ursprung im öffentlichen Misstrauen gegenüber Großunternehmern und einer Kampagne gegen Trusts, gegen die Treuhand, hatte. Die Aktion baute auf der steuerlichen Absetzbarkeit von Unternehmensschulden auf. In der theoretischen Finanzanalyse sind die Modigliani-Miller-Theoreme von zentraler Bedeutung. Laut Modigliani und Miller können Entscheidungen, die mit der Höhe der Unternehmensbilanz und dem Verschuldungsgrad zusammenhängen, voneinander unabhängig modelliert werden, sodass der Unternehmenswert nicht von seiner Kapitalstruktur beeinflusst wird, also davon, wie das Unternehmen sein Wachstum finanziert.[19]

Dennoch wird die Wahl zwischen einer Finanzierung über Eigenkapital oder durch Schulden oft von Steuerüberlegungen beeinflusst.[20]

In den Vereinigten Staaten beginnt die Geschichte der Bevorzugung von Unternehmensschulden mit einer Zollreform. Präsident Grover Cleveland war ein Demokrat, der sein Amt mit dem Versprechen angetreten hatte, die hohen Zollabgaben auf Importe von »lebensnotwendigen Gütern« rückgängig zu machen. In seiner Rede zur Lage der Nation schlug er 1893 neben der Zollreform das Verhängen »einer niedrigen Steuer auf Einkommen, die aus bestimmten Unternehmensinvestitionen stammen« vor, mit denen er die geringeren Einnahmen aufgrund der Zollreform ausgleichen wollte. Es sollte eine »gerechtere und gleichberechtigtere Besteuerung auf Bundesebene« geben. Währenddessen befand sich die Kampagne der Populisten beinahe auf ihrem Höhepunkt, die energisch die Ansicht vertraten, »dass Körperschaften die natürlichen Feinde des Volks sind.«[21]

Der Wilson-Gorman Tariff Act hob 1894 Handelsschranken auf, die zuvor die nördliche Industrie geschützt hatten und erließ eine Körperschaftssteuer von 2 Prozent auf das Nettoeinkommen von Unternehmen. Außerdem änderte der Kongress 1894 die Steuerordnung, woraufhin Unternehmen ihre Kreditzinsen steuerlich absetzen konnten. Unterstützer des Pakets argumentierten, dies werde zu einer Schwächung mächtiger Geschäftsführer mit großen Mengen Eigenkapital beitragen. Außerdem enthielt diese Umverteilung auch ein geografisches Element, der Kongress rechnete mit einer Umverteilung von Norden nach Süden.[22] Eine mögliche Erklärung für diese Ausnahme ist, dass die Besteuerung von Staats- und Kommunalanleihen sowie Hypothekenpfandbriefen sowohl die Menschen im Süden als auch im Norden belastet hätte.[23] Der Norden war empört. Senator Henry Cabot Lodge (ein Republikaner aus Massachusetts) meinte, der Wilson-Gorman Tariff Act stecke »voller Protektionismus, der vor allem den Interessen des Südens zuarbeitete und auf diese Weise alle Prinzipien über Bord warf, die sich die demokratische Partei auf die Fahnen geschrieben hatte.«[24] Kritiker führten an, es handle sich um die Einsetzung eines (südlichen) Zucker-Trusts als Alternative zu den nördlichen Trusts.

Sektion 28 des Wilson-Gorman Tariff Acts enthielt außerdem die erste Einkommenssteuer in Friedenszeiten, allerdings kippte der Oberste Gerichtshof diese ein Jahr später im Zuge des Verfahrens *Pollock gegen Farmers' Loan & Trust Co.* Als Ergebnis brachten Schulden nach wie vor einen Steuervorteil, wobei die Einkommenssteuer, die ursprünglich Teil des Pakets war, verloren ging. Sie sollte erst nach Verabschiedung des 16. Amendments 1913 möglich werden. Dementsprechend brachten Schuldinstrumente, in die »ein Großteil« der Reichen Vermögen investierte, Steuererleichterungen mit sich, während ärmere Aktieninhaber dennoch besteuert wurden.[25] Natürlich war es offensichtlich, dass reiche Anleiheninhaber massiv im Vorteil sein würden, doch »andere Prioritäten – darunter der Schutz von fremdfinanzierter einheimischer Industrie und verfassungsrechtliche Vorbehalte in Bezug auf gezielte Besteuerung von Anleiheninhabern – hatten Vorrang.«[26]

Die Zinsausnahmen schufen Anreize zur Unternehmenskonzentration. In der Konsequenz profitierten Unternehmen, die in ihrer Branche bereits einflussreich waren, unverhältnismäßig stark von diesem Gesetz, da alteingesessene, stabile Unternehmen in der Regel eine größere Schuldenlast tragen.[27] Im Jahr 1909 setzte man sich erneut mit der Idee einer Ertragssteuer auseinander, nun diskutierte man ausführlich, wie das Steuersystem große Inhaber von Korporationen begünstigte, die über erhebliche Anleihen verfügten. Die *New York Times* berichtete:

Die Spaltung verläuft, wie man hört, in gewisser Weise geografisch. Die östlichen Senatoren sind generell gegen eine Besteuerung von Vermögen, das mit Anleihen in Verbindung steht, während man den westlichen Senatoren nachsagt, sie seien für die Möglichkeit, Vermögen wie das Andrew Carnegies zu besteuern, das beinahe komplett aus Anleihen besteht.[28]

In den Jahren 1913 und 1916 erhöhte man die Obergrenze für das Absetzen von Unternehmenszinsen auf den Wert des Aktienkapitals plus die Hälfte des Betrags der noch ausstehenden Schulden. Im Jahr 1918 hob man die Obergrenze vollständig auf, als man sie vorübergehend außer Kraft setzte, um die Effekte der Übergewinnsteuer des Ersten Weltkriegs auszugleichen.[29] Erstaunlicherweise hielt diese Ausnahme bis 2017 an, als Trumps Steuerreform (der Tax Cuts and Jobs Act) in Kraft trat, die außerdem den Körperschaftssteuersatz von 35 auf 21 Prozent senkte.

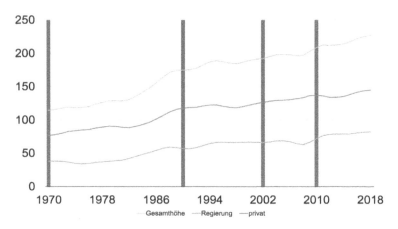

Abbildung 3. Globale Schulden in Prozent anhand der weltweiten Bruttoinlandsprodukte (BIP). Quelle: M. Ayhan Kose, Peter Nagle, Franziska Ohnsorge und Naotaka Sugawara, Global Waves of Debt: Causes and Consequences (Washington, D.C.: World Bank, 2019), S. 6.

Explodiert die Unternehmensverschuldung, wird sie zum Problem der öffentlichen Politik. Länder wollen große oder viele kleine Unternehmen nicht bankrottgehen lassen. Gerade Finanzinstitute stellen eine besondere Schwachstelle dar, da ihr Untergang das Wirtschaftsleben als Ganzes gefährden kann. Zudem leisten größere Unternehmen oft sehr erfolgreiche Lobbyarbeit. Das führt dazu, dass Regierungen bei starken Schocks mit Rettungsaktionen große Teile von Unternehmensschulden übernehmen: so geschehen beispielsweise nach der Weltfinanzkrise oder erneut nach dem COVID-19-Schock. Dementsprechend lässt sich nach solchen Notfällen ein großer Anteil der Unternehmensschulden nicht länger von Staatsschulden unterscheiden.

Unternehmensschulden (wie auch Privatschulden) nahmen in den frühen 2000er-Jahren rasant zu, was für die Fortschrittsländer ein besonderes Problem darstellte und sie während der Weltfinanzkrise angreifbar machte. Seit 2008 sind auch die Schulden in Schwellenmarktländern, besonders China, explodiert (siehe Abbildung 3).

Anders formuliert: Als die Vereinigten Staaten gerade wieder versuchten, ihre Abhängigkeit von Unternehmensschulden einzudämmen, *übernahm* China dieses Vorgehen voller Eifer als Anti-Krisen-Maßnahme. In den Vereinigten Staaten beliefen sich die Kredite, die außerhalb des Finanzsektors vergeben wurden, 2008 auf 72,5 Prozent des BIP und in China auf 93,9 Prozent; das chinesische Niveau lag 2018 bei 149,1 Prozent, doppelt so hoch wie der Wert in den Vereinigten Staaten, der bei 74,4 Prozent lag.[30] Die Vereinigten Staaten hatten nicht nur den Staffelstab der internationalen Führung weitergegeben, sondern auch den der Verschuldung, mit all den damit einhergehenden Lasten.

Internationale Kredite

Staatsschulden schaffen eine Zivilgesellschaft, solange es sich um einheimische Schulden handelt und es eindeutige Kontrollmechanismen gibt. Könnten internationale Schulden den gleichen lehrreichen Einfluss auf eine internationale Zivilgesellschaft haben? Leider haben sie recht oft genau den gegenteiligen Effekt: Im Kontext von internationalen Beziehungen sorgen Schulden eher für Sprengstoff als für die Förderung von Stabilität.

Der internationale Kapitalmarkt unterschied sich schon immer recht stark vom einheimischen Markt, außerdem schien er Leichtsinnigkeit und Zahlungsausfälle zu befördern. Im Jahr 1776 schrieb der Aufklärer Nicolas de Caritat, Marquis de Condorcet, das Interesse an »der allgemeinen Zufriedenheit der Gesellschaft versiegt für den Besitzer von Geld beinahe vollkommen, der, durch ein Bankgeschäft, im Nu englisch, niederländisch oder russisch wird.«[31] Der konservative romantische Schriftsteller Adam Müller von Nitterdorf schrieb 1809: »In diesem Streit entwickelt sich die Kraft der Gesellschaft; sie verbreitet und konzentriert sich. Mit einem Briefe, einem Wechsel, einer Stange Silber reicht der Kaufmann in London seinem Correspondenten in Madras seine Hand über die Oceane hin, und hilft ihm den großen Krieg mit der Erde führen [...].«[32] Wenn der Kaufmann – und oft seine Regierung – Krieg führte, dann war es klar, wer der Feind war. Schulden dienten dem Herbeiführen von Abhängigkeiten; sie waren ein Werkzeug der Unterwerfung, mit dem man Ressourcen aus der Erde herausholen und Imperialismus durchsetzen wollte.

Dennoch erscheint es beinahe paradox, dass Schulden ein Werkzeug für Bewegungen waren, die sich von einem Imperium befreien wollten. Die Amerikanische Revolution wurde zum Teil finanziert, indem die Staaten (die dreizehn Kolonien) sich Geld im Ausland, an ausländischen (vornehmlich dem niederländischen) Kapitalmärkten liehen, aber auch durch Patrioten, die Schuldverschreibungen zeichneten. Die frisch gegründeten lateinamerikanischen Staaten bauten in den 1820er-Jahren ihre Infrastruktur auf, indem sie vor allem am Londoner Markt Schulden aufnahmen: darunter Buenos Aires, Brasilien, Zentralamerika, Kolumbien, Chile, Guadalajara, Mexiko, Peru und sogar fiktive Staaten wie »Poyais«. Auf diesen Enthusiasmus, beziehungsweise diese Verschuldungsmanie, folgte bald eine Welle an Zahlungsausfällen und bis 1827 befanden sich alle Anleihen im Zahlungsverzug. Es sollte einige Zeit dauern, bis die Länder ihre Glaubwürdigkeit wiederherstellen konnten; sie erlangten erst wesentlich später umfassenden Zugang zum europäischen Kapitalmarkt und unter den deutlich anderen Umständen der 1870er- und 1880er-Jahre (auch auf diese Manie folgte eine Welle von Zahlungsausfällen).[33]

Nicht nur vom Spanischen Kolonialreich befreiten sich Staaten auf diese Weise: Griechenland finanzierte seinen Unabhängigkeitskrieg mit Anleihen, die 1824–1825 in London ausgestellt wurden, und führte diese Finanzierung, auch nachdem es seine Unabhängigkeit erreicht hatte, fort – obwohl die Anleihen kurz darauf umstrukturiert werden mussten, was ein Gläubigerkomitee auf den Plan rief, das Großbritannien, Frankreich und Russland die Kontrolle über die griechischen Staatseinnahmen zuschrieb.[34] Schulden waren die Voraussetzung für die Überwindung des Imperialismus, sie finanzierten den nötigen politischen und militärischen Aufwand und so zwangen die Schulden die erst kürzlich unabhängig gewordenen Staaten in eine neue Art der Unterwerfung: Aus Unabhängigkeit wurde Abhängigkeit.

Im 19. Jahrhundert gerieten Länder mitunter in das Gravitationsfeld von Großmächten, da diese über potente Finanzmärkte verfügten. Ägypten, das Osmanische Reich, Russland und China wurden alle mit solchen Kreditgeschäften »geöffnet«. In nicht-demokratischen imperialen Systemen erfüllte der imperiale Schutzschirm, zusammen mit der Rechtshoheit des Zentrums, das bei Bedarf notwendige Rechtsgrundlagen schaffen konnte, eine ähnliche Funktion. Deswegen konnten Investoren sich sicher sein, dass das Land eine höhere Schuldenlast tragen konnte. Diesen Effekt schrieb man der imperialen Ordnung zu, wobei sich schwer feststellen lässt, ob es eher von einer guten Politik herrührte, die reformorientierte Verwalter durchsetzten, oder von der Macht des Imperiums, Rückzahlungen zu erzwingen.[35] Infolge einiger Krisen breitete sich das imperiale System aus und nahm die bankrotten Schuldnerentitäten kurzerhand in sich auf: Zu bekannten Beispielen gehören Ägypten 1875 oder Neufundland 1933. Aber sogar sehr große und mächtige politische Einheiten strebten nach finanzieller Absicherung, indem sie mit finanziell stärkeren Mächten kooperierten. Ein extremes Beispiel ereignete sich Anfang 1915, als die russische Regierung einen fiskalischen und politischen Zusammenschluss mit Frankreich und dem Vereinigten Königreich vorschlug, damit es weiterhin Zugang zu den Kreditmärkten hätte.[36]

Die *Analekten des Konfuzius* stellen dagegen fest, ein Herrscher solle mit dem Volk nicht um Profite konkurrieren. Doch das neue internationale Schuldensystem war das Ergebnis großangelegter Strafzahlungen, die ausländische Kräfte angesichts militärischer Niederlagen erließen: die Art Geldeintreibungen, wie sie die East India Company nach dem britischen Sieg in der Schlacht bei Plassey mit der Abschöpfung von Gewinnen praktizierte. Japan forderte nach Ende des Ersten Japanisch-Chinesischen Krieges Entschädigungszahlungen, und dann gab es noch die Zahlungen nach dem Boxeraufstand, als ausländische Truppen Peking einnahmen. In beiden Fällen bildeten Zolleinnahmen die

Grundlage für die Zahlung der Annuitäten an die acht ausländischen Mächte, die in China einmarschiert waren. Diese Mächte hatten, aufgrund der vereinbarten Abfindung und der Rolle des Zolls dabei, ein Interesse am Fortbestand der Qing-Dynastie.

Für die Schuldner waren diplomatische und politische Überlegungen von zentraler Bedeutung. Das Osmanische Reich hatte einen hohen Stellenwert im europäischen Machtsystem, weswegen 1875 ein Zahlungsausfall für großen Aufruhr sorgte. Die Schulden wurden nach dem Russisch-Osmanischen Krieg 1878 umstrukturiert, wobei die Gläubiger eine Staatsschuldenverwaltung einsetzten (*Administration de la dette publique ottomane*), die Einnahmen aus Zöllen und dem Tabakhandel direkt verwaltete. Dieses bestimmte Szenario sorgte für einen relativ einfachen Umgang mit einem Staatsbankrott, da das internationale politische System den Eingriff in die Souveränität eines Schuldnerlandes akzeptierte und sogar guthieß. Wenn ein Land den Schuldendienst einstellen musste, sahen mächtigere Länder das als Symptom allgemeinen Staatsversagens.

Das Problem bei einer hohen Auslandsverschuldung ist, dass die Kreditgeber nicht in irgendeinem Parlament vertreten sind und die politischen Vertreter der Schuldnerklassen (beziehungsweise derjenigen, die mit ihren Steuern die Schulden begleichen müssen) durchaus einen starken Anreiz hin zur Zahlungsunfähigkeit verspüren können. Das Äquivalent für innenpolitische Glaubwürdigkeit bestand auf dem internationalen Markt in einer Art starker diplomatischer Verpflichtung, bei der ein Sicherheitsabkommen die finanzielle und ökonomische Beziehung untermauerte. Die stärkste Form einer solchen Verbindung stellte das Imperium dar. Ländern unter imperialer Herrschaft fehlte bei Auslandsschulden ein Mitspracherecht, sie waren sich jedoch nur zu gut bewusst, dass das Mutterland strenge Sanktionen erlassen konnte, falls sie sich nicht fügten. Weitere Formen politischer Einflussnahme sahen ähnlich aus und könnten als »informelles Imperium« beschrieben werden.

Andere rivalisierende Staaten lernten von den Osmanen, dass das Überleben einer Großmacht nicht nur von einem starken Militär, sondern auch von einer starken Wirtschaft abhing. Die Geschichte davon, wie diplomatische Verpflichtungen Glaubwürdigkeit erhöhen, lässt sich besonders gut am bekannten Beispiel des Russischen Kaiserreichs zeigen. Hier handelte es sich um eine Nicht-Demokratie oder Autokratie, die internationale Sicherheitsverpflichtungen einging. Auch die russische Autokratie strebte nach ausländischem Geld, allerdings vermischte sie militärische und administrative Anforderungen mit einem zunehmenden Interesse an wirtschaftlicher Entwicklung. In den 1890er-Jahren sah der innovative Finanzminister Graf Sergei Witte ausländisches Geld als Möglichkeit, die rückständige Wirtschaft zu überwinden, während er gleichzeitig die Konservativen rund um den Zaren, der jetzt ein Kaiser war, davon überzeugte, dass die wirtschaftliche Entwicklung eine Notwendigkeit für Russlands Fortbestand als Großmacht war.[37]

Die beginnende diplomatische Annäherung von Russland und Frankreich ging 1891 mit einer französischen Anleiheemission einher, welche die Befürworter der neuen Diplomatie als »finanziellen Volksentscheid« feierten. Der Witte-Boom war das Ergebnis einer langwierigen Annäherung an die internationale Finanzordnung und wäre ohne die schmerzhafte Vorbereitung von Russland auf die Teilnahme am Goldstandard (durch Wittes Vorgänger Iwan Wyschnegradski) undenkbar gewesen. Auf den ersten Blick könnte man die russischen Ereignisse als Beispiel nehmen, wie der Goldstandard als »Gütesiegel für gute Haushaltsführung« funktionierte, da er die Wahrscheinlichkeit senkte, dass ein Land es Argentinien gleichtat, wo die Regierung während der 1880er-Jahre sowohl mit Papiergeld als auch mit Gold gearbeitet hatte.

Im Fall Russlands beeinflusste der öffentliche Sektor eindeutig die Höhe der Schulden, die der private Sektor aufnehmen konnte. Kommunalschulden – wie Kredite, die man der Stadt Moskau gewährte – waren eine weitere Finanzierungsmöglichkeit, wenn Staatsschulden politischen Bedingungen und Einschränkungen unterlagen. Doch ausländische Investoren hatten noch größeres Vertrauen in die Fähigkeit des Staats, ihre Interessen durchzusetzen. Russlands Zentralbank, die im Zuge des russischen Beitritts zum Goldstandard gegründet wurde, galt als »Rotes Kreuz der Börse«, da sie umgehend eingreifen konnte, wenn die Preise von Anleihen oder Aktien fielen und man Gefahr lief, neue ausländische Investoren abzuschrecken.[38] So überlebte das Land 1900–1901 einen starken Rückgang ebenso wie eine politische Krise 1905, die Krieg und Revolution mit sich brachte, ohne Zahlungsausfälle. Nach der Revolution 1905 beschaffte es sich umgehend neue Gelder. Ausländische Kredite stellten 1914 beinahe die Hälfte der russischen Regierungsschulden in Höhe von 1,73 Millionen Rubel; vier Fünftel befanden sich in französischer Hand, während das Vereinigte Königreich 14 Prozent hielt. Die diplomatischen, militärischen und finanziellen Überlegungen hingen eng miteinander zusammen und Russland nutzte sie geschickt, um Kreditgeber politisch und wirtschaftlich an sich zu binden.[39]

Was nach dem Ersten Weltkrieg kam, sollte schließlich das Paradebeispiel für das Übel darstellen, das internationale Schulden mit sich brachten. John Maynard Keynes warnte bereits 1919 in *Krieg und Frieden: Die wirtschaftlichen Folgen des Vertrags von Versailles* auf prophetische Weise vor den komplexen Folgen, die eine Kombination aus Reparationszahlungen und Schulden nach sich ziehen würden. Nach dem Krieg hatte Deutschland mit seinen Reparationszahlungen zu kämpfen, verbarg aber gleichzeitig den Grad seiner inländischen und ausländischen Verschuldung. Anders als in den Vereinigten Staaten und im Vereinigten Königreich waren die deutschen Schuldentransaktionen höchst undurchsichtig. Besonders die tatsächliche Höhe der deutschen Schulden konnte niemand wirklich berechnen (schließlich war allen Seiten bewusst, dass ein Großteil der Reparationsansprüche pure Fiktion war). Es blieb unklar, welche Schulden man im Ernstfall priorisieren würde.

Auf europäischer Seite entwickelte sich die Weltwirtschaftskrise aus der Komplexität dieser Schulden, und aus sehr bewussten politischen Entscheidungen Deutschlands. Der überarbeitete Reparationsplan von 1924 (Dawes-Plan) zog eine Flut an Kapitalbewegungen in Richtung Deutschland nach sich, sowohl über langfristige Anleihemissionen (und zum Teil Aktienverkäufe) als auch mit kurzfristigen Bankkrediten, die zunächst oft von amerikanischen Banken und Wertpapierhäusern ausgestellt wurden, die auf einen späteren Einstieg ins Emissionsgeschäft hofften. Der Zufluss privater Kredite sollte die deutsche industrielle Kapazität steigern, damit das Land seinen Reparationsverpflichtungen nachkommen konnte. Durch die Anhäufung deutscher Schulden stieg auch die Wahrscheinlichkeit, dass man in Zukunft private Gläubiger gegen die offiziellen (Reparations-)Gläubiger ausspielen könnte. In einem solchen Fall wäre insbesondere die Volkswirtschaft des neuen großen Gläubigerlandes, der Vereinigten Staaten, von Bedeutung gewesen. Die Logik dahinter hätte wie folgt ausgesehen: Da Frankreich und das Vereinigte Königreich Kriegsschulden bei den Vereinigten Staaten aufgenommen hatten und da Frankreich nur dann seine Reparationsansprüche senken würde, wenn man ihm einen Teil seiner Kriegsschulden erließ, könnte der Druck privater US-amerikanischer Kreditgeber die US-amerikanischen Regierung vielleicht zu der Entscheidung bringen, dass eine generelle Senkung der Kriegsschulden und Reparationsforderungen für das Wohl der ganzen Welt notwendig sei. Dieses Kalkül gründete schon immer auf der problematischen Annahme, dass eine relativ kleine Zahl privater Anleiheinhaber (in der Regel spricht man von 600 000) und einige einflussreiche Banken an der Ostküste mächtig genug seien, die US-Regierung dazu zu bringen, der Gemeinschaft an Steuerzahlern einen Verlust aufzudrücken. Dachten die Deutschen wirklich, sie könnten die US-amerikanische Politik derart beeinflussen? Vielleicht. Sollte das aber wirklich der Fall gewesen sein, dann waren sie hoffnungslos naiv. Auf der Konferenz von Lausanne 1932, inmitten der Schmerzen und der Tragödie der Weltwirtschaftskrise, versuchten die Vereinigten Staaten schließlich hinter den Kulissen, französische Verhandlungsführer dazu zu bewegen, ihren Reparationsanspruch quasi aufzugeben. Da man im November 1932 jedoch kurz vor einer stark umkämpften, polarisierenden Präsidentschaftswahl stand, dachte niemand in Washington daran, Kriegsschulden zu erlassen; und so ließ man die Sache unbearbeitet, bis Frankreich im Dezember 1932 mit seinen Zahlungen in Verzug geriet – worauf man im Kongress mit gespielter Empörung reagierte.

Für die meisten deutschen Ökonomen stellte das amerikanische Kapital, das im Zuge des Dawes-Plans nach Deutschland floss, einen nützlichen Einfluss dar. Wie der Ökonom Adolf Weber es 1929 formulierte:

»Die Verkettung unserer Interessen mit den Interessen des Auslandes, namentlich Amerikas, zwang unsere Feinde zu der Mäßigung, die im Interesse des bei uns arbeitenden fremden Kapitals erforderlich war.«[40]

Im Dawes-Plan hatte man 1924 einen Reparationsagenten eingesetzt, der den Zahlungstransfer zur Bedienung der Schulden sicherstellen sollte und als eine Art Puffer oder Protektor fungierte. Das Problem bestand nun darin, dass dieser Agent 1929 im Zuge des Young-Plans durch eine Sicherheitsmaßnahme ersetzt wurde, die es Deutschland erlaubte, einen Teil seiner Annuität auszusetzen, der als vorbehaltlich oder aufschiebbar gekennzeichnet worden war (zwei Drittel der Annuität), jedoch nur zehn Jahre lang.[41] Somit verschwand der offensichtliche Vorrang der kommerziellen Schulden, zu dem Dawes' Vorsichtsmaßnahmen geführt hatten: In der Tat war es ein explizites Ziel des Young-Plans, dass man die politischen Reparationen den kommerziellen Schulden möglichst ähnlich machte. Im Bericht des Young-Komitees lautete die Formulierung schließlich wie folgt:

Würde man Deutschland konkret mit eigenverantwortlichem Handeln beauftragen und würde das Komitee anstelle vieler Bestandteile des Dawes-Plans eine unpolitische Maschinerie im Bereich des allgemeinen Finanzwesens einsetzen, müsste man eindeutig ein System für die Abwicklung der Annuitäten ausarbeiten, das sie im Falle ihrer Kommerzialisierung aus der Sphäre der Regierungsbeziehungen herauslösen würde.[42]

Im Jahr 1932 hob man auf der Konferenz von Lausanne die Reparationsschulden im Grunde auf: Stabilisierte dies Deutschland? Ganz im Gegenteil: Befreit von den Einschränkungen, die mit den Reparationszahlungen einhergegangen waren, konnte Deutschland eine wesentlich aggressivere, revanchistische Außenpolitik verfolgen.

Während der 1930er-Jahre erfasste Lateinamerika und Zentraleuropa eine Welle von Zahlungsausfällen, die mit der Weltwirtschaftskrise zusammenhingen und Brasilien, Chile, Kolumbien, Costa Rica, El Salvador, Guatemala, Peru und Uruguay, wie auch Österreich, Bulgarien, Deutschland, Griechenland, Ungarn, Polen, Rumänien und Jugoslawien betraf.[43] Im Vergleich dazu kam es während der wirtschaftlichen Unruhen der 1980er-Jahre, in einer Situation, die weithin als »Schuldenkrise« bezeichnet wurde, zu überraschend wenigen Zahlungsausfällen. Die einzigen schwerwiegenden Ausfälle während der Schuldenkrise in Lateinamerika in den 1980er-Jahren betrafen Peru und Brasilien, wobei Brasiliens Zahlungskrise nur kurz (bis 1987) anhielt. Diese Ereignisse standen im starken Kontrast zur Weltwirtschaftskrise der 1930er-Jahre, was eine Welle an Reflexionen darüber auslöste, weshalb Länder versuchten, Zahlungsunfähigkeit zu vermeiden. Darauf gibt es offensichtliche Antworten: Schuldner möchten sich zukünftige Kreditnahmen nicht verbauen, während Kreditgeber zunehmend regulatorische Anreize spüren, das »extend and pretend« zu praktizieren, also neue Kredite anzubieten, die eine Zahlungsunfähigkeit vermeiden.[44]

Internationale Schulden können Länder dazu verleiten, hohe Schulden aufzunehmen, um anschließend die Kreditgeber gegeneinander auszuspielen. Dies wäre eine Neuauflage der schlechten alten inländischen Schuldenpolitik des Mittelalters und der frühen Neuzeit, als Monarchen ihre Kreditgeber mit besonderen Angeboten und speziellen Vorteilen hinhielten. In einem modernen Setting ist die Gesamtsumme der Schulden in einem inländischen Kontext klar aufgeführt, um den Gläubigern einen Eindruck des noch ausstehenden Gesamtbetrags zu geben. Auslandsschulden bleiben allerdings auf verwirrende Weise undurchsichtig – den Kreditgebern stehen nicht alle Informationen zur Verfügung und die Frage, ob sie bezahlt werden, bleibt unklar.

Können internationale Schulden inländischen ähnlicher werden? Nur wenn klare Regeln und Mechanismen eingeführt werden, die den Rang der verschiedenen Forderungen regeln – darunter Kodizes über die Veröffentlichung von Schuldbeträgen, sodass die Verpflichtungen der Regierungen vollkommen transparent sind. Es gab bereits Vorstöße in diese Richtung, Schritte, die oft mit einer ersten Schuldensenkung für besonders hoch verschuldete Fälle einhergingen. Während der frühen 2000er-Jahre schlugen einige führende Persönlichkeiten des IWFs »einen vorhersehbaren, geordneten und schnellen Umschuldungsprozess für Staaten, die angemessene politische Maßnahmen treffen,« vor, ähnlich einem Insolvenzgericht. Dieser Vorschlag wurde jedoch nie von der US-amerikanischen Regierung und deren Repräsentanten unterstützt, er ging daher dementsprechend unter.[45] Stattdessen legte man 2005 während des G8-Treffens eine Initiative zur Entschuldung vor, die HIPC-Initiative (Heavily Indebted Poor Countries Initiative). Für stark verschuldete Länder, die bestimmten Reformen zustimmten, sollten die Ansprüche dreier multilateraler Institutionen – dem IWF, der International Development Association der Weltbank und der Afrikanischen Entwicklungsbank Gruppe – aufgehoben werden können.

Für viele Länder warf die Coronakrise die Frage nach der Finanzierbarkeit der Schuldenlast sogar noch deutlicher auf als die Weltfinanzkrise 2007–2008. Als die Pandemie um sich griff, wandten sich beinahe einhundert Länder für Notfallhilfen an den IWF, die über ein neu geschaffenes Rapid-Financing-Instrument finanziert wurden. Aufgrund der vorangegangenen Finanzkrise und der getroffenen Maßnahmen zur Abwendung gingen viele Länder mit einer wesentlich höheren Schuldenlast in die Pandemie. Außerdem wirkte es in vielen Fällen so, als könnte man verschiedene Gläubiger gegeneinander ausspielen. Besonders nach dem Ausbruch der Weltfinanzkrise hatte China großflächig Kredite vergeben, oft zu deutlich anderen Konditionen als die multilateralen Entwicklungsbanken. Eine kürzlich durchgeführte Studie stieß auf »versteckte Schulden.« Laut ihr wurden 50 Prozent der von China an Entwicklungsländer ausgestellten Kredite nicht dem IWF oder der Weltbank gemeldet.[46]

Anfang und Mitte der 2000er-Jahre schien die komplexe Symbiose dessen, was Niall Ferguson und Moritz Schularick als »Chimerica« bezeichneten, eine stabilisierende Kraft darzustellen, die allerdings in sich latent instabil war.[47] China versorgte die US-amerikanischen Konsumenten und Konsumentinnen mit billigen Waren, die sich ihrerseits verschuldeten; und chinesische Sparende und die chinesische Regierung kauften wiederum US-amerikanische Staatsanleihen und Schatzwechsel (T-Bills) auf, womit sie zusätzliche Zahlungsmittel zur Verfügung stellten, mit denen der US-amerikanische Kaufrausch finanziert werden konnte. Der Mechanismus hinter dieser wechselseitigen Beziehung wirkte recht stabil, da die Vereinigten Staaten weiterhin leihen und ihren Ausschweifungen nachgehen wollten, während China sich bewusst war, dass es die angesammelten Staatsanleihen und Schatzwechsel nicht ohne einen Werteinbruch liquidieren könnte. Damit waren beide Seiten aneinandergebunden. Nach der Weltfinanzkrise 2007–2008 baute China seine Überschüsse nach und nach ab, und staatliche Schuldenverwalter versuchten die ausländischen Vermögenswerte Chinas langsam zu diversifizieren. Doch der Mechanismus konnte die zunehmenden Konfrontationen zwischen China und den Vereinigten Staaten sowie deren Rutsch in eine neue Krise im Stil des Kalten Kriegs 2020 nicht überstehen, als Anschuldigungen in Bezug auf den Ursprung des Coronavirus die ohnehin schon starken Spannungen in Handel und Politik noch verschärften. In der US-amerikanischen Politik begann man Diskussionen über mögliche Entschädigungen, die sie von China einfordern könnten, da es angeblich das Virus in die Welt entlassen, aber die Welt über seine Ursprünge im Dunkeln gelassen habe. Der offensichtliche Weg in Richtung Entschädigung schien hier über selektive Zahlungsausfälle bei bestimmten im Ausland liegenden US-amerikanischen Schulden zu führen – also eine Rückkehr zur deutschen Logik während der Weltwirtschaftskrise der 1920er- und 1930er-Jahre. Die Vereinigten Staaten konnten argumentieren, während einer Katastrophe sei es besser, den chinesischen Investor – im Wesentlichen also den kommunistisch geführten Staat – zu enttäuschen, als den US-amerikanischen Steuerzahlern weitere Opfer abzuverlangen.

Verschuldung und die mit ihr einhergehende komplexe Politik bilden eine starke Kraft, die die gegenwärtige Globalisierung zunehmend aushöhlt. Oder, wenn wir erneut die Metapher Hamiltons bemühen möchten: Aus dem Kitt, der eine Gemeinschaft zusammenhält, ist ein hochexplosiver Sprengstoff geworden.

Wieder einmal wurden Vorschläge laut, man solle Schulden über internationale Institutionen laufen lassen, um sie zu systematisieren, damit sie wieder an Glaubwürdigkeit gewännen. Die Coronapandemie traf jene armen Länder unverhältnismäßig stark, die vom Kapitalzufluss (der mit dem Ausbruch von Corona zum Erliegen kam) sowie vom Export von Rohstoffen und Waren wie Textilien (deren Nachfrage vorübergehend einbrach) abhingen. Mehr als 100 Länder wandten sich für internationale finanzielle Unterstützung an den IWF. Die G20 einigten sich umgehend auf eine vorübergehende Aussetzung bilateraler Kreditrückzahlungen für 76 der ärmsten Länder. Ein Vorschlag sah vor, dass multilaterale Institutionen wie die Weltbank eine zentrale Krediteinrichtung schaffen sollten. Länder, die vorübergehende Unterstützung benötigten, sollten ihre gestundeten Zinszahlungen hinterlegen können, damit man diese im Kampf gegen die Pandemie zur Notfallfinanzierung verwenden könnte.[48] Man erwartete von internationalen Institutionen, dass sie auf die gleiche Weise das Gift aus den Schuldenbeziehungen entfernten, wie der Staat in der Antike Schulden in Schatzhäusern zur Sache der Götter machte.

Die Situation, in der beide Seiten das Gefühl haben, festzusitzen, erscheint wie eine Variante der berühmten Dialektik von Herr und Knecht in Hegels *Phänomenologie des Geistes*. Beide Seiten sitzen in der Falle. Der Knecht wird vom Herrn nicht als vollwertiger Mensch oder als ebenbürtig anerkannt, er ist daher unfrei. Der Herr ist frei, fühlt sich vom Knecht jedoch nicht als Mensch anerkannt. Die Zerbrechlichkeit dieser Beziehung und die Tatsache, dass der Knecht sich ein alternatives Werteuniversum ohne die Existenz des Herrn erschafft, beunruhigen den Herrn stetig.

Verschuldungsdynamiken werden zur Falle, wenn sie mit den Kräften der Globalisierung zusammenkommen. Man könnte es auch mit den Worten von Mark James' und Elvis Presleys Hit von 1969 über das Misstrauen innerhalb einer Beziehung sagen: »We can't build our dreams on suspicious minds.« (Wir können unsere Träume nicht auf Misstrauen gründen.) Menschen sind immer misstrauisch, besonders wenn es um Fremde geht. Schulden verwandeln Träume von Solidarität in Albträume.

8 TECHNOKRATIE

Globalisierung hängt oft mit *Technokratie* zusammen, der Herrschaft von nicht gewählten und selbst ernannten »Experten«. Technokraten verfügen über bestimmte Fähigkeiten oder Expertenwissen, wodurch sie sich von Politikern und Politikerinnen unterscheiden, die oft generalistisch aufgestellt sind. Oft schwingt bei dem Begriff *Technokratie* die Ansicht mit, dass Politiker unangenehme Entscheidungen vermeiden würden, während Technokraten langfristige Entwicklungen absehen und so besser einschätzen könnten, welche – oft schmerzvollen – Entscheidungen oder Opfer im Hier und Jetzt notwendig seien. Technokraten entwickeln ihr volles Potenzial zu außergewöhnlichen Zeiten, wenn man einen neuen Ansatz benötigt, um bisher nie dagewesene Herausforderungen zu meistern. Allerdings hat die Sache immer auch einen Haken, denn in der Regel beschäftigen sie sich mit (mikroskopisch) kleinen Phänomenen, und um diese verstehen oder für einen Aktionsplan heranziehen zu können, muss man sie aggregieren. Der Schwachpunkt besteht immer im Versuch, allgemeingültige Schlüsse aus einer präzisen Observation und Analyse von Mikrophänomenen zu ziehen.

Der Begriff *Technokratie* entstand während und aufgrund des Ersten Weltkriegs. Der kalifornische Ingenieur William H. Smyth führte das Wort 1919 ein und beschrieb damit »die Herrschaft des Volks, die dank der Tätigkeit seiner Diener, der Wissenschaftler und Ingenieure, funktioniert.« Er begann mit einigen geringschätzigen Bemerkungen über

Demokratie (»Grob gesagt, herrscht in der Demokratie der Pöbel, die Mehrheit, in ihr herrschen die Massen – die Herrschaft des Nicht-Intellekts. Dennoch ist sie besser als jegliche Form von Regierungskontrolle, die auf Eigeninteresse gründet – hier schließe ich auch die Wohlmeinende Autokratie nicht aus.«) Weiter erörterte er ein, seiner Meinung nach, neues Organisationsprinzip:

> Wir taten dies, indem wir das Wissenschaftliche Wissen, das Technische Talent und die Praktischen Fähigkeiten der gesamten Gemeinschaft organisierten und koordinierten: Wir konzentrierten diese in der Nationalregierung und widmeten diese Geeinte Nationale Kraft dem Zustandekommen eines Geeinten Nationalen Zwecks. Für dieses einzigartige Experiment rationalisierter Industrieller Demokratie verwende ich den Begriff ›Technokratie‹.

Er fährt fort:

> Jeder-gegen-Jeden. Bis angemessene wirtschaftliche Institutionen und Instrumentarien zur Verfügung stehen, muss eine menschlich leistungsfähige Industrielle Demokratie ein Ideal bleiben, das sich nicht verwirklichen lässt, eine Theorie, die als alltägliches Prinzip des Soziallebens unerreichbar bleibt, wie auch für die effiziente Verteilung der mühsam erarbeiteten Produkte, von denen das menschliche Leben abhängt.[1] Ein Nationalrat sollte an der Spitze der Industriewirtschaft einer Nation stehen.[2]

Smyth drückte sich bei der Veröffentlichung seines neuen Terminus exzentrisch aus, in Wirklichkeit beschrieb er jedoch schlicht, wie die Kriegsmächte während des Ersten Weltkriegs ihr Vorgehen organisiert hatten. Étienne Clémentel, der französische Minister für Handel und Industrie, war ein charakteristischer Vertreter dieses neuen Typus: Er suchte sich sein Personal außerhalb der gängigen juristischen Experten der französischen Bürokratie und hatte eine Vorliebe für Ingenieure, die er oft von der École Centrale des Arts et Manufactures, einer Ingenieurschule, rekrutierte. Sein Ziel war die Rationalisierung und Zentralisierung der Verwaltung, worin er vor allem eine technische Herausforderung sah. Es bestand die Notwendigkeit mit dem Status quo zu brechen, man musste »die wasserdichten Abteilungen abschaffen, die Regierung, Parlament, Verwaltung, Handel und Industrie voneinander trennten. Der Krieg zwang uns zur Zusammenarbeit.«[3] Clémentel arbeitete vor allem sehr eng mit einem Ingenieur namens Louis Loucheur vom École Polytechnique zusammen, der Unterstaatssekretär im État à l'Artillerie et aux Munitions wurde und die neue Vision der Expertenherrschaft als zentrale Figur mit voranbrachte.

Während des Zweiten Weltkriegs wuchs das Interesse an Technokratie als Lösung für Organisationsprobleme. Diese neue Entwicklung konzentrierte sich vor allem auf die Vereinigten Staaten, deren neue Herangehensweise an Wissenschaft und wissenschaftliches Wissen die spektakuläre Stärke und internationale Dominanz der US-amerikanischen Wirtschaft während der Nachkriegszeit untermauerte. Das Forschungsbudget des Manhattan-Projekts – im Zuge dessen die Atombombe entwickelt wurde – war 1944 und 1945 höher als das des gesamten Verteidigungsministeriums. Damit läutete das Projekt die Zeit der »Big Science« (Großforschung) ein. Das US-amerikanische Bundesamt für wissenschaftliche Forschung und Entwicklung (Office of Scientific Research and Development, OSRD) war unter der Leitung von Vannevar Bush zu Kriegszeiten für Forschung zu militärischen Zwecken verantwortlich und schuf die Grundlage für öffentlich-private Kooperation. Bushs Bericht *Science: The Endless Frontier* von 1945 lieferte eine kühne Vision:

Wissenschaft allein stellt kein Allheilmittel für individuelle, soziale und wirtschaftliche Leiden dar. Sie kann nur als Teil eines Teams zum Nationalwohl beitragen, sei es nun unter Kriegs- oder Friedensbedingungen. Doch ohne wissenschaftlichen Fortschritt kann kein noch so großes Vorankommen in anderen Bereichen unsere Gesundheit, unseren Wohlstand und unsere Sicherheit als Nation in der modernen Welt sicherstellen.

Der Bericht legte auf beeindruckende Weise – die später aufseiten der Praktiker auf Widerstand stieß – dar, wie »Grundlagenforschung den Herzschlag des technologischen Fortschritts bestimmt.«[4]

Dennoch blieb die Frage bestehen, wie man Innovationen der Grundlagenforschung in die angewandte Technik übertragen konnte. Kurz nach dem Krieg lieferte Warren Weaver, der Direktor der Abteilung Naturwissenschaften der Rockefeller Foundation, eine weitere Zukunftsvision, als er schrieb:

> Naturwissenschaftler, allen voran oft Mathematiker, entwarfen wirkungsvolle Techniken in Wahrscheinlichkeitstheorie und statistischer Mechanik, um mit etwas umzugehen, was man als Probleme der desorganisierten Komplexität bezeichnen könnte [...]. Die großen Fortschritte, die die Wissenschaft in den nächsten fünfzig Jahren erreichen wird und muss, werden größtenteils freiwillige, gemischte Teams hervorbringen, ähnlich den Operations-Research-Gruppen der Kriegstage, deren Arbeit durch die Verwendung großer, flexibler und schneller Rechenmaschinen möglich wurde.[5]

Die Koordinierung all dieser verschiedenen Inputs benötigte eine technische Revolution.

Der Philosophieprofessor James Burnham war während der 1930er-Jahre eine Zeit lang Trotzkist, anschließend schlug er eine intellektuelle Laufbahn ein, die ihn schlussendlich zum Konservatismus bringen sollte. Er sinnierte 1941 in einem Buch über den Niedergang des Kapitalismus, der seiner Meinung nach durch ein »Regime der Manager« ersetzt werden würde (sein gleichnamiges Buch wurde zum Bestseller). Seiner Ansicht nach hatten »die kapitalistischen Ideologien und Schlagworte weithin ihre Anziehungskraft auf die Massen verloren,« zum Teil wegen der Unfähigkeit des Kapitalismus, »die rückständigen Gebiete weiterhin erfolgreich auszubeuten und zu entwickeln.«[6] Für Burnham sah es ganz danach aus, als ob Sowjetunion und Nazideutschland bereits auf ein Regime der Manager zusteuerten; die neue Logik – nach der das kapitalistische Besitzsystem zerstört werden würde und eine Art Sozialismus oder Kollektivismus an seine Stelle treten werde – treibe das Überwinden des Nationalstaats voran und damit die europäische Integration.

Militärische Technokraten

Wenn Gesellschaften in den Krieg ziehen, brauchen sie Technokraten. Von Beginn an war der Begriff *Technokratie* untrennbar mit den Lehren verbunden, die man aus einer dramatischen militärischen Mobilisierung zog. Die ersten Technokraten waren in der Tat Soldaten. Ihre Arbeit bestand nicht nur in der Organisation von Truppenbewegungen und deren Versorgung, sie mussten außerdem Prognosen anstellen, Wahrscheinlichkeiten berücksichtigen und gleichzeitig fortwährend auf Veränderungen und Schocks achten. Der großartige militärische Theoretiker Carl von Clausewitz sah den Krieg als weiteres politisches Mittel, das jedoch einen wesentlich höheren Organisationsaufwand benötigte:

> Die sehr große Masse von Kenntnissen und Fertigkeiten, die der kriegerischen Tätigkeit im Allgemeinen dienen, und die nötig werden, ehe nur ein ausgerüstetes Heer ins Feld rücken kann, drängen sich in wenige große Resultate zusammen, ehe sie dazu kommen, im Kriege den endlichen Zweck ihrer Tätigkeit zu erreichen; so wie die Gewässer des Landes sich in Ströme vereinigen, ehe sie ins Meer kommen.[7]

Er erklärte weiter:

> Alles erscheint so einfach, alle erforderlichen Kenntnisse erscheinen so flach, alle Kombinationen so unbedeutend, daß in Vergleichung damit uns die einfachste Aufgabe der höheren Mathematik mit einer gewissen wissenschaftlichen Würde imponiert. Wenn man aber den Krieg gesehen hat, wird alles begreiflich, und doch ist es äußerst schwer, dasjenige zu beschreiben, was

diese Veränderung hervorbringt, diesen unsichtbaren und überall wirksamen Faktor zu nennen. [...] Die militärische Maschine [...] ist im Grunde sehr einfach und scheint deswegen leicht zu handhaben. Aber man bedenke, daß kein Teil davon aus einem Stücke ist, daß alles aus Individuen zusammengesetzt ist, deren jedes seine eigene Friktion nach allen Seiten hin behält.[8]

Das Durcheinander oder den Nebel des Kriegs zu managen und sich einen Überblick zu verschaffen, setzt voraus, dass man das überwindet, was Clausewitz »Friktion« nannte. Dazu gehörte nicht nur gesunder Menschenverstand, sondern auch das Anwenden einer Art wissenschaftlichem oder mathematischem Prinzip:

Ein großer Teil der Nachrichten, die man im Kriege bekommt, ist widersprechend, ein noch größerer ist falsch und bei weitem der größte einer ziemlichen Ungewißheit unterworfen. Was man hier vom Offizier fordern kann, ist ein gewisses Unterscheiden, was nur Sach- und Menschenkenntnis und Urteil geben können. Das Gesetz des Wahrscheinlichen muß ihn leiten.[9]

Die Beziehung zwischen dem Technokraten und der allgemeinen politischen Autorität stellt eine zentrale Frage der Technokratie dar – tatsächlich handelt es sich um *die* zentrale Frage. Wer kontrolliert die Technokraten in der Armee? Smyth versuchte sie auf bescheidene Weise als Diener des Volks darzustellen, doch de facto verwandelten sie sich oft in Herren, die alles von ihrem Elfenbeinturm aus kontrollierten. Das Problem der Kontrolle zeigt sich in einer einflussreichen Fehlinterpretation von Clausewitz' Äußerungen. Oft wird berichtet, er habe behauptet, Napoleon sei der Gott des Krieges. Eine interessante Fehlinterpretation dessen, was Clausewitz in *Vom Kriege* schrieb. Darin wird in der Tat vom »Kriegsgott selbst« gesprochen, der sich den preußischen und österreichischen Truppen stellte und sie 1806 besiegte, hier verglich Clausewitz die Kriege Friedrich des Großen Mitte des 18. Jahrhunderts mit dem Krieg des frühen 19. Jahrhunderts. Er formuliert es so:

Worin der Unterschied beider Verhältnisse sei, zeigt eine aufmerksame Betrachtung der Geschichte. Im achtzehnten Jahrhundert, zur Zeit der Schlesischen Kriege, war der Krieg noch eine bloße Angelegenheit des Kabinetts, an welchem das Volk nur als blindes Instrument teilnahm; im Anfang des neunzehnten Jahrhunderts standen die beiderseitigen Völker in der Wageschale. Die Feldherren, welche Friedrich dem Großen gegenüberstanden, waren Männer, die im Auftrag handelten, und eben deswegen Männer, in welchen die Behutsamkeit ein vorherrschender Charakterzug war; der Gegner der Österreicher und Preußen war, um es kurz zu sagen, der Kriegsgott selbst.[10]

Durch den Kontext wird deutlich, dass Clausewitz weniger an den französischen Anführer dachte als vielmehr an eine bekannte Mobilmachung. Napoleon musste diesen Kriegsgott lenken.[11]

Es war nicht das Volk, das die Kontrolle hatte, so viel war klar – und es wurde sogar noch deutlicher, als die Industrialisierung im 19. Jahrhundert größere und besser ausgerüstete Armeen hervorbrachte. Der Erste Weltkrieg führte zu einer Debatte über *Militarismus*, darüber, was passiert, wenn Generäle zu viel Kontrolle erhalten. Einer beliebten Theorie zufolge hatte der deutsche Militarismus den Krieg herbeigeführt: Zivilisten wie der deutsche Kanzler Theobald von Bethmann Hollweg waren an den Rand gedrängt worden, während sich das Militär zu stark auf seine eigenen unflexiblen Pläne verließ. Die Vorbereitungen zur Mobilmachung folgten einem intuitiven Plan, wie man mit einem Zweifrontenkrieg vermeiden könnte, entworfen von Alfred von Schlieffen, der 1906 in den Ruhestand gegangen war und im Januar 1913 verstarb. Im August 1914 musste zügig umgedacht werden, als der deutsche Führungsstab von der schnellen Mobilmachung Russlands an der Ostfront in Ostpreußen überrumpelt wurde. Der Präsident der Princeton University John Grier Hibben fragte 1915: »Was ist Militarismus? Er ist der Wahnsinn einer Nation. Militarismus wird nicht von einer Armee erschaffen, das Wesen und der Umfang einer Armee wird von der Politik einer Nation bestimmt. Militarismus ist im Grunde eine Theorie des Staates. Wo Militarismus existiert, ist die Regierung Teil der Armee, anstatt dass die Armee Teil der Regierung ist [...]. Seine Ethik besteht in der Maxime, dass der Zweck die Mittel heiligt.«[12] Tatsächlich war sich jedes Land darüber im Klaren, dass es mehr als nur ein wenig militärische Expertise benötigte. Dementsprechend argumentierte beispielsweise Arthur Henderson, Politiker der britischen Labour-Partei, Vorsitzender der Genfer Abrüstungskonferenz und schließlich Empfänger des Friedensnobelpreises: »Mit ›preußischem Militarismus‹ meinen wir ein organisiertes Streben nach Weltherrschaft durch den illegitimen Einsatz unmoralischer militärischer Macht. Wir behaupten nicht, dass jede Form von Militarismus oder Gewaltanwendung falsch ist.«[13]

Geht etwas wirklich schief, verlangt man in vielen Ländern sogar nach einer Übernahme durch das Militär. Auf Putsche gegen untaugliche traditionelle Anführer folgte militärische Modernisierung. Armeen, besonders Offiziere der mittleren Führungsebene, verwandelten »ein Instrument der Unterdrückung im eigenen Interesse oder dem von Königen in eine Vorhut für Nationalismus und soziale Reform.«[14] Ein bedeutendes Beispiel für ein derartiges Vorgehen war die Machtübernahme von Marschall Mustafa Kemal Atatürk in der Türkischen Republik 1919 (später legitimiert durch eine Wahl); weitere Beispiele wären der Sturz der ägyptischen Monarchie durch Offizier Gamal Abdel Nasser 1952 und Offizier Muammar Muhammad Abdassalam Abu Minyar al-Gaddafis Putsch gegen die libysche Monarchie 1969.[15]

Auch in jüngerer Zeit war das Militär an Regimewechseln beteiligt. Als die kommunistische Führung in Polen im Angesicht der Solidarność-Bewegung in eine Sackgasse geriet, wurde der Verteidigungsminister General Wojciech Jaruzelski im Februar 1981 Ministerpräsident, woraufhin er das Kriegsrecht ausrief, um sowohl den Widerstand einzudämmen als auch eine Reform durchzusetzen. Während der Coronakrise 2020 gewann das Militär in Indonesien und den Philippinen an Einfluss. General Prayuth Chan-o-cha rief in Thailand den Notstand aus und stellte einen Krisenstab ohne medizinische Experten zusammen, der größtenteils aus erfahrenen Militäroffizieren bestand. Selbst in den Vereinigten Staaten kursierten während der chaotischsten Momente der Trump-Präsidentschaft Gerüchte über einen Plan des Militärs, im Falle irgendeiner unverantwortlichen Handlung einzugreifen.[16] In reichen Industriestaaten denkt in der Regel niemand an Militärputsche, wenn die Politik nicht mehr weiterweiß, sondern an eine Herrschaft der »Experten« oder »Erwachsenen«.

Ökonomen

Den Prototyp für eine neue Art des Expertendenkens verdanken wir Ingenieuren. Für einige schien die Weltwirtschaftskrise in den Vereinigten Staaten eine Mobilmachung im militärischen Stil vorauszusetzen. Während der Wirtschaftskrise verlor das Ingenieurswesen als Berufsweg an Beliebtheit – es wurde nicht viel gebaut und einige junge Ingenieure wandten sich den Wirtschaftswissenschaften zu, da man diese für die Lösung praktischer, logistischer Koordinationsfragen nutzte. In einem unterhaltsamen Abriss über die Geschichte seiner Profession, schrieb der Harvard-Ökonom Greg Mankiw: »Gott schenkte der Welt die Makroökonomen nicht, damit sie elegante Theorien entwickeln und austesten, sondern um praktische Probleme zu lösen. Allerdings war die Dimension der Probleme, die Er uns lieferte, alles andere als bescheiden.«[17]

Durch ihren Umgang mit der Weltwirtschaftskrise avancierten Ökonomen für die Politik zu den bedeutendsten Sozialwissenschaftlern. Das Paradebeispiel lieferte der britische Ökonom John Maynard Keynes, allerdings war sein bedeutendstes und innovativstes Werk der 1930er-Jahre, die *Allgemeine Theorie der Beschäftigung, des Zinses und des Geldes*, genau das: ein elegantes, rhetorisch überzeugendes Buch über die Möglichkeiten von Marktungleichgewichten (wenn keine Vollbeschäftigung herrscht). Es handelte sich weniger um ein Handbuch: Das kam erst später und eigentlich nur mit dem neuen Krieg. Der Krieg sorgte für den Eindruck, dass konkrete Koordinationsstrategien notwendig waren – und zwar schnell. Vor allem Richard Stone, der Statistiker Colin Clark und James Meade lieferten dafür den statistischen Rahmen. Sie entwickelten die Volkswirtschaftlichen Gesamtrechnungen in erster Linie als Möglichkeit, um die Wirtschaft während des Zweiten Weltkriegs zu verwalten und so die Fehler des Ersten Weltkriegs zu vermeiden.

Nach Kriegsende verwendete man dieselben Modelle, mit denen man für den Krieg mobil gemacht hatte, um Entscheidungen über die Vergabe von Investitionen für den Wiederaufbau zu treffen, da diese ebenfalls eine umfassende Datenanalyse voraussetzten. Charles Kindleberger berichtete: »Die erste Arbeit die, soweit ich weiß, in den Wirtschaftswissenschaften auf Computern durchgeführt wurde, verwendete nachts die Computer des Pentagons für den Marshall-Plan.«[18]

Als die dringenden Erfordernisse der Mobilmachung während des Krieges und des anschließenden Wiederaufbaus langsam abnahmen, kamen neue Sorgen auf. Die Inflation nahm zu – Kommentatoren sprachen in Anlehnung an die Great Depression (Weltwirtschaftskrise) von einer Great Inflation –, aber sie ging gleichzeitig mit einer steigenden Arbeitslosigkeit nach der Ölpreiskrise 1973–1974 einher. Inflation und ein fehlerhaftes Wirtschaften mit dem Dollar stellten anscheinend die internationale Stellung der Vereinigten Staaten infrage: Die Europäer warfen den Wirtschaftsstrategen in den Vereinigten Staaten vor, sie würden ihre Vormachtstellung in Sachen Währung ausnutzen, um den Europäern die Kosten für US-amerikanische Kriege und soziale Probleme aufzubürden. In ihrem Artikel »After Keynesian Macroeconomics« schrieben Thomas Sargent und Robert Lucas (die später beide den Wirtschaftsnobelpreis erhalten sollten): »Für die Politik besteht die zentrale Tatsache darin, dass die keynesianischen Politikempfehlungen im wissenschaftlichen Sinne keine fundiertere Basis darstellen als die Empfehlungen von Nicht-Keynesianern oder, im Übrigen, Nicht-Ökonomen.«[19]

Ein weiteres System kam auf, das die Fehler des Keynesianismus zu erklären und gleichzeitig eine Antwort auf ein wesentliches politisches Dilemma dieser Zeit bereitzuhalten schien: die Frage, wie man der Inflation Herr werden könnte. Milton Friedmans Monetarismus nahm eine alte Tradition neu auf, die auf Irving Fisher und besonders auf die Chicagoer Ökonomen der Zwischenkriegszeit zurückging. Friedmans neue Erkenntnisse entstammten einer großangelegten empirischen Untersuchung, die er mit Anna Schwartz durchführte und in *Monetary History of the United States* veröffentlichte. Darin zeigten sie, wie erstaunlich stabil der »money multiplier« (Geldschöpfungsmultiplikator), also das Verhältnis der prozentualen Veränderung des Einkommens zur prozentualen Veränderung im Geldbestand, über einen langen Zeitraum hinweg blieb: In den Vereinigten Staaten hielt sich der Wert ungefähr bei zwei. Die von der Zentralbank festgelegte Mindestreserve bestimmte die Geldmenge (durch den Geldschöpfungsmultiplikator), was wiederum (über die Umlaufgeschwindigkeit des Geldes) das Nominaleinkommen bestimmte. Über lange Zeiträume hinweg blieb außerdem auch das Verhältnis zwischen Bargeld und Einlagen recht stabil.[20]

Friedmans Ansatz lieferte jedoch keinem größeren Land einen praktischen Rahmen für Geldpolitik, vielleicht mit Ausnahme der Schweiz (die in Bezug auf Inflation weltweit am besten dastand). In Deutschland, einem weiteren Land mit niedriger Inflation, setzte die Deutsche Bundesbank Mitte der 1970er-Jahre ein Geldmengenziel fest. Ihr ging es dabei jedoch nicht um eine tatsächliche Einschränkung der Politik, vielmehr sah sie darin ein wirksames Mittel, um Erwartungen zu steuern, besonders bei Lohnverhandlungen zwischen Gewerkschaften und Arbeitgebern. Das Vereinigte Königreich führte seinerseits in den frühen 1980er-Jahren eine lebhafte Debatte über den Einsatz von Monetarismus als politisches Werkzeug und ab 1983 griff es immer weniger auf die Verwendung von Geldmengenzielen zurück. Der einflussreiche Vorsitzende des Federal-Reserve-Systems der USA, Paul Volcker, meinte einmal:

Wir müssen ein aufeinander abgestimmtes Maßnahmenpaket entwickeln, mit dem sich Inflation von vielen verschiedenen Seiten angehen lässt, statt allein die Geldpolitik mit dieser Aufgabe zu belasten. [...] Meiner Meinung nach ist es unerlässlich, dass wir, wenn wir über Ausgaben- und Einnahmenentscheidungen nachdenken, dabei das Ziel eines ausgeglichenen Haushalts im Blick behalten.[21]

Stattdessen verwendete man dynamische stochastische allgemeine Gleichgewichtsmodelle (dynamic stochastic general equilibrium, kurz DSGE), mit denen man eine Vielzahl möglicher Szenarien generierte, die zeigten, welche Reaktionen Veränderungen in der Geldpolitik auslösen könnten. All diesen Szenarien war eine Wirtschaft gemein, die kontinuierlich von Marktveränderungen »geschockt« wurde. Die Modelle erhoben die Idee von Marktschocks zu einer mehr oder weniger dauerhaften Eigenschaft von Volkswirtschaften, ließen in ihren ursprünglichen Darlegungen allerdings keinen Raum für Finanzschocks – was sich 2007–2008 als große Schwäche herausstellte. Die eingeschränkte Anwendbarkeit dieser Modelle löste eine Welle an Kritik aus.[22] Rückblickend meinte einer der Pioniere der neukeynesianischen Modellierung, ein »erklärtes Ziel war es, die keynesianische Theoriebildung abzulegen und sie durch markträumende Modelle zu ersetzen, die sich überzeugend auf die Daten übertragen ließen und dann für politische Analysen verwendet werden konnten. In diesem Sinne scheiterte die Bewegung.« Besonders »Theorien realer Konjunkturzyklen sparten bei der Erklärung von Konjunkturschwankungen jegliche Rolle der Geldpolitik, unvorhergesehen oder anderweitig, aus. Der Schwerpunkt lag nun auf der Rolle von zufälligen technologischen Schocks und der intertemporalen Substitution von Konsum und Freizeit, die diese Schocks auslösten.«[23]

In puncto Politik beruhte das neue Paradigma auf einer simplen Annahme, die beinahe von allen Mainstream-Ökonomen geteilt wurde: Geldwertstabilität würde automatisch zu Finanzstabilität führen. Ein berüchtigtes Paper brachte 2003 den Terminus »The Great Moderation« auf; es betonte – zusätzlich zu der Rolle, die Geldpolitik spielte – die Bedeutung von »Glück« (good luck) beziehungsweise kleineren internationalen makroökonomischen Schocks.[24] Die Vertreter dieses Ansatzes nahmen an, dass ein klarer Zusammenhang zwischen Finanz- und Geldwertstabilität bestehe. Eines der klassischen Argumente, weswegen man mehr auf Letzteres achten sollte, ist, dass so die Unvorhersehbarkeit sinken und Finanzschocks seltener auftreten würden. Anna Schwartz nahm Folgendes an: »Wenn Inflation und Preisinstabilität fortbestehen, so auch Finanzinstabilität.« Das Argument bestand darin, dass Währungsunsicherheit Preise verschleiern und verzerren würde, sie dementsprechend zu einer unwirtschaftlichen Ressourcenallokation führe. Dieser Ansatz wurde als »Schwartz-Hypothese« bezeichnet und in Teilen von empirischen Datenerhebungen bestätigt.[25] Noch bevor Schwartz ihre Position endgültig ausformuliert hatte, schlug der Gouverneur Eddie George, der

Bank of England, bereits etwas Ähnliches vor, als er behauptete: »Es lässt sich ein recht eindeutiger Zusammenhang zwischen der Geldpolitik und der Gesundheit des Finanzsystems herstellen.«[26] Allerdings stellen die Erfahrungen der letzten Zeit diese Ansicht infrage. Beispielsweise erlebte das Vereinigte Königreich während der 1950er- und 1960er-Jahre erhebliche Schwankungen in der Inflationsentwicklung, trotzdem herrschte dort große Finanzstabilität. Als sich die Inflationsentwicklung nach den 1980er-Jahren verbesserte, kehrte auch global wieder Finanzstabilität ein. Damals wiesen einige Kommentatoren darauf hin, dass Geldwertstabilität vielleicht ein falsches Gefühl der Sicherheit vermitteln könnte, was eine übermäßige Risikobereitschaft nach sich ziehen könnte. Vor 2007 teilten nur wenige diese Ansicht, die man vor allem mit der Bank für Internationalen Zahlungsausgleich in Verbindung brachte, doch nach der Weltfinanzkrise schien sie beinahe selbstverständlich.[27]

Die Weltfinanzkrise führte zu der weitverbreiteten Ansicht, dass die Mainstream-Wirtschaftswissenschaften versagt hatten und einer Reform bedurften. Ein symbolträchtiger Augenblick ereignete sich kurz nach der Pleite der Lehman Brothers im November 2008, als die Queen von England in der London School of Economics ein neues Gebäude eröffnen sollte und dort die Frage stellte: »Wie konnte niemand die Krise vorhersehen?« Professor Luis Garicano, der Forschungsdirektor der Fakultät für Management antwortete mit einer klassischen Darlegung der Gefahren des Gruppendenkens: »Zu jedem Zeitpunkt verließ sich jemand auf jemand anderen und alle dachten, sie täten das Richtige.«[28] Nun schenkte man andersdenkenden Ökonomen der Vergangenheit wesentlich mehr Beachtung – besonders Hyman Minsky, der einen Ansatz entwickelt hatte, der Finanzinstabilität ins Zentrum rückte, und Charles Kindleberger, der die Minsky-Hypothese bekannt gemacht und sie auf internationale Wirtschaftsbeziehungen angewandt hatte. Die Ereignisse von 2008 erschütterten auch das Vertrauen in die Expertise der Ökonomen und ein zentraler Teil der Debatte über den Austritt Großbritanniens aus der EU (Brexit) drehte sich um ihr Versagen. Das verleitete Wählerinnen und Wähler dazu, der Verlässlichkeit und Objektivität von wirtschaftlichen Vorhersagen (von Experten im Finanzministerium, der Bank of England oder dem

Internationalen Währungsfonds) zu misstrauen, die meinten, dass Brexit einen schwerwiegenden Wirtschaftsschock nach sich ziehen werde.

Allgemein spielte man Ökonomen nach der Finanzkrise in Fernsehdebatten gegeneinander aus. Obwohl viele Wirtschaftsexperten gegen den Brexit waren, ließen sich dennoch einige wenige finden, die dem Ganzen positiv gegenüberstanden. Während der Eurokrise fand man auf beiden Seiten der Debatte Wirtschaftsexperten. Und ein paar meinten, dass Teile von Donald Trumps Agenda Wirtschaftswachstum nach sich ziehen könnten: Steuererleichterungen würden Unternehmensinvestitionen fördern, die Androhung und stellenweise Umsetzung von Protektionismus werde Amerika neue Jobs bringen und so weiter. Die meisten Ökonomen blieben skeptisch, doch bis Anfang 2020 schien sie das starke Wachstum der US-amerikanischen Wirtschaft eines Besseren zu belehren. Ihnen blieb nichts anderes übrig, als vor einer hohen Schuldenlast aufgrund anhaltender Haushaltsdefizite zu warnen, die in Zukunft zum Problem werden könnte. Die offensichtliche Politisierung der Wirtschaftsdebatte hatte die Rolle von Ökonomen noch weiter in Verruf gebracht.

Technokratische Regierungen

Historisch gesehen greifen Regierungen schon lange bei – oft wirtschaftlichen – Notständen auf Experten zurück. In der Nachkriegszeit besetzte besonders Italien in kritischen Momenten regelmäßig Regierungspositionen mit Offiziellen der Banca d'Italia. Gleich nach dem Krieg, 1947–1948, übernahm der Ökonom und Gouverneur der Zentralbank Luigi Einaudi das Amt des Finanzministers und des stellvertretenden Ministerpräsidenten, ohne seine Position in der Zentralbank aufzugeben; 1948 wählte man ihn zum Staatspräsidenten. Die Parteien von Mitte-rechts und Mitte-links lösten sich in den 1990er-Jahren im Zuge mehrerer Korruptionsskandale auf, und 1993 wurde mit Carlo Azeglio Ciampi ein weiterer Gouverneur Staatspräsident.

Auf dem Höhepunkt der Europäischen Schuldenkrise scheiterten im November 2011 die Regierungen von Griechenland und Italien nahezu zeitgleich. In Griechenland zerfiel Giorgos Papandreous sozialistische Regierung, nachdem er eine Volksabstimmung über das vom internationalen Rettungspaket vorausgesetzte Sparprogramm vorgeschlagen hatte. Eine neue Übergangsregierung aus Experten unter Loukas Papadimos, dem ehemaligen Vizepräsidenten der Europäischen Zentralbank, sollte vor den Parlamentswahlen ein neues Sparprogramm beschließen und unbeliebte Maßnahmen durchsetzen, wie die Öffnung geschlossener Berufe, Anpassung des Mindestlohns und die Kürzung des 13. und 14. Monatsgehalts für Staatsbedienstete. In Italien wurde die tief zerstrittene Berlusconi-Regierung ebenfalls durch eine »technokratische« Übergangsregierung unter dem Ökonomen und ehemaligen EU-Wettbewerbskommissar Mario Monti ersetzt. Die parallel verlaufenden Ereignisse in Griechenland und Italien wurden als antidemokratische Staatsstreiche der Populisten interpretiert. Zu diesen gehörte auch Berlusconi, der seiner Agenda einen neuen populistischen Anstrich verpasste. Alexis Tsipras, Vorsitzender der zunehmend beliebten extrem-linken Partei Syriza (deren ausgeschriebener griechischer Parteiname »Koalition der Radikalen Linken« lautet), formulierte es wie folgt: »Diese Entwicklung führt zu einer gnadenlosen Verzerrung der Herrschaft des Volkes. Die Entscheidung Herrn Papadimos' garantiert, dass die gleiche Politik, die uns zerstört hat, stärker und mit größeren Konsequenzen fortbestehen wird.«[29] Weder Papadimos noch Monti konnten sich lange in der Regierung halten, und Letzterer scheiterte endgültig, als er seine eigene Partei gründen wollte. Doch das Gefühl, dass traditionelle Parteipolitik versagt hatte, blieb bestehen, und Parteien, die sich direkt ihren Wählern verpflichtet fühlten, fiel es weiterhin schwer, unangenehme Entscheidungen zu treffen.

Experten und Klimawandel

Technische Experten anderer Fachgebiete durchliefen den gleichen Prozess, bei dem sie zuerst Ratschläge gaben, um anschließend angegriffen und in Kontroversen verwickelt zu werden. Umweltüberlegungen hängen ebenfalls von der korrekten Identifizierung langfristiger Trends und der anschließenden Analyse derselben ab, was ein neues Expertenspektrum hervorbrachte. Ökonomen dachten darüber nach, wie Kohleenergie körperliche Arbeitskraft von Mensch und Tier ersetzt und so die Transformation der Wirtschaft vorangetrieben hatte, was Gehälter, Lebensbedingungen und Lebenserwartung beeinflusste. Im 19. Jahrhundert konzentrierte man sich vor allem auf Kohle, die in Großbritannien die Grundlage für die industrielle Revolution bildete; ab dem 20. Jahrhundert ging es um Öl, was zu neuen geopolitischen Problemen führte.

Wenige Politiker und Politikerinnen verfügten über einen naturwissenschaftlichen Hintergrund, wobei auffällt, dass die beiden Personen, die über längere Zeit fortgeschrittene Industrienationen anführten und einen höheren naturwissenschaftlichen Abschluss erworben hatten, Frauen waren: Margaret Thatcher und Dr. Angela Merkel. Thatcher war die erste einflussreiche politische Anführerin, die auf die Herausforderungen des Klimawandels hinwies: in einer Rede vor der Royal Society 1988, bei der sie übrigens von der Abwesenheit von Fernsehen und Presse äußerst enttäuscht war. Das hielt sie dennoch nicht davon ab, auf die Bedrohung hinzuweisen:

> Die Zunahme der Treibhausgase – Kohlenstoffdioxid, Methan und Fluorchlorkohlenwasserstoffe – löst in einigen die Sorge aus, dass wir eine globale Hitzefalle erschaffen, die zu klimatischer Instabilität führen könnte. Man erzählt uns, eine Erwärmung um 1 °C pro Jahrzehnt würde die Fähigkeit unserer natürlichen Umwelt, mit so einer Veränderung umzugehen, weit übersteigen. Eine solche Erwärmung könnte zu einem verstärkten Abschmelzen von Gletschereis und einem entsprechenden Anstieg des Meeresspiegels von mehreren Fuß pro Jahrhundert führen.[30]

Und 2011 kündigte Angela Merkel direkt nach der Reaktorkatastrophe in Fukushima einen beschleunigten Ausstieg Deutschlands aus der Atomenergie an und forderte eine »neue Architektur der Energieversorgung in Deutschland. [...] Wir können als erstes Industrieland der Welt die Wende zum Zukunftsstrom schaffen. Wir sind das Land, das für neue Technik, Pioniergeist und höchste Ingenieurkunst steht.«[31] Doch im Großen und Ganzen blieb der wissenschaftliche Einfluss sporadisch und spielte sich eher hinter den Kulissen als im Zentrum der politischen Debatte ab.

Stanley Jevons, der Vater der modernen mathematischen und marginalistischen Wirtschaftswissenschaft, verlieh 1865 zu Anfang seines Buchs *The Coal Question* zunächst seiner Wertschätzung für das schwarze Gold Ausdruck, um anschließend seine Sorgen über die Zukunft Britanniens vorzubringen:

> Tag für Tag wird es deutlicher, wie die Kohle, die wir glücklicherweise in exzellenter Qualität und im Übermaß besitzen, der Quell unserer modernen materiellen Zivilisation ist. [...] In Wahrheit steht die Kohle nicht neben, sondern über allen anderen Gütern. Sie ist die materielle Energie dieses Landes – das universale Hilfsmittel –, sie beeinflusst alles, was wir tun. Mit Kohle ist beinahe jedes Kunststück möglich oder einfach; ohne sie fallen wir zurück in die beschwerliche Armut früherer Zeiten.

Zu diesem Zeitpunkt, zu Beginn einer neuen Globalisierungsphase, beschränkte sich Kohleenergie größtenteils auf Britannien, oder vielleicht allgemeiner formuliert, auf englischsprachige Länder. »Von einer Gesamtförderung von 136,5 Millionen Tonnen, werden 103 Millionen von Nationen britischen Ursprungs und Sprache gefördert und 80 Millionen davon in Großbritannien selbst.« Jevons sah in der Kohle ein Werkzeug und eine Technologie, die sich wahrscheinlich in einem Akt der Globalisierung oder des globalen Teilens über die ganze Welt ausbreiten würde:

> Die uns vorliegenden Alternativen sind einfach. Unser Imperium und unser Volk umfassen bereits ein Fünftel der Weltbevölkerung; und durch unser Pflanzen neuer Staaten, durch unser Hüten der Meere, durch unseren Eingriff in den Handel, durch das Beispiel unserer gerechten Gesetze und standhaften Verfassung und vor allem durch die Verbreitung unserer neuen Künste, stimulie-

ren wir den Fortschritt der Menschheit zu einem Grad, den man nicht messen kann. Wenn wir großzügig und kühn in der Vermehrung und Verbreitung unserer Reichtümer voranschreiten, lässt sich kaum überschätzen, was für einen großen, günstigen Einfluss wir auf die Gegenwart haben werden. Doch das Aufrechterhalten einer solchen Position ist physisch unmöglich. Wir müssen eine bedeutungsschwere Entscheidung treffen, zwischen vorübergehender wahrer Größe oder langanhaltender Mittelmäßigkeit.[32]

Beinahe sofort, nachdem Kohle die Welt für immer verändert hatte, kamen Denkende, die auf das Prinzip der Endlichkeit konditioniert worden waren, zu dem Schluss, dass das neue Material ebenfalls irgendwann zur Neige gehen werde. Der Physiker William Thomson Baron Kelvin of Lags formulierte diesen Ressourcenpessimismus besonders deutlich, er glaubte:

Die unterirdischen Kohlevorkommen der Welt gehen sicherlich zur Neige, und der Preis von Kohle steigt – insgesamt steigt er, wenn er auch in Zukunft zweifelsfrei seine Höhen und Tiefen durchlaufen wird, wie es bisher der Fall war und wie das bei jedem vermarktbaren Rohstoff der Fall sein muss. [...] Dementsprechend ist es deutlich wahrscheinlicher, dass Windmühlen oder Windmotoren in irgendeiner Form erneut einen Aufschwung erleben werden.[33]

Chinesische Kommentatoren schlossen sich dem an. Der Diplomat Xue Fucheng schrieb in den frühen 1890er-Jahren in seinen Tagebüchern:

Falls wertvolle Materialien knapp sind, dann weil China sie als Erste gefördert hat, wir haben sie gefördert und ausgeschöpft. [...] Seit Kurzem beneidet die Mehrheit ausländische Maschinen und dieser Trend wird sich auf Dauer nur schwer unterdrücken lassen. Der Bergbau wird notwendigerweise stark zunehmen. Nach weiteren vier- oder fünftausend Jahren, wenn unsere Minen erschöpft sind, werden auch die Minen im Ausland verbraucht sein. Was wird dann aus unseren mineralischen Stoffen werden? In dieser Sache kann man nicht anders, als sich um die Erde zu sorgen.[34]

Im späten 20. Jahrhundert sah man nach wie vor das größte Problem in der Ausschöpfung fossiler Brennstoffe. Zu diesem Schluss kam beispielsweise 1972 auch der Bericht *Die Grenzen des Wachstums* des Club of Rome, der zur internationalen Sensation wurde und sich 30 Millionen Mal verkaufte. Weitere Umweltfolgen der Energieabhängigkeit wurden ebenfalls besprochen – besonders der Ozonabbau in der Stratosphäre.

Man ging davon aus, dass die doppelte Herausforderung der Erschöpfung von Ressourcen und der Umweltverschmutzung durch Koordination gelöst werden könne. Eine bahnbrechende Ausgabe des *Scientific American* »Managing Planet Earth« von 1989 umriss das Problem wie folgt: Eine »Voraussetzung für ein anpassungsfähiges planetarisches Management ist der Aufbau von Mechanismen auf nationaler und internationaler Ebene, um die Tätigkeiten des Managements zu koordinieren. Die Notwendigkeit von formalen internationalen Abkommen wurde sowohl im Montrealer Protokoll über Stoffe, die zu einem Abbau der Ozonschicht führen, als auch in der Diskussion über ein mögliches internationales Recht der Atmosphäre betont.«[35]

In den späten 1980er-Jahren herrschte angesichts einer möglichen Koordination kurz Euphorie. So trat 1988 das Rahmenübereinkommen der Vereinten Nationen über Klimaänderungen (UNFCCC) in Kraft. Das 1987 unterzeichnete Montreal-Abkommen hatte vielleicht den Eindruck erweckt, dass eine internationale Übereinkunft einfach sei, da man sich auf einen Zeitplan für die Produktionseinstellung von Ozon abbauenden Fluorchlorkohlenwasserstoffen einigen konnte. Ein solches Vorhaben war relativ einfach umzusetzen und durchaus profitabel, da eine leicht erhältliche Alternative vorhanden war (Fluorkohlenwasserstoffe) – wobei diese Alternative sich später als Treibhausgas herausstellen sollte, das einen starken Einfluss auf die Erderwärmung hat. Damals schien das Montreal-Abkommen der Weg in die Zukunft und UN-Generalsekretär Kofi Annan nannte es »das vielleicht bisher erfolgreichste Abkommen überhaupt.«[36]

Der Artikel im *Scientific American* machte die Grenzen einer möglichen Zusammenarbeit deutlich. William C. Clark versuchte in »Managing Planet Earth« Beispiele für einen positiven Fortschritt in Richtung Zusammenarbeit zu finden. Seine Beispiele stammten alle nicht aus den Vereinigten Staaten:

> In der Sowjetunion wurden Probleme ökologischen Verfalls im ersten Kongress der Volksdeputierten zum zentralen Streitpunkt. In Kenia erforscht ein innovatives Projekt, finanziert von der Afrikanischen Akademie der Wissenschaften, alternative Richtungen, in die sich der Kontinent im 21. Jahrhundert entwickeln könnte. In Westdeutschland entwickelte eine hochrangige, parteiübergreifende Kommission gemeinsam mit der wissenschaftlichen Gemeinschaft ein einvernehmliches Vorsorgeprinzip, das die Umweltpolitik der Nation leiten soll. In Schweden kollaborierten Umweltwissenschaftler und der Künstler Gunnar Brusewitz miteinander und ›malten die Zukunft‹. Sie stellten schwedische Landschaften in verschiedenen möglichen Entwicklungszuständen dar und schufen so einen nationalen Bestseller und stießen eine politische Debatte an.[37]

Es stimmt, dass die Umweltzerstörung in der Sowjetunion zu einem wichtigen Thema wurde, vor allem aufseiten der kritischen Intelligenzija und besonders im Zuge der Nuklearkatastrophe Tschernobyls 1986; doch in Wirklichkeit waren die Umweltprobleme innerhalb des Sowjetsystems schlichtweg unlösbar. Viele afrikanische Staaten rebellierten gegen Versuche, ausländische Hilfsprogramme an ökologische oder Umweltschutzvorgaben zu knüpfen, und wandten sich in den nächsten Jahrzehnten China zu, eben weil es ein Wachstumsmodell anbot, das die Umwelt zugunsten eines schnelleren Wirtschaftswachstums opferte. Es ist bezeichnend, dass keines der genannten Beispiele für nationale Zusammenarbeit eine funktionierende Blaupause dafür lieferte, wie »globales Management« funktionieren konnte.

Zu diesem Zeitpunkt kam ein weiteres Problem auf: Umweltfolgen für den Planeten als Ganzes. Die anfänglichen Auseinandersetzungen über die Auswirkungen von Kohlendioxid (CO_2) entspannten sich zufällig, als man versuchte, globale meteorologische Berechnungen durchzuführen. Der Klimatologe Syukuro Manabe war in den 1960er-Jahren auf den weltweiten wärmenden Effekt von CO_2-Emissionen gestoßen, als er ein dreidimensionales Klimamodell – das damals die verfügbare Rechenleistung der Computer überstieg – auf eine Dimension, auf die der ein- und austretenden Gase, herunterbrechen wollte. Das daraus entstandene globale Klimamodell (General Circulation Model, GCM) wurde 1967 im *Journal of Atmospheric Science* vorgestellt: Somit identifizierte man das Problem, noch bevor es zur globalen Herausforderung wurde. Erst in den Jahren nach der Verabschiedung des Rahmenübereinkommens der Vereinten Nationen explodierte aufgrund des schnellen Wachstums der sogenannten Schwellenmärkte der weltweite CO_2-Ausstoß. Seit 2000 wurde der größte Teil des steigenden Energiebedarfs durch Kohle gedeckt, bei einer Wachstumsrate, die doppelt so hoch ist wie die des Erdöls und dreimal so hoch wie die des Erdgases. [38]

Nach der Weltfinanzkrise verschärfte sich die Debatte um den Klimawandel. Donald Trump machte sich in seinem Land vor allem mit dem Versprechen beliebt, die Erzeugung fossiler Energieträger (Schieferöl und -gas) anzukurbeln, wodurch die Vereinigten Staaten importunabhängiger werden sollten. Wladimir Putin hatte in Russland von Beginn an viel gewagt: Statt die russische Wirtschaft breiter aufzustellen, verließ er sich auf die im Übermaß vorhandenen natürlichen Ressourcen, allen voran fossile Energieträger. Den Export dieser Energie regelte man oft über langfristige Verträge und zu Preisen, die unter denen des Weltmarkts zu liegen schienen. Es wirkte wie eine praktische Möglichkeit, andere Länder – die ehemals Teil der Sowjetunion gewesen waren, aber auch einige in Europa – an die politischen Interessen Russlands zu binden. Russland war folglich stark von einem hohen Ölpreis abhängig, weswegen Versuche, die CO_2-Emissionen zu senken, es beunruhigten.

Auf einer Pressekonferenz Ende 2019 meinte Putin, »niemand kennt die Ursachen des weltweiten Klimawandels.« Stattdessen vertrat er folgende Ansicht: »Wir wissen, dass unsere Erde historisch immer wieder Wärme- und Kältephasen durchlaufen hat, und das könnte von Prozessen innerhalb des Universums abhängen. Eine kleine Veränderung des Winkels in der Erdachse oder ihrer Laufbahn um die Sonne könnten auf dem Planeten für ernsthafte Klimaveränderungen sorgen.«[39] Trump erklärte dem Weltwirtschaftsforum in Davos Anfang 2020, die Welt solle nicht auf die »prophets of doom« hören, wie die Klimaaktivistin Greta Thunberg, oder auf »Alarmisten«, die »jede Kleinigkeit in unserem Leben kontrollieren« wollten. In der Vergangenheit hatte er den Klimawandel als »mythisch«, »nicht existent« oder einen »teuren Schwindel« bezeichnet, obwohl er, recht inkonsequent, 2009 eine Anzeige in der *New York Times* unterschrieben hatte, die auf »die katastrophalen, irreversiblen Konsequenzen für die Menschheit und unseren Planeten« hinwies, die der Klimawandel haben würde. Er ging 2012 sogar noch weiter und behauptete, das Problem sei »von den Chinesen und für die Chinesen erschaffen worden, um der US-amerikanischen Fertigung ihre Wettbewerbsfähigkeit zu nehmen.«[40]

In Großbritannien meinte der ehemalige konservative Politiker und Brexit-Anhänger Nigel Lawson, die globalen Temperaturen seien bisher nicht angestiegen, und griff Al Gores Klimaschwerpunkt an: »Das ist immer das gleiche alte Geschwätz. Er ist einer der Typen, die herumlaufen und alle warnen, dass das Ende naht.«[41] Ann Widdecombe, ehemalige konservative Parlamentsabgeordnete und von 2019 bis 2020 EU-Abgeordnete der Brexit Party, schrieb 2014 in einer Kolumne für den *Daily Express* über Lawsons Buch, es sei die »beste Widerlegung der Schwarzmaler.«[42] Die Alternative für Deutschland begann eher als Ein-Themen-Partei, angeführt von Wirtschaftsprofessoren, die sich pro-europäisch gaben, aber gegen den Euro waren. Nach 2015 wurde aus ihr eine populistische Partei, die sich gegen Einwanderung stellte und, als 2017 die Migrationsfrage langsam an Brisanz verlor, zu einer anti-ökologischen, anti-Grünen Bewegung wurde, die 2019 vor »entarteter Angstmache« seitens der Grünen warnte, die Europa angeblich in ein »deindustrialisiertes, von Windrädern übersätes Siedlungsgebiet« verwandeln wollten. Die AfD nutzte die Sorge vieler deutscher Autobesitzerinnen und -besitzer aus, ihre Dieselwagen, die zuvor von der Regierung mit Steuervergünstigungen gefördert worden waren, könnten bald verboten werden.[43] In den

Niederlanden machte Thierry Baudet von der rechtspopulistischen Partei Forum für Demokratie das Warnen vor »Klimawandelhysterie« zum Kernstück seines Programms.[44] Und in Frankreich zog Marine Le Pens rechtsextreme Partei Rassemblement National (RN) gegen Windenergie ins Feld und verurteilte das Rahmenübereinkommen der Vereinten Nationen über Klimaänderungen als »kommunistisches Projekt«.[45]

Epidemiologen und die Coronapandemie

Während der Coronakrise geriet eine neue Expertengruppe ins grelle Rampenlicht: Epidemiologen (und öffentliche Gesundheitsexperten allgemein). Ihr Rat war ausgesprochen wichtig für Entscheidungen darüber, ob oder wie stark die Wirtschaft eingeschränkt werden sollte.

Die britische Reaktion auf die Krise ging auf den Umgang des Vereinigten Königreichs mit der Maul- und Klauenseuche 2001 zurück. Damals griff man auf Epidemiologen des Imperial College London, der Cambridge University und der University of Edinburgh für Echtzeitmodelle zurück, auf deren Basis man politische Entscheidungen traf. Außerdem schuf man die Scientific Advisory Group for Emergencies (SAGE), deren Mitglieder geheim blieben. Im Fall der Maul- und Klauenseuche gerieten die Expertenempfehlungen später stark in die Kritik. Man warf ihnen vor, sie hätten zur unnötigen Keulung von Tieren geführt, da das ursprüngliche Modell angenommen hatte, die Tiere seien ansteckend, noch bevor sie erste Krankheitszeichen erkennen ließen.[46]

Anfangs reagierte Großbritannien sehr unstet und inkonsistent auf das Coronavirus. Am 12. März 2020 erklärte Premierminister Boris Johnson noch, man werde im Vereinigten Königreich keine großen Zusammenkünfte verbieten oder Schulen schließen, denn »die wissenschaftliche Empfehlung lautet, dass dies zu diesem Zeitpunkt mehr Schaden als Nutzen bringen könnte.« Der leitende wissenschaftliche Regierungsberater Patrick Vallance sprach von einem Eindämmungsplan, der auf Herdenimmunität basierte, demzufolge 60 Prozent der Bevölkerung sich mit dem Virus infizieren müssten. Nur wenige Tage später änderte man das Vorgehen. Grund dafür war ein Bericht vom 16. März 2020, den eine Gruppe Epidemiologinnen und Epidemiologen des Imperial Colleges unter Neil Ferguson vorlegte – dieser hatte sich besonders während der Maul- und Klauenseuche einen Namen gemacht. Der Bericht warnte, dass Covid-19 510 000 Menschen das Leben kosten könnte, wenn keine Vorsichtsmaßnahmen getroffen würden, doch selbst mit der von der Regierung bevorzugten Strategie der »Mitigation« (Abschwächung), würde es eine Viertelmillion Tote geben und somit auf das Gesundheitssystem (NHS) eine unmögliche Belastung zukommen. Das den düsteren Aussichten des Berichts zugrundeliegende Modell arbeitete mit Daten aus Italien, wo die Coronalage rapide eskalierte.[47] Ein Bericht der Oxford University kam zu anderen Schlüssen und behauptete (was fast sicher eine Übertreibung gewesen sein muss), dass bis zur Hälfte der Bevölkerung Großbritanniens bereits in Kontakt mit dem Virus gekommen sein könnte und die Regierung dementsprechend auf einem guten Weg zur Herdenimmunität sei.[48]

Währenddessen meinten die Wissenschaftler in Schweden, angeführt von Anders Tegnell, es sei kein umfassender Lockdown notwendig. Dieser Ansatz führte umgehend zu mehr Todesfällen als in anderen skandinavischen Ländern mit restriktiveren Maßnahmen. Dennoch trat in Schweden nicht die Sterberate auf, wie sie die Ferguson-Studie im Vereinigten Königreich vorhergesagt hatte.

Die Modelle hingen von noch ungesicherten und ad hoc getroffenen Annahmen ab, wie die Bevölkerungen mit dem Social Distancing umgehen würde, Annahmen, die sich nicht immer bestätigen sollten. Anthony Fauci, Direktor des National Institute of Allergy and Infectious Diseases, der Mann, der später die wissenschaftliche Seite der Reaktion der US-amerikanischen Regierung auf die Coronakrise repräsentieren sollte, erklärte zu Anfang: »Ich weiß, meine Modellierungskollegen werden mir das vielleicht übelnehmen, aber Modelle sind nur so gut, wie die von uns eingespeisten Annahmen. Und so sammeln wir mehr Daten, die wir weiter einspeisen, und dann könnte sich das vielleicht ändern.«[49] Natürlich sorgten die Vielfalt an epidemiologischen Modellen und deren widersprüchliche Ergebnisse für starken Gegenwind seitens der wissenschaftlichen Gemeinschaft. Eine Untersuchung der führenden Modelle schloss:

> Die in diesen Papern verwendete Sprache legt einen Gewissheitsgrad nahe, der schlicht unberechtigt ist. Selbst die Parameterwerte stehen für eine Vielzahl an Fällen innerhalb des Kontexts des jeweils vorgegebenen Modells, keiner der Autoren oder Autorinnen versucht die Ungewissheit über die Validität ihrer allgemeineren Modelling-Entscheidungen zu quantifizieren.[50]

Epidemiologie war nicht das einzige Fachgebiet, aus dem Experten benötigt wurden. Allein die Lockdowns setzten Berechnungen über ihre möglichen Auswirkungen voraus, darunter Überlegungen zu mentaler Gesundheit, Nahrungsunsicherheit, Obdachlosigkeit und Todesursachen, die über eine Coronaerkrankung hinausgingen. Um nur ein Beispiel zu nennen: Es ließ sich leicht behaupten, dass einige Maßnahmen, die das Einkommen in Zeiten des Notstands hätten unterstützen sollen, die Lage verschlimmerten, da sie Arbeitgeber zu Entlassungen animierten, was wirtschaftliche und soziale Probleme der Ungleichheit und Marginalisierung auf lange Sicht verstärkte.

Eine neue Art Technokrat

Zu Beginn des 21. Jahrhunderts veränderte sich der Zusammenhang, in dem Technokraten und Krieg standen, da die Grenzen zwischen konventioneller Kriegsführung und anderen Arten der Einflussnahme verschwammen. Diejenigen, die einen neuen *hybriden Krieg* führten, nannten sich Technologen (*technologists*). *Politische Technologien* kamen nach dem Zusammenbruch der Sowjetunion auf und nutzten dabei Techniken der Meinungsmanipulation, die der sowjetische Sicherheitsapparat entwickelt hatte. Boris Jelzin entschied die Wahl in der Russischen Föderation 1996 unerwartet für sich und läutete eine Zeitenwende ein, die ihren Höhepunkt erreichte, als man 1999 versuchte, das Jelzin-Regime zu sichern, indem man das Amt auf Wladimir Putin übertrug. So ordnet es einer der führenden Analysten dieses Phänomens, Andrew Wilson, ein. Wilson zitierte Sergei Markov, einen der Technologen: »Alle politischen Technologien heben den Unterschied zwischen wahr und unwahr auf.« Die Politik konnte von Werbung und Konsumkapitalismus lernen: »Die Leute denken, sie kaufen ein bestimmtes Produkt, weil sie sich dafür entschieden haben, dem ist jedoch nicht so. Die öffentliche Meinung wird immer mehr von Computern ohne eigene Meinung geformt. Sie hängen vollkommen davon ab, welche Diskette man einschiebt.«[51]

Diese Art Ansatz verbreitete sich rasend schnell über russische Grenzen hinaus. Wahlen konnten gewonnen werden, indem man die richtigen Zielgruppen mit gezielten Nachrichten ansprach und sie so in die gewünschte Richtung lenkte. In jeder Kampagne gingen beide Seiten davon aus, dass die jeweils andere ausgeklügeltere Techniken verwendete. Das Ergebnis wurde nicht der Macht von kohärenten oder überzeugenden Argumenten zugeschrieben, vielmehr führte man es darauf zurück, wie Mikroargumente auf ihr jeweiliges Publikum abgestimmt worden waren. Die wichtigen Figuren, die Wahlen gewannen, waren nicht länger politische Galionsfiguren, sondern diejenigen mit der Kontrolle über Informationen. Das Resultat kam manchmal einem Personenkult gleich. Barack Obama wird beispielsweise nachgesagt, er habe im Jahr 2008 ein *Youthquake* losgetreten, als seine jungen, begeisterten Wahlhelfer und Wahlhelferinnen erfolgreich bestimmte Wählergruppen ins Visier nahmen und Obama so zum Wahlsieg verhalfen. Nach einem Rückschlag während der Zwischenwahlen verließ sich die Wahlkampagne auf die Analyse von Big Data, um neue potenzielle Wählergruppen ausfindig zu machen und zur Wahl zu motivieren.[52] Chief Analytics Officer für Barack Obamas Wahlkampagne 2012 war Dan Wagner, ein Mathematiker Ende 20, der 2013 (mit finanzieller Unterstützung von Google) Civis Analytics gründete. Wagner nutzte Facebook-Gruppen von »Freunden«, um ungefähr 15 Millionen »überzeugbare Wählerinnen und Wähler« in den Swing States aufzuspüren.[53]

David Camerons Konservative gewannen 2015 die Wahl in Großbritannien mithilfe von Jim Messina, der wesentlich am Aufbau der Obama-

Kampagne 2012 beteiligt gewesen war, »der am stärksten von Daten geleiteten Kampagne überhaupt.« Die erfolgreiche Strategie überzeugte die Wählenden unter anderem davon, dass eine Stimme für die Liberal Democrats eine für Labour sei und dass Labour und die Scottish National Party wahrscheinlich das Land spalten würden. Dominic Cummings war überzeugt, dass das Ergebnis des Brexit-Referendums 2016 Victoria Woodcock zu verdanken sei, der operativen Leiterin der *Vote-Leave*-Kampagne, die die Wahlwerbe-Software »Vics« oder auch Voter Intention Collection System (System zur Sammlung von Wahlvorhaben) entwickelt hatte.[54] Zac Moffat, Mitt Romneys ehemaliger Direktor für Digitales und Gründer des Unternehmens Targeted Victory, meinte: »Software frisst die Politik.«[55]

In diesem Umfeld spielten sich 2016 und 2020 die Wahlkampagnen der Präsidentschaftswahlen in den Vereinigten Staaten ab. Jede Art von Einfluss – beispielsweise durch Russland – war vorstellbar. Und für ausländische Einflussnehmende waren sogar Berichte über Einflussnahme hilfreich, da sie die Legitimität des politischen Wahlprozesses nur noch weiter infrage stellten.

Das Aufbegehren gegen die Experten

Man kann sich leicht erklären, weshalb immer wieder gegen Technokraten und Expertinnen aufbegehrt wird. Diese treffen Entscheidungen auf Basis von Prognosen, die problematisch und ungewiss sind und die sich rückblickend oft als fehlerhaft herausstellen. Führt man Mikroanalysen in einem Kontext durch, der gleichzeitig das große Ganze im Blick hat, macht man sich angreifbar, da dieses Vorgehen viele Vereinfachungen erfordert. Außerdem haben sich die Technokraten als Gruppe bewusst von dem menschlichen Umfeld abgegrenzt, das ihnen ihre Bedeutung gab. In dem Wissenschaftsjournal *Austronautics* führten Manfred Clynes und Nathan Kline erstmals den Begriff *Cyborg* ein, abgeleitet von »cybernetic organism«. In einem Interview meinte Clynes: »Ich dachte, es sei gut, ein neues Konzept zu haben, eine Vorstellung von

Menschen, die sich ganz nach eigenem Ermessen von den Fesseln ihrer Umgebung befreien können.«[56] Doch ein Cyborg ist kein Mensch.

Versuche, den Menschen neu zu verstehen, sind emotional reizvoll. Albert Camus' Nachkriegsroman *Die Pest* nutzt die Pest in der algerischen Stadt Oran zum Teil, um das Böse – und die Dilemmata – darzustellen, das die Nazis während der Besatzung Frankreichs schufen. Doch das Buch liefert auch eine wesentlich allgemeinere Aussage: »Unsere Mitbürger arbeiten viel, aber nur, um reich zu werden. Sie befassen sich hauptsächlich mit Handel und mit dem, was sie Geschäfte machen nennen. [...] Man wird zweifellos entgegnen, daß unsere Stadt darin keine Ausnahme bildet und daß eigentlich alle unsere Zeitgenossen so sind.« Der Arzt Bernard Rieux, der fiktive Verfasser dieser Chronik, »dachte, daß es nicht darauf ankommt, ob diese Dinge einen Sinn haben oder nicht, sondern nur darauf, welche Antwort der Hoffnung der Menschen erteilt wird.«[57] Der Arzt Rieux glaubt nicht an große Ideen, verfolgt keinen generellen Plan, wie man den Menschen helfen oder die Welt verbessern kann. Er will lediglich helfen – und menschlich sein.

Der Philosoph Alasdair MacIntyre polemisiert in seinem Buch *Der Verlust der Tugend* gegen die Welt der Technokraten, die ihr Spezialwissen anwenden, gegen eine Welt in der die » Staatsgewalt selbst [...] zur Hierarchie bürokratischer Manager [wird], und der Hauptgrund, der für das Eingreifen des Staates in die Gesellschaft vorgebracht wird, ist das Argument, daß der Staat über Kompetenzen verfügt, die die meisten Bürger nicht besitzen.« Anschließend bezeichnet er einen solchen Autoritätsanspruch als eine »moralische Fiktion.«[58] Es mag sich um moralische Fiktion handeln, doch diese wurde von einer Gesellschaft erschaffen, die Methoden oder Spezialwissen als wichtig erachtet, um gesellschaftliche Organisation zu steuern. Der Drang zur Entwicklung und Anwendung von Methoden erwächst immer aus einer bestimmten Herausforderung – ein klassisches Beispiel wären militärische Auseinandersetzungen. Erscheint es einer Gesellschaft jedoch nicht länger sinnvoll, einen gewissen Teil ihrer Macht an die Experten abgegeben zu haben, und zerstreiten die verschiedenen Technokratengruppen sich untereinander, dann sorgen Technokraten für Unzufriedenheit.

9 POPULISMUS

Populismus ist zu einem allgegenwärtigen Schlagwort geworden, das sich kaum noch klar definieren lässt. Oft fällt der Begriff im Zusammenhang mit Diskussionen über Globalisierung. In diesem Sinne gelten Populisten als Antiglobalisten, oder, um es in den Worten des britischen Journalisten David Goodhart zu sagen, stellen sich die verwurzelten »Somewheres« (Menschen, die einen festen Ort als Heimat bezeichnen) gegen die mobilen »Anywheres« (Menschen, die überall leben können).[1] Populisten sehen sich als Teil einer bestimmten Bevölkerungsgruppe: Damit bedarf es einer klaren Unterscheidung zwischen »unseren Leuten« und allen anderen. Dementsprechend existierte in der populistischen Vorstellung immer auch ein eindeutiger Gegner: die Globalisten oder die globale Elite oder jedwede länderübergreifende Bewegung. Die populistische Einstellung ist typischerweise antikapitalistisch, antisozialistisch, antikirchlich (oder zumindest antikatholisch) und im 21. Jahrhundert antiislamisch. Der Widerstand der Populisten gegen Mobilität hängt nicht nur mit der geografischen Lage zusammen und mit einer Abwehrhaltung gegenüber der Bewegung von einem Ort zum anderen; ein Aspekt des Populismus stellt sich auch gegen zeitliche Fortbewegung und steht Veränderungen ängstlich oder feindlich gegenüber. Jedoch ist Antimobilität in der Regel nicht die Eigenschaft, über die Populismus als Phänomen definiert wird.

De facto wird Populismus üblicherweise als ein vages Schimpfwort verwendet, und Analysten tun sich mit einer eindeutigeren Beschreibung schwer. Die zwei häufigsten Definitionen in der Politikwissenschaft stellen zum einen fest, dass Populisten behaupten, sie würden als Einzige das »echte Volk« gegenüber einer »Elite« vertreten, und zum anderen, dass Populisten alle möglichen unrealistischen und nicht umsetzbaren Versprechen abgeben. Keiner der beiden Definitionsansätze hilft sonderlich weiter. Niemand gewinnt Wahlen, indem er oder sie den Wahlberechtigten erklärt, man vertrete die Interessen der Elite. Jede breitangelegte politische Bewegung will vermeiden, dass sie nur für kleinteilige Interessen steht, sie möchte vielmehr als eine Bewegung gelten, die die Interessen der gesamten Bevölkerung im Sinn hat. Ein offensichtliches Beispiel sind Sozialisten oder Sozialdemokraten. Sie könnten nicht an die Macht kommen, wenn sie sich speziell als Partei der Arbeiterklasse zeigen würden, auch wenn sie vielleicht oft beteuern, bei der Arbeiterklasse handele es sich um das »echte Volk«. Dementsprechend gestalteten sich sozialdemokratische politische Bewegungen (wie die Christdemokraten) erfolgreich zu Volksparteien um. Doch eine Ausrichtung auf die Arbeiterklasse allein macht sie noch nicht populistisch, außer auf eine konzeptionell unbrauchbare Weise. Und haltlose Versprechungen? – Also wirklich, solche wird beinahe jeder Politiker und jede Politikerin abgeben und sollte es auch. Es ist Aufgabe der freien Presse und der Öffentlichkeit, politische Versprechen zu diskutieren und im Zweifelsfall aufzuzeigen, dass sie nicht erfüllt werden können. (Wobei der Erfolg von Politik nicht immer allein von den Absichten und der Integrität derjenigen abhängt, die sie ausüben: Gute Politik kann aufgrund von Pech und ungünstigen Bedingungen scheitern und schlechte Politik kann sich als erstaunlich wirksam erweisen.)

Ein dritter Ansatzpunkt vieler Definitionen von Populismus stellt seine Vertreter als grundlegend autoritär dar, selbst wenn sie behaupten, Volksvertreter zu sein.[2] Die Führungsriege wird entscheiden, was gut für die Bevölkerung ist, statt die Antwort auf diese Frage einem authentischen Prozess öffentlicher Debatten und Diskussionen zu überlassen. Populisten gehen Anfechtungen oder kritischen Nachfragen aus dem Weg. Donald Trump redet gerne von »meinen Leuten«, und Boris Johnsons Standardsatz lautet: »Wir sind eine Volksregierung.« Wie gesagt, die meisten Politiker und Politikerinnen – nicht nur die populistischen – behaupten oft, sie wüssten es besser, und politische Entscheidungsträger handeln oft im Hintergrund. Vollkommene politische Transparenz ist eine Illusion. Doch es stimmt durchaus, dass Populisten, die an der Macht sind – Viktor Orbán, Jarosław Kaczyński, Donald Trump – rechtliche Abläufe unterdrücken, die sie an der willkürlichen Ausübung ihrer Macht hindern könnten. Wahlen werden manipuliert, die Presse eingeschüchtert und Journalistinnen und Journalisten verprügelt oder getötet. Unvorhergesehene Notlagen wie die Coronapandemie ermöglichen es ihnen, ihre Macht über die traditionellen Grenzen hinaus auszuweiten. Donald Trump erklärte: »Die Macht der Bundesregierung ist absolut. Sie hat die Macht. Ob ich diese Macht nun nutzen werde oder nicht, wird sich zeigen.«[3] Oder: »Wenn man der Präsident der Vereinigten Staaten ist, dann hat man absolute Autorität. Und so ist das nun mal. Sie ist absolut. Und die Gouverneure wissen das.«[4] Prayuth Chan-o-cha der autokratische Ministerpräsident Thailands erklärte: »Jetzt muss man sich zwischen Gesundheit und Freiheit entscheiden«. Orbán nutzte Corona als Gelegenheit, um per Dekret zu regieren, ähnlich war auch Erdoğan nach dem gescheiterten Staatsstreich 2016 vorgegangen.[5]

Ein realistischerer und nützlicherer Ansatz würde die zunehmende Verbreitung des Labels Populismus und die Behauptung, man sei populistisch, als einfaches und offensichtliches Symptom eines tiefer reichenden Übels sehen. Die Populisten und ihre Fürsprecher lassen sich in dieser Sache endlos zitieren: Sie weisen nur zu gern darauf hin, was mit dem Establishment nicht stimmt. Sie sind die Ersten, die man sagen hört: »Etwas ist faul im Staate Dänemark.« Tucker Carlson, ehemals Moderator bei *Fox News*, meinte zu Recht: »Es gibt nur dann populistische Politik, wenn die Institutionen gerade versagen. Denn zufriedene Menschen flüchten sich nicht in populistische Politik.«[6] Der überall aufkeimende Populismus ist also ein Zeichen für Unzufriedenheit und dafür, dass etwas schiefläuft. An dieser Stelle muss kurz klargestellt werden: Hamlet war kein Populist, wobei Shakespeare einen Kommentar von Claudius einbaut, wonach »[...] jene Schwärmerei für ihn beim Volk, / Das allen seinen Fehl in Liebe taucht, / Und wie der Quell, der Holz in Stein verwandelt, / Sein Schandmal Schmuckstück nennt.«[7]

Wahre Demokratie

Populismus zeigt sich oft stolz als unreflektiert, instinktiv und antiintellektuell; er behauptet zudem, sich auf »echte Erfahrungen« zu stützen, statt auf das abstrakte Wissen von Technokraten und deren Autoritätsanspruch. Die radikalen Populisten im Europa nach dem Ersten Weltkrieg, besonders diejenigen, die der deutschen Nazibewegung angehörten, sprachen vom »gesundem Volksempfinden«. Diese Sprache kommt nun wieder neu auf. Ein österreichischer Parlamentarier der FPK (Freiheitliche Partei Kärntens) meinte beispielsweise, die Forderung nach einer Schuldenbremse gehe gegen das gesunde Volksempfinden, was wiederum eine Welle an Gegenreaktionen auslöste, in der Kommentatoren darauf hinwiesen, dass es sich hier um eine Formulierung der NS-Zeit handelte.[8] Populisten wissen: »Auf dem Land, wo ich entstand, will keiner etwas lernen.«[9] Die ›einfachen Leute‹ verachten außerdem (und vielleicht in manchen Fällen zu Recht) diejenigen, die sie bevormunden und aus ihren Elfenbeintürmen auf sie herabschauen. Sie mögen keine Experten oder Expertinnen. Donald Trumps katastrophal ablenkende und unwissenschaftliche Phrase, mit der er das Coronavirus anging, ist leider symptomatisch: »Ich bin kein Arzt, aber ich habe einen gesunden Menschenverstand.«[10]

Zu diesem Antiintellektualismus gehört die Verteidigung von Traditionen, während es gleichzeitig an jedweder klaren Vorstellung mangelt, weshalb oder inwiefern Traditionen wichtig sein sollten. Wladimir Putin schlägt oft erfolgreich in diese Kerbe:

Ich möchte hier niemanden beleidigen, denn wir wurden schon für unsere angebliche Homophobie verurteilt. Aber wir haben kein Problem mit LGBT-Personen. Gott bewahre, sie sollen so leben, wie sie wollen. Aber einige Dinge kommen uns übertrieben vor. Die behaupten jetzt, dass Kinder bis zu fünf oder sechs Genderrollen spielen können. Jeder darf glücklich sein, damit haben wir kein Problem. Aber es darf nicht die Kultur, die Traditionen und die traditionellen Familienwerte von Millionen von Menschen überschatten, die den Kern der Bevölkerung bilden.[11]

Populistische Anführer behaupten ebenfalls, dass sie demokratischer seien als das Establishment. Dieses Thema nimmt eine alte französische Diskussion aus dem 19. Jahrhundert auf, in der die wahre Bevölkerung des *pays réel*, also des echten Landes, die Fiktionen der verfassungsrechtlichen Definitionen entlarvten, da viele vom Wahlrecht des *pays légal*, des legalen Landes, ausgeschlossen wurden. Eine moderne Version dieser Debatte zeigt sich in der Behauptung, eine neue *illiberale Demokratie* sei aufgetaucht. Dieser Begriff geht auf den Kritiker Fareed Zakaria zurück, wurde jedoch schnell von illiberalen Demokraten übernommen (ähnlich, wie Mussolini nach dem Ersten Weltkrieg in Italien den Begriff *Totalitarismus* vereinnahmte, der ursprünglich von sozialistischen Kritikern in Umlauf gebracht worden war).[12] Zakaria beschrieb 1997 eine Skala:

> Von mäßigen Übeltätern wie Argentinien bis hin zu Ländern, in denen nahezu Tyrannei herrscht, wie Kasachstan und Weißrussland, wobei Länder wie Rumänien und Bangladesch zwischen beidem liegen. Innerhalb dieses Spektrums verlaufen Wahlen selten so frei und gerecht, wie das heute im Westen der Fall ist, dennoch spiegeln sie die Realität der öffentlichen Beteiligung an der Politik und die Unterstützung der Gewählten wider.[13]

In den 2010er-Jahren befanden sich Zakarias Beispiele nicht länger im »mäßigen« Bereich des Spektrums. Dani Rodrik hat diese Wende untersucht und dabei darüber nachgedacht, »weshalb illiberale Demokratien auf dem Vormarsch sind.«[14]

Ein kanonisches Selbstporträt des modernen populistischen Illiberalismus stellte die Rede von Ungarns Ministerpräsidenten Viktor Orbán dar, die er 2014 anlässlich einer Freien Sommeruniversität – vor allem besucht von jungen nationalistischen Ungarinnen und Ungarn – hielt. Provokant gewählter Ort für diesen Auftritt war das rumänische Băile Tuşnad. Einst hatte die Kleinstadt zu Österreich-Ungarn gehört und war während des Zweiten Weltkriegs kurzzeitig von Ungarn eingenommen worden. In der Rede wird unter anderem die typische Botschaft verbreitet, dass der Werteverfall von äußeren Einflüssen herrühre, die versuchten, den gesunden Geist eines Landes zu vergiften, außerdem brauche das Land Reformen, damit es seine Vision verteidigen und sie flächendeckend umsetzen könne:

> [Ich] habe Ihnen allen die gute Nachricht zu verkünden, dass wir die Wahlen gewonnen haben. [...] Laut einem hoch angesehenen Analysten verfällt die Kraft der USA als Soft Power, weil die liberalen Werte heute Korruption, Sex und Gewalt verkörpern und damit Amerika und die gesamte amerikanische Modernisierung diskreditieren. [...] Um dazu imstande zu sein [unsere Gemeinschaft wettbewerbsfähig zu machen], mussten wir 2010, und besonders heutzutage mutig einen Satz aussprechen, der in der liberalen Weltordnung, ähnlich wie die vorher hier zitierten Sätze, zur Kategorie der Blasphemie gehörte. Wir mussten aussprechen, dass eine Demokratie nicht notwendigerweise liberal sein muss. Etwas, das nicht liberal ist, kann dennoch eine Demokratie sein.[15]

Wladimir Putin schlug einen ähnlichen Ton an, als er die westliche liberale Demokratie scharf kritisierte, sie habe »einen direkten Weg hin zu Degradierung und Primitivismus« eingeschlagen, der »in einer schwerwiegenden demografischen und moralischen Krise enden« werde. In einem Interview mit der *Financial Times* meinte er 2019: »Jedes Verbrechen muss bestraft werden. Die liberale Idee ist obsolet geworden. Sie stimmt nicht länger mit den Interessen der überwältigenden Mehrheit der Bevölkerung überein.«[16]

Das populistische Modell, von dem man in der Regel behauptet, es sei auf andere, zunächst vielleicht benachbarte, Länder anwendbar, ist in erster Linie für die ansässige Bevölkerung gedacht: Das »Volk« soll sich gut fühlen. Nach seinem Wahlsieg 2018, den er infolge einer Verfassungsreform gewann, die Freedom House zum Anlass nahm, die Türkei als »unfrei« einzustufen, tönte Recep Tayyip Erdoğan: »Die Türkei hat dem Rest der Welt eine Lektion in puncto Demokratie erteilt.«[17]

Erdoğans aktuelle Reden zeigen, wie stark er sich verändert hat, doch seine Vorstellung von Demokratie wich schon immer von der amerikanischen Tradition des Prozeduralismus ab. Zu Beginn seiner Regierungszeit (als Ministerpräsident) erklärte er 2003 bei einem Vortrag an der Harvard University die Demokratie im Mittleren Osten wie folgt:

Das hohe Niveau, das die demokratische Welt nach langwierigen Prozessen erreicht hat, könnte in der Region den Eindruck hinterlassen haben, dass Demokratie ein fernes Konzept ist; einen solchen Eindruck kann man angehen. Bestimmte Institutionen und Regeln helfen beim Aufbau einer Demokratie. Allerdings lässt sich eine Demokratie nicht allein über die Existenz von Parlamenten und Wahlen definieren. In der Tat kann es irreführend sein, eine Demokratie allein mit mechanistischen Begriffen zu beschreiben. Man sollte das Konzept einer organischen, nicht nur mechanischen, Demokratie ins Auge fassen, die den Fortbestand der herrschenden Gesetze, der Gewaltenteilung sichert und die partizipativ und pluralistisch ist. In meiner eigenen Terminologie bezeichne ich eine solche als ›tiefe Demokratie‹. Sprich, der Maßstab sollte bei einer pluralistischen und partizipativen Demokratie angesetzt werden.[18]

In der Praxis bedienen sich Populisten, die an der Macht sind, vielerlei Techniken, um ihre Vormachtstellung zu sichern – von Einschüchterung oder Unterdrückung der Medien, eher allgemein gehaltener Belästigung, Inhaftierung oder Ermordung von Gegnern und Gegnerinnen, rechtlichen und verfassungsmäßigen Änderungen, bis hin zur Aussetzung von Wahlen. Kurz nachdem Putin 1999 an die Macht gekommen war, begann er von einer »gemanagten Demokratie« zu sprechen. Wladimir Korsunski, der Chefredakteur der unabhängigen politischen Webseite Grani.ru, nennt Russland eine »inszenierte Demokratie«. Erdoğan beschrieb Demokratie einmal bezeichnenderweise als eine »Straßenbahn [...], sie fährt so weit, wie wir es wollen und dann steigen wir aus.«[19]

Der politische Philosoph Jan-Werner Müller ist der führende Vertreter folgender Interpretation: Populisten erheben den exklusiven Anspruch, das Volk zu vertreten, während sie gleichzeitig jede andere Form von Repräsentation delegitimieren. Das ist das Unterscheidungsmerkmal, an dieser Stelle zieht man die Grenze. Am deutlichsten wird das, wenn Erdoğan sagt: »Wir sind das Volk. Wer seid ihr?« Oder:

> Die jüngsten Wahlen haben gezeigt, dass das Volk der mächtigste Richter ist, wenn es um die Unterscheidung zwischen gut und schlecht und richtig und falsch geht. Das Volk verfügt über *compos mentis*; das türkische Volk braucht keine Wächter oder Vormünder. Die Zeit, in der sich einige als Wächter oder Vormund sahen und meinten ›das Volk weiß nicht Bescheid, kann nichts verstehen oder entscheiden‹, ist für immer vorbei.[20]

Diese Vorstellung wurde in modernen Zeiten immer wieder formuliert: Der Konflikt besteht zwischen der Bevölkerung und denjenigen, die behaupten, für sie zu sprechen.

Die Ursprünge des Populismus

In den Vereinigten Staaten war der Begriff *Populismus* im 19. Jahrhundert in aller Munde. Er bezeichnete einen Bauernaufstand gegen Industriearbeiter und die Eliten der Ostküste sowie die Forderung nach einer entgegenkommenderen Geld- und Wirtschaftspolitik und nach Handelsschutz. Er wandte sich gegen die »Missregierung« der »Plutokraten,

Aristokraten und all der anderen Ratten.«[21] Richard Hofstadter zog das Manifest der People's Party – der populistischen Bewegung – von 1895 als Grundlage für seine Darstellung des »paranoiden Stils« der amerikanischen Politik heran. Im Manifest heißt es:

> Bereits 1865–66 kam es zu einer Verschwörung zwischen den Goldspekulanten Europas und Amerikas. [...] Seit beinahe 30 Jahren haben diese Verschwörer das Volk über weniger wichtige Angelegenheiten streiten lassen, während sie mit unermüdlichem Eifer ihrem einzigen zentralen Ziel nachgingen. [...] Jedes Mittel des Verrats, jedes Werkzeug der Staatskunst und jeder Kniff, die den geheimen Ränken des internationalen Goldrings zur Verfügung stehen, werden gegen den Wohlstand des Volks und die finanzielle und wirtschaftliche Unabhängigkeit dieses Landes eingesetzt.[22]

Das populistische Programm erklärte 1896: »Der Einfluss europäischer Geldwechsler hat die Gesetzgebung stärker geformt als die Stimme des amerikanischen Volks.« Die Demokraten gingen im selben Jahr eine Allianz mit den Populisten ein und stellten William Jennings Bryan als ihren Anti-Gold-Präsidentschaftskandidaten auf. Sie argumentierten, die Wirtschaftskrise von 1873 sei eine Folge der Wiedereinführung des Goldstandards gewesen, der »ohne das Wissen oder die Zustimmung der amerikanischen Bevölkerung« vonstattengegangen sei, und zur »Bereicherung der geldleihenden Klasse zu Hause und in Übersee« geführt habe. Dem Wahlkampf gegen ›Geldmänner‹ wohnte oft ein starkes antisemitisches Element inne.[23] Hofstadter kam zu dem Schluss, dass die Populisten eine Weltsicht vertraten, die sie »leichtgläubig und anfällig« machte.

Mitunter versuchten die politischen Vertreter des Populismus ihren Fall stichhaltiger und weniger konspirativ zu formulieren. William Vincent Allen aus Nebraska tadelte in einer langen Rede, die »studierte Strategie seitens der republikanischen Partei, die Macht aus den Händen des Volks in die Hände einiger weniger zu überführen.« Er fügte hinzu: »Über alle Zeitalter hinweg kam jede Reform von unten statt von oben.« Seine Partei bestand seiner Meinung nach nicht aus Sonderlingen und Extremisten, sie war »keine sozialistische Partei im modernen Sinne« und nicht voller »blauäugiger, langhaariger Inflationisten«, sondern sie beherbergte Verfechter von »ehrlichem Geld«.[24] Viele moderne Analysten des Populismus waren seither mitfühlender als Hofstadter, sie beschreiben die Anhänger des Populismus im 19. Jahrhundert als frühe Fürsprecher einer gemeinschaftlichen Lebensweise, die auf Solidarität und gesunde Vernetzung auf lokalpolitischer Ebene gründete.[25]

Die Behauptung, Populisten seien unverantwortlich, ist eine feste Größe in der politischen Wissenschaftsliteratur: Populisten existieren, weil sie dem Teil der Bevölkerung, der sich abgehängt fühlt, zu viel versprechen, und wenn sie dann an der Macht sind, verstecken sie ihr Versagen hinter großem Getöse, unterdrücken Andersdenkende oder wenden sogar Gewalt an. Im Zusammenhang mit modernen Debatten über Globalisierung nutzte man den Begriff Populismus anfangs, um einen bestimmten lateinamerikanischen Politikstil zu beschreiben, der in den 1930er-Jahren aufkam und in der zweiten Hälfte des 20. Jahrhunderts stark an Einfluss gewann. Linke und Marxisten verfochten eine strukturalistische Interpretation der Weltwirtschaft, die sie dann versprachen, zu ändern oder abzuschaffen. Im Gegensatz dazu boten die Populisten eine einfache nationale Lösung an. Diese Version klang links – oder zumindest so, als hätte sie eine Umverteilung im Sinn –, war jedoch nicht ausreichend durchdacht und richtete in der Regel mehr Schaden als Nutzen an. Eine einflussreiche Analyse sprach von einem »ökonomischen Ansatz, der Wachstum und Einkommensumverteilung betont, während er drohende Inflation und Haushaltsdefizite, externe Restriktionen und die Reaktion von Wirtschaftsakteuren auf eine Politik, die nicht vom Markt bestimmt wird, herunterspielt.« Die populistische Regierung sollte letztlich einen Wirtschaftskollaps nach sich ziehen, der der Bewegung schlussendlich ihre Legitimität absprach: »Allgegenwärtige Engpässe, extreme Anstiege in der Inflation und eine offensichtliche Devisenlücke führen zu Kapitalflucht und einer Demonetarisierung der Wirtschaft. Das Haushaltsdefizit nimmt aufgrund des starken

Rückgangs der Steuereinnahmen, aber steigender Subventionskosten gewaltig zu.«[26] Die Geschichte war im Grunde den betrügerischen Versprechungen nicht ganz unähnlich, die Shakespeare Jahrhunderte zuvor dem Rebellen Jack Cade in den Mund legte, der im zweiten Teil von *Heinrich VI.* versprach: »Sieben Sechser-Brote sollen künftig in England für einen Groschen verkauft werden; die dreireifige Kanne soll zehn Reifen halten, und ich will es für ein Hauptverbrechen erklären, Dünnbier zu trinken. Das ganze Reich sollen alle in gemein haben; in Cheapside geht euch mein Klepper auf die Weide. Und wenn ich König bin, […] so soll es kein Geld mehr geben.«[27] Hier führt er seine Anhänger vorsätzlich in die Irre. Der Literaturwissenschaftler und Shakespeareexperte Stephen Greenblatt fasst es wie folgt zusammen: »Populismus mag wie eine Annäherung an die Besitzlosen aussehen, ist aber in Wirklichkeit eine Form zynischer Ausbeutung.«[28]

Populismus 2.0

Auch der europäische Populismus griff im frühen 21. Jahrhundert die ökonomische Orthodoxie und deren strenge Sparpolitik (Austerität) an. Eine rechtsgerichtete Variante betonte nationale Tradition und wandte sich sowohl gegen Supranationalität (vor allem in Form der EU) als auch gegen Migration. Dieser neue Populismus machte Emigration für den Fachkräfteabgang in Ost- und Südeuropa verantwortlich und sah in (besonders islamischer) Immigration eine Aushöhlung des Christentums und der traditionellen europäischen Kultur. Sozioökonomischer Populismus wurde von der Weltfinanzkrise zwar befördert, lässt seit 2012 jedoch immer mehr nach. Gleichzeitig befindet sich ein kultureller Populismus weiterhin auf dem Vormarsch.

In vielen reichen Industrienationen führte die Weltfinanzkrise 2007–2008 zu einem Populismusanstieg, der durch Misstrauen gegenüber »Experten« und »Globalisten« zusätzlich verstärkt wurde. Neue politische Persönlichkeiten traten auf den Plan und behaupteten, sie verträten die unmittelbaren Sorgen der Bevölkerung. Ihnen zufolge standen die Interessen einer globalen Elite mit denen einer weniger mobilen Bevölkerung im Widerspruch. Vor allem in zwei europäischen Staaten mit populistisch geführten Regierungen gerieten Institutionen wie die Europäische Kommission, die Europäische Zentralbank und der Internationale Währungsfonds unter Beschuss: Ungarn, mit seinen Rechtspopulisten, und Griechenland mit seiner Koalition aus Links- und Rechtspopulisten. Beide Länder hatten umfassende Abkommen mit dem IWF geschlossen, um mit unverantwortlichen Programmen fertig zu werden, die bereits vor der populistischen Bewegung existiert hatten. In Ungarn (und Polen) gerieten viele Menschen aufgrund von Privatkrediten in Fremdwährung (oft Schweizer Franken), die von großen internationalen Bankengruppen ausgegeben wurden, in finanzielle Schwierigkeiten: Durch den Wertverlust der Inlandswährung angesichts der Finanzkrise, stiegen die Tilgungsraten dramatisch an, sodass die Kredite nicht länger finanzierbar waren. In diesem Kontext stießen bankenfeindliche politische Programme auf große Zustimmung, weil sie versuchten, Profite ausländischer Banken einzustreichen. Im Falle Griechenlands hatten ausländische Banken Geld geliehen und Staatsanleihen gekauft; aufgrund der Finanzkrise verkauften jedoch große französische und deutsche Banken einen Großteil ihrer Anleihen und trugen so dazu bei, dass die Finanzierung der Regierungsverschuldung untragbar teuer wurde. In ganz Europa forderten Populisten wirtschaftliche Maßnahmen, die eine umgehende Erleichterung schaffen sollten und nicht an Sparmaßnahmen gekoppelt waren. Sie wehrten sich außerdem gegen den Ansatz des IWF – der sich bei seinen Maßnahmen von Wirtschaftsdaten leiten ließ –, indem sie hochpolitisierte juristische Maßnahmen einsetzten, um staatlichen Offiziellen zu drohen, die möglicherweise den gleichen Ansatz verfolgten wie der IWF.

Linkspopulisten stellen sehr ähnliche Behauptungen an, wenn sie supranationale Institutionen als Kern eines allgemeinen »neoliberalen Projekts« sehen, das lokale und nationale Autonomie schwächt, aber große finanzielle Gruppen begünstigt.

In der Praxis fällt eine Unterscheidung zwischen populistisch und nicht-populistisch schwer. Ein Beispiel dafür ist die Mitte-Rechts-Partei Nea Dimokratia (Neue Demokratie) in Griechenland. Diese war bis kurz vor der Krise die stärkste Regierungspartei, bis sie im Oktober 2009 abgewählt wurde. Anschließend kritisierte die Nea Dimokratia harsch das Sparprogramm, das die Mitte-Links-Partei Panellinio Sosialistiko Kinima (PASOK Panhellenische Sozialistische Bewegung) 2010 und 2011 aushandelte. Auf die nordeuropäische Politik machte die Nea Dimokratia damit einen »populistischen« Eindruck. Nachdem die Partei jedoch 2012 erneut an die Macht gekommen war, nahm sie eine gemäßigtere Haltung ein, folgte einem neuen Programm und wich Ende 2014 etwas von ihrer orthodoxen Einstellung ab. Die Regierung löste eine politische Krise aus, die zu Neuwahlen führte, von denen klar war, dass die Partei sie verlieren würde. Daraufhin kam die linke »populistische« Partei Syriza an die Regierung und ging auf direkte Konfrontation mit der »Troika« – der Europäischen Kommission, der EZB und dem IWF. Sie hielt ein Referendum ab, das den Entwurf der Troika ablehnte, akzeptierte später jedoch ein noch härteres Sparprogramm und verwandelte sich mit der Zeit in eine recht typische Mitte-Links-Bewegung, die von nordeuropäischen Politikschaffenden gern gesehen wurde.

Das Problem mit der Sichtweise, Expertinnen und Experten könnten die richtigen Lösungen liefern, bestand darin, dass oft unklar blieb, inwiefern ihre Lösungen in politische Maßnahmen übersetzt werden könnten. »Politiker sind Stimmenmaximierer. [...] Dem Politiker kann der Euro dagegen das Stimmenmaximieren erschweren, weil die reibungslose Teilnahme an der Währungsunion bisweilen verlangt, schwierige Entscheidungen zu treffen oder unpopuläre Reformen einzuleiten«, meinte EU-Kommissionspräsident Jean-Claude Juncker.[29] Noch einprägsamer: »Wir Regierungschefs wissen alle, was zu tun ist, aber wir wissen nicht, wie wir danach wiedergewählt werden sollen.« Bisher fehlt ein allgemeingültiger Rat, wie man mit den Argumenten der Populisten umgehen könnte.

Niemandem war klar gewesen, dass die populistischen Regierungen, die mit ihren Maßnahmen experimentierten, schlussendlich den gleichen Zyklus, mit abschließendem Scheitern, durchlaufen sollten, wie er in den 1980er- und 1990er-Jahren in Lateinamerika stattgefunden hatte. Die von der Kritik als populistisch eingeordnete Maßnahmen schienen Ergebnisse zu liefern, die von recht passabler Erholung in Portugal bis hin zu ziemlich starkem Wachstum in Rumänien und Ungarn reichten. Der Zusammenhang zwischen strukturellen Reformen und einer Wachstumsfähigkeit wurde durch eine internationale Antikrisenpolitik geschwächt, die Zinsen niedrig hielt und dazu führte, dass man höhere Risiken für höhere Renditen einging. Man konnte jetzt einfacher hohe Haushaltsdefizite verzeichnen, was es populistischen Regierungen wiederum erleichterte, ihre Versprechen einzulösen und ihren Unterstützern mehr Geld auszuzahlen. Mit dem Rückgang der internationalen Krise sanken auch die internationalen Risikofaktoren und es sah ganz danach aus, als forderte der Populismus nun einen kleineren Preis. In dieser Situation gab es immer weniger Raum für »technokratische« Lösungen.

Im Zuge der europäischen Schuldenkrise gelang es regierenden populistischen Parteien tatsächlich, die zuvor herrschenden Haushaltsbeschränkungen aufzuweichen und zu umgehen, wobei die Maßnahmen länger erfolgreich waren als nur innerhalb des kurzen Zeitrahmens, den Rüdiger Dornbusch und Sebastian Edwards als Kreislauf des *makroökonomischen Populismus* bezeichneten. Es gibt keine Anzeichen, dass die Märkte Rechtspopulisten in Zentraleuropa bestrafen (Ungarn und Polen). Portugal wird mit seiner linkspopulistischen Regierung und deutlichen wirtschaftlichen Erholung oft (und übertrieben) als Wunder gefeiert.

Dass sich Fiskalpopulismus so beständig hält, ist die Folge eines weltweiten Niedrigzinsregimes: Die monetären Bedingungen hängen eng miteinander zusammen, und die US-amerikanische Politik übt einen wesentlichen Einfluss aus. Wenn Kredite billig sind, profitieren unter dem Strich die Länder, die höhere Haushaltsdefizite verzeichnen.

Populismus in Zeiten von Corona

Das Coronavirus veränderte die Dynamik der Debatte um Populismus und Experten erneut. Manche Experten und Expertinnen – besonders Ärzte und Ärztinnen, die nicht behaupteten, allzu viel über die allgemeinen epidemiologischen Entwicklungen Bescheid zu wissen – wurden für ihr Heldentum gefeiert.

Allgemein eignete sich das Virus hervorragend für Schuldzuweisungen. Trump sprach mehrfach vom Chinavirus. Sein Außenminister Mike Pompeo sprengte ein G7-Treffen, weil er darauf bestand, vom Wuhan-Virus zu sprechen. In China zirkulierten Berichte, wonach das Virus in Wuhan vom US-amerikanischen Militär freigesetzt worden sei, und als in China Neuansteckungen auftraten, interpretierte man sie dahingehend, dass sie auf Chinesinnen und Chinesen zurückgingen, die aus dem Ausland zurückgekehrt waren. In Europa entbrannten Auseinandersetzungen darüber, ob Deutschland die Lieferung von medizinischer Schutzausrüstung an Italien blockierte.

Während der Krise nutzte man überall auf der Welt eine Reihe von Gesundheitsindikatoren und Mortalitätsdaten, um die Wirksamkeit der staatlichen Coronamaßnahmen festzustellen. Einige »populistische« Regierungen in kleineren europäischen Ländern schlugen sich relativ gut. Andere – Bolsonaros Regierung in Brasilien oder Trumps in den Vereinigten Staaten – schnitten spektakulär schlecht ab. Durch die Krise stieg das Ansehen medizinischer und anderweitiger Expertise und ließ populistische Dummköpfe alt aussehen. In Italien, dem Zentrum des ersten europäischen Ausbruchs, redete der ehemalige italienische Ministerpräsident Matteo Renzi dementsprechend seinem Nachfolger Giuseppe Conte ins Gewissen, er möge »den Pfad des Populismus« verlassen.[30]

Die Politikwissenschaftlerin Margaret Canovan zog bereits Ende der 1990er-Jahre die Unterscheidung des politischen Philosophen Michael Oakeshott zwischen der Politik des Skeptizismus und der Politik des Glaubens für eine Analyse des Populismus heran.[31] Eine aktuellere und düsterere Neufassung lieferte vor Kurzem der Historiker Timothy Snyder mit seiner Unterscheidung der »Politik der Unausweichlichkeit«,[32] bei der Politiker erklärten, sie hätten keine andere Wahl, als dem derzeitigen Sparkurs, der globalen Integration und so weiter zu folgen, und der mythischen »Politik der Ewigkeit«, in der eine Nation in einem nicht enden wollenden Kreislauf von Leid und Opferrolle gefangen sei. Snyder zufolge lenke die Idee einer permanenten Opferrolle – die oft aus einer Unterwerfung durch ein (böses) Imperium entsteht – zunehmend die politischen Prozesse. Der irische Kolumnist Fintan O'Toole zeigte seinerseits brillant auf, wie der Neid auf andere unterdrückte Bevölkerungsgruppen englische Nationalisten dazu trieb, sich mit dem Brexit gegen die Europäische Union zu wenden.[33] Vielleicht stellt folgende geschichtsträchtige Szene am eindrücklichsten dar, was Populismus ist. Sie spielte sich 1936 in der Aula der Universidad de Salamanca ab, wo der nationalistische General Millán Astray den älteren Dichter und Professor Miguel de Unamuno mit seinem dramatischen Motto »¡Abajo la inteligencia! ¡Viva la muerte!« (Nieder mit der Intelligenz! Es lebe der Tod!) konfrontierte. Wir werden nie sicher wissen können, ob Unamuno tatsächlich mit der schlagfertigen Erwiderung konterte, die ihm der Historiker Hugh Thomas in den Mund legte, doch es ist eine schöne Vorstellung, denn Unamuno soll erwidert haben: »Hier ist der Tempel der Intelligenz. Ich bin ihr Hohepriester. Sie entweihen die heiligen Hallen. Sie werden siegen, denn Sie haben die brutale Macht dazu. Sie werden aber nicht überzeugen. Denn um zu überzeugen, müssen Sie argumentieren. Dafür würden Sie zweierlei brauchen, was Sie nicht haben: Verstand und Recht.«[34]

10 GLOBALISMUS

Zu den zahlreichen wirkmächtigen Wörtern, die Walter Lippmann prägte beziehungsweise populär machte, gehört *Globalismus* – *Globalisierung* folgte erst deutlich später. Die Bezeichnung *Globalist* beschwört eine einzigartige Vision des Bösen herauf: die des irre wetternden, nach allumfassender Macht strebenden Ideologen. Mitte des 20. Jahrhunderts war der Globus in einem überdimensionierten Büro das eindrücklichste Bild des Diktators – und seiner Wahnvorstellungen. Hitler platzierte sowohl in seiner monumentalen Reichskanzlei als auch in seinem Berghof bei Berchtesgaden eine Weltkugel, um damit eine neue Politik zu symbolisieren, die weit über Europa hinausreichen würde. Dieses Sinnbild griff Charlie Chaplin auf und machte es in seinem Film *Der große Diktator* zu einem zentralen Thema. Ein starkes Bild beißenden Spotts (siehe Abbildung 4). Auf der politischen Weltreise des früheren republikanischen Präsidentschaftskandidaten Wendell Wilkie fiel diesem bei Stalin als Erstes dessen riesiger Globus auf. Einen Globus zu präsentieren und sich als Globalist zu begreifen, versprach große Ambitionen. Doch, indem Akteure wie Wilson ihre eigene Vision des Globalismus entwickelten, machten sie sich politisch angreifbar, denn Globalisten sind im Allgemeinen eher unbeliebt.

So wurde *Globalimus* auch zu einem der bevorzugten Schmähwörter Donald Trumps, was ihm den Zuspruch seiner Wählerschaft im Inland garantierte. Vor den Vereinten Nationen sagte er im September

2019: »Die Globalisierung übte auf frühere Staats- und Regierungschefs eine religiöse Anziehungskraft aus und veranlasste sie dazu, die eigenen nationalen Interessen zu vernachlässigen.« Eine Alternative lieferte er gleich mit: »Die Zukunft gehört nicht den Globalisten. Die Zukunft gehört den Patrioten.« Daran schloss sich eine Rechtfertigung des Patriotismus an: »Das wahre Wohl eines Landes können nur diejenigen verfolgen, die es lieben: die Bürgerinnen und Bürger, die mit der Geschichte des Landes verwurzelt sind, die sich zu seinen Werten bekennen, die sich seinen Menschen verbunden fühlen und wissen, dass seine Zukunft auf Gedeih und Verderb in ihren Händen liegt.«[1]

Diese Aussagen waren keineswegs an die internationalen Politiker und Behördenvertreter gerichtet, die dem Präsidenten der Vereinigten Staaten mit Missbehagen lauschten, sondern eher an sich selbst und sein Publikum außerhalb New Yorks.

Abbildung 4. Charlie Chaplin als Anton Hynkel in Der große Diktator (1940). Copyright © mauritius images / World Book Inc.

Dabei fällt vor allem sein befremdlicher Sprachgebrauch auf. War Trump denn kein international tätiger Geschäftsmann, der durch die Welt reiste, um »Geschäftsabschlüsse« zu tätigen, für seine Marken zu werben und mit der Vielzahl seiner Kontakte zu prahlen? So ließ er wissen: »In China habe ich viel Geld verdient. Ich mache Geschäfte mit Europa, Geschäfte mit Asien, immerzu Geschäfte mit China.«[2] Eine globalere amerikanische Marke als Trump ist wohl kaum vorstellbar, von Coca-Cola einmal abgesehen.

Die von Stephen Miller, dem Chefideologen des Weißen Hauses verfasste, hochideologische Rede vor der UNO inspirierte Trumps Fantasie offenbar so sehr, dass er das Thema wiederholt aufgriff. Bei einer Wahlkampfveranstaltung in Houston behauptete er etwa, »die radikalen Demokraten wollen die Uhr zurückdrehen«, um die »Herrschaft korrupter, machthungriger Globalisten« wiederherzustellen. Darauf folgte seine Definition: »Ihr wisst, was ein Globalist ist, nicht wahr? Ein Globalist ist ein Mensch, der möchte, dass es der ganzen Welt gut geht, und dem, offen gesagt, unser Land ziemlich egal ist. Und wisst ihr was? Wir können das nicht dulden.«[3]

Der Begriff Globalist geht stets mit einem ausgemachten Feind einher. Kritiker halten die Bezeichnung »Globalist« sowie dessen Beinaheäquivalent »Kosmopolit« für eine verschlüsselte Form des Antisemitismus.[4] Trump machte mit dieser Bezeichnung auch seinen ersten Direktor des Nationalen Wirtschaftsrates Gary Cohn lächerlich, als dieser sich gegen Trumps offenkundige Zustimmung zu einer Versammlung von White Supremacists, Rechtsextremen und Neonazis in Charlottesville aussprach. Cohn, der jüdische Wurzeln hat, sagte gegenüber der zweifelsohne als Zeitung der globalen Elite geltenden *Financial Times,* die US-amerikanische Regierung »könne und müsse mehr dafür tun«, von Hass getriebene Gruppierungen zu verurteilen.[5]

Der Zusammenhang zwischen den Verbalattacken gegen Globalisten sowie gegen Juden und Jüdinnen entspringt jenem Umfeld, wo der Terminus ursprünglich entstand. In den Jahren nach der Weltwirtschaftskrise, als rassistischer und ethnischer Nationalismus florierte und Abneigung gegenüber dem Kapitalismus herrschte, diskreditierte man Juden und Jüdinnen gleichermaßen als Vertreter eines internationalen Kapitalismus wie eines internationalen Sozialismus. In einer aufpeitschenden Rede, die Hitler am 10. November 1933 vor Arbeitern der Berliner Siemenswerke hielt, fiel das Wort »Jude« kein einziges Mal. Stattdessen erwähnte er eine »kleine wurzellose internationale Clique«, »Menschen, die überall und nirgends zu Hause sind, sondern die heute in Berlin leben, morgen genauso in Brüssel sein können, übermorgen in Paris und dann wieder in Prag oder Wien oder in London, und die sich überall zu Hause fühlen.« Daraufhin rief jemand aus dem Publikum: »Juden!«[6]

Die amerikanische Verwendung des Wortes geht auf eine erbitterte Debatte zum Thema Isolationismus vor dem Zweiten Weltkrieg und danach zurück. Während des Ersten Weltkriegs hatte sich Woodrow Wilson zunächst gegen eine amerikanische Beteiligung am europäischen Konflikt ausgesprochen, war dann jedoch zu einer Kehrtwende gezwungen, als die Deutschen ankündigten, die Amerikaner mit einem uneingeschränkten U-Bootkrieg zu überziehen. Nach Ende des Krieges bemühte er sich um ein Friedensabkommen, das seine Vorstellung von US-amerikanischen Idealen widerspiegelte. Doch der Kongress lehnte den Vertrag samt Apparat ab – insbesondere den Völkerbund. Die Vereinigten Staaten übten sich in Zurückhaltung, was die großen diplomatischen Anliegen Europas betraf, und nahmen nicht offiziell an den bedeutsamen Konferenzen teil, auf denen über Reparationen und Kriegsschulden verhandelt wurde. Stattdessen beteiligten sich Privatpersonen – Großindustrielle – an einer sogenannten »Dollardiplomatie«.

Der Isolationismus blieb in den 1930er-Jahren weiterhin ein wichtiges politisches Thema. Charles Lindbergh forcierte eine »America First«-Bewegung. Franklin D. Roosevelt, angesichts der faschistischen Bedrohung zunehmend beunruhigt, erkannte, dass eine amerikanische Beteiligung am Zweiten Weltkrieg umstritten sein würde. Der japanische Angriff auf Pearl Harbor und die anschließende Kriegserklärung an die Vereinigten Staaten durch Nazideutschland machte eine Kriegsallianz politisch möglich, dennoch blieb die Sorge vor ausländischen Verstrickungen bestehen. Als das Ende des Krieges nahte, wurde deutlich, dass auf Amerika die Aufgabe einer globalen Neuordnung zukam.

Die Idee des Globalismus gelangte von unerwarteter Seite in die amerikanische Debatte. Ernst Jäckh, ein emigrierter deutscher Gelehrter an der Columbia University, verwendete das Wort in einem Buch mit dem Titel *The War for Man's Soul,* um den »Hitlerismus« zu beschreiben. Der deutsche Führer strebe nach der Sonne selbst, schrieb er. Sein Ziel sei es, die Welt zu erobern und die Erde zu deutschem Besitz zu machen. Sein Ansinnen bestehe dabei nicht nur in militärischer, wirtschaftlicher oder politischer Macht. Er führe einen »heiligen Krieg« als gottgesandter Anführer eines »erwählten Volkes«, das nicht für Imperialismus, sondern für Globalismus gemacht sei. Später definiert Jäckh den Nationalsozialismus als eine Ideologie, die nicht nur nach kontinentaler Vorherrschaft strebe, sondern darüber hinaus nach intellektueller und politischer Dominanz.[7]

Jäckh war ein typisch deutscher Intellektueller. Vor dem Ersten Weltkrieg hatte er sich als umgänglicher Vermittler der politischen Elite hervorgetan, der sich für den Einfluss deutscher Macht auf der Weltbühne aussprach, insbesondere im Nahen Osten. Er gehörte zum Kreis um den progressiven, wenngleich ausgesprochen imperialistischen Liberalen Friedrich Naumann, dem Befürworter eines Mitteleuropakonzepts. Nach dem Krieg gründete er mit der *Hochschule für Politik* ein neues Institut für Politikwissenschaft und Außenpolitik – eine bedeutende Ideenschmiede auf diesem Gebiet. Er war stolz darauf, seit der Zeit des Kaiserreichs gute Verbindungen zu allen Kanzlern zu pflegen. Seinem amerikanischen Publikum verschwieg er jedoch, wie verzweifelt er sich ab Januar 1933 um engen Kontakt zu Hitler bemüht hatte. Nach der Ernennung Hitlers zum Reichskanzler strebte Jäckh energisch danach, sich in der nationalsozialistischen Bewegung zu engagieren.[8]

Jäckh machte der amerikanischen Welt eine Reihe von typisch deutschen Belangen zugänglich. Das Streben nach Weltmacht dürfte den Deutschen aus Wagner-Opern vertraut gewesen sein, die Hitler so sehr liebte. Im *Ring des Nibelungen* gibt eingangs eine der Rheintöchter das Geheimnis des Flusses preis und verspottet den Zwerg Alberich mit dem Versprechen von Weltmacht: »Der Welt Erbe gewänne zu eigen, wer aus dem Rheingold schüfe den Ring, der maßlose Macht ihm verlieh'.« Alberich bemächtigt sich des Rheingolds und wird damit zum weltweit ersten Globalisten.

Die von Jäckh vorgebrachte Kritik war deshalb so wirkungsvoll, weil nicht nur Hitler oder der Faschismus eine globale Bedrohung darstellten, sondern auch der Kommunismus. Aus diesem Grund fand ein Wort aus dem Vokabular eines ausgesprochen deutschen Nationalismus Eingang in den amerikanischen Diskurs. Tatsächlich sollte die neuartige Vorstellung einer Bedrohung durch Globalisten eine intellektuelle Brücke zwischen dem Zweiten Weltkrieg und dem Kalten Krieg bilden. Lenin übernahm das Konzept des Internationalismus aus dem Marxismus des 19. Jahrhunderts. Karl Marx und Friedrich Engels hatten in ihrem *Kommunistischen Manifest* formuliert: »Die nationalen Absonderungen und Gegensätze der Völker schwinden mehr und mehr [...]«, und versichert: »Die Herrschaft des Proletariats wird sie noch mehr verschwinden machen.«[9]

Dem Marxismus zufolge beschränkte sich die Revolution nicht allein auf Russland, sondern stellte ein weltweites Ereignis dar. Lenin sah in einer globalen Revolution die Möglichkeit, die bolschewistischen Ziele in Russland zu erreichen. Immer wieder betonte er, dass ein sowjetischer Sieg in Russland ohne revolutionäre Bewegungen in anderen Ländern undenkbar wäre. »Unsere Rettung aus all diesen Schwierigkeiten [...] ist die Revolution in ganz Europa.«[10] Diese Auffassung lag der Gründung der Dritten Internationale (Komintern) zugrunde. Seitdem konnte der Globalismus zur Formulierung der sowjetischen Ziele herangezogen werden.

Die Diskussion um Globalismus und globale Verantwortung fand nach dem Zweiten Weltkrieg auch anderswo statt, der im Gegensatz zum Ersten Weltkrieg von wahrhaft globalem Ausmaß gewesen war. Wie globalistisch oder universell sollten die Vereinigten Staaten werden? Die USA nahmen eine globale Mission zur Wiederherstellung der internationalen Ordnung in Angriff, doch dieses Bestreben konnte auch als imperialer Übergriff oder als Benachteiligung amerikanischer Hersteller gewertet werden. Die konservative Journalistin Clare Boothe

Luce verurteilte in ihrer ersten Rede vor dem Kongress nach der Wahl als republikanische Abgeordnete des Repräsentantenhauses für Connecticut vehement den Vorschlag des Vizepräsidenten Henry Wallace, amerikanische Flughäfen nach Kriegsende wiederzueröffnen: »Er widmet sich reichlich dem globalen Denken, doch was Mr. Wallace als sein globales Denken bezeichnet, ist vielfach, wie man es auch dreht und wendet, dennoch globaler Irrsinn.«[11]

Die Kritik stellt auch eine Reaktion auf Wendell Wilkies Bestseller *One World* dar, ein Plädoyer für die Wiederherstellung einer »neuen Gesellschaft unabhängiger Nationen, frei sowohl von den ökonomischen Ungerechtigkeiten des Westens als auch den politischen Machenschaften des Ostens.«[12] Luce hatte zuvor den Wahlkampf von Wilkie unterstützt, der ein leidenschaftlicher Anhänger des Wilsonschen Internationalismus war und erfolglos 1940 als republikanischer Präsidentschaftskandidat antrat. Wilkie argumentierte, die Amerikaner sollten ihren »engen Nationalismus« überwinden, den »internationalen Imperialismus« jedoch ebenfalls vermeiden. Auf seiner politischen Weltreise hatte er in Chongqing, der Hauptstadt des nationalistischen China, verkündet, der Zweite Weltkrieg müsse ein antiimperialistischer Krieg sein. Sein Radiopublikum ließ er wissen, das Ende des Krieges bedeute auch das »Ende der Herrschaft von Nationen über andere Nationen.«[13]

Somit wurde *Globalismus* zu einem höhnisch und verächtlich gebrauchten Ausdruck, auch und gerade bei denen, die den Wunsch nach einer stärkeren Präsenz Amerikas in der Welt beziehungsweise einer amerikanischen Führungsrolle hegten. Im Katalog zu einer Ausstellung mit Werken Mark Rothkos wurde 1943 auf das Thema im Zusammenhang mit der Überwindung des amerikanischen Isolationismus eingegangen: »Es ist an der Zeit für uns, kulturelle Werte auf einer wahrhaft globalen Ebene zu betrachten.« Viele Besucher und Besucherinnen waren davon jedoch nicht überzeugt. Edward Alden Jewell, Kunstkritiker der *New York Times*, überschrieb seine Rezension dieser Ausstellung mit »Globalism Pops into View« (dt. etwa: Globalismus springt ins Auge) und befand abschließend: »Bislang verspricht der Globalismus eine eher triste und freudlose Zukunft.«[14] *Globalismus* wurde nun zu einem eindeutig ablehnend gebrauchten Terminus.

Jemand, der das Blatt in Bezug auf den Globalismus wendete, war der Intellektuelle Walter Lippmann. Er teilte Wilkies Appell, die Amerikaner sollten verstehen lernen, in welch »geschrumpfter Welt« sie lebten.[15] Einst war er ein Visionär gewesen, der Wilson und den Wilsonianismus unterstützte. Doch das war vorbei. Nunmehr trat er für eine Politik ein, die nicht auf Ideologie, sondern auf Interessen sowie begrenzte Mittel und Zwecke setzte. Dennoch sah er in diesem Pragmatismus oder Realismus einen Widerspruch zu einer »überwältigenden Neigung, die vor uns liegenden Entscheidungen nicht als relativ, sondern als absolut anzusehen. Wir sind geneigt, in Kategorien von entweder/oder zu denken – entweder alles oder nichts, entweder Isolationismus oder Globalismus, entweder totaler Frieden oder totaler Krieg, entweder eine Welt oder keine Welt, entweder Abrüstung oder Diktat von Waffen, entweder fromme Resolutionen oder Atombomben, entweder Abrüstung oder militärische Überlegenheit, entweder Nichteinmischung oder Feldzug, entweder Demokratie oder Tyrannei, entweder Ablehnung von Krieg oder Präventivkrieg, entweder Beschwichtigung oder bedingungslose Kapitulation, entweder Wehrlosigkeit oder Vernichtung.«[16] Seitdem war der Globalismus untrennbar mit Walter Lippmann verknüpft.

Hans Morgenthau, wie Jäckh ein weiterer Exilgelehrter, hatte mit der Idee des Politischen gerungen, in der er eine Möglichkeit sah, die Umstände zu erklären, in denen Staaten Konflikte gewaltlos lösen konnten. In den letzten Jahren der Weimarer Republik hatte er eine kurze Begegnung mit Carl Schmitt, der davon überzeugt war, Politik bestehe aus der Polarität von Freund und Feind, und äußerte später, Schmitt habe etwas »Dämonisches« an sich gehabt. Morgenthaus eigener Ansatz wird zumeist als »Realismus« bezeichnet. Ebenso wie Jäckh betrachtete er den Zweiten Weltkrieg als Resultat eines nationalsozialistischen »Universalitätsanspruchs« und warf Woodrow Wilson vor, zu einem »Kreuzzug« auszurufen, um »die Welt sicher für die Demokratie zu machen«. Eine Antwort auf dieses Klima war der Nationalsozialismus, der einen »neuen moralischen Codex« artikulierte, der »das verwerfliche Bekenntnis zum Bolschewismus sowie die dekadente Moral der Demokratie ablösen und sich der Welt aufdrängen« würde.[17] Dies war eine Botschaft von gefährlicher Universalität. Morgenthau griff das Thema Lippmanns auf und wandelte es in den 1960er-Jahren zu einer Kritik des amerikanischen Engagements in Vietnam. Sowohl Isolationismus als auch Globalismus waren Entgleisungen, in denen der übliche politische Verhandlungsprozess unterschiedlicher Positionen außer Kraft gesetzt wurde: »Isolationismus ist eine Form von introvertiertem Globalismus, und Globalismus ist eine Art von umgekehrtem Isolationismus.«[18]

Als zentrales Konzept für seine Analyse diente Morgenthau die Annahme, dass Ideen – oder wie er es nannte: Ideologien – mehrdeutig waren. Dies galt seiner Auffassung nach ganz besonders für den Antiimperialismus. »Die am weitesten verbreitete Tarnung und Rechtfertigung des Imperialismus ist [...] seit jeher die Ideologie des Antiimperialismus.«[19] Der Nationalsozialismus positionierte sich gegen den traditionellen französischen und britischen Imperialismus. Der Kommunismus erklärte den Imperialismus zum Feind der internationalen Arbeiterklasse. Beides implizierte jedoch eine neue Qualität imperialen Denkens.

Der einzige Ausweg aus dieser unklaren Terminologienlage war die Suche nach einer soliden Basis und einer transzendentalen Logik. Sowohl die Innen- als auch die internationale Politik sollten von einem Moralkodex geleitet sein. Diesem Thema widmete sich auch Lippmann in seinen Schriften: Insbesondere in seinem ambitioniertesten und durchaus umstrittenen Buch *Power Politics* unternahm er den Versuch, die naturrechtliche Tradition des Nachdenkens über ein universelles Moralgesetz wiederzubeleben, das über einzelstaatliche Interpretationen hinausreichte. Erstaunlicherweise blieb Lippmanns Philosophie in den 1950er-Jahren weitgehend unbeachtet. Erst als sie in den 1960er-Jahren im Zusammenhang mit Vietnam neu formuliert wurde, löste sie eine landesweite Debatte aus. Lippmann sprach sich 1967 gegen die »unzivilisierte, unritterliche und inhumane Rolle der USA« aus. Als Kritiker ihn daraufhin als neoisolationistisch bezeichneten, entgegnete er: »Neoisolationismus ist das unmittelbare Resultat eines törichten Globalismus.«[20] Morgenthau schrieb, Moral sei keineswegs nur ein weiterer Zweig menschlichen Handelns, auf einer Ebene mit wesentlichen Zweigen wie Politik und Ökonomie. Ganz im Gegenteil sei sie ihnen übergeordnet [...].«[21] Zudem bemühte er sich darum, das erfolgreiche Streben nach nationalen Interessen in Einklang mit einer höheren oder transzendenten Ordnung zu bringen:

> Um dauerhaft unser Wohlwollen zu gewinnen, muss eine Nation ihre Interessen um einer transzendenten Bestimmung willen verfolgen, die dem täglichen Handeln ihrer Außenpolitik Sinn verleiht. Die Reiche der Hunnen und Mongolen, in politischer und militärischer Hinsicht überaus erfolgreich, bedeuten uns nichts, anders als das antike Griechenland, Rom und Israel [...] waren sie doch nicht nur politische Konstrukte, deren Zweck ihrem Überleben und physischen Wachstum diente, sondern Zivilisationen, einzigartige Verwirklichungen menschlicher Potenziale, die wir mit ihnen gemeinsam haben.[22]

Diese Schule bildete die Grundlage einer wirksamen Moralkritik in Bezug auf Vietnam. Morgenthau zufolge charakterisierte »diese Verbindung von wilsonianischem Globalismus und dem Glauben an die amerikanische Macht die dritte Nachkriegsperiode amerikanischer Außenpolitik«.[23]

Wayne Morse und Ernest Gruening, die beiden demokratischen Senatoren, die als Einzige gegen die Tonkin-Resolution gestimmt hatten, die den Weg für ein umfassendes US-amerikanisches Engagement in Vietnam freimachten, verwendeten Lippmanns Terminus *Globalismus* in ihrer Anklage gegen die amerikanische Außenpolitik. Und Stephen Ambrose gab seinem kritischen Buch zu diesem Thema den Titel *Rise to Globalism*.[24] Eine relativ kleine Gruppe von hochprofilierten Gelehrten, die sich gegen den Globalismus aussprachen, unter ihnen J. William Fulbright, Eugene J. McCarthy und Arthur M. Schlesinger, bezeichnete ihr politisches Desiderat unterdessen bisweilen als *Limitationismus*.[25]

Nach Vietnam verschwand der Ausdruck *Globalismus* jedoch allmählich aus der politischen Debatte. Als der Impuls zur Neuordnung der Welt in den 1990er-Jahren als internationalistischer liberaler Interventionismus wiederbelebt wurde, wurden dagegen rasch die gleichen Einwände wie bereits von Lippmann und Morgenthau formuliert geltend gemacht. Der kritische Referenzpunkt für Akteure wie Andrew Bacevich war allerdings eher Reinhold Niebuhr mit seiner spezifisch christlichen Interpretation eines moralischen Realismus. Bacevich sprach von vier Lehren, die er aus Niebuhrs Werk ziehen wolle: die »›anhaltende Sünde‹ des amerikanischen Exzeptionalismus, die ultimative Unentschlüsselbarkeit der Geschichte, der trügerische Reiz einfacher außenpolitischer Lösungen und das notwendige Anerkennen der Grenzen amerikanischer Macht«.[26] An dieser Stelle verzichtete Bacevich auf die Erwähnung von *globalistisch* oder *Globalismus*, was damit zusammenhing, dass dieses Vokabular eine deutlich offensichtlichere Erweiterung erfahren hatte. Das exzeptionalistische Bestreben konnte er nun umformulieren und beschrieb es als ein »großes Projekt politischökonomischer Annäherung und Integration, im Allgemeinen als Globalisierung bezeichnet«. Dennoch sei *Globalisierung* nichts weiter als »ein Euphemismus für eine schwache oder informelle Herrschaft«. Bill Clinton habe in seiner Euphorie in Sachen Globalisierung nach Bacevichs Ansicht »die Widersprüche der amerikanischen Geschichte verschärft«.[27] Im Jahr 2018 kehrte Bacevich dann zur älteren Bezeichnung *Globalismus* zurück, allerdings nur, um den »utopischen Globalismus« zu verurteilen und die Möglichkeit einer Außenpolitik zu beschreiben, die »dem Ziel der ursprünglichen America-First-Bewegung verpflichtet ist: um die Sicherheit und das Wohl der Vereinigten Staaten zu gewährleisten, ohne sich an unnötigen Kriegen zu beteiligen«. Dabei ging es auch darum, die Idee von der Trump-Realität zu befreien beziehungsweise »einen mit einer hässlichen Geschichte – einschließlich dem Makel des Antisemitismus – belasteten Slogan in ein konkretes Programm aufgeklärten Handelns« neu einzubetten.[28]

Bacevich bezog sich dabei auf das Werk von R. R. Reno, dem Herausgeber der konservativen katholischen Zeitschrift *First Things,* der

den »utopischen Globalismus« als Ideologie bezeichnete, die die »über-
wiegende Mehrheit entrechtet und eine technokratische Elite ermäch-
tigt«.[29] Dabei hatten sowohl Liberale als auch Konservative die Globalisierung und den technischen Wandel nahezu einhellig begrüßt.[30] Reno
argumentierte, »Globalismus« sei die beste Beschreibung eines »meta-
physischen Traums« nach 1989:

> Wie alle Träume mutet er impressionistisch an. Seine Kontu-
> ren sind inzwischen jedoch wohlbekannt. Die Freizügigkeit von
> Kapital, Waren und Arbeitskräften sorgt für allgemeinen Wohl-
> stand. Eine globale technologische Revolution entlastet pri-
> vate Haushalte. Ein wissenschaftlicher, pragmatischer Konsens
> trägt dazu bei, die alten ideologischen Kämpfe hinter uns zu
> lassen und ermöglicht eine konsensorientierte Problemlösung.
> Das entstehende Menschenrechtsregime gewährleistet die Men-
> schenwürde.[31]

Er konstatierte, »Mr. Trumps krasse Gegenüberstellung von Globalismus und Amerikanismus« sei zwar »primitiv und überzogen, jedoch
notwendig«.[32]

Globalismus war zu diesem Zeitpunkt auch in das Vokabular radikal
rechter Verschwörungstheoretiker eingegangen und dort in nichtssa-
gender Übertreibung versunken. Immer wieder tauchte es bei *Breitbart
News* sowie im rechtsradikalen, vom Radiomoderator und Verschwörungstheoretiker Alex Jones betriebenen Onlineportal *InfoWars* auf.
Jones sprach von einem »globalen digitalen Panoptikum-Kontrollsys-
tem«, kontrolliert durch wirtschaftliche und politische Eliten, die eine
»totale Form der Sklaverei« schufen.[33] Er erklärte weiter:

> Ich will nur, dass ihr es wisst, Bill Clinton, Hillary Clinton,
> die Globalisten, Michael Moore, Baron [Jacob] Rothschild, die
> Rockefellers, sie alle: Hört gut zu. Ihr hasst alle anderen, weil ihr
> euch selbst hasst. Ihr seid der letzte Dreck. Ihr seid Abschaum.
> Ihr wollt also, dass wir uns selbst vernichten und ausrotten? Da

hab ich eine Idee. Wie wär's, wenn ihr euch selbst die Kehle auf-schlitzt und euch Eispickel in die Augen rammt? Oder wenn ihr euch heute Nacht aufhängt? Denn wenn ihr wollt, dass wir ster-ben, sage ich, ihr müsst zuerst sterben. Ich verfluche euch.[34]

In einer anderen Veröffentlichung mit enormer Reichweite erklärte die weiße kanadische Identitäre Lauren Southern, Globalismus beziehe sich auf eine Elite, die auf Kosten aller für die Wohlfahrt von Unterneh-men sorge, gehe jedoch wahrscheinlich auf naive Menschen zurück, die »zu viel Immanuel Kant lesen«.[35] Als sie jedoch auf Twitter schrieb, »der heutige Imperialismus wird Globalismus genannt«, griff sie da-mit jene Bedeutung auf, die als Kritik der US-amerikanischen Außen-politik nach 1945 formuliert wurde.[36] Dieser Gebrauch ist internatio-nal: Der rumänische Linkspopulist Liviu Dragnea wettert regelmäßig gegen Globalisten, die einen »Parallelstaat« betrieben (dem Äquivalent zu Trumps »deep state«).

Die Wiederentdeckung des Terminus *Globalismus* als Ablehnung von unbeschränktem Internationalismus oder Interventionismus spie-gelt womöglich eine tiefe, seit Langem bestehende Unzufriedenheit mit der amerikanischen Außenpolitik wider. Doch in Trumps Vorstellung war er gänzlich losgelöst vom Konzept der moralischen Ordnung als einzig möglicher Grundlage dieser Kritik.

11 GLOBALISIERUNG UND IHRE NEOLOGISMEN

Der Terminus *Globalisierung* wurde nicht von Walter Lippmann geprägt, begünstigte jedoch die Rückkehr der Befürchtungen Lippmanns in Bezug auf den Globalismus als neue Variante des Imperialismus. Die englische Bezeichnung *globalization* hielt ihren weltweiten Einzug in den 1990er-Jahren und erreichte einen ersten Popularitätshöhepunkt zwischen 2000 und 2001, im Zusammenhang mit den weltweiten Protesten gegen den Globalisierungsprozess. Der Begriff stand überall im Mittelpunkt der allgemeinen Mobilisierung, insbesondere jedoch in Frankreich. Im Jahr 2001 wurde das französische Äquivalent *mondialisation* beispielsweise in der Zeitung *Le Monde* mehr als 3500-mal erwähnt. Danach ging der Gebrauch jedoch kontinuierlich zurück – bis 2006 um mehr als achtzig Prozent. Seit dem Ausbruch der Globalen Finanzkrise 2007 kam das Wort in großen internationalen Zeitungen wie etwa der *New York Times* und der *Financial Times* noch seltener vor, ehe es schließlich im Jahr 2016 (siehe Abbildung 5) wieder vermehrt genutzt wurde. Das bedeutet, *Globalisierung* war begrifflich auf dem Rückzug, wurde dann jedoch vielfach wieder aufgegriffen, angetrieben von einer neuen Dringlichkeit und einem neuen kritischen Diskurs infolge des Brexit-Referendums und der Trump-Wahl, die erneut eine globalisierungskritische Stimmung auslösten. Während der Coronakrise äußerte Peter Navarro, der »Direktor für Handel und Industriepolitik« Donald Trumps: »Dieses Problem hätten wir nicht, wenn wir wichtige Medikamente, Medizinbedarf wie Masken und Medizintechnik wie Beatmungsgeräte im Inland produzieren würden. [...] Wenn sie hier hergestellt würden, würden wir damit nicht konfrontiert werden. Das war die Ursünde.«[1]

Eine kurze Geschichte der *Globalisierung* soll verständlich machen, warum der Begriff so ambivalent und unscharf ist. Der Begriff *globalization* wurde 1972 im *Oxford English Dictionary* erstmals in der heutigen Bedeutung definiert.

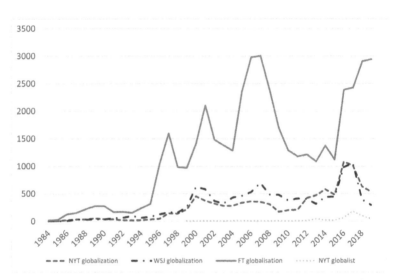

Abbildung 5. Erwähnung von globalization *und* globalist *in Zeitungen. Zu beachten ist der jüngste Anstieg um die Zeit der US-amerikanischen Präsidentschaftswahlen 2016 und des Brexit-Referendums. Ermittelt von Factiva auf Grundlage von Erwähnungen in New York Times, Wall Street Journal und Financial Times.*

Davor war es bis in die 1970er-Jahre hinein ein diplomatischer Terminus, der die Verknüpfung unterschiedlicher Politikbereiche bezeichnete (wenn zum Beispiel gleichzeitig über Finanz- und Sicherheitsfragen verhandelt wurde). Insbesondere in Frankreich war diese Nutzung von *globaliser* und *globalisation* üblich, vor allem in den 1970er-Jahren, als das ökonomische und sicherheitspolitische Gefüge der Welt ins

Wanken geriet. Die Zusammenhänge zwischen dem Jom-Kippur-Krieg von 1973 und den Ölpreisschocks, die in den Industriestaaten sowohl eine hohe Inflation als auch eine Rezession auslösten, verdeutlichen, wie dringend eine allgemeine politische Debatte über globale Verflechtungen geführt werden musste.

In den etymologischen Angaben des *Oxford English Dictionary* wird die nicht-englische Etymologie des Begriffs nicht erwähnt, dessen Wurzeln in der einfallsreichen Terminologie der radikalen kontinentaleuropäischen Studentenbewegung liegen. In der linksradikalen italienischen Untergrundzeitschrift *Sinistra Proletaria* erschien 1970 ein Beitrag mit dem Titel »Der Prozess der Globalisierung der kapitalistischen Gesellschaft«, in dem das damals marktbeherrschende Computer- und Softwareunternehmen IBM als Unternehmen bezeichnet wurde, »das sich als das Maß der Dinge darstellt und jegliches Handeln in den Dienst des Profits stellt sowie sämtliche Abläufe im Produktionsprozess ›globalisiert‹.« Da laut diesem Artikel IBM in vierzehn Ländern produzierte und seine Produkte in 109 Ländern vermarktete, »verkörpert es in sich die Globalisierung *(mondializzazione)* des kapitalistischen Imperialismus.« Diese obskure linke Publikation, in der die Bezüge zum Kapitalismus und Imperialismus erörtert werden, stellt tatsächlich die erste echte Erwähnung von Globalisierung im heutigen Sinne dar.

Seitdem hat der Terminus einiges an Auf und Ab erlebt. In den 1990er-Jahren wurde er zum Modewort und dabei nahezu ausschließlich in abfälligem Sinn gebraucht. Die globalisierungskritischen Demonstrationen Ende der 1990er- und Anfang der 2000er-Jahre richteten sich gegen die Welthandelsorganisation, den Internationalen Währungsfonds, das Weltwirtschaftsforum und McDonald's. Zu dieser Zeit verstand man unter Globalisierung – analog zur Auffassung der italienischen Linken in den 1960er-Jahren – die Ausbeutung der Armen dieser Welt durch eine plutokratische und technokratische Elite. Die Ikone dieser globalisierungskritischen Ausschreitungen war ein Schafzüchter namens José Bové aus Aveyron in den französischen Pyrenäen, der seine Kindheit in Kalifornien verbracht hatte. Er wurde dadurch berühmt, dass er in der französischen Kleinstadt Millau die Baustelle einer McDonald's-Filiale verwüstete und anschließend die Prinzipien der Souveränität *(souverainisme)* propagierte. Die Welt war bereit für eine neue Debatte – der Debatte zwischen Globalisierung und Nationalstaat.

Einige Kommentatoren und Kommentatorinnen werteten weniger die Tatsache des zunehmenden globalen Austauschs als vielmehr die neue Sprache der Globalität als das entscheidende limitierende Element nationaler Politik. Der Historiker Sebastian Conrad schrieb in den 1990er-Jahren, »die Rhetorik der Globalisierung unterwandere die Macht des Nationalstaats«.[2] Dem britischen Philosophen John Gray zufolge, der vom Hayekianer zu einem Kritiker des Neoliberalismus geworden war, bestand das Problem der Globalisierung in den reduzierten politischen Wahloptionen, die zu einer »Pathologie der übermäßig herabgeschraubten Erwartungen« führten.[3]

In den 2000er-Jahren veränderte sich die Bedeutung des Wortes *Globalisierung* und erhielt einen leicht positiven Ton, vor allem weil es zunehmend danach aussah, dass auch einige schnell wachsende Schwellenmärkte zu den großen Gewinnern der Globalisierung gehörten. Tatsächlich wurden China und Indien, die zuvor als »unterentwickelt« oder »Dritte Welt« galten, allmählich eine globale Vormachtstellung zuteil, während andere – wie Brasilien, Südafrika und Nigeria – zu regionalen Supermächten wurden. Infolge eines massiven Wachstums von Schwellenmärkten sank das Armutsniveau weltweit beträchtlich. Die Globalisierung bot offenbar weltweite Chancen, und Nationalstaaten wirkten dagegen kaum noch zeitgemäß. Darüber hinaus begannen viele einstige Globalisierungskritiker die globale Vernetzung als möglichen Weg anzusehen, um weltweite Probleme wie Klimawandel, Wirtschaftskrise und Armut zu bewältigen. In der Tat entstand nach R. R. Renos Auffassung ein neuer Beinahekonsens zwischen Liberalen und Konservativen, dem zufolge sich die Globalisierung positiv auswirke. Sozialliberale waren angetan davon, wie neue Ideen und ein Wertepluralismus traditionelle Beschränkungen und alte Moralvorstellungen aushöhlten. Und viele Konservative sahen in der Globalisierung die Umsetzung einer wirtschaftlichen Freiheit durch die Schaffung von Wohlstand.

Historiker begannen nun, die Globalisierung rückwärts nachzuvollziehen, bis in jene Zeiten, als der Begriff noch keine Rolle spielte.
Zuweilen wurde die Globalisierung als nahezu konstantes Merkmal
der Menschheitsgeschichte dargestellt – seit der Verbreitung der ersten menschlichen DNA durch die Nachkommen der »mitochondria-
len Eva«, der Stammmutter aller Menschen, die vor 200 000 Jahren in
der Savanne Kalahari lebte. Der Prozess wird nicht mehr nur als die
Geschichte der kapitalmarktgetriebenen Integration der letzten beiden
Jahrzehnte des 20. Jahrhunderts oder gar als »frühe Welle der Globalisierung« im 19. Jahrhundert betrachtet, als der Goldstandard und das
Atlantik-Telegramm die Welt vereinten. Die weiter und tiefer reichende
historische Vision bezieht sich vielmehr auf eine Globalisierung, die all
diese Erfahrungen einschließt – vom Römischen Reich bis zur Song-
Dynastie und der Globalisierung der menschlichen Spezies von ihrem
gemeinsamen afrikanischen Ursprung. Sie ist eine Erzählung der gesamten Menschheit.

Das Vokabular, mit dem wir komplexe politische und soziale Phänomene beschreiben, ist selten eindeutig. Manche ursprünglich kritisch konnotierte Termini haben alsbald eine Wendung ins Positive genommen. Bis zum Jahr 2011 war die globalisierungskritische Rhetorik
weitgehend verstummt, und die Globalisierung wurde immer unvor-
eingenommener als wesentliches Merkmal der Menschheitsgeschichte
angesehen, die geografische Unterschiede und thematische Vielfalt untrennbar miteinander vereint. Zudem wurde erkennbar, dass die Globalisierung zwar jeweils im Inland der Ungleichheit Vorschub leistet,
jedoch insgesamt für eine Verringerung von Armut sorgt. Kurz gesagt
verlor die Globalisierung ihre polemische Schärfe und büßte damit als
Begriff an Attraktivität ein.

Die Globalisierungskritik kehrte 2014 zurück, als zahlreiche Aspekte
der Globalisierung – in Handel, Migration und Finanzwelt – ins Wanken gerieten. Dabei verlagerte sich der Schwerpunkt der Kritik jedoch:
Die Opfer der Globalisierung waren weniger die Hilfsbedürftigen in ärmeren Ländern (die im Gefüge der Globalisierung weitgehend außen
vor blieben), sondern vielmehr marginalisierte Personen in wohlhaben-

den Staaten. Infolgedessen erfuhr die Globalisierung eine Melange aus früherer und gegenwärtiger Globalismuskritik und man schüttete erhebliche Mengen Sand ins Getriebe, was zur sogenannten *slobalization* führte – die Globalisierung wurde also verlangsamt oder behindert.

Die ökonomischen Anfänge der Globalisierung

Die Globalisierung begann als eine Reflexion der Aktivitäten multinationaler Konzerne. Im schlichtesten, von Ökonomen gebrauchten Sinne geht es dabei recht allgemein um die Mobilität der Produktionsfaktoren Kapital und Arbeit, um Produktströme oder Handel sowie um die Mobilität von Ideen und Technologie. Der Zusammenhang all dieser Mobilitätselemente wird erstaunlicherweise häufig übersehen, obwohl er dazu beitragen kann, wichtige Trends und Veränderungen zu erklären. So sorgten in der großen Globalisierungswelle Ende des 19. Jahrhunderts Emigranten und Emigrantinnen aus Europa etwa für einen starken Entwicklungsschub in Nord- und Südamerika sowie Australien. Sie errichteten neue Siedlungen, was einen Bedarf an Infrastruktur wie Eisenbahn- und Straßenbahnlinien und städtische Wasserversorgung nach sich zog, das zudem Kapital zur Finanzierung all dessen erforderte. Der Strom von Arbeitskräften und Kapital wurde somit synchronisiert.

Sobald bei einem dieser Ströme Unsicherheiten auftraten, wirkte sich dies unweigerlich auf die Dynamik der anderen aus. Werden Warenströme unterbrochen, so kommt es in exportorientierten Ländern zu Arbeitslosigkeit oder Unterbeschäftigung. Dies setzt die Arbeitskräfte in diesen Ländern verstärkt unter Druck, eine Beschäftigung im Ausland aufzunehmen, was in den Zielländern Ängste vor wachsendem Lohndruck auslöst, worauf die Verantwortlichen dort mit Migrationsbegrenzungen reagieren. Somit verlagert sich der Fokus der Debatten auf das Thema der Zuwanderung, was unbeabsichtigte Folgen nach sich ziehen kann. Ende der 1920er-Jahre sorgten in den Vereinigten Staaten beispielsweise restriktive Einwanderungsgesetze für eine Schwächung der Baubranche und des Immobilienmarkts, was durchaus der Weltwirtschaftskrise den Boden bereitet haben mag. Wenn Staaten keinen freien Handel treiben können, kann dies dazu führen, dass sie die nötigen Ressourcen nicht erwirtschaften, um Auslandsschulden zu bedienen und zurückzuzahlen, wodurch es zu Schuldenkrisen kommt und Kapitalströme unterbrochen werden. Globalisierungsströme sind demzufolge in einer Weise miteinander verflochten, die manchmal offensichtlich ist, in anderen Fällen jedoch nicht.

Viele dieser globalen Beziehungen erfordern klare Regelungen. Wie lassen sich Rechte aus Verträgen für den Waren- oder Kapitalverkehr geltend machen? Wer sorgt für einen rechtlichen Rahmen und den entsprechenden Durchsetzungsmechanismus? Wie ist mit migrierenden und siedelnden Menschen umzugehen? Die moderne Globalisierung basiert auf einem komplexen Regelwerk, das teilweise durch internationale Vereinbarungen entstanden ist (wie etwa das Bretton-Woods-System von 1944, in dessen Kontext Weltbank und IWF geschaffen wurden). Andere wurden von wichtigen und einflussreichen Regierungen formuliert und verbreiteten sich anschließend weiter (über das Handelsrecht) oder sind durch Abkommen öffentlicher Aufsichtsbehörden entstanden (wie der Internationalen Organisation der Wertpapieraufsichtsbehörden, IOSCO, die Regeln für den Börsenhandel erlässt). Außerdem gibt es eine Reihe von privaten Normgebern (beispielsweise die Internationale Organisation für Normung, kurz ISO). Ein Hauptmerkmal der modernen Globalisierung besteht darin, dass die nationalen Regelungen und das internationale System ineinandergreifen, wofür von John Ruggie der Ausdruck *embedded liberalism* (eingebetteter Liberalismus) geprägt wurde.[4] Ruggie und andere Experten für internationale Beziehungen wie John Ikenberry verwenden diese Bezeichnung in ihren Abhandlungen über die Situation nach 1945, als die Vereinigten Staaten in der internationalen Ordnung eine Möglichkeit sahen, um die politische und ökonomische Agenda des New Deal der 1930er-Jahre durchzusetzen, indem man die Prinzipien des freien Handels und des Allgemeinwohls über Ländergrenzen hinweg ausweitete.[5]

Globalisierung als Geisteshaltung

Bei der Globalisierung geht es auch um eine innere Einstellung hinsichtlich dessen, wie Menschen über internationale Ströme denken. Der begriffliche Rahmen ist erforderlich, wenn es um die Schaffung einer Form der internationalen Ordnung oder des Gesetzesrahmens geht. Sobald das Konzept der Globalisierung jedoch etabliert war, wandelte es sich von einem vorwiegend ökonomisch ausgerichteten – auf die Bewegung von Produktionsfaktoren bezogenen – hin zu einem kulturellen oder gar psychologischen Phänomen. Seither unterscheidet sich die Globalisierung stark vom Konzept der Ökonomen und bezieht sich darauf, wie wir mit dem Unbekannten, dem Fremden, dem anderen umgehen. Allgemein geht es darum, wie die Bewohner und Bewohnerinnen einer bestimmten Gegend der Welt auf die übrige Menschheit blicken. In diesem Kontext kann die Globalisierung für eine Region oder Bevölkerung durchaus als etwas Fremdes oder von außen Aufoktroyiertes erscheinen.

Das Land in Europa, das vermutlich bereits am längsten mit dem Erbe der Globalisierung zu kämpfen hat, ist vermutlich Italien, wo der moderne Terminus seinen Ursprung hat. Die italienischen Erfahrungen gehen mit einem relativen Niedergang in jüngster Zeit, aber auch mit einer längerfristigen ökonomischen Abwärtsentwicklung einher. Zum Ende des Mittelalters wurden in norditalienischen Städten die weltweit höchsten Einkommen erzielt. Italien war ein Zentrum des Handwerks, wo Luxuswaren hergestellt wurden, die einen globalen Markt beherrschten. Die Abriegelung des östlichen Mittelmeerraums im 16. Jahrhundert durch das Osmanische Reich fiel jedoch mit der Eröffnung alternativer Handelsrouten um das Kap der Guten Hoffnung und später von Neuspanien (Mexiko) über den Pazifik bis nach China zusammen. Daraufhin geriet Italien gegenüber anderen Ländern ins Hintertreffen, während andere Teile Europas – die Niederlande und später England – in der Herstellung von Waren eine Überlegenheit entwickelten. Handwerker wanderten aus Italien aus und nahmen ihre Expertise aus der Seidenproduktion oder der Murano-Glasbläserei ins Ausland mit.

Die Angst vor der Globalisierung wird teilweise durch die Probleme einst reicher Regionen, einst führender Branchen und einst dynamischer Produzenten forciert, wenn plötzlich Konkurrenz entsteht. Die ursprünglichen Gewinner wehren sich dagegen, dass andere es ihnen gleichtun und sie womöglich überholen. Und bei all jenen, die sich am globalen Markt beteiligen, können Befürchtungen aufkommen, dass Teile der regionalen Kultur verloren gehen. Daher ist das Narrativ der Globalisierung auch damit verbunden, Vergleiche anzustellen. In einem jüngst erschienenen Buch mit dem Titel *Das Licht, das erlosch* erörtern die Autoren Ivan Krastev und Stephen Holmes, wie die Imitation von Erfolgsmodellen auf beiden Seiten – bei den Aneignenden ebenso wie bei den Vorbildern – Unbehagen auslöst. Die Autoren beschreiben darin die Schwierigkeiten, die Scham und den Hass, die mit der kulturellen Aneignung einhergehen: »Die Globalisierung der Kommunikation hat die Welt zu einem Dorf gemacht, doch dieses Dorf wird von einer Diktatur globaler Vergleiche beherrscht.«[6]

Das Geschehen des italienischen Niedergangs nach der Renaissance wiederholte sich Ende des 20. Jahrhunderts. Nach einer dynamischen, von Wachstum und Kreativität gekennzeichneten Phase nach dem Zweiten Weltkrieg wurde erkennbar, dass sich Italien auf Wirtschaftszweige spezialisiert hatte, deren Produktionsprozesse sich relativ leicht in andere Ländern verlagern und dort imitieren ließen. Eines der Zugpferde des italienischen Wirtschaftswunders nach dem Krieg waren »Weißwaren« – große Küchen- und Haushaltsgeräte wie Kühlschränke, Waschmaschinen und Wäschetrockner, die in der zweiten Hälfte des 20. Jahrhunderts zum großen Konsumboom beitrugen. Diese ließen sich jedoch recht leicht außerhalb Europas produzieren, insbesondere in Asien. Das galt auch für die große Stärke Italiens im Bereich der Haute Couture sowie der Bekleidungs- und Textilherstellung. Italienische Unternehmen verlagerten nach dem Ende des Kommunismus ihre Geschäftstätigkeit vermehrt nach Osteuropa, insbesondere nach Rumänien, wo die Sprachbarriere aufgrund der gemeinsamen lateinischen Wurzeln vergleichsweise gering war. Italienische Fachkräfte gingen mehrjährige Verträge in China und anderen asiatischen Ländern ein, um dort ausländische Arbeiter und Arbeiterinnen in traditionellen italienischen Techniken zu schulen.

Das Label »Hergestellt in Italien« besaß allerdings nach wie vor Strahlkraft. Neben Auswanderung und Nachahmung kam es zu Einwanderung und einem Rückgang des Lebensstandards. Viele Produkte wurden nunmehr in nahezu finalem Zustand importiert, wo man sie dann nur noch auf relativ simple Weise fertigstellte (etwa durch das Besticken von Knöpfen oder Fertigen von Knopflöchern), um das Endergebnis mit dem begehrten Label »Hergestellt in Italien« versehen zu können. Darüber hinaus wurden billige Arbeitskräfte aus dem Ausland angeworben, wodurch die seit jeher für die Textilherstellung bekannte Stadt Prato unweit von Florenz einen Migrationszustrom aus Wenzhou erlebte und nun chinesisch geprägt war.

In der heutigen italienischen Debatte wird die Globalisierung häufig mit einer Europäisierung assoziiert. Beides geht mit einer Öffnung von Märkten sowie der Auseinandersetzung mit den Folgen der Arbeitskräftemobilität einher. Ein globaler Produkt- beziehungsweise Arbeitsmarktschock bewirkte somit, dass sich die Italiener und Italienerinnen gegen die europäische Variante des Multilateralismus wehrten. So lehnte Italiens tonangebender Populist Matteo Salvini, der Vorsitzende der Partei Lega, dankend ab, als er ein mit dem italienischen Exportschlager Nutella bestrichenes Panino angeboten bekam. »Und wissen Sie, warum, Signora? Weil ich herausgefunden habe, dass Nutella türkische Nüsse verwendet. Ich ziehe es vor, Unternehmen zu helfen, die italienische Erzeugnisse einsetzen. Ich bevorzuge italienisches Essen und unterstütze italienische Bauern, weil sie Hilfe brauchen.«[7] In einer Lega-Broschüre war zu lesen: »Wenn es uns nicht gelingt, die EU zu verändern, und sie weiterhin unserer Wirtschaft durch absurde Regelungen schadet, könnten wir ebenfalls in Erwägung ziehen, die EU zu verlassen, was vermutlich keine Tragödie wäre.«[8]

Globalisierung hat auch etwas mit veränderten Vorlieben zu tun. Einheimisches Branding ist ein wichtiger Aspekt der Außenwirkung der Globalisierung, insbesondere bei Konsumgütern. Zunächst ging man davon aus, dass der Geschmack einheimischen Traditionen verhaftet bleiben würde. Einer frühen journalistischen Umfrage zum Thema Globalisierung aus den 1980er-Jahren zufolge blieben die Gewohnheiten der Verbraucher zunächst konstant, daher die Verbreitung globaler Marken begrenzt. Vertreter großer Konzerne wie Bill Maeyer von der Philips Group oder Howard Kehrl von General Motors waren davon überzeugt, dass die Menschen in Asien weiterhin Reis statt Kartoffeln, in Italien Spaghetti bevorzugen und die Deutschen ihre Vorliebe für Apfelstrudel beibehalten würden. Zudem würden Kehrl zufolge US-amerikanische Autos zwar von westdeutschem und italienischem Design beeinflusst werden, aber dennoch ihren ganz eigenen Charakter bewahren.[9] Doch tatsächlich sind zahlreiche Marken inzwischen international präsent, womit sie zur Globalisierung samt ihrer Gegenreaktionen beitragen.

Als ich selbst Ende der 1980er-Jahre zum ersten Mal in Japan war, boomte das Land gerade enorm und in Tokio gab es zahllose kuriose und sehr spezielle Geschäfte mit typisch japanischen Waren. Bei einem erneuten Besuch Anfang der 2000er-Jahre war das Land dagegen in Stagnation versunken und die Läden in jenen Straßen waren identisch mit denen in vergleichbaren Pariser, Londoner oder New Yorker Vierteln: Prada, Louis Vuitton, Ermenegildo Zegna, Burberry.

Obwohl die allgemeine Angleichung infolge von Aneignung erschreckend wirkt und von vielen Menschen als Verlust empfunden wird (eine Auffassung, die ich teile), ist dieser Prozess keineswegs neu. Vielmehr waren die aufstrebenden neuen Nationen im 19. Jahrhundert – Deutschland, Italien und Japan – von genau dieser Aneignung gekennzeichnet. Insbesondere Georg Wilhelm Friedrich Hegel definierte dies als Merkmal der »welthistorischen Volksgeister«, wie er diese Nationen bezeichnete. Christian Thomasius, der frühe Pionier einer Neubelebung der deutschen Sprache, beschwerte sich 1687, das »heut zu Tage alles bey uns Frantzösisch sein muß. Frantzösische Kleider / Frantzösische Speisen / Frantzösischer Haußrath / Frantzösische Sprachen / Frantzösische Sitten / Frantzösische Sünden ja gar Frantzösische Kranckheiten sind durchgehends im Schwange.«[10] Das antike Griechenland, England und selbst die Vereinigten Staaten nahmen jedoch eine Vorbildrolle ein. Italien sah in Deutschland nach 1860 ein Modell, wie sich nationale Einheit erreichen ließ. Unmittelbar nach der Meiji-Restoration entsandte Japan 1871–1873 die Iwakura-Mission, um von den Vereinigten Staaten und Europa zu lernen. Unmittelbar danach entstanden ein Rechtskodex, ein Universitätssystem, eine Währungsordnung, ein Heer und eine Marine, wobei sich die japanische Regierung von den im Ausland gewonnenen Erkenntnissen leiten ließ. Sie war zudem davon überzeugt, dass der Sieg über China aufgrund ihrer vielfältigen europäischen (französischen, deutschen, britischen) Inspirationen gelang, während China lediglich Großbritannien nachahmte. Die Aneignung erstreckte sich über lange Zeiträume und löste im Endeffekt stets ein Gefühl des Unbehagens und der Entfremdung aus.

Die Bedeutung des Handels

Globalisierung wird heute vielfach mit dem Fokus auf Außenhandel und die Auswirkungen auf Lebensstandards und Arbeitsplätze diskutiert, das heißt, es geht vor allem um den Schutz beziehungsweise die Förderung führender Unternehmen im Inland. Im Handel manifestiert sich das seltsame und bleibende Erbe vergangener Lösungskonzepte besonders offenkundig.

Protektionismus stellte dabei ein bedeutendes Element klassischer Momente der Deglobalisierung dar, insbesondere im Ausklang des sogenannten ersten Zeitalters der Globalisierung Ende des 19. Jahrhunderts. Die Dynamik des Widerstands zu dieser Zeit wird demzufolge häufig als Vorbild dafür betrachtet, wie Deglobalisierung erfolgen kann. Vor dem Ersten Weltkrieg waren Schutzzölle ein wichtiges Mittel, um die Verlierer der Globalisierung zu schonen. Als in der zweiten Hälfte des 19. Jahrhunderts die Versand- und Transportkosten stark sanken und internationale Märkte enger angebunden wurden, gehörten die europäischen Bauern zu den offenkundigsten Verlierern. Sie waren auch die Ersten, die politisch aktiv wurden und Schutzmaßnahmen einforderten – nicht nur in Form von Zöllen auf importierte Nahrungsmittel, sondern auch von vergünstigten Bahnfrachtkosten sowie strengen tierärztlichen und Hygieneauflagen für Importe.[11] Allerdings nutzten Interessengruppen der Industrie die politische Dynamik aus und verlangten für ihre Produkte ähnliche Privilegien.[12] Hochentwickelte Staaten (mit der bemerkenswerten Ausnahme Großbritanniens) legten beim Schutz der Industrie relativ hohe Standards fest, wobei sich hier die Vereinigten Staaten besonders hervortaten. Jene Staaten, die zugleich Kolonialmächte waren, erhoben auf Waren, die in ihren eigenen kolonialen und halbkolonialen Gebieten hergestellt wurden, nur geringe Zölle. Die Idee, Verlierer zu entschädigen, gilt nach wie vor als Strategie, um die Globalisierung nachhaltiger zu gestalten.[13]

Das Beispiel aus dem späten 19. Jahrhundert kann als politische Leitlinie heute allerdings problematisch sein, denn es ist keineswegs eindeutig, dass vom Handelsprotektionismus des 19. Jahrhunderts tatsächlich die Verlierer profitierten. In Italien und den Vereinigten Staaten ließ der Zollschutz neue Verlierer entstehen, da im Wesentlichen der industrialisierte Norden Vorteile davon hatte, die auf Kosten des landwirtschaftlich geprägten und zunehmend unterentwickelten Südens gingen.

In den Zwischenkriegsjahren erfolgte der Schutz in größerem Maßstab, wodurch die Errungenschaften der Globalisierung eindeutig Schaden zu nehmen begannen. Beobachter hielten hinsichtlich dessen, wie es zur Weltwirtschaftskrise kam, lange Zeit an einer Lehrbuchmeinung fest. Dieser Deutung zufolge war die Welt aufgrund des stark protektionistisch angelegten US-amerikanischen Zollgesetzes von 1930 (dem Smoot-Hawley Tariff Act) in diese Krise geraten, indem andere Staaten auf den Protektionismus der USA reagierten und damit eine Abwärtsspirale in Gang setzten. Das Bild von der Spirale wurde von Charles Kindleberger verbreitet und erstmals durch den Völkerbund verwendet, um diesen Handelskonflikt zu illustrieren (siehe Abbildung 6).[14]

Die historische Darstellung von Smoot-Hawley als Auslöser der Weltwirtschaftskrise ist allerdings heute weitgehend widerlegt.[15] Smoot-Hawley war zwar ein Fehler, der auf bestimmte Branchen (beispielsweise für japanische Seidenproduzenten und Schweizer Uhrenhersteller) drastische Auswirkungen hatte, dennoch gab es im Frühjahr 1931 in den Vereinigten Staaten Anzeichen einer Erholung. Im Nachgang der sich weltweit ausbreitenden Finanzkrise von 1931 ging es weltweit nicht nur darum, den Handel durch höhere Zölle zu beschränken, sondern auch zunehmend Quoten einzuführen, was eine erheblich schärfere Form der Beschränkung darstellte.

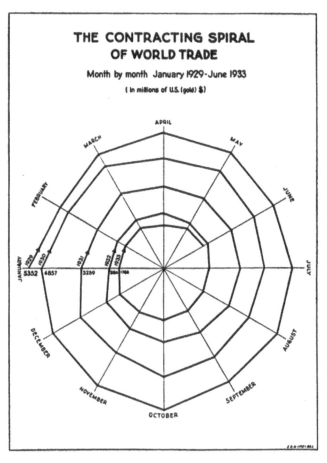

THE CONTRACTING SPIRAL OF WORLD TRADE

Month by month January 1929-June 1933

(in millions of U.S. (gold) $)

Note. — Cf. Monatsberichte des Österreichischen Institutes für Konjunkturforschung. Nr. 4, 1933, p. 63.

Abbildung 6. Die »Kindleberger-Spirale« zeigt die Schrumpfung des Welthandels zwischen Januar 1929 und Juni 1933. Quelle: Völkerbund, World Economic Survey 1932–1933, Genf 1933, S. 8.

Die Vorbehalte gegen den Handel waren damals – und seit jeher – lediglich Teil einer erheblich umfassenderen wirtschaftlichen Besorgnis.

Knapp acht Jahre später litt der internationale Handel dramatisch unter der Globalen Finanzkrise, und zwischen September 2008 und April 2009 kam es zu einem Zusammenbruch, der deutlich gravierender war als zur Weltwirtschaftskrise. Anschließend erholte er sich wieder.[16] Seit 2014 wächst der Welthandel allerdings weniger schnell als die weltweite Wirtschaftstätigkeit. Dies stellt einen signifikanten Unterschied im Vergleich zur Nachkriegszeit dar, als der Handel stark expandierte und schneller wuchs als die Wirtschaftstätigkeit. In der Vergangenheit wirkte der Handel als Treiber der wirtschaftlichen Entwicklung, was heute nicht mehr der Fall ist.

Das nachlassende Wachstum des Welthandels ist vermutlich nicht auf bestimmte handelspolitische Maßnahmen zurückzuführen. Vielmehr könnte es die Folge einer Produktionsverlagerung aus Billiglohnländern zurück ins Inland sein, wo sie von arbeitssparenden Technologien (Robotisierung) flankiert wird. Durch die größere Nähe zum Kunden lassen sich Lieferketten verkürzen, was schnellere und flexiblere Herstellungsprozesse ermöglicht. In einigen Fällen (beispielsweise bei Kleidung und Textilien) kann dadurch leichter auf Veränderungen in der Mode oder im Kundengeschmack reagiert werden.[17] Doch nicht alle Regionen sind davon gleichermaßen betroffen. Der Rückgang des Welthandels lässt sich in erheblichem Umfang auf wichtige Schwellenmärkte, wie etwa China, zurückführen, weil Lieferketten verkürzt werden, indem immer mehr Phasen des Produktionsprozesses im Inland erfolgen.

In der einschlägigen Literatur zu diesem Thema ist unterdessen von einem »zweiten Maschinenzeitalter« die Rede.[18] Dennoch ist es womöglich zu früh, um zu beurteilen, ob der relative Rückgang des Handels im Vergleich zur Produktionsleistung ein zyklisches oder langfristiges Phänomen darstellt.[19] Darüber hinaus wächst zwar das Volumen des physischen Handels nicht mehr so schnell wie bisher, doch gleichzeitig werden in erheblich größerem Umfang Daten bewegt. Der grenzübergreifende Internetverkehr erhöhte sich zwischen 2005 und 2012 um den Faktor 18.[20] Einer jüngeren Berechnung zufolge entsprachen die

Datenströme im Jahr 2014 einem Wert von 2,8 Billionen US-Dollar beziehungsweise 3,6 Prozent des weltweiten Bruttoinlandsprodukts.[21] Somit könnte der Wandel im Handelsverhalten auch lediglich einen Indikator für zunehmende Dematerialisierung darstellen.

Die Diskussion über den Fernhandel verlagert sich häufig auf das Anprangern von unnötigem Luxus. Sowohl Aristoteles als auch Thomas von Aquin erkannten zwar an, dass manche Produkte über lange Strecken hinweg gehandelt werden mussten, waren dabei jedoch der Ansicht, dass die regionale Herstellung ethischer sei, weil Fremde das soziale Gefüge beeinträchtigten. Plinius der Ältere beklagte sich darüber, Rom leide durch teure Importe unnötiger Luxuswaren aus Indien, China und dem arabischen Raum, und Properz konstatierte, das stolze Rom gehe an seinem Reichtum zugrunde. Martin Luther wetterte gegen Luxusgüter aus Italien, die den Markt für solide deutsche Handwerkskunst verdarben. Der britische Historiker C. V. Wedgwood führte den Dreißigjährigen Krieg auf eine spirituell motivierte Ablehnung des überzogenen Materialismus der Renaissance zurück. Die Amerikanische Revolution begann ebenfalls mit einem Aufstand gegen die Globalisierung, die sich gegen britische Steuern, aber vor allem gegen die von englischen multinationalen Unternehmen hergestellten Luxuswaren (Tee) richtete.

Aufgrund der häufig extrem regionalen Implikationen des Auslandshandels liegt es allzu nahe, in Erzählungen über die zerstörerischen Auswirkungen des Handels auf den Verlust von Arbeitsplätzen zu verweisen – damals wie heute. Zum sogenannten Rust Belt in den USA gehören einige Bundesstaaten, die nicht nur massiv unter der Deindustrialisierung leiden, sondern zudem bei Wahlen eine wichtige Rolle spielen, weil sie so hart umkämpft sind. Einer hochgelobten Studie zufolge waren Importe aus China in den 1990er- und 2000er-Jahren für etwa ein Viertel der Jobverluste in den Vereinigten Staaten verantwortlich.[22] In ähnlichem Maße stimmten in Großbritannien überwiegend in jenen Regionen Menschen für den Brexit, wo sich der Handel mit China besonders massiv auswirkte, weil sie vermutlich annahmen, ein post-europäisches Großbritannien könne seine Handelspolitik aggressiver gestalten (wenngleich sich zahlreiche Verfechter des Brexit beharr-lich für ein »globaleres Großbritannien« aussprachen).[23] In Frankreich war der emotionale Höhepunkt des Präsidentschaftswahlkampfs 2017 ein Zusammenstoß zwischen Patrioten und Globalisten vor einer Fab-rik in Amiens, wo Marine Le Pen auftrat, um den Arbeitern ihre Unter-stützung zuzusichern. Deren Arbeitsplätze waren bedroht, da die Pro-duktion von Haushaltgeräten nach Polen verlagert werden sollte. In der Praxis entstehen die meisten Jobverluste in der traditionellen Produk-tion allerdings zumeist eher durch technischen Wandel als infolge ver-änderter Handelsgewohnheiten.

Heute erscheint die Debatte zum Thema Handelsprotektionismus genauso wichtig wie in früheren Phasen der Globalisierung, wobei je-doch ungeachtet der erbitterten Rhetorik über Handelskriege die Ein-führung von Schutzinstrumenten eine geringe Rolle für die Förderung der Deglobalisierungsdynamik spielen dürften. Oft sind die Worte hier weitaus ambitionierter und schärfer als die Taten. Im Wahlkampf um die US-amerikanische Präsidentschaft 2016 spielte das Thema Handel eine zentrale Rolle. So forderte die ehemalige Außenministerin Hillary Clinton den Ausstieg aus der Transatlantischen Partnerschaft (TPP), einem Abkommen, das sie selbst mit ausgehandelt hatte, und Donald Trump stellte Vergeltungszölle in Höhe von 45 Prozent in Aussicht. Der Trump-Regierung gehörten zahlreiche aggressive Handelsstrategen an, von Wirtschaftsminister Wilbur Ross bis Peter Navarro, dem Di-rektor für Handel und Industriepolitik, der 2011 ein Buch mit dem Titel *Death by China* veröffentlichte. Der US-amerikanische Präsident Trump sprach sich wiederholt energisch für diese Sichtweise aus und äußerte sich kritisch über »unfaire« Handelspartner, wobei er insbeson-dere auf China und Deutschland verwies. Im März 2018 mussten die Befürworter des Freihandels in der US-amerikanischen Regierung eine Niederlage hinnehmen, und der Direktor des Nationalen Wirtschafts-rats Gary Cohn trat zurück, als der Präsident entschied, Zölle auf Stahl und Aluminium zu erheben und dies mit Fragen der nationalen Sicher-heit begründete. Auf Twitter teilte Trump zudem mit, dass er Handels-kriege für gut und leicht zu gewinnen hielte.[24] Durch die fortschreitende Schwächung der Welthandelsorganisation kann es auf längere Sicht zu einer Aushöhlung des multilateralen Systems kommen, seit die Regierung die Ernennung neuer Berufungsrichter für sein Schlichtungsverfahren blockierte und damit die Arbeitsfähigkeit der Organisation behinderte.

Die tatsächliche Handelspolitik Trumps erwies sich im Vergleich zur lautstarken politischen Rhetorik allerdings als eher gemäßigt und näher am amerikanischen Mainstream als viele entsetzte Beobachter glauben. Zu einigen der anfänglichen Maßnahmen, einschließlich der Entscheidung gegen die Transpazifische Partnerschaft und die Transatlantische Handels- und Investitionspartnerschaft (TTIP), wäre es vermutlich auch dann gekommen, wenn die demokratische Kandidatin Hillary Clinton 2016 die Präsidentschaftswahlen gewonnen hätte. Viele US-amerikanische Nachkriegsregierungen erließen in irgendeiner Form protektionistische Handelsinitiativen, da der Protektionismus tief in der politischen Ökonomie der Vereinigten Staaten verankert ist: Im 19. Jahrhundert traf Alexander Hamilton die epochale Entscheidung, den Schuldendienst einer neuen Staatsschuld durch eine Zollabgabe zu finanzieren, von der zwar die von produzierendem Gewerbe geprägten Nordstaaten profitierten, die jedoch die baumwollexportierenden Südstaaten benachteiligte.[25] Die anfänglichen Konflikte der Trump-Regierung spielten sich in unerwarteten Bereichen ab – und bezogen sich weniger auf China, das im Wahlkampf 2016 rhetorisch massiv attackiert worden war. Anstelle von China rückten beispielsweise hauptsächlich Europa und Kanada hinsichtlich der vorgeschlagenen Stahlzölle ins Visier. Wie kam es, dass Kanada von Anfang an zu einem Hauptwidersacher wurde? Die Holz-, Papier- und Zellstoffproduzenten, für die Kanada eine Konkurrenz darstellt, sind geografisch konzentriert und können sich zu wirkungsvollen Kampagnen zusammenschließen. Das gilt auch für die Waschmaschinenhersteller in den USA, die von den seit 2017 geltenden US-Zöllen gegen Südkorea profitieren könnten. Doch es gab noch einen weiteren Grund, warum einige Länder zu besonderen Zielscheiben wurden: Die Ersten unter ihnen waren schwächere oder besonders verwundbare Mitglieder des internationalen

Systems. Aus diesem Grund strebte man zunächst Handelsabkommen mit diesen an und setzte anschließend im Bestreben, den chinesischen Markt für US-amerikanische Hersteller zu erschließen, die gleiche Taktik ein. Mit Handelskriegen drohte man zudem auch in Auseinandersetzungen zum Thema Migration (mit Mexiko) und Besteuerung (mit Frankreich und der Europäischen Union). Dabei war es üblich, den Konflikt nach und nach verbal zu verschärfen, um dann einen relativ bescheidenen Deal als großen Erfolg zu feiern.

Zu umfangreichen Handelskriegen dürfte es im 21. Jahrhundert wohl aufgrund eines besonders auffälligen Grunds nicht so schnell kommen: Der Preis für die potenziell Beteiligten ist sehr hoch. Insbesondere wenn das soziale Problem, um das es geht, die wachsende Ungleichheit in den Industriestaaten ist, dann sorgt der Handel eher für Abhilfe, als dass er Ursache dafür ist. Es ist überzeugend belegt, dass ärmere Verbraucher vom Handel am stärksten profitieren.[26] Oder um es einfacher auszudrücken: In Industriestaaten sind viele Arme stark auf preiswerte Importwaren angewiesen – von Kleidung bis zur Ernährung.

Zweitens ist der Handel zwischen spezialisierten und in Clustern agierenden Anbietern von Nischenprodukten das Hauptmerkmal moderner Globalisierung – im Gegensatz zum 19. Jahrhundert, als es im Wesentlichen um den Austausch von Rohstoffen gegen Fabrikwaren ging. Treiber für die moderne Wirtschaft sind sowohl der preiswerte Fluss von Informationen als auch die Möglichkeit des günstigen Warentransports, wie der Ökonom Richard Baldwin in jüngster Zeit nachwies.[27]

Drittens ist der Verlust von Arbeitsplätzen in großem Umfang bereits Realität und lässt sich durch veränderte Handelsstrukturen wohl kaum rückgängig machen. Insofern ist es deutlich schwieriger geworden, die Verlierer zu schützen, da viele Arbeitsplätze bereits verschwunden sind. So sind etwa in der Stahlindustrie der Vereinigten Staaten nur noch 140 000 Arbeitsplätze übrig, wohingegen es in China 4,7 Millionen Stahlarbeiter gibt. Die Rechtspopulistin Marine Le Pen konzentrierte sich in ihrem erfolglosen Wahlkampf bei den Präsidentschaftswahlen 2017 stark auf den Verlust von Arbeitsplätzen in der nordfranzösischen Textilindustrie. Ein Beispiel für derart massive Jobverluste war Calais:

Als die EU im Jahr 2005 die Importquoten für Textilien abschaffte, gab es dort noch 30 000 Arbeitsplätze in der Herstellung von Spitzenstoffen für Luxusprodukte. Heute stellen nur noch wenige Tausend Menschen dort Spitze her, während Jugendliche in ganz Europa billige Spitzenmode tragen, die in Asien oder Osteuropa gefertigt wurde.

Die komplexen Wertschöpfungsketten, aus denen das moderne Handelsumfeld besteht, können sich auch aus anderen Gründen verändern: Modewandel und bedarfsgesteuerte Produktion können zum Beispiel Ferntransporte weniger erstrebenswert machen. Der häufig angeführte Abschwung des Welthandels nach 2012 lässt sich teilweise auf diese Effekte zurückführen und hat vermutlich weniger mit der neuen protektionistischen Stimmung zu tun.

Im Jahr 2020 warf die Coronapandemie ein ganz neues Licht auf die Probleme in Bezug auf Handel, Wertschöpfungsketten und wirtschaftliche Wechselbeziehungen. Dabei trat vor allem ein Thema zutage, das bis dahin lediglich im Zusammenhang mit militärischen Konflikten eine Rolle spielte: Aus Sicherheitsgründen ist es ungünstig, wenn Länder zu stark von Importen aus dem Ausland abhängig sind. In der Anfangsphase der Pandemie wurden diverse – wahre und unzutreffende – Geschichten kolportiert, wie die jeweiligen Länder versuchten, mit ihren knappen Ressourcen auszukommen. So untersagte Deutschland beispielsweise die Lieferung medizinischer Ausrüstung an italienische Krankenhäuser. Die US-amerikanische Regierung leitete 200 000 Stück N95-Schutzmasken, die auf dem Weg nach Deutschland waren, in die Vereinigten Staaten um, als sie in Thailand in ein anderes Flugzeug transferiert wurden. Die Vereinigten Staaten hinderten den Papierhersteller 3M daran, Masken nach Kanada und Lateinamerika zu liefern, um dann allerdings festzustellen, dass 3M zur Herstellung dieser Masken auf Zellstoff angewiesen war, der im Westen Kanadas produziert wurde. Gleichzeitig zwang die Regierung der USA 3M dazu, die Maskenproduktion in seinen ausländischen Fabriken zu steigern. Erschrocken nahm die amerikanische Bevölkerung zur Kenntnis, dass 80 bis 90 Prozent der in den USA verkauften Antibiotika sowie 70 Prozent des weltweiten Bedarfs am Fiebermittel Paracetamol in China produziert wurden und für die in Indien hergestellten generischen Antibiotika ebenfalls chinesische Zwischenprodukte erforderlich waren.

Eine Reaktion darauf war – in großen Ländern wie den Vereinigten Staaten – die Forderung, »lebenswichtige« Waren im Inland zu produzieren. Dies ist für kleinere Staaten natürlich keine realistische Option und sie bleiben nach wie vor abhängig – nicht nur von ihren Nachbarländern, sondern auch von weit entfernten Herstellern. Ihnen zeigte die Krise vor allem, wie wichtig es ist, Lieferketten und Transportwege zuverlässig – möglicherweise unter Aufsicht internationaler Institutionen – zu überwachen, um eine Benachteiligung zu verhindern.

Der Anteil des Warenhandels an der Wirtschaftstätigkeit ist rückläufig und die Abhängigkeit von Dienstleistungen nimmt zu. Ähnlich wie die Landwirtschaft als Beschäftigungsquelle in den vergangenen zweihundert Jahren kontinuierlich an Bedeutung verlor, sinkt der Beschäftigungsanteil im produzierenden Gewerbe aufgrund zunehmender Automatisierung und Anwendung von IT-Systemen voraussichtlich immer weiter, bis er schließlich – wie heute in den meisten reichen Ländern die Landwirtschaft – zu einer fundamentalen Nebensache wird.

Der entscheidende Aspekt der Zukunft sind Dienstleistungen – und wer sie erbringt. Dienstleistungen sind noch stärker mit Schutzmaßnahmen versehen. In manchen Fällen lassen sie sich internationalisieren – etwa juristische Schreibtätigkeiten, viele medizinische Leistungen (Radiologie) –, in anderen jedoch nicht (Tourismus und Gastgewerbe). Deshalb besteht das realistischste (und zudem optimistischste) Szenario zur Verhinderung von populistischen, globalisierungsfeindlichen Gegenströmungen darin, vor allem das Bildungsniveau zu erhöhen und die Qualität sowie die Palette der angebotenen Dienstleistungen zu verbessern. Diese Option wirft allerdings die Frage auf, ob die neu angebotenen Dienstleistungen von ausländischen Arbeitskräften erbracht werden.

Die durch das Coronavirus bewirkten Veränderungen könnten diese Entwicklung beschleunigen. Immer mehr medizinische Leistungen, einschließlich Fernüberwachung und -diagnose werden mithilfe von Telemedizin über große Distanzen hinweg realisiert. Viele dieser

Remote-Dienstleistungen waren zwar bereits vor der Krise technisch möglich und einige von ihnen, vor allem in der Radiologie, wurden vielfach im Ausland erbracht. Durch die Pandemie veränderte sich jedoch die Einstellung gegenüber den Risiken für medizinisches Personal und Patienten bei Präsenzterminen. Zahllose Patientinnen und Patienten meiden seither aus Sorge vor Ansteckung den Besuch von Arztpraxen oder Kliniken.

Bildung findet zunehmend in Form von Fernunterricht statt, mit virtuellen Vorlesungen, Seminaren und Unterrichtsstunden via Zoom oder anderen Online-Plattformen. Obwohl der fehlende persönliche Kontakt durchaus seine Nachteile mit sich bringt, so sind doch einige Vorteile zu verzeichnen. Menschen sind weltweit miteinander verbunden. Ich persönlich empfinde es als Bereicherung, Studierende und Kolleginnen oder Kollegen in ihrer privaten Umgebung statt lediglich in nüchternen Seminarräumen oder Tagungsstätten zu erleben. Diese Form von Bildung lässt sich zudem erheblich leichter ausbauen, um sie noch mehr Menschen zugänglich zu machen.

Eine kurzfristige Auswirkung der Coronapandemie ist somit die Deglobalisierung einiger Produktionsbereiche. Eine derart globale Herausforderung zieht jedoch auch globale Strategien nach sich, sodass die Globalisierung von Dienstleistungen durchaus an Bedeutung gewinnen kann.

Globale Migration

Die Geschichte der Globalisierung ist zugleich auch durch nativistische Widerstände gegen Migration gekennzeichnet: Besonders massiv waren diese zum Ende des 19. Jahrhunderts im Zusammenhang mit der Auflehnung gegen die Globalisierung, doch das Phänomen besitzt eine erheblich längere Geschichte. Ein Manuskriptfragment, von dem erst jüngst nachgewiesen wurde, dass es wohl aus der Hand William Shakespeares stammt, widmet sich einem allgemeinen Aufruhr gegen Fremde im frühen 16. Jahrhundert. Als die Londoner dabei zu »abscheulicher Gewalt« (»breaking out in hideous violence«) griffen, schaltete sich der Lordkanzler Thomas Morus ein und rief zu mehr Barmherzigkeit auf (und zu Gehorsam gegenüber den Fürsten, die derartige Unruhen untersagten). Um seinen Argumenten Nachdruck zu verleihen, mutmaßt Shakespeares Morus, dass die Aufständischen bestraft und des Landes verwiesen werden, weshalb sie in einer fremden Stadt Zuflucht suchen müssen.

Migration wirkt sich unmittelbar auf gesellschaftliche Stellung und soziale Ungleichheit aus. Betrachten wir zwei sehr unterschiedliche Beispiele: Gestattet man Zuwanderung ausschließlich für hochqualifizierte Fachkräfte, sorgt dies für einen Zuwachs an Kreativität und Innovation, darüber hinaus jedoch für ein Sinken der Qualifikationsprämie (was es Arbeitgebern wert ist, jemanden mit dieser Qualifikation einzustellen), was den Status einer etablierten Elite ins Wanken bringt. Am anderen Ende des Spektrums zieht die Einwanderung ungelernter Arbeitskräfte in großem Umfang einen Rückgang der Löhne nach sich, was es für eine Elite günstiger macht, Dienstleistungen (wie Kinderbetreuung, häusliche Pflege) in Anspruch zu nehmen. Dies leistet wachsender Ungleichheit Vorschub. Konflikte in Bezug auf Migration beinhalten somit auch immer Fragen der Verteilung, was jedoch nur in seltenen Fällen offen thematisiert wird.

Nahezu alle modernen Diskussionen beziehen sich auf Zuwanderung von Geringqualifizierten im Niedriglohnsektor, was für einheimische Arbeitskräfte Auswirkungen auf das Lohnniveau und die Arbeitsbedingungen hat. Doch die Forderung nach einer Abfederung des Abwärtsdrucks auf die Löhne wird nur selten aus rein materieller oder ökonomischer Perspektive formuliert. In Debatten über Migration werden beispielsweise häufig die Lohneffekte infolge der Zuwanderung geringqualifizierter Personen mit allgemeineren Argumenten hinsichtlich kultureller Risiken und einer »Kontamination« verknüpft. Im Jahr 1882 verabschiedete der Kongress der Vereinigten Staaten den sogenannten Chinese Exclusion Act (Gesetz zum Ausschluss von Chinesen), womit die Einwanderung chinesischer Arbeitskräfte untersagt wurde (zudem mussten Personen chinesischer Herkunft bei der Einreise in die Vereinigten Staaten ein Dokument vorlegen, aus dem ihr Beruf hervorging). Dieses Gesetz wurde regelmäßig erneuert, und darüber hinaus strebte man gesetzliche Regelungen für eine allgemeinere Begrenzung der Einwanderung an – die jedoch bis zum Ersten Weltkrieg regelmäßig am Veto des Präsidenten scheiterten. Etwa zeitgleich, im Jahr 1892, erschien ein Werk des großen deutschen Soziologen Max Weber, in dem er die Einwanderung polnischer Landarbeiter nach Deutschland untersuchte und sich besorgt darüber äußerte, dass »die höhere Kultur nicht überlegen, sondern schwächer ist im Kampf ums Dasein gegenüber der niedriger stehenden Kultur.«[28]

Nach dem Ersten Weltkrieg breitete sich in der ganzen Welt eine gegen Einwanderung gerichtete Stimmung aus, die sich auch auf die Legislative niederschlug. Mit zwei Gesetzen aus den Jahren 1921 und 1924 strebte man an, die Einwanderung in die Vereinigten Staaten nach Herkunftsländern und Qualifikationen zu begrenzen, indem man Quoten festlegte, die sich am entsprechenden Anteil der US-amerikanischen Bevölkerung von 1890 orientierten – vor dem großen Zustrom von Menschen aus Ost- und Südeuropa. Andere klassische Einwanderungsländer wie Kanada, Australien und Südafrika führten ebenfalls eine Liste von »bevorzugten« Herkunftsstaaten ein. Die Begrenzung der Zuwanderung hatte insbesondere einen Effekt: Im US-amerikanischen Wohnungsbau ging in den 1920er-Jahren der Bedarf stark zurück. In den folgenden Jahrzehnten war die Zuwanderung nicht nur aufgrund der neuen Gesetzgebung kontinuierlich rückläufig, sondern auch infolge der sinkenden wirtschaftlichen Chancen aufgrund der Weltwirtschaftskrise.

In der Folge der Globalen Finanzkrise von 2007–2008 gibt es trotz Einbußen im Handels- und Finanzsektor keinerlei Belege für ein Nachlassen der Zuwanderung. Vielmehr nahm sie weiterhin zu, wenngleich zwischen 2010 und 2015 auf leicht geringerem Niveau als zuvor (siehe Abbildung 7).

Eine Welle von Zuwanderung nach Europa durch große Flüchtlingsströme infolge der Kriege in Syrien und Afghanistan sowie teilweise infolge der hohen Zahlen von Wirtschaftsflüchtlingen aus (Nicht-EU-Staaten in) Südosteuropa, Nord- und Westafrika bewirkte, dass das Thema Zuwanderung ganz oben auf die politische Agenda gelangte.

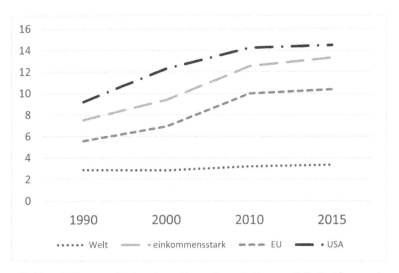

Abbildung 7. Prozentualer Anteil von Zuwanderern in Bezug auf die Bevölkerung der USA, einkommensstarke Länder, die Europäische Union sowie die Welt. Quelle: Weltbank

Bundeskanzlerin Angela Merkel wurde im In- und Ausland vielfach dafür kritisiert, dass sie Geflüchtete quasi im Alleingang einreisen ließ, obwohl zu bezweifeln ist, dass sie allzu viele Alternativen hatte. Der Wunsch nach Beschränkung der Zuwanderung – untermauert durch die Kritik an Merkel – spielte 2016 sowohl im Brexit-Referendum als auch bei den US-amerikanischen Präsidentschaftswahlen eine bedeutende Rolle. Die kulturelle Argumentation basiert häufig auf der Vorstellung, Zuwanderer seien vor allem Terroristen und Kriminelle, die Debatte wird also nicht aus rein wirtschaftlicher Perspektive geführt.

Dabei ist häufig festzustellen, dass viele Menschen, die sich besonders stark zum Thema Zuwanderung positionieren, in ihrer unmittelbaren Umgebung kaum direkt von Zuwanderung betroffen sind. Deshalb wird die Besorgnis nach der Entscheidung Angela Merkels im Jahr 2015 besonders intensiv im Norden und Osten Deutschlands, d. h. auf dem Gebiet der ehemaligen DDR, artikuliert, wo sich nur wenige Zuwanderer ansiedeln. Zuwanderungskritische Volksinitiativen erhalten in der Schweiz vor allem dort den größten Zuspruch, wo die Zuwanderung am geringsten ist.[29] In den Vereinigten Staaten wird besonders im Mittleren Westen erbittert darüber diskutiert – also weit entfernt von Kalifornien, Arizona, Texas und Florida, wo der Zustrom am größten ist. In der dem Brexit gegenüber positiv gestimmten britischen Peripherie ist der Anteil an Zuwanderern ebenfalls geringer als in der für einen Verbleib in der EU eingestellten Metropole London. Insgesamt besteht kaum eine Korrelation zwischen der Befürwortung des Brexit und der Zuwanderungsgeschichte, wobei es jedoch einige Belege dafür gibt, dass die Pro-Brexit-Haltung mit einer wachsenden Zahl von Zuwanderern speziell aus den neuen Mitgliedsstaaten in Ost- und Südosteuropa korreliert.[30] Eine plausible Erklärung für dieses Phänomen lautet, dass Zuwanderung bereits vorhandene und vorwiegend kulturelle Klassenkonflikte verstärkt. In diesem Szenario werten der Mittelschicht angehörende Bewohnerinnen und Bewohner dynamischer Großstädte Zuwanderung als vorteilhaft, weil sie einen konstanten Zustrom von Arbeitskräften für den Niedriglohn-Dienstleistungssektor mit sich bringt (Kindermädchen, Kellner, Baristas, Auslieferungsfahrer etc.), die einen Lebensstil ermöglichen, der für die Geringverdiener unter den Einheimischen unerreichbar ist. Doch es geht dabei nicht nur um Fragen des Lebensstils: In Europa und Nordamerika sind Schlüsselbranchen wie Bauwirtschaft und Lebensmittelindustrie (insbesondere die Fleischverarbeitung) auf ausländische Arbeitskräfte angewiesen.

Im Nachgang der politischen Diskussion wurde die legale Zuwanderung in einer Reihe von Staaten reglementiert. Insbesondere in den Vereinigten Staaten und Großbritannien gibt es Bestrebungen, die Zuwanderung durch ein auf Qualifikation ausgerichtetes Punktesystem zu regulieren (zum Beispiel in den USA in Form des Reforming American Immigration for Strong Employment Act, kurz RAISE). Im Gegensatz zu Waren- und Kapitalströmen lässt sich die illegale Einwanderung jedoch nur sehr schwer bis gar nicht kontrollieren. In der Vergangenheit haben viele Industriestaaten deshalb kurzerhand regelmäßige Amnestien erlassen, um zum einen illegale Einwanderer offiziell anzuerkennen und sie zum anderen polizeilich besser zu überwachen – im Zeitalter des internationalen beziehungsweise globalen Terrorismus ein außerordentlich relevantes Anliegen.[31]

In Zukunft könnte die Zuwanderung durch eine Reihe von begünstigenden Faktoren beschleunigt werden: Wüstenbildung aufgrund des Klimawandels, Bürgerkriege oder zwischenstaatliche Konflikte sowie wahrgenommene Ungleichheiten der Lebensstandards. Eine dauerhafte »Lösung« der Zuwanderungsproblematik würde eine ökonomische, soziale und politische Stabilisierung erfordern – mit anderen Worten: Es geht um den fortgesetzten Versuch, die Vorteile der Globalisierung über geografische und kulturelle Grenzen hinweg gerechter zu verteilen.

Wenn Finanzströme unterbrochen werden

Eine weitere Antwort auf die Frage, wodurch die Widerstandsphase ausgelöst wird, besteht darin, dass die Globalisierung in Finanzkrisen einbricht. Die Finanzwirtschaft ist der unbeständigste Bereich internationaler Verflechtungen und anfällig für plötzliche Einbrüche. In solchen Fällen verstärkt die Globalisierung das Problem. Eine wohlbekannte Erkenntnis der Wirtschaftsgeschichte besteht darin, dass im 19. Jahrhundert, dem Bilderbuchzeitalter der Integration, zwar mehr Finanzströme, aber auch mehr Bankenkrisen zu verzeichnen waren als in den von geringeren finanziellen Wechselbeziehungen (»Finanzrepression«) geprägten zwei Jahrzehnten nach dem Zweiten Weltkrieg. Die finanzielle Integration im 20. Jahrhundert hatte eine u-förmige Verlaufskurve, wobei es vor allem in der ersten Hälfte des Jahrhunderts zahlreiche grenzüberschreitende Verbindungen gab, die ab den 1970er-Jahren wieder auflebten.[32]

Für Finanzkrisen werden – ebenso wie für Gesundheitskrisen – häufig »Fremde« verantwortlich gemacht, woraus oft ein neuer Nationalismus resultiert. Dies ist insbesondere nach tiefgreifenden Finanzkrisen der Fall. Zudem können die ordnungspolitischen Maßnahmen im Anschluss für Großmachtpolitik ausgenutzt werden. Zwei historische Situationen verdeutlichen diese Dynamik: die Panik von 1907 in den USA und die mitteleuropäische Bankenkrise 1931.

Die Panik im Oktober 1907 zeigte den rasant wachsenden Industriemächten (vor allem Deutschland und den Vereinigten Staaten), wie erstrebenswert die Mobilisierung von Finanzkraft ist. Durch diese Krise wurde deutlich, welche Gefahren in der Abhängigkeit von Großbritannien als alleinigem Finanzzentrum lagen. Deshalb entschlossen sich etliche Länder, eigene Finanzsysteme zu etablieren, um unabhängiger von Großbritannien und damit weniger krisenanfällig zu werden. Die Krise hatte zweifellos ihren Ursprung in den Vereinigten Staaten, wo es bereits Ende 1906 zu finanziellen Spannungen und im März 1907 zu einem Zusammenbruch des Aktienmarktes kam. Die Oktoberpanik wirkte sich als Erstes auf die neuen Treuhandgesellschaften (Trust Companies) aus, war jedoch so schwerwiegend, dass die New Yorker Banken sich gezwungen sahen, die Anleger daran zu hindern, ihre Einlagen zu liquidieren. Der daraus resultierende Bedarf an Bargeld löste einen plötzlichen Zinsanstieg aus, der sich auf die Goldimporte auswirkte, jedoch auch in anderen Ländern die Zinsen in die Höhe schnellen ließ, wodurch Banken in Italien, Schweden, Ägypten und Deutschland stark unter Druck gerieten.

Zu Beginn des 20. Jahrhunderts konzentrierten sich die weltweiten Finanzgeschäfte auf Großbritannien, insbesondere im Londoner Finanzviertel. Da Exporteure nicht in jeder Stadt, die etwas von ihnen importierte, eigene Finanzbeauftragte hatten, wurde der weltweite Finanzhandel über Londoner Handelsbanken abgewickelt. Wollte etwa ein Hamburger oder New Yorker Kaufmann Kaffee aus Brasilien erwerben, unterzeichnete er eine Verpflichtung (einen Wechsel), den Kaffee drei Monate nach seinem Eintreffen im Zielhafen zu bezahlen. Dieser Wechsel konnte vom Exporteur in einer örtlichen Bank eingelöst oder bei einer Londoner Bank in Bargeld eingetauscht (»diskontiert«) werden. Die Überseeleitung sorgte als physische Infrastruktur für die Grundlage dieser finanziellen Verbindungen. Darüber hinaus wurden die meisten Seetransportversicherungen der Welt – selbst für Geschäfte, an denen keine britischen Schiffe oder britischen Häfen beteiligt waren – durch Lloyd's of London abgewickelt. Britische Kommentatoren zeigten sich begeistert angesichts der Überlegenheit ihres Landes in einer Welt, die zunehmend »kosmopolitisch« wurde, was auf die »fabelhaften Entwicklungen von Verkehr und Telegrafie« zurückzuführen war, wie es der *Economist* formulierte. »Wir haben keinen Grund, uns zu schämen. Der Zusammenbruch des amerikanischen Systems hat deutlich unsere Überlegenheit gezeigt. [...] London ist zwar sensibel, aber sicher.«[33]

Die Erfahrung von 1907 bewog einige amerikanische Finanziers zu der Einsicht, dass New York ein eigenes Handelswesen benötigte, wo Wechsel genauso eingelöst werden konnten wie in London.[34] Die technischen Aspekte der Entwicklung eines amerikanischen Akzeptmarktes wurde maßgeblich von Paul Warburg vorangetrieben, dem eingewanderten Bruder des großen Hamburger Bankiers (in vierter Generation) Max Warburg, der als persönlicher Berater Kaiser Wilhelms II. tätig war. Paul Warburg nahm bei den Gesprächen mit anderen Bankiers auf Jekyll Island und bei der anschließenden institutionellen Entwicklung der US-amerikanischen Notenbank eine Schlüsselrolle ein. Die beiden Brüder Paul und Max Warburg arbeiteten zu beiden Seiten des Atlantiks eng zusammen und setzten alles daran, deutsch-amerikanische Strukturen als Alternative zum britischen Industrie- und Finanzmonopol zu schaffen. Die beiden Bankiers waren davon überzeugt, dass Deutschland und die USA von Jahr zu Jahr stärker werden würden, wohingegen die britische Macht nachlassen würde. In öffentlichen Verlautbarungen setzte Paul Warburg auf militärische Analogien: »Unter den gegenwärtigen Umständen in den Vereinigten Staaten [...] entsenden wir keine Armee, sondern schicken jeden Soldaten einzeln in den Kampf.« Die von ihm vorgeschlagene Reform sollte »ein neues und wirksames Instrument für internationalen Austausch« darstellen, »eine neue Abwehr gegen Goldlieferungen.«[35] In den erbitterten Debatten um den Aufbau der vorgeschlagenen Zentralbank verwies Warburg beharrlich auf die Notwendigkeit, angesichts der erheblichen Anfälligkeit, das amerikanische Finanzwesen krisensicherer zu machen. Der von Warburg vorgestellte ursprüngliche Aldrich Plan sowie der schließlich gewählte Name für die neue Zentralbank – Federal Reserve Bank – war bewusst und explizit in Anlehnung an die Reserve von Militär oder Marine gewählt.[36]

Die mitteleuropäische Kreditkrise von 1931 markierte einen Wendepunkt der Weltwirtschaftskrise. Ohne diesen Zusammenbruch hätte

Letztere mit großer Wahrscheinlichkeit keine derart weltweiten Ausmaße angenommen: Im Frühjahr jenes Jahres gab es in den USA bereits nennenswerte Anzeichen einer Erholung. Doch dann brach die Österreichische Creditanstalt zusammen, was unmittelbare Ansteckungseffekte in Ungarn und einige Tage später auch in Deutschland nach sich zog, die noch umfangreicher und weitaus systemischer waren. Die Lektion, dass eine große Bankenpleite Welleneffekte von weltweiter Dramatik auslösen kann, wirkte sich 2008 auf die Politik aus: Ben Bernanke, der damalige Chef der Notenbank, äußerte am Wochenende des Lehman-Brothers-Zusammenbruchs die Sorge, den Vereinigten Staaten könnte ein neues Creditanstalt-Erlebnis bevorstehen.[37]

Die Bankenkrise veranlasste die Welt zu einer deutlich ausgeprägteren Form von Handelsprotektionismus. Da Bankkredite durch Stillhalteabkommen blockiert und Finanzströme eingefroren waren, mussten Defizitländer umfassende politische Maßnahmen ergreifen, um ihre Auslandskonten auszugleichen. Nach der Bankenkrise wurden Devisenverkehrsbeschränkungen erlassen und anschließend bilaterale Handels- und Verrechnungsabkommen verabschiedet, mit denen die betreffenden Länder bilateral ihren Handel sowie den Zahlungsverkehr für Gewerbe und Dienstleistungen regelten. Das erste dieser Abkommen wurde im Januar 1932 zwischen Ungarn und Jugoslawien geschlossen; darauf folgte Deutschland mit Vereinbarungen mit Ungarn und anschließend mit anderen Staaten Ostmitteleuropas.[38] Ökonomen beschwerten sich:

> Zölle, Devisenbeschränkungen, Quoten, Importverbote, Tauschhandelsvereinbarungen, Verrechnungsabkommen – all diese verstaubten Relikte mittelalterlicher Handelsbestimmungen, die durch theoretische Erkenntnisse und mühevolle Erfahrungen aus fünfhundert Jahren ad acta gelegt wurden, holte man nun wieder aus der Rumpelkammer und pries sie als neueste Erkenntnisse.[39]

Zudem hatte es den Anschein, dass die neuen Regelungen einer durch den Contagion-Effekt geprägten Volkswirtschaftspolitik entsprangen.

Der Bilateralismus verstärkt und weitet sich dagegen von selbst aus. Wenn ein bestimmtes Land zum Beispiel feststellt, dass es aufgrund der Tatsache, dass seine Handelspartner ein Clearing-Verfahren eingeführt haben, seinen Zufluss an freien Devisen für den Erwerb notwendiger Rohstoffe zu verlieren droht, kann es sich gezwungen sehen, den Ländern, die diese Rohstoffe verkaufen, seinerseits ein Clearing aufzuerlegen. Der Prozess neigt also dazu, sich in einem Teufelskreis zu drehen.[40]

Darüber hinaus entstand eine Spiralwirkung aufgrund von Sicherheitsbedenken hinsichtlich des Einsatzes von Handelsbeschränkungen, um die Abhängigkeit von Auslandsimporten zu verringern. Der Multilateralismus im Handel wurde durch die Nachwirkungen der Finanzkrise zerstört und es erfolgte ein stark sicherheitsorientiertes Umdenken.

Die legislative Reaktion auf die Weltwirtschaftskrise in den USA beinhaltete auch eine Regulierung des Bankwesens: die strikte Trennung von Investmentbanking und Geschäftsbankwesen im Rahmen des Glass-Steagall Act von 1933 wurde auf ähnliche Weise auch in Belgien und Italien vollzogen. Die Regulierung des Finanzsektors sowie ein verstärktes Interesse der Finanzbehörden am Bankgeschehen trug zur Abnahme der internationalen Geldflüsse bei.

Genau wie die Weltwirtschaftskrise löste auch die Krise von 2007/ 2008 eine Renationalisierung des Finanzsektors aus, insbesondere nach Bankpleiten. Die Auflösung von Banken – das heißt deren zügige Abwicklung, um Schaden für das gesamte System abzuwenden – konnte nur zu Beginn der Krise durch nationale Behörden erfolgen (erst anschließend ging Europa allmählich und zögernd zu einer »Bankenunion« über), da sie mit fiskalischen Kosten verbunden waren. Dem Gouverneur der Bank of England, Mervyn King, zufolge sind große globale Finanzinstitutionen im Leben global, im Tod jedoch national, da sie von der Regierung ihres Heimatstaates abhängig seien, wenn nach einer Krise ein Rettungspaket notwendig würde. Angesichts zu erwartender hoher künftiger Forderungen strebten die Regierungen anfangs nach strikterer Regulierung sowie besonders strengen nationalen

Standards, um ihr jeweiliges Bankwesen noch sicherer zu machen: etwa mit dem »Swiss Finish« in der Schweiz oder dem britischen Gold-Plating. In Europa begannen die nationalen Regulierungsbehörden die nationalen Konzerne, die als Rechtsträger großer transnationaler Bankengruppen agierten, als geeignete Objekte für die Regulierung zu erachten und schränkten daher die Auslandsexposition ein: die Deutsche Bank S. p. A. in Italien, Deutsche Bank Sociedad Anónima Española oder die Deutsche Bank AG in Deutschland fungierten jeweils als eigenständige Rechtsträger und waren somit nicht mehr Bestandteil der Deutsche Bank Gruppe.

Bestrebungen nach einer Erhöhung der Kapitalausstattung zur Absicherung der Banken wiesen in die gleiche Richtung. Da es inmitten einer Finanzkrise schwierig und zunächst teuer war, neues Kapital zu beschaffen, bestand der leichtere Weg zur Erhöhung der Eigenkapitalquoten darin, Bankvermögen zu verkaufen, insbesondere Bankbeteiligungen in Nicht-Kernbereichen. Es gibt somit Hinweise auf eine verstärkte Heimatmarktneigung im Finanzsektor, indem Banken ihre Auslandsbeteiligungen abstießen, was teilweise auch durch protektionistische Impulse nationaler Regulierungsinstanzen befördert wurde.[41]

In Europa veranlasste die staatliche Unterstützung der Banken in Verbindung mit einer unkonventionellen Geldpolitik mit dem expliziten Ziel der Stärkung des Inlandskreditgeschäfts zur Überwindung der Rezession die Banken, sich auf die Kreditvergabe im In- statt im Ausland zu konzentrieren – und einheimische Staatsanleihen zu erwerben.[42] Als nach dem Zusammenbruch bekannt wurde, dass britische Banken mutmaßlich 80 Prozent ihrer Kredite an ausländische Kreditnehmer vergeben hatten, wurden sie von der britischen Regierung dazu gedrängt, ihre Prioritäten umzukehren.[43]

Dennoch bleibt unklar, ob dieser dreifache Schub zur Renationalisierung des Bankwesens tatsächlich ein weltweites Phänomen war. Die Bank für Internationalen Zahlungsausgleich argumentierte, Deglobalisierung im Banken- und Finanzwesen sei kein weltweites, sondern ein europäisches Phänomen. Insbesondere europäische Banken entschlossen sich dazu, ihre Vermögenswerte zu reduzieren, während andere

Banken in der Lage waren, das benötigte Kapital ohne diesen Schritt zu beschaffen.[44]

Das Coronavirus brachte eine neue Herausforderung mit sich. Als die rhetorische Auseinandersetzung über die zu tragende Verantwortung zwischen den Vereinigten Staaten und China eskalierte, wuchs zugleich die Bedrohung durch einen Finanzkrieg. Der US-amerikanische Senator Lindsey Graham – einst ein Kritiker Donald Trumps, der später zu einem seiner wichtigsten Fürsprecher wurde – forderte Vergeltungsmaßnahmen der Vereinigten Staaten gegenüber China aufgrund der millionenfachen Infektionen und tausenden US-amerikanischen Todesfälle in Form von selektiven Zahlungsausfällen von Verbindlichkeiten der USA gegenüber China. Dies würde eine Ultima Ratio darstellen, die zu einem massiven Vertrauensverlust für den US-Dollar als wichtigste sichere Anlage der Welt führen würde. Allein die Debatte über eine solche Option erhöht die Wahrscheinlichkeit, dass China präventiv seine Dollarschulden verkauft – ein Schritt, der in normalen Zeiten sehr unwahrscheinlich wäre, da er mit der Befürchtung eines möglichen Preissturzes verbunden ist. Viele Staaten agieren nun vehement wieder wie vor 1914 und versuchen, sich mithilfe des Finanzwesens gegenseitig zu schaden. Der Finanzsektor, seit Langem ein wichtiges Machtinstrument, wird so erneut zu einer Waffe wirtschaftlicher Zerstörung.

Die Auswirkungen der Globalisierung auf das Regierungshandeln

Die bislang analysierten Ursachen beziehungsweise Treiber der Deglobalisierung – psychologische Reaktionen auf Fremdheit sowie sofortige pragmatische Maßnahmen infolge von Finanzkrisen – stehen miteinander im Zusammenhang. Der Umgang mit Finanzkrisen löst erheblich tiefer sitzende politisch-psychologische Reaktionen aus.

Wenn der Kapitalverkehr frei und ungehindert erfolgen kann, wird das Kapital als international und anonym wahrgenommen. Wird es jedoch abgezogen, werden die nunmehr »auf dem Trockenen sitzenden« Kapitalnehmer enorm dafür sensibilisiert, von wessen Kapital und wessen Interessen dieser Prozess geleitet ist. Seit 2008 kommt es teilweise zu einer Renationalisierung des Finanzwesens, was insbesondere durch ordnungspolitische Bedenken bedingt ist. Neben Fragen zum ständigen Aufenthalt (sprich: Migration) betrafen bei den Brexit-Verhandlungen die größten Kontroversen zwischen Großbritannien und der Europäischen Union das Thema Finanzdienstleistungen, mit dem Ergebnis, dass der gesamte Sektor im abschließenden Abkommen schlichtweg unberücksichtigt blieb. Bereits vor der Brexit-Abstimmung 2016 verschärfte die Europäische Union ihren Umgang mit dem Äquivalenzgrundsatz, dem zufolge Institutionen, die äquivalenten Regelungen unterliegen, in der Europäischen Union tätig sein dürfen. Durch die Entscheidung für ein geringeres Regulierungsmaß in den Vereinigten Staaten aufgrund der Novellierung des Dodd-Frank-Acts zur Finanzmarktregulierung ist auch die Europäische Union aufgefordert, auszuschließen, was ihrer Einschätzung nach gefährliche oder übertrieben regulierte ausländische Institute sind. Derzeit spielt der Protektionismus in der Diskussion über Dienstleistungen eine erheblich erkennbarere Rolle als in Bezug auf das produzierende Gewerbe (worauf sich in den Zwischenkriegsjahren der Widerstand konzentrierte).

Der Kapitalverkehr ist zum Bestandteil eines Nullsummenspiels geworden, das in anderen Aspekten der internationalen Beziehungen zum Tragen kommt.[45] Die Abhängigkeit von ausländischem Kapital könnte als Schwachstelle gelten. Der Zugang zu offiziellen Rettungsressourcen, wie die Swap-Linien der US-amerikanischen Notenbank, wird parteiisch und bevorzugt gewährt, wobei einige bedeutende Schwellenländer Zugang erhalten, andere (wie Indien) jedoch nicht.

Zu Beginn der Globalen Finanzkrise 2007/2008 war international ein eindrucksvoll koordiniertes multilaterales Handeln zu verzeichnen. »Das System funktionierte«, konstatierten viele Beobachter. In seinem Buch mit eben diesem Titel, *The System Worked,* argumentierte der US-amerikanischer Politikwissenschaftler Daniel Drezner, die Weltwirtschaft habe sich erholt, weil die weltweiten wirtschaftspolitischen

Maßnahmen Wirkung gezeigt hätten, um die ökonomische Offenheit aufrechtzuerhalten und dem internationalen System Resilienz zu verleihen.[46] Die koordinierten Erfolge von 2008–2009 stellen auf den ersten Blick einen starken Kontrast zu den gescheiterten Verhandlungen während der Weltwirtschaftskrise und der katastrophal verlaufenen Londoner Konferenz von 1933 dar. Die Höhepunkte internationaler Zusammenarbeit waren die G20-Gipfel 2009 in London und anschließend in Pittsburgh, die ein großes Engagement für weltweite wirtschaftliche Koordination, makroökonomische Anreize sowie eine Ausweitung der Kapazitäten zur Kreditvergabe durch den IWF nach sich zogen, um Krisen mit potenziellem Contagion-Effekt einzudämmen. Die diversen Pläne griffen. Die Abwärtsspirale im Handel (die ab September 2008 der Kindleberger-Spirale ähnelte) wurde im April 2009 abrupt gestoppt.

Nachfolgende Gipfel erwiesen sich allerdings als weitaus weniger wirkungsvoll. Seoul im November 2010 wurde von einem vergeblichen Versuch der Vereinigten Staaten überschattet, Grenzen für aktuelle Leistungsbilanzüberschüsse festzulegen, was insbesondere auf China und Deutschland abzielte, die sich dagegen zur Wehr setzten. Cannes im November 2011 war von der ungelösten europäischen Krise dominiert. Wiederholte Beteuerungen, wie wichtig es sei, sich gegen Protektionismus zu verwahren, wirkten wie leere Floskeln und geeignete flankierende Maßnahmen blieben aus. Und schließlich manövrierten sich die G20 mit dem Hamburger Gipfel 2017 selbst in die Bedeutungslosigkeit, nachdem die Vereinigten Staaten zuvor angekündigt hatten, aus dem Pariser Klimaschutzabkommen auszusteigen. Der rituell anmutende Ruf nach einer Liberalisierung des Handels konnte daran auf politischer Ebene vermutlich auch nichts ändern, und so sehr die Verantwortlichen auch beteuerten, dass der Prozess weiter fortbestand, schwand die Illusion eines koordinierten Handelns zusehends.

Der sich verändernde Charakter der Koordination spiegelte einen Wandel in der ökonomischen Geografie der Welt wider. Die Globale Finanzkrise hatte sich offenbar auf die industrialisierte Welt erheblich destruktiver ausgewirkt als auf die großen Schwellenmärkte, und sowohl die Vereinigten Staaten als auch Europa setzten sich in einem schmerzhaften innenpolitischen Prozess mit den Folgen der Globalisierung auseinander. Für die Globalisierung spielt das Thema Führungsanspruch jedoch in vielerlei Hinsicht eine bedeutende Rolle. Die Globalisierung des 19. Jahrhunderts vollzog sich anhand eines weitgehend britischen Regelwerks – inklusive Gerichtsentscheidungen über Schuldenforderungen. In der zweiten Hälfte des 20. Jahrhunderts traten dagegen die Vereinigten Staaten in Bezug auf Währungsvereinbarungen sowie als die ultimativen Verteidiger des multilateralen Systems als federführende Kraft in Erscheinung. Während die USA und Großbritannien die Hauptarchitekten der Nachkriegsordnung mit den Systemen der Vereinten Nationen waren, erweisen sie sich nunmehr als Pioniere in der Gegenrichtung, indem sie sich mit einem sprunghaften, wenig konsistenten und im Inland hoch umstrittenen Kurs vom Multilateralismus entfernen. Mit dem Brexit-Referendum und der Wahl Donald Trumps hat ein neuer Stil in der Politik Einzug gehalten, der sich vom Multilateralismus abwendet und der Meinung von Experten oder Wissenschaftlern wenig Bedeutung beimisst. Donald Trump war der erste Präsident, der offen auf den Niedergang der Vereinigten Staaten (den er in seiner Rede zur Amtseinführung als »carnage«, also Gemetzel, bezeichnete) hinwies, den er als Folge unfairen ausländischen Wettbewerbs bezeichnete.

Charles Kindleberger führte in seiner berühmten Theorie der hegemonialen Stabilität die Dysfunktionalität in den Zwischenkriegsjahren auf die Unfähigkeit Großbritanniens und die mangelnde Bereitschaft der Vereinigten Staaten zurück, nach dem Ersten Weltkrieg eine Führungsrolle einzunehmen. Es ist davon auszugehen, dass der langjährige Niedergang Großbritanniens per se keine besonders destruktiven Auswirkungen besaß, und es trifft zu, dass die müde Gleichgültigkeit scheidender Hegemonen an sich ebenfalls nicht sehr problematisch war. Ohne starke britische Präsenz fehlte der Welt jedoch ein handlungsfähiger Polizist, und der Wettstreit um die Nachfolge Großbritannien sowie die Neurosen der aufstrebenden Mächte brachten systemische Gefahren mit sich. Die tatsächlich nennenswerten Risiken gingen von anderen Staaten aus, die darum wetteiferten, Großbritannien abzulösen, insbesondere von Deutschland und Japan.

Im 21. Jahrhundert erlebten die Vereinigten Staaten eine neue Führungskrise. China und Europa – oder genauer gesagt Deutschland – sehen sich nun, womöglich zögernd und widerwillig, mit der Erwartung konfrontiert, die neuen Bewahrer der weltweiten Ordnung zu sein. China und Deutschland gehen in Fragen des Klimawandels zunehmend miteinander konform, während sich Donald Trumps Festhalten an der Bedeutung von Kohle und anderen fossilen Brennstoffen als hemmend und destruktiv erweist. Es entsteht eine klare chinesisch-deutsche Allianz gegen Handelsprotektionismus, der rhetorisch damit verglichen wurde, sich in einem dunklen Raum einzuschließen – eine aus dem Chinesischen übersetzte Formulierung, die Kanzlerin Angela Merkel als »sehr einprägsam« bezeichnete.[47] Der chinesische Staatspräsident Xi Jinping sprach sich energisch dafür aus, wie wichtig eine Verteidigung der Globalisierung sei.[48]

Bisweilen wird Deutschland sowohl von internationalen als auch deutschen Medien dazu aufgefordert, die Rolle der Vereinigten Staaten zu übernehmen und damit die Leerstelle auszufüllen, die seit Januar 2017 existiert.[49] Am deutlichsten nahm die Bundeskanzlerin dazu in ihrer Haushaltsrede vom 23. November 2016 Stellung, als sie feststellte, »dass wir heute bei der voranschreitenden Globalisierung darauf setzen sollten, gemeinsam zu handeln«, und anschließend betonte: »Wir können weder den gesamten Hunger der Welt bekämpfen, noch können wir für 65 Millionen Flüchtlinge die Probleme lösen, noch können wir überall die politischen Ordnungen so verändern, wie wir uns das wünschen.« Sie fügte jedoch hinzu: »Aber sind wir dazu bereit, mit unserer Erfahrungsgeschichte der sozialen Marktwirtschaft, einer gesellschaftlichen Ordnung, von der ich nach wie vor glaube, dass sie ein Höchstmaß an wirtschaftlicher Stärke und sozialer Gerechtigkeit mit sich bringt, in diesem Sinne für eine Schärfung, für eine Gestaltung der Globalisierung einzutreten? Oder sind wir dazu nicht bereit und ziehen uns auf uns selbst zurück?« Zudem sagte sie: »Die G20 sind auch der Versuch, mit den größten und wichtigsten Wirtschaftsländern dieser Erde Globalisierung menschlich zu gestalten und gleichzeitig für eine vernünftige Finanz- und Wirtschaftsordnung zu sorgen.«[50]

Deutschland verfügt aufgrund seiner geringen Größe über ungünstige Voraussetzungen für die Rolle als Hegemon. Und China ist in dreifacher Hinsicht fragil: Der relativ unterentwickelte und teilweise protektionistisch abgeschirmte Finanzsektor ist krisenanfällig; die umfangreiche Infrastrukturinitiative *Neue Seidenstraße* sorgt für ein neues geopolitisches Problem der Abhängigkeit in den durch das neue chinesische Verkehrsprojekt erschlossenen Regionen; und schließlich herrscht Besorgnis in Bezug auf die demokratische Kontrolle, denn demokratische Defizite bilden den Kern der Globalisierungskritik am Multilateralismus in reichen Ländern. Nach der Coronakrise setzte eine radikale Kritik an der Hegemonie ein, indem Kommentatoren den neuen Rückschlag für die Globalisierung nicht nur in der Deglobalisierung oder De-Amerikanisierung, sondern zudem in einer »weltweiten De-Sinisierung« erkennen.[51] So wie die Globale Finanzkrise zu einer Desillusionierung in Bezug auf die Vereinigten Staaten als Epizentrum der Krise führte und kurz darauf die Eurokrise ähnliche Konsequenzen für die Debatte über die Vormachtstellung Deutschlands hatte, wirkte sich die Coronapandemie nachteilig auf Visionen aus, die China als neue Hegemonialmacht sahen.

Dezisionismus

Die Globalisierung beruht auf einem komplexen Regelwerk sowie auf der Akzeptanz von Gerichtsbeschlüssen und Schiedsurteilen aus anderen Ländern. Deglobalisierung wird dagegen von einer Denkweise befördert, der zufolge allgemeine Regularien, wie sie für eine funktionierende internationale Koordination erforderlich sind, überflüssig, wirkungslos oder gar schädlich sind. Eine Auswirkung von Finanzkrisen besteht darin, dass Regelverstöße attraktiv erscheinen oder gar als notwendige Reaktion auf außergewöhnliche Umstände angesehen werden. Wenn existenzielle Herausforderungen zu bewältigen sind, sind

Vorschriften oft ein Ärgernis, weil mitunter der Eindruck entsteht, dass sie es unnötig erschweren, ein Land durch schwierige Zeiten zu manövrieren. Vorübergehende Lockerungen von Regularien, um Katastrophen abzuwenden, werden daher von nahezu allen Seiten begrüßt. Zudem ist für Politiker erstrebenswert, Aktivismus zu beweisen, schließlich möchte niemand riskieren, tatenlos zuzusehen, nur weil er sich an komplizierte Regelungen hält – schlimmstenfalls sogar an ausländische.

Die Globale Finanzkrise von 2007/2008 führte dazu, dass als Antwort auf beliebige Situationen nun stets außergewöhnliche Lösungen erwartet wurden, selbst wenn die Umstände denkbar gewöhnlich waren. Rechtsstaatliche Sicherheitsmaßnahmen wurden schnell als kleinkarierte bürokratische Bedenken abgetan. Der ehemalige US-amerikanische Notenbankchef Paul Volcker konstatierte, seine Bank habe ihre rechtmäßigen und impliziten Befugnisse bis aufs Äußerste ausgereizt.[52]

Doch warum die Grenzen nicht überschreiten, wenn es im Interesse des Allgemeinwohls ist? Die Antwort liegt in einer althergebrachten Rechtfertigung der Autokratie, wenn eine Person erkennt, was dem öffentlichen Interesse dient und anschließend verkündet, das Urteil des Alleinherrschers solle als oberstes Gesetz gelten: *Salus populi suprema lex esto*. Der amerikanische Jurist John Adams, einer der Gründerväter der Republik und zweiter Präsident der Vereinigten Staaten, wies auf die Ambivalenz dieses Konzepts hin: »Das Allgemeinwohl, *salus populi*, ist das erklärte Ende jedweder Regierung, maximal despotisch und zugleich maximal frei.«[53]

Der Drang nach Exzeptionalismus entsteht auch dadurch, dass traditionelle politische Parteien nach einer Finanzkrise in Verruf geraten.[54] Stabile Parteipolitik beruhte bislang in den meisten Industriestaaten auf der alternierenden Verantwortung gemäßigter Mitte-rechts- und Mitte-links-Parteien, die sich der internationalen (und in Europa der europäischen) Ordnung verpflichtet fühlten. Sie warben um die Gunst der gemäßigten Wählerschaft und mussten sich daher politisch entsprechend ausrichten. Der Widerstand gegen die Globalisierung leistet dagegen nationalistischen Parteien sowohl im rechten als auch im linken Spektrum Vorschub, die ihr Idealbild von der Vergangenheit bewahren wollen –

nationale Nostalgie kombiniert mit einer Vorstellung von Wohlfahrt, die durch den Internationalismus als bedroht empfunden wird. Diese Auffassung ruft nach außergewöhnlichen Mitteln und starken Anführern. Eine starke Führungspersönlichkeit kann und soll Probleme im Alleingang lösen (interessant ist dabei, dass sich im Anschluss an Krisen unter den neuen Verantwortlichen keine Frauen befinden, sondern ausschließlich »starke Männer«). Diese starken Männer treten an, um konkrete, drängende Probleme zu bekämpfen: den Drogenhandel auf den Philippinen, den Terrorismus in Russland oder der Türkei, oder die Auswirkungen der Finanzkrise in Ungarn. Der selektive Fokus auf eine einzige »Krise« sorgt für eine Grundhaltung, die alle anderen Probleme ebenfalls als Krise deklariert, die sofortige, wirksame und uneingeschränkte politische Maßnahmen erfordert.

Die Theorie, die mit dem großen politischen Philosophen und Juristen Carl Schmitt der Zwischenkriegsjahre assoziiert und bisweilen als *Dezisionismus* bezeichnet wird, beschreibt die Mentalität, aus der heraus nach Krisen agiert wird, sehr gut. Der Dezisionismus stellt in Bezug auf den politischen Prozess vor allem die Entscheider in den Mittelpunkt, und Politik wird nicht an Prozessen, sondern an Entscheidungen gemessen. Außenpolitisch geht diese Denkweise mit verstärkten Befürchtungen hinsichtlich der Souveränität einher. Das Konzept der Souveränität wird als politischer Prozess erachtet, der nicht an Außenstehende verwiesen werden kann. Als entscheidende Schwäche der Globalisierung wird die damit einhergehende Aushöhlung der Souveränität angesehen, verbunden mit zunehmendem Einfluss durch internationale Abkommen, Vorgaben und Normen. Der Prozess an sich, durch den Entscheidungen zustande kommen, ob demokratisch oder transparent, spielt keine Rolle.

Dezisionismus ist somit von Natur aus willkürlich. Der Souverän »muss« entschlossen handeln, um bestimmte bedrohte Interessen zu schützen. Dabei geht es mitunter um Anliegen von großem Symbolgehalt. Dies galt beispielsweise für den großen Protektionismusschub der Zwischenkriegszeit, als die Vereinigten Staaten mithilfe des Smoot-Hawley-Zollgesetzes etliche Waren von nationaler Bedeutung mit hohen Strafzöllen belegten, so etwa Schweizer Uhren und japanische Seidenprodukte. Es gibt jedoch auch aktuelle Beispiele dafür, dass der Protektionismus vor allem dem Ziel dient, maximale mediale Aufmerksamkeit zu erzielen. Die von Trump eingeführten Zölle auf Autos namhafter deutscher Hersteller, unter anderem BMW, waren darauf ausgelegt, politische Wellen zu schlagen. In ähnlicher Weise nahm die Reaktion Europas auf den drohenden Protektionismus der USA spezifische Produkte (wie etwa Bourbon Whiskey) ins Visier, die einen Bezug zu Regionen haben, die Trump im Wahlkampf unterstützten. Japan revanchierte sich mit einer massiven Erhöhung der Zölle auf tiefgekühltes amerikanisches Rindfleisch.

Dezisionismus ist mit Unmut über gängige bürokratische Abläufe verbunden, die für Fairness und Verlässlichkeit sorgen sollen. In der Anfangszeit der Trump-Regierung benannte Stephen Bannon, der Chefstratege des Weißen Hauses, in einer wichtigen Rede vor der Conservative Political Action Conference (CPAC) die entscheidenden Konsequenzen einer von ihm favorisierten Souveränitätsrevolution: ökonomischer Nationalismus sowie der Rückbau der staatlichen Verwaltung.[55] Diese Aspekte des revolutionären Programms stehen miteinander in Zusammenhang, geht es bei Revolutionen doch im Wesentlichen um die Reflexion staatlicher Verflechtungen mit der internationalen Ordnung.

Für nicht wenige Menschen erinnern die Argumente für den Dezisionismus fatal an jene für den Faschismus. Zudem war Carl Schmitt anfangs ein begeisterter Anhänger des deutschen Nationalsozialismus. Der Begriff *Faschismus* wurde in der politischen Debatte seit den 1960er-Jahren relativ undifferenziert und ausschließlich auf anprangernde Weise verwendet. Die Geschichtswissenschaft sieht diesen inflationären Gebrauch durchaus kritisch, da er von den tatsächlichen Verbrechen der Zwischenkriegszeit ablenkt. Mit dem sich ausweitenden Populismus und insbesondere nach dem Wahlsieg Trumps 2016 wurde der Terminus immer relevanter. Madeleine Albright wies in ihrem 2017 erschienen Buch *Faschismus: Eine Warnung* darauf hin, dass einige der von Trump bevorzugten Formulierungen Mussolinis Vokabular entstammen, darunter auch »drenare la palude« – »drain the swamp« (den

Sumpf trockenlegen). Im Jahr 2018 veröffentlichte der an der Yale University lehrende Jason Stanley ein Buch mit dem Titel *Wie Faschismus funkioniert,* in dem er politische Maßnahmen der Trump-Regierung (insbesondere die Internierung der Kinder von Zuwanderern) mit nationalsozialistischen Praktiken aus den 1930er-Jahren verglich.[56]

Dennoch ist der Ausdruck *Faschismus* außerordentlich heikel und schwierig zu definieren. Die erste faschistische Partei – die italienische faschistische Bewegung Mussolinis – entschloss sich erst zehn Jahre nach ihrer Machtübernahme zu einer solchen Definition. Mussolini nahm 1932 immerhin zu der »Dottrina del Fascismo« (deutsch: »Der Geist des Faschismus«) für die *Enciclopedia Italiana* explizit Stellung. Darin schrieb er: »Der Faschismus ist eine religiöse Auffassung, in der der Mensch in seiner inneren Verbundenheit mit einem höheren Gesetz gesehen wird, einem objektiven Geist, der über das besondere Individuum hinausgeht und es zu einem mitwissenden Gliede einer geistigen Gemeinschaft macht.« Individuen würden gemäß der Art ihrer Sonderinteressen eingegliedert *(sono classi)* und zu Syndikaten zusammengefasst, seien jedoch vor allem und über allem Staat. Er bezeichnete den Faschismus als »die reinere Form der Demokratie« und als die stärkere Idee, er begründet dies damit, »daß sich im Volke Bewußtsein und Wille aller, ja nur eines Einzigen, ausdrückt«.[57]

Mussolinis Definition von Demokratie ist äußerst vage, doch bei Trump ist sie noch weitaus dürftiger. Darüber hinaus hat der Trumpismus lediglich teilweise und wenig nachdrücklich eine Spirale wetteifernder Radikalisierung seiner Anhänger in Gang gesetzt, die faschistische und nationalsozialistische Bewegungen kennzeichnet und die dazu führt, dass sich die Getreuen gegenseitig darin überbieten, dem »Führer entgegenzuarbeiten«.[58] Eine solche Dynamik entlud sich kurzzeitig am 6. Januar 2021 beim Sturm auf das Kapitol in Washington. Wenngleich die modernen faschistoiden Akteure eine grausame Sprache verwenden, die nicht selten tragische und tödliche Folgen hat, inszenieren sie doch keine gewaltsamen Invasionen und streben in der Regel keinen Krieg an. Am besten lässt sich der Bezug moderner Möchtegern-Autokraten wie Trump oder Viktor Orbán zum Faschismus daran ablesen,

wie sie sich der theatralischen Mittel des Radikalismus der Zwischenkriegszeit bedienen, um Faschismus gewissermaßen zu »inszenieren«.[59]

Die Verbindung zwischen der revisionistischen globalisierungsfeindlichen Agenda und der Innenpolitik lässt sich auf die Technologie
und die Komplexität des modernen Lebens zurückführen. Die Globalisierung hängt nicht nur vom Prinzip der Freizügigkeit für ausländische
Waren, ausländisches Kapital und Zuwanderung zusammen, sondern
auch mit einem komplexen System zur Regulierung all dieser Ströme.
Keine dieser Bewegungen entsteht von allein. Ausländische Waren gelangen nur dann ins Land, wenn sie bestimmten Standards für Sicher-
heits- und Produktinformationen entsprechen, Kapitalströme werden
mithilfe von Kontrollmechanismen für die Kreditvergabe verwaltet und
Zuwanderung unterliegt umfassenden Kontrollen und Restriktionen.
Für kleinere und weniger einflussreiche Staaten ist es wichtig, dass diese
Regulierungsmechanismen greifen: Eine funktionierende internationale Ordnung ist Bestandteil ihres Sicherheitsgefüges.

Für größere Staaten ist die Situation komplizierter. Populistische
Heilsbringer versprechen unermüdlich, dass die Abschaffung internationaler Verflechtungen das Leben vereinfachen, für weniger Regulierung sorgen und vor allem das Diktat der herrschenden Klasse been-
den wird. Sie lehnen die Globalisierung ab und werben stattdessen für
eine sogenannte *nobalization*. Globalisierung wird als »eingebetteter Liberalismus« verstanden und wegen zu komplexer Regeln kritisiert. Die
»nobalization« beziehungsweise der »entbettete Unilateralismus« (*disembedded unilateralism*) setzt als rhetorische Munition für Änderungen
auf nationaler Ebene dagegen auf die (häufig verlogene) Behauptung,
für das Wohl der Bevölkerung einzutreten sowie auf das Prinzip der nationalen Souveränität. Auf diese Weise ist die Globalisierung zu einer
Schlüsselwaffe im politischen Arsenal des Populismus geworden und
führt ihren Kampf gegen eine inländische Technokratie fort.

12 NEOLIBERALISMUS

Neoliberalismus ist ein unbestimmter Sammelbegriff, der gebraucht wird, um mehr oder weniger alles zu erklären, was in den letzten fünfzig Jahren auf der Welt schiefgelaufen ist. Die Vorsilbe *neo* dient als recht allgemeiner Warnhinweis für politisches Gift jeglicher Art – denken wir nur an die vehemente Ablehnung von Neokonservatismus, Neokeynesianismus, Neorealismus und Neomarxismus.[1] (Das Präfix *post* ist dem gegenüber möglicherweise positiver konnotiert, so zum Beispiel bei postmodern, postnational, postkommunistisch, postkonservativ bis hin zum englischen *posthuman*, also nachmenschlich. Dabei entsteht allerdings der irreführende Eindruck, dass es einfach oder überhaupt möglich sei, die Vergangenheit hinter sich zu lassen.) Das plakative Etikett *Neoliberalismus* – und nicht dessen ursprüngliche Idee – ist mittlerweile zu einem echten Hindernis für präzise analytische Überlegungen geworden. Der Terminus wird inflationär und undifferenziert gebraucht, oftmals als Standardfloskel, um etwas anzuprangern. Er wird bemüht, um konservative Ökonomen oder gegenkulturelle Hipster zu beschreiben, Marktfundamentalisten ebenso wie freigeistige Libertäre. Mit ihm ist ein Übermaß an Vertrauen in die Leistung des Individuums und den *Individualismus* verbunden.[2] Kaum jemand wird sich heute selbst als neoliberal bezeichnen.[3] Der weitverbreitete Gebrauch von *neoliberal* als allgemeines Schmähwort – insbesondere durch jene, die selbst als Neoliberale getadelt wurden – behindert eine sachliche Debatte über vorhandene Probleme und schmälert somit die Chancen für die Entwicklung von wirkungsvollen und koordinierten Strategien, um dringende globale Aufgaben zu bewältigen.

Der Neoliberalismus muss für vieles geradestehen. Zunächst war er eine Idee, wurde dann zu einem Phänomen und verwandelte sich schließlich zu einer Beschwörungsformel. Die ursprüngliche Idee des Neoliberalismus unterscheidet sich gravierend von jenen politischen und ökonomischen Phänomenen, die seit etwa dreißig Jahren als Neoliberalismus bezeichnet werden. Beschäftigt man sich mit den Ursprüngen des Begriffs, stößt man zudem auf eine umfangreiche frühere Debatte, die viele Lektionen für die gegenwärtigen weltweiten Schwierigkeiten bereithält.

Der selbsternannte Neoliberalismus entstand als Denkströmung in der ersten Hälfte des 20. Jahrhunderts als Reaktion auf die große Deglobalisierungswelle nach der Weltwirtschaftskrise. Seine Anfänge liegen im Jahr 1938, als Antwort auf eine Krise des Liberalismus sowie die Zunahme totalitärer Ansichten – wie Jurgen Reinhoudt und Serge Audier in dem von ihnen herausgegebenen Buch über das Kolloquium Walter Lippmann, das nunmehr auf Deutsch und Englisch vorliegt, belegen.[4] An diesem Kolloquium, das 1938 in Paris stattfand, nahmen französische und amerikanische Liberale sowie einige deutsche Emigranten teil. Man diskutierte vor allem über die Erhaltung offener und konkurrenzfähiger Märkte, das Auffangen von Turbulenzen aufgrund von Finanzzyklen beziehungsweise der Finanzialisierung und die Eindämmung der destruktiven Folgen von politischem Lobbyismus, und man sprach sich gegen einen zu eng gefassten Fokus auf den *Homo oecomomicus* aus. Dabei kamen deutlich voneinander abweichende Standpunkte zum Ausdruck: Einige Teilnehmer propagierten den klassischen Liberalismus des 19. Jahrhunderts, während sich andere für eine neue politische Ordnung und neue, innovative Aufgaben für den Staat aussprachen. Die Verfechter des ursprünglichen Konzepts des Neoliberalismus strebten angesichts des zunehmenden Nationalismus, Autoritarismus und der radikalen allgemeinen Mobilisierung nach der Bewahrung einer offenen und dynamischen, jedoch zivilisierten Welt. Diese Haltung war eine Reaktion auf die Lehrmeinung des Exzeptionalismus sowie die Krisenmaßnahmen.

Die Debatten der vergangenen drei Jahrzehnte haben gewisse Ähnlichkeit mit der düsteren Weltlage der 1930er-Jahre. Seit den 1980er-Jahren entstanden infolge einer von intensiver Globalisierung und technischem Wandel geprägten Phase leistungsstarke Monopole, die von Netzwerken, einem destruktiven Finanzzyklus, einer massiven Ausweitung des interessengeleiteten Lobbyismus (vorwiegend zur Festigung der Stellung dieser Monopole) sowie einer zunehmenden Verarmung der Vorstellung von Menschlichkeit profitieren. All diese Veränderungen werden üblicherweise unter dem Wort *Neoliberalismus* zusammengefasst, wobei dieses Etikett jedoch reichlich bizarr erscheint, da es genau solche Aspekte waren, die den Eifer, die Ablehnung, die Kritik und die politischen Forderungen der ursprünglich Neoliberalen auslösten. Joseph Stiglitz konstatierte jüngst: »Wenn uns die Finanzkrise von 2008 nicht zu der Erkenntnis verhelfen konnte, dass zügellose Märkte nicht funktionieren, sollte uns die Klimakrise folgendes lehren: Der Neoliberalismus wird unsere Zivilisation buchstäblich auslöschen.«[5] Anschließend legte er jedoch eine Reihe von programmatischen Vorschlägen dar, die vielfach die ursprünglichen neoliberalen Impulse aufgriffen und einen Weg zur Reformierung und Erneuerung des Kapitalismus beschrieben.

Die Analyse der offenkundigen Widersprüche des Neoliberalismus erinnert an den Umgang mit einem alten Negativ, bei dem sich durch die heutige Kritik die Farben und Tönungen des Originals umgekehrt haben. Wie passt die Geschichte seiner Ursprünge zu einer Diskussion über dessen höchst ungewöhnlichen Entwicklungsverlauf seit den 1980er-Jahren?

Ein Wort als Waffe in Politikdebatten

Die gegenwärtige kritische Verwendung des Terminus Neoliberalismus hat ihren Ursprung vor allem vonseiten der Linken, wo er hauptsächlich dazu dient, um Sparpolitik, Privatisierung und die Liberalisierung des internationalen Kapitalverkehrs zu verurteilen. Zu dieser Verwendung kam es insbesondere im Zusammenhang mit der Diskussion über lateinamerikanische Anpassungsprogramme, besonders während der Pinochet-Diktatur in Chile. Später wurde der Ausdruck vorwiegend dazu verwendet, um politische Maßnahmen in Reaktion auf die Ostasienkrise 1997–1998 zu beschreiben. Die weltweite Finanzkrise von 2007–2008 sowie deren Nachwirkungen mit der europäischen Schuldenkrise sorgten für eine Globalisierung des Konzepts.

Im allgemeinen Sinne bildet sich ein neuer Konsens heraus, dem zufolge der Kapitalismus als Konzept defizitär und im Scheitern begriffen ist. Der Neoliberalismus als politische Ordnung, die dem Kapitalismus neues Leben eingehaucht hat, wird somit nahezu rundheraus als der »gescheiterte Gott« verurteilt.[6] Er dient mittlerweile zur Benennung einer unwirtlichen und zerstörerischen Welt, die von vielen Menschen abgelehnt wird, weil sie so undurchschaubar und unergründlich ist.

Die tiefsitzende Ablehnung des Neoliberalismus wird – vielleicht noch vehementer und erbitterter – auch von der politischen Rechten aufgegriffen. In einer Rede Theresa Mays auf dem Parteitag der Konservativen im Jahr 2016 kam dies mehr als deutlich zum Ausdruck:

> Heute verhalten sich jedoch zu viele Menschen in Machtpositionen so, als hätten sie mehr mit den internationalen Eliten gemeinsam als mit den Menschen von hier, jenen Menschen, die sie einstellen und denen sie auf der Straße begegnen. Doch wenn Sie der Meinung sind, Weltbürger zu sein, so sind Sie doch Bürger des Nirgendwo. Dann haben Sie nicht verstanden, was das Wort ›Staatsbürgerschaft‹ eigentlich bedeutet.[7]

Es ist ein zentrales Element der weitverbreiteten Kritik an kosmopolitischen Technokraten. Nick Timothy, der Stabschef Theresa Mays und Hauptautor der Rede von 2016, analysierte kürzlich die

> tiefsitzenden kulturellen und intellektuellen Vorurteile an der Spitze der britischen Gesellschaft. Dies ist zwar keine Verschwörung, aber dennoch herrscht im öffentlichen Dienst, in Medien,

Wirtschaft, Justiz, Mittlerorganisationen und Universitäten eine bemerkenswerte Meinungsuniformität, die in den vergangenen Jahrzehnten unser Land und die Entscheidungen unserer Regierungen geprägt hat. Die Kräfte des Marktes zählen dabei mehr als Institutionen. ›Modernisierung‹ – was auch immer dies tatsächlich bedeutet – ist wichtiger als Tradition.[8]

Tradition erhält somit einen tröstlichen Anstrich und der Neoliberalismus kann demnach als verwerfliche Kraft umgedeutet werden, die eine simple Rückkehr zu einer fiktionalisierten Vergangenheit verhindert. Diese Stimmung ist zudem Teil des Widerwillens der neuen Rechten gegen »woke« Wirtschaftseliten, die regelmäßig einer liberalen Verschwörung zugeordnet werden, um das Denken der Verbraucher zu beeinflussen. Theresa Mays Nachfolger Boris Johnson hatte dafür den markigen Kommentar »Fuck business« parat. Das Wettern des *Fox-News*-Moderators Tucker Carlson gegen den Kapitalismus fließt ganz selbstverständlich in die ideologische Grundlage des Trumpismus ein. Er sprach von »Söldnern, die sich den Menschen, die sie regieren, auf lange Sicht in keiner Weise verpflichtet fühlen« und die »sich nicht einmal die Mühe machen, unsere Probleme zu verstehen«.[9]

Dieses Mantra ist auch in der politischen Mitte angekommen. In einem Interview der Zeitschrift *Le Point* kritisierte der sich rechts der Mitte verortende französische Wirtschaftsminister Bruno Le Maire den Kapitalismus und argumentierte, dieser befände sich derzeit in einer Sackgasse. Zudem machte er den Kapitalismus für drei globale Übel verantwortlich: wachsende Ungleichheit, Umweltprobleme und autoritäre Regimes.[10] Gordon Brown, der als Chefarchitekt einer neoliberal angelehnten ordnungspolitischen Praxis in Großbritannien gilt, bemühte sich kürzlich zu erklären, er habe immer versucht, »gegen den neoliberalen Strom« zu schwimmen.[11] Unmittelbar nach der Finanzkrise schrieb der österreichische Kybernetik- und Management-Experte Fredmund Malik, der gewiss nicht als Extremist bekannt ist, einen Beitrag für die Wochenzeitung *DIE ZEIT* mit der Überschrift »Der Kapitalismus ist gescheitert«.[12] Derartige Kapitalismusskepsis ist zum Mantra einer besorgten und verunsicherten Welt geworden. Multilaterale internationale Institutionen, christliche Kirchen und Parteien der Mitte gehen zunehmend dazu über, sich von diesem gescheiterten Modell zu distanzieren. Gleiches gilt für führende Wirtschaftsvertreter. Teile der akademischen Welt haben sich auf die Fahnen geschrieben, die unheilvollen Vorläufer der neoliberalen »Doktrin« und deren Aufrechterhaltung durch verschwiegene Zusammenschlüsse wie die Mont Pèlerin Society aufzuspüren.[13] Dieses Bestreben sorgte durchaus für Gegenwind.[14]

Die Kritik ist auch außerhalb der industrialisierten westlichen Welt weitverbreitet. In China weist man mit den »Xi-Jinping-Gedanken« den Zusammenhang zwischen liberaler Demokratie und Marktwirtschaft zurück und betont stattdessen die Überlegenheit eines »erneuerten Sozialismus« sowie eines »Sozialismus chinesischer Prägung«.[15] Wladimir Putin nutzte indessen ein Interview mit der *Financial Times,* die vielfach als Stimme der weltweiten neoliberalen Elite gilt, für die Behauptung, die liberale Idee habe »sich überlebt« und die Liberalen könnten »nicht einfach allen alles diktieren, wie sie es in den vergangenen Jahrzehnten versucht haben.«[16]

Selbst beim Internationalen Währungsfonds – der häufig als Herzstück der neoliberalen institutionellen Infrastruktur dargestellt wird – begann sich Kritik gegen den Neoliberalismus zu regen. Jonathan Ostry, der stellvertretende Direktor der Forschungsabteilung des IWF, leitete einen von ihm verfassten Beitrag mit dem Bekenntnis ein, die neoliberale Agenda werde zu sehr bejubelt, insbesondere hinsichtlich der Ausweitung des Handels. Doch dieser Jubel klammerte zwei Eckpfeiler des Neoliberalismus aus: die Liberalisierung des Kapitalmarkts und den »Konsolidierungskurs, zuweilen als ›Austerität‹ bezeichnet.« Im Beitrag wurde explizit die Idee einer expansiven Haushaltskonsolidierung kritisiert, der zufolge in manchen Fällen ein Schrumpfen des Staates die Entwicklung der Privatwirtschaft ankurbeln würde. Als Schuldige wurden der Wirtschaftswissenschaftler Alberto Alesina und der Finanzpolitiker Jean-Claude Trichet benannt.[17] Die *Financial Times* nahm Bezug auf den Artikel und interviewte Ostry. Dieser wies darauf hin, dass sein Beitrag keineswegs der »Mainstream-Kultur« beim IWF entspreche und noch fünf Jahre zuvor keinen Eingang in eine Publikation des Fonds gefunden hätte. »Doch Kulturen bewegen sich träge.«[18] Ein grundsätzlicher Kulturwandel ist also durchaus im Gange.

Die Historikerin Julia Ott forderte in der Zeitschrift *Dissent*, »wir müssen die Verursacher und Bewahrer des Neoliberalismus erkennen und zur Verantwortung ziehen«, und fügte anschließend hinzu: »Zuweilen sind wir es womöglich selbst.«[19] An dieser Diskussion ist bemerkenswert, wie viel emotionale Energie darin investiert wird, die Person auszumachen, deren Ideen die Welt auf diesen gefährlichen Kurs gebracht hat – vergleichbar mit Gaëtan Dugas, dem angeblichen Patienten Null der AIDS-Epidemie, oder dem Tiermarkt von Wuhan im Fall der Coronakrise. Eine Suche nach den Ursprüngen oder einem Narrativ ist zur wichtigsten Strategie geworden, um den Mangel an wirksamen politischen Strategien zu kompensieren. Verantwortlich gemacht für diesen abträglichen Kurs wurden unter anderem Wissenschaftler oder politische Akteure in der Globalen Finanzkrise (Trichet, Alesina oder Kenneth Rogoff); jene vorwiegend französischen Politiker, die in den 1980er-Jahren ein System zur Steuerung der Globalisierung entwickelten (Jacques Delors, Pascal Lamy, Jacques de Larosière und wiederum Trichet); Denker aus dem Genfer Umfeld, die sich die Frage stellten, inwiefern sich die internationale Ordnung dazu nutzen ließe, der aus ihrer Sicht unverantwortlichen Innenpolitik entgegenzuwirken; oder Friedrich von Hayek und Milton Friedman, zwei politische Theoretiker, die wohl als Ideengeber für Thatcher und Reagan fungierten.[20]

Ein solcher Fokus auf Personen ist jedoch irreführend. In der heutigen Welt beschäftigen sich Kommentatoren häufig mit Phänomenen, die erheblich älter sind als die Konzepte selbst; Kapitalismus und Globalisierung sind dafür zwei offenkundige Beispiele. Zudem haben Kommentatoren eine Vorliebe dafür, alles zu benennen und wieder umzubenennen. Als offensichtlich wurde, dass ein zuvor zentrales Ordnungsprinzip (der Marxismus als geistige Strömung mit dem Kommunismus als politische Praxis) gescheitert war, brauchte es die Erfindung eines anderen, das sich auf ähnliche Weise beschreiben ließ – daher der Neoliberalismus als gescheiterter Gott. Eine wichtige Kritik an der Verschmelzung des Marxismus mit der sowjetischen Wirklichkeit des »real existierenden Sozialismus« verweist darauf, dass Marx eine gänzlich andere Vision hatte als die Menschen, die sein Erbe in Anspruch nahmen. Diese Analyse gilt auch für die Intellektuellen der 1930er-Jahre, die den Neoliberalismus ersannen. Aus diesem Grund widme ich mich den ursprünglichen Vorstellungen dieser Urahnen.

Neoliberalismus als Prophezeiung

Der *Liberalismus,* die Stimme der individuellen menschlichen Rechte, war im 19. Jahrhundert die vorherrschende Diskursform in Europa sowie jenen Teilen der Welt, die von Europäern beeinflusst oder wohin deren Ideen getragen wurden. Zu Beginn des 20. Jahrhunderts suchten viele Liberale nach einem umfassenderen Konzept – bisweilen als *Neuer Liberalismus* bezeichnet – mit einem großzügig erweiterten Maß an Sozialrechten und somit an Sozialtransfer. In den Zwischenkriegsjahren schien der Liberalismus in seiner älteren Form – in einem Zug mit dem Parlamentarismus, der repräsentativen Regierungsform, dem Kapitalismus und der Marktwirtschaft – in Verruf zu geraten. An ihre Stelle trat die Autokratie, die auf eine allgemeine Mobilisierung und aggressive Außenpolitik abzielte und auf Planung als Mittel zur Wirtschaftslenkung setzte. Ganz offensichtlich kamen die aus der Politik im Ersten Weltkrieg gelernten Lektionen nun zur Anwendung. Im Vordergrund stand nun nicht das Individuum, sondern das Kollektiv.

Eine Reaktion auf diesen neuen Autoritarismus war eine Zusammenkunft von Intellektuellen im August 1938 in Paris, die üblicherweise als Ursprung der Bezeichnung *Neoliberalismus* gilt. Das »Kolloquium Walter Lippmann« wurde durch den zutiefst konservativ und antifaschistisch gesinnten französischen Philosophen Louis Rougier einberufen und umfasste nicht nur eine Reihe von klassischen Liberalen alter Schule, wie etwa Ludwig von Mises und Jacques Rueff, sondern auch etliche neuere Akteure, die das Modell aus dem 19. Jahrhundert weiterentwickeln wollten.[21] Die Teilnehmer waren hauptsächlich

Amerikaner, Briten oder Franzosen und die anwesenden Deutschen und Österreicher befanden sich ausnahmslos wegen des Nationalsozialismus im Exil. Alle setzten sich intensiv mit dem Zusammenhang zwischen den Problemen des Kapitalismus und dem Zusammenbruch der Demokratie auseinander. Rougier eröffnete die Zusammenkunft und erläuterte zunächst, warum er Walter Lippmann für so bedeutend hielt:

> Das zweite Verdienst von Walter Lippmanns Buch ist es, gezeigt zu haben, dass das liberale System nicht bloß das Ergebnis einer natürlichen, spontan entstehenden Ordnung ist, wie zahlreiche Verfechter der *Prinzipien des Naturrechts* im 18. Jahrhundert behauptet haben, sondern dass es ebenso das Ergebnis einer Rechtsordnung ist, die einen gesetzlichen Interventionismus des Staates voraussetzt. Das Wirtschaftsleben entfaltet sich innerhalb eines rechtlichen Rahmens, der das System von Eigentum Verträgen, Patenten, Konkurs, den Status von Berufsorganisationen und von Wirtschaftsgesellschaften [Körperschaften], Währung und Bankwesen etabliert, allesamt Dinge, die keine Naturtatsachen sind wie etwa die Gesetze des wirtschaftlichen Gleichgewichts, sondern vielmehr kontingente Einrichtungen des Gesetzgebers.[22]

Es lohnt sich, auf eine Reihe von Aspekten der dort diskutierten neuen Weltsicht hinzuweisen, gerade weil sie sie sich so stark von den modernen Überzeichnungen des Neoliberalismus unterscheidet und den Visionen einiger Kritiker des modernen Neoliberalismus sehr ähneln.

Das Streben nach offenem Wettbewerb

Zum Ersten ging es dieser Generation neoliberaler Denker primär um das Prinzip des Wettbewerbs und die Wettbewerbspolitik. Auf dem Kolloquium von 1938 leitete der deutsche Wirtschaftswissenschaftler Wilhelm Röpke – ein überzeugter Gegner des Nationalsozialismus, der am Genfer Hochschulinstitut für internationale Studien lehrte und bemerkenswerterweise der einzige nicht-jüdische und nicht-sozialistische deutsche Ökonom war, der den NS-Staat verließ – seine Erörterung über den Niedergang des Liberalismus mit einem Kommentar über die Auswirkungen des technischen Wandels auf die Wirtschaftsstruktur ein:

> Die Tendenz zur wirtschaftlichen Konzentration und, als Folge davon, zur staatlichen Kontrolle (Verstaatlichung) von Unternehmen wird hauptsächlich auf die technologische Entwicklung und die Mechanisierung zurückgeführt. Technologische Entwicklung bei wachsendem Anlagevermögen, das heißt bei täglich steigenden allgemeinen Kosten; dies ist eine Entwicklung, welche die Mechanismen ausschließt, auf denen die Philosophie des Liberalismus aufgebaut ist.[23]

Alexander Rüstow, ein weiterer Deutscher (und ehemaliger Sozialist), der im türkischen Exil lebte, kritisierte die Staatspolitik und die Macht von Interessengruppen. Abschließend schlussfolgerte er in Vorwegnahme von Schumpeters *Capitalism, Socialism, and Democracy:*

> Folglich ist es nicht der Wettbewerb, der den Wettbewerb zum Erliegen bringt. Es ist vielmehr die geistige und moralische Schwäche des Staates, der zunächst seine Pflichten als Polizist des Marktes verkennt und vernachlässigt, dadurch den Wettbewerb ausarten lässt und schließlich seine Rechte von Raubrittern missbrauchen lässt, um damit diesem aus den Fugen geratenen Wettbewerb den Todesstoß zu versetzen.[24]

Nach dem Zweiten Weltkrieg erweckten deutsche Neoliberale bisweilen den Eindruck, entschieden den Missständen des Nationalsozialismus entgegengetreten zu sein. Ihre Kritiker wenden jedoch ein, dass sie ihre neoliberale Analyse einer »Schwäche« des Staates auch auf die deutsche Demokratie vor 1933 bezogen und mit ihrer Kritik der Institutionen der Weimarer Republik dem autoritären beziehungsweise totalitären Staat den Weg geebnet hätten. Der deutsche Soziologe Wolfgang Streeck geht noch erheblich weiter und erkennt eine Parallele zwischen dem Theoretiker des Dezisionismus Carl Schmitt – der eine Zeit lang dem nationalsozialistischen Regime recht nahestand – und den deutschen Ordoliberalen der Nachkriegszeit. Die Ordoliberalen vertraten eine einseitige Ausweitung des Neoliberalismus und sprachen sich vehement für die Notwendigkeit einer zuvor gesetzten Rahmenordnung (vom lateinischen *ordo* für Ordnung) anstelle der hayekianischen Auffassung von der spontanen Schaffung einer sozialen und politischen Ordnung aus. Der hayekianischen Vorstellung des Neoliberalismus zufolge wird die Entpolitisierung der Wirtschaft als politischer Akt aufgefasst.[25] Es herrscht viel Unklarheit über Streecks Kritik, die sich zwischen der neoliberalen Vision eines »starken« Staates, unabhängig von bestimmten Lobby- oder Interessengruppen, und einem Staat, der bevorzugte Interessen stark und willkürlich vertritt, bewegt.

Tatsächlich bestand ein enger Zusammenhang zwischen der neoliberalen Analyse der beschädigten Weimarer Demokratie und der späteren eingehenden Obduktion des Nationalsozialismus. Die neoliberale Kritik an den Kartellen und Konzernen in der Weimarer Republik sowie an Interaktionen zwischen dem organisierten Kapitalismus und der organisierten Arbeiterschaft in Form von Gewerkschaften legte nahe, dass ein Scheitern des Interventionismus den Bedarf nach noch mehr Interventionen nach sich zog. Die Ermöglichung offenen Wettbewerbs und Kartellrestriktionen sollten somit ein Übermaß an Mikrointerventionen durch öffentliche Behörden verhindern.

Die Debatte bezog sich jedoch keineswegs nur auf die Analyse deutscher Besonderheiten. Die neoliberale Auffassung hinsichtlich der Bedeutung des Wettbewerbs und der Ablehnung von Kartellen kennzeichnete auch eine Parallelbewegung auf der anderen Seite des Atlantiks. Diese Bewegung wurde durch den sogenannten Second New Deal legislativ umgesetzt, der durch die Anfechtung der ursprünglichen und aktivistischeren Vision von Präsident Roosevelt initiiert worden war. Der »erste« New Deal und speziell der National Industrial Recovery Act (Gesetz zur industriellen Erholung) von 1933 ähnelte deutlich stärker dem damals angesagten europäischen Korporatismus, und sein Bezug zu Italien unter Mussolini war nahezu unverhohlen erkennbar. Der Oberste Gerichtshof erklärte 1935 Artikel 1 des Gesetzes von 1933 als verfassungswidrig. Nach dem Krieg forcierte die US-Militärregierung in Deutschland und Italien jedoch diese wettbewerbsorientierte Vision des New Deal, um das korporatistische Erbe des Faschismus und Nationalsozialismus in Europa auszumerzen.

Eine authentische US-amerikanische Tradition, die ihren Ursprung in den Antitrust-Diskussionen vor dem Ersten Weltkrieg hatte, wurde mit dem Erbe des Konstitutionalismus verknüpft und prägte so die US-amerikanische Herangehensweise Mitte des 20. Jahrhunderts. Für diese Tradition stand vor allem der aus Chicago stammende Ökonom Henry Calvert Simons, dessen bekanntestes Werk sein Essay mit dem Titel *A Positive Program for Laissez Faire* von 1934 ist. Diesen leitete er mit folgender These ein: »Der große Feind der Demokratie ist das Monopol in all seinen Formen«, danach forderte er die Beseitigung jeglicher monopolistischer Marktbeherrschung, einschließlich der Zerschlagung oligopolistischer Konzerne und die Anwendung von Kartellrecht auf Gewerkschaften.[26]

In einem Beitrag von Milton Friedman in der norwegischen Wirtschaftszeitschrift *Farmand* aus dem Jahr 1951, das zum wichtigsten Sprachrohr der Mont Pèlerin Society wurde, legte dieser unmissverständlich dar:

Der Neoliberalismus würde die Fokussierung der Liberalen des 19. Jahrhunderts auf die fundamentale Bedeutung des Individuums akzeptieren, dabei jedoch das Ziel des Laissez-faire als Mittel des 19. Jahrhunderts zu diesem Zweck durch das der Wettbewerbsordnung ersetzen. Er würde nach Wettbewerb zwischen Herstellern streben, um die Verbraucher vor Ausbeutung zu schützen; nach Wettbewerb zwischen Arbeitgebern, um Arbeiter und Grundeigentümer zu schützen, sowie nach Wettbewerb zwischen den Verbrauchern, um die Unternehmen selbst zu schützen. Der Staat würde das System überwachen, für geeignete Wettbewerbsbedingungen sorgen und Monopolbildung verhindern, stabile monetäre Rahmenbedingungen schaffen und akute

Notlagen lindern. Die Bürger würden durch die Existenz eines freien privatwirtschaftlichen Marktes vor dem Staat sowie voreinander durch die Aufrechterhaltung des Wettbewerbs geschützt.[27]

Die Neoliberalen der Nachkriegszeit waren zudem besorgt angesichts der Beschränkung zwischenstaatlicher Anstrengungen durch Lobbygruppen, um den Wettbewerb zu begrenzen. Henry Simons kritisierte die Vorbereitungen der Bretton-Woods-, Keynes- und Whites-Pläne. Diese seien seiner Ansicht nach

vorwiegend auf Wechselkurse ausgerichtet statt auf die Stabilisierung der Kaufkraft des US-Dollars oder des britischen Pfunds (beziehungsweise von Unitas oder Bancor). Während man sich in diesen Berichten [den offiziellen Plänen für die Nachkriegswelt] ausführlich mit nationalistischer Devisenkontrolle und deren Auswirkungen auf den Handel auseinandersetzte, ging es darin kaum um Zölle oder Handelsbeschränkungen privatwirtschaftlicher Monopole. ›Warenabkommen‹ werden darin explizit akzeptiert. Somit kamen reale, grundlegende Planungen für wirtschaftliche Stabilität und internationale wirtschaftliche Zusammenarbeit bei einem weniger von Beschränkungen betroffenen Handel mehr oder weniger zum Erliegen, während internationale Monopole allerorts prächtig florieren […] Wir erkennen zumindest eine vage Bedrohung für die Weltordnung und den Wohlstand aufgrund von politischen Bestrebungen in den internationalen wirtschaftlichen Beziehungen, die auf Kosten der Nachbarn gehen. Wir erkennen, abgesehen vielleicht im totalen Krieg, keine Bedrohung von innerer Ordnung und Wohlstand aufgrund dieser Strategien durch Interessengruppen, die selbst den Handel beschränken wollen oder sich für derartige Beschränkungen durch die Regierung einsetzen.[28]

Die Aufrechterhaltung des offenen internationalen Handels und die Bekämpfung von Lobbyismus waren daher lediglich zwei Seiten ein und derselben Medaille: In beiden Fällen ging es darum, dafür zu sorgen, dass Märkte Preissignale korrekt übermittelten.

Die Zähmung der Kreditzyklen

Zum Zweiten zeigte sich der Neoliberalismus in seiner ursprünglichen Gestalt skeptisch gegenüber der Finanz- und Kreditschöpfung. Insbesondere Simons war kritisch in Bezug auf bankengetriebene Kreditbooms und sann nach Wegen zur Beschränkung des Bankwesens, um es sozial verträglicher und weniger gefährlich zu gestalten. Er war Autor des später sogenannten Chicago Plans, der vorsah, die Geld- und Kreditfunktionen des Bankwesens voneinander zu trennen. Den Banken sollte die Auflage erteilt werden, gegen ihre Einlagen 100 Prozent Rücklagen bei der Zentralbank zu halten. Neue Kredite hätten nur auf Grundlage von Gewinnrücklagen vergeben werden können, wiederum in Form von durch die Regierung herausgegebenem Geld. Der Plan sollte somit die autonome Schaffung von Geld durch Banken verhindern. Es hätte keine Möglichkeit für Kreditzyklen gegeben und Bankenstürme wären ausgeschlossen gewesen. Im Anschluss an die Globale Finanzkrise 2008 erlangten die Vorschläge Simons neue Aufmerksamkeit und wurden erneut häufig als ideale, wenngleich praktisch nicht umsetzbare Strategien angesehen, um Turbulenzen infolge von Finanzialisierung zu verhindern.[29]

Der Wirtschaftswissenschaftler Friedrich Hayek äußerte in Österreich nach 1918 in *Preise und Produktion* ähnliche Kritik an bankbasierten Kreditzyklen. Er sah es als eines seiner Ziele an, dass »die periodischen Fehlleitungen der Produktion durch zusätzliche Kredite vermieden werden sollen«, ergänzte dann jedoch: »Wir sind noch sehr weit von dem Punkt [entfernt], an dem unser theoretisches Wissen oder gar die wirtschaftliche Bildung des Publikums den Versuch einer radikalen Neuordnung unseres Geldwesens rechtfertigen oder Aussichten für den Erfolg eines solchen Versuches eröffnen würden.«[30]

Das Thema Bankkredite und deren Gefahren spielte für das Pariser Kolloquium 1938 eine weniger zentrale Rolle, kam aber dennoch in

den Beiträgen einiger der radikaleren Teilnehmer vor. So beklagte etwa
J. B. Condliffe aus Neuseeland, ein ehemaliger Funktionär des Völker-
bunds und Handelsökonom zunächst den abträglichen Einfluss großer
Finanzkonzerne und erläuterte dann: »Gleiches gilt für das Kreditwachs-
tum. Die fixen Zinssätze, die im Krieg ihren Ursprung haben, sind für
die Massen untragbar. Sie sind von Leuten durchgesetzt worden, die dafür keine Opfer bringen mussten, und es sind die Verbraucher, die unter
ihren Folgen leiden werden.«[31] Kreditzyklen könnten nicht nur zu Fehl-
signalen bei Preisen führen und somit die Vergabe von Kapital verfäl-
schen, sondern zudem große Teile der Bevölkerung stark belasten.

Die Verflechtungen zwischen Politik und Wirtschaft durchbrechen

Zum Dritten sahen viele Beteiligte an den Diskussionen Ende der
1930er-Jahre die Idee außerordentlich kritisch, dass Politik allein von
wirtschaftlichen Motiven geleitet werde. Diese Überlegung wurde zudem als Diagnose dafür angeführt, was in den Zwischenkriegsjahren in
Deutschland misslungen war. Der deutsche Nationalismus hatte sich
seit Mitte des 19. Jahrhunderts zu sehr auf die Wirtschaft konzentriert
und zu wenig auf den Aufbau einer echten Nationalökonomie.[32] Der
Homo oeconomicus war keine erstrebenswerte Analyse, sondern vielmehr
ein grundsätzliches Problem für die kulturelle und politische Stabilität.

Geldgier und der unbedingte Drang zum Geldverdienen – die Kommerzialisierung der Gesellschaft – war in der klassisch liberalen Periode des
19. Jahrhunderts ein allgegenwärtiger, viel diskutierter und missbilligter
Teil des Alltags. Dessen wichtigster Chronist war Honoré de Balzac, insbesondere in seinen späteren Romanen. Die Figur des Crevel in *Cousine
Bette – Die Rache einer Frau* skizziert die damals verbreiteten Ansichten:

Alle wollen mehr aus ihrem Geld machen und spekulieren damit,
so gut sie können. Sie irren sich, lieber Engel, wenn Sie glauben,
dass der König Louis-Philippe regiert, er selbst täuscht sich näm-

lich nicht darin. Er weiß wie wir alle, dass über der Verfassung das heilige, angebetete, solide, liebenswerte, anmutige, schöne, edle, junge und allmächtige Hundertsousstück steht! Ach, mein schöner Engel, das Geld verlangt nach Zinsen und ist ständig damit beschäftigt, sie einzutreiben![33]

Doch die Kritik ist selbstverständlich noch viel älter. In pointierter Form findet sie sich etwa im biblischen Buch des Predigers Salomo (10,19): »das Geld muss alles zuwege bringen«.

Die Verallgemeinerung der Regeln

Zum Vierten – und vermutlich besonders wichtig – vertraten neoliberale und ordoliberale Denker die Forderung nach allgemeinen Regeln als Gegenmittel gegen bestimmte Maßnahmen, die den Spezialinteressen von Lobbygruppen dienten. Solche Regeln wären der sicherste Weg, um die abträgliche Macht von Lobbyisten zu durchkreuzen, die den politischen Prozess beeinträchtigten und delegitimierten.

Das Beharren auf Regeln wird häufig österreichischen Ökonomen zugeschrieben, allen voran Friedrich Hayek. Dennoch ist darauf hinzuweisen, dass sich die Idee, einheitlichen (und zeitlich konsistenten) Regeln Vorrang vor dem Ermessen zu geben, bereits sehr früh in der Chicagoer Tradition findet, besonders prominent in einem schmalen, 1931 erschienenen Buch von Paul Douglas und Aaron Director mit dem Titel *The Problem of Unemployment*.[34]

In Hayeks bekanntestem und einflussreichstem Buch *Der Weg zur Knechtschaft*, verfasst in der letzten Phase des Zeiten Weltkriegs als Warnung an die Alliierten, legt dieser präzise dar, dass der interventionistische Ansatz der Weimarer Republik, der seine Wurzeln in den Planungen des *Kriegssozialismus* hat, zu einer Pfadabhängigkeit führte. Als Antwort auf jegliches Politikversagen oder -scheitern erfolgte keine Abkehr von dieser Politik, sondern vielmehr die Hinwendung zu einer noch radikaleren Form. Dadurch kam es zu einem Ratchett-Effekt.

Punktuelle Kontrollen erwiesen sich als wirkungslos, weshalb die Nationalsozialisten ein umfassenderes und strenger durchgesetztes Kontrollsystem anstrebten.[35] Hayek schrieb dazu:

> Sowohl das Wettbewerbsprinzip wie das der zentralen Steuerung werden zu schlechten und stumpfen Werkzeugen, wenn sie unvollständig sind. Sie sind einander ausschließende Prinzipien zur Lösung desselben Problems, und eine Mischung aus beiden bedeutet, daß keines von beiden wirklich funktionieren und das Ergebnis schlechter sein wird, als wenn man sich konsequent auf eines von beiden verlassen hätte.[36]

Eine weitverbreitete Reaktion auf die große Finanzkrise von 1931 war die Einführung von Kapitalverkehrskontrollen, die einen weiteren Schritt zum Mikromanagement der Wirtschaftätigkeit durch den Staat darstellten. Hayek hielt Wirtschaftsplanung grundsätzlich für diskriminierend:

> Sie kann sich nicht im voraus an allgemeine und formale Normen binden, welche die Willkür ausschließen. [...] Sie muß unausgesetzt Fragen entscheiden, die nicht nur nach formalen Grundsätzen beantwortet werden können, und in diesen Entscheidungen muß sie den Bedürfnissen verschiedener Menschen einen unterschiedlichen Wert beimessen.[37]

Das Thema Willkür betrifft gerade die Einführung von Kapitalverkehrskontrollen in besonderer Weise. Diese gab es sowohl in Österreich als auch in Deutschland ab 1931 – das heißt vor Beginn der politischen Diktatur (Hitler kam im Januar 1933 an die Macht und der *Ständestaat* wurde 1934 von österreichischen Konservativen gegründet). Die Diktatur sorgte jedoch für die nötigen Mittel, um die Kontrollen durchzusetzen. Hayek zitiert den deutschen Liberalen Wilhelm Röpke mit der Formel, »daß, während die letzte Instanz eines Wettbewerbssystems der Gerichtsvollzieher, die der Planwirtschaft der Henker ist«.[38] Wären ihm

Hitlers Tischgespräche damals bekannt gewesen, hätte er auch den Diktator selbst zitieren können:

> Inflation entsteht nicht schon dadurch, daß mehr Geld in den Handel kommt, sondern nur dann, wenn der einzelne für eine gleichbleibende Leistung plötzlich mehr an Zahlung verlangt. Hier muss man eingreifen. Das habe ich auch [dem Wirtschaftsminister und Reichsbankpräsidenten Hjalmar] Schacht erst klarmachen müssen, daß die erste Ursache des Gleichbleibens unserer Währung das KZ ist.[39]

Politische Entscheidungen darüber, wer von der Zuweisung von Devisen profitieren soll, erfolgten zunehmend willkürlich, wobei diejenigen mit den engsten Beziehungen zum Regime die größten Vorteile genossen. Die Zuteilung der knappen Rohstoffe bildete Hayek zufolge die Grundlage der nationalsozialistischen Wirtschaftsplanung: »Wer den Vorrat an irgendeinem Rohstoff wie Erdöl, Holz, Kautschuk oder Zinn kontrolliert, würde Herr über das Schicksal ganzer Industrien und Länder sein.«[40] Kurz gesagt bildete die Planung die Grundlage für die weitverbreitete Korruption.

Ebenfalls von Willkür geprägt war die Entscheidung, gegen wen wegen Verstößen gegen Devisenbestimmungen zu ermitteln war. Die deutsche Regierung belegte 1931 Kapitalflucht mit Steuern und Strafen (in Form der sogenannten *Reichsfluchtsteuer*). Diese waren jedoch wirkungslos und wurden immer mehr verschärft, die Strafzahlungen erhöht und ab 1938 drohte gar die Todesstrafe. Bis Ende 1938 waren die Bestimmungen – ihrer Formulierung nach – nicht explizit diskriminierend und galten für alle Deutschen gleichermaßen. Nach 1933 wurden sie jedoch im Zusammenhang mit den antisemitischen Maßnahmen der Nationalsozialisten als Instrument vor allem gegen die ethnische Minderheit der deutschen Juden eingesetzt. Die Stereotype über diese gefährdete Minderheit und deren Gebaren verstärkten sich gegenseitig. Angesichts des wachsenden Antisemitismus war die jüdische Bevölkerung bestrebt, ihr Kapital aus vielen mitteleuropäischen Ländern abzuziehen. Da sie von den neuen Gesetzen gegen Spekulation betroffen waren, entsprachen sie somit scheinbar dem Stereotyp der »jüdischen Spekulanten«, und antisemitische Regierungen nutzten daraufhin Berichte über diesbezügliche Bestrebungen, um den Hass gegen sie weiter anzufachen. In Ungarn wurden ein Jahr vor Einführung der antisemitischen Gesetzgebung 1938 beispielsweise von insgesamt 187 Devisenvergehen 112 durch Personen begangen, die ungarische Behören als Juden einstuften.[41]

Maßnahmen zur Wirtschaftskontrolle waren daher ein wesentlicher Bestandteil der massiven und grausamen Ungerechtigkeit mitteleuropäischer Diktaturen. Die Neuordnung nach 1945 wurde daher von einem Bewusstsein dafür geleitet, was in den Jahren zuvor nicht nur institutionell und administrativ, sondern auch geistig entgleist war. Als Reaktion auf Autokratie und Diktatur wurden bestimmte Entscheidungen an Verwaltungsbehörden übertragen, um die Demokratie zu entlasten und sicherzustellen, dass diese Entscheidungen vollständig und im Einklang mit dem Gesetz erfolgten. Konzepte wie »Delegierung« und »vermittelte Legitimität« wurden zu entscheidenden Auflagen für Verwaltungen.[42] Die bekanntesten Beispiele dieser Praxis bezogen sich auf Verfassungsgerichte, gerichtliche Überprüfungen und die Einrichtung unabhängiger Zentralbanken. Die Mandate der Banken wurden sorgsam ausgearbeitet: Das berühmteste Gesetz im Zusammenhang mit der Gründung dieser Banken, das deutsche Bundesbankgesetz, schreibt der Bundesbank vor, die Wirtschaftspolitik der Bundesregierung zu unterstützen. Viele – wenngleich nicht alle – Elemente des Neoliberalismus fanden nach 1945 Eingang in die Politikgestaltung, was jedoch nur zum Teil auf den Einfluss europäischer Neoliberaler zurückzuführen war. Erheblich stärker propagierten die amerikanischen Planer und das US-Militär unter dem Einfluss des modifizierten oder zweiten New Deal den Wettbewerb als grundlegendes Prinzip der Regulierung und somit als Kernelement der Politikgestaltung während ihrer Besatzung nach 1945.[43] Somit wurde in der frühen Nachkriegszeit ein wesentlicher Aspekt der neoliberalen Vision umgesetzt, lange vor den »Revolutionen« durch Thatcher und Reagan.

Der Neoliberalismus nach dem Zweiten Weltkrieg

Als die Demokratie in Westeuropa nach 1945 im Rahmen einer liberalen Ordnung gerettet wurde, verlor der Wunsch nach einer Neuauslegung des Liberalismus an Bedeutung. Ebenso büßte der Begriff *Neoliberalismus* an Relevanz ein, der bis dahin nie große Verbreitung gefunden oder politische Zugkraft entwickelt hatte. Die ursprünglichen Debatten und deren Umstände gerieten daher weitgehend in Vergessenheit.

Das Wort selbst fand bis Ende der 1980er-Jahre kaum noch Verwendung und erlebte erst mit dem Ende des Kommunismus und des Kalten Krieges eine Renaissance. Zu diesem Zeitpunkt verzichteten viele Pioniere des Neoliberalismus darauf, den Terminus zu gebrauchen. Die Autoren Milton und Rose Friedman erwähnen ihn in ihrem populärwissenschaftlichen Buch *Chancen, die ich meine* kein einziges Mal, während klassischen Autoren – allen voran Adam Smith – darin ein Heldenstatus zugeschrieben wird. Neoliberale wie Walter Eucken oder Henry Simons bleiben dagegen unerwähnt. In den 1980er-Jahren kam Hayek zu dem Schluss, dass er nicht den Neoliberalismus, sondern den Liberalismus feiern sollte.[44]

Dennoch kam der Neoliberalismus in bisweilen überraschenden Zusammenhängen wieder auf die Tagesordnung. Der Ausdruck neoliberal wurde vor allem von denen verwendet, die damit aus ihrer Sicht überkommene Traditionen in ihrem jeweiligen politischen Umfeld meinten. In den Vereinigten Staaten bezeichnete sich eine einflussreiche Gruppe von auf Modernisierung ausgerichteten Demokraten selbst als Neoliberale, um sich neben der traditionellen demokratischen Basis, die Präsidentschaftskandidat Walter Mondale für sich gewinnen konnte, Unterstützung zu sichern: die der gewerkschaftlich organisierten Arbeiter. Gary Hart, der 1987 beinahe als Präsidentschaftskandidat nominiert worden wäre, ehe ihn ein Sexskandal zu Fall brachte, gehörte dieser Gruppe ebenso an wie Bill Bradley aus New Jersey, Richard A. Gephardt – Mitglied des Repräsentantenhauses aus Missouri – sowie der (wahrscheinlich einflussreichste Intellektuelle der Gruppierung)

Senator Paul E. Tsongas aus Massachusetts. Eine Studie zur Politik der Vereinigten Staaten konstatierte 1985:

> Mit einigen Ausnahmen setzen sie sich für Umweltschutz, Gesundheits- und Arbeitsschutz, Wahlrecht und Bürgerrechte, das Recht auf Schwangerschaftsabbruch sowie das Equal Rights Amendment ein, [das Männern und Frauen in den Vereinigten Staaten und überall, wo US-Recht gilt, gleiche Rechte zusichert].[45]

Der Philosoph Michael Novak verwies auf das »bodenständige Gespür« von Neoliberalen für die wirtschaftlichen Zusammenhänge. Ihnen sei bewusst, dass »in schwächelnde Branchen investiertes Geld entweder durch politische Begünstigung hineinfließt oder aber vergeudet wird.«

Entstehung und Ausbreitung des Neoliberalismus als Konzept gingen mit einer Übertragung ökonomischer Denkansätze auf andere Fachgebiete einher, unter anderem auf die Rechtswissenschaft, Soziologie, Psychologie und in einigen Fällen sogar auf die Geschichtswissenschaft. Die zentrale, aus der Ökonomie entlehnte Erkenntnis stellt Tauschgeschäfte, externe Effekte und Alternativkosten in den Mittelpunkt von Verhaltensanalysen. Der offensichtlichste Einfluss solcher kognitiven Übertragungen fand in der Rechtswissenschaft statt.

In den 1980er-Jahren veränderte die Anwendung von Verbraucherschutzstandards den Umgang mit dem Thema Wettbewerb: Man argumentierte, dass Größe nicht zwangsläufig zu Machtmissbrauch führen müsse, wenn die Verbraucher davon profitieren könnten. Dieses Argument spielte bereits im 19. Jahrhundert in den Diskussionen um Konzerne und später in den Kartellrechtsverfahren zu Beginn des 20. Jahrhunderts eine zentrale Rolle. Im bekanntesten Fall – um den Standard Oil Trust – ergaben die Anfangsuntersuchungen durch den Bundesstaat New York im Jahr 1879, dass es durch das Kartell für die Verbraucher eher zu einer Senkung als zu einer Erhöhung der Preise für Erdölprodukte kam.[46] Neu belebt wurde der Verbraucherschutzaspekt in Chicago durch Wissenschaftler wie den Ökonomen Ronald Coase, den

Pionier des Transaktionsansatzes mit seinem berühmten Aufsatz über die Natur der Firma, und insbesondere auch durch den Rechtswissenschaftler Aaron Director, der das *Journal of Law and Economics* ins Leben rief, um die Synthese beider Fachgebiete voranzubringen. Am offensten äußerte sich wahrscheinlich Robert Bork in seinem Buch *The Antitrust Paradox* über den Fall.[47]

Diese intellektuelle Neuausrichtung hatte unmittelbare Auswirkungen auf die Politik, indem etwa 1981 das epochale Kartellverfahren des Justizministeriums gegen IBM gestoppt wurde. Diese Entscheidung birgt einiges an Ironie: Sie kam zu spät, um IBM davon abzuhalten, bei Großcomputern Hard- und Software im Paket zu verkaufen. Diese umstrittene Praxis beim Verkauf von PCs stand im Mittelpunkt des Verfahrens durch das Justizministerium. Daraufhin ließ IBM die PC-Software stattdessen durch ein kleines und nahezu unbekanntes Unternehmen entwickeln – woraufhin Microsoft, nachdem sich das Unternehmen seinerseits zum Giganten entwickelt hatte, sein eigenes Kartellverfahren bekam. Der Verbraucherschutz bezog sich auf die Mikroökonomie von Netzen im althergebrachten Sinn – indem beispielsweise im Fall von Standard Oil die umfangreichen Leitungsnetze des Konzerns eine Verringerung der Grenzkosten für die Erbringung seiner Leistung bewirkten. Bei diesem Standard war nicht in vollem Umfang absehbar, welche Auswirkungen die Revolution auf dem Gebiet der Informationstechnologie haben würde, in dem die Grenzkosten auf nahezu null sanken und sich somit die Ökonomik der Größe und das Ausmaß der Monopolisierung massiv veränderten.

Der wohl größte Schub für eine allgemeine akademische Verwendung des Begriffs Neoliberalismus in den Geisteswissenschaften (und zudem auf einigen Gebieten der Sozialwissenschaft) vor dem Zusammenbruch des Kommunismus kam durch den enormen Einfluss Michel Foucaults zustande. Er hielt 1979 eine Vorlesungsreihe am Collège de France über »Die Geburt der Biopolitik«, die später nach Aufnahmen transkribiert und posthum veröffentlicht – und viel später ins Englische übersetzt – wurden.[48] Ein zentrales Thema war dabei die Entstehung des Neoliberalismus, die er recht wohlwollend anhand einer Auseinandersetzung mit dem deutschen Gedankengut sowie dem Ordoliberalismus darstellte. Weniger wohlwollend widmete sich Foucault anschließend dem Werk der Ökonomen Theodore Schultz und Gary Becker von der University of Chicago sowie deren neuem Persönlichkeitsbegriff. Dieser Schule zufolge kann alles, womit Menschen ihre Ziele zu erreichen versuchen, von der Ehe über Verbrechen bis hin zu den Kosten für das Aufziehen von Kindern, laut einer spezifischen Kosten-Nutzen-Rechnung ›ökonomisch‹ gedeutet werden.[49] Die Wirtschaftswissenschaft wurde somit beträchtlich erweitert und machte eine Gesamtrechnung darüber auf, wie sich menschliche Motivation formen und menschliches Handeln sowie dessen Ergebnis beeinflussen lassen.[50]

In seinem traditionellen, dem 19. Jahrhundert verhafteten Sinn trennt der Liberalismus das Private klar vom Öffentlichen. Diese Abgrenzung war in Notlagen jedoch hinfällig, wenn nahezu alles öffentliche Relevanz bekam. Zudem stieß die Unterscheidung an ihre Grenzen, wenn nichts Privates mehr existierte, weil es ständig von außen verändert oder manipuliert werden konnte.

Die Kernfrage bei der Analyse der Entwicklungen des späten 20. Jahrhunderts besteht für viele Historiker in der Erklärung, wie eine merkwürdige, von wenigen unbedeutenden Denkfabriken propagierte Lehrmeinung eine solch kulturelle Vormachtstellung erlangen konnte – sprich: wie eine solche Idee einen Contagion-Effekt entwickeln konnte. Unter den »Gurus« der University of Chicago spielte Becker eine weitaus wichtigere Rolle für die Verbreitung der neoliberalen Auffassung als Bork. Offenbar hatte das ökonomische Denken sich gewissermaßen selbst überholt, sodass sämtliche Aspekte menschlichen Verhaltens nunmehr aus ökonomischer Perspektive betrachtet wurden, einzig und allein die Wirtschaft zählte. Bill Clintons Stratege James Carville fasste diese Stimmung 1992 ironisch in Worte: »It's the economy, stupid.« (dt. etwa: Es geht um die Wirtschaft, du Depp). Doch war ein solcher Ansatz nicht viel zu banal und lächerlich, widersprach dem Facettenreichtum der menschlichen Persönlichkeit und Motivation? Nach dem Zusammenbruch des Kommunismus zwischen 1989 und 1991 wurde zunehmend die Freiheit als Weg zu Wohlstand und Wohlergehen statt als Ziel per se propagiert – was viele Dissidenten der Sowjetära verärgerte, manche Bürger aus dem ehemaligen Ostblock begeisterte und von einigen westlichen Beobachtern mit »Bananen für alle« verhöhnt wurde.[51]

Die neue Sozialordnung kann als eine Synthese der Idee von minimaler staatlicher Intervention und des Anspruchs auf persönliche Freiheit verstanden werden. Der progressive US-Publizist Michael Lind verwendet eine bemerkenswerte Metapher dafür, wie parallele Kampagnen einer gebildeten »Oberschicht« das seit 1945 geltende Arrangement zerstörten. Es hatte nichts mit Verschwörung oder Intrige zu tun, sondern Lind beschreibt es wie folgt: »Der libertäre Ökonom James Buchanan traf in den 1960er-Jahren nicht auf halbem Weg zwischen Mont-Pèlerin and Haight-Ashbury mit dem Beatpoeten Allen Ginsberg zusammen, um einen Machttransfer in Politik, Wirtschaft und Kultur zu initiieren.«[52] Streng genommen kann Foucault selbst, der Ende der 1950er-Jahre in Hamburg tätig war und später in Berkeley lehrte, als einflussreichster Mittler zwischen kalifornischer Bohème und deutscher politisch-juristischer Denkweise gelten. Doch misst man damit nicht der Rolle eines einzelnen Denkers zu viel Bedeutung bei?

Einer anderen Interpretation zufolge entspringt der massive Einfluss auf das wirtschaftliche und soziale Verhalten einer gänzlich anderen Wissenschaftsdisziplin: der Verhaltenspsychologie. Dieser Ausgangspunkt bildet die Grundlage für die viel beachtete Diagnose Shoshana Zuboffs, wonach der heutige Kapitalismus auf Überwachung und Manipulation basiere. Ihrer Ansicht nach spiele der Behaviorist B. F. Skinner dabei eine problematische Rolle, indem er eine Verhaltensanalyse propagiere, die nicht mehr nur prognostiziere, sondern gezielt steuere. Der zunehmende Einsatz von Technologie verringert die Privatsphäre immer mehr, oder wie er es selbst beschreibt: »Daher läßt sich das Problem der Privatheit schließlich vielleicht durch technische Fortschritte lösen.«[53] Seit Langem herrscht Besorgnis hinsichtlich des Zusammenspiels von Marketing und Verhaltensmodifizierung. Henry Simon zeigte sich in seiner Abhandlung von 1934 entsetzt darüber und schrieb:

Die Möglichkeit der profitablen Ausnutzung von Ressourcen, um die Nachfrage zu manipulieren, ist vielleicht der größte Auslöser für Kostenprogression im Rahmen des bestehenden Systems. Falls die gegenwärtigen Tendenzen anhalten, könnten wir bald eine Situation erreichen, in der unserer Ressourcen mehrheitlich dazu eingesetzt werden, um Menschen davon zu überzeugen, lieber das eine als das andere zu kaufen: und nur ein winziger Bruchteil kommt tatsächlich für die Herstellung von Produkten zum Einsatz, die zum Kauf angeboten werden.[54]

Es wurde eine Theorie darüber benötigt, wie Empfindungen sich beeinflussen ließen, und Skinner wurde zum Impulsgeber dieser neuen intellektuellen Praktik, bei der es darum ging, Verhaltensergebnisse zu steuern. Damit besteht eine kuriose Verbindung zu Hayek, der für sein Festhalten an einer spontanen, unkontrollierten Sozialordnung gescholten wurde. Als deutlich wurde, dass das Spontane durchaus gesteuert werden könne, verlor der Neoliberalismus die Verbindung zu seiner einstigen Verankerung.

Die Globale Finanzkrise und Besorgnis vor dem Kapitalismus

Nach 2008 erreichte die Diskussion über den Neoliberalismus eine fiebrige Intensität. Der neue Zeitgeist hatte offenbar mehrere Ursachen. Teilweise war er wohl schlicht eine Reaktion auf die finanzielle Destabilisierung – so wie der Erste Weltkrieg und seine finanziellen Folgen für Verwerfungen und Ungerechtigkeiten sowie daraus resultierenden heftigen Reaktionen sorgten, hinterließ die Globale Finanzkrise den Eindruck der Systemmanipulation. Auch entsprechende Rettungsmaßnahmen lösten Kontroversen aus. Regierungen und Zentralbanken stützten große Finanzinstitute, weil deren Zusammenbruch das gesamte System in Gefahr gebracht hätte. Viele Politiker sahen ein Risiko, dass sich die Weltwirtschaftskrise wiederholen könnte. Zugleich wurde immer deutlicher, dass die kleinen Verlierer – Hauseigentümer, deren Hypothekenschulden den aktuellen Marktwert der Immobilie überstiegen, und Beschäftigte, die ihre Arbeit verloren – nicht entschädigt wurden, weil man sie nicht als systemrelevant erachtete.[55] Dies ist zweifelsohne eine große Ungerechtigkeit.

Doch die Globale Finanzkrise war keineswegs ein singuläres Phänomen. Sie ereignete sich exakt zu einem Zeitpunkt gewaltigen technischen und sozialen Wandels und die Reaktionen darauf wurden von dieser neuen Realität beeinflusst. Für sich genommen hätte die Globale Finanzkrise wohl keine neue Kapitalismuskritik ausgelöst, doch in der Summe sorgten ihre Folgen, die neue Ökonomik des technologisch bedingten Wandels sowie die apokalyptischen Befürchtungen angesichts der klimatischen und gesundheitlichen Krisenlagen für ein politisches Umfeld, in dem die traditionellen Abläufe der Überprüfungen und Bewertungen von politischen Maßnahmen als schlichtes Beiwerk einer technokratisch-neoliberalen Einstellung verurteilt wurden.

Joseph Stiglitz bemühte sich jüngst darum, einen, wie er es nennt, »progressiven Kapitalismus« beziehungsweise eine linke Marktwirtschaft als die einzig kreative und sinnvolle Alternative zu den beiden illusorischen Optionen zu verteidigen, die der Bewahrung von Kernaspekten des Neoliberalismus dienen: linker Liberalismus (Neoliberalismus mit menschlichem Antlitz, wie von Tony Blair, Bill Clinton und Barack Obama propagiert) sowie der wiedererstandene Enthnonationalismus (vertreten durch Donald Trump, Viktor Orbán und Matteo Salvini).[56] Dabei spricht er sich jedoch eigentlich – ob gerechtfertigt oder nicht – lediglich für das aus, worum es dem Neoliberalismus ursprünglich ging.

Dieser neue Finanzkapitalismus wurde von »Marktfundamentalisten« zelebriert, die gern Einwegwetten abschlossen, bei denen sie wie in einem Marktkasino spielten und die Gewinne einstrichen, Verluste jedoch an die Unternehmen, für die sie arbeiteten, und vor allem an die Steuerzahler weitergaben. Dabei ist das Narrativ, die wirtschaftliche Katastrophe der Globalen Finanzkrise von 2007–2008 sei schlichtweg durch fehlende Regulierung und Kontrolle ausgelöst worden, eine

Fehlannahme. Das Finanzverhalten findet rasch und regelmäßig Wege, um die Regulierung zu umgehen, und die vorhandene Regulierung erweckt einen falschen Eindruck der Sicherheit. In diesem Sinne ist es unmöglich, selbst mit umfassenden Regulierungsmaßnahmen nachhaltig für Stabilität zu sorgen.

Ebenso wenig trifft es zu, dass große internationale Kapitalströme zwangsläufig weitreichende Krisen mit Contagion-Effekt auslösten, wenngleich sie durchaus für mehr Instabilität und lokale Turbulenzen sorgen könnten. Eine Welt ohne Kapitalströme wäre zugleich eine Welt mit ernsthaften makroökonomischen Verwerfungen aufgrund der Fehlleitung von Kapital. Die Krise von 2007–2008 wurde durch das mangelhaft regulierte Zusammenspiel großer Finanzströme mit überkomplexen Konzernen hervorgerufen, was sowohl die inneren als auch die äußeren Anreizstrukturen verzerrte. Genau diese Strukturen bedurften der Reform.

Was Stiglitz als alternativen »progressiven Kapitalismus« skizziert, ähnelt im Kern auf bemerkenswerte Weise dem ursprünglichen Konzept des Neoliberalismus. Stiglitz spricht sich für ein geeignetes Ausbalancieren von Markt, Staat und Zivilgesellschaft aus; für den innovativen Einsatz von Wissenschaft; für die Beschränkung von Monopolmacht sowie die Entflechtung wirtschaftlicher und politischer Macht. Dieses Programm war genau das, was die 1938 im Rahmen des Kolloquiums Walter Lippmann versammelten Ökonomen und Intellektuellen in Paris im Sinn hatten.

Der Neoliberalismus alter Schule als mögliches Modell

Wie Stiglitz' Programmatik nahelegt, kann ein Rahmen für das Management ökonomischer Prozesse dennoch eine vielversprechende, optimistische Zukunftsvision bieten. Unter den Gegebenheiten der 1930er-Jahre war diese neue Vision eine Alternative zum Planungsdrang der Kommunisten (Fünf-Jahr-Pläne) und der Nationalsozialisten (Vier-

Jahr-Pläne) sowie besonders zum politischen Kontrollstreben, das die kommunistischen und faschistischen Planungen gleichermaßen erforderten. In der heutigen Welt besteht ähnlich dringender Bedarf für einen neuen Ansatz.

Die vier Hauptmerkmale der in den 1930er-Jahren geführten Debatten sind allesamt höchst relevant für die heutigen Herausforderungen. Erstens erfordert anhaltende Innovation Wettbewerb, und Regulierung ist sowohl auf nationaler als auch auf supranationaler Ebene notwendig, um Wettbewerbsverzerrungen, unter anderem durch Steuerpolitik, zu vermeiden. Zweitens lösen finanzielle Hochkonjunktur und Kreditzyklen gefährliche Verwerfungen aus und erfordern eine Kontrolle durch eine Geldpolitik, die Preisverzerrungen auch bei Vermögenswerten minimiert. Drittens kann die soziale Identität nicht allein anhand einer in Aussicht stehenden wirtschaftlichen Leistung sinnvoll aufgebaut werden. Und viertens lassen sich dringende kollektive Aufgaben dann am wirkungsvollsten bewältigen, wenn sie als Probleme der Allgemeinheit begriffen werden, die im allgemeinen gesetzlichen Rahmen zu lösen sind statt mithilfe besonderer Interventionen.

Der Kapitalismus begünstigt nicht grundsätzlich autoritäre Tendenzen und kann ebenso wenig per se für die Zerstörung der Umwelt verantwortlich gemacht werden. Dabei sollten wir uns in Erinnerung rufen, dass große Teile der Umweltschäden in den vergangenen hundert Jahren infolge der Planwirtschaft entstanden sind, das heißt aufgrund undemokratischer und marktunabhängiger Regulierung. Das Großartige am Kapitalismus war und ist noch heute, dass er Antworten auf die Probleme liefern kann, die häufig schlichte staatliche Vorschriften infrage stellen, da er die Möglichkeit bietet, Ideen und Initiativen sehr vieler Menschen zu bündeln, dysfunktionales Verhalten zu bestrafen und sinnvolle Innovationen zu belohnen. Die Vereinigten Staaten könnten heute ihre enormen technischen Ressourcen und Möglichkeiten dafür einsetzen, Methoden zur Bindung von Kohlendioxid oder kohlenstofffreie Energiequellen zu entwickeln. Solche Technologien müssen durch geeignete Signale und Anreize gefördert werden – mit anderen Worten: über einen Preismechanismus. Im Mittelpunkt eines von allen ehemaligen US-amerikanischen Notenbankpräsidenten sowie von 27 Wirtschaftsnobelpreisträgern unterzeichneten Konzept steht eine kontinuierlich steigende CO_2-Steuer, um so einen tragfähigen Weg zu mehr Nachhaltigkeit zu beschreiten.[57] Ein noch unmittelbarerer Beleg für erfolgreiche Innovation ist die Anzahl von konkurrierenden Unternehmen, die in der Coronapandemie innerhalb kürzester Zeit verschiedene Arten von Impfstoffen entwickelten. Wir sollten uns bei der Lenkung und Regulierung des Kapitalismus allerdings nicht allein auf Technokraten verlassen. Wir alle sind angehalten, mit unseren Präferenzen und Entscheidungen dabei mitzuwirken.

Die Vision von 1938 ist äußerst zeitgemäß. Die damals herrschende Verbindung zwischen dem Kapitalismus auf der einen sowie Politik und Staat auf der anderen Seite zu durchbrechen, war und ist noch immer äußerst relevant. In den 1930er-Jahren waren vorherrschende Themen der Missbrauch von Unternehmensmacht und die abträgliche Einflussnahme von Konzernen auf die Politik. In Italien und Deutschland standen privatwirtschaftliche Geschäftsinteressen teilweise im Einklang mit der Politik des Faschismus. Dies basierte zum Teil auf Korruption und zum Teil auf ideologischer Zustimmung. Zudem gab es damals – ähnlich wie heute – eine Debatte über die Vergesellschaftung von Verlusten sowie die Ausweitung von Anreiz- oder Rettungspaketen. Eine funktionierende Marktordnung muss zulassen, dass Risiken vollständig von denen getragen werden, die auf Spekulation setzen, und es sollte kein Platz für privatwirtschaftliche Aktivitäten oder Unternehmen sein, die zu groß, zu komplex oder strategisch zu wichtig sind, um ein Scheitern in Kauf zu nehmen. Transparente Regeln und Prozesse sind unerlässlich, um Korruption zu begrenzen, zu kontrollieren und zu bestrafen. Die Trennung dieser beiden Bereiche – des politischen und des ökonomischen Handelns – veranlasste den britischen Ökonomen John Maynard Keynes zu seiner Aussage, dass es besser sei, wenn ein Mensch sein Bankguthaben tyrannisiere als seine Mitmenschen.

Die Frage nach der Durchsetzung von Wettbewerb ist im digitalen 21. Jahrhundert noch drängender als Mitte des 20. Jahrhunderts. Die ökonomischen Effekte von Netzwerken ohne jegliche Grenzkosten bei immer weiter steigenden Skalenerträgen sind dazu angetan, einen einzigen, marktbeherrschenden Anbieter hervorzubringen, der ein komplexes Paket aus Dienstleistungen und Informationen – inklusive der Weitergabe von Ideen – offeriert. Aus diesem Grund sprechen sich einige führende Kapitalisten inzwischen tatsächlich gegen das Wettbewerbsprinzip aus. Die Krux besteht heute nicht darin, dass wir uns als Opfer eines anonymen Marktes fühlen, sondern als Opfer großer Konzerne, die im Besitz zu vieler Informationen über uns sind und an die wir dadurch persönlich gebunden sind, während sie ihrerseits für Fehler, Straftaten oder Betrug kaum zur Verantwortung gezogen werden.

Mikrotargeting war Mitte des 20. Jahrhunderts ein wichtiges Instrument des Totalitarismus und ist heute Bestandteil jener undurchschaubaren Algorithmen, die dem modernen Überwachungskapitalismus dienen. Auch Unternehmen bemühen sich wie in den 1930er-Jahren zunehmend darum, sich anhand von Ideen zu vermarkten und gigantische undurchsichtige Netzwerke zu beherrschen, die genauso stark von Emotionen wie von Interessen geleitet sind. Die Öffnung des Wettbewerbs erfordert daher mehr ungehinderten Zugang für alle zu Informationen aus verlässlichen Quellen. Im 21. Jahrhundert wird der gleichberechtigte Zugang zu Informationen genauso wichtig wie der zu physischen Ressourcen – oder vielleicht sogar noch wichtiger.

Die althergebrachte liberale – und neoliberale – Verteidigung des Kapitalismus bezog sich nicht auf den Wohlstand, sondern auf die Freiheit. Die wichtigste Freiheit betrifft dabei Gedanken und Wörter. Der etwaige Wohlstand war lediglich ein Nebeneffekt der Freiheit, nicht jedoch ihr Kern. Der Hinweis auf die zentrale Bedeutung der Freiheit brachte immer ein praktisches Problem mit sich: In der realen Welt waren die Menschen scheinbar gar nicht frei und nur in unterschiedlichem Maß imstande, Freiheit zu erkennen. Zudem empfanden sich viele als unfrei und hatten unterschiedliche Vorstellungen von ihren Möglichkeiten frei zu sein. Auch Ungleichheit behinderte die Persönlichkeitsentwicklung, indem sie das Potenzial des Einzelnen verringerte, sich stärker zu verwirklichen und seine Freiheit zu vergrößern.

Aufgrund dieser Probleme versahen diejenigen, die ein konkretes Programm zur Verbesserung der gegenwärtigen moralischen Ordnung ins Spiel brachten, ihre Analyse immer wieder mit Erklärungen, was beim vorigen Mal misslungen war. Sie zeichneten die Karikatur eines überkommenen, schlechten Kapitalismus, der durch ein besseres und offeneres System ersetzt werden sollte. Mitte des 20. Jahrhunderts bezeichnete man dies als »Manchestertum« und beschwor damit die düsteren Schilderungen Friedrich Engels' über die Arbeitsbedingungen in Textilfabriken oder Charles Dickens' Beschreibungen widerlicher Kapitalisten und Utilitaristen herauf. Diese Kritiker betonten stets den von ihnen angestrebten Mittelweg zwischen Sozialismus und dem alten, in Verruf geratenen Manchestertum und legten das Konzept einer »sozialen Marktwirtschaft« dar. Zu Beginn unseres Jahrtausends bestand das intellektuelle Äquivalent darin, eine Comicversion des Neoliberalismus mit Schmach zu übergießen.

Die Debatten über den Neoliberalismus sind untrennbar mit Diskussionen zum Thema Globalisierung verbunden. Dani Rodrik verwies dabei auf ein politisches Trilemma: Von drei politischen Optionen für die globale wirtschaftliche Integration kommen lediglich zwei infrage – der Nationalstaat und die Demokratie. Diese Analyse ist jedoch zu stark vereinfacht.[58] Rodriks Ansatz beruht auf einer Analogie zum klassischen makroökonomischen Trilemma beziehungsweise der unmöglichen Dreieinigkeit *(impossible trinity)* von festen Wechselkursen, freiem internationalen Zahlungsverkehr und autonomer Geldpolitik. Doch Zahlungsverkehr ist nie vollkommen frei, die Überlassung von Kapital ist immer von einer Heimatmarktneigung geprägt, gänzlich feste Wechselkurse gibt es nicht und die lokale Geldpolitik wird stets durch die anderer beeinflusst. Rodriks volkswirtschaftliches Modell unterliegt ähnlichen Spannungen und die Optionen sind nicht absolut. Ein Nationalstaat existiert nicht für sich allein und Demokratie bedeutet nicht, dass die Menschen sich frei für alles entscheiden können, was ihnen in den Sinn kommt. Demokratie bedeutet, zwischen Alternativen wählen zu können, jedoch nicht zwischen einer Vielzahl von alternativen Universen. Wenn bei demokratischen Entscheidungen zu viel auf dem Spiel steht, kommt es nicht selten dazu, dass der Prozess unterlaufen und geschädigt wird.

Dieses Dilemma erweist sich als besonders dramatisch, wenn es um internationale Schulden geht, sowohl privatwirtschaftlicher als auch öffentlicher Art (in der Praxis wird hier in Notlagen kaum unterschieden, da die untragbaren Belastungen hoher privatwirtschaftlicher Schulden dazu führen, dass die öffentliche Hand einspringt). Eine Demokratie kann sich beispielsweise dazu entschließen, ihre Schulden nicht zurückzuzahlen. Dieser Schritt wirkt sich auf zukünftige Marktanbindungen aus, und Beschränkungen – häufig durch die internationale Ordnung erlassen – ermöglichen eine zeitkonsistentere Strategie. Internationale Koordinationsmechanismen sowie die Infrastruktur des Multilateralismus sind von der Notwendigkeit solcher Abwägungen geleitet. Sie unterstützen Staaten bei der Herausarbeitung sinnvoller Entscheidungen und haben keinen nachteiligen Einfluss oder Effekt auf andere.

Der bedeutsamste Aspekt einer solchen institutionellen Infrastruktur ist jedoch – im Gegensatz zu kurzfristigen Kriseninterventionen –, dass sie auch in der Zukunft Bestand haben. Sie wirken sich zudem auf das Verhalten Einzelner aus, was wiederum Einfluss auf die Gruppendynamik hat. Um Menschen wirksame und bindende Entscheidungen zu ermöglichen, müssen sie in reale – nicht nur virtuelle – Netzwerke eingebunden sein, die sie dazu anhalten, langfristige Konsequenzen zu bedenken. Sie brauchen echte und dauerhafte Freundschaften, Liebesbeziehungen und Verbundenheit – nicht nur Tinder-Dates, die man nach links wegswipen kann, oder Facebook-Kontakte, die man leicht »entfreunden« kann. Gegenwärtig werden enorme Anstrengungen unternommen, um Schutzmaßnahmen gegen Trolle und systematische Falschinformationen zu entwickeln. Dieser Welt lässt sich auf lange Sicht nur durch wahre Menschlichkeit entgegentreten: keine flüchtigen, schnellen Reaktionen, sondern echte, tiefe Verbindungen. Zufriedenheit, Erfüllung und Würde sind die – unbezahlbaren – Gemeingüter, die wir hervorbringen sollten. Diese sind tatsächlich von globaler Tragweite.

Der große Wirtschaftswissenschaftler Keynes warnt am Ende seiner *Allgemeinen Theorie:* »Praktiker [...] sind gewöhnlich Sklaven irgendeines verblichenen Ökonomen.« Dieses bekannte Zitat führte auch Hayek 1947 beim Gründungstreffen der Mont Pèlerin Society an. Ein Weg zur Überwindung der von Keynes beschriebenen Knechtschaft ist die Anwendung der ursprünglichen DNA des Neoliberalismus, um ermessen zu können, welche Probleme die »verblichenen Ökonomen« meinten. Die eigentliche Vision der Neoliberalen der 1930er-Jahre war eine Antwort auf das Krisen- und Notstandsdenken, auf die Rufe nach außergewöhnlichen Maßnahmen. Sie lebten in einem Zeitalter, in dem nach kollektiven Antworten gerufen wurde, wobei jedoch die typischen Antworten auf diese Forderung höchst defizitär waren. Sie bemühten sich, einen Weg aufzuzeigen, der langfristiger zu mehr Glaubwürdigkeit und Tragfähigkeit führt sowie auf einfachen und transparenten Prinzipien beruht.

So wie Hayek so klug vor der überzogenen Abhängigkeit von unscharfen Begriffen warnte, werden die wichtigen Probleme in starkem Maße durch die Verwendung von Worten verschleiert, die vermenschlichende oder personifizierte Erklärungen von Gesellschaftsinstitutionen implizieren.[59] Der Neoliberalismus sollte nicht als personalisierte Erklärung der Institutionen des 21. Jahrhunderts genutzt werden. Seine ursprünglichen Lehren können vielmehr als Gegenmittel gegen die zahllosen Verwerfungen und Dystopien gelten, die das ökonomische, gesellschaftliche und politische Vokabular unserer Zeit vergiften.

13 GERECHTIGKEIT UND GLOBALE GERECHTIGKEIT

Globalisierungskritiker argumentieren, die Herausbildung einer globalen Gesellschaft erfordere globale Gerechtigkeit. Der Begriff der globalen Gerechtigkeit an sich ist noch relativ neu. Nennenswerte Verbreitung fand er erst seit Beginn der 1990er-Jahre, mit der Beschleunigung der modernen Globalisierung und der zunehmenden Popularität des Globalisierungsbegriffs. Er ist verwandt – jedoch nicht deckungsgleich – mit dem Terminus »soziale Gerechtigkeit«, wobei beide ein gewisses Maß an »rhetorischem Imperialismus« beinhalten.[1]

Gerechtigkeit ist letztlich ein universelles Prinzip, das sich jedoch zwangsläufig auf konkrete Umstände bezieht: etwa wie sich ein Konflikt zwischen zwei Personen lösen lässt oder inwiefern eine Person für ihr jeweiliges Handeln zur Verantwortung gezogen werden kann. Die Idee der Gerechtigkeit ist genau zu differenzieren, wobei laut Augustinus »im Menschen selbst eine gewisse Ordnung der Natur aufgerichtet wird«. Wird diese globalisiert, entsteht dadurch eine neue Abstraktionsebene.

Das Problem wird bereits im biblischen Gebot der Nächstenliebe thematisiert, indem Jesus auf Levitikus 19,18 verweist: »Du sollst dich nicht rächen noch Zorn bewahren gegen die Kinder deines Volks. Du sollst deinen Nächsten lieben wie dich selbst.« Doch wer genau ist »dein Volk«? Gehen unsere vermehrte Kommunikation und das erweiterte Wissen nicht damit einher, dass wir Teil einer universellen geschwisterlichen Gemeinschaft sind? Diese Botschaft leitet Papst Franziskus sehr eindrücklich von Franz von Assisi ab:

> ›Fratelli tutti‹ schrieb der heilige Franz von Assisi und wandte sich damit an alle Brüder und Schwestern, um ihnen eine dem Evangelium gemäße Lebensweise darzulegen. Von seinen Ratschlägen möchte ich den einen herausgreifen, mit dem er zu einer Liebe einlädt, die alle politischen und räumlichen Grenzen übersteigt. Er nennt hier den Menschen selig, der den anderen, ›auch wenn er weit von ihm entfernt ist, genauso liebt und achtet, wie wenn er mit ihm zusammen wäre‹. Mit diesen wenigen und einfachen Worten erklärte er das Wesentliche einer freundschaftlichen Offenheit, die es erlaubt, jeden Menschen jenseits des eigenen Umfeldes und jenseits des Ortes in der Welt, wo er geboren ist und wo er wohnt, anzuerkennen, wertzuschätzen und zu lieben.[2]

Politische und räumliche Grenzen überwinden – dieser Vision zufolge gibt es und kann es keine Staaten geben, in denen Gerechtigkeit anders oder unterschiedlich praktiziert wird.

Das Konzept der sozialen Gerechtigkeit, die nicht auf die konkreten Interaktionen eines Individuums beschränkt ist, wurde zunächst von konservativen katholischen Sozialgelehrten entwickelt, die sich damit gegen die der Aufklärung entstammenden Ideen universeller Rechte, gegen die Idee eines Gesellschaftsvertrags sowie gegen dessen Annahme einer prinzipiellen Gleichstellung der Vertragsparteien aussprachen. Es bildete die Grundlage für ein nachhaltiges Bestreben nach anderen Rechtsansprüchen, die von einigen Autoren als »moderne Rechte« definiert werden und sich auf das praktische Wohlergehen beziehen, im Gegensatz zu den »alten Rechten«, in denen es um die politische Freiheit geht.

Die Herausbildung eines zentralen Aspekts des modernen Moraldiskurses ist mit einem beträchtlichen Maß an Ironie verbunden, da ein vermeintlich moderner, progressiver Terminus seinen Ursprung im reaktionären Denken des 19. Jahrhunderts hat und auf einen geistigen Impuls der Jesuiten zurückgeht, einer der damals reaktionärsten Ordensgemeinschaften. Der erste Denker, der Rechten und Gerechtigkeit einen sozialen Charakter beimaß, ist heute weitestgehend in Vergessenheit geraten: der jesuitische Philosoph Luigi Taparelli d'Azeglio, dessen jüngerer Bruder Massimo d'Azeglio – Romancier, Maler, liberaler Politiker und Ministerpräsident des Königreiches Sardinien – als einer der vielleicht wichtigsten Begründer des modernen Italiens angesehen werden kann. Der ältere Bruder wurde von Pius XI. beharrlich ignoriert, wobei dieser offenbar geistig in Taparellis Schuld stand und über ihn äußerte, er sei leider nicht vielen Menschen bekannt, wohingegen nicht wenige Fremde ihn kennen und ihn als unbezwingbar und unübertroffen bezeichnen.[3] Es ist bemerkenswert, dass »soziale Gerechtigkeit« Mitte des 19. Jahrhunderts zu einem entscheidenden Begriff im italienischen Diskurs wurde und anschließend in den 1930er-Jahren (zur Zeit des Faschismus) größere Verbreitung fand, während englischsprachige Autoren den Terminus weitgehend ignorierten. In der englischen Sprache gewann er erst in den 1990er-Jahren an Bedeutung, was eine Folge der zunehmenden Auseinandersetzung mit globaler Gerechtigkeit war.

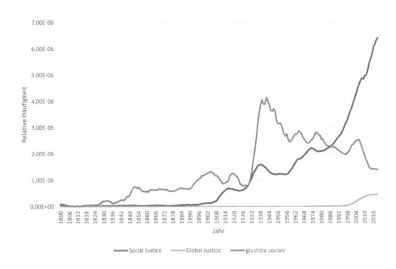

Abbildung 8. Google N-Gram Frequenzen (Häufigkeit der Zitierungen in Büchern) für die Begriffe social justice, global justice und giustizia sociale

Luigi Taparelli gründete seine Argumentation darauf, dass er das individuelle Bewusstsein als soziales Konstrukt beschrieb und nahelegte, der moralische Mensch gehöre gleichzeitig drei Ordnungen an, nämlich der individuellen, der sozialen und der universellen. Der Jesuit stellte die Ungleichheit der Partikularität den Erwartungen einer allgemeinen Gleichheit des Menschen gegenüber. In einer universellen Gesellschaft sollte sich der Mensch keinesfalls anderen unterordnen: »Sind wir alle auf gleiche Weise Menschen, so sind wir alle ohne Unterschied mit Verstand begabt; es findet sich also in der bloßen Menschheit kein Grund, der den Einen verpflichten könnte, dem Geiste des Andern seinen Geist zu unterwerfen, und ebenso wenig seinen Willen und die daraus resultierenden Handlungen.« Allerdings existierte auch eindeutig keine allgemeine Gleichheit: »Der Schluß ist also ganz richtig, daß alle menschliche Individuen unter sich von Natur aus ungleich sind, in so fern wir auf die Individualität Rücksicht nehmen, wie sie in Betracht der Gattung von Natur aus gleich sind.«[4] Für Taparelli, der seine Schriften in den 1830er- und 1840er-Jahren verfasste, stellte das Soziale eine Möglichkeit dar, um eine politische Ordnung zu kreieren, die aus diesen »natürlichen« Unterschieden resultierte und – im Falle der Gesellschaft, in der Taparelli tatsächlich lebte – den Wunsch nach einem italienischen Staat auslöste.

Politische Analyse

Das Wissen um die Herausforderungen aufgrund räumlicher Entfernung geht auch mit einem Bewusstsein für die beträchtlichen Unterschiede der menschlichen Lebenswirklichkeit einher, die sich nicht nur auf konkrete Perspektiven beziehen (die sich statistisch leicht in Form von Lebenserwartung oder Wohlergehen) erfassen lassen, sondern auch auf Lebenschancen. In modernen Diskussionen werden diese Unterschiede schlicht als Ungleichheit subsummiert, die als inakzeptabel gewertet wird – oder zumindest als unvereinbar mit jeglicher Idee von universeller Geschwisterlichkeit (fratelli tutti). Der aus Deutschland stammende Yale-Philosoph und Rawls-Anhänger Thomas Pogge kommentierte die

Forderung nach globaler Gerechtigkeit zu jenem kritischen Zeitpunkt, als zu Beginn des neuen Jahrtausends massive globalisierungsfeindliche Proteste stattfanden, aus streng moralistischer Sicht: Besäßen die Bürger wohlhabender Staaten ein Minimum an Anstand und Menschlichkeit, schrieb er, so würden sie auf diese Forderungen reagieren und ihren Beitrag zur Bekämpfung der weltweiten Armut leisten.[5]

Pogge war zudem bereit, sich hinsichtlich der Forderungen nach Gerechtigkeit auf einen gänzlich anderen Ansatz einzulassen. Einzelpersonen – vor allem besonders wohlhabend – sollten eigene ausgleichende Projekte initiieren. In der Spätantike, als im Römischen Reich zu dessen Glanzzeit massive Ungleichheit herrschte, predigte der Hl. Ambrosius von Mailand Verzicht und Entsagung.[6] Seiner Interpretation zufolge gibt ein reicher Mann, der die Armen bedenkt, keine Almosen, sondern begleicht damit vielmehr eine Schuld. Diese Mahnung geht eindeutig auf die hellenistische Tradition des Euergetismus zurück, die freiwillige Abgabe eines beträchtlichen Vermögensanteils an das Gemeinwesen. Eine moderne Variante, wie Einzelne durch Wohltätigkeit zur Gerechtigkeit beitragen können, wurde von William MacAskill und Thomas Ord unter der Bezeichnung »effektiver Altruismus« entwickelt. Diesem Ansatz zufolge setzen Wohlhabende jene Fähigkeiten, durch die sie reich geworden sind, dazu ein, ein soziales Anliegen und sonstige Maßnahmen auszuwählen, denen sie sich widmen und womit sie möglichst viel bewirken können. Dabei entscheidet somit keine besondere Instanz darüber, welche Interventionen am wichtigsten wären, und die Vielzahl der Spenderinnen und Spender sorgt für eine breite Palette von Initiativen. Dabei wird bewusst auf eine gewisse Willkür gesetzt und es gibt keinerlei Versuch, für einen zentralen Ausgleich zwischen den unterschiedlichen Anliegen zu sorgen. Ein Ziel kann beispielsweise das Tier- oder Pflanzenwohl sein, ein anderes der Kampf gegen den Klimawandel und ein weiteres die Linderung extremer Armut. In einigen Fällen gehen die Verfechter des effektiven Altruismus nahezu so weit, dass sie die Mittel, die sie eingesetzt haben, um ihren Reichtum anzuhäufen, damit rechtfertigen, wie viel Energie und Fantasie sie aufwenden, um ihn an andere weiterzugeben. Der berüchtigte Fall des Kryptowährungsbetrügers Sam Bankman-Fried, der sein Vermögen teilweise unter der Zusicherung aufbaute, enorm viel Gutes zu tun (wobei seine Methoden der Geldschöpfung fatal an ein Ponzi-System erinnerten), rückte die Logik hinter der Bewegung des effektiven Altruismus in ein kritisches Licht.

Das Wissen um das Problem ungleicher Chancen und Perspektiven führt zur Suche nach Auswegen. Pogge formulierte seine Schlussfolgerungen auf recht drastische Weise und warnte vorab:

> Die meisten meiner Leser halten diese Behauptung offenbar für einen Irrtum.« Der Moralphilosoph gelangte zu der frappierenden Erkenntnis, wohlmeinende moderne politische Führungspersönlichkeiten richteten im Zeitalter der Globalisierung mehr Schaden an als ihre gewalttätigen und boshaften Vorgänger zu Zeiten, als es noch keine Globalisierung gab und somit das Ausmaß des von ihnen verursachten Unheils begrenzt war. So interpretiere ich zumindest Pogges markantes Diktum, wonach Adolf Hitler und Josef Stalin zwar ungleich niederträchtiger waren als unsere politischen Verantwortungsträger, aber dennoch niemals auch nur annähernd auf eine Zahl von 18 Millionen Todesopfer pro Jahr kamen.[7]

Mit Gedankenexperimenten dieser Art setzten sich viele Globalisierungskritiker auseinander. Nach der Finanzkrise in Asien zu Beginn des neuen Jahrtausends äußerte sich Ken Livingstone, der frühere Londoner Bürgermeister und Kritiker der unter Tony Blair auf Modernisierung und Globalisierung fokussierten Labour-Partei, ganz ähnlich wie Pogge: »Das internationale Finanzsystem fordert jedes Jahr mehr Menschenleben als der Zweite Weltkrieg. Aber Hitler war immerhin irre.«

Die Globalisierung war ein System ohne erkennbaren Führer – ohne Hitler, Stalin oder Mao. Insofern war vorprogrammiert, dass es den Kritikern darum ging, die Globalisierung zu personifizieren (beziehungsweise als unmenschlich darzustellen), vor allem bei ihren Straßenprotesten. Ziel ihrer Angriffe waren multinationale Unternehmen, vor allem solche mit großer Sichtbarkeit für die Verbraucher. So wurde etwa während einer Tagung des IWF in Prag eine McDonald's-Filiale verwüstet.

In der modernen Auseinandersetzung mit der Globalisierung ist es bedeutend schwieriger, menschenverachtende Grausamkeit bestimmten Unternehmen zuzuschreiben – und dementsprechend nach Lösungen zu suchen. BP und Exxon waren Verursacher massiver und umweltschädigender Ölkatastrophen, wurden dafür jedoch lediglich mit Geldstrafen belegt. Als am 24. April 2013 das Rana-Plaza-Gebäude in Bangladesch, wo zahlreiche Textilfabriken untergebracht waren, einstürzte, kamen dabei mehr als 1000 Arbeitskräfte ums Leben. Eine Reihe namhafter Firmen wie Bonmarché, El Corte Inglés, Inditex, Mango, Mascot und Primark ließen ihre Kleidung dort fertigen. Auch Benetton hatte in Bangladesch produzieren lassen, behauptete jedoch, mittlerweile darauf zu verzichten. Selbst dieser Fall, bei dem der Zusammenhang zwischen Billigherstellung und Vernichtung menschlichen Lebens so deutlich erkennbar war, erwies sich als weniger offenkundig als die himmelschreienden Skandale aus der Anfangszeit der Globalisierung.

Die Peruvian Amazon Company, ein an der Londoner Börse notiertes britisches Unternehmen unter britischer Leitung, das im Amazonas mit mörderischer Brutalität Kautschuk gewann, musste 1913 schließen, nachdem der britische Diplomat Roger Casement einen vernichtenden Bericht darüber verfasst hatte. (Casement wurde als Anerkennung für die moralische und politische Bedeutung seines Berichts in den Ritterstand erhoben.) In diesem Bericht war unter anderem zu lesen, dass Señor [Julio C.] Arana {der Kautschukmagnat} zusammen mit drei Partnern gemeinsam ein Unternehmen zu veräußern beabsichtigte, das sich jahrelang auf entsetzlichste Weise dem Sammeln von Kautschuk widmete. Im entsprechenden Prospekt würden die Profite aus diesem Geschäft und teilweise durch den so gesammelten Kautschuk dargestellt. Seiner Meinung nach sei es undenkbar, alle am Unternehmen Beteiligten aus angeblicher Unkenntnis über die Praktiken des Kautschukgewinns zu entlasten.[8] Die Hauptverantwortlichen wurden weder angeklagt noch verurteilt, und Casement schrieb an seinen Freund Richard Morten:

Die Welt ist ein schäbiger Ort, Dick, doch das ist unsere Schuld, unsere Schuld. Wir ernten, was wir säen, nicht vollumfänglich, doch wir bekommen unsere wohlverdiente Strafe – alle, bis auf die Indianer und ihresgleichen. Sie bekommen mehr als sie verdienen – sie haben nie gesät, was die ›Zivilisation‹ ihnen als Preis für die harte Arbeit zuerkennt.[9]

Ein Jahrhundert später bat der kolumbianische Präsident Juan Manuel Santos in La Chorrera, dem regionalen Sitz der Peruvian Amazon Company die indigene Bevölkerung des Amazonas, die Opfer des Kautschuk-Booms, um Verzeihung.

Sir Roger Casement hatte sich bei seinen Recherchen zunächst auf den Kongo und später auf das obere Amazonastal konzentriert: In beiden Fällen bildete die Gewinnung von Kautschuk den Kern eines von Brutalität und Ungerechtigkeit geprägten Systems. Es ist eine Ironie der Geschichte, dass der Ort der schlimmsten Exzesse – das Herz der Finsternis wie bei Joseph Conrad – in der frühen Phase der Globalisierung mit dem unserer heutigen Globalisierung nahezu identisch ist. Der obere Amazonas wird rücksichtslos ausgebeutet und ist Schauplatz tödlicher Konflikte zwischen Ausländern, die es auf die immensen Naturressourcen abgesehen haben, und indigenen Volksgruppen. Genau wie zu Casements Zeiten werden Rechercheure aus dem Ausland angegriffen und zuweilen gar ermordet: So wurden 2022 der britische Journalist Dom Philips und der brasilianisch-indigene Aktivist Bruno Pereira von illegalen Fischern getötet. Der Kongo, wo Casement erstmals in Kontakt mit den Missständen des Imperialismus kam, steht auch heute noch im Fokus investigativer Berichterstattung über die brutalen Erfahrungen der kleingewerblichen Bergarbeiter (creuseurs). Sie bauen Kobalt ab, das unverzichtbar für die Herstellung von Elektrobatterien ist, die wiederum für eine globale Abkehr von fossilen Energieträgern benötigt werden.[10] Doch die aktuellen Schreckensszenarien lassen sich nicht ohne Weiteres konkreten Unternehmen zuschreiben.[11] In der Demokratischen Republik Kongo verkaufen die unabhängigen Bergarbeiter ihr Kobalt an chinesisch kontrollierte Unternehmen. Das Kobalt kommt für Batterien zum Einsatz, die von China exportiert werden. Chinesische Firmen bilden somit ein Schlüsselelement in der Lieferkette, wodurch es für Verbraucher – beispielsweise

Käufer von Smartphones – nicht nachvollziehbar ist, woher die Bauteile ihrer Geräte stammen. Zu den großen internationalen Konzernen, die im Amazonas tätig sind, gehören unter anderem Alunorte, dessen Haupteigentümer Norsk Hydro und somit der norwegische Staat ist, sowie Alcoa oder Mineração Rio do Norte. Sie versichern allesamt, das natürliche Gleichgewicht des Amazonas »wiederherzustellen« und ihre Aktivitäten sind von der Aluminum Stewardship Initiative zertifiziert.

Kein modernes Unternehmen wurde somit je stillgelegt, und die großen Unglücksfälle wie die Chemiekatastrophe im indischen Bhopal, einem zum United Carbide gehörenden Werk (die das Unternehmen überstand) oder der Brand von Rana Plaza werden als Unfälle dargestellt und nicht als fahrlässige Verbrechen, obwohl die Großkonzerne häufig wichtige Sicherheitsstandards nicht einhalten.

Vielleicht wäre es daher sinnvoller, einen Blick auf internationale Institutionen und deren Versagen bei der Regulierung und Kontrolle zu werfen, da diese für den globalen Kapitalismus und dessen Exzesse verantwortlich sind. Auf dem Höhepunkt der Globalisierungsdebatte richtete sich die Aufmerksamkeit maßgeblich auf die Welthandelsorganisation und den Internationalen Währungsfonds. Der damals in Harvard tätige Wirtschaftswissenschaftler Jeffrey Sachs verurteilte die aus seiner Sicht fatale Kombination aus Geheimhaltung und Inkompetenz beim IWF scharf und mutmaßte, dass diese Geheimhaltung offenbar nötig sei, um das Ausmaß an Inkompetenz zu vertuschen:

In den letzten drei Monaten diktierte diese kleine, geheime Institution die wirtschaftlichen Bedingungen für 350 Millionen Menschen in Indonesien, Südkorea, auf den Philippinen und in Thailand. Sie hat Steuergelder in Höhe von mehr als 100 Milliarden Dollar für Kredite aufs Spiel gesetzt. [...] Da wahrscheinlich die Hälfte der Arbeitszeit des IWF diesen Ländern gewidmet ist und der Rest sich mit der Überwachung von Wirtschaftsnationen, Verwaltung, Recherche und anderen Aufgaben beschäftigt, sind 500 Beschäftigte für 75 Staaten zuständig. Das sind im Schnitt sieben Ökonomen pro Land. Es ist davon auszugehen,

dass sieben Mitarbeiter nicht genügen, um sich einen kompeten-
ten Eindruck der Lage zu verschaffen. Dieser Verdacht bestätigte
sich. Der IWF stellte innerhalb weniger Tage ein drakonisches
Programm für Korea auf, ohne fundierte Kenntnis des Finanzsystems dieses Landes und ohne jedes Fingerspitzengefühl hinsichtlich dessen, wie man mit den Problemen umgehen könnte.[12]

Ken Livingstone ergänzte seine Anklage gegen ein mörderisches Finanzsystem durch den Wunsch, die Führungskräfte des Internationalen
Währungsfonds mögen »unter Schmerzen in ihren Betten sterben«.[13]
Es ist durchaus nachvollziehbar, dass in groß angelegtes internationales Handeln gesetzte Hoffnungen in Hass und Verachtung umschlagen,
wenn derart hohe Erwartungen enttäuscht werden.

Staatlichkeit und Territorialität

Gerechtigkeit ist in ihrem traditionellen Sinne die Verantwortung des Staates. Abraham Lincoln schrieb: »Die Regierung hat für die Bevölkerung
das zu besorgen, wonach die Menschen ein Bedürfnis haben, was sie aber
selbst überhaupt nicht tun können oder doch, auf sich gestellt, nicht eben-
sogut tun können.« Weiter heißt es: »In all das, was die Menschen ebenso-
gut selber tun können, hat die Regierung sich nicht einzumischen.«[14] Der
Heilige Augustinus leitete vom Begriff der Gerechtigkeit seine Grundgedanken zum Thema Regierung ab. In einer berühmten Passage erläutert er:

> Was anders sind also Reiche, wenn ihnen Gerechtigkeit fehlt, als
> große Räuberbanden? Sind doch auch Räuberbanden nichts an-
> ders als kleine Reiche. Auch da ist eine Schar von Menschen, die
> unter Befehl eines Anführers steht, sich durch Verabredung zu
> einer Gemeinschaft zusammenschließt und nach fester Über-
> einkunft die Beute teilt. Wenn dies üble Gebilde durch Zuzug
> verkommener Menschen so ins Große wächst, daß Ortschaften
> besetzt, Niederlassungen gegründet, Städte erobert, Völker unter-

worfen werden, nimmt es ohne Weiteres den Namen Reich an, den ihm offenkundig nicht etwa hingeschwundene Habgier, sondern erlangte Straflosigkeit erwirbt. Treffend und wahrheitsgemäß war darum die Antwort, die einst ein aufgegriffener Seeräuber Alexander dem Großen gab. Denn als der König den Mann fragte, was ihm einfalle, daß er das Meer unsicher mache, erwiderte er mit freimütigem Trotz: Und was fällt dir ein, daß du das Erdreich unsicher machst? Freilich, weil ich's mit einem kleinen Fahrzeug tue, heiße ich Räuber. Du tust's mit einer großen Flotte und heißt Imperator. (Vom Gottesstaat, Viertes Buch)

Die Geschichte von Alexander ist besonders aufschlussreich, da der griechische Herrscher als einer ersten der großen Reformer im Hinblick auf die Verwendung von Geld gilt, um sich an unterworfenen Völkern zu bereichern. Sie mussten sich diese Münzen erst verdienen, indem sie Waren an Alexanders Soldaten (im Austausch gegen eben jene Münzen) verkauften, um sie dann als Steuern abzuführen.

Eines der eindrucksvollsten Beispiele für die Welt der italienischen Stadtstaaten in der Frührenaissance ist ein Freskenzyklus von Ambrogio Lorenzetti im Palazzo Pubblico von Siena, der Mitte des 14. Jahrhunderts entstanden ist. Er befindet sich in der Sala dei Nove, wo die neun Magistrate der Stadt zusammenkamen. Die Gerechtigkeit, dargestellt als weibliche Figur von idealer klassischer Schönheit, balanciert eine Waage, die von einer anderen allegorischen Gestalt, der Weisheit, gehalten wird. Unter dieser Darstellung befindet sich ein erklärender Text:

Wo diese heilige Tugend [Gerechtigkeit] regiert, führt sie die vielen Seelen zur Einheit, und diese, so vereint, setzen das Gemeinwohl als ihren Herrn ein. Dieser, um seinen Staat zu regieren, entscheidet sich, niemals die Augen abzuwenden vom Glanz der Antlitze der Tugenden, die ihn umgeben. Deshalb werden ihm im Triumph Steuern, Abgaben und Landherrschaften überreicht. Deshalb, ohne Krieg, tritt jegliche bürgerliche Wirkung ein, nützlich, nötig und freudig.[15]

In der »Allegorie der schlechten Regierung« ist dagegen der Tyrann dargestellt, flankiert von den Personifikationen für Grausamkeit, Hinterlist, Betrug, Zorn, Zwietracht und Krieg. Darüber thronen die Todsünden aus Dantes Göttlicher Komödie: Hochmut, Geiz und Ruhmsucht (Superbia, Avaritia e Vana Gloria). Zu Füßen des Tyrannen liegt gefesselt die Gerechtigkeit als hilflose Gefangene ohne Gewand und Krone, die Waage ist zerbrochen.

Den italienischen Stadtvätern war bewusst, dass die Regierung vom Territorium abhängig ist, das die Bevölkerung bewohnt. Doch mit zunehmenden Kontakten über Landesgrenzen hinweg wurde es immer schwieriger, in einer komplexeren Welt Gerechtigkeit walten zu lassen. Der althergebrachte Begriff der Gerechtigkeit stand im Zusammenhang mit Territorialität – einem Terminus, der in jüngster Zeit zu einem wesentlichen Schlüssel für die Dekodierung moderner Geschichte geworden ist.[16] Französische Denker des 19. Jahrhunderts differenzierten zwischen pays légal und pays réel. Eine analoge Unterscheidung für die heutige Welt wurde am überzeugendsten von Glen Weyl vorgenommen. Er differenziert zwischen Netzwerken von Personen, die durch die gleichen politischen Entscheidungen oder gesellschaftlichen Phänomene als »natürliche Gemeinwesen« (natural polities) betroffen sind, und Menschen in politischen Institutionen, die die Welt als »reale Gemeinwesen« (actual polities) prägen.[17] Ist hinsichtlich eines Problems das reale Gemeinwesen signifikant größer als das natürliche Gemeinwesen, kommt es durch den Ablauf demokratischer Prozesse im realen Gemeinwesen zur Unterdrückung von Minderheiten. Weyl nennt als Beispiel dafür die Vernachlässigung von Minderheiten in US-amerikanischen Städten sowie den zunehmenden Genozid an den Rohingya während der Demokratisierung Myanmars. Ist dagegen das reale Gemeinwesen zu klein für das Themenfeld (Überwindung von Ungleichheit, Verhinderung des Klimawandels) schätzt Weyl die Perspektiven ebenfalls als »katastrophal« ein. Kollektive Entscheidungen werden vielfach nicht auf der richtigen Ebene getroffen.

Die jüngste Phase der Globalisierung kann als Suche nach immer komplexeren Formen von variabler Geometrie von Staaten, die sich für bestimmte Themenfelder zusammenschließen, verstanden werden – sowie als Versuch, über Themenfelder hinweg ihre Kräfte zu bündeln. Ein geeigneter Ausgangspunkt ist möglicherweise der erste moderne Gipfel, bei dem sich vom 15. bis 17. November 1975 die Staatsoberhäupter von sechs einflussreichen Industrienationen auf Schloss Rambouillet in Frankreich trafen, um Lösungen für die zahlreichen Probleme infolge der Ölpreissteigerungen seit 1973 zu finden. Bereits die Anzahl spiegelt den Prozess wider: Ursprünglich sollten lediglich Vertreter aus fünf Ländern teilnehmen, doch angesichts der politisch instabilen Lage in Italien wollten die USA den dortigen Staatschef Aldo Moro (der nicht einmal drei Jahre darauf einem nach wie vor ungeklärten politischen Verbrechen zum Opfer fiel) mit einbeziehen. Ein Jahr später drängten die USA darauf, Kanada zu integrieren (nicht weil die Lage dort fragil war, sondern weil Washington eine europäische Dominanz ausgleichen wollte). Dies war die Geburtsstunde der G7. 1998 kam dann Russland hinzu, inmitten einer schweren Wirtschaftskrise, die dazu führte, dass die Legitimität der russischen Regierung infrage gestellt wurde. 2014, nach der Annexion der Krim und dem Einmarsch in die Ostukraine, schloss man Russland wieder aus.

Mit der Einladung an Wolodymyr Selenskyj zur Teilnahme am G7-Gipfel in Hiroshima setzte man einen langen Prozess zur Einbindung instabiler Länder fort, wobei es jedoch zugleich darum ging, wechselnde Koalitionen zu etablieren, um Probleme gemeinsam zu bewältigen. George W. Bush, enttäuscht von den Vereinten Nationen, sprach Anfang der 2000er-Jahre davon, »Koalitionen der Willigen« zu schaffen, um mithilfe einer multinationalen Truppe unter Führung der USA im Irak einzumarschieren und gegen Saddam Hussein vorzugehen. In Europa, dem am stärksten institutionalisierten und multilateralisierten Teil der Welt, wurde kontinuierlich mit verschiedensten Formen von Zusammenschlüssen und mentalen Modellen experimentiert, um die Reichweite der Europäischen Union möglichst zu vergrößern. Seit den 1990er-Jahren schloss die EU wiederholt Assoziierungsabkommen mit nordafrikanischen Staaten. Ähnliche Vereinbarungen gab es mit ehemaligen Sowjetrepubliken, insbesondere mit Georgien und der Ukraine. 2022 initiierte die EU, vor allem auf Betreiben des französischen Staatspräsidenten Emmanuel Macron, eine Europäische Politische Gemeinschaft (EPC) als »Plattform für die politische Koordinierung«, die sich »jenseits von Erweiterung« bewegte (und somit einen Behelf darstellte, um ungeachtet des Widerstands gegen eine Erweiterung Länder wie die Türkei einzubeziehen). Der gleiche Prozess fand in der Welthandelsorganisation statt, wo die vollständig globale beziehungsweise genuin multilaterale Verhandlungsrunde scheiterte und eine Hinwendung zum »Plurilateralismus« bewirkte. Dabei gingen einzelne Ländergruppen über bilaterale Vereinbarungen hinaus.

Die Entwicklung von variabler Geometrie und Plurilateralismus lässt sich am besten anhand der Klubtheorie erklären, der zufolge Mitglieder bestimmte Vorteile oder Ziele anstreben, wobei diese Ziele mit dem Ausschluss anderer einhergehen. Somit können sie per Definition nicht als Instrumente genuiner oder wahrhaft globaler Quasistaaten fungieren, die für Gerechtigkeit sorgen. Denn einem Klub schließen wir uns nicht an, um Gerechtigkeit zu erlangen oder gar Streitigkeiten zu schlichten.

Die Idee, dass unterschiedliche geografische oder gesellschaftliche Räume vonnöten sind, um bestimmte Probleme zu bewältigen, entspringt ebenfalls der katholischen Sozialwissenschaft – insbesondere der Sozialenzyklika Quadragesimo Anno von Papst XI., in der die Idee des »Subsidiaritätsprinzips« entfaltet wird. Ebenso wie die soziale Gerechtigkeit wurde dieses Konzept aus dem im 19. Jahrhundert entstandenen Werk von Luigi Taparelli entwickelt. In der nach dem päpstlichen Konkordat mit Italien unter Mussolini verabschiedeten Enzyklika Pius' XI. wird die Theorie wie folgt formuliert:

Angelegenheiten von untergeordneter Bedeutung, die nur zur Abhaltung von wichtigeren Aufgaben führen müßten, soll die Staatsgewalt also den kleineren Gemeinwesen überlassen. Sie selbst steht dadurch nur um so freier, stärker und schlagfertiger da für diejenigen Aufgaben, die in ihre ausschließliche Zuständigkeit fallen, weil sie allein ihnen gewachsen ist: durch Leitung, Überwachung, Nachdruck und Zügelung, je nach Umständen und Erfordernis. Darum mögen die staatlichen Machthaber sich überzeugt halten: je besser durch strenge Beobachtung des Prinzips der Subsidiarität die Stufenordnung der verschiedenen Vergesellschaftungen innegehalten wird, um so stärker stehen gesellschaftliche Autorität und gesellschaftliche Wirkkraft da, um so besser und glücklicher ist es auch um den Staat bestellt.[18]

Das Projekt der europäischen Integration beinhaltet dieses Konzept in seinem institutionellen Kern: Die Nationalstaaten besitzen bestimmte Kompetenzen, während andere Angelegenheiten von Regional- oder Provinzregierungen beziehungsweise Kommunen geregelt werden; gemeinsame Aufgaben erfordern dagegen Lösungen auf europäischer Ebene.

Die Enzyklika Pius' XI. war von einem tiefen Empfinden für die Ungerechtigkeit einer Wirtschaftsordnung geleitet, die sich auf der ganzen Welt verbreitete und mit massiver Ungleichheit einherging. Insofern ist sie ein ausgesprochen modernes Werk.

Mit dieser Lage der Dinge fanden sich jene leicht genug ab, die selber im Reichtum schwimmend in ihr einfach das Ergebnis naturnotwendiger Wirtschaftsgesetze erblickten und folgerecht alle Sorge um eine Linderung der Elendszustände einzig der Nächstenliebe zuweisen wollten – gerade als ob es Sache der Nächstenliebe wäre, die von der Gesetzgebung nur allzuoft geduldete, manchmal sogar gutgeheißene Verletzung der Gerechtigkeit mit ihrem Mantel zuzudecken. Knirschend dagegen ertrug die Arbeiterschaft diesen Stand der Dinge, unter dem ihr ein so hartes Los zufiel, und bäumte sich auf gegen ein so unerträgliches Joch. Unter dem Einfluß der Verhetzung erstrebte der eine Teil der Arbeiterschaft den völligen Umsturz der menschlichen Gesellschaft; aber auch bei dem andern Teil, der durch seine gediegene christliche Durchbildung gegen solche Verirrungen gefeit war, festigte sich die Überzeugung, daß ein tiefgreifender Wandel dringend und schleunig geboten sei.[19]

Die Bewahrung eines allgemeinen Ideals von Gerechtigkeit ist somit von entscheidender Bedeutung für den Fortbestand des Christentums und seiner zentralen Lehren.

Temporalität

Die Frage der Gerechtigkeit wurde im frühen 21. Jahrhundert stark von den Aspekten der Temporalität sowie Territorialität geprägt.[20] Gesellschaften mussten mit der unschönen historischen Tatsache umgehen, dass manche gravierenden Ungerechtigkeiten unbewältigt blieben, nachdem sie begangen wurden – was vielleicht teilweise damit zusammenhing, dass eine grundlegende Auseinandersetzung mit Gerechtigkeit zu schmerzhaft wäre und zu viele Wunden wieder aufreißen würde.[21] Das ursprüngliche Modell für eine Suche nach neuen Lösungen im Zeitalter der Globalisierung war die Frage, welche Verantwortung Schweizer Banken, Versicherungen und Industrieunternehmen an den Verbrechen des Nationalsozialismus trugen, insbesondere am Holocaust, dem Massenmord an den Juden und anderen ethnisch definierten Minderheiten wie den Sinti und Roma. Diesen Debatten neigen allerdings dazu, auszuufern.[22] Ging man ursprünglich davon aus, dass deutsche Unternehmen in der Tat eine besondere Verantwortung trugen, wies die Geschichtsforschung schon bald nach, dass die wirtschaftliche Zusammenarbeit in neutralen Staaten moralisch noch weitaus bedenklicher war. Hier war es bedeutend schwieriger bis unmöglich zu argumentieren, die Unternehmen seien von ihrer jeweiligen Regierung dazu gezwungen worden, sich dem Diktat zu fügen. Somit rückten die Schweiz und Schweden, aber auch die Vereinigten Staaten ins Zentrum von Ermittlungen sowie Restitutionsansprüchen.

Die Debatte, die in den 1990er-Jahren unmittelbar nach dem Zusammenbruch des Kommunismus geführt wurde, wurde mit einer besonders von Schrecken und Unmoral geprägten Geschichte eingeleitet: Durch Ermittlungen konnte nachgewiesen werden, dass Schweizer Banken den Erben von Opfern des Holocaust Vermögen vorenthielten, indem sie ihnen bürokratische und juristische Steine in den Weg legten, wenn diese Recherchen nach ihrem rechtmäßigen Besitz anstellten. Es kam auch immer wieder vor, dass herrenlose Konten geschlossen oder horrende Bearbeitungsgebühren erhoben wurden. Die Ansprüche bezogen sich auf konkrete Vermögenswerte und beruhten auf dem wichtigen Grundprinzip des Eigentumsrechts, das nach dem Ende des Kalten Krieges besondere Bedeutung erlangte, als man Überlegungen anstellte, was eine gerechte ökonomische und politische Ordnung ausmachte. Dieses Prinzip wurde dann auf das Thema Zwangsarbeit während des Zweiten Weltkriegs ausgeweitet, als die Nationalsozialisten für ihre Wirtschaft zunehmend ausländische Arbeitskräfte einsetzten, aber auch Kriegsgefangene und Insassen von Konzentrationslagern. Diese waren für ihre Arbeit nicht angemessen entlohnt worden (und erlebten oftmals mörderische Brutalität). Aus diesem Grund wurden daraus resultierende Ansprüche geltend gemacht, bei denen es um unbezahlte Arbeitsleistungen oder Wiedergutmachung für erlittene Schäden ging.

In der frühen Nachkriegszeit zogen es Schweizer Banken und die deutsche Bundesregierung vielfach vor, etwaige Ansprüche in Form von Pauschalzahlungen an Organisationen abzugelten, die in irgendeiner Weise Opfer vertraten. Ein besonders ungeheuerliches Beispiel stellten etwa die Handelsabkommen dar, die von der Schweiz 1949 mit Polen und 1950 mit Ungarn geschlossen wurden. In geheimer Korrespondenz vereinbarten die Vertragsparteien im Juni 1949, dass Vermögen von mutmaßlich verstorbenen polnischen Staatsbürgerinnen und Staatsbürgern bei Schweizer Banken dazu verwendet werden konnten, um Schweizer Privatpersonen und Unternehmen zu entschädigen, die durch die Verstaatlichungen nach dem Krieg Eigentum eingebüßt hatten. Diese Vereinbarung ging nach Ansicht der Schweizer Juristen auf eine Gesetzesklausel von 1891 zurück, der zufolge sämtliche beweglichen Vermögensgegenstände ausländischer Staatsbürger, die ohne Testament verstarben, nach den gesetzlichen Regelungen des Landes zu verwerten waren, dessen Staatsbürgerschaft der Eigentümer besaß.[23] Mit anderen Worten: eine Enteignung durch die polnische oder ungarische Regierung war zulässig und rechtskräftig. Die tatsächlichen Eigentümer wurden kurzerhand übergangen und vergessen, und ihr Vermögen gelangte durch staatliches Handeln in die Hände von anderen, deren Ansprüche nach Ermessen des Staates Vorrang hatten.

Ironischerweise reproduziert die jüngste Ausweitung der Forderungen nach historischer Gerechtigkeit für breite Gruppen von Anspruchstellern (deren Verhältnis zu den Opfern von Gewalt, Diebstahl und Unterdrückung ausschließlich darin besteht, dass sie einer bestimmten ethnischen Gruppe angehören) die Logik der Schweizer Nachkriegsregelungen: In Fällen, wo aufgrund der verstrichenen Zeit erhebliche Zweifel bestehen, können Ansprüche auf Personen übertragen werden, die den eigentlichen Opfern als grundsätzlich ähnlich gelten. Je länger der Fall zurückliegt, desto schwieriger wird es, die ursprüngliche Gewalttat nachzuvollziehen und zu belegen. Wenngleich Forderungen nach einer Entschädigung der indigenen Bevölkerung Nord- und Südamerikas sowie Australasiens legitim sind, verlangt wohl kaum jemand eine Wiedergutmachung für die Nachkommen jener Menschen, die von den Normannen auf Sizilien, im Osten Frankreichs oder in England terrorisiert und verdrängt wurden. Die offenkundigsten historischen Ungerechtigkeiten stehen im Zusammenhang mit Imperien.

Ungerechtigkeiten werden nicht selten außerhalb der inländischen Volksgemeinschaft und häufig im Namen der Nation und deren imperialer Erweiterung begangen. Globale Ungerechtigkeiten, die von den Vorfahren der inländischen Volksgemeinschaft propagiert wurden, spielen daher eine zunehmend zentrale Rolle im Streben nach globaler Gerechtigkeit. Das historische Problem von Versklavung und Erträgen aus dem Handel mit Versklavten reichen bedeutend weiter in die Vergangenheit zurück als die Erfahrungen von Krieg und Ausbeutung Mitte des 20. Jahrhunderts. Dies beschwört noch eine tiefgreifendere historische Kritik herauf. Die britische Monarchie wird heute vom Vorwurf überschattet, sich im Zeitalter der »Glorreichen Revolution« finanziell bereichert zu haben, was nach Auffassung der modernen Politikwissenschaft die Grundlage für den wirtschaftlichen Aufschwung und die imperiale Expansion Großbritanniens bildete.[24] Nach dem Tod von Elizabeth II. und der Krönung von König Charles III. gab es eine Welle der Empörung über das Erbe des Monarchen. Ein 1689 durch den Sklavenhändler Edward Colston aus Bristol unterzeichnetes Dokument sicherte William III. Anteile in Höhe von 1000 Pfund an der Royal African Company zu. Dieses Unternehmen, das seine Haupteinnahmen durch den Handel mit afrikanischen Versklavten erzielte, verfügte ähnlich wie die East India Company über eine privilegierte Monopolstellung.[25] Die Bezüge wurden durch die Bank of England vermutlich in Guineen ausgezahlt, die den Einnahmen der RAC entnommen wurden. Die in Harvard forschende Historikerin Maya Jasanoff merkte an, »der öffentliche Druck auf den britischen Staat und seine Institutionen nehme zu, die Verantwortung für das Erbe des Empire, die Sklaverei und die kolonialistische Gewalt zu übernehmen und Wiedergutmachung dafür zu leisten.« Abschließend konstatierte sie: »Nun, da sie verstorben ist, muss auch die imperiale Monarchie enden.«[26]

Was für das britische Problembewusstsein die Monarchie ist, verkörpert in Frankreich Napoleon. Der größte Makel an Napoleon ist in den gegenwärtigen französischen Debatten der Feldzug unter Charles Leclerc, den er als Erster Konsul nach Saint-Domingue entsandte, um einen Teil der Insel von Toussaint Louverture, dem ehemaligen Sklaven und Revolutionsführer, zurückzuerobern. Die Kritiker Napoleons betonen, dass er damit nicht nur zum Totengräber der emanzipatorischen Ideale der Französischen Revolution sowie der Menschen- und Bürgerrechte wurde, sondern unter seiner Herrschaft Frankreich zum einzigen Land der Welt wurde, das die Sklaverei wieder einführte.[27] Die Kämpfe – ebenso wie die gegen gefangen genommene Feinde verhängten Strafen – waren mörderisch. Leclercs Nachfolger Rochambeau hetzte ausgehungerte Pitbulls auf die Heere der Schwarzen. Im Exil auf St. Helena äußerte Napoleon Bedauern über seine Entscheidung (die schließlich zum nahezu vollständigen Verlust der französischen Truppen führte) und erklärte, dass er durch den nationalen »Zorn« der Franzosen dazu gedrängt wurde. Sein britischer Arzt notierte dazu Folgendes:

Eine der größten Thorheiten, der ich mich jemals schuldig machte, fuhr der Kaiser fort, war, diese Armee nach St. Domingo zu senden. Ich hätte es nicht zugeben sollen. Ich beging einen großen Fehler, St. Domingo nicht frei zu machen, die schwarze Regierung anzuerkennen, [...]. Aber nach dem Frieden wurde ich beständig von den Besitzern der Plantagen, von Kaufleuten und anderen mit Bitten bestürmt; ja die Nation hatte die Wuth,

St. Domingo wieder zu gewinnen, und ich musste endlich nachgeben; hatte ich aber vor dem Frieden die Schwarzen schon anerkannt, so konnte ich es unter diesem Vorwande verweigern.[28]

Die Vereinigten Staaten verfügten zwar über kein Imperium im eigentlichen Sinne, doch deren weltweite militärische und wirtschaftliche Präsenz mutet (insbesondere in Lateinamerika) wie eine vergrößerte Version des informellen britischen Empire im 19. Jahrhundert an.

Viele Jahre später nimmt die Debatte heute erneut Fahrt auf. Die Kontroverse bewegt sich zwischen symbolischen Restitutionsansprüchen auf der einen und gigantischen, grotesk aufgeblähten finanziellen Reparationsforderungen auf der anderen Seite. Die Debatten über die britische Monarchie sowie Napoleon finden vorwiegend auf symbolischer Ebene statt. Gesten der Reue durch Mitglieder der Königsfamilie können selbstverständlich weder den Lauf der Geschichte, noch das Schicksal der Nachfahren von Opfern des damals begangenen Unrechts ungeschehen machen. Dies kann auch die Rückgabe von materiellen Gegenständen nicht bewirken, die aus damals erfolgten Plünderungen stammen. Die Kunsthistorikerin und Kulturkritikerin Bénédicte Savoy setzt das neue Humboldt-Forum in Berlin, das als Erinnerungsort für das Wirken Deutschlands in der Welt fungieren soll, mit dem kulturellen Äquivalent von Tschernobyl gleich, wo der durch die frühere Weltpolitik verursachte Giftmüll einbetoniert wurde.[29]

Die Frage der Rückgabe gewaltsam angeeigneter Objekte ist in einigen Fällen eindeutig – so etwa in Bezug auf die Beninbronzen, bei denen es sich um zweifachen Raub handelt. Sie wurden 1897 beschlagnahmt, nachdem der Palast im Königreich Benin (im heutigen Nigeria, dem Land der Edo) in Brand gesetzt wurde und britische Soldaten sich sämtlicher wertvoll anmutenden Gegenstände bemächtigten. Durch metallurgische Untersuchungen ließ sich nachweisen, dass einige der Manillen aus Bronze hergestellt sind, die aus mitteleuropäischen Minen stammte und diese von Sklavenhändlern in Westafrika als Zahlungsmittel eingesetzt wurden. Im Fall der auch als Elgin Marbles bezeichneten Parthenon-Marmore scheint ebenfalls unbestritten, dass diese nach Griechenland gehören. Bereits der englische Dichter Lord Byron schrieb zum Zeitpunkt ihrer Demontage durch den britischen Botschafter an den osmanischen Herrscher:

Stumpf ist das Auge, das nicht schmilzt und taut
Beim Anblick alter Tempel, roh entstellt
Von Briten – Briten, die vor aller Welt
Beschützen sollten diesen heil'gen Hort![30]

Doch auch eine symbolische Restitution kann problematisch sein. Der Diamant Koh-i-Noor wurde beispielsweise 1849 gemäß dem Vertrag von Lahore durch den Maharadscha von Lahore an Großbritannien abgetreten und dort zerteilt, um vorhandene Makel zu beseitigen. Anschließend setzte man ihn in eine Brosche für Königin Viktoria und verwendete ihn später für die Kronen der Königsgemahlinnen Alexandra sowie Königinmutter Elizabeth. Mit Bedacht kam er in der Krone für Königin Camilla nicht zum Einsatz. Die Frage lautet nun, wohin eine Rückgabe erfolgen sollte: nach Indien, Pakistan oder Afghanistan, die allesamt Anspruch auf den Edelstein erheben.

In den modernen Debatten um globale Gerechtigkeit haben die finanziellen Forderungen häufig weitgehend symbolischen Charakter. Es werden immer mehr Reparationsforderungen gestellt, und ein artikulierter Anspruch zieht weitere nach sich. Die plausibelsten von ihnen beziehen sich nach wie vor auf Unrecht, das während des Zweiten Weltkriegs begangen wurde. Die langwierige europäische Schuldenkrise nach 2010 ermutigte Griechenland, Italien und später weitere Staaten Mitteleuropas dazu, ältere, aus der nationalsozialistischen Besetzung resultierende Ansprüche erneut geltend zu machen. Weitere Forderungen resultieren aus kolonialistischem Unrecht: 2021 erklärte sich Deutschland bereit, jährlich weitere 1,1 Milliarden Euro an Namibia zu zahlen, um Gebiete zu unterstützen, in denen die Volksgruppen der Nama und Herero leben – die Nachfahren des Genozids von 1904–1908. Das Anliegen wurde in den 1990er-Jahren im Zusammenhang mit den Debatten über den Zweiten Weltkrieg erstmals thematisiert, wobei jedoch zusätzlich geleistete Entwicklungshilfe explizit nicht als Reparationen deklariert wurden. Bisweilen stellen auch Aggressoren finanzielle Forderungen, die sie als Wiedergutmachung bezeichnen. Die Familien weißer Siedler, die im Zuge der Dekolonialisierung enteignet wurden, erhoben ebenfalls Ansprüche: Eine Zahlung in Höhe von 3,5 Milliarden Dollar seitens Simbabwe ist Bestandteil der komplexen Verhandlungen über die Auslandsverschuldung des Landes im Jahr 2023. Als russische Politiker wie der Vorsitzende der Staatsduma Wjatscheslaw Wolodin von Polen Reparationen als Ausgleich für den »Wiederaufbau« Polens nach 1945 verlangte und behauptete, die Kosten beliefen sich auf 750 Milliarden US-Dollar, so liegen derart horrenden Beträgen keinerlei realistische Berechnungen zugrunde, sondern es handelt sich vielmehr um reine Propaganda.[31]

Das Thema Reparationen besitzt auch in der Diskussion um die Klimagerechtigkeit hohen Stellenwert. Eine Forderung, mit der alle reichen Industriestaaten konfrontiert sind, lautet, dass sie nicht nur durch Forschung nach Alternativen zu fossilen Energieträgern zur Bewältigung der weltweiten Klimakrise beitragen sollten, sondern vor allem dadurch, indem sie sich ihrer Verantwortung hinsichtlich der Vergangenheit stellen. Diese kritische Sichtweise verankert die Klima-Reparationen in der Moraltheorie.[32] Die simple (und zutreffende) Idee dahinter besteht darin, dass die Industriestaaten vom Einsatz fossiler Energieträger profitiert haben, während nach heutigem Verständnis der Klimakrise ärmere Länder, die legitimerweise nach Aufschwung streben, zunehmend unter Druck geraten, auf fossile Energieträger zu verzichten. Sollten sie daher nicht für ihre gestiegenen Kosten eine Kompensation durch jene Staaten erhalten, die in der Lage sind, diese aufzubringen? Der konkrete Vorschlag umfasst unter anderem Abgaben für Energieunternehmen in reichen Ländern (nicht jedoch in der übrigen Welt). Demnach müsste die saudische Firma Aramco entsprechende Zahlungen leisten, nicht jedoch Unternehmen wie PetroChina oder Coal India. Kritiker wenden ein, solche Ausgleichszahlungen würden dazu führen, dass Unternehmen, die sich aktiv und auf eigene Initiative um Alternativen zu fossilen Energieträgern bemühen und sowohl über die Expertise als auch die kommerziellen Anreize dazu verfügen, massiv belastet würden.

Umverteilung

Ein zentrales Element der postindustriellen Revolution und insbesondere der Auseinandersetzung mit dem Konzept der Gerechtigkeit im
20. Jahrhundert besteht darin, dass der Begriff im weiteren Sinne auch
das Prinzip von Verteilung und Umverteilung umfasst. In einem berühmten Gedankenexperiment von John Rawls spielt die Blindheit
gegenüber Gerechtigkeit erneut eine zentrale Rolle. In diesem Fall ist
die Gerechtigkeit allerdings mit einer Umverteilung verbunden, wobei
ein »Schleier des Nichtwissens« dazu führt, dass der Handlungsträger,
der die Umverteilung vornimmt, nicht weiß, wohin diese führt. Das
Resultat einer solchen Kalkulation ist das »Differenzprinzip«, das einen
legitimen oder gerechten Gesellschaftsvertrag erfordert, um zu garantieren, dass jeder Mensch die Chance auf ein auskömmliches Leben hat.
Alle sozialen oder wirtschaftlichen Unterschiede innerhalb des Gesellschaftsvertrags sollten denen zugutekommen, die am schlechtesten gestellt sind. Der Prozess erscheint aufgrund der Formulierung des kate-
gorischen Imperativs, nur nach derjenigen Maxime zu handeln, »durch
die du zugleich wollen kannst, daß sie ein allgemeines Gesetz werde«,
kantianisch. Er geht jedoch über Kant hinaus, indem er den Kant'schen
Universalismus mit einem Maßstab verknüpft, der vom Prinzip her bisweilen als utilitaristisch aufgefasst wird.

In Thomas Pikettys einflussreicher Formel gibt es eine recht einfache Antwort auf die Rawls'sche Forderung. Sein 2013 zunächst auf
Französisch erschienenes Buch *Das Kapital im 21. Jahrhundert* wurde
bald in viele Sprachen übersetzt und rasch zu einem internationalen
Bestseller. Darin vermittelte er eine relativ simple Botschaft, untermauert durch umfassende statistische Auswertungen, die sich ursprünglich
auf Frankreich beschränkten, dann jedoch auf einige zusätzliche Länder
ausgeweitet wurde. Diese ließen sich in nur drei Zeichen fassen: $r > g$.
Die Kapitalrendite ist größer als das langfristige Wachstum des gesamt-
wirtschaftlichen Einkommens, was einen stetigen Anstieg des Kapital-
anteils des Einkommens zur Folge hat. Durch die Besteuerung lässt sich
r jederzeit verändern, was sich jedoch kaum auf g auswirkt, sodass alle

Gesellschaften, die eine Überwindung der Ungleichheit anstreben, die Steuern erhöhen sollten. 2013 formulierte Piketty dies in seinem Buch als Schlussfolgerung, und in der Ausgabe von 2020 erweiterte er diese Aussage zu einem recht detaillierten Entwurf einer Utopie, die Piketty als partizipativen Sozialismus und sozialen Föderalismus bezeichnet.

Wenn die Lösung für das Problem der Ungleichheit so einfach ist, warum werden dann nicht überall die Steuersätze erhöht? Piketty gibt eine schlichte historische Antwort für das 19. Jahrhundert: Das Wahlrecht war so gestaltet, dass eine starke Abhängigkeit vom Einkommen beziehungsweise Wohlstand vorlag (was Piketty als Zensuswahlrecht bezeichnet).[33] Das exklusive Wahlrecht bestand in Großbritannien länger als in Frankreich, wo die Revolution von 1848 und der Übergang zur Republik nach 1871 das allgemeine Stimmrecht für Männer mit sich brachte. Schweden besaß bis zum Ersten Weltkrieg ein außerordentlich exklusives und von Ungleichheit geprägtes Wahlrecht. In Deutschland gab es auf nationaler Ebene ein allgemeines Stimmrecht für Männer, doch da die meisten fiskalischen Entscheidungen auf Landesebene getroffen wurden, spielte das Länderwahlrecht die entscheidende Rolle, wo das maßgebliche Preußen über ein auf Besitz basierendes Stimmrecht, das sogenannte Dreiklassenwahlrecht, verfügte.

Während der Globalisierungswelle Ende des 20. Jahrhunderts wurde eine wirksame Besteuerung durch die massive Internationalisierung des Finanzsektors verhindert. Piketty analysiert brillant, dass sich Regierungen, Zentralbanken und internationale Institutionen trotz der vielgepriesenen Verfügbarkeit von Big Data reichlich schwer damit tun, diese Daten zugänglich zu machen. So ist es einfacher, historische Daten für das 19. Jahrhundert bis in die 1970er-Jahre zusammenzustellen, als auf moderne Datenbestände zuzugreifen.

Die Lösung sind höhere Steuern. Anfang des 19. Jahrhunderts wurde dies von den Nationalstaaten umgesetzt, während heute dazu internationale Maßnahmen erforderlich sind. Für diese Strategie plädieren zunehmend auch internationale Institutionen, die sich zu Kritikern des »Neoliberalismus« und Verfechtern eines sich an Rawls'schen Prinzipien orientierenden Gerechtigkeitsbegriffs gewandelt haben. Der IWF setzt sich beispielsweise aktiv für umfassendere und koordinierte Maßnahmen für mehr Gleichheit ein, um Unternehmenssteuern weltweit zu erheben, vor allem in einkommensschwachen Ländern, damit diese Unternehmenssteuereinnahmen aus multinationaler Geschäftstätigkeit erzielen können.[34]

Dieser neue Konsens einer globalen Anwendung der Rawls'schen Prinzipien, die häufig den alten und in Verruf geratenen »Konsens von Washington« des freien Marktes ablöst, stößt zum Teil auf erhebliche – und berechtigte – Kritik. Der Schleier des Nichtwissens in Bezug auf einen ursprünglichen Verteilungsvorgang ist zwar ein erfreuliches Konzept, erweist sich jedoch als ähnlich abstrakt wie Lorenzettis Zahlen. Die zeitgenössische Moralphilosophin Danielle Allen konstatiert daher: »Einen solchen Staat gibt es aber nicht – und dies wird heute unmissverständlich an den Kontroversen über das Laizitätsprinzip und den Schleier in Frankreich, über die gleichgeschlechtliche Ehe und die Beschränkungen der Freiheiten von religiösen Minderheiten in den Vereinigten Staaten […] deutlich.«[35]

Auf dem Spiel steht hier die Unterscheidung zwischen neuen und alten Definitionen menschlicher Freiheit beziehungsweise von Freiraum. Allens substanzielle Kritik an Rawls beinhaltet den Vorwurf, er gebe modernen Freiheiten (abgeleitet aus einem utilitaristischen Kalkül) den Vorrang gegenüber den Freiheiten nach historischem Verständnis. Die geforderte öffentliche Autonomie sei von entscheidender Bedeutung für das individuelle Wohlergehen. Allens Ansicht nach ist es wichtiger, politische Freiheit als Grundlage für politische Teilhabe anzustreben. Ihre Kritik ist von bestechender Logik. In noch radikalerer Form wird sie von Patrick Deneen aufgegriffen. Deneen gibt (ohne jede Kennzeichnung) im Wesentlichen die These von Taparelli wieder, wonach das Streben nach den klassischen (oder in Allens Worten historischen) Freiheiten ein Mittel ist, um die Macht von Regierungen und Unternehmen zu stärken und die Ungleichheit zu vergrößern. Deneen, versteht seine Argumentation – im Gegensatz zu Allen – explizit als Ablehnung des »Fortschritts«.[36]

Eine solide Mittelschicht ist entscheidend für das Funktionieren demokratischer Politik. Um dies zu erreichen, kann es ratsam sein, etwas mehr wirtschaftliche Ungleichheit zuzulassen. Die Haltung bezüglich Ungleichheit ist daher von großer Bedeutung. Sie korreliert dabei nicht mit der Unterscheidung zwischen links und rechts, sondern vielmehr mit der Abgrenzung zwischen kollektivistischen und individualistischen Ansätzen. Bei dieser Thematik vertreten die politische Linke, die populistische Rechte und Teile der libertären Bewegung ähnliche Positionen. Somit kommt der Impuls zur Verringerung der Ungleichheit inzwischen sowohl von Seiten der Linken als auch der populistischen Rechten. In ihrem Buch *Wir sind der Markt* liefern Eric Posner und Glen Weyl eine scharfsinnige Neuinterpretation der Missstände des modernen Kapitalismus (insbesondere hinsichtlich der Monopolisierung) sowie ein breites Spektrum an konkreten Vorschlägen, wie sich globale Gerechtigkeit erreichen lässt, indem man auf politische Gleichheit verzichtet.[37] Nach einem Überblick über die Debatte konstatiert Allen: »Vielmehr haben die technokratischen Bestrebungen zur Überwindung von Ungleichheit überwiegend dazu geführt, das Fundament für politische Gleichberechtigung auszuhöhlen.«[38]

In der zweiten Hälfte des 20. Jahrhunderts war eine Welt auf dem Weg zur Globalisierung im Wesentlichen friedlich – und möglich – aufgrund einer regelbasierten internationalen Ordnung (RBIO). Diese – mittlerweile schwindende – Ordnung ist keine gerechte, was auch nicht ihr Anliegen war.

Die nachvollziehbare Forderung nach globaler Gerechtigkeit erzeugt Erwartungen, die vorhandene Institutionen nicht erfüllen können. Indem Hoffnungen zerstört – und Konflikte zwischen unterschiedlichen Anspruchstellern angeheizt – werden, gestaltet sich die konkrete Arbeit dieser Institutionen immer unbefriedigender. Das Streben nach Gerechtigkeit ist am wirkungsvollsten, wenn man auf die Ebene zwischenmenschlicher Beziehungen und juristischer Vorgänge zwischen bestehenden politischen Einheiten (Staaten) zurückkehrt. Ohne eine solche Verankerung wird das idealistische Unterfangen zu einem destruktiven Kleinkrieg im durch die Dynamik der Globalisierung entfesselten Kampf aller gegen alle.

14 KRISE

Eine Terminologie der Globalisierung kommt nicht ohne das Wort *Krise* aus. Es ist ein ausgezeichnetes Beispiel für die inflationäre Verbreitung von Sprache beziehungsweise den Umstand, dass der undifferenzierte und häufige Gebrauch dazu führt, dass Worte ihre Bedeutung verlieren. Alles, was die Globalisierung hervorbringt, ist heute eine Krise. Nach Ansicht des großen Begriffshistorikers Reinhart Kosellek ist Krise zu einem strukturellen Signum der Moderne geworden.[1] Krise sei der Preis der Globalisierung, befand Paul Krugman vor zwanzig Jahren.[2] Dies schrieb er unter dem Eindruck der Wirtschaftskrise in Ostasien 1997, doch die Diskussion über die Allgegenwart von Krisen beschränkt sich nicht auf die Wirtschafts- und Finanzwelt. Die Antwort auf die Globalisierung kann eine Finanzkrise sein, aber ebenso eine politische oder gesellschaftliche, eine moralische oder eine psychologische Krise, eine Klima- oder Umweltkrise oder gar eine medizinische Krise.

Mit der Coronapandemie kehrte der Ausdruck im Jahr 2020 zu seiner ursprünglichen Bedeutung im streng medizinischen Sinne zurück. In der Medizin der griechischen Antike und für jene, die diese seit Jahrtausenden lehrten, beschrieb eine Krise jenen Punkt im Verlauf einer Krankheit, an dem der Patient sich entweder rasch erholte oder aber sein Zustand sich rapide verschlechterte, sodass er schließlich verstarb. Das griechische Wort *krisis* ist abgeleitet vom Verb *krino:* entscheiden. Es handelte sich um einen Moment der Entscheidung, wenn eine wichtige Wahl getroffen wurde. Diese Bedeutung des Wortes ist im nachfolgenden Bericht über die Typhusepidemie im europäischen Krisenjahr 1848 zu beachten, als ein Bakterium die soziale und wirtschaftliche Not verschärfte und zudem politische Unruhen auslöste. Robert Patterson, ein Arzt aus Edinburgh schrieb über diese Krankheit:

> Das Gemüt war im Allgemeinen ruhig, doch in einigen Fällen bestand eine Neigung zu unzusammenhängendem Sprechen, insbesondere um den dritten, vierten oder fünften Krankheitstag, wenn nicht selten ein erhebliches Delirium eintrat, ehe es zur kritischen Entleerung kam. Nach einem längeren oder kürzeren Zeitraum, zumeist um den fünften Tag beziehungsweise zwischen fünf und sieben Tagen, wenn der Patient in weitgehend unverändertem Zustand wie beschrieben bettlägerig war, tritt ein allmähliches Abklingen seiner Beschwerden ein. Die Haut wird erheblich feuchter, bis hin zu starker Schweißbildung. Dieses Schwitzen ist generell als kritisch einzustufen; zuweilen kündigt es sich durch heftige Krämpfe an, während es in anderen Fällen plötzlicher auftritt. Es hält eine Zeit lang äußerst stark an, wobei Gesicht und Hände so stark benetzt sind, dass die Bettwäsche ebenfalls durchnässt. Anschließend fühlt sich der Patient deutlich erleichtert. Die üblichste Dauer dieser Schwitzkrise erstreckt sich zwischen drei und sechs Stunden, gelegentlich auch deutlich länger. In einigen Fällen habe ich eine Länge von bis zu achtundvierzig Stunden erlebt.[3]

Thomas Mann, der sich wie zahlreiche andere bekannte Schriftsteller dem Thema Krankheit als Metapher gewidmet hat, beschreibt am Ende des Romans *Die Buddenbrooks,* mit dem er seinen literarischen Durchbruch erzielte, wie Hanno, der einzige Erbe der Familiendynastie, an Typhus verstirbt. Diese Schilderung erinnert an Robert Pattersons Bericht über die Krise im Verlauf einer Krankheit und ruft den Bedeutungsaspekt von »Entscheidung« in Erinnerung: »Aber zuckt [der Patient] zusammen vor Furcht und Abneigung bei der Stimme des Lebens, die er vernimmt, bewirkt diese Erinnerung, dieser lustige, herausfordernde Laut, daß er den Kopf schüttelt und in Abwehr die Hand hinter sich streckt und sich vorwärts flüchtet auf dem Wege, der sich ihm eröffnet hat ... nein, es ist klar, dann wird er sterben.«[4] Im *Zauberberg* schreibt Mann über ein Sanatorium für Tuberkulosepatienten in den Schweizer Alpen als Metapher für den Verfall der europäischen Gesellschaft vor Ausbruch des Ersten Weltkriegs. In der zweiten Hälfte des 20. Jahrhunderts wertete Susan Sontag die Verwendung der Krebsmetapher als Anklage einer kranken amerikanischen Gesellschaft. Die Krankheit sei eine skrupellose, heimliche Invasion, schrieb sie. Krebs werde, ebenso wie im 19. Jahrhundert die Tuberkulose, als ein Prozess beschrieben, in dessen Verlauf der Körper unter Anzeichen von »innerer Verbrennung« leide.[5] Doch weder Tuberkulose noch Krebs – die großen Metaphern des 19. und 20. Jahrhunderts – waren Krankheiten, deren schrecklicher Verlauf eine Krise umfasste.

Nach der Renaissance und der Reformation wurde die medizinische Analogie verstärkt gebraucht, zunächst im Hinblick auf spirituelle Krisen, um die Verwandlung menschlicher Seelen zu beschreiben, die entweder zu Erlösung oder ewiger Verdammnis führen kann. Im 18. Jahrhundert verbreitete sich die Verwendung im politischen Sinne rasant. In dem stark von Veränderung geprägten Jahr 1776 schrieb Tom Paine in seinem Buch *American Crisis,* Krisen könnten ebenso viel Gutes wie Schmerz verursachen. Sie seien stets von kurzer Dauer und das Gemüt stelle sich alsbald darauf ein und gehe gestärkt daraus hervor. Ihr sonderbarer Vorzug sei jedoch, dass sie als Prüfsteine der Aufrichtigkeit fungierten und Dinge sowie Menschen zum Vorschein brächten, die andernfalls auf ewig unsichtbar geblieben wären. Sie filterten verborgene Gedanken heraus und ließen sie ins Licht der Öffentlichkeit dringen.[6]

Selbstverständlich führen Krisen nicht immer oder zwangsläufig zu einem erfreulichen Ergebnis. Die charismatische Schauspielerin Théroigne de Méricourt etwa, die 1789 den triumphalen Marsch der Marktfrauen zum Königspalast von Versailles angeführt hatte, wurde im weiteren Verlauf der Französischen Revolution von radikaleren Revolutionären schwer misshandelt. Im Hospital erklärte man sie für geisteskrank und sie starb später verwirrt in der Irrenanstalt von Charenton.[7]

Krisen prägten maßgeblich die Kultur des 19. Jahrhunderts, wobei man vor allem deren optimistische Aspekte feiern wollte. Die großen Nationalgeschichten jener Zeit von Macaulay, Ranke, Sybel, Michelet, Thiers und Taine erzählten davon, wie eine Nation schwer geprüft und anschließend gestärkt daraus hervorging.[8] Macaulay legte mit seiner im Revolutionsjahr 1848 veröffentlichten *History of England* ein Modell dafür vor. Die fünf Bände leitete er mit einem Bericht über die Fehlgriffe ein, »durch die sich das Haus Stewart in wenigen Monaten einen getreuen Adel und eine anhängliche Geistlichkeit entfremdete«, und beschrieb dann »wie aus der glücklichen Vereinbarung von Ordnung und Freiheit eine in den Jahrbüchern der Geschichte beispiellose Wohlfahrt erblühte«.[9]

Mitte des 19. Jahrhunderts wurde es üblich, die medizinische Metapher auch auf finanzielle Notlagen anzuwenden. Das Finanzwesen war genau wie der menschliche Organismus ein System, das auf Zirkulation beruhte. Daher interpretierte man 1847–1848 als eine durch Missernten entstandene finanzielle Krise (die soziale und politische Unruhen auslöste).[10] Aus ihr konnten wichtige Lehren gezogen werden. Der britische Regierungsbeamte Charles Trevelyan, der große Verantwortung für die massenhaften Todesfälle während der Großen Hungersnot in Irland trug, versuchte sein Handeln als stellvertretender Finanzminister in einer Abhandlung mit dem Titel *The Irish Crisis* zu verteidigen und schloss mit der Frage: »Welche Hoffnung kann es für eine Nation geben, die von Kartoffeln lebt?«[11]

Zu einem sehr frühen Zeitpunkt verschmolz die Diskussion zum Thema Krise mit einer aus der medizinischen Analogie abgeleiteten Interpretation, der zufolge eine Krise eine Lernerfahrung oder gar eine Chance zur Rettung sein könne und dass Politiker Krisen kompetent nutzen sollten, um ihre politischen Ziele zu erreichen. Unter normalen Umständen würden Reformen zumeist blockiert, während man in Krisenzeiten häufig aufgeschlossen für neue Ansätze war. Dieser Aspekt ist für Beobachter der heutigen politischen Landschaft so offensichtlich, dass sie geneigt sind, ihn auf die Vergangenheit zu projizieren. Viele scheinbar zuverlässige akademische Texte zitieren den legendären britischen Kriegspremier Winston Churchill, der am Vorabend der Konferenz von Jalta, die Europa 1945 in Ost und West teilen sollte, angeblich die Empfehlung äußerte: »Never waste a good crisis« (Verschwende niemals eine gute Krise). Dabei handelt es sich jedoch um einen frei erfundenen Großstadtmythos: Churchill hätte niemals etwas dergleichen gesagt (und zudem war er auch über das Ergebnis von Jalta keineswegs euphorisch gestimmt).[12] Dieses Diktum ist vielmehr Rahm Emmanuel zuzuschreiben, der 2008 Barack Obamas Stabschef wurde. Bei Gesprächen mit der Bush-Regierung über die Finanzkrise merkte er an: »Eine ernsthafte Krise sollte man nie ungenutzt lassen. Und damit meine ich, dass sie die Chance bietet, zuvor Unmögliches anzugehen.«[13] Emanuel verwies dabei insbesondere auf die Explosion des Ölpreises in den 1970er-Jahren, die aus seiner Sicht nicht in geeigneter Weise genutzt wurde, um den Übergang zu einer nachhaltigeren Energiepolitik zu gestalten. Zudem hob er hervor, dass die Ideen beider politischer Parteien gefragt seien.

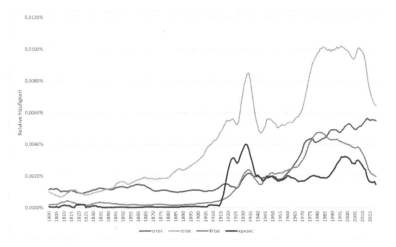

Abbildung 9. Die Häufigkeit des Wortes Krise in gedruckten Buchausgaben zwischen 1800 und 2020; ermittelt für Titel in englischer (crisis), französischer (crise), deutscher (Krise) und russischer Sprache (кризис). Unter Verwendung des Google NGram Viewer.

Die großen Wirtschaftskrisen der vergangenen Jahrhunderte brachten den Begriff *Krise* verstärkt ins Gespräch. Die Intensität der Diskussion lässt sich einfach anhand der Häufigkeit des Wortes in verschiedenen Sprachen messen, was mithilfe des Google NGram Viewer ermittelt wurde (siehe Abbildung 9). In allen Ländern führte die Weltwirtschaftskrise zu starken Vorbehalten hinsichtlich des Zusammenhangs zwischen Wirtschafts- und Finanzkrisen auf der einen und politischen Zusammenbrüchen auf der anderen Seite. Am deutlichsten wurde in der Sowjetunion die Diskussion über die Weltwirtschaftskrise geführt, die man als finale Krise des Kapitalismus interpretierte – eine Idee, die anschließend Eingang in viele anderen Sprachen fand.

Krise als Weg zum Verständnis der Welt gewann in den 1970er-Jahren mit dem Zusammenbruch des Bretton-Woods-Systems der Wechselkursparität und mit den beiden Ölschocks wieder an Relevanz. Dabei fällt auf, dass der Gebrauch des Wortes *Krise* in Frankreich, Deutschland und im russischsprachigen Raum abnahm, während es im englischsprachigen Teil ein wichtiger Schlüssel zum Verständnis der Welt blieb. Krise wurde dann jedoch zu einem omnipräsenten Hauptthema und entsprach nicht mehr dem dramatischen Wendepunkt wie im ursprünglich medizinischen Kontext. Koselleck erläuterte, wie sich der Terminus in der Folge der Krisen in den 1960er- und 1970er-Jahren veränderte: »Die alte Kraft des Begriffs, unüberholbare, harte und nicht austauschbare Alternativen zu setzen, hat sich in die Ungewissheit beliebiger Alternativen verflüchtigt. So mag denn dieser Wortgebrauch selber als ein Symptom einer geschichtlichen ›Krise‹ gedeutet werden, die sich einer exakten Bestimmung entzieht.«[14]

Krisen sorgten im Verlauf der Globalisierung immer wieder für Wendepunkte. Krugman wies bei seinen Überlegungen zum Thema Krisen und Globalisierung auch darauf hin, dass Integration die Probleme lösen könne, die sie zunächst hervorrufe.[15] Kapitalismus und Krisen wurden zudem als untrennbar erachtet. Für Marxisten gilt der Kapitalismus bekanntermaßen als Garant für Dauerkrisen, wobei diese Auffassung von der Mehrheit geteilt wird, ist doch niemand der Ansicht, dass der Kapitalismus für Stabilität sorgt. Konventionell liberale (also konservative) Ökonomen des 19. Jahrhunderts gingen davon aus, der Kapitalismus durchlaufe ganz regelmäßige Konjunkturzyklen, wobei Krisenphasen dazu führten, dass gründlich aufgeräumt würde, anschließend neue Kredite aufgenommen würden und das Wachstum fortgesetzt würde, wenngleich in anderen Geschäftsfeldern. Ohne Krisen würde es dem Kapitalismus an Dynamik fehlen. Joseph Schumpeter systematisierte diese Auffassung in seiner Theorie des Kapitalismus als einen anhaltenden Prozess schöpferischer Zerstörung.

Dabei gab es immer wieder auch größere und umfassendere Krisen, die weitaus mehr Schaden anrichteten, als nur ineffiziente Unternehmen zu Fall zu bringen, sondern eher die politische und gesellschaftliche Ordnung zerstörten. Einige große Krisen, allen voran die Weltwirtschaftskrise, zogen eine weitreichende Deglobalisierung nach sich. Viele andere Krisen jedoch, vor allem solche, die zu größeren Angebotsschocks mit umfangreichen Engpässen und Preisexplosionen führten, zeigten deutlich, wie wichtig globale Verträge zunehmend wurden, die für den Zugang zu Ressourcen über große Distanzen sorgten, um in Notlagen Abhilfe schaffen zu können. Somit leitete die Krise von 1848 die von Historikern als erste Ära der Globalisierung bezeichnete Epoche ein. In den 1970er-Jahren kam es dann zu einer neuen Art von Globalisierung, die mit dem umfassenden Abbau von Beschränkungen für den Kapitalverkehr sowie verstärkter Handelstätigkeit einherging.

In den 1840er-Jahren erlebte die Welt einen massiven negativen Angebotsschock. Mitte des Jahrzehnts zeigte sich sowohl eine klassische Hunger- beziehungsweise Subsistenzkrise des Ancien Régime als auch ein moderner Konjunkturabschwung, verbunden mit einer Finanz- und Bankenkrise. Insofern handelte es sich gleichzeitig um eine Krise des 18. und des 20. Jahrhunderts, was Jonathan Sperber dazu bewog, sie als »crisis of transition« (Übergangskrise) zu bezeichnen.[16] Die Nahrungskrise entstand durch ungünstige Witterung und Ernteeinbußen, wobei das Wetter zusätzlich zu Pflanzenkrankheiten führte, wovon die Kartoffelfäule die wohl bekannteste ist. Die meisten Menschen mussten infolgedessen zwei Drittel bis drei Viertel ihres Einkommens für Nahrung aufwenden. Zwischen 1845 und 1847 stiegen die Preise insbesondere in Mitteleuropa und Frankreich sprunghaft an. In Irland wurden 1846 rund 80 Prozent der Kartoffelernte durch *Phytophthora infestans* vernichtet, was einen allgemeinen Angebotsschock auslöste. Die Finanzkrise entstand, als Spekulanten 1847 auf kontinuierlich steigende Preise setzten und dann von der tatsächlichen (reichen) Ernte sowie durch Getreideimporte überrascht wurden.

Politische Maßnahmen verstärkten den Schock zusätzlich und illustrierten so eindrücklich die These der mit dem Nobelpreis ausgezeichneten Wirtschaftswissenschaftlerin Amartya Sen, wonach Hungersnöte durch Menschen (beziehungsweise die Politik) gemacht würden.[17] Das frappierendste Beispiel dafür ereignete sich in Irland, wobei Historiker sich einig sind, dass die Katastrophe vom doktrinären Laissez-faire-Liberalismus Großbritanniens verursacht wurde.[18] Charles Trevelyan war dabei der Inbegriff für die offizielle britische Haltung. Der whiggistische »Ideologe« (eine von Cormac O'Grada stammende Bezeichnung) Charles Wood, der das Amt des Schatzkanzlers innehatte, vertrat die Auffassung, sämtliche Klassen Irlands hätten »Providence and foresight« (etwa: Umsicht und Weitblick) beweisen müssen, einschließlich derjenigen, »die am meisten leiden müssen«. Doch nach Ansicht der Verantwortlichen war das größte Übel die Vernachlässigung der Bedürftigen durch »jene, die in ihren jeweiligen Vierteln« die Pflicht hatten, »das Leid der Armen zu lindern«.[19] Eine neue Wendung erhielt diese Auffassung jüngst durch den Historiker Charles Read, dem zufolge die finanzpolitische Haltung der britischen Regierung – mit höheren Steuern für kleine und mittelgroße Landwirtschaftsbetriebe und insbesondere Händler – den Todesstoß versetzten: Diese Geschäftsleute wurden in den Ruin getrieben und verließen das Land, woraufhin die Lieferkette zusammenbrach.[20] Ein in die USA ausgewanderter irischer Patriot konstatierte, dass weder die Magdeburger Bluthochzeit noch die Verwüstung der Pfalz je den Schrecken und die Verheerungen der in Irland angerichteten Metzeleien gleichkämen, die allein durch Bürokratie und volkswirtschaftliche Prinzipien entstanden seien.[21]

Der wirtschaftliche und soziale Zusammenbruch führte zu einem politischen Krisenherd mit revolutionären Bewegungen, die sich 1848 von Paris und Palermo aus über ganz Mitteleuropa ausbreiteten, nachdem die gravierendsten Folgen der Nahrungskrise bewältigt waren. Die Kombination aus der Wirtschaftskrise und dem Scheitern der politischen Reformbewegung löste in Europa eine neue Auswanderungswelle aus (die auch dazu zu einem besseren Lebensstandard beitrug). Das deutschsprachige Mitteleuropa erlebte dabei ein besonders hohes Maß an Migration. In armen Regionen wie etwa Skandinavien, wo die Emigration besonders hoch war, verbesserte sich der Lebensstandard schneller als in armen Regionen mit wenig Emigration. Anhand dieser Beobachtung stellten die Wirtschaftshistoriker Kevin O'Rourke und Jeffrey Williamson Vergleiche zwischen Schweden und Portugal an.[22]

Auf die Krise folgte außerdem eine Welle der Geldmengenexpansion, die in gewissem Maße durch Goldfunde (etwa den kalifornischen Goldrausch von 1849) und teilweise auch durch finanzielle Innovationen forciert wurde, indem Frankreich und Mitteleuropa mit neuen Banken nach dem Modell des französischen *crédit mobilier* experimentierte. Infolgedessen wurde es deutlich unwahrscheinlicher, dass es in Europa parallel zu politischen Unruhen kommen würde.

Die Liberalisierung des Handels (nach dem Modell des 1860 zwischen Großbritannien und Frankreich geschlossenen Cobden-Chevalier-Vertrags) sowie der internationale Kapitalverkehr und die Migration nahmen nach den politischen Umbrüchen von 1848 zu, wenngleich der Handel bereits vor 1860 beträchtlich gewachsen war.[23] Insbesondere die Ereignisse der 1840er-Jahre bildeten die Grundlage für eine Welle von institutionellen Anpassungen, die dazu beitragen sollten, die Maßnahmen vieler kleinerer Staaten zum Umgang mit Geld- und Menschenströmen zu koordinieren. Dazu gehörten die Schaffung von Nationalstaaten in Europa mit neuen Verfassungen, insbesondere in Deutschland und Italien; die Verwaltungsreform der Habsburgermonarchie, die 1867 im Ausgleich zwischen Österreich und Ungarn mündete; sowie die Gründung der Doppelmonarchie Österreich-Ungarn. Der US-amerikanische Bürgerkrieg und die Öffnung Japans im Rahmen der Meiji-Restauration kann ebenfalls in diesen Kontext der Nationenbildung eingeordnet werden. Es bestehen durchaus Zusammenhänge mit der europäischen Krise. Im Jahr 1854 erreichte die Emigration aus Deutschland mit 250 000 Personen einen Höhepunkt – genau in dem Jahr, als Kansas zur freien Besiedlung freigegeben wurde. Die Flut deutscher und skandinavischer Einwanderer trug dazu bei, dass sich Kansas gegen die Sklaverei entschied und ein freier Bundesstaat wurde. Die Migration sorgte so für die Aufhebung des sorgsam ausgearbeiteten Verfassungskompromisses in Form des Kansas-Nebraska-Acts und leistete damit dem US-amerikanischen Bürgerkrieg Vorschub.

Friedrich Engels schilderte in seinem Vorwort zu Karl Marx' Buch *Die Klassenkämpfe in Frankreich*, wie diesem 1850 klar geworden sei, »daß die Welthandelskrise von 1847 die eigentliche Mutter der Februar- und Märzrevolution gewesen sei und daß die seit Mitte 1848 allmählich wieder eingetretene, 1849 und 1850 zur vollen Blüte gekommene industrielle Prosperität die belebende Kraft der neuerstarkten europäischen Reaktion war.«[24] Es ist fraglich, ob »Reaktion« tatsächlich die passende Bezeichnung der neuen und durchaus revolutionären Regierungsform in den 1850er- und 1860er-Jahren ist. Die eigentlichen Reaktionäre – wie Radowitz, der Erfinder der »mittelalterlichen Fantasien« von König Friedrich Wilhelm IV. – traten ab.[25] Sie wurden durch widersprüchliche Akteure wie Louis Napoleon (Napoleon III.) oder Otto von Bismarck ersetzt: Modernisierer, die eine Welt im Einklang mit einer neuen Logik erschufen, eine mit dem Wort *Krise* implizierte Welt.

Drehen wir die Zeit nun im Schnelldurchlauf rund 120 Jahre nach vorn, in die 1970er-Jahre. Der Auslöser der Inflation in dieser Zeit war ein negativer Angebotsschock, der von den ölproduzierenden Ländern (überwiegend vom Nahen Osten) ausging. Er trat vor dem Hintergrund von Währungsturbulenzen auf: Im August 1971 brach das System der Wechselkursparität zusammen und der Versuch, es im Dezember bei der Smithsonian Conference wiederherzustellen, war wenig überzeugend. Da der Preis für Erdöl üblicherweise in Dollar angegeben wurde, wollten die Ölproduzenten zunächst den realen Wert ihrer Exporte schützen und erkannten ab 1973, dass steigende Ölpreise sowohl eine ökonomische als auch eine politische Waffe sein konnten. Dadurch entstand ein neuer »Ölnationalismus«. Die Erlöse der Organisation erdölexportierender Länder (OPEC) verdreifachten sich 1974 auf 108 Milliarden US-Dollar und machten damit ein Achtel sämtlicher weltweiter Exporte aus. Alle großen Industriestaaten waren von Erdölimporten abhängig. Der höhere Preis kann als Auferlegung einer neuen (wohlstands- und einkommensmindernden) Steuer angesehen werden. Die Industriestaaten entschieden sich zumeist dafür, nicht sofort gegenzusteuern, sondern sich auf den Schock einzustellen. Diese mildernde Maßnahme trieb die Inflation weiter in die Höhe: Im Jahr 1974 stieg sie in den USA auf 11 Prozent (und anschließend, nach einem zweiten Ölschock 1980 auf 12 Prozent). In einigen anderen Ländern war die Tragweite noch größer: In Großbritannien lag die Inflation des Verbraucherpreisindex *(consumer price index,* CPI) 1975 bei 24,2 Prozent und 1980 bei 18,0 Prozent.

Diese Situation veränderte die Einstellung der Regierungen hinsichtlich der Kapitalmobilität, die in der Nachkriegsordnung mit Skepsis betrachtet wurde (ein Erbe der 1930er-Jahre). Tatsächlich war das internationale Finanzsystem der Schlüssel zu der von Henry Kissinger entwickelten Strategie zum Umgang mit Ölproduzenten: Wenn man sie dazu motivieren konnte, ihre Überschüsse bei internationalen Banken anzulegen, konnte man sie ins System integrieren. Dieses Argument wurde explizit auf dem ersten internationalen Gipfel der damaligen G5 vorgetragen, der 1975 in Rambouillet stattfand.[26]

Die Erfahrungen aus den 1970er-Jahren veränderten zudem auch die Einstellung einflussreicher Regierungen gegenüber dem traditionellen Keynesianismus und Interventionismus. Offenkundig erwies sich das traditionelle Konstrukt der Phillips-Kurve als unzutreffend und höhere Inflationsraten (ob prognostiziert oder erwartet) führten lediglich zu Preissteigerungen, jedoch nicht zu Ertragssteigerungen oder einem Rückgang der Arbeitslosigkeit. Diese Richtung wurde zuerst von Mitte-Links-Regierungen eingeschlagen, zu denen James Callaghans Labour-Regierung in Großbritannien, Jimmy Carters demokratische US-amerikanische Administration sowie die sozialliberale Koalition unter Bundeskanzler Helmut Schmidt gehörten. Dieses Erbe traten Mitte-

Rechts-Regierungen an und weiteten es aus – allen voran jene unter Reagan und Thatcher. James Callaghans Rede auf dem Labour-Parteitag 1976 wurde später auch als Grabrede auf Keynes bezeichnet.[27] Callaghan gab eine gänzlich neue Doktrin aus, die überwiegend von seinem Schwiegersohn, dem Londoner *Times*-Journalisten Peter Jay, formuliert worden war und die dieser selbst anschließend als »die atemberaubend freimütigste öffentliche Bekanntmachung seit dem Ersten Brief des Paulus an die Korinther« bezeichnete. Darin sagte er:

> Großbritannien hat viel zu lange auf geliehene Zeit, geliehenes Geld, geliehene Ideen gesetzt. […] Wir dachten immer, man könnte sich durch Geldausgeben den Weg aus der Rezession bahnen und die Beschäftigung steigern, indem man die Steuern kürzt und die Staatsausgaben erhöht. Ich sage es ganz offen: Diese Möglichkeit gibt es nicht mehr und sofern es sie je gab, hat sie seit dem Krieg bei jeder Gelegenheit nur die Wirkung erzielt, dass sie einen stärkeren Inflationsschub auf die Wirtschaft auslöste, auf den als nächste Stufe eine höhere Arbeitslosigkeit folgte.[28]

Es ging also um Stagflation. Der britische Rückzug stellte klar, dass der Staat kaum imstande war, über die relativen Vorteile der Lohn- und Gehaltsforderungen unterschiedlicher konkurrierender Gruppen (Lehrkräfte versus Pflegepersonal versus Polizeibeamte) zu entscheiden.

Die späten 1970er-Jahre bilden das Scharnier zum 20. Jahrhundert und markieren den Zeitpunkt, als die Welt eindeutig in eine neue Phase der Globalisierung eintrat. In China führte Deng Xiaoping eine Reihe von Reformen ein, die auf den Prinzipien der Marktwirtschaft beruhten. Im Jahr 1979 begann die Islamische Revolution im Iran, in deren Verlauf der Schah abgesetzt wurde und am 16. Januar aus Teheran floh. Im März 1979 führten einige Mitgliedsstaaten der Europäischen Gemeinschaft (ohne Beteiligung Großbritanniens) das Europäische Währungssystem ein, einen Trittstein auf dem künftigen Weg zu einem der problematischsten Aspekte der europäischen Integration: der Schaffung einer Währungsunion. Am 6. Oktober 1979 verkündete der US-amerikanische Notenbankchef Paul Volcker im Bemühen um eine Überwindung der Inflation eine drastische Zinserhöhung. Und am 3. Mai errangen die Konservativen bei der Parlamentswahl in Großbritannien eine Mehrheit von 43 Sitzen, wodurch James Callaghans Labour-Regierung von Margaret Thatcher als neue Premierministerin abgelöst wurde.

Der Angebotsschock der 1970er-Jahre verlieh somit der Vorstellung von globaler Öffnung beziehungsweise Globalisierung eine dramatische Wendung und stellte die Handlungsfähigkeit der Staaten infrage. (Er führte jedoch nicht zu einem nennenswerten Rückgang der Staatengröße, gemessen am Anteil der öffentlichen Hand am Nationaleinkommen.) Die internationale Migration nahm zu, der Handel weitete sich durch die Entstehung komplexer Lieferketten aus und der Bereich der Finanzvermittlung explodierte regelrecht. Die Krise hatte also eine transformative Wirkung.

Doch alle diese Krisen – insbesondere die tiefgreifenden Transformationen – lösten auch ein gewisses Befremden aus. Die zunehmende Verbreitung einer »Krisensprache« stellte selbst eine Krise dar. Die ursprünglich klare Bedeutung im Sinne eines medizinischen Wendepunktes wurde durch Unsicherheit, ein Übermaß an Wahlmöglichkeiten und Unentschiedenheit abgelöst. Der französische Soziologe Edgar Morin, ein wichtiger Vertreter der Komplexitätstheorie, konstatierte, dass im 20. Jahrhundert sämtliche Bereich von der Idee der Krise betroffen seien: Kapitalismus, Gesellschaft, Paarbeziehungen, Familie, Werte, Jugend, Wissenschaft, Justiz, Zivilisation und die gesamte Menschheit.[29] Koselleck beschreibt den Entwicklungsverlauf des Begriffes folgendermaßen: »So mag denn dieser Wortgebrauch selber als ein Symptom einer geschichtlichen ›Krise‹ gedeutet werden, die sich einer exakten Bestimmung entzieht.«[30] Wenngleich Krisen dennoch durchaus neue oder produktive Antworten nach sich ziehen können, hat das Wort *Krise* als analysierender Terminus regelrecht metastasiert.

15 NEUPRÄGUNG DER WÖRTER IN UNSEREM WORTSCHATZ

Staaten (und politische Institutionen) stehen vor großen Herausforderungen und sind diesen nicht immer gewachsen. Das Vertrauen schwindet. Und die Wörter verlieren irgendwann ihren Sinn. Die Globalisierung hat diese Aushöhlung der Sprache schon immer vorangetrieben und die Coronapandemie ist nur das letzte Beispiel einer globalen Krise, die uns zum Umdenken zwingt. Heute müssen wir den Staat der Zukunft schnell und radikal neu denken.

Menschen nutzen Wörter, um das, was sie beobachten, zu beschreiben. Doch sie sind gleichzeitig auch immer auf der Suche nach Regeln, die sich global oder universell anwenden lassen. Jene, die sich mit den gesellschaftlichen Entwicklungen des 19. Jahrhunderts auseinandersetzten, versuchten solche universellen Regeln zu finden. Doch sie merkten schnell, dass ihre Ziele nur innerhalb des Nationalstaates umgesetzt werden konnten. Der Globalisierungsdiskurs drehte sich daher häufig um die Frage, was auf nationaler Ebene erreicht werden und wie man sich vor den gewaltigen Entwicklungen, Kräften und Gefahren außerhalb des Nationalstaates schützen konnte. Der Sozialismus richtete sich gegen den internationalen Kapitalismus. Doch es stellte sich heraus, dass er – ob nun auf Umverteilung oder Planwirtschaft ausgerichtet – stark vom Nationalstaat abhängig war und seinem internationalistischen Erbe daher entsagen musste. Das Problem der Universalisierbarkeit von Regeln bleibt also bestehen und ist heute drängender als je zuvor: Wie werden wir uns in einer Welt, die immer komplexer und vernetzter wird, und in der Globalismus, Technokratie, Neoliberalismus und Kapitalismus zunehmend in Verruf geraten, grenzüberschreitend organisieren?

Ab der Mitte des 20. Jahrhunderts schien es ein paar Jahrzehnte lang, als hätten einige reiche Länder in Westeuropa, Nordamerika sowie Japan ein dynamisches, aber stabiles Gleichgewicht erreicht. Doch diese selbstgefällige Weltsicht wurde in den 1970er-Jahren von einer neuen Globalisierungswelle erschüttert. Im Jahr 2020 wurden die Rufe nach einer Neuordnung im Zuge der Pandemie noch lauter. Die Globalisierung hat sich verändert. Die Bewegung von physischen Faktoren – Gütern und Menschen – wird zunehmend eingeschränkt, während immaterielle Faktoren im Rahmen der informationellen Globalisierung in einer schnell wachsenden »gewichtslosen Wirtschaft« zirkulieren.

In den Sprachen der Globalisierung werden Wörter genutzt, um Gesellschaften zu vergleichen und institutionelle Anpassungen zu fördern oder zu blockieren. Bei diesen Sprachen geht es auch ums Geld, diesen allgegenwärtigen Übersetzungsmechanismus, der Güter, Dienstleistungen und Versprechen ständig in neue Varianten transformiert. Das Nachdenken über die Begriffsgeschichte ist daher vielleicht äquivalent zu der Anwendung moderner Zahlungstechnologien mit dezentralem Buchungssystem (deren bekanntestes Beispiel wahrscheinlich Bitcoin ist), das Transaktionen verifiziert und den Wert und die Liquidität unserer konzeptuellen Vermögen sichert.

Die Gegenspieler Kapitalismus und Sozialismus konvergieren heute und vermischen sich zunehmend. Beide sollten den Menschen ursprünglich dabei helfen, Informationen in einem dezentralen Allokationssystem so zu verteilen, dass Bedürfnisse und Wünsche spontan erfüllt werden können. Beide führten zu einer Machtkonzentration, mit zerstörerischen Auswirkungen. Die Regulierung und Kontrolle durch Regierungen, die diese Konzentration eigentlich in Schach halten sollten, verschlimmerte das Problem häufig. Die Suche nach einem dezentralisierten Interaktionsrahmen scheint an einen Traum der Vergangenheit anzuknüpfen, den Henri de Saint-Simon, gleichzeitig Ursozialist und Urkapitalist, im frühen 19. Jahrhundert beschrieben hat.

Im Folgenden daher ein Manifest, ein Leitfaden für die Welt nach der Coronapandemie und eine Roadmap für die sozialen und politischen Netzwerke der Zukunft, entsprungen aus einem radikalen Umdenken im Hinblick auf wirtschaftliche Beziehungen und die Verwendung von Geld. Wir haben heute vielleicht die Möglichkeit, Teile eines uralten Traumes zu verwirklichen. Nennen wir diese moderne Vision *Soziakapitalismus.*

Potenziale des Soziakapitalismus

Bei vielen Diskussionen, die das Nationale dem Globalen gegenüberstellen, geht es eigentlich um die Frage, was mit Geld alles getan werden könne. Geld ist für die Globalisierungsdebatte von viel größerer Bedeutung, als wir häufig annehmen. Im Laufe der letzten beiden Jahrhunderte – also im modernen Zeitalter der Globalisierung – war Geld ein Mittel, um nationale Wirtschaftssysteme zumindest teilweise unter öffentliche Kontrolle zu stellen. Doch in der zweiten Hälfte des 20. Jahrhunderts etablierte sich eine neue Ordnung, in der der internationale Zahlungsverkehr in der Währung und den Zahlungssystemen eines einzigen Landes zusammenlief: den Vereinigten Staaten. Die Dominanz des Dollar erzeugte den Eindruck, Geld sei ein unfaires Werkzeug der Hegemonie und wahrer Multilateralismus daher unmöglich.

Die beiden größten Probleme, die durch die Pandemie offen zutage traten, sind die wachsende Ungleichheit in vielen Ländern und das schwindende Vertrauen in öffentliche Institutionen auf (inter-)nationaler Ebene. Das Misstrauen geht häufig mit Verunsicherung und Skeptizismus gegenüber grundlegenden Fakten und Einsichten über unsere zunehmend vernetzte Welt einher. Wir müssen verstehen, woher diese Ungleichheit kommt. Doch wir können durch neue Technologien heute mehr wissen, verstehen und tun. Wir müssen uns diese Möglichkeiten zunutze machen und neue Verbindungen als Grundlage für eine erweiterte, unkonventionelle Gesellschaftsform erschaffen. Die Frage der Ungerechtigkeit hat jede politische Debatte der vergangenen Jahrtausende begleitet. Keines der hier verhandelten Probleme ist wirklich neu – doch kann es neue Antworten geben?

Wie ich weiter oben gezeigt habe, hat die Globalisierung eine bewegte Begriffsgeschichte, deren Lexikon periodisch erweitert und modifiziert wurde, um diese Ideen zu erfassen. Wie zu Beginn des 19. Jahrhunderts und im frühen 20. Jahrhundert gibt es heute eine Welle neuer Begriffe. In der heutigen Welt wird auf globaler Ebene immer mehr kommuniziert. Gleichzeitig wird es paradoxerweise immer schwieriger (nicht etwa einfacher), sich zuverlässig über wichtige politische Belange zu informieren. Thomas Piketty veröffentlichte 2020 *Das Kapital im 21. Jahrhundert,* als Fortsetzung seines Bestsellers, in dem er zeigt, dass moderne Regierungen und Zentralbanken heute trotz neuester statistischer Methoden und größerer Rechenkapazitäten schlechter Daten über die Vermögensverteilung und Ungleichheit sammeln können als vor den 1970er Jahren: Die Behörden »hinken der fortschreitenden Internationalisierung von Vermögen hinterher.«[1] Die Gesellschaft der Vereinigten Staaten ist auch heute noch eine der reichsten und innovativsten der Welt und ist dennoch kläglich an den informationellen Herausforderungen im Umgang mit der Coronapandemie gescheitert.

Die großen Wirtschaftsschocks im Zuge der Coronapandemie waren traumatisch: Die Arbeitslosigkeit stieg sprunghaft auf ein seit der Weltwirtschaftskrise der 1930er-Jahre unbekanntes Level an; Geschäfte mussten schließen; Lieferketten wurden unterbrochen; Lebensmittel wurden knapp, während Bauern und Bäuerinnen anderswo nicht wussten, wohin mit ihren Ernten; Künstlern und Künstlerinnen fehlten Publikum und Einkommen; Hochschulen und Universitäten gingen pleite; Krankenhäuser standen vor dem Kollaps; Städte und lokale Regierungen litten unter rückgängigen Steuereinnahmen. Die globalisierte Welt war auf dem Rückzug und armen Ländern, deren Entwicklung vom Export abhängig ist, fielen die Märkte weg. Das Wesen der Arbeit veränderte sich grundlegend. Alles war ungewiss. Und obwohl Impfungen und antivirale Medikamente für dieses spezielle Virus entwickelt werden konnten, wird uns die Angst vor einer neuen Pandemie und neuen Ansteckungen noch lange begleiten.

Die Coronapandemie hat Ungleichheiten schonungslos offengelegt – nicht nur im Einkommen, sondern auch im Zugang zu medizinischen Einrichtungen, Nahrung und Wohnraum. Sie hat, noch grundlegender, eine tiefe Spaltung zwischen qualifizierter und unqualifizierter Arbeit aufgezeigt, weil qualifizierte Arbeiter und Arbeiterinnen einfach ins Homeoffice ausweichen konnten und somit weiter bezahlt wurden, während unqualifizierte Arbeiter und Arbeiterinnen (häufig Migranten oder ethnische Minderheiten) entlassen wurden oder in Krankenhäusern, öffentlichen Transportmitteln, Supermärkten, Schlachthäusern und anderen Orten, an denen Abstandsmaßnahmen kaum umsetzbar waren, weiterarbeiten mussten.

Optimisten setzen auf die langfristigen Vorteile einer neuen, technologisch vermittelten Dynamik: Schulen und Universitäten werden durch Onlineangebote für mehr Menschen leichter zugänglich; die medizinische Versorgung wird durch die Telemedizin breiter und gerechter verteilt. Doch selbst dieser Optimismus verunsichert uns, weil unklar ist, wie die Lücke zwischen der düsteren Gegenwart und einer hoffnungsvolleren Zukunft überbrückt werden kann.

Häufig versucht man, die zunehmende Ungleichheit mit höheren oder effektiveren Steuern zu bekämpfen, die für mehr Spielraum bei der Umverteilung sorgen sollen. Dieser Ansatz hat im Zuge der finanzwirtschaftlichen Engpässe der Coronapandemie Aufwind bekommen. Doch mit Steuern bekämpft man das Problem nur oberflächlich, denn die wichtigere und grundlegendere Aufgabe liegt darin, Chancen und Qualifikationen gerechter zu verteilen und unterschiedliche Bevölkerungsgruppen mit verschiedenen kulturellen Hintergründen besser zu integrieren, da Individuen und Gruppen heute häufig mehr mit Menschen gemeinsam haben, die Tausende Kilometer entfernt leben, als mit ihren direkten Nachbarn.

Wie kann die Politik, die sowieso schon stark unter Druck steht, sich dieser Herausforderung stellen? In der Zeit vor dem Virus waren alle Debatten von vier Gegensatzpaaren geprägt: Globalisierung oder Rückkehr zum Nationalstaat; Kapitalismus oder Sozialismus; Technokratie oder Populismus; Multilateralismus oder Geopolitik. Diese Debatten sind heute überholt. Jedes dieser Paare muss durch etwas anderes ersetzt werden. Vielleicht hilft uns das gern genutzte Präfix *Post-* weiter: *Postglobalisierung* statt *Deglobalisierung*; *postnational* statt *Renationalisierung*; *Postkapitalismus,* um große Kapitalkonzentrationen zu bekämpfen; *Postsozialismus,* um den nationalstaatlichen Grenzen des traditionellen Sozialismus zu entfliehen; *Posttechnokratie,* in der alle Technokraten sein können; und *Postpopulismus* in dem Sinne, dass die Überhöhung »des Volkes« oder »des wahren Volkes« allen anderen (den Unwahren) surreal und destruktiv erscheinen muss? Neue Technologien ermöglichen neue Verbindungen und somit auch einen Multilateralismus, der nicht an den Felsen der Geopolitik zerschellt.

Der gesellschaftliche Wandel hat schon begonnen. Seinen Ursprung hat er insbesondere in einer neuen Haltung gegenüber dem Geld, die der informationstechnologischen Revolution und der Anwendung von künstlicher Intelligenz geschuldet ist. Geld schien lange Zeit etwas zu sein, das von Staaten erschaffen und reguliert werde, um dann von den Menschen für den Handel und zur Absicherung gegenüber zukünftigen Ungewissheiten genutzt zu werden. Heute erleben wir die Entstehung von Quasiwährungen, die wir selbst erschaffen, indem wir Informationen verkaufen. Alles deutet darauf hin, dass sich das Geld vom Staat emanzipieren wird. Die Finanzrevolution ist bereits in vollem Gange und stellt unser althergebrachtes Verständnis der Geld- und Bankenwelt auf den Kopf. Sie wird tiefgreifende und emanzipatorische Folgen haben. Bürger und Bürgerinnen der Welt, vereinigt euch: Ihr habt nichts zu verlieren als euer Kleingeld. Oder, wie Shakespeares Protopopulist Jack Cade es ausdrückt: »Ich danke euch, ihr lieben Leute! – so soll es kein Geld mehr geben.«[2]

Den Staat mit dem Geld neu erfinden

Geld war schon immer ein Problem.[3] Dem Geld werden gewöhnlich unterschiedliche Funktionen zugeschrieben – es ist ein Alleskönner. In Wirtschaftslehrbüchern steht, dass es uns als Tauschmittel, Recheneinheit und Wertspeicher dient. Es ergibt Sinn, diese Elemente einmal auseinanderzudröseln. Wir sind in unserem Alltag von Multifunktionsgegenständen umgeben, die nicht in all ihren Funktionen gleich gut sind – das iPhone, das mit seinen vielfältigen Apps neben der Fotografie und Soundaufnahme auch eine große Bandbreite an digitalen Leistungen erbringt, ist da vielleicht eine Ausnahme. Kaffeemaschinen mit integriertem Wecker haben noch nie guten Kaffee gekocht und ließen sich schlecht auf Reisen mitnehmen. Ökonomen haben diese Einsicht in der nach einem niederländischen Kollegen benannten Tinbergen-Regel formalisiert, die besagt, dass jedes ökonomische Ziel ein eigenes Instrument erfordere. Das Geld aber soll drei verschiedene Funktionen erfüllen – da überrascht es nicht, dass es nicht in allen gleich gut ist.

Man ist mit dem existierenden Geld aufgrund seiner fehleranfälligen Multifunktionalität unzufrieden – und das hat zu Innovationen angeregt. Wir leben in einer Zeit des schnellen technologischen Wandels: Künstliche Intelligenz und Big-Data-Analysen spielen schon heute in vielen Lebensbereichen eine Rolle. Es wäre wirklichkeitsfern, zu erwarten, dass diese Veränderungen keine Auswirkungen auf etwas so Allgegenwärtiges und Problematisches wie unser Geld haben.

Auch zu Regierungen steht das Geld in einem ständigen Spannungsverhältnis. Regierungen hatten häufig ein Interesse daran, Maßeinheiten zu standardisieren und, wie Ökonomen es ausdrücken würden, eine Währung als »Recheneinheit« zu etablieren. Das mag daran liegen, dass Geld ein wunderbares finanzpolitisches Werkzeug ist, mit dem sich Steuern in der Bevölkerung erheben lassen. Die Entstehung der modernen Münzen in Europa wird häufig auf die Organisation der militärischen Abenteuer Philipps II. von Makedonien und seines Sohnes Alexander dem Großen zurückgeführt. Um die großen Armeen bei ihrer Bewegung durch die weitläufigen besetzten Gebiete zu ernähren, gaben die Herrscher den Truppen Tokens mit einem intrinsischen Wert, die gegen Proviant eingetauscht werden konnten. Gleichzeitig belegten sie die besetzten Völker mit einer Steuer, die in denselben Tokens gezahlt werden musste. So zwang man die besetzten Völker dazu, diese Tokens für den Handel zu nutzen.

Verschuldete Regierungen hatten und haben ein großes Interesse daran, das Verhältnis der Recheneinheiten zu beeinflussen und den Wert der Währung, in der sie ihre Schulden tilgen müssen, zu steigern. Schleichende Münzentwertungen durch die herrschende Klasse waren im frühmodernen Europa daher gängige Praxis.

Auch bei grenzüberschreitenden Transaktionen spielte Geld schon sehr früh eine wichtige Rolle. Goldmünzen mit der Prägung römischer Kaiser wurden beispielsweise in archäologischen Stätten in Sri Lanka, Vietnam und an den Küsten Chinas gefunden. Geld reiste weite Strecken und erreichte völlig unbekannte Kulturen. Daher waren Wechselkurse, die Äquivalenz zweier unterschiedlicher Recheneinheiten, schon immer ein wichtiger Teil grenzüberschreitender Handelsbeziehungen.

Zuletzt ist Geld auch ein Wertspeicher. Tatsächlich ist es eine Art Gedächtnis, in dem festgehalten wird, dass ich Anspruch auf etwas Bestimmtes habe. Aber der Wert eines Objektes bleibt nicht immer konstant. Im Neuen Testament steht bekanntermaßen geschrieben: »Ihr sollt euch nicht Schätze sammeln auf Erden, wo Motten und Rost sie fressen und wo Diebe einbrechen und stehlen. Sammelt euch aber Schätze im Himmel, wo weder Motten noch Rost sie fressen und wo Diebe nicht einbrechen und stehlen. Denn wo dein Schatz ist, da ist auch dein Herz.« (Matthäus 6,19–12) Man kann dies als klugen und vernünftigen Rat im Hinblick auf die Überlegenheit verinnerlichter Forderungen verstehen.

Nach dem ökonomischen Schock der Coronapandemie sollte Geld noch mehr Funktionen erfüllen. Manche Zentralbanker beispielsweise begannen darüber nachzudenken, ob durch Geldpolitik soziale und ethnische Ungleichheiten ausgeglichen werden könnten.[4]

Das Geldproblem hat also (finanz-)politische, geschäftliche und eigentumsbezogene Dimensionen. Diese Vielfalt an Anwendungsbereichen führt unweigerlich zu Spannungen, die Anlass für Innovationen und ein Umdenken im Hinblick auf die Art und Weise sind, wie unterschiedliche Funktionen sinnvollerweise kombiniert und gebündelt werden können. Bisher konnten wir beobachten, wie neue und offene (d. h. auch demokratischere) Zahlungsplattformen Banken in ihrer Vermittlerrolle ersetzt haben. Dadurch wird sich auch unser Zugang zur Politik stark verändern, weil das Geld seit jeher großen Einfluss darauf hat, wie wir über den modernen Staat und seine Politik denken.

Ein Blick in die Geschichte des Geldwesens kann uns helfen, zu verstehen, auf welche Weise Innovationen neue Organisationsformen erforderlich machen. In kleinen Gemeinschaften werden Güter und Dienstleistungen häufig in Form von Geschenken zwischen den einzelnen Mitgliedern der Gemeinschaft verteilt. Solche Schenkwirtschaften beruhen meist auf einer klaren, aber nicht explizit formulierten Regel der Gegenseitigkeit. Wenn ich jemandem ein Stück Fleisch gebe, erwarte ich, dass er im Gegenzug mein Pferd beschlägt. Und wenn ich jemanden bitte, mein Getreide zu mahlen, wird die Person wohl davon ausgehen, einen Teil des Mehls für sich behalten zu dürfen. Im Gegensatz dazu ist Geld als Tauschmittel bei Zahlungen über weite Entfernungen hinweg unabdingbar. Es geht darum, Fernbeziehungen zwischen Menschen, die keine natürliche oder unmittelbare Beziehung zueinander haben, über große Entfernungen zu fixieren – man könnte hier von einem *funktionellen Gedächtnis* sprechen. Es ist eine Sprache, die alle Entfernungen beseitigt.

Im spätmittelalterlichen Europa wurden für Zahlungen über weite Entfernungen hinweg Wechselbriefe mit vier Parteien eingeführt. Dieses Instrument erschien einigen so genial, dass irgendwann seltsame Verschwörungstheorien über dessen Ursprung zirkulierten. Doch der klassische Vierparteienwechsel beruhte auf einer gewissen Vertrautheit mit den anderen Parteien, und insbesondere auf einem Vertrauen über weite Strecken hinweg. Ein Kaufmann in Venedig würde also einen Schuldbrief vorzeigen, den er in Venedig von jemandem gekauft hatte, mit dem er regelmäßig Geschäfte machte, um sich diesen Schuldbrief in London von einem Partner jenes venezianischen Schuldbriefausstellers auszahlen zu lassen. Der Partner würde sich das Papier und dessen Inhaber genau ansehen, um sich zu vergewissern, dass das Papier echt und nicht etwa im Laufe seiner langen Reise gestohlen worden war.

Für sich genommen wären solche Wechselbriefe keine herausragende Innovation gewesen und hätten gegenüber dem üblichen Tauschhandel gar keine so große Verbesserung dargestellt – hätte sich nicht ein Markt entwickelt, auf dem diese Wechsel gehandelt wurden. Nur durch diese Plattform konnte sich der Wechsel zu einem äußerst mächtigen Finanzinstrument entwickeln. Auf Handelsmessen konnten Transaktionen existierender Wechsel gebündelt und beglichen werden, und sie wurden schnell zu Großereignissen. Die Messe im spanischen Medina del Campo fand zwischen 1421 und 1606 statt. Mit dem wirtschaftlichen Niedergang Spaniens ging ihre zentrale Koordinierungsfunktion zunehmend auf die Lyoner und später auf die Genfer Messe über. Diese Messen waren eine Plattform für Transaktionen. Man machte Geschäfte in der Öffentlichkeit und nahm den Ruf jedes einzelnen Kaufmanns genau unter die Lupe.

Das moderne Zentralbankensystem entsprang der Notwendigkeit, in Krisenzeiten für Stabilität zu sorgen. Sie sollten als große, regierungsgestützte Institutionen mit langfristiger Perspektive Vermögenswerte (d. h. Wechsel) diskontieren oder aufkaufen, denen Marktliquidität fehlte, obwohl auf lange Sicht mit einem Wertzuwachs gerechnet werden konnte. Diese neue Funktion übernahmen im 19. Jahrhundert insbesondere zwei Institutionen: die Banque de France und die Bank of England. Beide Institutionen wurden ursprünglich zur Verwaltung von Staatsschulden erschaffen (wobei die Schulden faktisch an die Aktionäre dieser Banken verkauft wurden, die dafür mit einer Lizenz für andere Geschäftsaktivitäten entschädigt wurden). Anfangs war nicht klar, ob die Bank of England wusste, was sie da tat. Obwohl die Bank während der Panik von 1825 eine besonders aktive Rolle einnahm, sahen die Bankdirektoren in diesem Agieren kein langfristiges Modell. Im Jahr 1866, nach dem Zusammenbruch einer großen und angesehenen Londoner Bank, der Overend, Gurney, and Co., ergriff die Bank of England ein weiteres Mal instinktiv stützend in den Markt ein. Der *Econo-*

mist, eine einflussreiche, liberale Zeitschrift, entwickelte daraufhin eine Theorie, die besagte, dass die Bank of England den gesamten Londoner Markt stützte. Ein Bankdirektor schrieb dem *Economist,* um dieser Interpretation zu widersprechen. Doch der Herausgeber des *Economist,* Walter Bagehot, der den ursprünglichen Artikel (sowie überhaupt die meisten Artikel der Zeitschrift) geschrieben hatte, feuerte zurück und schrieb eine umfassende Abhandlung, die bald zu einem Handbuch des Zentralbankenwesens avancieren sollte. In Deutschland nutzte man sie in der Frage, wie das Geld im neu gegründeten Deutschen Reich gemanagt werden sollte, als Leitfaden, und auch andere Reformer des Geldwesens, wie die Erfinder der Federal Reserve, griffen auf sie zurück.

In der neuen Bankenwelt, in der die Zentralbanken eine Art Stützfunktion übernahmen, verschwand der Handel mit Wechseln aus der Öffentlichkeit. Die Zentralbanken kannten die Geheimnisse der Banken, behielten sie jedoch für sich. Es gab keine Plattform mehr, sondern versteckte, vertrauensbasierte Transaktionen in einer Black Box.

Irgendwann wuchs das Bewusstsein dafür, dass die Wechselbriefe Informationen mit sich führten, die an sich eine wertvolle Ressource darstellten. Einzelne Wechsel waren bedeutungslos, doch wer den Überblick über die Summe der Transaktionen hatte, konnte sich ein Bild davon machen, welche Güter in welchen Mengen von einem bestimmten Land importiert oder exportiert wurden.

Das Fortbestehen der Bank of England beruhte auf dem Versprechen, Währung in Gold umzutauschen. Doch war dieses Versprechen für die Funktionalität des Geldsystems wirklich notwendig? Natürlich nicht, wie kluge Beobachter bald schon bemerkten. Der brillanteste Ökonom dieser Zeit, der Schotte John Law, überredete die durch Kriege geschwächte französische Monarchie dazu, eine Papierwährung in Umlauf zu bringen, die er gegenüber dem Modell der Bank of England für überlegen hielt. Die Experimente mit Papiergeld setzten den Fokus auf das öffentliche Gut einer stabilen Währung, die sichere und transparente Zahlungen ermöglichte. Am Ende jedoch wirkten sie eher wie teuflische Manipulationen, die Goethe später dem Dämon Mephistopheles zuschreiben sollte.

Papierwährungen gerieten aufgrund früher Fehlversuche in Verruf; erst im späten 20. Jahrhundert entstand ein institutionelles System, das die Preisstabilität sichern konnte.[5] Im 20. Jahrhundert war das berüchtigtste Inflationsereignis nicht die schreckliche Hyperinflation in Ungarn nach dem Zweiten Weltkrieg, sondern die Hyperinflation, die Deutschland nach dem Ersten Weltkrieg lahmlegte. Ironischerweise nahm diese Inflation ihren Anfang mit der Finanzierung von Kriegsschulden unter Karl Helfferich, dem damaligen Staatssekretär des Reichsschatzamtes und Deutschlands wichtigstem Experten für Geldpolitik. Sein geldpolitisches Lehrbuch, *Das Geld*, erschien in zahlreichen Auflagen. In dessen Vorkriegsausgabe argumentierte er, das Papiergeld sei zwar theoretisch stabiler als metallbasierte Währungen, führe politisch jedoch zu Konflikten, weil Schuldner, die von einer größeren Geldmenge und der damit einhergehenden Wertminderung ihrer Schulden profitieren würden, Gläubigern gegenüberstünden, die eine Stabilisierung oder Verringerung der Geldmenge anstrebten. Helfferich schloss daraus, dass »der Kampf um den Geldwert […] mehr als jeder andere wirtschaftliche Interessenkonflikt zur Demoralisierung des wirtschaftlichen und gesellschaftlichen Lebens führen [würde].«[6] Eine erstaunlich präzise Vorhersage.

Papiergeld wurde mit der Finanzpolitik in Verbindung gebracht, weil es von Regierungen oder Zentralbanken ausgegeben wurde, die Staatsanleihen als Sicherheit für ihre Verbindlichkeiten hielten. Es wurde faktisch verstaatlicht, obwohl es weiterhin für grenzüberschreitende Zahlungen genutzt wurde. Aufgrund seiner Anfälligkeit für Betrügereien brauchte Papiergeld einen klar definierten territorialen Rahmen, innerhalb dessen Staaten Fälscher und Betrüger bestraften und das Geld gleichzeitig als finanzpolitisches Instrument nutzen konnten.

Die enge Verknüpfung einer Währung mit einem Land ist ein recht neues Phänomen und geht auf die Etablierung der Nationalstaaten im 19. Jahrhundert zurück. Zu dieser Zeit gewann auch der ethno-linguistische Nationalismus im Zuge Johann Gottfried Herders einflussreicher Schrift *Abhandlung über den Ursprung der Sprache* aus dem Jahr 1772 an Beliebtheit. Seine Befürworter sahen sowohl im Geld als auch in der Sprache ein Mittel, um Menschen aneinander zu binden.

Im 19. Jahrhundert strebten zahlreiche Regierungen Nationalwährungen an.[7] Sie waren so erfolgreich, dass man sie Ende des 20. Jahrhunderts für das Natürlichste der Welt hielt. Anfangs jedoch stieß diese Entwicklung auf starken Widerstand. In Frankreich zirkulierten bis in die frühen 1840er-Jahre alle möglichen Münzen wild durcheinander – meist noch aus dem Ancien Régime, aber auch ausländische Münzen. Dann versuchte die Regierung, das nicht-nationale Geld zu verdrängen und den Franc als Nationalwährung zu etablieren. Der Numismatiker Éduard Lelièvre de Lagrange hielt diese Entwicklung für »einen Krieg, den das alles absorbierende Paris gegen das Bisschen führt, was den Départements noch geblieben ist.«[8]

Münzen standen in ihrer Vielfalt auch für eine soziale Spaltung. Die Armen handelten mit unterschiedlichsten, minderwertigen Münzen aus Kupfer- und Silberlegierungen, während die Reichen mit aufwendig geprägten Gold- und Silbermünzen handelten. Arme Menschen, die mit ihren eigenen, minderwertigen Münzen bezahlten, wurden unter Schriftstellern zu einem beliebten Bild für das Ausmaß der Klassenteilung. Es gab zwischen den Geldbewegungen der unterschiedlichen sozialen Klassen kaum oder keine Berührungspunkte. Die Befürworter einer auf einem Volks- oder demokratischen Konsens aufbauenden Nation erkannten, dass ein einheitliches Geldsystem den sozialen Zusammenhalt innerhalb des nationalen politischen Rahmens fördern könnte.

In dieser Zeit brachte man das Geld mit nationaler Identität und dem gesellschaftlichen Zusammenhalt innerhalb einer Nation in Verbindung. Das alles wiederum assoziierte man mit dem Gedanken, dass die Zahlungen innerhalb eines Geldsystems letztendlich von einem fiskalischen Aspekt abhingen – der Fähigkeit, zukünftig Steuern zu erheben. Ansonsten wäre diese Bündelung unglaubwürdig und die Menschen könnten sich nicht mehr auf die Stabilität des Geldsystems verlassen. Der belgische Ökonom Paul de Grauwe brachte diese Einsicht während der europäischen Schuldenkrise in seiner Kritik des Projekts der europäischen Währungsunion auf den Punkt: »Der Euro ist eine Währung ohne Land. Damit er Bestand haben kann, braucht es ein europäisches Land.«[9]

Zum Ende des 20. Jahrhunderts schienen nicht-nationale Währungen ein Comeback zu feiern. Zuerst war der US-Dollar zu einer beinahe universellen Währung geworden, die den Großteil des internationalen Handels bestimmte. Auch Zentralbanken hielten große Dollarreserven. Dann entwickelte Europa, auch weil die Übermacht des Dollar einigen Sorgen bereitete, eine eigene grenzüberschreitende Währung.

Zu der Zeit, als das Geld sich von seinem nationalen Rahmen löste, fand auch eine technologische Revolution statt, die radikal neue Lösungen für das Problem einer Sprache oder eines Gedächtnisses ermöglichte, die Grenzen überschreiten. Diese Beobachtung macht die Entwicklungen der Finanzwelt nach der Krise von 2007–2008 verständlicher.

Eine der Folgen der Finanzkrise war, dass sich die scheinbar solide Verknüpfung vom Geldwesen auf der einen und einer stabilisierenden Fiskalpolitik der Regierungen auf der anderen Seite lockerte. Der Versuch, die ökonomischen Folgeerscheinungen der Coronapandemie durch großangelegte Konjunkturprogramme aufseiten der Zentralbanken einzuhegen, brachte ein Risiko neuer De- und Inflationsspiralen mit sich. Es liegt nahe, dass die Welt eine neue Revolution des Geldwesens einfordern wird.

Wo ist Innovation am wahrscheinlichsten, wenn die einzelnen Funktionen des Geldes auf neuen Plattformen entbündelt werden? Eine Vorhersage: in schwachen Staaten, die Vertrauen genießen, sodass staatlichen Versprechen kein Glauben geschenkt wird. In einer solchen Situation ist es viel sinnvoller und dringlicher, die Fiskalpolitik vom Geldwesen zu trennen. Laut diesem Kriterium wird die Revolution in ärmeren Ländern in Afrika oder den ehemaligen Sowjetrepubliken viel schneller passieren. Die technischen Neuerungen sind eine Möglichkeit, vorwärtszukommen, die Armut und institutionelle Unterentwicklung hinter sich zu lassen und komplexe Institutionen zu entwickeln, die Innovation und Wohlstand generieren.

Eine weitere Vorhersage blickt auf die weiter entwickelten Industrieländer. Hier ist die Gesellschaft am stärksten in einzelne Interessengemeinschaften gespalten, die sich kaum begegnen und manchmal auch nichts mit Gruppen mit anderen sozialen oder kulturellen Werten zu tun haben wollen. In hochmodernen, individualisierten Gesellschaften, wo das Versprechen des gesellschaftlichen Zusammenhalts weniger wert ist, teilt man sich in unterschiedliche Gruppen auf, um Kämpfe und Konflikte zu vermeiden. Durch Währungen entstehen Gemeinschaften, die durch den Informationsaustausch aneinandergebunden sind. Wir werden unterschiedliche Aspekte unseres Lebens entflechten: In Zukunft werden wir vielleicht Starbucks-Geschenkkarten nutzen, um luxuriöse Ernährungsprodukte zu kaufen, und mit Musikmünzen Klänge kaufen und verkaufen. Doch die neuen, digitalen Ökosysteme könnten auch auf neue Weisen wieder gebündelt werden: Wer zu viel Kaffee oder Zucker konsumiert, erhält dann vielleicht eine Warnung von einem medizinischen Dienstleister. Und die Bereitschaft, sich solche Warnungen zusenden zu lassen, wird vielleicht durch niedrigere Versicherungskosten entlohnt werden – und die mangelnde Bereitschaft entsprechend bestraft.

Bis jetzt sind zahlreiche Experimente mit Lokalwährungen, mit denen etwa der nachbarschaftliche Babysitter bezahlt wird, gescheitert, weil Forderungen zu häufig gehortet werden. Das führt dazu, dass der Bedarf an Dienstleistungen nicht gedeckt werden kann, weil die Währung an Wert verliert. Diese Einschränkungen werden durch den Handel zwischen digitalen Ökosystemen überwunden: dem Äquivalent eines Devisenmarktes (auf dem das Babysittergeld zum Beispiel gegen Gascoupons oder lokale Theaterkarten getauscht werden kann). Durch solche unmittelbaren, elektronischen Marktplätze können wir heute viel einfacher Taler gegen Louis d'ors eintauschen als die Europäer des 19. Jahrhunderts.

In jedem Fall stellen uns die neu erschaffenen, digitalen Tauschgemeinschaften vor die Frage, wie mit den dabei entstehenden Informationen umgegangen werden soll. Entweder man stellt große Datenmengen zur Verfügung, um die Wahlentscheidung zu optimieren, Dienstleistungen breiter verfügbar zu machen und mögliche andere, neue Dienstleistungen (über »Nudges«) vorzuschlagen – allerdings auf Kosten der Privatsphäre. Oder man schützt die Privatsphäre, jedoch zu höheren Kosten. (Diese Option macht für Nutzer Sinn, die auf unterschiedlichen Plattformen Kaffee, Zucker und Alkohol konsumieren und medizinische Dienstleistungen in Anspruch nehmen.) Die Differenzierung würde die Vor- und Nachteile der Bereitstellung persönlicher Informationen verdeutlichen. Wenn ich eine Plattform nutze, die die Details meines häufigen Alkohol- und Zuckerkonsums teilt, verteuert sich meine Krankenversicherung. Wenn ich mich von solchen Plattformen fernhalte, zahle ich weniger für meine Versicherung oder meine Hypothek. Geld erscheint uns wieder wie Mephistopheles, der uns alles verspricht, solange wir nur unsere Seele verkaufen. Doch wenn wir den Handel als eine Zahlung mit Information verstehen, können wir selbst entscheiden, ob wir Mephistopheles sein wollen oder nicht: Das ist radikale Selbstbestimmung. Anstatt wie im 19. Jahrhundert nach einer einzigen, weltweiten Währung zu suchen, die durch Anwendung des Goldstandards fixiert wird, bewegen wir uns und übersetzen zwischen zahlreichen Währungen und erschaffen somit sichere Vermögen, die nicht von einem einzigen, mächtigen Land abhängig sind.

Warum Steuern wichtig, und wann sie fair sind

Die Welt der Zukunft wird mobiler sein, insbesondere im Hinblick auf die Bereitstellung von digitalen Dienstleistungen und auf die digitale Kommunikation. Doch offensichtlich gibt es öffentliche Güter, für die immer noch bezahlt werden muss: Sicherheit und Verteidigung sowie der Zugang zu Dienstleistungen für jene, die sie sich nicht leisten können.

Es ist einfacher, Unbewegliches zu besteuern als Bewegliches, und in mancher Hinsicht ist es auch gerechter. Dieses Argument geht auf die klassische Volkswirtschaftslehre zurück. David Ricardo hielt die Pacht, die an einen Landbesitzer für die Bestellung des Landes gezahlt werden musste, für ein unverdientes Verdienst an dem natürlichen Geschenk der Bodenqualität. Henry George jedoch war einer der ersten Ökonomen, die argumentierten, dass die Besteuerung des Landes eine effektive Einkommensquelle für öffentliche Kassen sei, weil so die Steuern auf Arbeit und Kapital gesenkt werden könnten.[10] In den Grundstückspreisen spiegelt sich entweder das Vorhandensein natürlicher Ressourcen (wie Kohle, Eisenerz, Gold, Seltene Erden oder fruchtbarer Boden), oder der Wert der Lage (im Hinblick auf Arbeitsplätze oder Freizeiteinrichtungen) wider. In jedem Fall jedoch sind die Pachteinnahmen der Landbesitzer einem natürlichen Zufall oder externen Vorteilen geschuldet: öffentlichen Investitionen in Transportwege, Zugang zu Lieferketten oder örtliche Schulen. Steuern, die auf diese Pachteinnahmen erhoben werden, haben folglich keine Auswirkungen auf die Produktivität des Landes. Piketty ist der Meinung, dass die Zunahme der Vermögensungleichheit in der zweiten Hälfte des 20. Jahrhunderts auf steigende Immobilienpreise zurückzuführen ist.[11] Daher sind Grundsteuern ein einfacher Weg, um Kapitalgewinne im Zusammenhang mit diesem Preisanstieg zu besteuern, der sich nicht auf die Aktivitäten oder Investitionen einzelner Landbesitzer zurückführen lässt.

Tatsächlich haben Grundsteuern weitere Vorteile: Sie können das Angebot an Land weder verringern noch individuelle Investitionen in das, was auf ihm gebaut wird, verzerren; sie können kaum hinterzogen werden, weil Landstücke nicht versteckt oder in Steuerparadiese verschoben werden können; und das Land kann als Pfand dienen, falls die Steuern nicht gezahlt werden können. Eine solche Steuerpolitik könnte sich sogar positiv auf die Wirtschaft auswirken, weil durch sie sichergestellt wäre, dass profitables Land, auch hochwertige Wohnungen in Großstadtzentren, genutzt werden, statt leer zu stehen oder brach zu liegen. Sie würde wahrscheinlich auch die Wohnungspreise in dicht gedrängten, städtischen Gegenden senken, zum Vorteil junger Arbeiter und Arbeiterinnen, die finanziell durchschnittlich schlechter dastehen als ihre Eltern. Ein unübersehbares Merkmal der dysfunktionalen, globalisierten Welt sind die praktisch menschenleeren, exklusiven Innenstädte in New York, Vancouver, London und Paris, in denen Wohnungen als Investmentobjekt oder als zeitweiser Rückzugsort für ihre reichen, abwesenden Besitzer gekauft wurden. Entlang der Londoner Bishops Avenue, auch bekannt als »Milliardärsreihe«, stehen 66 Villen mit einem geschätzten Gesamtwert von 620 Millionen US-Dollar:

Viele von ihnen stehen leer und verfallen. Die Hausnummer 53 beispielsweise, »The Towers«, wurde von der saudischen Königsfamilie im Zuge der Spannungen 1989 gekauft. Die New Yorker Upper East Side und die Gegend um die Place des Vosges in Paris scheinen manchmal völlig unbewohnt zu sein, insbesondere während der Coronapandemie.

Außerdem würde die Regierung durch eine Grundsteuer von ihren eigenen Investitionen profitieren, anstatt den gesamten Gewinn den Landeigentümern zu überlassen, wenn die Landpreise steigen, weil durch Investitionen in Transport und Infrastruktur aus minderwertigem Ackerland hochwertige Grundstücke für Pendler werden.

Informationen, Automatisierung und der Kampf um Gleichberechtigung

Die Verfügbarkeit neuartiger Informationen bietet die Möglichkeit, einige der Ungleichheiten und Ungerechtigkeiten zu bekämpfen, die durch die Coronakrise erkennbar geworden sind. Vermehrte Automatisierung kann bedeuten, dass manche besonders eintönige oder gefährliche, von schlecht bezahlten systemrelevanten Arbeitskräften ausgeführten Tätigkeiten stattdessen von Maschinen übernommen werden. So könnten beispielsweise Scanner zur Selbstbedienung die Arbeit von Kassiererinnen im Supermarkt ersetzen. Viele Aufgaben im öffentlichen Nahverkehr, die mit regelmäßigem Kundenkontakt verbunden sind, könnten ebenfalls von Maschinen erledigt werden. Und in der Fleischverarbeitung könnte man dem Beispiel von Ländern mit höherem Lohnniveau wie etwa Dänemark folgen, wo dieser Bereich bereits weitgehend automatisiert abläuft. Es gibt dafür zahlreiche Beispiele aus den verschiedensten Berufen und Aufgabenfeldern, die vielfach beweisen, wie radikal die Erkenntnisse im Zusammenhang mit dem Coronavirus etablierte Geschäftspraktiken gewandelt haben.

Ein weiterer Bereich, in dem sich durch die Coronakrise vieles verändert hat, ist die zunehmende Popularität und Akzeptanz der Telemedizin. Auf diesem Gebiet bieten moderne technische Lösungen klare

Vorteile. Die häufigere oder sogar kontinuierliche Überwachung von Vitalwerten – Körpertemperatur, Blutdruck, Puls, Sauerstoffsättigung, Hormonspiegel, Vitaminversorgung, Zuckerwerte und so weiter – kann eine schnellere pharmazeutische oder medizinische Versorgung sicherstellen. Krankheiten können bereits vor ihrem Ausbruch prognostiziert sowie Behandlungen präziser und zielgenauer zugeschnitten werden. Der Bedarf für teure Diagnostik und lange Klinikaufenthalte sinkt. Medizinisches Personal wird vor dem direkten Kontakt mit erkrankten Menschen geschützt und diese müssen sich nicht in überfüllte Krankenhäuser oder Arztpraxen begeben. Die zügige Bereitstellung von Informationen zeigt auf, wie sich Infektionskrankheiten ausbreiten und ermöglicht die Umsetzung gezielter Präventionsmaßnahmen, unter anderem umgehende Behandlung und gegebenenfalls Quarantäne. Die Erfahrung mit dem Coronavirus war in vielfacher Hinsicht eine wichtige Lektion für den Umgang mit zukünftigen pandemischen Bedrohungen.

Die Polizeiarbeit ist ein weiterer Bereich, der vom umsichtigen Einsatz neuer Technologien profitieren kann. Die Proteste der Bewegung Black Lives Matter im Sommer 2020 in den Vereinigten Staaten führten vielen Menschen die diskriminierenden und rassistischen Praktiken in vielen US-amerikanischen Polizeirevieren vor Augen. Dabei lässt sich ein beträchtlicher Teil der Polizeiarbeit durch technische Lösungen bewältigen. Verkehrsdelikte könnten automatisch aufgezeichnet werden. Im Fall von schwerwiegenden – lebensgefährlichen – Straftaten könnten Fahrzeugmotoren ferngesteuert gestoppt werden (wie es bereits bei Zahlungsverzug für Leasingfahrzeuge der Fall ist). Gesichts- oder Iriserkennung ermöglicht die unauffällige Überwachung großer Menschenmengen aus der Distanz. Durch den Einsatz solcher und anderer Methoden sinkt der Bedarf an sichtbarer Polizeipräsenz mit abschreckender Wirkung und auch konzertierte Polizeieinsätze sind weniger vonnöten. Darüber hinaus besteht weniger Anlass für Racial/ethnisches Profiling, um Verdächtige zu kategorisieren – wobei die Verantwortlichen solche Technologien äußerst umsichtig konfigurieren müssen, um selbst kleinste Elemente von derart fragwürdigem Profiling in den entsprechenden Systemen zu vermeiden.

Das Finanzwesen wird zunehmend demokratischer. Neue Unternehmen wie Robinhood, eine offenbar provisionsfreie Investmentplattform, die ursprünglich aus der antikapitalistischen Bewegung Occupy Wall Street hervorgegangen ist, machen es leichter und erheblich preiswerter, finanzielle Transaktionen vorzunehmen.[12] Solche Plattformen machen traditionelle (und teure) Institutionen wie Banken, Versicherungen und Vermögensverwaltungen letztlich überflüssig.

Der Zugang zu Bildung ist heute reglementiert und zudem ist Bildung teuer. Die zunehmenden Zugangsbeschränkungen für Eliteuniversitäten leisten im Allgemeinen nicht nur der Ungleichheit Vorschub, sondern wirken noch viel gravierender als Hindernis für einen nennenswerten sozialen Aufstieg. Jene Technologien, die Telemedizin und Fernüberwachung ermöglichen, können auch in der Bildung zum Einsatz kommen. Dort bewirken sie, dass viel mehr Menschen leichter und günstiger Zugang zu qualitativ hochwertigen Lernerfahrungen erhalten. Dabei geht es nicht nur darum, frontal zu unterrichten. Eine entscheidende Bedingung für erfolgreiche Bildung ist Teilhabe: Präsenzkurse oder -seminare können bereichernd und mitreißend sein, aber bisweilen auch so langweilig, dass man nur mühsam bei der Sache bleibt. Die Methoden der Zukunft werden daher auf ein beträchtliches Maß an Distanzlernen setzen, jedoch gleichermaßen auf persönliche Interaktion und Beteiligung durch die Lernenden. Bildung bewirkt im besten Fall, dass Gemeinschaften entstehen, in denen miteinander nachgedacht und diskutiert wird, was die Interaktion von Menschen mit unterschiedlichen Kompetenzen, Vorstellungen und Hintergründen erfordert – genau das, was Technologie idealerweise fördern kann.

Neue Perspektiven einzubringen, stieß seit jeher und bei den etablierten Verantwortlichen auf Skepsis. Dies ist heute nach wie vor der Fall. Im 18. Jahrhundert beschwerten sich die beiden großen Vertreter der Aufklärung, Edward Gibbon und Adam Smith, bitter über die englischen Eliteuniversitäten Oxford und Cambridge. Gibbon kehrte Oxford recht schnell den Rücken und erinnerte sich später vor allem an die dort herrschende unproduktive Müßigkeit. Er beschrieb, wie sich die Mönche des Magdalen College – ebenso wie die Ordensbrüder anderer

Colleges von Oxford und Cambridge – nach ihren einförmigen Tätigkeiten erschöpft und zufrieden einem ausgedehnten Schlummer hingaben.[13] Smiths Erfahrungen in Oxford muten ganz ähnlich an:

> Die Disziplin der Kollegien und Universitäten ist in der Regel nicht zum Vorteil der Schüler, sondern zugunsten oder vielmehr zur Bequemlichkeit der Lehrer ersonnen. Ihr Zweck ist in allen Fällen der, das Ansehen des Lehrers aufrechtzuerhalten, und, mag er seine Pflicht versäumen oder erfüllen, die Schüler zu einem solchen Betragen gegen ihn zu zwingen, als wenn er den größten Eifer und die größte Fähigkeit bewiese.[14]

Die enormen Innovationen ihrer Zeit fanden außerhalb der Universitäten statt. Heute ist man bisweilen vor allem in der Technologiebranche der Ansicht, Ressourcen produktiver nutzen zu können, wenn man besonders innovative und begabte junge Menschen dafür belohnen würde, ihr Studium vorzeitig abzubrechen. Ähnlich wie im 18. Jahrhundert besteht das starke Bedürfnis, neue Perspektiven einzubringen und etablierte Strukturen infrage zu stellen. Die nach der Coronapandemie zu erwartenden Umbrüche im Bildungsbereich – einschließlich der Schließungen vieler Hochschulen und Universitäten – sind dazu angetan, diesen Trend zu beschleunigen.

Der interessanteste Aspekt, den das Coronavirus mit sich brachte, ist jedoch wahrscheinlich die Chance zur Schaffung neuer Gemeinschaften, um unser heutiges überbeanspruchtes und überlastetes Gemeinwesen abzulösen. Seit dem frühen 20. Jahrhundert wird in der soziologischen Literatur die Erosion der Gemeinschaft beklagt, die durch eine anonyme Gesellschaft ersetzt wird. Dazu gehört unter anderem, dass die Kernfamilie an die Stelle bedeutend größerer Gruppen tritt, die zumeist aus Großfamilien entstanden, jedoch nicht auf verwandtschaftliche Beziehungen beschränkt waren.

In der zweiten Hälfte des 20. Jahrhunderts geriet die Kernfamilie als vermeintlich vorherrschendes Modell für fortschrittliche Gesellschaften ins Wanken. Es kam zu einer Zweiteilung: Für die gebildeten und wohlhabenderen Kreise bestand das Familienleben fort, wenngleich die Lebensrealität deutlich komplexer wurde – unter anderem mit »Patchwork«-Modellen, um Kinder aus früheren Beziehungen zu integrieren. Im Gegensatz dazu kam es in Schichten mit geringerem Einkommen häufig dazu, dass Familien auseinanderbrachen. Die Folgen waren Armut und zunehmende Ungleichheit. Ein einleuchtendes Argument ist in diesem Zusammenhang, dass die wohlhabenderen und gebildeteren Familien vor allem deshalb miteinander verbunden bleiben konnten, weil sie benötigte Dienstleistungen wie Kinderbetreuung, Nachhilfe oder psychologischen Beistand finanzieren konnten – was in der vormodernen Welt durch das erweiterte Umfeld abgedeckt wurde. Ärmere Familien konnten sich solche Unterstützung nicht leisten und zerbrachen daher häufiger.

Die durch neue Technologien entstehenden Veränderungen in der Bildung und im Privatleben sollten nicht nur den Kompetenztransfer erleichtern und so die Chancen auf Beschäftigung und Wohlstand erhöhen, sondern zudem mehr und andere Personenkreise dazu veranlassen, sich gegenseitig auf formelle und informelle Weise zu unterstützen.

Personalisierte Welten

Utopien haben radikale Prämissen: Computer übernehmen sämtliche Arbeiten, während der Mensch nur noch für seine Freizeit lebt. Das heißt, utopische Szenarien gehen davon aus, dass jeder ein erfülltes und faszinierend erholsames Leben führt. (Die dystopische Variante zeichnet das Bild zutiefst erzürnter und voneinander entfremdeter Menschen, deren Aggressionen systematisch durch KI-gesteuerte Mächte in Schach gehalten werden.) Doch Utopien greifen zu kurz, wenn sie lediglich eine potenzielle Realität schildern. Wenden wir uns daher differenzierteren Überlegungen zu.

Das neue Zeitalter wird uns kein singulär utopisches Szenario eröffnen, sondern vielmehr die Möglichkeit bieten, uns gleichzeitig und nahtlos unterschiedlichen Daseinsweisen zu widmen. Jeder kann sich anhand seiner Interessen und Fähigkeiten digitalen Communitys von

Gleichgesinnten anschließen – so vielen, wie er oder sie eben möchte. In dieser Welt wird der Kreis der Elvis-Fans oder eingefleischten Anhänger der New York Yankees vermutlich eher überschaubar sein.

Doch das Leben wird sich nicht nur im virtuellen Raum abspielen. Menschen müssen nach wie vor essen, schlafen und sozial interagieren – und das tun sie in ihrem real existierenden Umfeld. Dennoch werden sie auf vielfältige und kreative Weise daraus ausbrechen und sich weltweit mit anderen Menschen über ihre Interessen austauschen, von überall lernen und arbeiten und sowohl in der Ferne als auch in der Nähe Beziehungen pflegen.

Womöglich nehmen wir an, dass diese neue Welt eine gewisse Art von Mittelalterbegeisterung mit sich bringt.[15] Das Leben in der vormodernen Welt war stark lokal verankert, mit oftmals recht repressiven und intoleranten Gemeinschaften, aus denen die Menschen sich in Fantasiewelten flüchteten, wann immer es ihnen möglich war. Im Mittelalter gab es ein starkes Gefühl der Verbundenheit zu Menschen anderer Gesellschaften, aber auch zu Gemeinschaften in der Vergangenheit und Zukunft.

Der Irrtum der von Globalisierung im Stil des 21. Jahrhunderts geprägten Welt bestand im zu pauschalen Denken. Dieses Problem war im Bereich der monetären Beziehungen besonders offensichtlich. Seit den 1960er-Jahren weisen Kommentatoren immer eindringlicher darauf hin, dass eine auf den US-Dollar ausgerichtete Welt nicht überlebensfähig ist, wenn die Vereinigten Staaten innerhalb der Weltwirtschaft zunehmend an Bedeutung verlören und ihre militärische Macht durch neue Rivalen angefochten werde. Dennoch spielte der US-Dollar eine immer zentralere Rolle für den Prozess der Finanzialisierung statt an Relevanz einzubüßen. Der US-Dollar wurde zunehmend zu einem Rätsel und für viele zu einem Ärgernis.

Die jüngste Krise überwinden

Ein vor Jahrzehnten populärer sowjetischer Witz erzählt von einem jungen Mann, der mitten auf dem Roten Platz in Moskau brüllt, Leonid

Breschnew sei ein Idiot. Daraufhin wird er umgehend festgenommen und zu 25 ½ Jahren Gefängnis verurteilt – ein halbes Jahr dafür, dass er den Vorsitzenden des Präsidiums des Obersten Sowjets beleidigt hatte und fünfundzwanzig Jahre wegen Verrats von Staatsgeheimnissen. Etwa in diesem Sinne reagierte die Trump-Regierung auf das Buch des früheren nationalen Sicherheitsberaters John Bolton. Dessen Buch hielt man vor allem deshalb für gefährlich, weil es hochbrisante Informationen enthüllte – darüber, wie inkompetent und strategisch orientierungslos der US-amerikanische Präsident tatsächlich war.

In gewisser Weise ähnelte die Situation in den Vereinigten Staaten 2020 auf erschreckende Weise den letzten Jahren der Sowjetunion, zum einen in Bezug auf die Staatsführung und zum anderen hinsichtlich der Ursachen für das Auseinanderdriften und letztendlich die Spaltung der Gesellschaft. In der Sowjetunion wurden ethnische Konflikte stets unterdrückt, die schließlich trotzdem ausbrachen und in der Gesellschaft zu Gewalt, Zusammenbruch und Zerfall führten. Die Staatsführung der Vereinigten Staaten fachte seit Langem bestehende ethnische Differenzen an, die von einem ungleichen Zugang zu physischen, finanziellen, akademischen und politischen Ressourcen gekennzeichnet sind. Die Sklaverei wird heute als Ursünde der Vereinigten Staaten bezeichnet – darin sind sich der Republikaner Mitch McConnell und der Demokrat Joseph Biden einig. Die alten Statuen der Konföderierten werden demontiert, so wie auch die Statuen Stalins und Lenins nach dem Zusammenbruch der Sowjetunion weichen mussten.

Ein vielleicht noch erstaunlicherer Vergleich mit der späten Phase der Sowjetunion betrifft die zur Steuerung der Wirtschaft eingesetzten Mittel. In der Sowjetunion gab es einen umfangreichen und komplizierten Planungsapparat, der für die sinnvolle Verteilung der Ressourcen zuständig war. Dieser sorgte dafür, dass zahlreiche gut ausgebildete Personen sowie Opportunisten mit unproduktiven und oftmals destruktiven Aufgaben betraut wurden. Die gigantische Finanzdienstleistungsbranche der Vereinigten Staaten ist zwar nicht mit den sowjetischen Planungsbehörden vergleichbar, aber dennoch ist sie zu Recht Teil der Kontroverse über die Verteilung von Ressourcen auf sozial möglichst verträgliche Weise.

Bis zum Schluss hielten es die wenigsten für möglich, dass das Sowjetsystem zusammenbrechen könnte, was teilweise daran lag, dass Ökonomen im Allgemeinen keine Experten für den Blick in die Glaskugel und Prophezeiungen sind. Stattdessen greifen sie auf präzise Analysen der gegenwärtigen Lage zurück und leiten daraus Aussagen über Trends ab, die auf der Annahme beruhen, dass sich nichts grundlegend ändern wird. Ökonomen sind sich darüber im Klaren, dass solche Prognosen meist unrealistisch sind, dennoch wollen sie – vernünftigerweise – Spekulationen über möglicherweise eintretende Veränderungen vermeiden. Ähnlich wie mittelalterliche Theologen hüllen sie daher ihre Unkenntnis über die Zukunft in eine unverständliche Sprache. Wenngleich die meisten Ökonomen unserer Zeit kaum Latein beherrschen, legen sie dennoch allzu gern das Prinzip *ceteris paribus* (unter sonst gleichen Bedingungen) den von ihnen angestellten Vorhersagen zugrunde.

Die Umstände, die zur langjährigen Vorherrschaft des US-Dollars geführt haben, verändern sich derzeit. Die Coronapandemie beschleunigt diesen Wandel – wie sie sich auch auf so viele andere Lebensbereiche auswirkt. Sie sorgt für eine vermehrte digitale Globalisierung, die Zunahme von Informationsflüssen und die Abnahme der tatsächlichen Globalisierung, das heißt weniger Personen- und Warenverkehr. Das ist es, was man letztlich unter *weightless economy* beziehungsweise *weightless globalization* versteht (deutsch etwa: schwerelose Wirtschaft/Globalisierung).

Die zentrale Rolle des US-Dollars entstand durch den Bedarf an einer sicheren Anlage mit hoher Liquidität. Diese zentrale Bedeutung wird nur dann überwunden, wenn Alternativen für sichere Anlagen verfügbar werden, die in manchen Fällen von nichtstaatlichen Anbietern abgesichert werden. In der Vergangenheit, als Edelmetalle die Grundlage für die Emission von Währungen darstellten, wurden andere sichere Anlagen bevorzugt. Selbst Ende des 20. Jahrhunderts blickten Kommentatoren nostalgisch auf diese Zeit zurück. Die Alternative besteht darin, sich Währungen so vorzustellen, dass sie mit realen Sicherungsgegenständen versehen sind – in diesem speziellen Fall in Form von Informationen, die von den Beteiligten in einer Vielzahl sich überlagernder Gemeinschaften generiert werden.

Bestehende Staaten werden nicht verschwinden, müssen jedoch künftig dafür Sorge tragen, regionale Gemeinwesen zu stärken und handlungsfähiger zu machen. Das Coronavirus hat gezeigt, wie unterschiedlich einzelne Länder, Regionen oder sogar Stadtteile mit den damit verbundenen Herausforderungen umgingen. Denken wir beispielsweise an Frankreich, wo in der Normandie und der Bretagne relativ wenige Infektionen auftraten, aber das Elsass massiv betroffen war. Oder an Italien, wo die Lombardei ein Epizentrum des Infektionsgeschehens mit massenhaften Todesfällen darstellte, während Venetien relativ verschont blieb. Die Erfahrungen zeigen, welche Rolle wirkungsvolles regionales Management und entsprechende Maßnahmen spielen. Sie beweisen jedoch auch, dass die Verteilung von benötigten Geräten, Medikamenten und anderen Ressourcen in größerem Rahmen koordiniert werden muss – über Städte und Regionen hinweg sowie auch international. Zudem ist es wichtig, dass verschiedene Labore mit unterschiedlicher Forschungstradition mit Impfstoffen und antiviralen Behandlungsmethoden experimentieren und ihre Ergebnisse veröffentlichen, damit so schnell wie möglich wirksame Mittel zur Verfügung stehen.

Insofern ist es nach wie vor erforderlich, sich Gedanken darüber zu machen, wie die Welt sinnvoll koordiniert werden kann. Welche Art von Institutionen sollten diese neue Welt zusammenhalten? Die Globalisten wurden dafür verurteilt, dass sie eine Weltregierung schaffen wollten, was von Anfang an eine aussichtslose und unsinnige Idee war, da eine solche Regierung bei jeglichen Bemühungen um die regionale Anpassung sozialer oder kultureller Maßnahmen rasch scheitern würde. Vielmehr besteht der Bedarf – die technischen Möglichkeiten dafür sind vorhanden –, Verbindungen zwischen unterschiedlich geprägten regionalen Gemeinschaften zu schaffen.

All diese Beziehungen zu regulieren und destruktives Verhalten zu unterbinden, werden die großen Herausforderungen für ein künftiges globales Netzwerk sein. Dabei kann es aufschlussreich sein, sich drei maßgebliche Strategien zu vergegenwärtigen, auf die multilaterale Verwaltungsbehörden in der langen Phase der Nachkriegsstabilisierung setzten. Die erste und vielleicht zunächst attraktivste, aber auch hinsichtlich ihres rechtlichen Status unsicherste bestand darin, eine gerichtliche oder quasi-gerichtliche Rolle bei der Schlichtung von zwischenstaatlichen Konflikten einzunehmen. Schlichtung ist in einer Vielzahl von Situationen erforderlich: etwa bei Handelsstreitigkeiten oder – häufig daraus resultierend – Kontroversen darüber, ob Währungen ungerecht bewertet werden, um Subventionen für Exporteure zu erwirken. Die neuen Bestrebungen nach Souveränität in den Vereinigten Staaten, Großbritannien und anderswo in Europa, wo »Souveränisten« und »Globalisten« miteinander ringen, verdrängt diese Art von Schlichtung.

An der zweiten Form von Multilateralismus waren Institutionen beteiligt, die Regierungen hinsichtlich der Konsistenz ihrer Politik sowie des Zusammenspiels der Politik eines Landes mit der in der übrigen Welt berieten: Expertinnen und Experten erläuterten und analysierten deren Resonanz und Ausstrahlungseffekte, sie schlugen politische Alternativen vor. Diese Art von Beratung hat im Wesentlichen einen individuellen Charakter und ist mit einem Gespräch im Beichtstuhl vergleichbar. Sie kann das Verhalten oder die Politik verändern, ohne dass die Außenwelt die Gründe oder die Logik dahinter nachvollziehen kann.

Der dritte von Institutionen verfolgte Ansatz bestand darin, als öffentliche Agitatoren mit offizieller Mission aufzutreten. Der britische Premierminister Gordon Brown sprach gern von »ruthless truth-telling« (schonungslos die Wahrheit aussprechen) oder »speaking truth to power« (den Mächtigen die Wahrheit sagen), wenn es um die Beratung durch multilaterale Institutionen ging. Dieser Ansatz entstand dadurch, dass Geheimdiplomatie und Beratung »hinter den Kulissen« zunehmend an ihre Grenzen gerieten. Gesellschaften lassen sich nicht zu Veränderungen drängen, sofern kein echter Konsens darüber besteht, dass sie in die richtige Richtung weisen. Der Widerstand gegen die Globalisierung speist sich aus einem Klima des Misstrauens: Experten, Ökonomen und internationale Institutionen werden nicht als vertrauenswürdig angesehen. In den 2000er-Jahren gingen die G20 und der Internationale Währungsfonds dazu über, ihre Einschätzungen darüber, wie sich politische Übertragungseffekte auf die Welt auswirkten, zu veröffentlichen. Dieses Vorgehen findet nach wie vor Befürworter in unserem von Transparenz geprägten Zeitalter, in dem Informationstechnologien zunehmend unsicherer erscheinen, vertrauliche Informationen durchsickern und WikiLeaks floriert. Heutzutage erscheint es geradezu naiv, anzunehmen, dass irgendetwas vertraulich bleibt, wenn ehemalige Diplomaten indiskrete Memoiren veröffentlichen und hohe Funktionäre – inklusive Staats- und Regierungschefs – nahezu in Echtzeit auf Social Media mitteilen, was sie gerade tun oder lassen.

Der Zugang zu Informationen stellt jedoch ein grundlegendes Dilemma dar. Politikberatung ist in jedem Fall ein kompliziertes Unterfangen. Übertragungseffekte und Resonanz erfordern umfassende Analysen und Erläuterungen und lassen sich nicht auf simple Formeln reduzieren. Berichte internationaler Institutionen sind komplex und anspruchsvoll und zudem in einer Sprache verfasst, die nicht ohne Weiteres verständlich ist. Müssten sie daher anders formuliert werden, um eine breitere Zielgruppe zu erreichen? Sollten internationale Institutionen wie Richter, Geistliche oder Psychotherapeuten agieren oder eher wie öffentliche Agitatoren? Diese traditionellen Rollen sind nicht mehr ohne Weiteres glaubwürdig. Für multilaterale Institutionen ist es unmöglich, sämtlichen dieser drei Rollen gleichermaßen gerecht zu werden. Richter müssen üblicherweise keine langen Erklärungen für ihre Urteile abgeben. Wenn sie nur als Agitatoren auftreten und sich unaufhörlich auf Social Media zu Wort melden, werden sie eigennützig wirken, an Vertrauen einbüßen und zudem ihre Aufgaben kaum bewältigen. Agieren Richter dagegen im Verborgenen – wie die des Internationale Zentrums für die Beilegung von Investitionsstreitigkeiten (ICSID) –, büßen sie an Legitimität ein, selbst wenn sie effizient arbeiten (gemessen an der gesellschaftlichen Bedeutung ihrer Urteile).

Es ist leicht erkennbar, warum die Institutionen, die zur Etablierung einer stabilen Nachkriegsordnung beigetragen haben, angesichts unüberwindlich scheinender Herausforderungen offenbar entmutigt waren. Doch es gibt einen Ausweg, der sowohl auf neue Technologien als auch auf die erfolgreiche Mediation bei Konflikten setzt, die die Welt zu spalten und in Armut zu drängen drohen.

Die Welt nach der Krise ist von immer größeren und aktuelleren Datenmengen geprägt. In der Vergangenheit mussten wir Monate oder Jahre warten, ehe wir das Volumen von Wirtschaftstätigkeit oder Handel präzise auswerten konnten. Heute stehen Echtzeitdaten für eine immer größere Zahl von messbaren Ergebnissen zur Verfügung, und es wird viel Aufwand betrieben, um deren prompte Veröffentlichung zu koordinieren. Einige dieser Daten werden von internationalen Institutionen verwaltet, viele andere jedoch von Universitäten (Gesundheitsdaten zu Covid-19 durch die Johns Hopkins University), von Einzelpersonen (wie etwa Raj Chettys Erfassung von Verbraucherdaten), Unternehmen (die sie als Geschäftsgeheimnis hüten) oder Regierungen (die sie versuchen, zurückzuhalten, falls sie ihnen zum Nachteil gereichen). Die Coronakrise hat unbarmherzig die Zusammenhänge zwischen Gesundheitsdaten und -ergebnissen sowie viele Aspekte des gesellschaftlichen und wirtschaftlichen Lebens offengelegt. Darüber hinaus hat sie zu einer Politisierung anderer Daten geführt – beispielsweise bezüglich Kriminalitätsraten oder des Zusammenhangs zwischen Kriminalität und anderen sozioökonomischen Daten (wie Einkommen und ethnischer Identität).

Die Auseinandersetzungen zu Beginn des 19. Jahrhunderts über den Sozialismus und Kapitalismus wurden als Kämpfe über das Eigentum an Produktionsmitteln ausgetragen. Heute wissen wir viel genauer, was dieses Konzept beinhaltet und brauchen daher eine Bewegung für ein Eigentum an Daten – analog zu den Forderungen der Arbeiter im 19. Jahrhundert, selbst über ihre Arbeitskraft zu bestimmen. Die weitere Verbreitung von Daten wird definitiv für Kontroversen sorgen, nicht zuletzt, weil sie der Öffentlichkeit, den Bürgerinnen und Bürgern, eine Möglichkeit der Kontrolle einräumt. Sie können fragen: Gelingt es Regierungen, positive Ergebnisse öffentlichkeitswirksam darzustellen? Leisten bestimmte Unternehmen mit nennenswerter Marktmacht einen förderlichen oder abträglichen Beitrag zum Allgemeinwohl?

Die Verwaltung verlässlicher Informationen in Echtzeit eröffnet heute neue Chancen nicht nur für eine wirksame makroökonomische Koordinierung im Weltmaßstab, sondern auch für eine verstärkte demokratische Legitimation. Die Informationstechnologie bietet die Möglichkeit, die Forderung nach echter Bürgerbeteiligung zu erfüllen. Mehr Daten und vor allem mehr frei verfügbare Daten bilden die Grundlage für kompetentere politische Entscheidungen und stabilere politische Systeme. Der Kampf im 21. Jahrhundert wird sich demzufolge auf eine neue Art von Eigentum beziehen. Die Frage lautet: Wer hat die Hoheit über die Daten eines Menschen und in welcher Beziehung stehen sie zu den Daten anderer? Diese neue, transformative und potenziell riskante Entwicklung zu beschreiben, erfordert ein Vokabular, das aussagekräftig und dem historischen Kontext verpflichtet ist. Sie verlangt ein Wörterbuch, das für Verständnis sorgt statt Verwirrung zu stiften, das der Gemeinschaft dient und Spaltung verhindert. Und sie erfordert ein größeres Bewusstsein dafür, dass Wörter eine gewichtige Rolle spielen: Sprache kann Menschen dazu ermächtigen, Entscheidungen in Bezug auf ihre Daten zu treffen, die ihr Wohlergehen, ihre persönlichen Interessen, ihre Privatsphäre und ihren inneren Frieden schützen.

ANMERKUNGEN

Einleitung

1   Ludwig Wittgenstein, *Tractatus logico-philosophicus. Logisch-philosophische Abhandlung,* Frankfurt am Main: edition suhrkamp 2003, S. 86.

2   1. Mose 11,4.

3   Alexander Solschenizyn, »Lebt nicht mit der Lüge«, in: *Offener Brief an die sowjetische Führung,* Darmstadt und Neuwied: Sammlung Luchterhand 1974, S. 61 f.

4   William James, *Pragmatismus: Ein neuer Name für einige alte Denkweisen,* übers. v. Klaus Schubert und Axel Spree, Hamburg: Felix Meiner Verlag 2016, S. 123.

5   John Grier Hibben, »The Test of Pragmatism«, in: *Philosophical Review* 17, Nr. 4 (Juli 1908), S. 369. Siehe auch George Cotkin, »William James and the Cash-Value Metaphor«, in: *ETC: A Review of General Semantics* 42, Nr. 1 (1985), S. 37–46.

6   Siehe beispielsweise Wesley Yangs Beiträge auf X (ehemals Twitter): https://twitter.com/wesyang/status/1130858237014794240?lang=en.

7   Harold James, *Der Rückfall. Die neue Weltwirtschaftskrise,* übers. v. Thorsten Schmidt, München: Piper 2003.

8   John Stuart Mill, Über die Freiheit, übers. v. Else Wentscher, Leipzig: Meiner Verlag 1928, S. 49.

9   Siehe Jan Werner Müller, *Ein gefährlicher Geist. Carl Schmitts Wirkung in Europa,* Darmstadt: Wissenschaftliche Buchgesellschaft 2007.

10 Siehe Carl Schmitt, *Politische Theologie. Vier Kapitel zur Lehre von der Souveränität,* Berlin: Duncker & Humblot 2009, S. 13. sowie Hasso Hofmann, »Souverän ist, wer über den Ausnahmezustand entscheidet«, *Der Staat* 33, Nr. 2 (2005), S. 171–186.

11 Ronald Steel, *Walter Lippmann and the American Century,* Boston: Little, Brown and Compay 1980, S. 267.

12 Thomas Piketty, *Das Kapital im 21. Jahrhundert,* übers. v. Ilse Utz und Stefan Lorenzer, München: C. H. Beck 2014; Anthony B. Atkinson, *Ungleichheit. Was wir dagegen tun können,* übers. v. Judith Elze, Stuttgart: Klett-Cotta 2016; Branko Milanović, *Die ungleiche Welt. Migration, das eine Prozent und die Zukunft der Mittelschicht,* übers. v. Stephan Gebauer, Berlin: Suhrkamp 2016.

13 Helena Rosenblatt, *The Lost History of Liberalism: From Ancient Rome to the Twenty-First Century*, Princeton: Princeton University Press 2018, S. 6.

14 Jill Lepore, *Dieses Amerika. Manifest für eine bessere Nation*, übers. v. Werner Roller, München: C. H. Beck 2020.

15 Mill, *Über die Freiheit*, S. 42.

1 Über Niedergang, Verfall, Entkopplung und deren Rhetorik

1 Andrew Higgins, *Trump Embraces 'Enemy of the People,' a Phrase With a Fraught History*, 26. Februar 2017, Trump Embraces 'Enemy of the People,' a Phrase With a Fraught History – The New York Times (nytimes.com).

2 »AfD startet »Aussteigerprogramm« für Journalisten – und bekommt Probleme«, 29. November 201, https://www.stern.de/politik/deutschland/afd-startet--aussteiger-programm--fuer-journalisten---anbieter-loescht-webseite-9024950.html.

3 Margaret Sullivan, »It's time to retire the tainted term ›fake news‹«, in: Washington Post, 8. Januar 2017.

4 Henri Gendreau, »The Internet Made 'Fake News' a Thing—Then Made It Nothing«, Wired, February 25, 2017, https://www.wired.com/2017/02/internet-made-fake-news-thing-made-nothing/.

5 Karl Dietrich Bracher, *Schlüsselwörter in der Geschichte: Mit einer Betrachtung zum Totalitarismusproblem*, Düsseldorf: Droste 1978, S. 94, 65.

6 Johann Wolfgang von Goethe, *Faust. Ein Fragment*, Achte Ausgabe, Leipzig, 1790, S. 33.

7 Joseph von Eichendorff, »Ratskollegium«, in: Joseph Freiherrn von Eichendorffs sämtliche Werke, Bd.1, Leipzig 1883, S. 151.

8 Jeremy Gordon, »Is Everything Wrestling?«, in: *New York Times*, 27. Mai 2016.

9 Dominic Cummings, »The Startup Party: reflections on the last 20 years, what could replace the Tories, and why«, 3. Juni 2013, https://dominiccummings.substack.com/p/the-startup-party-reflections-on.

10 Kristalina Georgieva, »Confronting Fragmentation Where It Matters Most: Trade, Debt, and Climate Action«, 16. Januar 2023, https://www.imf.org/en/Blogs/Articles/2023/01/16/Confronting-fragmentation-where-it-matters-most-trade-debt-and-climate-action.

11 »Amtsantritt des neuen US-Präsidenten, Trumps Rede im Wortlaut«, 20. Januar 2017, https://www.spiegel.de/politik/ausland/donald-trumps-rede-zum-amtsantritt-im-wortlaut-a-1131038.html.

12 Alain Peyrefitte, *C'était de Gaulle*, Paris: Gallimard 2002, S. 603, 663.

13 Michaela Wiegel/Charles Laigu, »In Wahrheit ist die Bedrohung heute nicht so groß wie damals«, FAZ, 23.11.2015, https://www.faz.net/aktuell/gesellschaft/menschen/valery-giscard-d-estaing-in-wahrheit-ist-die-bedrohung-heute-nicht-so-gross-wie-damals-13925996.html.

14 John Maynard Keynes, *Die wirtschaftlichen Folgen des Friedensvertrages*, übersetzt von M. J. Bonn und C. Brinkmann,1920, München und Leipzig: Duncker & Humblot, S. 39.

15 *Foreign Relations of the United States, 1969–1976, Volume XXXI, Foreign Economic Policy, 1973–1976*, 272, Editorial Note https://history.state.gov/historicaldocuments/frus1969-76v31/d272; Memorandum eines Gesprächs zwischen Präsident Ford und Kissinger am 24. Mai 1975, in Gerald Ford Presidential Library, https://www.fordlibrarymuseum.gov/library/document/0314/1553084.pdf; Martin Daunton, *The Economic Government of the World 1933-2023*, New York: Penguin Random House 2023, S. 546.

16 Kohei Saito, *Marx in the Anthropocene: Towards the Idea of Degrowth Communism*, Cambridge University Press 2023.

17 Ulrike Herrmann, *Das Ende des Kapitalismus*, Köln: KiWi Verlag, 2022.

18 Charles Goodhart und Manoj Pradhan, *The Great Demographic Reversal: Ageing Societies, Waning Inequality, and an Inflation Revival*, Cham: Palgrave Macmillan 2020.

19 »Janet Yellen warns US decoupling from China would be ›disastrous‹«, in: *Financial Times*, 20. April 2023, https://www.ft.com/content/b38478a6-7a30-47f0-a8f7-6c89dd77d324; »Remarks by National Security Advisor Jake Sullivan on Renewing American Economic Leadership at the Brookings Institution«, 23. April 2023, https://www.whitehouse.gov/briefing-room/speeches-remarks/2023/04/27/remarks-by-national-security-advisor-jake-sullivan-on-renewing-american-economic-leadership-at-the-brookings-institution/.

20 Sendhil Mullainathan und Eldar Shafir, *Knappheit: Was es mit uns macht, wenn wir zu wenig haben*, Frankfurt am Main: Campus 2013.

1 Kapitalismus

1 Pierre Bourdieu, »Ökonomisches Kapital, kulturelles Kapital, soziales Kapital«, übers. v. Richard Krechel, in: Richard Krechel (Hg.), *Soziale Ungleichheiten. Soziale Welt*, Göttingen: Schwartz 1983, S. 183–198.

2 Joyce Appleby, *The Relentless Revolution: A History of Capitalism*, New York: W. W. Norton 2010, S. 16.

3 Joel Mokyr, *A Culture of Growth: The Origins of the Modern Economy*, Princeton: Princeton University Press 2017, S. 267.

4 Papst Johannes Paul II, *Centesimus annus*, Sektion 41, https://www.vatican.va/content/johnpaulii/de/encyclicals/documents/hf_jp-ii_enc_01051991_centesimusannus.html

5 Alasdair MacIntyre, *Der Verlust der Tugend. Zur moralischen Krise der Gegenwart*, übers. v. Wolfgang Rhiel, Frankfurt am Main: Campus 2006.

6 Elizabeth Fox-Genovese und Eugene D. Genovese, *Fruits of Merchant Capital: Slavery and Bourgeois Property in the Rise and Expansion of Capitalism*, New York: Oxford University Press 1983, S. vii.

7 Ebd., S. 18.

8   Siehe Barbara L. Solow, »Capitalism and Slavery in the Exceedingly Long Run«, in: *Journal of Interdisciplinary History* 17, Nr. 4 (Frühling 1987), S. 711–737; und Celso Furtado, *Economic Growth of Brazil: A Survey from Colonial to Modern Times*, Berkeley: University of California Press 1963.

9   Gareth Austin, »The Return of Capitalism as a Concept«, in: Jürgen Kocka und Marcel van der Linden (Hg.), *Capitalism: The Reemergence of a Historical Concept*, London: Bloomsbury 2016, S. 211.

10   Siehe Michel Albert, *Kapitalismus contra Kapitalismus*, übers. v. Hans Kray, Frankfurt am Main: Campus 1992; Peter A. Hall und David Soskice (Hg.), *Varieties of Capitalism: The Institutional Foundations of Comparative Advantage*. Oxford: Oxford University Press 2001.

11   Karl Polanyi, *The Great Transformation. Politische und ökonomische Ursprünge von Gesellschaften und Wirtschaftssystemen*, übers. v. Heinrich Jelinek, Wien: Europaverlag 1971, S. 105.

12   Siehe Austins Aufsatz »Return of Capitalism« für eine überzeugende Kritik an Polanyi.

13   R. H. Tawney, *Religion and the Rise of Capitalism: A Historical Study*, New York: Harcourt, Brace 1926, S. 188.

14   Pons Louis François Villeneuve und Marquis de Villeneuve, *De l'agonie de la France : Examen de la situation morale, matérielle, politique, de la monarchie française*, Paris: Périsse 1839, S. 140.

15   Albert Schäffle, *Kapitalismus und Sozialismus mit besonderer Rücksicht auf Geschäfts- und Vermögensformen*, Tübingen: Laupp 1870, S. 116

16   Siehe Albert Schäffle, *Kapitalismus und Sozialismus mit besonderer Rücksicht auf Geschäfts- und Vermögensformen*, Tübingen: Laupp 1870, S. 116; sowie Kocka und van der Linden, *Capitalism*; und Jürgen Kocka, *Geschichte des Kapitalismus*, München: C. H. Beck 2022.

17   Nassau William Senior, *An Outline of the Science of Political Economy*, London: W. Clowes 1836, S. 2010.

18   Kenny Meadows, *Selections from the Heads of the People; or, Portraits of the English*, London: Robert Tyas 1845, S. 214.

19   *The Parliamentary Debates (Authorized Edition)* 1843, S. 383.

20   Philipp Ritter von Holger, *Staatswirthschafts-Chemie als Leitfaden*, Wien: Witwe Prandel 1843, S. 35.

21   Siehe Gary Gorton, »Banking Panics and Business Cycles«, in: *Oxford Economic Papers* 40, Nr. 4 (Dezember 1988), S. 751–781; sowie Charles Calomiris und Gary Gorton, »The Origins of Banking Panics«, in: Charles Calomiris (Hg.), *US Bank Deregulation in Historical Perspective*, Cambridge: Cambridge University Press 2000, S. 93…163.

22   Otto von Gierke, *Community in Historical Perspective: A Translation of Selections from Das Deutsche Genossenschaftsrecht*, aus dem Deutschen übers. v. Mary Fischer, hrsg. v. Antony Black, Cambridge: Cambridge University Press 1990.

23   Die klassische Form dieser Argumentation findet sich in einem Artikel von Ronald H. Coase: »The Nature of the Firm«, in: *Economica* 4, Nr. 16 (November 1937), S. 386–405.

24 Fernand Braudel, *Afterthoughts on Material Civilization and Capitalism,* übers. v. Patricia M. Ranum, Baltimore: Johns Hopkins University Press 1977; siehe auch Giovanni Arrighi, *The Long Twentieth Century: Money, Power and the Origins of Our Times,* London: Verso 1994.

25 Paul Kennedy, *Aufstieg und Fall der großen Mächte. Ökonomischer Wandel und militärischer Konflikt von 1500 bis 2000,* übers. v. Catharina Jurisch, Frankfurt am Main: Fischer 1987.

26 Antoine E. Murphy, *John Law: Economic Theorist and Policy-Maker,* Oxford: Oxford University Press 1997.

27 Zitiert in Larry Neal, *Rise of Financial Capitalism: International Capital Markets in the Age of Reason,* Cambridge: Cambridge University Press 1990, S. 22.

28 Siehe Oscar Gelderblom und Joost Jonker: »Completing a Financial Revolution: The Finance of the Dutch East India Trade and the Rise of the Amsterdam Capital Market, 1595–1612« in: *Journal of Economic History* 64, Nr. 3 (September 2004), S. 641–672.

29 Die klassischen Schriften zu diesem Thema sind Douglass North und Barry Weingast, »Constitutions and Commitment: The Evolution of Institutions Governing Public Choice in Seventeenth-Century England«, in: *Journal of Economic History* 49, Nr. 4 (Dezember 1989), S. 803–832; Thomas Sargent und Francois Velde, »Macroeconomic Features of the French Revolution«, in: *Journal of Political Economy* 103, Nr. 3 (Juni 1995), S. 474–518. In Marx' *Kapital* gibt es außerdem eine berühmte Passage zur »ursprünglichen Akkumulation«, die diese Argumentation vorwegnimmt: »Daher ganz konsequent die moderne Doktrin, dass ein Volk umso reicher wird, je tiefer es sich verschuldet.« Karl Marx, *Marx-Engels-Werke Band 23, Das Kapital, Band 1*, Berlin: Dietz Verlag, S. 782.

30 Charles P. Kindleberger, *A Financial History of Western Europe,* London: Allen & Unwin 1984, S. 98.

31 Rudolf Hilferding, *Das Finanzkapital. Eine Studie über die jüngste Entwicklung des Kapitalismus,* Berlin: Dietz Verlag 1955, S. 436.

32 Jan de Vries und Ad van der Woude, *The First Modern Economy: Success, Failure, and Perseverance of the Dutch Economy, 1500–1815,* Cambridge: Cambridge University Press 1997, S. 696.

33 Herman van der Wee und Monique Verbreyt, *La Générale de Banque, 1822–1997: Un Défi Permanent,* Brüssel: Racine 1997.

34 Klaus J. Mattheier, »Autobiographie Franz Haniel«, in: Bodo Herzog und Klaus J. Mattheier (Hg.), *Franz Haniel, 1779–1868: Materialien, Dokumente und Untersuchungen zu Leben und Werk des Industriepioniers Franz Haniel,* Bonn: Ludwig Röhrscheid 1979, S. 109.

35 Alfred Krupp, »Brief an Ernst Waldthausen, 28. März 1857«, in: Wilhelm Berdrow (Hg.), *Alfred Krupps Briefe,* Berlin: Reimar Hobbing, S. 153.

36 Alfred Krupp, »Brief an die Prokura, 26. Juli 1873«, in: Berdrow (Hg.): *Briefe,* S. 290.

37 Adam Smith, *Wohlstand der Nationen,* Berlin: heptagon 2014, S. 897, 902 f.

38 Joseph A. Schumpeter, *Theorie der wirtschaftlichen Entwicklung. Eine Untersuchung über Unternehmergewinn, Kapital, Kredit, Zins und den Konjunkturzyklus,* Berlin: Duncker & Humblot 1987, S. 110.

39 Otto von Gierke, *Das deutsche Genossenschaftsrecht. 1, Rechtsgeschichte der deutschen Genossenschaft*, Berlin: Weidmann 1868, S. 1069.

40 Für eine ausführliche Darstellung dieser Argumentation siehe Harold James, »Corporation Law and Changes in Marriage Behavior in the Nineteenth Century«, in: Dieter Hein, Klaus Hildebrand und Andreas Schulz (Hg.), *Historie und Leben. Der Historiker als Wissenschaftler und Zeitgenosse. Festschrift für Lothar Gall*, München: Oldenbourg Wissenschaftsverlag 2006.

41 Adolf A. Berle Jr. und Gardiner C. Means, *The Modern Corporation and Private Property*, New York: Macmillan 1932.

42 Frédéric Le Play, *La Réforme Sociale en France*, Paris: E. Dentu 1867, S. 235.

43 Werner Sombart, *Die Juden und das Wirtschaftsleben*, Leipzig: Duncker & Humblot 1911, S. 331.

44 Siehe Jerry Z. Muller, *The Mind and the Market: Capitalism in Western Thought*, New York: Knopf Doubleday 2007; sowie Friedrich Lenger, *Werner Sombart: Eine Biographie*, München: C. H. Beck 1994.

45 Schlomo Avineri, *Karl Marx: Philosophy and Revolution*, New Haven: Yale University Press 2019, S. 47.

46 Raymond Goldsmith, *Financial Structure and Development*, New Haven: Yale University Press 1969, S. 400.

47 Alexander Gerschenkron, *Economic Backwardness in Historical Perspective: A Book of Essays*, Cambridge: Belknap Press of Harvard University Press 1962.

48 Zum Beispiel Volker Wellhöner, *Grossbanken und Grossindustrie im Kaiserreich*, Göttingen: Vandenhoeck & Ruprecht 1989; theoretische Arbeiten zum Thema sind Jeremy Edwards und Klaus Fischer, *Banks, Finance and Investment in Germany*, Cambridge: Cambridge University Press 1994; sowie Caroline Fohlin, *Finance Capitalism and Germany's Rise to Industrial Power*, Cambridge: Cambridge University Press 2007.

49 Antonio Confalionieri, *Banca e Industria, 1894-1906*, Mailand: Banca Commerciale Italiana Distribuzione Cisalpino–La Goliardica, 1974.

50 C. W. von Wieser, *Der finanzielle Aufbau der englischen Industrie*, Jena: Gustav Fischer 1919, S. vi.

51 Als Beispiel für die Perspektive eines Politikwissenschaftlers siehe Jonathan Kirshner, *Appeasing Bankers: Financial Caution on the Road to War*, Princeton: Princeton University Press 2007.

52 Dieter Stiefel, *Camillo Castiglioni oder Die Metaphysik der Haifische*, Wien: Böhlau 2012.

53 *Verhandlungen des VII. Allgemeinen Deutschen Bankiertages zu Köln am Rhein am 9., 10., und 11. September 1928*, Berlin: de Gruyter 928, S. 135, 141, 146, 149 f.

54 Friedrich A. Hayek, *Preise und Produktion*, Wien: Julius Springer Verlag, S. 117.

55 John Maynard Keynes, *Vom Gelde*, übers. v. Carl Krämer, Berlin: Duncker & Humblot 1955, S. 38; siehe auch Robert Skidelsky, *John Maynard Keynes, Band 2, The Economist and Saviour, 1920–1937*, London: Macmillan 1994, S. 320.

56 John Maynard Keynes, *Collected Writings. Band 6*, London: Macmillan 1971, S. 337.

57 Skidelsky, *Keynes*, S. 317.

58 McKinsey Global Institute: *Financial Globalization: Retreat or Reset?* März 2013, https://www.mckinsey.com/featured-insights/employment-and-growth/financial-globalization.

59 Oliver Stone (Regisseur), *Wall Street*, 20th Century Fox 1987.

60 James Tobin, »Review of Hyman P. Minsky's *Stabilizing an Unstable Economy*«, *Journal of Economic Literature* 27, Nr. 1 (März 1989), S. 106.

61 Ben S. Bernanke, »Nonmonetary Effects of the Financial Crisis in Propagation of the Great Depression«, in: *American Economic Review* 73, Nr. 3 (1983), S. 257–276; Ben S. Bernanke und Alan S. Blinder, »Credit, Money, and Aggregate Demand«, in: *American Economic Review* 78, Nr. 2 (1988): S. 435–439; Ben Bernanke und Mark Gertler, »Financial Fragility and Economic Performance«, in: *Quarterly Journal of Economics* 105, Nr. 1 (1990), S. 87–114, Zitat auf S. 105; Ben Bernanke und Harold James, »The Gold Standard, Deflation, and Financial Crisis in the Great Depression: An International Comparison«, in: R. Glenn Hubbard (Hg.), *Financial Markets and Financial Crises*, Chicago: University of Chicago Press 1991, S. 3368.

62 Tim Congdon, *Money in a Free Society: Keynes, Friedman and the New Crisis in Capitalism,* New York: Encounter Books, 2011, S. 399.

63 Claudio Borio und Philip Lowe, »Imbalances or Bubbles? Implications for Monetary and Financial Stability», in: William Curt Hunter, George G. Kaufman und Michael Pomerleano (Hg.), *Asset Price Bubbles: The Implications for Monetary, Regulatory, and International Policies*, Cambridge: MIT Press 2005, S. 247–270.

64 Hans-Werner Sinn, *Kasino-Kapitalismus: Wie es zur Finanzkrise kam, und was jetzt zu tun ist*, Düsseldorf: Econ Verlag 2009.

2 Sozialismus

1 Jacob Pramuk, »Here Are the Key Moments from President Trump's Republican National Convention Speech«, CNBC.com, 28. August 2020, https://www.cnbc.com/2020/08/28/trump-rnc-speech-highlights.html.

2 Zitiert in Joshua B. Freeman, *Behemoth: The History of the Factory and the Making of the Modern World*, New York: Norton 2018, S. 25.

3 Robert Owen, *Eine neue Auffassung von der Gesellschaft: ausgewählte Texte,* hrsg. v. Lola Zahn, übers. v. Regine Thiele, Berlin: Akademie Verlag 1989.

4 Henri Saint-Simon, *Du systême industriel*, Paris: Chez A.-A. Renouard 1821, S. 44.

5 Siehe Riccardo Soliani, »Claude-Henri de Saint-Simon: Hierarchical Socialism?«, *History of Economic Ideas* 17, Nr. 2 (2009), S. 21–39.

6 Friedrich Engels, *Marx-Engels-Werke Band 6,* »Der magyarische Kampf«, in: *Neue Rheinische Zeitung* Nr. 194 (13. Januar 1849), Berlin: Dietz Verlag 1959, S. 176.

7 Siehe Ernst Engelberg, *Bismarck: Urpreuße und Reichsgründer*, Berlin: Siedler 1985, S. 656.

8 Roman Szporluk, *Communism and Nationalism: Karl Marx versus Friedrich List*, New York: Oxford University Press 1988, S. 32.

9 Karl Marx und Friedrich Engels, *Marx-Engels-Werke Band 3, Die deutsche Ideologie*, Berlin: Dietz Verlag 1969, S. 60.

10 Joseph A. Petrus, »Marx and Engels on the National Question«, in: *Journal of Politics* 33, Nr. 3 (August 1971), S. 797–824, Zitat auf S. 801.

11 Karl Marx, *Marx-Engels-Werke Band 13, Zur Kritik der politischen Ökonomie*, Berlin: Dietz Verlag 1971, S. 128.

12 Karl Marx und Friedrich Engels, *Marx-Engels-Werke Band 4, Manifest der Kommunistischen Partei*, Berlin: Dietz Verlag 1972, S. 463, 466.

13 Jonathan Sperber in: David E. Barclay und Eric D. Weitz (Hg.), *Between Reform and Revolution: German Socialism and Communism from 1840 to 1990*, New York: Berghahn Books 1998, S. 167–194.

14 Karl Marx, *Marx-Engels-Werke Band 19, Kritik des Gothaer Programms*, Berlin: Dietz Verlag 1973, S. 23 f.

15 Ebd., S. 21.

16 Rudolf Hilferding, »Probleme der Zeit«, in: *Die Gesellschaft 1*, Nr. 1 (1924), S. 1–15. Reichstagsprotokolle 1907/1909 (25. April 1907), S. 1098.

17 Reichstagsprotokolle 1907/1909 (25. April 1907), S. 1098.

18 Archiv des Instituts für Zeitgeschichte, ED93/48, 9. August 1954, Erinnerungen an Ernst Trendelenburg (Hans Schäffer).

19 Klaus Braun, *Konservatismus und Gemeinwirtschaft: Eine Studie über Wichard von Moellendorff*, Duisburg: Duisburger Hochschulbeiträge 1978, S. 101, 155.

20 Hagen Schulze (Hg.), *Akten der Reichskanzlei. Weimarer Republik (ARWR), Das Kabinett Scheidemann: 13. Februar bis 20. Juni 1919*, Boppard am Rhein: H. Boldt 1971, S. 272.

21 Wladimir Sorokin, *Die Schlange*, übers. v. Peter Urban, Berlin: Haffmans 1990; siehe auch Elena Osokina, *Our Daily Bread: Socialist Distribution and the Art of Survival in Stalin's Russia, 1927–1941*, ins Englische übers. v. Kate Transchel und Greta Bucher, Armonk, NY: M. E. Sharpe 2000; Karl Schlögel: *Das sowjetische Jahrhundert: Archäologie einer Untergegangenen Welt*, München: Beck 2017, S. 554 f., 561.

22 Eugène Zaleski, *Stalinist Planning for Economic Growth, 1933–1952*, Chapel Hill: University of North Carolina Press 1980, S. 484.

23 Oskar Lange, »The Role of Planning in Socialist Economies«, in: Morris Bornstein (Hg.), *Comparative Economic Systems*, Homewood: R. D. Irwin 1965, S. 207.

24 Josef Stalin, *Werke, Band 5, Brief an W. I. Lenin (März 1921)*, Berlin: Dietz Verlag 1952, S. 33.

25 Josef Stalin, *Werke, Band 13, Vereinigtes Plenum des ZK und der ZKK der KPdSU(B), Die Ergebnisse des ersten Fünfjahresplans, Bericht am 7. Januar 1933*, Berlin: Dietz Verlag, S. 107.

26 Oskar Lange, »Marxian Economics and Modern Economic Theory«, in: *Review of Economic Studies* 2, Nr. 3 (Juni 1935), S. 189.

27 Oskar Lange und Benjamin E. Lippincott (Hg.), *On the Economic Theory of Socialism*, Minneapolis: University of Minnesota Press 1938, S. 89.

28 Friedrich Hayek, *Collectivist Economic Planning: Critical Studies on the Possibilities of Socialism*, London: Routledge 1935, S. 14.

29 Oskar Lange, »On the Economic Theory of Socialism«, in: *Review of Economic Studies* 4, Nr. 1 (Oktober 1936), S. 53–71.

30 V. B. Singh (Hg.), »Nehru on Socialism«, in: *Government of India Publications Division, New Delhi* 1977, S. 50 f.; siehe auch Ozay Mehmet, *Westernizing the Third World: The Eurocentricity of Economic Development Theories,* New York: Routledge 1999, S. 61.

31 Siehe Bruce Caldwell, »Hayek and Socialism«, in: *Journal of Economic Literature* 35, Nr. 4 (Dezember 1997), S. 1856–1890.

32 Oskar Lange, »The Computer and the Market«, in: Alec Nove und D. M. Nuti (Hg.), *Socialist Economics,* London: Penguin 1972, S. 401 f.

33 Francis Sejersted, *The Age of Social Democracy: Norway and Sweden in the Twentieth Century,* ins Englische übers. v. Madeleine B. Adams, Princeton: Princeton University Press 2011, S. 388.

34 Hjalmar Branting, *Rede zum Friedensnobelpreis,* 19. Juni 1922, https://www.nobelprize.org/prizes/peace/1921/branting/lecture.

35 Alva Myrdal und Gunnar Myrdal, *Kris i befolkningsfrågan,* Nora, Sweden: Nya Doxa 1934, S. 203 f.; Sejersted, *Age of Social Democracy,* S. 102 f.

36 Sheri Berman, *The Social Democratic Moment: Ideas and Politics in the Making of Interwar Europe,* Cambridge: Harvard University Press 1998, S. 161.

37 C. A. R. Crosland, *The Future of Socialism,* New York: Schocken 1963, S. 31, 33.

38 Zit. nach Hermann Weber, *Das Prinzip Links – Beiträge zur Diskussion des demokratischen Sozialismus in Deutschland 1848–1990, Eine Dokumentation,* Berlin: Ch. Links Verlag 1991, S. 174.

39 Heinrich August Winkler, *Der Weg in die Katastrophe: Arbeiter und Arbeiterbewegung in der Weimarer Republik 1930 bis 1933,* Berlin: J. H. W. Dietz 1987, S. 324 ff.

40 William E. Paterson, *The SPD and European Integration,* Farnborough, UK: Saxon House 1974, S. 2; SPD, *Die Vereinigten Staaten von Europa,* https://www.spd.de/160-jahre/matrix/1925-heidelberger-programm.

41 Ebd., S. 8.

42 Alasdair MacIntyre: »Going into Europe«, in: Paul Blackledge (Hg.) *Alasdair MacIntyre's Engagement with Marxism: Selected Writings 1953–1974,* Chicago: Haymarket Books 2009, S. 247.

43 Sejersted, *Age of Social Democracy,* S. 445.

44 Roy Harrod, *The Life of John Maynard Keynes,* Harmondsworth: Pelican 1972, S. 764.

45 Rudolf Hilferding, »Das Historische Problem«, in: *Zeitschrift für Politik* 1, Nr. 4 (Dezember 1954), S. 295.

46 Raya Dunayevskaya, »The Case of Eugene Varga«, aus der Beilage zur Raya-Dunayevskaya-Sammlung, Mikrofilm Nr. 12456–12462, 1949, gezeichnet »by F. Forest«, https://www.marxists.org/archive/dunayevskaya/works/1949/varga.htm.

47 Geoffrey Wheatcroft, »The Paradoxical Case of Tony Blair«, in: *The Atlantic,* Juni 1996.

48 Colin MacCabe, »Blair Will Be Remembered for Betraying Labour's Values«, in: *The Guardian,* 24. September 2006, https://www.theguardian.com/commentisfree/2006/sep/24/comment.politics1.

49 Pierre Péan, *Eine französische Jugend: François Mitterrand, 1934–1947,* übers. v. Stefan Barmann, Christiane Landgrebe und Inka Schneider, München: dtv 1995.

3 Demokratie, Nationalstaat und Nationalismus

1 Yascha Mounk, *Der Zerfall der Demokratie. Wie der Populismus den Rechtsstaat bedroht*, übers. v. Bernhard Jendricke, München: Droemer 2018.

2 Joseph A. Schumpeter, *Kapitalismus, Sozialismus und Demokratie*, Tübingen: A. Francke 2005, S. 471.

3 Edward Baumstark, *Kameralistische Encyclopädie: Handbuch der Kameralwissenschaften und ihrer Literatur für Rechts- und Verwaltungsbeamte*, Heidelberg: Karl Groos 1835, S. 64; Erik Grimmer-Solem, *Learning Empire: Globalization and the German Quest for World Status, 1875–1919*, Princeton: Princeton University Press 2019, S. 8.

4 Dani Rodrik, *Das Globalisierungs-Paradox. Die Demokratie und die Zukunft der Weltwirtschaft*, übers. v. Karl-Heinz Siber, München: Beck 2011.

5 Schumpeter, *Kapitalismus*, S. 425.

6 US-Außenministerium, *2000 Country Reports on Human Rights Practices*, Bureau of Democracy, Human Rights and Labor (Februar 2001), https://2009-2017.state.gov/j/drl/rls/hrrpt/2000/648.htm.

7 Freedom House, *Freedom in the World, 2019: Democracy in Retreat*, https://freedomhouse.org/report/freedom-world/2019/democracy-retreat.

8 Perikles' Gefallenenrede, Thukydides 2,35–46, übers. v. Oliver H. Herde, https://ohher.de/Geschichte/Thuk.2.35-46.htm.

9 Ernest Renan, *Was ist eine Nation?: Neu übersetzte Ausgabe*, Norderstedt: BoD 2017.

10 Eugene Weber, *Peasants into Frenchmen: The Modernization of Rural France, 1870–1914*, Stanford: Stanford University Press 1976.

11 Wilhelm Freiherr von Humboldt, *Wilhelm von Humboldts gesammelte Schriften, Band 10*, Berlin: B. Behr's Verlag 1903, S. 205.

12 Schumpeter, *Kapitalismus*, S. 452.

13 Max Weber, *Wirtschaft und Gesellschaft. Grundrisse der verstehenden Soziologie*, Tübingen: J. C. B. Mohr (Paul Siebeck), 1972, S. 171.

14 Václav Havel und Jan Vladislav (Hg.), *Living in Truth: 22 Essays Published on the Occasion of the Award of the Erasmus Prize to Václav Havel*, London: Faber and Faber 1989, S. 70–71.

15 Dieses Argument wurde hier detailliert dargelegt: Liah Greenfeld, *Nationalism: Five Roads to Modernity*, Cambridge: Harvard University Press 1992.

16 Ludwig August von Rochau, *Grundsätze der Realpolitik, angewendet auf die staatlichen Zustände Deutschlands Theil II*, Heidelberg: J. C. B. Mohr 1869, S. 25.

17 Karl Marx: *Marx-Engels-Werke Band 23, Das Kapital. Band 1*, S. 12.

18 Otto von Bismarck, »Brief an Gottfried Kinkel (21. Juli 1869)«, in: Hans Rothfels, *Bismarck und der Staat. Ausgewählte Dokumente*, Stuttgart: W. Kohlhammer 1964, S. 53.

19 Otto von Bismarck, »Brief an Albrecht von Roon (27. August 1869)«, https://www.bismarck-biografie.de/quellen/schriften/584-1869-08-27-brief-an-albrecht-von-roon.

20 Krupp, Berdrow, S. 269.

21 Alfred Krupp, »Brief an Kaiser Wilhelm I. (23. April 1871)«, in: Berdrow (Hg.): *Briefe*, S. 269.

22 Alfred Krupp, »Brief an Kaiser Wilhelm I. (23. April 1871)«, in: Berdrow (Hg.): *Briefe*, S. 259.

23 Charles Beard und Mary Beard, *The Rise of American Civilization, Band 2*, New York: Macmillan 1927, S. 53 f.

24 Zitiert in Allen C. Guelzo, *Lincoln*, Oxford: Oxford University Press 2009, S. 120.

25 Friedrich Naumann, in: *Verhandlungen der Verfassungsgebenden Deutschen Nationalversammlung, Band 336: Anlage zu den stenographischen Berichten*, Berlin: Druck und Verlag der Norddeutschen Buchdruckerei und Verlags-Anstalt 1919, S. 242.

26 *Verhandlungen des Deutschen Reichstages, Wahlperiode 1920, Band 236, Sitzung am 25. Juni 1922*, Berlin: Druck und Verlag der Norddeutschen Buchdruckerei und Verlags-Anstalt 1922, S. 3058.

27 Eliza Relman, »Steve Bannon Says Ivanka Trump Is ›Dumb as a Brick‹«, in: *Business Insider*, 3. Januar 2018, https://www.businessinsider.com/steve-bannon-says-ivanka-trump-is-dumb-as-a-brick-2018-1#:~:text=Steve%20Bannon%2C%20the%20former%20White,a%20manuscript%20of%20the%20book; Maureen Dowd, »He Went to Jared«, in: *New York Times*, 4. April 2020, https://www.nytimes.com/2020/04/04/opinion/sunday/coronavirus-trump-jared-kushner.html.

28 Andrew Moravcsik, *The Choice for Europe: Social Purpose and State Power from Messina to Maastricht*, Ithaca: Cornell University Press 1998.

29 Jean Monnet, *Erinnerungen eines Europäers*, übers. v. Werner Vetter, Baden-Baden: Nomos 1988, S. 469.

30 Václav Havel, »How Europe Could Fail«, in: *New York Review of Books* (18. November 1993).

31 Monnet, *Erinnerungen*, S. 428.

32 Hans-Peter Schwarz, *Helmut Kohl: Eine politische Biographie*, München: Deutsche Verlags Anstalt 2012.

33 Martin Wolf, »Failing Elites Threaten Our Future«, in: *Financial Times*, 15. Januar 2014, https://www.ft.com/content/cfc1eb1c-76d8-11e3-807e-00144feabdc0.

34 Per Jacobssons Tagebuch, 1958, zitiert in: Harold James, *International Monetary Cooperation since Bretton Woods*, New York: Oxford University Press 1995, S. 107.

4 Hegemonie

1 J. A. O. Larsen, »Representative Government in the Panhellenic Leagues«, in: *Classical Philology* 20, Nr. 4 (Oktober 1925), S. 313–329; Ders., »Representative Government in the Panhellenic Leagues II«, in: *Classical Philology* 21, Nr. 1 (Januar 1926), S. 52–71.

2 Robert O. Keohane, *After Hegemony: Cooperation and Discord in the World Political Economy*, Princeton: Princeton University Press 1984.

3 Ebd., S. 31 f.

4 Stuart Schrader, *Badges without Borders: How Global Counterinsurgency Transformed American Policing*, Berkeley: University of California Press 2019.

5   Kathrin Hille, Edward White, Primrose Riordan und John Reed, »The Trump Factor: Asian Allies Question America's Reliability«, in: *Financial Times*, 15. Juni 2020, https://www.ft.com/content/74576c3a-6303-4ba0-bbe3-15b563ce6019.

6   Antonio Gramsci, *Gefängnishefte, Band 6, Philosophie in der Praxis*, übers. v. Wolfgang Fritz Haug, Hamburg: Argument-Verlag 1994, S. 1264.

7   Perry Anderson, *Hegemonie*, übers. v. Frank Jakubzik, Berlin: Suhrkamp 2018.

8   Ein aktuelles Werk zu diesem Thema ist Richard Little, *The Balance of Power in International Relations: Metaphors, Myths and Models*, Cambridge: Cambridge University Press 2007, siehe S. 43 für seine Schilderungen zur italienischen Renaissance; siehe auch M. S. Anderson, *The Rise of Modern Diplomacy, 1450–1919*, London: Longman 1993, S. 151.

9   Theodor Mommsen, in: *Schleswig-Holsteinische Zeitung*, 16. Mai und 28. August 1848, zitiert in Anderson, *Hegemonie*, S. 20.

10 Walter Bagehot, *Lombard Street: A Description of the Money Market*, London: H. S. King & Co. 1873, S. 4, 15.

11 Ein weiteres, allerdings weniger stabiles transatlantisches Kabel war 1858 verlegt worden.

12 Siehe das erkenntnisreiche Buch von Nicholas Lambert, *Planning Armageddon: British Economic Warfare and the First World War*, Cambridge: Harvard University Press 2012.

13 Ebd.

14 *Stenographische Protokolle des Hauses der Abgeordneten des Österreichischen Reichsrathes im Jahre 1897*, XIII. Session, Band 2, S. 1363 (17. November 1897).

15 Alfred T. Mahan, *The Interest of America in International Conditions*, Boston: Little, Brown 1910, S. 27 f.

16 Ebd., S. 36.

17 E. H. Carr, *The Twenty Years' Crisis, 1919–1939: An Introduction to the Study of International Relations*, London: Macmillan 1939, S. 53.

18 Ebd., S. 155, 164.

19 Ebd., S. 293.

20 Ebd., S. 282.

21 Ebd., S. 300. Ein Nachhall dieser Argumentation findet sich auch in aktuellen Publikationen, insbesondere bei Adam Tooze, *The Wages of Destruction: The Making and Breaking of the Nazi Economy*, London: Allen Lane 2006; und Brendan Simms, *Hitler: Only the World Was Enough*, London: Allen Lane 2019.

22 Carr, *Twenty Years' Crisis*, S. 297.

23 Charles P. Kindleberger, *The World in Depression, 1929–1939*, Berkeley: University of California Press 1986, S. 289.

24 Nikolas Busse, »Wir sind nicht Europas Hegemon«, *F.A.Z.*, 25. April 2020 https://www.faz.net/aktuell/politik/solidaritaet-deutschland-kann-die-eu-nicht-allein-tragen-16741944.html.

25 Simon Bulmer und William E. Paterson, *Germany and the European Union: Europe's Reluctant Hegemon?*, London: Red Globe Press 2019.

26 Zum Beispiel hier: Dirk Kubjuweit, »America Has Abdicated Its Leadership of the West«, in: *Spiegel International*, 14. November 2016, https://www.spiegel.de/international/world/trump-election-means-europe-must-now-lead-west-a-1120929.html.

27 Alison Smale und Steven Erlanger, »As Obama Exits World Stage, Angela Merkel May Be the Liberal West's Last Defender«, in: *New York Times*, 12. November 2016, https://www.nytimes.com/2016/11/13/world/europe/germany-merkel-trump-election.html.

28 Alison Smale und Steven Erlanger, »Merkel, After Discordant G-7 Meeting, Is Looking Past Trump«, in: *New York Times*, 28. Mai 2017, https://www.nytimes.com/2017/05/28/world/europe/angela-merkel-trump-alliances-g7-leaders.html.

29 *Rede von Bundeskanzlerin Dr. Angela Merkel zum Haushaltsgesetz 2017*, 23. November 2016, https://www.bundesregierung.de/breg-de/service/newsletter-und-abos/bulletin/rede-von-bundeskanzlerin-dr-angela-merkel-379818.

30 Siehe Wade Jacoby und Sophie Meunier, »Europe and the Management of Globalization«, in: *Journal of European Public Policy* 17, Nr. 3 (2010), S. 299–317.

31 Xi Jinping, »President Xi's Speech to Davos in Full«, Weltwirtschaftsforum Davos, 17. Januar 2017, https://america.cgtn.com/2017/01/17/full-text-of-xi-jinping-keynote-at-the-world-economic-forum.

32 Kwok-sing Li, *A Glossary of Political Terms of the People's Republic of China*, Hong Kong: Chinese University of Hong Kong Press 1995, S. 403; Deng Xiaoping at United Nations General Assembly, 10. April 1974, 6. Sondersitzung, https://www.marxists.org/reference/archive/deng-xiaoping/1974/04/10.htm.

33 Darauf lag der Fokus von Robert Shillers Ansprache vor der American Economic Association, »Narrative Economics«, in: *American Economic Review* 107, Nr. 4 (April 2017), S. 967–1004.

34 Roland Bénabou, »Groupthink: Collective Delusions in Organization and Markets«, in: *Review of Economic Studies* 80, Nr. 2 (April 2013), S. 429–462.

35 Siehe Emily Palmer, »A Fake Heiress«, in: *New York Times*, 10. Mai 2019, https://www.nytimes.com/2019/05/10/nyregion/anna-delvey-sorokin.html.

36 Nick Paton Walsh, »A Guide to the Kremlin: Sex, Booze, Kidnap«, in: *Guardian*, 11. März 2006, https://www.theguardian.com/world/2006/mar/11/russia.nickpatonwalsh.

37 Peter Pomerantsev, *Nothing Is True and Everything Is Possible: The Surreal Heart of the New Russia*, New York: Public Affairs 2014, S. 47.

38 Timothy Snyder, *The Road to Unfreedom: Russia, Europe, America*, New York: Tim Duggan Books 2018, S. 195.

39 Sheera Frenkel, »Meet Fancy Bear, The Russian Group Hacking the US Election«, in: *Buzzfeed*, 15. Oktober 2016, https://www.buzzfeednews.com/article/sheerafrenkel/meet-fancy-bear-the-russian-group-hacking-the-us-election.

40 Wladimir Putin, »Rede auf der Münchner Sicherheitskonferenz«, Februar 2007, in: Wladimir Putin: *Munich, Valdai, Sochi*, Kuala Lumpur: Institut Terjemahan & Buku Malaysia 2014, S. 24.

41 Wladimir Putin, *Rede in Sotschi am 24. Oktober 2014*, https://web.archive.org/web/20141026150033/http://eng.kremlin.ru/news/23137 (englisch).

42 Kathy Lally, »Putin's Remarks Raise Fears of Future Moves against Ukraine«, in: *Washington Post*, 17. April 2014, https://www.washingtonpost.com/world/putin-changes-course-admits-russian-troops-were-in-crimea-before-vote/2014/04/17/b3300a54-c617-11e3-bf7a-be01a9b69cf1_story.html.

43 Frenkel, »Meet Fancy Bear«.

44 Zi Zhongyun, ins Englische übersetzt und kommentiert von Geremie R. Barmé, »An Old Anxiety in a New Era: 1900 & 2020«, in: *China Heritage*, entworfen am 13. April 2020, geprüft am 23. April 2020, https://chinaheritage.net/journal/1900-2020-an-old-anxiety-in-a-new-era/.

5 Mulitaleralismus

1   Jacob Viner, *The United States in a Multi-National Economy*, New York: Council on Foreign Relations 1945, S. 153.

2   Gilford John Ikenberry, *After Victory: Institutions, Strategic Restraint, and the Re-* building of Order after Major Wars, Princeton, NJ: Princeton University Press 2001.

3   Der Friedensvertrag von Versailles nebst Schlußprotokoll und Rheinlandstatut sowie Mantelnote und deutsche Ausführungsbestimmungen, mit Inhaltsübersicht und Sachverzeichnis nebst einer Übersichtskarte über die heutigen politischen Grenzen Deutschlands, Neue durchgesehene Ausgabe in der durch das Londoner Protokoll vom 30. August 1924 revidierten Fassung, Berlin: Hobbing 1925, S. 16, https://services.ub.uni-koeln.de/cdm/ref/collection/dirksen/id/370606.

4   Charta der Vereinten Nationen und Statut des Internationalen Gerichtshofs, Kapitel 1, Artikel 1, Punkt 2, in: Bundesgesetzblatt 1973 II. Tag der Ausgabe: Bonn, den 9. Juni 1973, S. 505-531. https://e4k4c4x9.rocketcdn.me/de/wp-content/uploads/sites/4/2022/10/charta.pdf.

5   Louis W. Pauly, »The League of Nations and the Foreshadowing of the International Monetary Fund«, in: *Essays in International Finance* Nr. 201 (Dezember 1996); Michel Fior, *Institution globale et marchés financiers: La Société des Nations face à la reconstruction de l'Europe, 1918–1931*, Bern: Peter Lang 2008.

6   Sheryl Gay Stolberg, »As Leaders Wrestle with Downturn, Developing Nations Get Ringside Seats« in: New York Times, 6. November 2008.

7   Daniel Dombey, Krishna Guha und Andrew Ward, »Talks Challenge Club of Rich Countries«, in: Financial Times, 17. November 2008, https://www.ft.com/content/d2190e16-b434-11dd-8e35-0000779fd18c.

8   *United Nations Yearbook 1971*, New York: United Nations 1971, S. 126.

9   US Department of State, *Monetary and Financial Conference, Bretton Woods, New Hampshire, July 1 to July 22, 1944, Final Act and Related Documents*, 1944, S. 4.

10 Elmer E. Schattschneider, *Politics, Pressures and the Tariff: A Study of Free Private Enterprise in Pressure Politics, as Shown in the 1929–1930 Revision of the Tariff*, New York: Prentice-Hall 1935; Mancur Olson, *Die Logik des kollektiven Handelns: Kollektivgüter und die Theorie der Gruppen*, 5. durchges. Aufl., Tübingen: Mohr Siebeck, 2004.

11 John G. Ruggie, *Winning the Peace: America and World Order in the New Era*, New York: Columbia University Press 1996; G. John Ikenberry, »A World Economy Restored: Expert Consensus and the Anglo-American Postwar Settlement«, in: *International Organization* 46, Nr. 1 (1992), S. 289–321.

12 Armand Van Dormael, *Bretton Woods: Birth of a Monetary* System, New York: Holmes and Meier 1978, S. 211.

13 John Maynard Keynes, *Die wirtschaftlichen Folgen des Friedens,* übers. v. M. J. Bonn und C. Brinkmann, München/Leipzig: Duncker & Humblot 1920, S. 230.

14 Keith Horsefield, *The International Monetary Fund, 1945–1965: Twenty Years of International Monetary Cooperation,* Bd. 3, Washington, D.C.: International Monetary Fund 1969, S. 13.

15 Harold James, *International Cooperation since Bretton Woods*, New York: Oxford University Press 1996, S. 37.

16 Van Dormael, *Bretton Woods,* S. 6–7; Joseph Gold, *Legal and Institutional Aspects of the International Monetary System: Selected Essays,* Bd. 2, Washington, D.C.: International Monetary Fund 1984, S. 19; Donald Moggridge, *Maynard Keynes: An Economist's Biography,* London: Routledge 1992, S. 654.

17 Es besteht die Möglichkeit, dass Keynes sich eine Welt vorstellte, in der die internationale Währungsordnung hauptsächlich über Veränderungen im Wechselkurs geregelt würde, wodurch Defizitländer ab- und Überschussländer aufgewertet würden. Vgl. David Vines, »John Maynard Keynes 1937–1946: The Creation of International Macroeconomics; a Review Article on ›John Maynard Keynes 1937–1946: Fighting for Britain, by Robert Skidelsky‹«, in: *Economic Journal* 113 (Juni 2003), S. 338–361. In der Praxis funktionierte das Bretton-Woods-System aber ganz anders. Es fanden nur zwei (umstrittene) Aufwertungen von Überschusswährungen statt, 1961 und 1969, und es wäre 1944–1945 schwer gewesen, sich Umstände vorzustellen, unter denen die Vereinigten Staaten mit ihren langanhaltenden Überschüssen einer Aufwertung des Dollars zugestimmt hätten.

18 Horsefield, *International Monetary Fund,* S. 6.

19 Samuel Brittan, *A Restatement of Economic Liberalism,* London: Macmillan 1988, S. 87.

20 John Maynard Keynes, »Vorschläge für eine International Clearing Union für den internationalen Zahlungsverkehr«, in: Stefan Leber (Hg.), *Wesen und Funktion des Geldes. Zahlen, Leihen und Schenken im volkswirtschaftlichen Prozeß,* Stuttgart: Freies Geistesleben 1989, S. 325-349.

21 World Trade Organization, The Doha Round, https://www.wto.org/english/tratop_e/dda_e/dda_e.htm, aufgerufen am 28. Dezember 2020.

22 World-Bank-Daten unter: https://data.worldbank.org/indicator/TM.TAX.MRCH.WM.FN.ZS, aufgerufen am 28. Dezember 2020.

23 Kommission der Europäischen Gemeinschaften, Mitteilung der Kommission an den Rat, das Europäische Parlament, den Europäischen Wirtschafts- und Sozialausschuss und den Ausschuss der Regionen, Ein wettbewerbsfähiges Europa in einer globalen Welt, Ein Beitrag zur EU-Strategie für Wachstum und Beschäftigung, Brüssel 4. Oktober 2006, KOM(2006) 567 endgültig, 4.2.ii, S.10. https://eur-lex.europa.eu/LexUriServ/LexUriServ.do?uri=COM:2006:0567:FIN:DE:PDF, aufgerufen am 24. April 2024.

24 Office of the US Trade Representative, *2017 Trade Policy Agenda and 2016 An- nual Report*, S. 1.

25 Andrew Walker, »US Adviser Hints at Evicting China from WTO«, 21. November 2018, https://www.bbc.com/news/business-46280318.

26 Office of the US Trade Representative, *2017 Trade Policy,* S. 5.

27 Ebd., S. 6.

28 Vgl. Mark Zandi, Jesse Rogers und Maria Cosma, »Trade War Chicken: The Tariffs and the Damage Done«, Moody's Analytics, September 2019, https://www.economy.com/economicview/analysis/376236/Trade-War-Chicken-The-Tariffs-and-the-Damage-Done; Federal Reserve Board, »Disentangling the Effects of the 2018–2019 Tariffs on a Globally Connected U.S. Manufacturing Sector«, 23. Dezember 2019, https://www.federalreserve.gov/econres/feds/files/2019086pap.pdf; Ryan Hass und Abraham Denmark, »More Pain Than Gain: How the US-China Trade War Hurt America«, Brookings blog, 7. August 2020, https://www.brookings.edu/articles/more-pain-than-gain-how-the-us-china-trade-war-hurt-america/.

29 Vgl. Robert Mundell, »The International Monetary System and the European Region«, in: Alexander Swoboda (Hg.), *L'Union Monétaire en Europe*, Genf: HEI, 1971.

30 Michael P. Dooley, David Folkerts-Landau und Peter Garber, »An Essay on the Revived Bretton Woods System«, National Bureau of Economic Research, Working Paper 9971, September 2003.

31 Matthew Klein und Michael Pettis, *Trade Wars Are Class Wars: How Rising Inequality Distorts the Global Economy and Threatens International Peace*, New Haven: Yale University Press 2020; Jean-Noël Barrot u. a., *Import Competition and Household Debt*, Federal Reserve Bank of New York Staff Reports, Nr. 281, 2017.

32 European Central Bank, *The International Role of the Euro*, Juni 2020, https://www.ecb.europa.eu/pub/ire/html/ecb.ire202006~81495c263a.en.html.

33 Juan Zarate, *Treasury's War: The Unleashing of a New Era of Financial Warfare*, New York: PublicAffairs 2013.

6 Die furchterregenden deutschen Politikbegriffe

1 Ludwig Harscher von Almendingen, »Politische Ansichten über Deutschlands Vergangenheit, Gegenwart und Zukunft«, in: *Allgemeine Literatur-Zeitung* 3 (Oktober 1814), S. 201–206.

2 Vgl. Urs App, *Richard Wagner und der Buddhismus*, Rorschach: University Media 2011.

3 August Ludwig von Rochau, *Grundsätze der Realpolitik, angewendet auf die staatlichen Zustände Deutschlands,* Stuttgart: Karl Göpel 1853, S. 13, 21.

4 Ludwig August von Rochau, *Grundsätze der Realpolitik, angewendet auf die staatlichen Zustände Deutschlands Theil II,* Heidelberg: J.C.B. Mohr 1869, S. 18–19.

5 Rochau, *Grundsätze der Realpolitik* (1853), S. 1, 224; vgl. ebenfalls John Bew, *Realpolitik: A History,* Oxford, UK: Oxford University Press 2016, S. 43.

6 Otto von Bismarck, *Bismarck: Die gesammelten Werke, Bd. 10: Reden 1847–1869,* hrsg. v. Wilhelm Schüßler, Berlin: Otto Stolberg 1928, S. 139–140.

7   König Heinrich VI. Dritter Teil, Dritter Aufzug, zweite Szene, in: William Shakespeare, Sämtliche Werke in vier Bänden, Bd. 3, Berlin: Aufbau, 1975, S. 737–743.

8   Zitiert nach *Machiavellis Buch vom Fürsten, nach A. W. Rehbergs Übersetzung, mit Einleitung und Erläuterung, neu hrsg. v. Dr. Max Oberbreyer*, Leipzig: Philipp Reclam jun. 1879, S. 90f.

9   Ebd. S. 93f.

10 Gustav von Schmoller, »Die wirtschaftliche Zukunft: Deutschland und die Flottenvorlage«, in: Gustav von Schmoller, Max Sering und Adolph Wagner (Hg.), *Handels- und Machtpolitik: Reden und Aufsätze im Auftrage der Freien Vereinigung für Flottenvorträge*, Bd. 1, Stuttgart: Cotta 1900, S. 19.

11 *Fürst Bülows Reden nebst urkundlichen Beiträgen zu seiner Politik,* hrsg. v. Johannes Penzler, Bd. 1, 1897–1903, Berlin: Georg Reimer 1907, S. 8.

12 Friedrich von Holstein, *Die geheimen Papiere Friedrich von Holsteins,* hrsg. v. Norman Rich und M. H. Fisher, dt. Ausgabe v. Werner Frauendienst, Bd. 4: *Briefwechsel (10. Januar 1897 bis 8. Mai 1909),* Göttingen u. a.: Musterschmidt, 1963, S. 220.

13 Karl Haushofer, Erich Obst, Hermann Lautensach und Otto Maull, *Bausteine zur Geopolitik,* Berlin-Grunewald: Kurt Vowinckel 1928, S. 17, 27.

14 Vgl. Brian W. Blouet, »The Imperial Vision of Halford Mackinder«, in: *Geographical Journal* 170, Nr. 4 (2004), S. 322–329.

15 H. J. Mackinder, »Der geographische Drehpunkt der Geschichte«, in: *Lettre International* 120 (Frühjahr 2018), übers. v. Bernhard Schmid, S. 124, 128.

16 Karl Haushofer, *Dai Nihon, Betrachtungen über Groß-Japans Wehrkraft, Weltstellung und Zukunft,* Berlin: Ernst Siegfried Mittler und Sohn 1913, S. 1; Holger H. Herwig, *The Demon of Geopolitics: How Karl Haushofer »Educated« Hitler and Hess,* New York: Rowman & Littlefield 2016, S. 17.

17 Korrespondenz, Karl Haushofer an Rudolf Pechel, neu abgedruckt in: Hans-Adolf Jacobsen (Hg.), *Karl Haushofer: Leben und Werk,* Bd. 2, Boppard am Rhein: Boldt 1979, S. 3.

18 »Hitler's World Revolution«, *New Statesman and Nation* 444 (26. August 1939), S. 301.

19 Frederic Sondern, »Hitler's Scientists«, in: *Current History and Forum* 53, Nr. 1 (1. Juni 1941), S. 10.

20 Jacobsen, *Haushofer,* Bd. 2, S. 509; sowie Herwig, *Demon,* S. xi.

21 Jacobsen, *Haushofer,* Bd. 1, S. 438, 644.

22 Patrick J. McNamara, »›The Argument of Strength Justly and Righteously Employed‹: Edmund A. Walsh, Catholic Anticommunism, and American Foreign Policy, 1945–1952«, in: *US Catholic Historian* 22, Nr. 4 (2004), S. 65, 70; Brian W. Blouet, *Geopolitics and Globalization in the Twentieth Century,* London: Reaktion Books 2001, S. 133–134.

23 E. Gnedin, *Iz istorii otnosheniy mezhdu SSSR i fashistskoi Germaniey,* New York: Khronika Press 1977.

24 Alexander [Sándór] Radó, »Geopolitika«, in: *Bolshaya Sovetskaya Entsiklopediya,* Bd. 15, Moskau: State Publishing House 1929, S. 389–392, 390; zu Radó, vgl. Leonid Ivashov, *Razmyshleniya russkogo generala,* Moskau: LitRes 2019.

25 Nicholas J. Spykman, »Geography and Foreign Policy, II«, in: *American Political Science Review* 32, Nr. 2 (1938), S. 236.

26 Col. Charles A. Lindberghs Radioansprache vom 15. September 1939, in: *World Affairs* 102, Nr. 3 (1939), S. 165.

27 Bew, *Realpolitik,* S. 241.

28 Ebd., S. 258.

29 Vgl. G. John Ikenberry, *A World Safe for Democracy: Liberal Internationalism and the Crises of Global Order,* New Haven: Yale University Press 2020, S. 235.

30 Brian W. Blouet, *Geopolitics and Globalization in the Twentieth Century,* London: Reaktion Books 2001, S. 177.

31 Colin Gray, »In Defence of the Heartland: Sir Halford Mackinder and His Critics a Hundred Years On«, in: *Comparative Strategy* 23 (2004), S. 17.

32 George Kennan, [Moskau, o. D., Mai 1945?]: »Russia's International Position at the Close of the War with Germany«, in: *Foreign Relations of the United States 1945,* Bd. 5, https://history.state.gov/historicaldocuments/frus1945v05/d643; John Lewis Gaddis, *George F. Kennan: An American Life,* New York: Penguin 2011, S. 166.

33 Winston Churchill, »We Will Deal in Performances, Not Promises«, Radioansprache vom 1. Oktober 1939, in: *The War Speeches of the Rt. Hon. Winston S. Churchill,* Bd. 1, London: Cassell 1952, S. 109.

34 Thomas L. Friedman, »Now a Word from X«, in: *New York Times,* 2. Mai 1998, https://www.nytimes.com/1998/05/02/opinion/foreign-affairs-now-a-word-from-x.html.

35 Bew, *Realpolitik,* S. 222.

36 Ebd., S. 218.

37 John J. Mearsheimer, *The Great Delusion: Liberal Dreams and International Realities,* New Haven: Yale University Press 2018, S. 3.

38 Ebd., S. 150.

39 Ebd., S. 171.

40 Edward Luttwak, *Turbo-Kapitalismus: Gewinner und Verlierer der Kapitalisierung,* übers. v. Anja Hansen-Schmidt und Heike Schlatterer, Hamburg/Wien: Europa Verlag 1999, S. 231, 222.

41 Pascal Loriot, *De la géopolitique à la géoéconomie,* Paris: Éditions Choiseul 2009 [1999], S. 14.

42 Zitiert in Kelly Hooper, »Fantasy World«, in: *Politico,* 24. November 2020, https://www.politico.com/news/2020/11/24/pompeo-biden-administration-foreign-policy-440469.

43 Wladimir Putin, »Prezhde vsego priznat', chto krusheniye Sovetskogo Soyuza bylo krupneyshey geopoliticheskoy katastrofoy veka ... Epidemiya raspada k tomu zhe perekinulas' na samu Rossiyu«, 25. April 2005, http://kremlin.ru/events/president/transcripts/22931.

44 »Radical Object: The Necro-Ontology of Dark Enlightenment (Negarestani's Philosophy)«, Geopolitica.ru, 19. September 2019, https://www.geopolitica.ru/en/article/radical-object-necro-ontology-dark-enlightenment-negarestanis-philosophy.

45   Vgl. Marlene Laruelle, »Scared of Putin's Shadow: In Sanctioning Dugin, Washington Got the Wrong Man«, in: *Foreign Affairs*, 25. März 2015, https://www.foreignaffairs.com/articles/russian-federation/2015-03-25/scared-putins-shadow.

46   Andreas Umland, »Das eurasische Reich Dugins und Putins: Ähnlichkeiten und Unterschiede«, in: *Kritiknetz: Zeitschrift für Kritische Theorie der Gesellschaft*, übers. v. Giselher Stoll, 26. Juni 2014, http://www.kritiknetz.de/images/stories/texte/Umland_Dugin_Putin.pdf.

47   Francis P. Sempa, »Surviving the Future: Looking Back at the Toynbee-Wakaizumi Dialogue of 1970«, in: *The Diplomat*, 4. Januar 2018, https://thediplomat.com/2018/01/surviving-the-future-looking-back-at-the-toynbee-wakaizumi-dialogue-of-1970.

48   Government of Russia, Izvestia publishes an article by Prime Minister Vladimir Putin on cooperation and interaction in the post-Soviet space: »A new Integration Project for Eurasia: A Future in the Making«, Moskau, http://archive.government.ru/eng/docs/16622.

49   Agata Wierzbowska-Miazga, »Russia Goes on the Offensive ahead of the Eastern Partnership Summit in Vilnius«, Center for Eastern Studies Commentary, Warschau, Nr. 115, 30. September 2013, https://www.osw.waw.pl/en/publikacje/osw-commentary/2013-10-01/russia-goes-offensive-ahead-eastern-partnership-summit-vilnius.

50   Für Dokumentarfilme zu diesem Thema, vgl. die Arbeit der Gruppe Filmschaffender namens Babylon'13, darunter die Filme *Generation Maidan: A Year of Revolution and War* (2015, Regie: Andrew Tkach), *Brothers in Arms* (2015, Regie: Konstiantyn Mohylnyk) und *Winter on Fire: Ukraine's Fight for Freedom* (2015, Regie: Evgeny Afineevsky).

51   Andrew Wilson, *Ukraine Crisis: What It Means for the West*, New Haven: Yale University Press 2014, S. 94; vgl. außerdem den Dokumentarfilm *Crimea, The Way Back Home*, erstmals am 15. März 2015 auf *Kanal 1* im russischen Fernsehen ausgestrahlt, produziert von Andrey Kondrashov, zeigt er die geopolitische Perspektive des russischen Staates.

52   »Statement by Ambassador Sergiy Kyslytsya«, 26. Juni 2020, http://ukraineun.org/en/press-center/431-statement-by-ambassador-sergiy-kyslytsya-permanent-representative-of-ukraine-to-the-un-on-the-occasion-of-commemoration-of-the-%20signing-of-the-un-charter.

53   »Rede Wladimir Putins«, gehalten vor dem Föderationsrat (Länderkammer und Oberhaus des Parlaments), am 18. März 2014, übersetzt von Hartmut Schröder, https://crimea.dekoder.org/rede/.

54   »Statement and right of reply by Vassily Nebenzia, Permanent Representative of Russia to the UN«, 28. Mai 2020, https://russiaun.ru/en/news/un_eu280520.

55   »Rede Wladimir Putins.«

56   Ebd.

57   Vladimir Putin, »Address to the Nation«, 23. Juni 2020, http://en.kremlin.ru/events/president/news/63548.

58   Henry Kissinger, *Weltordnung*, übers. v. Karlheinz Dürr und Enrico Heinemann, München: C. Bertelsmann 2014, S. 414.

59 Henry Kissinger, »Opinion: To Settle the Ukraine Crisis, Start at the End«, in: *Washington Post*, 5. März 2014, https://www.washingtonpost.com/opinions/henry-kissinger-to-settle-the-ukraine-crisis-start-at-the-end/2014/03/05/46dad868-a496-11e3-8466-d34c451760b9_story.html.

60 Henry Kissinger: »Nach bestem Wissen«, in: *Der Spiegel*, 9. November 2014, https://www.spiegel.de/politik/nach-bestem-wissen-a-977e3bba-0002-0001-0000-000130223346?context=issue.

61 Robert Cooper, *The Post-Modern State and the World Order*, London: Demos 2000; Robert Kagan, *Macht und Ohnmacht: Amerika und Europa in der neuen Weltordnung*, übers. v. Thorsten Schmidt, Berlin: Siedler 2003.

62 Alan S. Milward, *The European Rescue of the Nation-State*, Berkeley: University of California Press 1992.

63 Josep Borrell, »Die Sprache der Macht«, in: *International Politics and Society*, 13. Februar 2020, https://www.ipg-journal.de/rubriken/aussen-und-sicherheitspolitik/artikel/die-sprache-der-macht-4069/.

7 Schulden

1 William Shakespeare, *König Heinrich VI.*, zweiter Teil, vierter Akt, zweite Szene, in: William Shakespeare, *Sämtliche Werke in vier Bänden*, Bd. 3, Berlin: Aufbau 1975.

2 Die einflussreichste aktuelle Auseinandersetzung hiermit stammt von David Graeber, *Schulden: Die ersten 5000 Jahre*, übers. v. Ursel Schäfer (u. a.), Stuttgart: Klett-Cotta 2022.

3 Vgl. Melissa Lane, *The Birth of Politics: Eight Greek and Roman Political Ideas and Why They Matter*, Princeton, NJ: Princeton University Press 2015.

4 Timur Kuran, *Islam and Mammon: The Economic Predicaments of Islamism*, Princeton, NJ: Princeton University Press 2004.

5 Carlo Taviani, »An Ancient Scheme: The Mississippi Company, Machiavelli, and the Casa di San Giorgio (1407–1720)«, in: *Political Power and Social Theory* 29 (August 2015), S. 239–256.

6 William Paterson, *A Brief Account of the Intended Bank of England*, London: Randal Taylor 1694, S. 12.

7 Die einflussreichste Darstellung findet sich in Douglass North und Barry Weingast, »Constitutions and Commitment: The Evolution of Institutions Governing Public Choice in Seventeenth-Century England«, in: *Journal of Economic History* 49, Nr. 4 (Dezember 1989), S. 803–832.

8 Vgl. Thomas Sargent, *Nobel Prize acceptance speech*, 2011, https://www.nobelprize.org/prizes/economic-sciences/2011/sargent/lecture; Wolfgang Fach, *Trump – ein amerikanischer Traum? Warum Amerika sich verwählt hat*, Bielefeld: transcript 2020, S. 21.

9 Johann Wolfgang von Goethe, *Faust, Der Tragödie zweiter Teil*, Stuttgart: Cotta 1832, S. 65, 67, https://www.deutschestextarchiv.de/goethe_faust02_1832.

10 Dr. Jens Weidmann, »Papiergeld – Staatsfinanzierung – Inflation. Traf Goethe ein Kernproblem der Geldpolitik?«, Begrüßungsrede anlässlich des 18. Kolloquiums des Instituts für bankhistorische Forschung (IBF), 18. September 2012, https://www.bundesbank.de/de/presse/reden/begruessungsrede-710686#tar-3.

11 Honoré de Balzac, *Vater Goriot*, übers. v. Gisela Etzel, Leipzig: Insel 1950, S. 17, 143, 219.

12 Charles Dickens, *Klein Dorrit*, übers. v. Carl Kolb, Altenmünster: Jazzybee 2012, 6. Kapitel.

13 Benjamin M. Friedman, »A predictable pathology«, Keynote, 11. November 2015, https://chesnutstreet.wordpress.com/2015/06/16/a-predictable-pathology-benjamin-m-friedman-11022015/.

14 Henry Roseveare, *The Treasury: The Evolution of a British Institution*, Harmondsworth, UK: Allen Lane 1969, S. 118.

15 Stuart Holland, »Debt, Guilt, and Human History: A Reply to Wolfgang Schäuble«, 26. Juli 2013, https://www.yanisvaroufakis.eu/2013/07/26/debt-guilt-and-german-history-a-reply-to-wolfgang-schauble-by-stuart-holland; Yanis Varoufakis, »The Annotated Wolfgang Schäuble: Commentary on His Guardian Article, July 19, 2013«, 21. Juli 2013, https://www.yanisvaroufakis.eu/2013/07/21/the-annotated-wolfgang-schauble-commentary-on-his-guardian-article-19th-july-2013.

16 Matthäus 18.32–34.

17 Patricia Nilsson und Emiko Terazano, »Can Fast Fashion's $2.5tn Supply Chain Be Stitched Back Together?«, in: *Financial Times*, 16. Mai 2020, https://www.ft.com/content/62dc687e-d15f-46e7-96df-ed7d00f8ca55.

18 Vgl. Adair Turner, *Between Debt and the Devil: Money, Credit, and Fixing Global Finance*, Princeton, NJ: Princeton University Press 2016, S. 191.

19 Franco Modigliani und Merton H. Miller, »The Cost of Capital, Corporation Finance and the Theory of Investment«, in: *American Economic Review* 48, Nr. 3 (Juni 1958), S. 261–297.

20 Tobias Adrian und Hyun Song Shin, »Financial Intermediary Balance Sheet Management«, Federal Reserve Bank of New York Staff Report Nr. 532, Dezember 2011, https://www.newyorkfed.org/medialibrary/media/research/staff_reports/sr532.pdf.

21 Douglas Irwin, *Clashing over Commerce: A History of US Trade Policy*, Chicago: University of Chicago Press 2017, S. 288–289; Steven A. Bank, *From Sword to Shield: The Transformation of the Corporate Income Tax, 1861*, Oxford, UK: Oxford University Press 2010, S. 44.

22 Sheldon D. Pollack, »Origins of the Modern Income Tax, 1894–1913«, in: *Tax Lawyer* 66 (Winter 2013), S. 205. Eine Einkommenssteuer war seit mindestens zwei Jahrzehnten ein Hauptziel der populistischen Bewegungen gewesen: »von 1874 bis 1894 wurden nicht weniger als 68 Gesetzesvorlagen im Kongress eingereicht, die eine progressive Einkommenssteuer zum Ziel hatten.« Sheldon D. Pollack, *War, Revenue, and State Building: Financing the Development of the American State*, Ithaca, NY: Cornell University Press 2009, S. 238.

23 Ich verdanke diese Interpretation der hervorragenden Hausarbeit von Charles Ughet-ta: »Myths, Markets and Power: Taxing Interest; Credit as Political Capital's Source and Target«, Princeton University 2019.

24 Henry Cabot Lodge, »Results of Democratic Victory«, in: *North American Review* 159, Nr. 454 (September 1894), S. 268–277, Zitat auf S. 274.

25 *Congressional Record* 1673 (1894).

26 Steven A. Bank, »Historical Perspective on the Corporate Interest Deduction«, in: *Chapman Law Review* 18, Nr. 1 (2014), S. 20.

27 Paul Marsh, »The Choice between Equity and Debt: An Empirical Study«, in: *Journal of Finance* 37, Nr. 1 (1982), S. 126.

28 »Taft Plan for Tax Splits Committee«, in: *New York Times*, 19. Juni 1909, S. 5; Bank, »Historical Perspective«, S. 36.

29 Alvin C. Warren Jr., »The Corporate Interest Deduction: A Policy Evaluation«, in: *Yale Law Journal* 83 (1974), S. 1584.

30 Zahlen der Bank für Internationalen Zahlungsausgleich, Statistics Table F4, laufend aktualisiert, https://stats.bis.org/statx/srs/table/f4.1.

31 Emma Rothschild, *Economic Sentiments: Adam Smith, Condorcet, and the Enlightenment*, Cambridge, MA: Harvard University Press 2001, S. 245.

32 Adam H. Müller, *Die Elemente der Staatskunst*, 1. Halbband, Jena: Gustav Fischer 1922, S. 54; Emma Rothschild, »Globalization and the Return of History«, in: *Foreign Policy* 115 (Sommer 1999), S. 110.

33 Carlos Marichal, *A Century of Debt Crises in Latin America: From Independence to the Great Depression, 1820–1930*, Princeton, NJ: Princeton University Press 1989; Marc Flandreau und Frederic Zumer, *The Making of Global Finance, 1880–1913*, Paris: OECD 2004; Gerardo della Paolera und Alan M. Taylor, »Sovereign Debt in Latin America, 1820–1913«, NBER Working Paper Nr. 18363, September 2012.

34 Carmen M. Reinhart und Christoph Trebesch, »The Pitfalls of External Dependence: Greece, 1829–2015«, in: *Brookings Papers on Economic Activity* (Herbst 2015).

35 Niall Ferguson und Moritz Schularick, »The Empire Effect: The Determinants of Country Risk in the First Age of Globalization, 1880–1913«, in: *Journal of Economic History* 66, Nr. 2 (June 2006), S. 283–312.

36 Jennifer Siegel, *For Peace and Money: French and British Finance in the Service of Tsars and Commissars,* Oxford, UK: Oxford University Press 2014.

37 Theodore H. von Laue, *Sergei Witte and the Industrialization of Russia,* New York: Columbia University Press 1963.

38 Olga Crisp, *Studies in the Russian Economy before 1914,* London: Macmillan, Crisp 1976.

39 Siegel, *For Peace and Money.*

40 Adolf Weber, *Reparationen Youngplan Volkswirtschaft,* Berlin: Junker und Dünnhaupt 1929, S. 14. Eine ähnliche Äußerung findet sich bei Oscar Wingen, *Weltverschuldung und Deutschlands Reparationslast,* Berlin: Zentral-Verlag 1928, S. 55.

41 In Bezug auf die Sicherheitsmaßnahmen des Young-Plans und des Haager Abkommens, vgl. *Deutsches Reichsgesetzblatt 1930*, Bd. 2, S. 514. Generell zu diesem Thema, vgl. Albrecht Ritschl, »Reparation Transfers, the Borchardt Hypothesis, and the Great

Depression in Germany, 1929–32: A Guided Tour for Hard-Headed Keynesians«, in: *European Review of Economic History* 2, Nr. 1 (1998), S. 49–72.

42 *Report of the Committee of Experts on Reparations*, Sektion 32, Young Committee report, London: Her Majesty's Stationery Office 1929.

43 Über diese Zahlungsunfähigkeiten gibt es umfangreiche Literatur: vgl. z. B. Harold James, *Der Rückfall: Die neue Weltwirtschaftskrise*, übers. v. Thorsten Schmidt, München/Zürich: Piper 2005; Michael Tomz, *Reputation and International Cooperation: Sovereign Debt across Three Centuries*, Princeton, NJ: Princeton University Press 2012.

44 Vgl. das kürzlich erschienene Buch von Jerome Roos, *Why Not Default? The Political Economy of Sovereign Debt*, Princeton, NJ: Princeton University Press 2019. Was einen Zahlungsausfall darstellt, bleibt eine sehr komplizierte und umstrittene Frage: vgl. S. Ali Abbas, Alex Pienkowski und Kenneth Rogoff (Hg.), *Sovereign Debt: A Guide for Economists and Practitioners*, New York: Oxford University Press 2019.

45 Anne O. Krueger, *A New Approach to Sovereign Debt Restructuring*, Washington, D.C.: International Monetary Fund 2002.

46 Sebastian Horn, Carmen M. Reinhart und Christoph Trebesch, »China's Overseas Lending«, NBER Working Paper Nr. 26050, Juli 2019, überarbeitet April 2020.

47 Niall Ferguson und Moritz Schularick, »The End of Chimerica«, Harvard Business School BGIE Unit, Working Paper Nr. 10–037, 2009.

48 Centre for Economic Policy Research, »Born Out of Necessity: A Debt Standstill for COVID-19«, policy note 103, April 2020.

8 Technokratie

1 William Henry Smyth, »Technocracy: National Industrial Management«, in: *Industrial Management* 57 (März 1919), S. 211.

2 Ebd., S. 212.

3 Zitat in Richard Kuisel, *Capitalism and the State in Modern France: Renovation and Economic Management in the Twentieth Century*, Cambridge, UK: Cambridge University Press 1981, S. 40.

4 Vannevar Bush, Direktor des Office of Scientific Research and Development, *Science: The Endless Frontier*, Juli 1945, https://www.nsf.gov/od/lpa/nsf50/vbush1945.htm#ch1.3; für den Widerstand, siehe Donald E. Stokes, *Pasteur's Quadrant: Basic Science and Technological Innovation*, Washington, D.C.: Brookings 1997.

5 Warren Weaver, »Science and Complexity«, in: *American Scientist* 36, Nr. 4 (Oktober 1948), S. 537, 542.

6 James Burnham, *Das Regime der Manager*, übers. v. Helmut Lindemann, Stuttgart: Union Deutsche Verlagsgesellschaft 1948, S. 223, 215.

7 Carl von Clausewitz, *Vom Kriege*, Erster Teil, Berlin: Ferdinand Dümmler 1832, S. 135.

8 Ebd., S. 91 f.

9 Ebd., S. 89.

10 von Clausewitz, *Vom Kriege*, Dritter Teil, Berlin: Ferdinand Dümmler 1834, S. 100 f.

11 Ebd., S. 100 ff.

12 John Grier Hibben, *The higher Patriotism*, New York: Charles Scribener's Sons 1915, S. 29; Richard Taylor Stevenson, *Missions versus Militarism*, New York: Abingdon Press 1916, S. 78.

13 Thomas MacKinnon Wood und Arthur Henderson, *British Finance and Prussian Militarism: Two Interviews*, London: Hodder and Stoughton 1917, S. 14.

14 Manfred Halpern, *The Politics of Social Change in the Middle East and North Africa*, Princeton, NJ: Princeton Legacy Library 1963, S. 253.

15 James A. Bill, »The Military and Modernization in the Middle East«, in: *Comparative Politics* 2, Nr. 1 (Oktober 1969), S. 41–62.

16 Vgl. z. B. die Tweets von Hendrick Hertzberg vom *New Yorker*, unter https://twitter.com/RickHertzberg/status/1254509734838841344.

17 N. Gregory Mankiw, »The Macroeconomist as Scientist and Engineer«, *NBER Working Paper* Nr. 12349, Juni 2006.

18 Nachruf auf Charles Kindleberger, *MIT News*, 7. Juli 2003, http://news.mit.edu/2003/kindleberger.

19 Robert E. Lucas Jr. und Thomas J. Sargent, »After Keynesian Macroeconomics«, in: *Federal Reserve Bank of Minneapolis Quarterly Review* 3, Nr. 2 (Spring 1979), S. 1–16.

20 Michael D. Bordo, »The Contribution of A Monetary History of the United States, 1867–1960 to Monetary History«, in: Michael D. Bordo (Hg.), *Money, History and International Finance: Essays in Honor of Anna J. Schwartz*, Chicago: University of Chicago Press for the National Bureau of Economic Research 1989, S. 51.

21 Stellungnahme von Paul A. Volcker, Vorsitzender des Board of Governors of the Federal Reserve System, vor dem Joint Economic Committee des US-amerikanischen Kongresses, 1. Februar 1980, in: *Federal Reserve Bulletin*, February 1980, S. 140.

22 Jesper Lindé, »DSGE Models: Still Useful in Policy Analysis?«, in: *Oxford Review of Economic Policy* 34, Nr. 1–2 (Spring–Summer 2018), S. 269–286; Paul M. Romer, »Mathiness in the Theory of Economic Growth«, in: *American Economic Review* 105, Nr. 5 (Mai 2015), S. 89–93.

23 Mankiw, »Macroeconomist as Scientist and Engineer«; vgl. außerdem Paul Romer, »The Trouble with Macroeconomics«, September 2016, https://paulromer.net/the-trouble-with-macro/.

24 James H. Stock und Mark W. Watson, »Has the Business Cycle Changed? Evidence and Explanations«, FRB Kansas City Symposium, Jackson Hole, WY, 28.–30. August 2003, S. 40.

25 Anna J. Schwartz, »Why Financial Stability Depends on Price Stability«, in: *Economic Affairs* 4, Nr. 15 (September 1995), S. 21–25, Zitat auf S. 21; Michael D. Bordo und David C. Wheelock, »Price Stability and Financial Stability: The Historical Record«, in: *Federal Reserve Bank of St. Louis Review* 80, Nr. 5 (September/Oktober 1998), S. 41–62 (beschäftigt sich mit von Disinflation hervorgerufenen Störungen).

26 Eddie George, »The Pursuit of Financial Stability«, Rede vom 18. November, Archiv Bank of England 16A32/2.

27 Claudio Borio und Philip Lowe, »Asset Prices, Financial and Monetary Stability: Exploring the Nexus«, *BIS working papers* Nr. 114, 2. Juli 2002.

28 Andrew Pierce, »The Queen Asks Why No One Saw the Credit Crunch Coming«, *Daily Telegraph*, 5. November 2008, https://www.telegraph.co.uk/news/uknews/theroyalfamily/3386353/The-Queen-asks-why-no-one-saw-the-credit-crunch-coming.html.

29 Helena Smith, »Lucas Papademos to Lead Greece's Interim Coalition Government«, in: *The Guardian*, 10. November 2011, https://www.theguardian.com/world/2011/nov/10/lucas-papademos-greece-interim-coalition.

30 Siehe Margaret Thatcher, »Speech to the Royal Society«, 27. September 1988, https://www.margaretthatcher.org/document/107346.

31 Regierungserklärung von Bundeskanzlerin Dr. Angela Merkel zur Energiepolitik vor dem Deutschen Bundestag am 9. Juni 2011 in Berlin: Bulletin 59-1, 9. Juni 2011, https://www.bundesregierung.de/breg-de/service/newsletter-und-abos/bulletin/regierungserklaerung-von-bundeskanzlerin-dr-angela-merkel-793374.

32 Vgl. Stanley Jevons, *The Coal Question; An Enquiry Concerning the Progress of the Nation, and the Probable Exhaustion of Our Coal-Mines*, London: Macmillan 1865, S. vii, 253, 349.

33 Zitiert in Shellen Xiao Wu, *Empires of Coal: Fueling China's Entry into the Modern World Order, 1860–1920*, Stanford, CA: Stanford University Press 2015, S. 173.

34 Aus den Tagebüchern Xue Fuchengs, zitiert aus ebd., S. 172.

35 *Scientific American* 261, Nr. 3, Sonderausgabe »Managing Planet Earth« (September 1989).

36 Vgl. Environmental Investigation Agency, »Happy UN Ozone Day: Celebrating 30 Years of Ozone and Climate Protection«, https://eia-international.org/news/happy-un-ozone-day-celebrating-30-years-of-ozone-climate-protection.

37 William C. Clark, »Managing Planet Earth«, in: *Scientific American* 261, Nr. 3 (September 1989), S. 54.

38 Vgl. Daniel Yergin, *The Quest: Energy, Security, and the Remaking of the Modern World*, New York: Penguin 2011, S. 401.

39 »Russia's Vladimir Putin Doubts Man-Made Climate Change, Backs Trump«, DW, 19. Dezember 2019, https://www.dw.com/en/russias-vladimir-putin-doubtsman-made-climate-change-backs-trump/a-51736903.

40 Helier Cheung, »What Does Trump Actually Believe on Climate Change?«, *BBC News*, 23. Januar 2020, https://www.bbc.com/news/world-us-canada-51213003.

41 Kate Forrester, »BBC under Fire for Allowing Climate Change Denier Nigel Lawson on Radio 4«, in: *Huffington Post UK*, 10. August 2017, https://www.huffingtonpost.co.uk/entry/bbc-under-fire-for-allowing-climate-change-denier-nigel-lawsonon-radio-4_uk_598c5f6be4b0449ed5083815.

42 Richard Collett-White und Tom Ritchie, »Brexit Party Candidates' Climate Change Denial Exposed«, in: *London Economic*, 22. November 2019, https://www.thelondoneconomic.com/news/environment/brexit-party-candidates-climate-change-denial-exposed-168147/.

43 Vera Deleja-Hotko, Ann-Katrin Müller und Gerald Traufetter, »Neue Wählerfang-Strategie der AfD, Klimakrise leugnen, Diesel preisen, Die AfD hat die Umweltpolitik für sich entdeckt. ›Wir wären ja bescheuert, wenn wir das Thema liegen lassen würden‹, sagt Partei-

chef Jörg Meuthen«, in: *Der Spiegel*, 26. April 2019, https://www.spiegel.de/politik/afd-mit-neuer-strategie-die-angstmacher-a-00000000-0002-0001-0000-000163612063.

44 Beth Gardiner, »For Europe's Far-Right Parties, Climate Is a New Battleground«, *Yale Environment* 360, 29. Oktober 2019, https://e360.yale.edu/features/for-europes-far-right-parties-climate-is-a-new-battleground.

45 Arthur Neslen, »Far-Right MEPs Could Threaten EU Climate Policy, Experts Warn«, in: *The Guardian*, 21. Mai 2019, https://www.theguardian.com/politics/2019/may/21/far-right-meps-could-threaten-eu-climate-policy-experts-warn.

46 Pallab Ghosh, »Mass Culling for Foot-and-Mouth ›May Be Unnecessary‹«, *BBC News*, 6. Mai 2011, https://www.bbc.com/news/science-environment-13299666; Daniel Haydon, Rowland Kao und R. Kitching, »The UK Foot-and-Mouth Disease Outbreak—The Aftermath«, in: *Nature Reviews Microbiology* 2, Nr. 8 (September 2004), S. 675–681.

47 Jonathan Ford, »The Battle at the Heart of British Science over Coronavirus«, in: *Financial Times*, 15. April 2020, https://www.ft.com/content/1e390ac6-7e2c-11ea-8fdb-7ec06edeef84.

48 Clive Cookson, »Coronavirus May Have Infected Half of UK Population – Oxford Study«, in: *Financial Times*, 24. März 2020, https://www.ft.com/content/5ff6469a-6dd8-11ea-89df-41bea055720b.

49 US White House Press Briefings, »Remarks by President Trump, Vice President Pence, and Members of the Coronavirus Task Force in Press Briefing«, 1. April 2020, https://trumpwhitehouse.archives.gov/briefings-statements/remarks-president-trump-vice-president-pence-members-coronavirus-task-force-press-briefing-15/.

50 Christopher Avery, William Bossert, Adam Clark, Glenn Ellison und Sara Fisher Ellison, »Policy Implications of Models of the Spread of Coronavirus: Perspectives and Opportunities for Economists«, *NBER Working Paper* Nr. 27007, April 2020.

51 Andrew Wilson, *Ukraine Crisis: What It Means for the West*, New Haven: Yale University Press 2014, S. 22–23.

52 Sasha Issenberg, »How Obama's Team Used Big Data to Rally Voters«, in: *MIT Technology Review*, 19. Dezember 2012, https://www.technologyreview.com/2012/12/19/114510/how-obamas-team-used-big-data-to-rally-voters.

53 Jim Rutenberg, »Data You Can Believe In«, in: *New York Times Magazine*, 23. Juni 2013, https://www.nytimes.com/2013/06/23/magazine/the-obama-campaigns-digital-masterminds-cash-in.html.

54 Robert Peston, »Corbyn 2.0«, in: *The Spectator*, 18. November 2017, https://www.spectator.co.uk/article/corbyn-2-0.

55 Richard McGregor, »US Political Marketing: Tailored Message«, in: *Financial Times*, 8. Oktober 2014, https://www.ft.com/content/8a9b65d8-4d68-11e4-bf60-00144feab7de.

56 Chris Hables Gray, Steven Mentor und Heidi Figueroa-Sarriera, *Cyborg Handbook*, London: Routledge 1995, S. 47; Caroline Gerschlager (Hg.), *Expanding the Economic Concept of Exchange: Deception, Self-Deception and Illusions*, Dordrecht: Springer Science + Business Media 2001, S. 107.

57 Albert Camus, *Die Pest*, übers. v. Guido G. Meister, Bad Salzig: Karl Rauch 1949, S 8, 287.

58 Alasdair MacIntyre, *Der Verlust der Tugend, Zur moralischen Krise der Gegenwart*, übers. v. Wolfgang Rhiel, Frankfurt/New York: Campus 1987, S. 119.

9 Populismus

1 David Goodhart, *The Road to Somewhere: The Populist Revolt and the Future of Politics*, London: C. Hurst 2017.

2 Barry Eichengreen, *The Populist Temptation: Economic Grievance and Political Reaction in the Modern Era*, New York: Oxford University Press 2018, S. 1.

3 »A Close Look at President Trump's Assertion of ›Absolute‹ Authority over States«, NPR, 14. April 2020, https://www.npr.org/2020/04/14/834460063/a-close-look-at-president-trumps-assertion-of-absolute-authority-over-states.

4 Josephine Harvey, »Trump Declares He Has ›Total‹ Authority as President in Defiant Press Briefing«, in: *Huffington Post*, 13. April 2020, https://www.huffpost.com/entry/trump-total-authority-president_n_5e94f544c5b606109f5ea92b?ri18n=true.

5 Für den Kommentar von Ministerpräsident Chan-o-cha, vgl.: »Prime Minister Announces Nationwide Curfew«, in: *Thai Enquirer*, 2. April 2020, https://www.thaienquirer.com/10519/prime-minister-announces-nationwide-curfew-additional-measures.

6 Joe Hagan, »›Dishonesty … Is Always an Indicator of Weakness‹: Tucker Carlson on How He Brought His Coronavirus Message to Mar-a-Lago«, in: *Vanity Fair*, 17. März 2020, https://www.vanityfair.com/news/2020/03/tucker-carlson-on-how-he-brought-coronavirus-message-to-mar-a-lago.

7 William Shakespeare, *Hamlet*, zweisprachige Ausgabe, übers. v. Frank Günther, 12. Aufl., München: dtv 2016, 4. Akt, 7. Szene, S. 237.

8 Robert Sedlaczek, »Wenn das gesunde Volksempfinden entscheidet«, in: *Wiener Zeitung*, 29. November 2011, https://www.tagblatt-wienerzeitung.at/meinung/glossen/414939-Wenn-das-gesunde-Volksempfinden-entscheidet.html.

9 Original: »Folks are dumb where I come from, they ain't had any learning«, aus: Irving Berlin, »Doin' What Comes Naturally«, aus dem Musical *Annie Get Your Gun*, 1948; deutsches Zitat aus: »Weil es ganz von selber geht«, gesungen von Heidi Brühl in *Annie schieß los!*, Theater des Westens 1963.

10 Brett Samuels, »Trump Promotes Use of Drug for Coronovirus: ›I'm Not a Doctor. But I Have Common Sense‹«, in: *The Hill*, 5. April 2020, https://thehill.com/homenews/administration/491277-trump-promotes-use-of-drug-for-coronavirus-im-not-a-doctor-but-i-have.

11 Lionel Barber, Henry Foy und Alex Barker, »Vladimir Putin Says Liberalism Has ›Become Obsolete‹«, in: *Financial Times*, 27. Juni 2019, https://www.ft.com/content/670039ec-98f3-11e9-9573-ee5cbb98ed36.

12 Fareed Zakaria, »The Rise of Illiberal Democracy«, in: *Foreign Affairs* 76, Nr. 6 (November/Dezember 1997), S. 22–43.

13 Ebd., S. 23.

14 Dani Rodrick und Sharun Mukand, »Why Illiberal Democracies Are on the Rise«, in: *Huffington Post,* 18. Mai 2015, http://www.huffingtonpost.com/dani-rodrik/illiberal-democracies-on-therise_b_7302374.html.

15 »Viktor Orbáns Rede auf der 25. Freien Sommeruniversität in Băile Tuşnad (Rumänien) am 26. Juli 2014«, übers. v. Júlia Horváth, 1. August 2014, https://pusztaranger.wordpress.com/2014/08/01/viktor-orbans-rede-auf-der-25-freien-sommeruniversitat-in-baile-tusnad-rumanien-am-26-juli-2014/.

16 Lionel Barber, Henry Foy und Alex Barker, »Vladimir Putin says liberalism has ›become obsolete‹«, in: *Financial Times,* 28. Juni 2019, https://www.ft.com/content/670039ec-98f3-11e9-9573-ee5cbb98ed36.

17 AFP, »Erdogan Says Turkey Has Given World ›Lesson in Democracy‹ as He Sweeps to Election Victory«, in: *The Journal,* 25. Juni 2018, https://www.thejournal.ie/erdogan-turkey-democracy-4089936-Jun2018.

18 H. E. Recep Tayyip Erdoğan, »Democracy in the Middle East, Pluralism in Europe: Turkish View«, Rede an der Harvard University, Kennedy School of Government, 30. Januar 2003.

19 Jenny White, »Democracy Is Like a Tram«, Kommentar, *Turkey Institute,* 14. Juli 2016, https://www.turkeyinstitute.org.uk/commentary/democracy-like-tram.

20 Recep Tayyip Erdoğan, »Opening Remarks On The Occasion Of The 24th Term Of The 5th Legislative Year Of The Turkish Grand National Assembly«, 1. Oktober 2014, https://www.tccb.gov.tr/en/speeches-statements/558/3192/opening-remarks-on-the-occasion-of-the-24th-term-of-the-5th-legislative-year-of-the-turkish-grand-national-assembly.

21 Norman Pollack, *The Populist Response to Industrial America: Midwestern Populist Thought,* Cambridge, MA: Harvard University Press 1962, S. 37.

22 Richard Hofstadter, *The Paranoid Style in American Politics,* New York: Knopf 1965, S. 8.

23 Seymour Martin Lipset und Earl Raab, *The Politics of Unreason: Right-Wing Extremism in America, 1790–1970,* New York: Harper & Row 1970, S. 94–95.

24 *US Congressional Record,* Senat, 57. Congr., 3. Sitzung, 15. Januar 1895, S. 973, 976, 981.

25 Vgl. z. B. Michael Kazin, *Populist Persuasion: An American History,* Ithaca, NY: Cornell University Press 1997; Charles Postel, *The Populist Vision,* New York: Oxford University Press 2007.

26 Rudiger Dornbusch und Sebastian Edwards (Hg.), *The Macroeconomics of Populism in Latin America,* Chicago: University of Chicago Press 1991, S. 9, 12.

27 William Shakespeare, *König Heinrich VI.,* 2. Teil, 4. Akt, 2. Szene, in: William Shakespeare, *Sämtliche Werke in vier Bänden,* Bd. 3, Berlin: Aufbau 1975.

28 Stephen Greenblatt, *Der Tyrann: Shakespeares Machtkunde für das 21. Jahrhundert,* übers. v. Martin Richter, München: Siedler 2018, S. 46.

29 David Marsh, *Der Euro, Die geheime Geschichte der neuen Weltwährung,* übers. v. Friedrich Griese, Hamburg: Murmann 2009, S. 327.

30 Olivier Meiler, »Als Erstes lebt der Streit wieder auf«, in: *Süddeutsche Zeitung,* 2. Mai 2020, https://www.sueddeutsche.de/politik/coronavirus-italien-parlament-konflikt-1.4894124.

31 Margaret Canovan, »Trust the People! Populism and the Two Faces of Democracy«, in: *Political Studies* 47, Nr. 1 (1999), S. 2–16.

32 Timothy Snyder, *Der Weg in die Unfreiheit, Russland, Europa, Amerika*, übers. v. Ulla Höber und Werner Roller, München: C. H. Beck 2018.

33 Fintan O'Toole, *Heroic Failure: Brexit and the Politics of Pain*, New York: Apollo Books 2018.

34 Hugh Thomas, *Der spanische Bürgerkrieg*, übers. v. Walter Theimer, Frankfurt a. M.: Ullstein 1962, S. 276; David Salsburg, *The Lady Tasting Tea: How Statistics Revolutionized Science in the Twentieth Century*, New York: Henry Holt 2001, S. 87.

10 Globalismus

1 Julian Borger, »Donald Trump Denounces ›Globalism‹ in Nationalist Address to UN«, The Guardian, 24. September 2019, https://www.theguardian.com/usnews/2019/sep/24/donald-trump-un-address-denounces-globalism; dt. Übersetzung der Rede unter: https://de.usembassy.gov/de/potus_unga74/.

2 Danny Hakim und Sui-Lee Wee, »From Trump the Nationalist, a Trail of Global Trademarks«, *New York Times*, 22. Februar 2017, https://www.nytimes.com/2017/02/21/business/donald-trump-trademarks-china.html.

3 Rede: »Donald Trump Holds a Political Rally in Houston, Texas, 22. Oktober 2018«, Factbase, https://factba.se/transcript/donald-trump-speech-maga-rally-houston-tx-october-22-2018; dt. zitiert nach: Jill Lepore, *Manifest für eine bessere Nation*, München: C. H. Beck 2020, S. 23.

4 Peter Baker, »›Use That Word!‹ Trump Embraces the ›Nationalist‹ Label«, *New York Times*, 23. Oktober 2018, https://www.nytimes.com/2018/10/23/us/politics/nationalist-president-trump.html.

5 Peter Beinart, »What Trump Means When He Calls Gary Cohn a ›Globalist‹«, *The Atlantic*, 9. März 2018, https://www.theatlantic.com/politics/archive/2018/03/trumpglobalist-cohn/555269.

6 US Holocaust Memorial Museum, »Hitler at Siemens Factory«, Videoclip, https://collections.ushmm.org/search/catalog/irn1000378; dt. Original siehe: https://www.jmberlin.de/1933/de/11_10_kalendereintrag-von-lisl-halberstadt.php.

7 Ernst Jäckh, *The War for Man's Soul*, New York: Farrar & Rinehart 1943, S. 7, 139.

8 Siehe Rainer Eisfeld, *Ausgebürgert und doch angebräunt: Deutsche Politikwissenschaft, 1920–1945*, Baden-Baden: Nomos 1991.

9 Karl Marx und Friedrich Engels, *Das kommunistische Manifest*, Hamburg: Verlag Wille und Weg Hamburg 1954, S. 21.

10 Rede auf dem 7. Parteitag, zitiert in E. H. Carr, *The Bolshevik Revolution, 1917–1923*, Bd. 3, Harmondsworth, UK: Penguin 1966, S. 63; dt. Übersetzung: https://www.bpb.de/shop/zeitschriften/apuz/archiv/526866/die-komintern-vom-internationalismus-zur-diktatur-stalins/

11 Clare Boothe Luce, »America in the Post-War Air World«, Rede vor dem US-Repräsentantenhaus, 9. Februar 1943, in *Vital Speeches of the Day*, Bd. 19, New York, City News 1943, S. 334.

12 Wendell L. Wilkie, *One World*, New York: Simon and Schuster Pocket Book 1943, S. 176.

13 Wang Jianlang, *Unequal Treaties and China*, Bd. 2, Hong Kong: Silkroad 2016, S. 70.

14 Ben Zimmer, »The Origins of the Globalist Slur«, *The Atlantic*, 14. März 2018, https://www.theatlantic.com/politics/archive/2018/03/the-origins-of-the-globalists-lur/555479.

15 Siehe Klappentext von Wilkie, *One World*.

16 Walter Lippmann, »The Rivalry of Nations«, *Atlantic Monthly* 181, Nr. 2 (Februar 1948): S. 19.

17 Hans Morgenthau, *Politics among Nations: The Struggle for Power and Peace*, 3. Aufl., New York: Knopf 1960, S. 256–257.

18 Hans Morgenthau, *Vietnam and the United States*, New York: Public Affairs 1965, S. 82.

19 Morgenthau, *Politics among Nations*, S. 93.

20 Ronald Steel, *Walter Lippmann and the American Century*, Boston: Little, Brown 1980, S. 586.

21 Hans Morgenthau, »The Moral Dilemmas of Political Action«, 1950, in: Hans Morgenthau, *The Decline of Democratic Politics*, Chicago: University of Chicago Press 1962, S. 318–327, Zitat: S. 326.

22 Hans Morgenthau, *The Purpose of American Politics*, New York: Knopf 1960, S. 8; Udi Greenberg, *The Weimar Century: German Émigrés and the Ideological Foundations of the Cold War*, Princeton, NJ: Princeton University Press 2014, S. 211–255.

23 Hans Morgenthau, *A New Foreign Policy for the United States*, New York: Frederick A. Prager 1969, S. 84.

24 Siehe auch Jack Snyder, *Myths of Empire: Domestic Politics and International Ambition*, Ithaca, NY: Cornell University Press 1991, S. 256.

25 Charles Gati, »Review: Another Grand Debate?: The Limitationist Critique of American Foreign Policy«, *World Politics* 21, Nr. 1 (Oktober 1968), S. 133–151.

26 »The Enduring Relevance of Reinhold Niebuhr«, *BU Today*, 31. Januar 2008, http://www.bu.edu/articles/2008/the-enduring-relevance-of-reinholdniebuhr.

27 Andrew Bacevich, *The Limits of Power: The End of American Exceptionalism*, New York: Henry Holt 2008, S. 2, 55.

28 Andrew Bacevich, »Saving ›America First‹: What Responsible Nationalism Looks Like«, Foreign Affairs (September/Oktober 2017), S. 59, 61; außerdem Bacevich, *Twilight of the American Century*, South Bend, IN: University of Notre Dame Press 2018.

29 Russell R. Reno, *Return of the Strong Gods: Nationalism, Populism, and the Future of the West*, Washington, D.C.: Regnery 2019.

30 Russell R. Reno, *Resurrecting the Idea of a Christian Society*, Washington, D.C.: Regnery 2016, S. 39.

31 Russell R. Reno, »Goodbye, Left and Right«, *First Things*, 8. Mai 2017, https://www.firstthings.com/web-exclusives/2017/05/goodbye-left-and-right.

32 Russell R. Reno, »Republicans Are Now the ›America First‹ Party«, *New York Times,* 28. April 2017, https://www.nytimes.com/2017/04/28/opinion/sunday/republicansare-now-the-america-first-party.html.

33 Liam Stack, »Globalism: A Far-Right Conspiracy Theory Buoyed by Trump«, *New York Times,* 14. November 2016, https://www.nytimes.com/2016/11/15/us/politics/globalism-right-trump.html.

34 *The Alex Jones Show,* 28. März 2018, Genesis Communications.

35 Lauren Southern, »What Is a Globalist?«, *YouTube,* 16. September 2016, https://www.youtube.com/watch?v=XumrD3ET3Sg&feature=emb_title.

36 Twitter-Beitrag, @Lauren_Southern, 14. November 2018, 16:36 Uhr.

11 Globalisierung und ihre Neologismen

1 Justin Wise, »Trump Adviser Says ›Globalization of Production‹ Caused Medical Equipment Shortages«, *The Hill,* 13. April 2020, https://thehill.com/homenews/administration/492469-trump-adviser-says-globalization-of-production-causedmedical.

2 Sebastian Conrad, *What Is Global History?,* Princeton, NJ: Princeton University Press 2016, S. 45.

3 John Gray, *Die falsche Verheißung: Der globale Kapitalismus und seine Folgen,* Frankfurt: Fischer Taschenbuch Verlag 2001, S. 92.

4 John G. Ruggie, »International Regimes, Transactions, and Change: Embedded Liberalism in the Postwar Economic Order«, *International Organization* 36, Nr. 2 (Frühjahr 1982), S. 379–415.

5 G. John Ikenberry, *After Victory: Institutions, Strategic Restraint, and the Rebuilding of Order after Major Wars,* Princeton, NJ: Princeton University Press 2001.

6 Ivan Krastev und Stephen Holmes, *Das Licht, das erlosch. Eine Abrechnung,* übers. v. Karin Schuler, Berlin: Ullstein 2021, S. 56.

7 Nick Squires, »Matteo Salvini Wades into Culture Wars as Populist Is Chased around Italy by ›Sardines‹«, *Daily Telegraph,* 14. Dezember 2019, https://www.telegraph.co.uk/news/2019/12/14/matteo-salvini-wades-culture-wars-populist-chasedaround-italy.

8 Craig Willy, »Eurosceptics' Policies: Divided in Diversity«, Deutsche Presse-Agentur, 28. Mai 2014.

9 Christopher Lorenz, »Management: The Risks of Simplistic Global Strategies«, *Financial Times,* 4. September 1985.

10 Christian Thomasius, *Deutsche Schriften,* Stuttgart: Reclam 1970, S. 8.

11 Giovanni Federico, »How Much Do We Know about Market Integration in Europe?«, *Economic History Review* 65, Nr. 2 (2012), S. 470–497.

12 Cornelius Torp, *Die Herausforderung der Globalisierung: Wirtschaft und Politik in Deutschland, 1860–1914,* Göttingen: Vandenhoeck & Ruprecht 2005.

13 Dani Rodrik, *The Globalization Paradox,* New York: Norton 2011.

14 Charles P. Kindleberger, *The World in Depression,* Berkeley: University of California Press 1973.

15 Douglas A. Irwin, *Peddling Protectionism: Smoot-Hawley and the Great Depression,* Princeton, NJ: Princeton University Press 2011.

16 Barry Eichengreen und Kevin H. O'Rourke, »What Do the New Data Tell Us?«, *VoxEU,* 8. März 2010, https://voxeu.org/article/tale-two-depressions-what-donew-data-tell-us-february-2010-update.

17 Zu Lieferketten siehe Richard Baldwin, *The Great Convergence: Information Technology and the New Globalization,* Cambridge, MA: Harvard University Press 2016.

18 Eric Brynjolfsson und Andrew McAfee, *The Second Machine Age: Work, Progress, and Prosperity in a Time of Brilliant Technologies,* New York: Norton 2014.

19 Ian Tomb und Kamakshya Trivedi, »›Peak Trade‹ Is Premature«, *VoxEU,* 6. Januar 2017, https://voxeu.org/article/peak-trade-premature.

20 *Global Information Technology Report,* World Economic Forum 2016, https://www.weforum.org/reports/the-global-information-technology-report-2016.

21 Susan Lund, James Manyika und Jacques Bughin, »Globalization Is Becoming More about Data and Less about Stuff«, *Harvard Business Review,* 14. März 2016, https://hbr.org/2016/03/globalization-is-becoming-more-about-data-and-less-about-stuff.

22 David Autor, David Dorn und Gordon H. Hanson, »The China Syndrome:Local Labor Market Effects of Import Competition in the United States«, *American Economic Review* 103, Nr. 6 (Oktober 2013), S. 2121–2168.

23 Italo Colantone und Piero Stanig, »Global Competition and Brexit«, *American Political Science Review* 112, Nr. 2 (Mai 2018), S. 201–218.

24 Reuters Staff, »Trump Tweets: Trade Wars Are Good, and Easy to Win«, *Reuters Business News,* 2. März 2018, https://www.reuters.com/article/us-usa-trade-trump/trump-tweets-trade-wars-are-good-and-easy-to-win-idUSKCN1GE1E9.

25 Douglas Irwin, *Clashing over Commerce: A History of US Trade Policy,* Chicago: University of Chicago Press 2017.

26 Arnaud Costinot und Andrés Rodríguez-Clare, »Trade Theory with Numbers: Quantifying the Consequences of Globalization«, in E. H. Gita Gopinath und Kenneth Rogoff (Hg.), *Handbook of International Economics,* Bd. 4, Amsterdam: Elsevier 2014, S. 197–261; Pablo D. Fajgelbaum und Amit K. Khandelwal, »Measuring the Unequal Gains from Trade, *Quarterly Journal of Economics* 131, Nr. 3 (August 2016), S. 1113–1180.

27 Siehe Baldwin, *Great Convergence.*

28 Max Weber, *Max Weber-Gesamtausgabe,* Bd. 1, »4.1: Landarbeiterfrage, Nationalstaat und Volkswirtschaftspolitik. Schriften und Reden 1892–1899«, Wolfgang J. Mommsen und Rita Aldenhoff (Hg.), Tübingen: Mohr Siebeck 1993, S. 183.

29 Julie Schindall, »Switzerland's Non-EU Immigrants: Their Integration and Swiss Attitudes«, *Migration Policy Institute,* 9. Juni 2009, http://www.migrationpolicy.org/article/switzerlands-non-eu-immigrants-their-integration-and-swiss-attitudes.

30 Sascha O. Becker, Thiemo Fetzer und Dennis Novy, »Who Voted for Brexit? A Comprehensive District-Level Analysis«, *Economic Policy* 32, Nr. 92 (Oktober 2017): S. 601–650.

31 Luca Einaudi, *Le politiche dell'immigrazione in Italia dall'Unità a oggi,* Laterza Rom, 2007; Douglas Massey und Jorge Durand, *Crossing the Border: Research from the Mexican Migration Project,* New York: Russell Sage 2004.

32 Michael D. Bordo, Barry Eichengreen, Daniela Klingebiel und Maria Soledad Martí-nez-Pería, »Is the Crisis Problem Growing More Severe?«, *Economic Policy* 16, Nr. 32 (April 2001), S. 51–82; Michael D. Bordo und Barry Eichengreen, »Crises Now and Then: What Lessons from the Last Era of Financial Globalization«, *NBER Working Paper* Nr. 8716, 2002; Moritz Schularick und Alan M. Taylor, »Credit Booms Gone Bust: Monetary Policy, Leverage Cycles, and Financial Crises, 1870–2008«, *American Economic Review* 102, Nr. 2 (April 2012), S. 1029–1061.

33 »The Money Market«, *The Economist,* 28. Dezember 1907, S. 2285–2286.

34 J. Lawrence Broz, *The International Origins of the Federal Reserve System,* Ithaca, NY: Cornell University Press 1997.

35 Paul Warburg, »Defects and Needs of Our Banking System«, *New York Times,* 6. Ja-nuary 1907.

36 Paul Warburg, »The Reserve Problem and the Future of the Federal Reserve System«, Ansprache von Paul M. Warburg vor der Convention of the American Bankers Associa-tion, Kansas City, Mo., 29. September 1916, http://fraser.stlouisfed.org/docs/historical/federal%20reserve%20history/bog_members_statements/Warburg_19160929.pdf.

37 Ben S. Bernanke, *The Courage to Act: A Memoir of a Crisis and Its Aftermath,* New York: Norton 2015.

38 Ivan T. Berend, *An Economic History of Twentieth-Century Europe: Economic Regimes from Laissez-Faire to Globalization,* Cambridge, UK: Cambridge University Press 2016.

39 Lionel Robbins, *The Great Depression,* London: Macmillan 1935, S. 114.

40 »Howard S. Ellis, Bilateralism and the Future of International Trade«, Princeton Inter-national Finance Section, *Essays in International Finance* Nr. 5, 1945, S. 8.

41 Kristin Forbes, »Financial ›Deglobalization‹: Capital Flows, Banks, and the Beatles«, Rede in der Queen Mary University, London, 18. November 2014, https://www.bankofengland.co.uk/speech/2014/financial-deglobalization-capital-flowsbanks-and-the-beatles.

42 Kristin Forbes, Dennis Reinhardt und Tomasz Wieladek, »The Spillovers, Interactions, and (Un)intended Consequences of Monetary and Regulatory Policies«, *Journal of Monetary Economics* 85 (2017), S. 1–22.

43 Patrick Hennessy, »80 Per Cent of Bank Lending ›Went Overseas‹«, *Daily Telegraph,* 17. Januar 2009, https://www.telegraph.co.uk/finance/financialcrisis/4278583/80-per-cent-of-bank-lending-went-overseas.html.

44 Robert McCauley, Agustín S. Bénétrix, Patrick M. McGuire und Goetz von Peter, »Fi-nancial Deglobalisation in Banking?«, *BIS Working Papers* 650, Juni 2017.

45 Gideon Rachman, *Zero-Sum Future: American Power in an Age of Anxiety,* New York: Simon and Schuster 2011.

46 Daniel Drezner, *The System Worked: How the World Stopped Another Great Depression,* Oxford, UK: Oxford University Press 2014.

47 Patrick Donahue, »Merkel, Li Hail Trade Ties as Trump Pursues Protectionism«, *Bloomberg,* 26. Januar 2017, https://www.bloomberg.com/news/articles/2017-01-26/merkel-li-push-eu-china-trade-ties-as-trump-lauds-protectionism.

48 Xi Jinping, »President Xi's Speech to Davos in Full«, *World Economic Forum,* 17. Ja-nuary 2017, http://www.scio.gov.cn/32618/Document/1540505/1540505.htm.

49 Alison Smale und Steven Erlanger, »As Obama Exits World Stage, Angela Merkel May Be the Liberal West's Last Defender«, *New York Times*, 12. November 2016, https://www.nytimes.com/2016/11/13/world/europe/germany-merkel-trumpelection.html.

50 Angela Merkel, »Haushaltsrede am 23. November 2016«, https://www.bundesregierung.de/breg-de/service/newsletter-und-abos/bulletin/rede-von-bundeskanzlerin-drangela-merkel-379818.

51 Zi Zhongyun, übersetzt und kommentiert von Geremie R. Barmé, »An Old Anxiety in a New Era: 1900 & 2020«, *China Heritage*, vorläufig 13. April 2020, überarbeitet 23. April 2020, http://chinaheritage.net/journal/1900–2020-an-old-anxiety-in-a-new-era.

52 Reuters Staff, »Ex-Fed's Volcker: Govt Should Do More to End Crisis«, *Reuters Business News*, 8. April 2008, https://www.reuters.com/article/us-economy-volckeridUSN0843904220080408.

53 Scott J. Hammond, Howard Leslie Lubert und Kevin R. Hardwick (Hg.), *Classics of American Political and Constitutional Thought*, Bd. 1, Indianapolis, IN: Hackett Publishing 2017, S. 184.

54 Vgl. Jesús Fernández-Villaverde und Tano Santos, »Institutions and Political Party Systems: The Euro Case«, *NBER Working Paper* Nr. w23599, Juli 2017.

55 Ryan Teague Beckwith, »Read Steve Bannon and Reince Priebus' Joint Interview at CPAC«, *Time*, 23. Februar 2017, https://time.com/4681094/reince-priebussteve-bannon-cpac-interview-transcript.

56 Madeleine Albright, *Faschismus: Eine Warnung*, übers. v. Bernhard Jendricke und Thomas Wollermann, Köln: DuMont 2019; Jason Stanley, *Wie Faschismus funktioniert*, übers. v. Karim Akerma, Neu-Isenburg: Westend 2024.

57 Benito Mussolini, *Der Geist des Faschismus. Ein Quellenwerk*, München: C. H. Beck'sche Verlagsbuchhandlung 1943, S. 3, 6.

58 Diese Formulierung verwendete der nationalsozialistische Funktionär Werner Willikens, Staatssekretär im preußischen Landwirtschaftsministerium, 1934 und diente dem Biografen Hitlers Ian Kershaw in seinem Buch *Hitler 1889–1936: Hubris* (übers. v. J. P. Krause und J. W. Rademacher, München: Pantheon 2013, Kap. 1) als Schlüsselbegriff, um Hitlers Autorität zu interpretieren.

59 Masha Gessen, »Trump's Fascist Performance«, *New Yorker*, 3. Juni 2020, https://www.newyorker.com/news/our-columnists/donald-trumps-fascist-performance.

12 Neoliberalismus

1 Vgl. Peter Steinfels, *The Neoconservatives: The Men Who Are Changing America's Politics*, New York: Simon and Schuster 1979; David Laidler, *Fabricating the Keynesian Revolution: Studies of the Inter-War Literature on Money, the Cycle, and Unemployment*, Cambridge, UK: Cambridge University Press 1999; Robert O. Keohane, *Neorealism and Its Critics*, New York: Columbia University Press 1986; Walter Laqueur, »The Many Faces of Neo-Marxism«, *National Interest* 125 (Mai/Juni 2013), S. 88–96.

2 Nach Michael Lind, *The New Class War: Saving Democracy from the Managerial Elite*, New York: Portfolio Penguin 2020.

3   Eine Ausnahme bildet vermutlich das Adam Smith Institute: vgl. Sam Bowman, »Coming Out as Neoliberals«, Adam Smith Institute, 11. Oktober 2016, https://www.adamsmith.org/blog/coming-out-as-neoliberals.

4   Vgl. Jurgen Reinhoudt und Serge Audier (Hg.), *Neoliberalismus. Wie alles anfing: Das Walter Lippmann Kolloquium,* Kursbuch Kulturstiftung Hamburg 2019. Es gab bereits frühere Erwähnungen des Ausdrucks »Neoliberalismus«, die von Sébastien Charléty bis ins frühe 19. Jahrhundert zurückverfolgt wurden, vgl. Bd. 4 von Ernest Lavisses *Histoire de France Contemporaine,* Paris: Hachette 1920. Diese bildeten jedoch erst Ende der 1930er-Jahre die Basis für eine kohärenten Lehrmeinung. Charlétys Beschreibung zufolge verfolgten die romantisch gesinnten, skeptischen Neoliberalen der französischen Restauration lediglich eine »Negation der vorherrschenden Überzeugung« *(négation de la foi reçu),* vgl. Lavisse, S. 200.

5   Joseph E. Stiglitz, »The End of Neoliberalism and the Rebirth of History«, *Project Syndicate,* 4. November 2019, https://www.project-syndicate.org/commentary/end-of-neoliberalism-unfettered-markets-fail-by-joseph-e-stiglitz-2019-11.

6   George Monbiot, »Neoliberalism—The Ideology at the Root of All Our Problems«, *The Guardian,* 15. April 2016, https://www.theguardian.com/books/2016/apr/15/neoliberalism-ideology-problem-george-monbiot.

7   »Theresa May's Conference Speech in Full«, *The Telegraph,* 5. Oktober 2016, https://www.telegraph.co.uk/news/2016/10/05/theresa-mays-conference-speechin-full.

8   Nick Timothy, »It's Time for Boris Johnson to Take on Britain's Cult of Liberal Technocrats«, *The Telegraph,* 29. Dezember 2019, https://www.telegraph.co.uk/politics/2019/12/29/time-boris-johnson-take-britains-cult-liberal-technocrats.

9   Ian Schwartz, »Tucker Carlson: We Are Ruled by Mercenaries Who Feel No Long-Term Obligation to the People They Rule«, *RealClearPolitics,* 3. Januar 2019, https://www.realclearpolitics.com/video/2019/01/03/tucker_carlson_we_are_ruled_by_mercenaries_who_feel_no_long-term_obligation_to_the_people_they_rule.html.

10   Erwan Bruckert, Sébastien Le Fol und Marc Vignaud, »Bruno Le Maire: ›Le capitalisme est dans une impasse‹«, *Le Point,* 24. Juli 2019, https://www.lepoint.fr/politique/bruno-le-maire-le-capitalisme-est-dans-une-impasse-24-07-2019-2326620_20.php.

11   Vgl. Gordon Brown, *My Life, Our Times,* London: Bodley Head 2017, S. 23.

12   Jörg Hackhausen, »›Der Kapitalismus ist gescheitert‹«, *Die Zeit,* 13. Juli 2009, https://www.zeit.de/online/2009/29/kapitalismus-malik-finanzkrise.

13   Vgl. David Harvey, *A Brief History of Neoliberalism,* Oxford, UK: Oxford University Press 2007; Philip Mirowski und Dieter Plehwe, *The Road from Mont Pèlerin: The Making of the Neoliberal Thought Collective,* Cambridge, MA: Harvard University Press 2009; Daniel Stedman Jones, *Masters of the Universe: Hayek, Friedman, and the Birth of Neoliberal Politics,* Princeton, NJ: Princeton University Press 2012; Angus Burgin, *The Great Persuasion: Reinventing Free Markets since the Depression,* Cambridge, MA: Harvard University Press 2012; Laurent Warlouzet, *Governing Europe in a Globalizing World: Neoliberalism and Its Alternatives Following the 1973 Oil Crisis,* London: Routledge 2018; Arnaud Brennetot, »The Geographical and Ethical Origins of Neoliberalism: The Walter Lippmann Colloquium and the Foundations of a New Geopolitical Order«, *Political Geography* 49 (November 2015), S. 30–39.

14 Vgl. Bruce Caldwell, »Mont Pèlerin 1947«, in *From the Past to the Future: Ideas and Actions for a Free Society,* John B. Taylor (Hg.), Stanford, CA: Hoover Institution and the Mont Pèlerin Society 2020, S. 32–84; allgemeiner in https://www.hoover.org/research/past-future-ideas-and-actions-freesociety-mont-pelerin-society.

15 »Full Text of Xi Jinping's Report at 19th CPC National Congress, delivered at the 19th National Congress of the Communist Party of China«, Xinhua, 18. Oktober 2017, aktualisiert am 4. November 2017, https://www.chinadaily.com.cn/china/19thcpcnationalcongress/2017-11/04/content_34115212.htm.

16 Vgl. Lionel Barber, Henry Foy und Alex Barker, »Vladimir Putin Says Liberalism Has ›Become Obsolete‹«, *Financial Times,* 27. Juni 2019, https://www.ft.com/content/670039ec-98f3-11e9-9573-ee5cbb98ed36.

17 Vgl. Jonathan D. Ostry, Prakash Loungani und Davide Furceri, »Neoliberalism: Oversold?«, *Finance & Development* 53, Nr. 2 (Juni 2016), S. 38–41.

18 Shawn Donnan, »IMF Economists Put ›Neoliberalism‹ under the Spotlight«, *Financial Times,* 26. Mai 2016, https://www.ft.com/content/4b98c052-238a-11e6-9d4d-c11776a5124d.

19 Julia Ott, »Words Can't Do the Work for Us«, Blog *Dissent,* 22. Januar 2018, https://www.dissentmagazine.org/blog/neoliberalism-forum-julia-ott; vgl. Daniel Rodgers, »The Uses and Abuses of ›Neoliberalism‹«, *Dissent* (Winter 2018), https://www.dissentmagazine.org/article/uses-and-abuses-neoliberalism-debate.

20 Zu den französischen Politikern der 1980er-Jahre vgl. Rawi Abdelal, *Capital Rules: The Construction of Global Finance,* Cambridge, MA: Harvard University Press 2007; zu den Genfer Denkern vgl. Quinn Slobodian, *Globalists: The End of Empire and the Birth of Neoliberalism,* Cambridge, MA: Harvard University Press 2017; eine Darstellung der Ideen Michel Fiors vgl. *Institution globale et marchés fi nanciers: La Société des Nations face à la reconstruction de l'Europe, 1918–1931,* Bern: Peter Lang 2008, Louis W. Pauly, *Who Elected the Bankers? Surveillance and Control in the World Economy,* Ithaca, NY: Cornell University Press 1997.

21 Rougier wandte sich 1938 rasch von Antifaschismus ab und war 1940 für Marshal Pétain tätig.

22 Reinhoudt und Audier, *Neoliberalismus. Wie alles anfing: Das Walter Lippmann Kolloquium,* S. 126 f.

23 Ebd., S. 119.

24 Ebd., S. 166.

25 Vgl. Ralf Ptak, *Vom Ordoliberalismus zur Sozialen Marktwirtschaft: Stationen des Neoliberalismus in Deutschland,* Opladen: Leske und Budrich 2004; Wolfgang Streeck, *How Will Capitalism End? Essays on a Failing System,* London: Verso 2016, S. 151.

26 Vgl. Henry Calvert Simons, *A Positive Program for Laissez Faire: Some Proposals for a Liberal Economic Policy,* Public Policy Pamphlet 15, Chicago: University of Chicago Press 1934, S. 4.

27 Vgl. Milton Friedman, »Neo-Liberalism and Its Prospects«, *Farmand,* 17. Februar 1951, S. 89–93, https://miltonfriedman.hoover.org/friedman_images/Collections/2016c21/Farmand_02_17_1951.pdf.

28 Vgl. Henry C. Simons, »Economic Stability and Antitrust Policy«, *University of Chicago Law Review* 12, Nr. 4 (1944), S. 338–348, Zitate auf S. 343, 347.

29 Vgl. Jaromir Benes und Michael Kumhof, »The Chicago Plan Revisited«, *IMF Working Paper* WP/12/202, 2012, https://www.imf.org/external/pubs/ft/wp/2012/wp12202.pdf.

30 Vgl. Friedrich A. Hayek, *Preise und Produktion,* Wien: Springer 1976, S. 110 f.

31 Reinhoudt und Audier, *Neoliberalismus. Wie alles anfing: Das Walter Lippmann Kolloquium,* S. 238.

32 Diese Argumentationslinie geht hervor aus Wilhelm Röpke, *Die Deutsche Frage,* Zürich: Eugen Rentsch 1945.

33 Zitiert in Honoré de Balzac, *OEuvres complètes de H. de Balzac,* Bd. 17, Paris: A. Houssiaux 1874, S. 259: »Tout le monde fait valoir son argent et le tripote de son mieux. Vous vous abusez, cher ange, si vous croyez que c'est le roi Louis-Philippe qui règne, et il ne s'abuse pas là-dessus. Il sait comme nous tous, qu'au-dessus de la Charte, il y a la sainte, la vénérée, la solide, l'aimable, la gracieuse, la belle, la noble, la jeune, la toute-puissante pièce de cent sous! or, mon bel ange, l'argent exige des intérêts, et il est toujours occupé à les percevoir!«; dt.: *Cousine Bette. Die Rache einer Frau,* Neuübersetzung v. Nicola Denis, Berlin: Matthes & Seitz 2022, S. 376.

34 Vgl. Paul H. Douglas und Aaron Director, *The Problem of Unemployment,* New York: Macmillan 1931; George S. Tavlas, »›The Initiated‹: Aaron Director and the Chicago Monetary Tradition«, Hoover Institution Paper 2020, https://www.hoover.org/research/initiated-aaron-director-and-chicago-monetary-tradition.

35 Dies ist teilweise die Argumentation in Harold James, *The German Slump: Policies and Economics, 1924–1936,* Oxford, UK: Oxford University Press 1986.

36 Friedrich A. Hayek, *Der Weg zur Knechtschaft,* Reinbek/München: Lau-Verlag 2014, S. 65 f.

37 Ebd., S. 103.

38 Ebd., S. 163 f.

39 Zitiert nach: *Monologe im Führerhauptquartier,* Aufzeichnungen Heinrich Heims Werner Jochmann (Hg.), Hamburg: Knaus 1980, S. 69.

40 Hayek, *Der Weg zur Knechtschaft,* S. 282 f.

41 Vgl. Helen Junz, »Report on the Wealth Position of the Jewish Population in Nazi-Occupied Countries, Germany and Austria«, in *Independent Committee of Eminent Persons, Report on Dormant Accounts of Victims of Nazi Persecution in Swiss Banks,* Bern: Staempfli 1999.

42 Vgl. Peter Lindseth, *Power and Legitimacy: Reconciling Europe and the Nation-State,* Oxford, UK: Oxford University Press 2010.

43 Vgl. Tony Allan Freyer, *Antitrust and Global Capitalism, 1930–2004,* New York: Cambridge University Press 2006.

44 Vgl. Hayeks Rede 1984 in Paris, veröffentlicht in *Le Figaro,* 10. März 1984. Für diese Angabe danke ich Jurgen Reinhoudt.

45 Zitiert in *CQ Guide to Current American Government* (Herbst 1985), S. 80.

46 Zitiert in New York (State) und A. Barton Hepburn, *Report of the Special Committee on Railroads*, Weed, Parsons and Company Albany, 1879, S. 45; vgl. *Standard Oil Company of New Jersey et al., Appellants, against United States of America, Appellee*, https://www.law.cornell.edu/supremecourt/text/221/1. Für diese Angabe danke ich Charles Ughetta.

47 Zitiert in Robert H. Bork, *The Antitrust Paradox: A Policy at War with Itself*, New York: Basic Books 1978, S. 8. Diese Entwicklung innerhalb des Antitrust-Denkens wird in den meisten jüngeren Beiträgen über die Genealogie des Neoliberalismus außer Acht gelassen; eine lobenswerte Ausnahme bildet Mirowski und Plehwe, *Road from Mont Pèlerin*, 2009.

48 Vgl. Michel Foucault, *The Birth of Biopolitics*, Houndsmills: Palgrave Macmillan 2008.

49 Zitiert in Jason Read, »A Genealogy of Homo-Economicus: Foucault, Neoliberalism, and the Production of Subjectivity«, *Foucault Studies* 6 (Februar 2009), S. 25–36, Zitat auf S. 28; vgl. Paul Michael Garrett, »Revisiting ›The Birth of Biopolitics‹: Foucault's Account of Neoliberalism and the Remaking of Social Policy«, *Journal of Social Policy* 48, Nr. 3 (Juli 2019), S. 469–487.

50 Vg. Grégoire Chamayou, *La société ingouvernable: Une généalogie du libéralisme autoritaire*, Paris: La Fabrique 2018.

51 »Bananen für Alle«, *Der Spiegel*, 6. Oktober 2008, https://www.spiegel.de/spiegel/print/d-60883210.html.

52 Lind, *New Class War*, S. 65.

53 B. F. Skinner, *Wissenschaft und menschliches Verhalten*, München: Kindler 1973, S. 262.

54 Simons, *Positive Program*, S. 32.

55 Vgl. die scharfe Kritik in Atif Mian und Amir Sufi, *House of Debt: How They (and You) Caused the Great Recession, and How We Can Prevent It from Happening Again*, Chicago: University of Chicago Press 2014.

56 Vgl. Joseph E. Stiglitz, »After Neoliberalism«, *Project Syndicate*, 30. Mai 2019, https://www.project-syndicate.org/commentary/after-neoliberalism-progressivecapitalism-by-joseph-e-stiglitz-2019-05.

57 Vgl. Climate Leadership Council, »Former Federal Reserve Chairs and Nobel Economists Solidify Support for a Price on Carbon«, *Carbon Pricing Leadership Coalition*, 17. Januar 2019, https://www.carbonpricingleadership.org/news/2019/1/17/former-federal-reserve-chairs-and-nobel-economists-solidify-support-for-a-price-on-carbon.

58 Vgl. Dani Rodrik, *The Globalization Paradox: Democracy and the Future of the World Economy*, New York: W.W. Norton 2011; Michael D. Bordo und Harold James, »The Trade-Offs between Macroeconomics, Political Economy and International Relations«, *Financial History Review* 26, Nr. 3 (Dezember 2019), S. 247–266.

59 Zitiert in Friedrich A. Hayek, »The Confusion of Language in Political Thought«, in: *New Studies in Philosophy, Politics, Economics, and the History of Ideas*, London: Routledge 1978, S. 72.

13 Gerechtigkeit und Globale Gerechtigkeit

1 Thomas C. Behr, *Social Justice and Subsidiarity: Luigi Taparelli and the Origins of Modern Catholic Social Thought*, Catholic University of America Press, 2019, S. 87.

2   Enzyklika *Fratelli tutti* über die Geschwisterlichkeit und die soziale Freundschaft, https://
    www.vatican.va/content/francesco/de/encyclicals/documents/papa-francesco_20201003_
    enciclica-fratelli-tutti.html

3   Behr, *Social Justice*, S. 89, Zitat Robert Jacquin, *Taparelli*, P. Lethielleux Paris, 1943,
    S. 342.

4   P. Luigi Taparelli D'Azeglio, *Saggio teoretico di dritto naturale appoggiato sul fatto*, Ci-
    viltà Catolica Rom, 1855, S. 227, 230; dt.: *Versuch eines auf Erfahrung begründe-
    ten Naturrechts*, (Übersetzung: F. Schöttl und C. Rinecker) Bd. 1, Regensburg 1845,
    S. 145/146, 143.

5   Thomas Pogge, »Real World Justice«. *The Journal of Ethics*, Bd. 9, Nr. 1/2, 2005,
    S. 29–53. S. 35. (eine Antwort auf die Kritik von Alan Patten, »Remarks on Pogge's
    World Poverty and Human Rights« bei der Veranstaltung Author Meets Critics im
    Rahmen der Zusammenkunft der Eastern Division der American Philosophical Asso-
    ciation, 30. Dezember 2003).

6   Peter Brown, *Through the Eye of a Needle: Wealth, the Fall of Rome, and the Making of
    Christianity in the West, 350–550 AD*, Princeton University Press, 2012.

7   Pogge, *Real World Justice*, S. 33.

8   Report und Special Report des Select Committee on Putumayo zu den Verhandelun-
    gen des Kommittees, Protokoll und Anhänge. House of Commons Papers 148. Juni
    1913, S. x.

9   Séamas Ó Síocháin, *Roger Casement: Imperialist, Rebel, Revolutionary*, Lilliput Dublin,
    2008, S. 473.

10 Siddharth Kara, *Cobalt Red: How the Blood of the Congo Powers Our Lives*, St Martin's
    Press London, 2023.

11 Siehe Jonathan Watts, Patrick Greenfield und Bibi van der Zee, »The multinational
    companies that industrialised the Amazon rainforest«, *Guardian*, 2. Juni 2003.

12 Jeffrey Sachs, »The IMF Is a Power Unto Itself«, *Financial Times*, 11. Dezember 1997.

13 https://www.theguardian.com/politics/2000/apr/11/londonmayor.uk

14 Abraham Lincoln, Fragment on Government (1. Juli 1854), https://housedivided.di-
    ckinson.edu/sites/lincoln/fragment-on-government-july-1-1854/; dt. zitiert nach: Va-
    lentin Zsifkovits, Orientierungen für eine humane Welt, LIT Verlag Wien, 2012, S. 96

15 Uwe Fleckner, Martin Warnke, Hendrik Ziegler (Hg.), Handbuch der politischen Iko-
    nographie, Band 1, C. H. Beck München, 2011, S. 402.

16 Charles. S. Maier, »Transformations of Territoriality 1600–2000«, in: G. Budde, S.
    Conrad, O. Janz, *Transnationale Geschichte: Themen, Tendenzen und Theorien*. Vanden-
    hoeck & Ruprecht Göttingen, 2006

17 E. Glen Weyl, »The Political Philosophy of Radicalxchange«, https://www.radicalx-
    change.org/media/blog/2019-12-30-gqx4th/

18 Englisch: https://www.vatican.va/content/pius-xi/en/encyclicals/documents/hf_p-xi_
    enc_19310515_quadragesimo-anno.html; dt.: https://www.iupax.at/dl/MKNkJmo-
    JOLmJqx4KJKJmMJmNMn/1931-pius-xi-quadragesimo-anno.pdf (Absatz 80).

19 Englisch: https://www.vatican.va/content/pius-xi/en/encyclicals/documents/hf_p-xi_
    enc_19310515_quadragesimo-anno.html; dt.: https://www.iupax.at/dl/MKNkJmo-
    JOLmJqx4KJKJmMJmNMn/1931-pius-xi-quadragesimo-anno.pdf (Absatz 4).

20 Zum Thema Temporalität siehe z. B. Christopher Clark, *Von Zeit und Macht : Herr-schaft und Geschichtsbild vom Großen Kurfürsten bis zu den Nationalsozialisten,* Pant-hepn München, 2020; Dan Edelstein, Stefanos Geroulanos und Natasha Wheatley, *Macht und Zeit,* August Verlag Berlin, 2023.

21 Dieses berühmte Argument wurde von Hermann Lübbe vorgebracht, als er 1983 das »kommunikative Beschweigen« als wesentliches Element der Strategie zur politischen Stabilisierung in den frühen Jahren der Bundesrepublik Deutschland benannte: Her-mann Lübbe, Der Nationalsozialismus im deutschen Nachkriegsbewußtsein, in: His-torische Zeitschrift 236 (1983), S. 579–599. Siehe auch Claus Leggewie, *Von Schnei-der zu Schwerte – Das ungewöhnliche Leben eines Mannes, der aus der Geschichte lernen wollte,* Carl Hanser Verlag, 1998. Spanien nach Franco griff in ähnlicher Weise auf ei-nen Pakt des Vergessens zurück, den Pacto del Olvido, verabschiedet im Rahmen des Amnestiegesetzes von 1977. Wie in Deutschland begann man sich erst nach einem Vierteljahrhundert mit der Vergangenheit auseinanderzusetzen, als Entschädigungs-ansprüche zunehmend zum Thema wurden.

22 Siehe Elazar Barkan, *Völker klagen an: Eine neue internationale Moral,* Patmos Düssel-dorf, 2002.

23 Bundesgesetz vom 25. Juni 1891 betreffend die zivilrechtlichen Verhältnisse der Nie-dergelassenen und Aufenthalt.

24 Douglass North and Barry Weingast, »Constitutions and Commitment: The Evoluti-on of Institutions Governing Public Choice in Seventeenth-Century England«. *Jour-nal of Economic History* 49, Nr. 4 (1989): S. 803–832.

25 David Conn, »The Colston connection: how Prince William's Kensington Palace home is linked to slavery«, *Guardian,* 6. April 2023. https://www.theguardian.com/world/2023/apr/06/how-prince-william-kensington-palace-home-is-linked-to-slavery

26 Maya Jasanoff, »Mourn the Queen, Not Her Empire«, *New York Times,* 8. September 2022, https://www.nytimes.com/2022/09/08/opinion/queen-empire-decolonization.html

27 Louis-Georges Tin und Olivier Le Cour Grandmaison, »Profitons du bicentenaire de la mort de Napoléon pour repenser les Invalides«, https://www.lemonde.fr/idees/artic-le/2021/04/04/profitons-du-bicentenaire-de-la-mort-de-napoleon-pour-repenser-les-invalides_6075524_3232.html

28 Barry Edward O'Meara, *Napoleon in der Verbannung oder Eine Stimme aus St. Helena, Meinungen und Bemerkungen Napoleons über die wichtigsten Begebenheiten seines Lebens und seiner Herrschaft in seinen eigenen Worten,* Dritter Teil, Dresden, 1823, S. 148–149.

29 Bénédicte Savoy über das Humboldt-Forum: »Das Humboldt-Forum ist wie Tscher-nobyl«, *Süddeutsche Zeitung,* 20. Juli 2017.

30 Lord Byron, *Childe Harolds Pilgerfahrt,* Zweiter Gesang, Str. 15, Winkler Verlag Mün-chen, 1977, S. 47.

31 Wjatscheslaw Wolodin: es ist rechtmäßig, Polen daran zu hindern, Russland zu plün-dern, 21. Mai 2023, http://duma.gov.ru/en/news/57105/; »750 Milliarden Dollar«, *Frankfurter Allgemeine Zeitung,* 23. Mai 2023.

32 Marco Grasso und Richard Heede, »Time To Pay the Piper: Fossil Fuel Companies' Reparations for Climate Damages«, *One Earth* 6, 19. Mai 2023, S. 459–463; sowie https://www.theguardian.com/environment/2023/may/19/fossil-fuel-firms-owe-cli-mate-reparations-of-209bn-a-year-says-study

33 Diese Idee legt Piketty vor allem in seinem Anschlusswerk dar: Thomas Piketty, *Kapital und Ideologie,* C. H. Beck München, 2022.

34 IWF, Corporate Taxation in the Global Economy, Policy Paper Nr. 2019/007.

35 Danielle Allen, *Politische Gleichheit,* Suhrkamp Verlag Berlin, 2022, S. 59.

36 Patrick Deneen, *Why Liberalism Failed,* Yale University Press New Haven, 2018.

37 Eric A. Posner and Eric Glen Weyl, *Wir sind der Markt: Eine radikale Utopie für das digitale Zeitalter,* wbg Theiss Darmstadt, 2019.

38 Danielle Allen, *Justice by Means of Democracy,* University of Chicago Press, 2013, S. 186.

14 Krise

1 Reinhart Koselleck, »Crisis«, übers. von Michaela W. Richter, *Journal of the History of Ideas* 67, Nr. 2 (2006), S. 372.

2 Paul Krugman, »Crises: The Price of Globalization?« in Federal Reserve Bank of Kansas City, *Global Economic Integration: Opportunities and Challenges,* 24.–26. August 2000, S. 75–106.

3 Robert Patterson, »An Account of Epidemic Fever of 1847–48«, *Edinburgh Medical and Surgical Journal* 70 (1848), S. 372–373.

4 Thomas Mann, *Buddenbrooks: Verfall einer Familie,* Frankfurt a. M.: Fischer Taschenbuch 2012, S. 832.

5 Susan Sontag, »Illness as Metaphor«, *New York Review of Books,* 26. Januar 1978.

6 Thomas Paine, *The American Crisis,* London: R. Carlile 1812, S. 41.

7 Vgl. Simon Schama, *Citizens: A Chronicle of the French Revolution,* New York: Knopf 1989, S. 874.

8 Siehe Randolph Starn, »Historians and ›Crisis‹«, *Past and Present* 52 (1971): S. 3-22.

9 Thomas Babington Macaulay, *Geschichte von England seit der Thronbesteigung Jacobs des Zweiten,* Norderstedt: Hansebooks 2017, S. 10.

10 Zum Beispiel *Die Gegenwart: Eine encyclopädische Darstellung der neuesten Zeitgeschichte,* Leipzig: Brockhaus 1849.

11 Charles Trevelyan, *The Irish Crisis,* London: Longman, Brown, Green 1848, S. 1–2.

12 Ich bedanke mich bei Andrew Roberts und Richard Langworth für die Zusammenarbeit.

13 Gerald F. Seib, »Crisis, Opportunity for Obama«, von der *Wall Street Journal* Conference im November 2008, *Wall Street Journal,* 21. November 2008, https://www.wsj.com/articles/SB122721278056345271 sowie https://www.youtube.com/watch?v=_mzcbXi1Tkk.

14 Reinhart Koselleck, »Krise«, in Otto Brunner, Werner Conze und Reinhart Koselleck (Hg.), *Geschichtliche Grundbegriffe: Historisches Lexikon zur politisch-sozialen Sprache in Deutschland,* Bd. 3, Stuttgart: Klett-Cotta 1982, S. 649–650.

15 Krugman, »Crises«, S. 76.

16 Vgl. Jonathan Sperber, *The European Revolutions, 1848–1851*, Cambridge, UK: Cambridge University Press 2005; Mark Spoerer und Helge Berger, »Economic Crises and the European Revolutions of 1848«, *Journal of Economic History* 61, Nr. 2 (Juni 2001), S. 293–326.

17 Vgl. Amartya Sen, *Poverty and Famines: An Essay on Entitlement and Deprivation*, Oxford, UK: Oxford University Press 1983.

18 Vgl. Cormac O'Grada, *The Great Irish Famine*, Cambridge, UK: Cambridge University Press 1995.

19 Zitiert in Robin Haines, *Charles Trevelyan and the Great Irish Famine*, Dublin: Four Courts 2004, S. 240.

20 Vgl. Charles Read, »Laissez-Faire, the Irish Famine, and British Financial Crisis«, *Economic History Review* 69, Nr. 2 (Mai 2016), S. 411–434.

21 Zitiert in John Mitchel, *The Last Conquest of Ireland*, Dublin: University College Dublin Press 2005, S. 218; vgl. Christophe Gillissen, »Charles Trevelyan, John Mitchel and the Historiography of the Great Famine«, *Revue française de civilisation britannique* 19, Nr. 2 (2014), S. 195–212.

22 Kevin O'Rourke und Jeffrey Williamson, *Globalization and History: The Evolution of a Nineteenth-Century Atlantic Economy*, Cambridge, MA: MIT Press 1999.

23 Olivier Accominotti und Marc Flandreau, »Bilateral Treaties and the Most-Favored Nation Clause: The Myth of Trade Liberalization in the Nineteenth Century«, *World Politics* 60, Nr. 2 (Januar 2008), S. 147–188.

24 Karl Marx, *Die Klassenkämpfe in Frankreich, 1848 bis 1850*, Offenbach: Bollwerk-Verlag Karl Drott 1948, S. 8.

25 Herman von Petersdorff, *König Friedrich Wilhelm der Vierte*, Stuttgart: Cotta 1900, S. 11.

26 Vgl. Harold James, *Rambouillet, 15. November 1975. Die Globalisierung der Wirtschaft*, München: dtv 1997.

27 Zitiert in Peter Jenkins, *Mrs. Thatcher's Revolution: The Ending of the Socialist Era*, London: Jonathan Cape 1987, S. 18.

28 James Callaghan, *Leader's Speech*, Blackpool, UK, 28. September 1976, http://www.britishpoliticalspeech.org/speech-archive.htm?speech=174; dt. lt. Wikipedia, Zugriff: 16. August 2024.

29 Edgar Morin, »Pour une crisologie«, *Communications* 25 (1976), S. 149–163.

30 Koselleck, »Krise«, in: Brunner, Conze und Koselleck (Hg.), *Geschichtliche Grundbegriffe*. Bd. 3, 1982, S. 649–650.

15 Neuprägung der Wörter

1 Thomas Piketty, *Kapital und Ideologie*, übers. v. André Hansen, Enrico Heinemann, Stefan Lorenzer, Ursel Schäfer und Nastasja S. Dresler, München: C. H. Beck 2020, S. 576.

2 William Shakespeare, »König Heinrich VI. Zweiter Teil, Akt 4, Szene 2«, in: Anselm Schlösser (Hg.), *Sämtliche Werke in vier Bänden*, Bd. 3, übers. v. August Wilhelm Schlegel, Berlin: Aufbau 1975, S. 656.

3 Die folgenden Ausführungen stützen sich auf Markus K. Brunnermeier, Harold James und Jean-Pierre Landau, »The Digitalization of Money«, Working Paper Nr. 26300 des National Bureau of Economic Research 2019, https://www.nber.org/system/files/working_papers/w26300/w26300.pdf.

4 Vgl. James Politi, »How the Federal Reserve Came to Focus on Racial Justice« in: *Financial Times* (19. Juni 2020), https://www.ft.com/content/7fba09e7-85b6-4abe-9c17-a1e5ab141bb9.

5 Vgl. Harold James, *Making a Modern Central Bank: The Bank of England, 1979–2003*, Cambridge: Cambridge University Press 2020.

6 Karl Helfferich, *Das Geld*, Leipzig: C. L. Hirschfeld 1903, S. 530.

7 Vgl. Eric Helleiner, *The Making of National Money: Territorial Currencies in Historical Perspective*, Ithaca: Cornell University Press 2003.

8 Zitiert in Rebecca L. Spang, *Stuff and Money in the Time of the French Revolution*, Cambridge, CA: Harvard University Press 2015, S. 266.

9 Paul de Grauwe, »The Eurozone's Design Failures: Can They Be Corrected?«, in: *Economic Papers* 491 (April 2013), European Commission, https://ec.europa.eu/economy_finance/publications/economic_paper/2013/pdf/ecp491_en.pdf.

10 Die klassische Schrift in deutscher Übersetzung: Henry George, *Fortschritt und Armuth. Eine Untersuchung über die Ursache der industriellen Krisen und der Zunahme der Armuth bei zunehmendem Reichthum*, übers. v. C. D. F. Gütschow (1880), überarbeitet v. Florenz Plassmann und Dirk Löhr, Weimar bei Marburg: Metropolis 2023.

11 Piketty, *Kapital und Ideologie*, 2020.

12 Richard Henderson und Miles Kruppa, »Robinhood Upstarts Who Ambushed the Financial Establishment«, *Financial Times*, 21. August 2020.

13 Vgl. Edward Gibbon, *Memoirs of My Life and Writings*, New York: Funk & Wagnalls 1969 [1796], S. 52.

14 Adam Smith, *Der Wohlstand der Nationen*, 2. Teil: *Untersuchung über das Wesen und die Ursachen des Volkswohlstandes* (Fünftes Buch: Die Staatsfinanzen, Zweiter Artikel: Ausgaben für Anstalten des Jugendunterrichts), Das historische Buch (ebook) 2023.

15 Dieses Konzept, auf die Vereinten Nationen angewandt, insbesondere in Jan Zielonka, *Europe as Empire: The Nature of the Enlarged European Union*, Oxford: Oxford University Press 2006.

ÜBER DEN AUTOR

HAROLD JAMES, geboren 1956, hat einen Lehrstuhl für Geschichte an der Princeton University inne und ist Professor für Internationale Politik an der dortigen School of Public and International Affairs. Er hat bahnbrechende Forschungen zur deutschen Geschichte und zur Wirtschafts- und Finanzgeschichte der Zwischenkriegszeit geleistet und beschäftigt sich insbesondere mit der Geschichte der Globalisierung. Er

© Sameer Khan

wurde unter anderem mit dem Helmut-Schmidt-Preis für Wirtschaftsgeschichte und dem Ludwig- Erhard-Preis für seine Errungenschaften im Bereich Ökonomie ausgezeichnet.

ÜBER DAS BUCH

»Globalisierung bringt die Welt näher zusammen: Menschen, Dinge, Ideen, Geld – alle befinden sich in ständiger Bewegung. Doch die derzeitigen Gespräche über Globalisierung polarisieren stark. Worte haben ihre Bedeutung verloren und die Streitkultur verfällt, was zur Polarisierung der Gesellschaft beiträgt. [...] Zwei Prozesse machten Worte zum Ursprung eines neuen Unbehagens: rhetorische Inflation und rhetorischer Imperialismus. Beide Prozesse werden in diesem Buch analysiert. [...] Wir müssen genau darüber nachdenken, was die Begriffe der Globalisierung wirklich bedeuten – und dabei dem Impetus rhetorischer Inflation und rhetorischer Verwechslung widerstehen. Das ist die notwendige Voraussetzung für Neubewertung, Rückversicherung und die Wiedergeburt von Selbstsicherheit und Vertrauen.«